高等学校法学系列教材
Gaodeng Xuexiao Faxue Xilie Jiaocai

华东政法大学
教材建设和管理委员会

主　　任　郭为禄　叶　青
副 主 任　张明军　陈晶莹
部门委员　虞潇浩　赵庆寺　王月明
　　　　　洪冬英　屈文生
专家委员　王　迁　孙万怀　杜素娟
　　　　　余素青　任　勇　钱玉林

本书由华东政法大学校级本科规划教材建设专项基金资助出版

Insurance Law

保险法原论

孙宏涛 / 著

图书在版编目(CIP)数据

保险法原论/孙宏涛著. —北京：北京大学出版社，2021.7
ISBN 978-7-301-32240-6

Ⅰ.①保⋯　Ⅱ.①孙⋯　Ⅲ.①保险法—研究—中国　Ⅳ.①D922.284.4

中国版本图书馆 CIP 数据核字(2021)第 112595 号

书　　　名	保险法原论 BAOXIANFA YUANLUN
著作责任者	孙宏涛　著
责 任 编 辑	孙维玲
标 准 书 号	ISBN 978-7-301-32240-6
出 版 发 行	北京大学出版社
地　　　址	北京市海淀区成府路 205 号　100871
网　　　址	http://www.pup.cn　新浪微博：@北京大学出版社
电 子 信 箱	sdyy_2005@126.com
电　　　话	邮购部 010-62752015　发行部 010-62750672　编辑部 021-62071998
印 刷 者	北京虎彩文化传播有限公司
经 销 者	新华书店 730 毫米×980 毫米　16 开本　27.75 印张　513 千字 2021 年 7 月第 1 版　2022 年 7 月第 2 次印刷
定　　　价	86.00 元

未经许可，不得以任何方式复制或抄袭本书之部分或全部内容。
版权所有，侵权必究
举报电话：010-62752024　电子信箱：fd@pup.pku.edu.cn
图书如有印装质量问题，请与出版部联系，电话：010-62756370

目　录

第一编　保险法概述

第一章　危险与保险 ………………………………………………………… 1
　　第一节　危险释论 ………………………………………………………… 1
　　第二节　保险的学说 ……………………………………………………… 4
　　第三节　保险的历史沿革及发展趋势 ………………………………… 10
　　第四节　保险的种类 ……………………………………………………… 14
　　示范案例 …………………………………………………………………… 15
　　思考案例 …………………………………………………………………… 17
　　拓展阅读 …………………………………………………………………… 18

第二章　保险法的基础理论 ……………………………………………… 19
　　第一节　保险法的概念 …………………………………………………… 19
　　第二节　世界各国的保险立法概况 …………………………………… 21
　　思考案例 …………………………………………………………………… 27
　　拓展阅读 …………………………………………………………………… 27

第三章　保险法的基本原则 ……………………………………………… 29
　　第一节　最大诚信原则 …………………………………………………… 29
　　第二节　近因原则 ………………………………………………………… 36
　　第三节　保险利益原则 …………………………………………………… 40
　　第四节　损失补偿原则 …………………………………………………… 44
　　示范案例 …………………………………………………………………… 48
　　思考案例 …………………………………………………………………… 49
　　拓展阅读 …………………………………………………………………… 51

第二编　保险合同总论

第四章　保险合同当事人的先合同义务 ………………………………… 53
　　第一节　投保人的告知义务 ……………………………………………… 53
　　第二节　保险人的说明义务 ……………………………………………… 64
　　示范案例 …………………………………………………………………… 71
　　思考案例 …………………………………………………………………… 72
　　拓展阅读 …………………………………………………………………… 73

第五章　保险合同的订立 …………………………………………………… 76
　　第一节　保险合同订立的程序 …………………………………………… 76
　　第二节　保险合同订立的凭证 …………………………………………… 78
　　第三节　保险条款 ………………………………………………………… 81
　　示范案例 …………………………………………………………………… 93
　　思考案例 …………………………………………………………………… 94
　　拓展阅读 …………………………………………………………………… 95

第六章　保险合同的生效 …………………………………………………… 98
　　第一节　一般生效要件 …………………………………………………… 98
　　第二节　特别生效要件 …………………………………………………… 100
　　示范案例 …………………………………………………………………… 102
　　思考案例 …………………………………………………………………… 103
　　拓展阅读 …………………………………………………………………… 104

第七章　保险合同的变更、转让、解除、终止 ………………………… 106
　　第一节　保险合同的变更 ………………………………………………… 106
　　第二节　保险合同的转让 ………………………………………………… 108
　　第三节　保险合同的解除 ………………………………………………… 111
　　第四节　保险合同的终止 ………………………………………………… 114
　　示范案例 …………………………………………………………………… 117
　　思考案例 …………………………………………………………………… 119
　　拓展阅读 …………………………………………………………………… 120

第八章　保险费 ……………………………………………………………… 122
　　第一节　概述 ……………………………………………………………… 122
　　第二节　预交保费与保险责任的承担 …………………………………… 124

第三节　迟交保费与保险责任的承担 …………………………… 131
　　示范案例 …………………………………………………………… 135
　　思考案例 …………………………………………………………… 137
　　拓展阅读 …………………………………………………………… 138

第九章　保险合同的解释 …………………………………………… 139
　　第一节　保险合同解释的一般原则 ……………………………… 139
　　第二节　疑义利益解释原则 ……………………………………… 141
　　第三节　合理期待解释原则 ……………………………………… 145
　　示范案例 …………………………………………………………… 150
　　思考案例 …………………………………………………………… 152
　　拓展阅读 …………………………………………………………… 154

第十章　再保险 ……………………………………………………… 156
　　第一节　再保险的性质 …………………………………………… 156
　　第二节　再保险的种类 …………………………………………… 158
　　第三节　再保险的独立性 ………………………………………… 160
　　示范案例 …………………………………………………………… 162
　　思考案例 …………………………………………………………… 163
　　拓展阅读 …………………………………………………………… 163

第十一章　保险合同与惩罚性赔偿 ………………………………… 165
　　第一节　惩罚性赔偿责任的可保性研究 ………………………… 165
　　第二节　美国保险法中的惩罚性赔偿制度研究 ………………… 172
　　示范案例 …………………………………………………………… 180
　　思考案例 …………………………………………………………… 182
　　拓展阅读 …………………………………………………………… 183

第三编　保险合同分论

第十二章　人身保险合同 …………………………………………… 186
　　第一节　人身保险合同概述 ……………………………………… 186
　　第二节　人身保险合同中不可抗辩条款完善之研究 …………… 189
　　第三节　人身保单质押贷款 ……………………………………… 199
　　第四节　人身保险合同的受益人 ………………………………… 210
　　第五节　人身保险合同的中止与复效 …………………………… 214

  第六节 人寿保险合同 …………………………………………… 217
  第七节 健康保险合同 …………………………………………… 224
  第八节 意外伤害保险合同 ……………………………………… 230
  第九节 相互保险模式探究 ……………………………………… 237
  示范案例 ………………………………………………………………… 240
  思考案例 ………………………………………………………………… 241
  拓展阅读 ………………………………………………………………… 243

第十三章 财产保险合同 …………………………………………… 245
  第一节 财产保险合同概述 ……………………………………… 245
  第二节 重复保险 ………………………………………………… 247
  第三节 保险代位权 ……………………………………………… 250
  第四节 财产损失保险合同 ……………………………………… 261
  示范案例 ………………………………………………………………… 276
  思考案例 ………………………………………………………………… 278
  拓展阅读 ………………………………………………………………… 279

第十四章 责任保险总论 …………………………………………… 280
  第一节 责任保险之特性分析 …………………………………… 280
  第二节 责任保险制度之立法理由 ……………………………… 283
  第三节 责任保险之历史概况及发展趋势 ……………………… 284
  第四节 责任保险之种类分析 …………………………………… 287
  第五节 责任保险中第三人之直接请求权 ……………………… 291
  第六节 责任保险之负面效应分析 ……………………………… 301
  第七节 机动车交通事故责任强制保险合同 …………………… 303
  示范案例 ………………………………………………………………… 308
  思考案例 ………………………………………………………………… 310
  拓展阅读 ………………………………………………………………… 311

第十五章 新型财产保险合同 ……………………………………… 315
  第一节 知识产权保险 …………………………………………… 315
  第二节 产权保险 ………………………………………………… 321
  第三节 董事责任保险 …………………………………………… 328
  第四节 物流保险 ………………………………………………… 336
  第五节 出口信用保险 …………………………………………… 339
  第六节 网约车保险 ……………………………………………… 344

第七节　履约保证保险……………………………………… 353
　　第八节　家政服务机构责任保险…………………………… 357
　　第九节　建设工程质量保险………………………………… 360
　　示范案例……………………………………………………… 363
　　思考案例……………………………………………………… 364
　　拓展阅读……………………………………………………… 365
第十六章　强制保险研究…………………………………………… 371
　　第一节　大陆法系国家或地区强制保险立法概况………… 371
　　第二节　英美法系国家或地区强制保险立法概况………… 374
　　第三节　我国强制保险立法现状及其梳理………………… 376
　　示范案例……………………………………………………… 383
　　思考案例……………………………………………………… 385
　　拓展阅读……………………………………………………… 386

第四编　保险业法论

第十七章　保险业的组织形态……………………………………… 387
　　第一节　保险组织的形式…………………………………… 387
　　第二节　保险辅助人………………………………………… 389
　　示范案例……………………………………………………… 392
　　拓展阅读……………………………………………………… 394
第十八章　保险经营监督管理……………………………………… 397
　　第一节　保险分业经营规则………………………………… 397
　　第二节　最低偿付能力和保险准备金……………………… 398
　　第三节　保险资金运用……………………………………… 400
　　第四节　我国保险业风险处置的制度构建研究…………… 402
　　第五节　互联网保险监管机构的多元化构建研究………… 422
　　示范案例……………………………………………………… 429
　　拓展阅读……………………………………………………… 432

第一编 保险法概述

第一章 危险与保险

第一节 危险释论

一、危险的含义

(一) 危险的概念

对于"危险"一词的含义,学者们的见解各不相同。有学者强调危险的将来性,认为危险是"在一定情况下有关未来结果的客观疑惑"[①]。也有学者强调危险的不确定性,如美国经济学者奈以德(F. Knight)将危险解释为"可测定之不确定性",保险学者魏以德(A. Willett)认为危险为"某种不幸事件发生与否之不确定性"。[②] 还有学者强调危险是主客观的结合,认为危险是"不幸事故发生的客观可能性,并合主观方面的焦虑感"[③]。综上所述,笔者认为,危险是客观存在的某种将来损失发生的不确定性。

(二) 危险的特性

危险具有以下几方面的特性:

1. 危险是否发生是不确定的

如果是已经发生的事件,则不属于危险,也无须采取相关应对措施。

---

① 汤俊湘:《保险学》,三民书局1978年版,第1页。
② 参见袁宗蔚:《保险学——危险与保险》,首都经济贸易大学出版社2000年版,第2页。
③ 宋协邦:《保险学》,正中书局1977年版,第1页。

2. 危险必须是可能发生的

如果某种状态没有发生的可能性，则不属于危险，也没有采取应对措施的必要。

3. 危险发生的概率具有可测定性

危险的发生虽然是不确定的，但于一定期间内，在许多相同之不确定情形中，某一结果之发生，具有相当之规则性，且可以相当正确地加以预测。[①]

二、危险的类型

按照不同的标准，危险可以分为不同的类型：[②]

（一）按照危险的性质划分

1. 道德风险

是指由于行为人的故意、过失所导致的危险。这种危险的发生根源在于人的主观心理因素，因此该种危险很难事先预测和判断。

2. 实际危险

是指危险来源于不能预知和不可抗力等天然因素，如地震、洪水、海啸等自然灾害。

（二）按照潜在损失的种类划分

1. 财产上的危险

是指家庭或企业所有、使用或保管的财产发生毁损、灭失或贬值的危险。例如，房屋遭受火灾、地震或洪水而毁损，汽车遭遇交通事故而报废。

2. 人身上的危险

是指人们因为生老病死和意外事故等原因而遭受的身体上损失的危险。该类危险作用的直接客体是人的身体，但是往往会随之给受害人带来财产上的损失和负担。

（三）按照危险的发生是否有获利机会划分

1. 纯粹危险

是指仅有损失机会而无获利机会的危险。例如，汽车所有人有因为汽车碰撞而遭受损失的危险；如果不幸发生汽车碰撞事故，所有人就会遭受损失；如果不发生汽车碰撞事故，则所有人并无利益可得。

[①] 参见袁宗蔚：《保险学——危险与保险》，首都经济贸易大学出版社2000年版，第3页。
[②] 参见宋协邦：《保险学》，正中书局1977年版，第2—4页；汤俊湘：《保险学》，三民书局1978年版，第2—3页；袁宗蔚：《保险学——危险与保险》，首都经济贸易大学出版社2000年版，第5—7页。

2. 投机危险

是指既有损失机会也有获利机会的危险。例如,价格变动对企业存货的危险,价格下跌固然会给货主造成损失,但是如果价格上涨,货主也可获利。

(四) 按危险发生的原因划分

1. 自然危险

是指由于物理或实际危险,如暴风、洪水或火灾等,导致财产毁损的风险。

2. 社会危险

是指由于个人行为的离常,如盗窃、疏忽,或是由于不可预料的团体行动,如罢工、暴动、战争等,引起损失的风险。

3. 经济危险

是指在生产与销售的过程中,由于有关因素的变动或人为估计错误,导致产量减少、价格跌落的风险。

三、危险的控制

对于危险的控制主要有两种方法:

(一) 科学技术控制方法

是指以自然科学技术为手段,避免或减少危险的发生或损失扩大的方法,即采取各种先进的技术方法以预防和抑制危险的发生。例如,在电缆防火中,可以采用防火(耐火)槽盒对电缆进行封闭保护,也可以采用耐火隔板对电缆进行层间阻火分隔,这些方法都可以起到预防和抑制电缆起火的作用。

(二) 风险管理控制方法

该方法强调采取管理和法律等多种手段以实现危险转移和危险分散的目的。主要包括以下两种具体方法:

1. 危险的集合与分散

危险的集合是采用集合的方法增加相同性质危险单位的数量,由集合后的危险单位分担可能遭受的损失,其直接结果是使每一单位所承受的危险与集合前相比显著减少。例如,通过企业并购或联营组建大型企业,增加危险承担的单位,从而分担可能遭遇的危险。危险的分散是对一定数量危险单位进行分离和疏散。例如,将原本计划用一艘轮船运输的货物分别采用几艘轮船运输,这样即使某艘轮船发生意外事故沉没,也只是造成货物的部分损失,可以减少一次事故所造成的损失。此外,企业还可以采用价格机制来分散其可能遭遇的危险。例如,现代产品责任法加重了企业对消费者所应当承担的产品责任,而企业则可以通过提高产品的价格来分散其所承担的风险。①

2. 危险的转移

危险的转移可以采用不同的方式:(1) 出卖。即将可能遭遇危险的财产所有权转移给他人,由他人来承担该危险。(2) 保证。如在债务保证合同中,保证人承诺在债务人到期不履行义务时,由保证人按照约定履行债务或者承担责任。在此情形下,债权人利用保证合同将其可能遭受损失的信用风险转移给保证人承担。(3) 保险。在投保人与保险人签订保险合同并交付保费后,投保人将其可能遭受损失的风险转移给保险人承担。在保险事故发生时,保险人要按照保险合同的约定向投保人赔付保险金。从投保人与保险人的角度观察,投保人通过与保险人订立保险合同,将危险转移给保险人承担。但是,从整个社会的角度观察,保险人利用大数法则,集中承保大量具有相似性质的危险单位,将不幸集中于个体的意外危险以及由该意外危险而导致的意外损失通过保险分散于社会大众,使之消失于无形。因此,从这个意义上说,保险不仅仅是危险转移的方法,同时也是危险分散的手段。由此可见,保险是控制危险的最合理、最普遍和最有效的方法。

第二节 保险的学说

保险是人类生活中最重要的经济制度之一,它与每个人的生活息息相关。通过保险,人们将其人身和财产可能遭受损害的危险进行分散,防止个人的生产、生活出现重大的波动。通常情况下,人们将保险定义为对损害危险进行分散和转移的一项制度,但是该定义既不精确也不能适用于所有的情况,所以不能清晰地揭示保险的本质。基顿(Keeton)与威迪斯(Widiss)认为,在对保险进行定义的时候,必须注意以下几方面的问题:(1) 如果为了法律分析而对保险下定义,必须注意此时并不存在固定的或通行的定义;(2) 在对保险下定义时必须考虑到具体的适用环境;(3) 在对保险下定义时,必须要综合考虑各种因素尤其是保险存在的社会经济意义。因此,试图对保险下一个完美的定义只能是"啰嗦的神话和不切实际的空想"②。实际上,由于保险的复杂性,很难对其下一个包罗万象的定义。同时,由于定义有时含混不清,有时又排除应该包含的东西,因此定义的存在不一定是好的。

---

① See Steven N. Bulloch, Fraud Liability Under Agency Principles: A New Approach, *William & Mary Law Review*, No. 27, 1986, p. 306.

② Robert E. Keeton & Alan I. Widiss, *Insurance Law : A Guide to Fundamental Principles, Legal Doctrines, and Commercial Practices*, West Academic Publishing, 1988, pp. 1-5.

但是,对于教学人员而言,试图给出定义是一项不可避免的任务。[①] 因此,为了充分揭示保险的含义,有必要对保险的各种学说进行梳理,从中找出较为合适的定义方法。

关于保险的学说,学者们的见解各不相同,归纳起来主要有以下几种:

一、损失说

损失说用损失补偿的观点来解释保险的性质,具体可以分为以下三种学说:

(一)损失赔偿说

该说认为,保险是一种损失赔偿合同,是海上保险在法学上的解释。持该种观点的学者有英国的马歇尔(S. Marshall)和德国的马修斯(E. A. Masius)。马歇尔指出:"保险是当事人的一方收受商定的金额,对于对方所受的损失或发生的危险予以补偿的合同。"马修斯也认为:"保险是约定的当事人一方,根据等价支付或商定,承保某标的物的危险,当该项危险发生时,负责赔偿对方损失的合同。"[②]

该学说的缺陷在于:首先,人身保险合同以人的身体和生命为保险标的,与一般的财产保险合同有很大的不同,很难用损失赔偿来解释保险金的给付。其次,随着人身保险合同的不断发展,出现了生存保险合同和生死两全保险合同,在上述合同中保险金的赔付与损失丝毫无关。最后,该说仅仅从法学的角度来定义保险,将保险等同于保险合同,因而是不全面的。

(二)损失分担说

与损失赔偿说着重于合同双方当事人的关系不同,损失分担说强调损失赔偿中多数人互助合作的事实,因而将损失分担视为保险的性质。德国的华格纳(A. Wagner)主张:"从经济意义上说,保险是把个别人由于未来特定的、偶然的、不可预测的事故在财产上所受的不利结果,使处于同一危险之中,但未遭遇事故的多数人予以分担以排除或减轻损害的一种经济补偿制度。"他还认为:"这个定义既能适用于任何组织、任何险种、任何部门的保险,同时也可适用于财产保险、人身保险,甚至还可适用于自保。"[③]

该说的缺陷在于:一方面,仅从经济学的角度对保险进行阐释,抛开了对保险概念的法学解释,思考的角度较为狭窄;另一方面,既认为保险是将损失分摊给多数人,同时又认为自保也是保险,前后矛盾。

---

① 参见〔英〕Malcolm A. Clarke:《保险合同法》,何美欢、吴志攀等译,北京大学出版社2002年版,第1页。
② 参见〔日〕园乾治:《保险总论》,李进之译,中国金融出版社1983年版,第6页。
③ 同上书,第7页。

(三) 危险转嫁说

该说的代表人物是美国的魏以德和日本的村上隆吉。魏以德认为："保险是为了赔偿资本的不确定损失而积聚资金的一种社会制度,它是依靠把多数的个人危险转嫁给他人或团体来进行的。"村上隆吉认为："在积聚有危险的多数人时,不是全部经常遭遇事故,但因其中究竟何人遭遇事故全然不知,所以多数人各自提供小额的分担金,分给其中遭遇事故的少数人,以补偿事故所造成的损失。在这种情况下,少数人享受了与未遭遇事故同样的待遇,其余多数人则处在免于遭遇事故的状态。"[1]

危险转嫁说认识到,随着科学技术的不断发展,新的保险事故层出不穷,损失后果已经严重到单个主体无法承担的地步。对于保险人而言,为了维护保险经营稳定,需要通过再保险等方法将巨额危险转嫁给多个保险人。虽然危险转嫁说在保险领域产生了广泛的影响,但与损失赔偿说和损失分担说一样,也未能对保险进行全面的界定。

二、二元说

损失说是以损失补偿观念作为保险理论的核心来剖析保险补偿机制的。与之相似,二元说也是以坚持损失补偿观念为前提的;与损失说不同之处在于,二元说注意到人身保险与财产保险的区别,所以在对保险的定义上与损失说有很大不同。

(一) 人格保险说

该学说代表人物柯勒认为："人身保险之所以是保险,不仅是因为它能赔偿由于人身上的事故所引起的经济损失,而在于它能赔偿道德方面和精神方面的损失。"所以,人身保险是非损失保险,是针对人格的保险。而这种人格的保险所承保的精神损失是纯粹的精神损失,是不允许以金钱来评价的。[2]

柯勒观点的缺陷在于:一方面认为人身保险能赔偿道德方面和精神方面的损失;另一方面又认为精神损失包括不能以金钱来衡量的纯粹精神损失,实际上是自相矛盾的。

(二) 否认人身保险说

该学说的代表人物是科恩、埃斯特和威特。经济学家科恩(G. Cohn)认为："因为在人身保险中,损失赔偿的性质极少,它不是真正的保险而是混合性质的保险。"埃斯特(L. Elster)则认为："在人身保险中完全没有损失补偿的性质,从国民

---

[1] 参见〔日〕园乾治:《保险总论》,李进之译,中国金融出版社1983年版,第8页。
[2] 同上书,第9页。

经济看,人身保险不过是储蓄而已。"威特(J. D. Wilt)认为:"人身保险不是保险而是一种投资。"①

该学说的缺陷主要在于:一方面,在人身保险中,健康保险和意外伤害保险对医疗费用的保险金给付也具有损失补偿的作用,所以不能认为人身保险完全没有损失补偿的性质。另一方面,人寿保险是保险与储蓄的结合,既有保险的性质,同时也具有储蓄的性质,因此认为人身保险不过是储蓄而已的观点有失偏颇。

(三)择一说

该学说的代表人物是德国法学家爱伦贝堡,他认为:"对保险合同的综合性定义,应该是'保险合同不是损失赔偿的合同,就是以给付一定金额为目的的合同'。二者只能择一。"②

该说将保险合同等同于保险,未能深刻揭示保险的内涵。此外,该学说仅仅试图从法学上阐释保险概念,没有从经济学的角度来考虑,因而是不全面的。

三、非损失说

损失说与二元说都是以损失概念为前提的,而非损失说则完全摆脱了损失概念的限制。

(一)技术说

此说为意大利学者费芳德所主张,他认为保险的核心要素在于保险人依据"或然率"(The Law of Probability)的技术计算保险费,在保险事故发生时向被保险人赔付保险金。③ 费芳德所讲的"或然率"其实就是我们今天所说的概率,研究概率的学科即概率论,它是数学的一个分支。概率论是从数量的角度研究随机现象,并从中发现这些随机现象所遵循的规律。

该说强调保险费率的计算基础,但并未深刻揭示保险的本质,因而具有很大的局限性。

(二)欲望满足说

该说又称"需要说",其代表人物是意大利学者高彼和德国学者马内斯,其核心是以人们的经济需要和金钱欲望来解释保险的性质。投保人缴付少量保费,在发生灾害事故后可以获得部分或全部的损失补偿。由于缴付的保费与赔偿金额严重不等,因此保险可以满足人们的经济需要和金钱欲望。④

---

① 参见〔日〕园乾治:《保险总论》,李进之译,中国金融出版社1983年版,第10页。
② 同上。
③ 参见张国键:《商事法论·保险法(修订六版)》,三民书局1978年版,第4—5页。
④ 参见覃有土主编:《保险法概论(第二版)》,北京大学出版社2001年版,第25页。

该说将保险与人类的欲望满足联系起来分析保险的本质,确实独辟蹊径,但以保险事故引起偶发欲望为前提条件,将保险事故和引起欲望事故混淆在一起,在人寿保险中是解释不通的。[1]

(三)经济生活确保说

此说为奥地利学者胡布卡、日本学者小岛昌太郎和近藤文二等所主张。该说认为,保险是在因为偶然事件的发生导致经济生活发生变动的情况下,由多数经济单位结合,并根据大数法则形成最经济的共同财产准备制度。[2]

该说实际上是从保险的机能来解释保险的性质,同样未能深刻揭示保险的内涵。

(四)相互金融机关说

该说的代表人物是日本学者米谷隆三,他认为保险是以发生偶然性的事实为条件的相互金融机构。米谷隆三把保险作为行为和组织来认识,抓住了保险性质的关键问题。

该说同样存在缺陷:一方面,将保险等同于保险公司,混淆了保险与保险组织的概念;另一方面,无论是保险费的支出还是保险金的给付都不含金融的特征,所以将保险定义为相互金融机关并不恰当。

(五)经济后备说和预备货币说

这两种学说分别为日本学者印南博吉和庭田秋犯所主张。印南博吉认为,保险是利用一定偶然事实的经济准备形态,是结合多数经营单位,根据概率进行公平分担的经济设施。庭田秋犯认为,保险是把偶然灾害的预备货币,用社会形态予以积蓄的制度,其方法为结合多数经营单位,根据概率论的方法计算出公平分担额。

上述两种学说仅仅从经济学的角度对保险进行定义,未能揭示保险的法律内涵,因此其缺陷也是显而易见的。

综上所述,有关保险的学说林林总总,但上述学说在对保险进行定义时都或多或少的存在一定的缺陷,其中原因正如本节开始所提出的,基于保险的复杂性,任何定义方式都不是尽善尽美的。这也验证了海勒(Hellner)的话:尝试写出正式的定义有无穷无尽的困难,而认真去做更会遭到惨败。[3] 尽管如此,为了对保险的本质有一个深入的认识,我们不得不去努力地对其概念作出合理的界定。实际上,保

---

[1] 参见李玉泉:《保险法(第三版)》,法律出版社2019年版,第4页。
[2] 参见张国键:《商事法论·保险法(修订六版)》,三民书局1978年版,第5页。
[3] 参见〔英〕Malcolm A. Clarke:《保险合同法》,何美欢、吴志攀等译,北京大学出版社2002年版,第9页。

险是对危险进行管理的一种制度,管理的内容主要体现在三个主体、两种关系上。其中,三个主体分别是投保人、保险人和其他投保人群体,两种关系分别是投保人和保险人之间进行危险转移的保险合同关系以及投保人和其他投保人群体之间进行危险分散的经济关系。为了清晰地揭示保险的内涵,下文将分两个层次进行分析:

(一)投保人和保险人之间进行危险转移的保险合同关系

在保险合同法律关系中存在两个主体,即投保人和保险人。如果从对待风险的态度上划分,投保人属于危险厌恶者,保险人属于危险中立者。[①] 在面临遭受小损失的大概率和遭受大损失的小概率时,危险厌恶者宁愿选择前者。与其不同的是,对于风险中立者而言,只要危险发生的概率与危险造成损失的乘积是一定的,即损失预期值是一定的,则无论选择遭受小损失的大概率还是遭受大损失的小概率,对其来说并没有实质性的差别。例如,对于遭受 20000 元损失的 1% 可能性与遭受 2000 元损失的 10% 可能性来说,其损失预期值都是 200 元。对于危险中立者而言,无论遭遇哪一种风险,对其来说结果差别不大。而对于危险厌恶者来说,他们宁愿选择以支付超过损失预期值的代价将危险转移给他人。因此,在上面所举的例子中,虽然投保人遭受损失的预期值是 200 元,但是为了规避这一危险,他们宁愿以支付 250 元、280 元甚至 300 元的代价将危险转移给保险人。从这个意义上讲,保险能够起到危险转移的作用,即投保人以支付保险费为代价(遭受保险费损失的 100% 概率)将其危险(遭受大损失的小概率)转移给作为危险中立者的保险人。而这种转移是通过投保人支付保险费、保险人在保险事故发生后支付保险赔偿金为内容的保险合同来实现的。[②]

(二)投保人和其他投保人群体之间进行危险分散的经济关系

保险人通过运用大数法则,将可能遭遇相同类型危险的大量被保险人聚集起来,使其形成一个大的"危险分散池塘"。"池塘"中的被保险人数量越多,危险分散就越容易实现。[③] 被保险人在支付保险费后,就将其可能遭遇的危险分散给"池

[①] 这是根据投保人和保险人在保险中的不同地位进行的划分。为了避免可能遭受大的危险,投保人以支付保险费为代价换取在发生保险事故时取得保险赔偿金的权利,因此属于危险厌恶者。而保险人根据大数法则计算不同险种的保险费率,对某一险种来说,保险人总是要承担一定比例、一定数额的赔付责任,从这个意义上说,保险人像一个"危险分散机器",因此属于危险中立者。

[②] See Kenneth S. Abraham, *Insurance Law And Regulation*: *Cases And Materials*, Foundation Press, 2005, p. 3.

[③] See Robert E. Keeton & Alan I. Widiss, *Insurance Law*: *A Guide to Fundamental Principles*, *Legal Doctrines*, *and Commercial Practices*, West Academic Publishing, 1988, p. 12.

塘"中的其他被保险人。这样一来,集中于某个被保险人的意外危险以及由该意外危险而产生的意外损失,就通过保险分散于"池塘"中的被保险人,消化于无形,既满足了被保险人的需要,又维护了社会的经济稳定。

第三节 保险的历史沿革及发展趋势

一、保险的滥觞

人类社会的形成与各种制度的演进,都是人类为了生存需要而进行各种适应活动的结果。早在古代,人类就已留下若干类似保险的痕迹。例如,公元前 2500 年前后,古巴比伦国王命令僧侣、法官等征收居民赋金,以备救灾之需,该赋金被公认为世界上最早的保险。大约公元前 1792 年,正是古巴比伦国王汉谟拉比时代,商业鼎盛,贸易繁荣。为援助商业以及保护商队的驮马和货品,《汉谟拉比法典》规定,如果商队中途被劫或发生其他损害,可免除个人购货之债务,而由全体商队补偿之。如果贷款采购的货物被劫,个人无须偿还其所借的款项,将损失移转到放款人身上,而放款人则收取贷款利息。这类似于今天的保险费,可以看作现代运输保单的先导。

现代意义上的保险起源于欧洲中世纪末期的海上保险。关于海上保险的发生,多数学者研究认为其导源于意大利中世纪的海上冒险借贷。[①] 海上冒险借贷产生的原因在于,船舶航行在外,常遭遇海难,导致货物受损无法经营。为继续经营,船长以船舶和船上的货物向当地商人办理抵押借款,获得继续航海之资金。由于航海在当时是一种很大的冒险行为,在办理抵押借款时,船长必须以本航程的船舶、货物作为抵押品,并依照约定付给债权人一笔比一般借款约高出一半的利息。这种抵押贷款中比一般借款高出的那部分利息,实质上就是最早形成的海上保险费。[②] 如果船舶在航海中遇难,依其损失程度,可免除船主或货主一部或全部债务;如果船舶、货物安全抵达目的地,则船主或货主必须偿还本金与利息。

随着海上贸易的发展,海上冒险借贷呈现出一派繁荣景象。但是,13 世纪初叶,由于罗马教皇格雷戈里(Gregory)九世 1237 年颁布《禁止利息法》,使一度繁荣的海上冒险借贷开始走下坡路,进而导致海上贸易的衰退。在海上冒险借贷被禁

---

① 参见陈云中:《保险学》,五南图书出版公司 1981 年版,第 82 页;宋协邦:《保险学》,正中书局 1977 年版,第 36 页。

② 参见吴焕宁主编:《海商法学》,法律出版社 1989 年版,第 225 页。

止后,人们开始寻找其他规避方法,如出现假装买卖。所谓假装买卖,是指在航运开始前,作为债权人的货币所有者向作为债务人的航运经营者以支付本金的形式买进船舶或货物,当船舶安全到达目的地时,事前订立的买卖合同自动解除,航运经营者将事前接受的贷款加上定金或危险分担费归还货币所有者。如果由于海难或其他灾害事故不能完成航运,买卖合同依然有效。相应地,资金所有者应在接受航运经营者支付定金的情况下,对航运经营者遭受的意外损失进行赔偿,船舶或货物的灭失因此变成债权人的损失。从这里可以看出,航运经营者向货币所有者缴纳的危险分担费,已经类似于保险合同关系中的保险费,而货币所有者支付给航运经营者的损失赔偿费,同时也具有保险金的性质。不论这种假装买卖的形式如何,其实质都已经和现代保险合同基本相同。根据现有的发现,最早的形式和实质都已完备的保险合同是1384年的比萨(Pisa)保单,用于法国南部的阿尔兹(Arles)与意大利比萨之间的货物保险。①

二、近代保险的发展概况

随着海上贸易中心的转移,意大利伦巴底商人通过葡萄牙和西班牙将保险制度传入荷兰、英国和德国等欧洲国家。到伊丽莎白时代,英国把以前由意大利伦巴底商人控制的保险业务收归本国的专业保险商经营。1720年,英国皇家交易保险公司和伦敦保险公司先后成立,这两家公司是英国公营保险公司的最早代表。当时,英国的保险商经常利用在咖啡店内休息的时间从事贸易和保险活动。为了方便顾客了解海上贸易的行情,有个叫爱德华·劳埃德的茶商在伦敦的 Tower Street 开设了一家咖啡店,将船舶出入以及货物运输等有关的商业信息编印成简报在店内公布。这一做法受到商人们的欢迎,不久该咖啡店成为英国海上保险业的中心。② 当时在咖啡店内承揽海上保险业务的保险商,与现在的劳埃德保险合作社(Lloyd's of London,以下简称"劳合社")一样,都是独立经营的保险人:对于某批货物或某一船舶,各保险人只承担总额中的一部分,其保险费与赔偿金额由承保者按比例分配。人们把这些独立的保险人称为"劳埃德保险人"。随着海上保险业务的不断扩大,1871年,英国议会通过了一项特别法令,批准成立劳埃德保险合作社。这个垄断组织至今已拥有万名以上的会员,除海上保险外,还经营各种保险

---

① 参见袁宗蔚:《保险学——危险与保险》,首都经济贸易大学出版社2000年版,第146页。
② See Ian Kelley, Regulatory Crisis at Lloyd's of London: Reform from Within, *Fordham International Law Journal*, Vol. 18, No. 5, 1994, p. 1924.

业务。①

根据学者的研究,火灾保险起源于1118年冰岛设立的"黑瑞铺制度",依照该制度,由黑瑞社对火灾造成的损失承担赔偿责任。中世纪德国北部存在着基尔特制度,职业相同的成员加入基尔特组织,发挥互助精神,对于发生火灾所造成的损失由基尔特组织承担赔偿责任。1591年,大约一百多名酿造行业商人在汉堡组织成立"火灾救助协会",对于会员因火灾所遭受的损失全部由协会负责补偿。1676年,四十六个"火灾救助协会"在汉堡合并设立"火灾保险局",这是世界保险史上公营保险的始祖。② 1666年9月2日,英国伦敦的皇家面包店因为烘炉过热起火,大火失去控制,燃烧了5天,几乎将伦敦城全城毁灭殆尽,财物与生命损失不计其数。一名叫巴蓬的医生由此看出开办火灾保险的商机与重要性,在1667年设立营业处,承保住宅和商用房屋火险。由于业务的迅速发展,该营业处于1680年扩大为合伙组织,继续从事保险业务。巴蓬医生的成功,推动了保险组织的进一步发展。18世纪初,波文在伦敦开设一人保险机构,后来因为业务发展难以独立经营,波文在1710年将其改组为伦敦保险人公司。该公司的经营范围突破了以往的局限,不仅对房屋本身承保,同时也对房屋内的财物承担火灾保险。③ 随着火灾保险业务的不断发展,到19世纪工业革命完成后,火灾保险逐渐成熟。

与火灾保险相比,人寿保险并没有连贯的发展脉络。英国在1698年设立专营寡妇年金事业的组织;1699年创设孤寡保险会,由参加者共同筹集资金,为孤寡人员提供基本生活费用;1706年成立协和保险社,实行类似死亡保险的汤吉联合养老制度。18世纪50年代,托马斯·辛普森(Thomas Simpson)根据赫利氏的生命表制作了依照死亡率增加而递增的费率表。后来,詹姆斯·陶德森(James Dodson)依照年龄差别计算保险费,并在1756年发表了他的保险计划表。其后,公平保险社1762年在伦敦成立,该保险社采用辛普森和陶德森等人的费率表经营保险事业,是保险史上最早的根据科学的保险技术设立的人寿保险组织。④ 在其之后,采用公平保险社计算方法的人寿保险公司不断增多,人寿保险事业也日渐繁荣。

---

① 参见覃有土主编:《保险法概论(第二版)》,北京大学出版社2001年版,第47页;李雅静、张延军、肖国栋:《保险学》,学术书刊出版社1989年版,第42页。
② 参见宋协邦:《保险学》,正中书局1977年版,第39页。
③ 参见汤俊湘:《保险学》,三民书局1978年版,第34页。
④ 参见袁宗蔚:《保险学——危险与保险》,首都经济贸易大学出版社2000年版,第153—154页。

三、现代保险及其发展趋势

(一)现代保险的发展概况

19世纪后半期之后,各种新兴的保险业务陆续出现。首先,保险业务从海上扩展至江河、铁路和公路等内陆运输。同时,海上保险的承保范围不断扩大,将货物在码头、船坞甚至货物加工、制造中的风险都纳入海上保险的承保范围。其次,火灾保险的承保范围也不断扩张,将爆炸、雷击以及倒塌等原因引起的财物损失都纳入火灾保险的范围。再次,人寿保险方面,在原有的死亡保险的基础上,增加了生死两全保险;在一般人寿保险的基础上,增加了简易人寿保险;在个人保险的基础上,增加了团体保险,拓展了人寿保险业务空间。最后,为了应付不断增加的风险,新的保险险种不断出现,例如机器损坏险、建筑工程保险、责任保险、信用保险以及保证保险等。

除此之外,与近代保险相比,现代保险在保险对象、保险观念和保险经营上都有着很大的不同,为了便于对比,以表1-1说明。

表1-1 近、现代保险的区别

	保险对象	保险观念	保险经营
近代保险	以具体的财产和人身为保险对象	以填补财产损失为目标	以单一保单承保危险,费率厘定技术尚不完善
现代保险	除了以具体的财产和人身为保险对象外,还包括被保险人对第三人应当承担的损害赔偿责任	除了重视损失的填补外,还重视危险的分散,将保险视为社会安全和经济发展的重要手段	推出综合保险单,加强保险管理科学和保险技术的研究。积极预防危险的发生,在保险事故发生后,积极地减轻损害程度

(二)现代保险的发展趋势[①]

随着各国经济的不断发展,保险业也呈现出自身的发展趋势,主要表现在以下两方面:

---

① 参见袁宗蔚:《保险学——危险与保险》,首都经济贸易大学出版社2000年版,第159—166页。

财产保险的
发展动向
{
1. 全益保险的流行。保险人通过综合保险条款,仅仅利用一张保险单就可以为投保人提供综合性的保险服务,在满足投保人多种需要的同时,降低了保险人的承保成本。
2. 危险因素的增多。由于科学技术的不断进步,新兴产品不断出现,导致危险因素增加。
3. 消费者权益的重视。随着对消费者权益保护的加强,保险公司在费率计算、终止保险合同以及续保条件等方面不断审慎研究,提高业务品质,改善服务条件,以满足消费者的需要。
}

人身保险的
发展动向
{
1. 受益范围的扩展。现代人寿保险的受益范围不再以个人为限,而是已经扩张到家庭和企业,即家庭和企业也可以成为保险受益人。从国民经济的角度观察,这不仅仅是保险适用范围的扩大,也是保险效用的增大。
2. 团体保险的发达。在现代企业中,为了协调劳资关系以及满足劳工团体的需要,由雇主为雇员利益与保险人签订的团体保险逐渐取代了普通人寿保险和简易人寿保险的地位。
3. 变额保险的实行。自 20 世纪以来,由于经济危机等因素,各国货币价值发生了显著的变动。考虑到通货膨胀等因素,人寿保险的保险金给付从定额给付转变为变额给付。
}

第四节 保险的种类

按照不同的分类标准,保险可以分为不同的种类。

一、以保险标的为标准进行划分

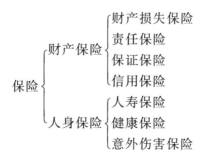

二、以保险经营的主体为标准进行划分

保险 { 民营保险 { 个人保险（如劳合社）/ 公司保险 }；公营保险 { 政府保险 / 国有保险公司保险 } }

三、以承担责任的方式为标准进行划分

保险 { 原保险，又称"第一次保险"，指投保人和保险人通过订立保险合同建立原始的保险关系，在发生保险事故时，保险人直接对被保险人承担赔偿责任。

再保险，又称"第二次保险"，指保险人将其承担的保险业务部分或全部移转给其他保险人的保险。 }

四、以保险的实施方式为标准进行划分

保险 { 自愿保险，是投保人与保险人在平等互利、协商一致的基础上，以自愿方式订立的保险合同。

强制保险，是国家按照法律、法规的规定，运用强制性手段要求投保人和保险人订立保险合同。 }

五、以承保人的人数为标准进行划分

保险 { 单保险，指投保人针对同一保险标的、保险利益、保险事故与同一保险人订立的保险合同。

复保险，是投保人针对同一保险标的、保险利益、保险事故，在同一期间内与两个以上保险人订立保险合同的保险。 }

⚥ 示范案例

【案情简介】[①]

2003年9月，原告为其子投保了某保险公司的一年期学生、幼儿保险，附加意

[①] 参见周婕：《医疗费用类保险不适用损失补偿原则》，法帮网，2015年1月16日，http://www.fa-bang.com/a/20150116/708370.html，2020年8月29日访问。

外伤害医疗及附加住院医疗保险。保险期间,其子在院中玩耍时被一辆小轿车撞伤,发生医疗费1万多元,该医疗费用全部由汽车司机承担。

原告虽然获得了赔偿,但想起还为其子投保了意外伤害医疗保险,遂以其子受伤住院治疗为由,向保险公司申请理赔,但遭到保险公司拒赔。保险公司的拒赔理由是:经调查核实,原告之子的住院治疗费用已经得到补偿,投保人并无实际损失,所以保险公司无须再承担赔偿责任。在与保险公司协商未果的情况下,原告向人民法院提起诉讼,要求保险公司依保险合同承担给付保险金的责任,赔偿原告之子发生的全部医疗费用。

一审法院经审理作出如下判决:本案所涉保险属医疗费用类保险,应当适用损失补偿原则。由于撞伤原告之子的汽车司机已经赔偿了原告之子发生的全部医疗费用,故原告所受损失已经获得赔偿,保险人不应再负赔偿责任,否则将会发生同一保险标的损失实际获得双重或者多于保险标的损失的补偿。

【案例分析】

本案的焦点在于医疗费用类保险应该适用损失补偿原则还是给付原则,我国现行《中华人民共和国保险法》(以下简称《保险法》)及相关司法解释对此都没有明确规定。

一种观点认为,由于人身保险中关于医疗费用的保险目的在于填补被保险人为治疗疾病所产生的费用,因此应认为其属于损失补偿性质保险。从财产保险"无损失则无补偿"原则出发,被保险人不能因疾病或受伤治疗而获得医疗费用以外的利益,保险人有权在给付保险金范围内向第三者进行追偿。

另一种观点则认为,健康保险、意外伤害保险属于人身保险,如果适用财产保险的损失补偿原则,则与现行保险法的规定相矛盾。因此,在现有保险法对于医疗保险没有明确规定的情况下,保险合同中的约定具有法律约束力。据此,如果保险合同中没有明确约定什么情况下保险公司可以不赔,则保险公司应当承担赔偿责任。

关于这个问题,中国保险监督管理委员会(以下简称"保监会")在2001年7月25日下发的《中国保险监督管理委员会关于商业医疗保险是否适用补偿原则的复函》中指出:"根据《中华人民共和国保险法》第十七条规定'保险合同中规定有关于保险人责任免除条款的,保险人在订立保险合同时应当向投保人明确说明,未明确说明,该条款不产生效力',对于条款中没有明确说明不赔的保险责任,保险公司应当赔偿。"

除此之外,《北京市高级人民法院审理民商事案件若干问题的解答之五(试行)》在第五部分"保险法律制度中的实务问题"中明确规定:"人身保险所属的健康保险、意外伤害保险中关于医疗费用的保险,不适用补偿原则。保险合同另有约定的除外。"也就是说,除保险合同另有约定的以外,2007年5月18日之后北京地区法院审理的医疗费用保险案件,均应当遵照该解答的规定,不再适用损失补偿原则。

因此,无论是对医保赔付部分的医疗费还是由第三者承担的医疗费,只要保险公司在保险合同中未作出明确的免赔规定,就应当予以赔偿。

 思考案例[①]

2005年8月8日,中国社会科学院助理研究员、法学博士黄某某花203元买了一张从北京至浙江义乌的火车票,上面未标注是否包括意外伤害保险费。后来,黄某某得知其购买的车票中被收取了3.98元、约为票价2%的意外伤害强制保险费。他四处打听,没有一个人知道票价中暗含了保险费。他认为北京铁路局的行为严重侵害了乘客的知情权。

2005年9月26日,黄某某向保监会申请撤销铁路局收取的强制保险费;27号下午,他又向北京铁路运输法院起诉,要求法院确认铁路局没有履行告知义务,并返还他被强制收取的3.98元意外伤害保险费。

2005年12月12日,北京铁路局在北京铁路运输法院应诉时指出,乘客黄某某所称"火车票中暗含2%的强制保险"是行政法规明确允许的。当天下午,法院以强制保险合法、乘客应自行从法规中知情、铁路局无须再告知原告为由,判决驳回了黄某某的诉讼请求。

黄某某不服,提起上诉。2006年3月23日,北京铁路运输中级法院二审维持原判,法学博士诉铁路运输部门侵犯公众知情权案告一段落。

据了解,二审维持原判的理由主要有四条:《消费者权益保护法》并没有限定消费者知悉所接受服务的真实情况的方式,以及经营者提供有关服务的真实信息的方式,北京铁路局不主动告知并不违法;在火车票上注明"强制保险费"于法无据,也不符合交易习惯;北京铁路局没有"虚假宣传从而欺骗消费者";本案并未导致"事实上的实际损害",亦无损害结果可言。

---

① 参见周凯:《法学博士告完铁路局告保监会 为买票人讨说法》,南方网,2006年3月24日,http://finance.southcn.com/bxsh/zonghe/200603240458.htm,2020年8月29日访问。

【思考问题】

1. 《铁路旅客意外伤害强制保险条例》本身的合法性如何？
2. 铁路局的经营范围如何？
3. 铁路局在旅客购票时是否负有通过车票印刷或者其他方式告知消费者的义务？
4. 该类保险的赔付是否有违公平原则？

可保危险是指保险人理论上承保责任范围以内的自然灾害和意外事故，它表示某种可能发生的危险及其程度。

在保险业务中，并非所有的自然灾害和意外事故都可以由保险人承保，只有具备一定条件的自然灾害和意外事故才是可保危险。一般说来，可保危险必须具备下列条件：

1. 可保危险的发生具有现实性。保险责任的履行是基于各类危险发生的现实性，如果保险合同中规定的危险根本没有发生的可能，那么也就没有保险的意义。

2. 可保危险的发生具有不确定性。这里的不确定性指的是危险的发生与否、何时何地发生和发生后对财产的破坏力都具有不确定性，投保人或保险人均无法预知。如果在订立保险合同时已经预知某项保险标的一定会发生何种保险事故，那么保险合同就不能成立。

3. 可保危险可以根据大数法则计算出其保险额损失率。保险业务经营的核算基础是确定各种保险的保险费率，要求投保人交付的保险费与保险人履行的赔偿责任相适应；保险费率确定的数理依据就是根据大数法则计算出每类财产的保险额损失率，如果某类危险无法确定其保险额损失率，便无法确定保险业务经营的核算基础。

第二章 保险法的基础理论

第一节 保险法的概念

一、含义和分类

（一）以规范对象的范围大小为标准进行划分，可以将保险法分为广义保险法与狭义保险法

1. 广义保险法

广义保险法是指以保险为规范对象的一切规范的总称，包括保险公法和保险私法。

① 保险公法

保险公法是指有关保险之公法关系的规范，如保险事业监督法和社会保险法。保险事业监督法是指政府为了维护社会公益，保证保险事业的健康发展与合理经营，对保险事业进行监督的法律法规。如《保险公司管理规定》《保险经纪人监管规定》《保险专业代理机构监管规定》《外国保险机构驻华代表机构管理办法》《保险资金间接投资基础设施项目管理办法》以及《保险保障基金管理办法》等。社会保险法是指对于劳动者的生、老、病、死等实行强制保险从而给劳动者及其家属提供基本生活保障的法律规定，其内容主要包括养老保险、医疗保险、失业保险、工伤保险和生育保险等几大领域。

② 保险私法

保险私法规定与保险有关的私法规范，可以分为保险合同法和保险组织法。保险合同法是调整投保人、被保险人、受益人与保险人之间权利义务关系的法律规范的总称。保险组织法是规范从事保险经营主体的设立、变更、终止的有关私法规范的总称。

2. 狭义保险法

狭义保险法即通常所说的保险私法，尤其以保险合同法为核心。

（二）以保险法的表现形式为标准进行划分，可以将保险法分为形式意义保险法和实质意义保险法

1. 形式意义保险法

形式意义保险法是指以保险法命名的专门性规范文件，如我国于1995年颁布

的《保险法》。

2. 实质意义保险法

实质意义保险法泛指法律体系中有关保险法律规范的总和,不仅局限于成文的保险法,有关保险的习惯、判例和法理也都包括在内。[①]

二、特性

(一)善意性

保险合同是射幸合同,为了避免投保人利用保险合同牟利以及道德风险的发生,各国保险法都强调当事人必须以最大善意订立和履行合同。从这种意义上讲,保险合同又被称为"最大诚信合同"。例如,英国《1906年海上保险法》(Marine Insurance Act 1906)第17条规定,海上保险契约以绝对的忠诚为基础;倘任何一方不遵守忠诚原则,另一方得声明此项契约无效。同时,在订立保险合同时,各国保险法大都规定了投保人的告知义务和保险人的说明义务,这也体现了保险法的善意性。

(二)社会性

保险事业属于公共的社会事业。虽然保险合同的主体只包括投保人和保险人,但是通过保险合同的订立就建立了保险基金,可以应对各种保险事故的发生,从而维护社会经济生活的稳定。与一般企业相比,保险业的社会性表现在以下几个方面:(1)由保险技术上的特征而生的团体性、集体性以及寿险的长期性;(2)对于投保人、被保险人而言,保险所保障的偶然事故大多数会是他们的不幸遭遇;(3)保险是市场经济之核心,担负着维持经济秩序的重要角色;(4)保险资金(尤其是寿险资金)会在公益事业上进行投资;(5)保险具有节省货币准备的特征。[②]

(三)强行性

由于保险法具有社会性,对于国民经济与社会利益有重大影响,因此合同法中的契约自由原则在保险法中受到一定的限制。[③] 这种限制表现为对保险合同当事人法律关系进行片面性或全面性的强行规定。

1. 片面性的强行规定

片面性的强行规定是指,如果有利于被保险人,则可以变更保险合同;如果对被保险人不利,则不得变更保险合同。例如,我国台湾地区所谓的"保险法"第54

[①] 参见郑玉波:《保险法论》,三民书局1984年版,第25页。
[②] 参见陈云中:《保险学要义:理论与实务(修订一版)》,三民书局1993年版,第44页。
[③] 参见张国键:《商事法论·保险法(修订六版)》,三民书局1978年版,第37页。

条第 1 款规定:"本法之强制规定,不得以契约变更之。但有利于被保险人者,不在此限。"

2. 全面性的强行规定

全面性的强行规定是指,不论对被保险人有利或不利,均不得变更保险合同。例如,保险以支付保险费为要件,因此如果保险合同规定不支付保险费,则该合同无效。[1]

（四）技术性

保险业经营的对象是各种风险,因此在经营技术上有特定的要求,必须运用大数法则和概率论将个别危险单位遭遇损失的不确定性变成多数危险单位可以预知的损失,从而使保费的计算较为准确。因此,保险法中有关保险费率的厘定、保险事故损失计算、保险赔款计算以及保险投资等方面的规定,[2]都体现了保险法的技术性。

（五）国际性

英国学者施米托夫曾指出:"没有任何一个国家把商法完全纳入到国内法。即便在这一个时期,商法的国际性的痕迹依然存在,凡是了解商法的渊源和性质的人都能看到这一点。"[3]作为商法的一个分支,保险法同样具有国际性,尤其是随着世界经济的不断发展和国际贸易的日益繁荣,为了避免政治、信用风险事故造成损失,各国对于输出贸易或其他对外贸易大都开办普通输出保险予以救济。为避免出现各国保险企业各自为政的局面,汉堡大学、罗马大学和加利福尼亚大学的学者于 1960 年 4 月成立了国际保险法学会,总会设于罗马,并于 1962 年在罗马召开国际保险法会议,共同商讨有关保险法的问题。[4] 此外,为了规避在国际海洋货物运输中可能遇到的危险,各国保险公司大都开办了国家海洋运输保险,包括主要险和附加险。这也在一定程度上体现出保险法所具有的国际性。

第二节　世界各国的保险立法概况

一、大陆法系国家的保险立法概况

在大陆法系国家,保险立法可以分为法国、德国两种模式,法国模式的国家包

---

[1] 参见梁宇贤:《保险法新论(修订新版)》,中国人民大学出版社 2004 年版,第 3 页。
[2] 参见覃有土主编:《保险法概论(第二版)》,北京大学出版社 2001 年版,第 64 页。
[3] 〔英〕施米托夫:《国际贸易法文选》,赵秀文选译,中国大百科全书出版社 1993 年版,第 10—11 页。
[4] 参见张国键:《商事法论·保险法(修订六版)》,三民书局 1978 年版,第 38—39 页。

括法国、西班牙等国;德国模式的国家包括德国、瑞士、意大利等国。下文将一一进行介绍:

(一)法国模式国家的保险立法

法国的保险立法比较全面,海上保险、陆上保险、保险合同和保险业监督等方面均有涉及。其保险立法首先见于海上保险立法。1681年,法国国王路易十四制定了《海事条例》,在第三编中规定了海上保险。1807年,法国颁布了《拿破仑商法典》,其第二编第九章为"海上保险",规定了海上保险的内容。该章共分三节,第一节规定保险合同的形式与标的,第二节规定保险人和被保险人的义务,第三节规定委付。这是法国第一部完整的海上保险立法,对其他法国模式国家的保险立法产生了深远的影响。1930年,法国正式颁布《保险合同法》,该法共计86条,其主要内容包括:第一章是对于保险的一般规定,包括"总则""保险合同的证明""保险单的格式""保险合同的订立、转让、无效与解除""保险人与被保险人的权利、义务""保险时效"等;第二章"损害保险",包括"总则""火灾保险""雹灾保险""牲畜保险及责任保险"等;第三章"人身保险",包括"总则""人寿保险";第四章"程序规定"。

在保险业监督法方面,法国1905年颁布了《人寿保险事业监督法》,1938年又通过了有关监督保险企业的专门法律。1946年4月25日,法国又颁布法律,以股份强制收买的方式使主要的保险公司趋于国有化,而且还规定,只有保险股份有限公司订立的保险合同才能适用《保险合同法》。

(二)德国模式国家的保险立法

1. 德国

德国的海上保险立法,最早见于1701年颁布的《汉堡保险及海损条例》。此后,普鲁士于1766年颁布了《保险条例》。1900年,德国《商法典》正式颁布实施,其第四编第十章对海上保险作出了具体规定。该章共分为七节,共计120条。第一节是"总则";第二节是"合同订立时的告知";第三节是"被保险人基于保险合同的义务";第四节是"危险的范围";第五节是"损害的范围";第六节是"损害的给付";第七节是"保险合同的解除及保险费的退还"。至于陆上保险立法,则始于1908年5月颁布的《保险合同法》。该法第一章为各种保险的共同规定,分为"通则""告知义务与危险增加""保险费""保险代理人"四节;第二章"损害保险",分为"通则""火灾保险""雹害保险""牲畜保险""运送保险""责任保险"六节;第三章"人寿保险";第四章"伤害保险";第五章"附则",共计194条。该法是20世纪初陆上保险统一法典的先驱,并被其他国家的陆上保险立法奉为圭臬。该法实施之后,经历过多次修改,增加了不许变更双方当事人利益等强制规定,至今仍在施行。①

关于保险业监督方面的法规,德国主要有1901年颁布的《民营保险业监督法》、1913年颁布的《再保险监督条例》以及1931年颁布实施的《私营保险公司和住房建造储蓄协会监督法》等。

2. 瑞士

瑞士关于保险的统一立法,始于1908年正式颁布的《保险合同法》。该法第一章为总则,第二章为损害保险的特别规定,第三章为人寿保险的特别规定,第四章为强制规定,第五章为附则,共计104条。该法的最大特点在于对保险合同的强制规定,既有禁止性规定,又有强制性规定。由于瑞士的保险合同法体系完整、内容完善,对其他国家的保险立法也有重大影响。

3. 意大利

1882年,意大利颁布《商法》,其中对保险作了较为全面的规定,但当时的保险立法属于法国模式。后来,经过参考德国、法国、瑞士等国家的最新立法例,综合国内外学说及判例,意大利于1942年颁布了《民法典》,该法采取民商合一的立法模式,将原《商法》的内容也包括在内。关于陆上保险的内容,规定于该法典第四部分"债权"第三编"各论"之第二十章"保险"中,全章由"总则""损害保险""人寿保险""再保险""附则"五节组成,共计51条。该法典力求综合体系化,对于各种保险合同并未作特别规定。在内容上,该章参照德国和瑞士的保险合同法,有许多强制性规定。关于海上保险的内容,规定于1942年《航行法典》第一部"航海及内河航行"第五编"海上保险"中,共计34条。同法第二部"航空"第四编为"航空保险",包括"旅客强制保险""财产保险""对陆上第三者所致损害之保险"三章,共计26条。至于对民营保险业的监督,则由1923年颁布的《民营保险业法》予以调整。虽历经多次修订,该法至今仍在施行。

二、英美法系的保险立法概况

英美法系国家包括英国、美国、爱尔兰、加拿大、澳大利亚、新西兰以及亚洲、非洲的一些英语国家和地区。其中,英国和美国是最典型的代表,下文以这两个国家为例详细介绍。

(一) 英国

英国为不成文法国家,议会虽然在1601年作出《海上保险宣言》,确立保险制度,但并没有成文法的相关规定。直至1756年,曼斯菲尔德爵士受命为法官以后,

---

① 参见张国键:《商事法论·保险法(修订六版)》,三民书局1978年版,第28页。

开始密切关注海上保险的问题。从1756年到1778年,曼斯菲尔德法官根据18世纪以来的海上保险判例以及国际贸易惯例编订了《海上保险法(草案)》,并在任职期间作出了一些著名的判例,为以后的保险立法奠定了基础。《1906年海上保险法》分为"通则""保险利益""保险价额""告知及陈述""保险契约""复保险""特约条款""航程""契约之转让""保险费""灭失及委任""局部损害""赔偿之数额""保险人在给付赔款后之权利""保险费之返还""相互保险""补充条款",共计17节94条。该法于1927年修改,删除了两节。因为规定详尽,该法为各国海上保险立法竞相效仿。英国的陆上保险立法,主要有《1774年人寿保险法》(Life Assurance Act 1774)、1930年《第三人权利保险法》、1923年《简易人寿保险法》等。至于保险监督法,主要有1774年《赌博法》和1909年《保险公司法》,后者于1946年和1958年经历了两次修改,至今仍在施行。① 此外,英国还制定了《保险公司管理条例》《保险经纪人法》《保单持有人保护法》和《金融服务法》等一系列法律法规,建立了完备的会计规范评估原则和详尽的报告制度等,并依靠市场约束机制、行业自律机制来实现其监管目标。②

(二)美国

在美国,商事立法权不属于联邦议会而属于各州,所以美国的保险法由各州单独制定,不存在全国统一的保险立法。根据1945年联邦议会通过的《麦卡伦-弗格森法案》(McCarran-Ferguson Act),美国各州享有保险立法的权力,有权处理辖区内保险监管的所有事务。联邦政府则对全国进行统一监管,只有在州法律和管理未能涉及的保险领域,才适用联邦法律。美国各州的保险法中,以《纽约州保险法》最为完善,是其他各州效仿的典范。其内容主要包括:保险官署的组织,保险公司的设立许可、撤销、合并与资产运用的管制,代理人及经纪人的许可与撤销,保险费及费率算定机构的统制,保险公司的报告义务与定期检查,课税事项等,共计18章631条。

在保险监管方面,美国是世界第一保险大国,保险监管法律法规非常完善,监管措施也极为严格,保险机构的设立和业务的开展均需经过州政府的批准,除了资本、资信等要求比一般金融公司高之外,审批条件已经十分规范,而且对外资保险机构普遍给予国民待遇。以纽约州为例,为实现对保险偿付能力的监管,《纽约州保险法》规定,人寿保险股份有限公司经营的最低资本金为200万美元,而且一部分必须托管;年度定期累积责任准备金的指导思想比较保守,因此提存数额较高;

---

① 参见张国键:《商事法论·保险法(修订六版)》,三民书局1978年版,第30—31页。
② 参见翟伟:《国际保险监管发展趋势及我国保险监管模式选择》,载《上海保险》2005年第12期。

遵循寿险和非寿险分业经营原则以及保险和证券业、银行业基本隔离原则,但在母子公司之间可以兼营;保险机构股权投资的总额一般被限制在法定资产的40%以内,其他可投资品种依次为联邦政府债券、州或市政府债券、抵押贷款、企业债券、优先股和普通股。随着全球金融一体化的推进,美国逐渐放宽保险监管的严厉程度,保险产品不断创新,保险资金投资范围逐步扩大。[1] 特别值得注意的是,1999年11月4日,美国国会通过《金融服务现代化法案》,废除了1933年美国《格拉斯-斯蒂格尔法案》(也称《1933年银行法》)所确立的银行业、证券业和保险业严格分业的经营模式,允许银行、保险公司、证券公司相互进入彼此的领域进行竞争。该法对美国金融业乃至全球金融业的结构调整和发展方向产生了重要影响,而且这种影响正随着金融全球化的发展得到不断扩大和增强。

三、我国的保险立法概况

(一)清末的保险立法

我国最早的保险立法活动始于清朝末年,光绪二十九年(1903),清廷指派载振、伍廷芳等人起草商律。后经日本法学家志田钾太郎修订,于光绪三十四年(1908)完成,全称《大清商律草案》,第七章和第八章分别规定了"损害保险营业"和"生命保险营业"。[2] 后由于清政府的迅速垮台,该法未能实施便被搁置一旁。

(二)民国时期的保险立法

民国时期,南京国民政府于1928年设立立法院,开始编纂法典。1929年11月,商法起草委员会完成《保险契约法草案》,立法院审议通过时,改称《保险法》。同年12月,国民政府明令公布该法。该法分为总则、损失保险、人身保险等部分。1935年,国民政府又颁布了《保险业法》和《简易人寿保险章程》。1937年,国民政府对《保险法》加以修正,将其增至98条。但是,由于政局不稳和外国保险公司反对等种种原因,上述法律均未能真正施行。[3]

(三)中华人民共和国的保险立法

1. 中华人民共和国成立初期的保险立法

中华人民共和国成立后,为了适应保险事业的发展,国家颁布了有关保险的法规。1951年,中央人民政府政务院通过《关于实行国家机关、国营企业、合作社财产强制保险及旅客强制保险的决定》。同年,政务院财经委员会颁布《关于颁布财

---

[1] 参见曹志东、卢雅菲、俞自由:《保险偿付能力监管及其国际比较研究》,载《上海交通大学学报(哲学社会科学版)》2001年第1期。

[2] 参见温世扬主编:《保险法(第三版)》,法律出版社2016年版,第27页。

[3] 参见方乐华:《保险法论》,立信会计出版社2002年版,第28页。

产强制保险等条例的命令》,根据此条例颁布的保险条例有《财产强制保险条例》《船舶强制保险条例》《铁路车辆强制保险条例》《轮船旅客意外伤害强制保险条例》《飞机旅客意外伤害保险条例》。1957年,财政部公布了《公民财产自愿保险办法》。同时,在对外保险方面,政府对进出口保险、货物运输保险、远洋船舶保险、国际航线保险以及再保险等业务作出了相应规定。上述立法活动,奠定了中华人民共和国成立初期保险事业的基本格局。1958年,中国人民保险公司的国内业务停办,客观上使保险立法丧失了存在的基础,导致保险法制建设处于停滞状态。

2. 改革开放初期的保险立法

1978年以后,我国保险业开始恢复和发展,保险立法也随之加强。1981年12月公布的《中华人民共和国经济合同法》对财产保险合同作了原则性的规定,这是中华人民共和国成立后第一部与保险有关真正意义上的法律。1983年9月,国务院颁布《中华人民共和国财产保险合同条例》,包括"总则""保险合同的订立、变更和转让""投保方的义务""保险方的赔偿责任""附则"5章,共计23条。该条例尽管在内容上简单粗陋,但其颁布和实施为我国保险基本法的制定奠定了基础,同时也对促进我国保险事业的发展具有重要的意义。1985年3月,国务院公布《保险企业管理暂行条例》。1992年11月,七届全国人大常委会第二十八次会议通过《中华人民共和国海商法》(以下简称《海商法》),其中第十二章为"海上保险合同"。该章分为6节,内容包括海上保险合同的一般规定,合同的订立、解除和转让,被保险人的义务,保险人的责任,保险标的的损失和委付,保险赔偿的支付等,共计41条。上述规定成为我国保险合同法的重要组成部分,为海上保险纠纷的解决提供了充分的法律依据。

3. 保险基本法的制定

1995年6月30日,八届全国人大常委会第十四次会议通过《保险法》,这是中华人民共和国第一部保险基本法,标志着我国保险立法趋于稳定。该法采用保险合同法、保险业法合一的立法体例,分为"总则""保险合同""保险公司""保险经营规则""保险业的监督管理""保险代理人和保险经纪人""法律责任"等8章,共计152条。该法的颁布,标志着我国保险法律体系的正式形成。为了配合《保险法》的贯彻实施,作为保险监管机构的中国人民银行先后颁布了《保险代理人管理规定(试行)》(1997年11月)、《保险经纪人管理规定(试行)》(1998年2月)。1998年11月18日,中国保险监督管理委员会(以下简称"保监会")正式成立,作为全国商业保险的主管部门,正式接手中国人民银行的监管工作。保监会成立后,先后颁布了《保险公司高级管理人员任职资格管理规定》(2002年3月)、《保险业重大突发事件应急处理规定》(2003年12月)、《保险公司偿付能力额度及监管指标管理规定》(2003年3月)、《保险保障基金管理办法》(2004年12月)、《再保险业务管理规定》(2005年10月)、《保险公司管理规定》(2004年5月)等规范性文件。

2002年10月,为了履行入世承诺,九届全国人大常委会第三十次会议对保险法作了首次修改。这次修改在原有法律的基础上增加了6条,涉及38处变动。此后,《保险法》又历经2009年、2014年、2015年三次修正,现行有效的是2015年4月24日十二届全国人大常委会第十四次会议《关于修改〈中华人民共和国计量法〉等五部法律的决定》修正通过的版本。可以预见,随着我国经济建设的迅速发展和经济体制改革的不断深入,在不久的将来,我国的保险立法将会更加充实、完善。

 思考案例[①]

2013年5月,在浙江打工的农民工陈某准备回江苏省淮安市开餐馆。5月7日,他到某银行一乡镇网点提取其2011年2月7日和2012年1月20日分两次存入的1万元、3.5万元,却发现账上分别只有9980.26元、32739.78元,不但没有利息,连本金都不全了。他找到网点负责人刘某询问原因,刘某回答:"你当初买了保险,提前退保需要承担退保违约金。"陈某莫名其妙,对买保险之事毫不知情,便质问刘某:银行为什么在本人不知情的情况下,擅自用其存款买了保险?陈某要求银行退还存款和相应的利息,但刘某坚称是陈某自愿购买的,对其退款要求置之不理。陈某还了解到,其同村的农民工也遭遇了类似情况。他们大多只有几千元至十数万元的辛苦钱,却被该银行营业员"忽悠"成了保险,需要用钱到银行提款时,存款或多或少有缩水。

【思考问题】
1. 存款、理财产品和保险有什么区别?
2. 银行工作人员故意告知陈某虚假情况,或者故意隐瞒真实情况,诱使陈某错误签订保险合同的行为是否无效?
3. 陈某有哪些途径维护自身合法权益?

 **拓展阅读**

保险是经营风险的行业,而保险业本身也承担着巨大的风险。

[①] 参见郑冰:《农民工的存款怎么变成了保险》,检察日报网,2014年1月18日,http://newspaper.jcrb.com/html/2014-01/18/content_150897.htm,2020年8月29日访问。

我国保险业的风险处置仍然存在发展较为滞后、制度尚存漏洞等问题。因此,不妨把视角转向美国,批判性地借鉴其保险业风险处置制度的立法。

美国是世界上金融保险市场最为完善的国家之一,对金融风险的处置也有着较为丰富的经验和研究。尤其是美国金融业,20世纪以来经历了四次比较严重的危机,给美国的风险处置带来了不小的变化。美国保险业风险处置主要经历了"保罗诉弗吉尼亚案"、《谢尔曼反托拉斯法案》(Sherman Antitrust Act)、"东南部承保人协会案"、《麦卡伦-弗格森法案》《格雷姆-里奇-比利雷法案》(Gramm-Leach-Bliley Act, GLB Act)等一系列法律判决和法案,最终形成以州政府为主体、联邦政府为重要补充的双重保险监管制度。在美国保险监管制度下,州政府和联邦政府各自拥有保险立法权和监管权。1850年,新罕布什尔州首先设立保险委员会,对该州保险业进行监管。到1871年,几乎所有的州都设立了专门的监管机构——州保险署,州保险署的行政长官称为"保险监督官"。除此以外,还有个别州设立综合性监管部门,如华盛顿特别行政区保险和证券监管局等。

关于保险业的主要法律规范也不胜枚举,包括由美国统一州法委员会于1939年制定的《保险公司统一清算法》,美国保险监督官协会(National Association of Insurance Commissioners,NAIC)于1978年、1993年、2005年先后制定的《保险公司重整与清算示范法》《风险资本监管示范法》和《保险公司接管示范法》。其中,《保险公司重整与清算示范法》具体规定了保险公司停业、补救、监督、重整和清算的风险化解方式以及包括合并、兼并和破产的市场退出路径。

在美国保险业的风险化解方式中,保险监督官所采取措施的评判依据主要为专业监督委员会(Professional Regulation Commission,PRC)监管标准,即NAIC通过风险资本比率将保险公司划分为5个等级,并相应地采取不同措施。其中,一些州允许保险监管官全面监测保险公司经营状况,并在发现其可能危及保单持有人利益时有权要求保险公司采取补救措施。可要求的补救措施范围广泛,包括但不限于限制业务范围,对费用、分红及对外投资进行限制,增加信息披露力度,提升资本金和盈余等。保险公司有权要求就此举行听证会。同样,若保险公司对政府的行政监督决定有不认可之处,虽要服从行政监督,但可申请司法审查。事实上,美国保险业对保单持有人利益的重视贯穿1993年和2005年的两部示范法。

第三章 保险法的基本原则

第一节 最大诚信原则

在保险领域内,最大诚信原则最早应用于海上保险。由于当时的通信手段极为落后,在保险合同订立时,被保险的船舶和货物往往在千里之外,保险人只能根据投保人提供的资料来决定是否承保,投保人是否如实告知货物的有关情况,对保险人而言至关重要。因此,在保险合同中对双方当事人诚实信用的要求超出一般合同。基于此点考虑,世界各国保险立法无一例外地确立保险活动必须遵守最大诚信原则。例如,影响深远的英国《1906年海上保险法》第17条规定:"海上保险合同是建立在最大诚信基础上的合同,如果任何一方不遵守最大诚信,另一方可以宣告合同无效。"[1] 为了保护保险合同双方当事人的利益,最大诚信原则同时适用于投保人和保险人。对投保人而言,遵循最大诚信原则主要体现在告知义务和保证义务的履行上;对保险人而言,遵循最大诚信原则主要体现在说明义务的履行以及弃权与禁止抗辩上。

一、投保人的告知义务和保险人的说明义务

投保人的告知义务是指在保险合同订立时,投保人应就有关保险标的的情况及保险人提出的有关保险标的重要事实的询问如实回答保险人。通常情况下,投保人和被保险人对保险标的相关情况的了解更为详细。对于上述信息,保险人不可能在短期内全面地掌握和了解。因此,为了降低保险人获取信息的成本,提高保险效率,各国保险法都将投保人的告知义务作为一项法定义务规定下来。我国2013年《最高人民法院关于适用〈中华人民共和国保险法〉若干问题的解释(二)》(以下简称《保险法解释(二)》)第6条第1款规定,"投保人的告知义务限于保险人询问的范围和内容"。

保险人的说明义务是指在保险合同订立时,保险人应当就保险合同的条款内容,特别是免责条款向投保人明确说明,未明确说明的,该条款不产生效力。2018年《最高人民法院关于适用〈中华人民共和国保险法〉若干问题的解释(四)》(以下

---

[1] 转引自孙积禄:《保险法最大诚信原则及其应用》,载《比较法研究》2004年第4期。

简称《保险法解释(四)》)第 2 条规定:"保险人已向投保人履行了保险法规定的提示和明确说明义务,保险标的受让人以保险标的转让后保险人未向其提示或者明确说明为由,主张免除保险人责任的条款不生效的,人民法院不予支持。"其实质是,采用倾斜保护保险消费者的原则,通过单方面强化保险人的说明义务,加强对保险消费者知情权的保护,以最终矫正保险消费者和保险经营者之间的事实上存在的不平等。[1]

二、投保人的保证义务

保证是根据法律的规定或者合同的约定,要求合同当事人或合同关系人对某些特定事项的作为或不作为,或者对某种状态存在或不存在的担保。就保险合同而言,保证可以是对投保人的要求,也可以是对保险人的要求。[2] 保证条款是保险合同的组成部分,并且对保险合同的生效起着至关重要的作用。例如,按照盗窃险保单中保证条款的规定,被保险人必须在其住所内安装防盗设施,如果被保险人违反了该项规定,则保险合同自动失效。[3]

(一)保证的形式

保证通常可以分为明示保证和默示保证两种形式。

1. 明示保证

明示保证是指在保险合同中明确记载的,成为合同组成部分的保证条款和其他保证事项。明示保证又可以分为确认保证和承诺保证。确认保证是指投保人对过去或现在某一特定事项存在或不存在的保证。例如,投保人在与保险人订立人寿保险合同时确认其并未患过肝炎,是指投保人向保险人保证其直至作出保证时并未得过肝炎,至于在签订保险合同之后投保人是否感染肝炎则与该确认保证无关。承诺保证是指投保人对将来某一特定事项作为或不作为的保证。例如,机动车辆保险中有做好车辆维修和保养工作的条款,仓储保险中有不得在仓库内放置危险物品的条款。如果被保险人违反了上述条款,就违反了承诺保证。

2. 默示保证

默示保证是指保证内容没有记载于保险合同之中,但社会习惯公认或法律规定投保人必须保证的事项。默示保证一般存在于海上保险中,通常包括:保证船舶具有适航和适货能力;保证船舶航行不改变约定航道和航程;保证运输业务合法。

---

[1] 参见白彦、张怡超:《保险消费者权利保护研究》,中国法制出版社 2016 年版,第 64 页。
[2] 参见庹国柱主编:《保险学(第八版)》,首都经济贸易大学出版社 2018 年版,第 105 页。
[3] See Thomas F. Segalla, Carrie P. Parks, Misrepresentations in Insurance Applications: Dangers in Those Lies, *Defense Counsel Journal*, Vol. 73, No. 2, 2006, p.122.

默示保证与明示保证具有同等的法律效力。

（二）违反保证的法律后果

在美国，按照法律规定，如果投保人违反确认保证，则保险合同从签订之时起就是无效的；如果投保人违反承诺保证，则保险合同仅从投保人违反保证之时起归于无效。从保护投保人和被保险人的利益出发，美国法院通常认为，除非一项保证清楚地表明是承诺保证，否则推定其为确认保证。[1]

我国《保险法》并没有明确规定投保人或被保险人的保证义务，仅仅在第 51 条第 1、3 款分别规定："被保险人应当遵守国家有关消防、安全、生产操作、劳动保护等方面的规定，维护保险标的的安全。""投保人、被保险人未按照约定履行其对保险标的的安全应尽责任的，保险人有权要求增加保险费或者解除合同。"与之相对，《海商法》第 235 条规定："被保险人违反合同约定的保证条款时，应当立即书面通知保险人。保险人收到通知后，可以解除合同，也可以要求修改承保条件、增加保险费。"

三、弃权与禁止抗辩

弃权与禁止抗辩是保险人依据最大诚信原则应当履行的义务。在保险合同订立过程中，投保人应当履行告知和保证义务，投保人上述义务的履行是保险人确定与控制危险的方法。如果保险人明知投保人未履行告知义务或违反保证义务却未提出异议，并以言词或行为使投保人误以为其有继续维持保险合同效力的意思，在风险事故发生后，如仍被允许否认保险合同之效力，则对于投保人有失公允。[2] 正是基于此种考虑，英美法中确立了弃权与禁止抗辩原则，以保护被保险人的合法权益，并为多数国家所借鉴。

（一）弃权

弃权，是指权利主体有意识地放弃某项已知的权利。在保险法上，弃权是指保险人以言词或行为故意抛弃其解约权及抗辩权。[3]

1. 弃权的构成要件

（1）保险人或其代理人有弃权的意思表示。从通常意义上说，弃权的主体是保险人。但是，当保险代理人为保险人的利益在与投保人订立合同的过程中作出弃权的意思表示时，为了保护善意投保人的合法权益，应当肯定该弃权行为对保险

---

[1] 参见〔美〕约翰·F.道宾：《保险法（美国法精要·影印本）（第 3 版）》，法律出版社 2001 年版，第 203 页。
[2] 参见施文森：《保险法总论》，三民书局 1985 年版，第 255 页。
[3] 同上书，第 256 页。

人发生法律效力。所谓意思表示,是指将企图发生一定私法上效果的意思表示于外部的行为。意思表示由两个要素构成:一为内心意思;二为此项内心意思的外部表示。① 保险人弃权的意思表示也是由内心意思和外部表示这两项要素构成。内心意思如何,难以测知,须经由表示行为而使其在外部可被识别。因此,在保险人的内心意思与其外部表示行为不一致时,以其外部表示行为为准。保险人弃权的意思表示可以分为明示的意思表示和默示的意思表示,即明示弃权和默示弃权。明示弃权是指保险人直接以法律或习惯所确认的方式表示其弃权的意思,如采取口头或书面的形式表达弃权的意思;默示弃权是通过保险人的行为间接地表达弃权的意思,即从保险人的作为或不作为推断出保险人有弃权的意思表示。在多数情况下,保险人的弃权都属于默示弃权,即通过保险人作为或不作为推断出其弃权的意思表示。按照美国法院的判例,保险人的默示弃权主要表现为以下几种情形:②

第一,明知投保人和被保险人有违反保证的情况,仍然接受投保人所支付的保险费;

第二,行使保险合同赋予的权利,如要求鉴定人或仲裁员对财产损失进行测定,或者占有损坏的财产;

第三,在未与被保险人达成非弃权协议之前,要求被保险人提供财产损失证明;

第四,接受并认可财产损失证明,并未提出反对;

第五,依照保险合同的规定向投保人或被保险人主张权利;

第六,在被保险人主张保险合同所赋予的权利时,未能提出抗辩。

(2) 保险人或其代理人知道权利的存在。除保险人或其代理人知道被保险人有违背约定义务的情况,并因此而享有抗辩权和解约权外,其作为或不作为均不得被视为弃权。这里所说的"知道",原则上以保险人的确知情为准,但如果保险人已经知悉有关的事实,并且从这些事实中可以推知投保人违反约定义务的,也应视为保险人已经知情。

(3) 保险人或其代理人弃权的意思表示必须到达投保人或被保险人。按照民法理论,在有相对人的情况下,意思表示到达相对人的支配范围时才能产生法律效力。③ 因此,保险人弃权的意思表示必须到达投保人或被保险人时才发生弃权的法律效力。如果在弃权的意思表示到达投保人或被保险人之前,保险人撤回其意

---

① 参见王泽鉴:《民法总则(增订版)》,中国政法大学出版社 2001 年版,第 335 页。
② 参见〔美〕约翰·F.道宾:《保险法(美国法精要·影印本)(第 3 版)》,法律出版社 2001 年版,第 226 页。
③ 参见李宜琛:《民法总则》,正中书局 1977 年版,第 251 页。

思表示，则不发生弃权的法律效果，但撤回的通知必须先于弃权的通知到达投保人或被保险人。

2. 弃权的限制

原则上，基于保险合同所产生的抗辩权或解约权均可以抛弃，但下列情形除外：

（1）按照民法基本理论，民事权利的行使不得违反社会公共利益。因此，保险人弃权的范围仅仅限于关系其自身利益的权利。如果保险人放弃行使某项权利会损害公共利益，则此弃权行为无效。例如，如果保险合同缺乏保险利益，保险人不能放弃因保险利益缺失所产生的抗辩权。

（2）对价的考虑。一些法院认为，弃权是保险人与被保险人达成的对原合同规定的权利义务进行修改的协议。从这个角度考虑，为了使弃权协议对双方当事人有拘束力，该弃权必须有对价。因此，在保险事故发生后，如果保险人放弃某种抗辩的权利却没有相应的对价，则该弃权行为是无效的。

（3）事实的限制。美国的一些法院认为，虽然保险人可以放弃某些权利和利益，但是它不能通过与被保险人达成协议的形式来改变某些事实。例如，在 Sternaman v. Metropolitan Life Ins. Co.[①]一案中，人寿保险保单中的一个条款规定，为被保险人进行医疗检查的医生是被保险人的代理人。这样一来，保险合同双方当事人通过协议的方式改变医生和保险人之间的事实代理关系，使得医生在对保险人陈述被保险人的病情时，如果有任何虚假陈述，被保险人要承担全部责任。法院认为这样的条款是对公共政策的违反，因而无效。因为双方当事人不能通过协议的形式改变任何已经存在的事实。

（4）保险范围的限制。虽然保险人可以放弃基于保险合同所产生的抗辩权或解约权，但是对于保险合同承保范围之外的那部分损失，不适用弃权原则。

（5）保险单的限制。有时保险单中会包含某些限制条款，禁止保险代理人对被保险人违反保证或虚假陈述的情况放弃抗辩权或解约权。对此，除非保险人在保险单的背面作出同意保险代理人弃权的意思表示，否则即使保险代理人放弃抗辩权或解约权，该弃权行为也是无效的。[②]

[①] 63 N.E. 1116 (N.Y. 1902).
[②] 参见〔美〕约翰·F.道宾：《保险法（美国法精要·影印本）（第3版）》，法律出版社2001年版，第227—231页。

（二）禁止抗辩

禁止抗辩,有的学者译为"禁止反言"①,也有的学者译为"失权"②。也就是说,一旦保险人作出放弃自己某种权利的意思表示,无论是明示还是默示的,保险人都要受其意思表示的约束,不得反悔。③ 禁止抗辩可以分为两种:一是公平性禁止抗辩,又称"陈述性禁止抗辩",指保险人对投保人或被保险人陈述现在或过去的某项事实,使投保人或被保险人相信该陈述并改变其在保险合同中的地位。对此,如果允许保险人否认其陈述被免责,则会对受害的投保人和被保险人造成不公。二是承诺性禁止抗辩,指保险人对未来作某种承诺,如果事后取消其承诺将会对投保人和被保险人造成损失,因此为法律所禁止。

1. 禁止抗辩的构成要件

投保人在主张禁止抗辩时,必须证明以下几点:

（1）保险人曾就订约有关的重要事实为虚假之陈述或行为;

（2）此项虚假陈述或行为的目的在于为投保人或被保险人所信赖,或者投保人、被保险人的信赖并不违背保险人的原意;

（3）投保人、被保险人曾以善意信赖此项陈述或行为;

（4）投保人、被保险人因信赖而实施某种行为,致使自己受到损害。④

英美法上有句格言:请求衡平救济者应善意无辜（He who comes into equity must come with clean hand）。因此,被保险人请求适用禁止抗辩原则时必须首先证明其信赖出于善意。所谓善意,是指投保人、被保险人不知保险人的陈述是虚伪不实的。如果投保人、被保险人明知保险人或其代理人的陈述不真实,则不得以保险人曾作不实陈述而主张保险合同有效。

2. 禁止抗辩的适用范围

禁止抗辩是衡平法上的一项原则。与弃权原则不同,适用该原则的法理基础在于被保险人因信赖保险人的虚假陈述或行为而遭受损失,因此口头证据规则不适用于禁止抗辩。⑤ 此外,禁止抗辩原则通常要求投保人、被保险人因为信赖保险人的行为或陈述而遭受损害。如果投保人、被保险人已经知道保险人为虚伪陈述,

---

① 姜南：《保险合同法定解除制度研究》,中国检察出版社2010年版,第162页。
② 张保红：《商法新论》,知识产权出版社2014年版,第271页。
③ 参见付荣辉、李明主编：《保险学基础》,中国铁道出版社2012年版,第78页。
④ 参见施文森：《保险法总论》,三民书局1985年版,第255页。
⑤ 参见〔美〕约翰·F.道宾：《保险法（美国法精要·影印本）（第3版）》,法律出版社2001年版,第232页。

则不存在合理的信赖,因而不能主张适用禁止抗辩原则。① 《保险法解释(二)》第 7 条规定:"保险人在保险合同成立后知道或者应当知道投保人未履行如实告知义务,仍然收取保险费,又依照保险法第十六条第二款的规定主张解除合同的,人民法院不予支持。"具体而言,保险人有下列情形之一的,均产生禁止抗辩的法律效果:

(1) 在投保人向保险人递交投保单后,保险人发现投保人或被保险人在保单中有虚假陈述和违反保证的情形,该情形足以使该保单自始无效,但是投保人或被保险人对该情形一无所知。但是,保险人对上述虚假陈述和违反保证的事实并未提出异议,反而收取了投保人的保费,导致投保人相信保险合同完全有效。那么,当保险人否认合同效力时,适用禁止抗辩原则。

(2) 当保险人的代理人知悉被保险人的基本情况,但不知道被保险人与保险人签订合同的时候已经违反了保险合同中规定的条件和保证条款。由于代理人的过失将保单出售给无辜的被保险人,在这种情况下,当保险人主张被保险人违反保险合同的规定时,适用禁止抗辩原则。

(3) 当保险人的代理人为了赚取代理费,故意歪曲被保险人投保申请的内容,使其申请符合保险人的要求,但实际上被保险人的某些情况并不符合保险人的要求。在这种情形下,法院通常推定保险代理人知道的事实等同于保险人所知,因此在保险人否认合同效力的时候,适用禁止抗辩原则。

(4) 在某种不得已的情况下,被保险人可能采取某些违反保险合同中有关保证义务的行为。例如,被保险人要对投保的财产进行抵押或转让,通常会请求保险代理人将自己的行为告知保险人,并取得保险人同意的背书。如果保险代理人将保单返还给被保险人时假称已经得到保险人的背书或者保单上保险人的背书签名是由保险代理人伪造的,而无辜的被保险人对于上述情况完全不知情,并基于保险代理人的虚假陈述实施违反保证的行为。在这种情形下,当保险人否认保险合同的效力时,适用禁止抗辩原则。②

---

① See Robert H., II Jerry, *Understanding Insurance Law*, 3rd ed., Matthew Bender & Co., 2002, p.194.
② 参见〔美〕约翰·F.道宾:《保险法(美国法精要·影印本)(第 3 版)》,法律出版社 2001 年版,第 233—235 页。

第二节　近因原则

一、近因原则概述

近因(proximate cause)是指在因果关系的各原因中最近的原因,即促成保险标的发生损害的直接原因,是在效果上对损害的发生具有支配力的原因。① 按照英国学者斯蒂尔的解释,近因是指引起一系列事件发生并由此出现某种后果的能动的、起决定作用的因素;在这一因素的作用过程中,没有来自新的独立渠道的能动力量的介入。② 由此可见,近因是指除非存在这种原因,否则损失根本不可能发生或几乎不可能发生。换句话说,近因是导致承保损失的真正的、有效的、起决定性作用的原因。③ 近因与风险事故的发生有直接的因果关系,它是一种活跃而有效的动因,在效果上有支配力,直接促使某种事件产生后果,是诱发事件的主要原因或在诸因素中起支配作用的因素。④ 在保险法中,只有当风险事故的发生与损失结果的形成存在着直接因果关系(近因)时,保险人才对损失负补偿责任,该原则被称为"近因原则"。⑤

保险法中的近因原则经历了几个世纪才被普遍接受,该原则现在虽然适用于所有的保险,但其源头却是来源于海上保险。最早规定近因原则的立法是英国《1906年海上保险法》。该法第55条第1款规定:依照本法规定,除保险单另有约定外,保险人对于由所承保的危险近因造成的损失负赔偿责任,但对于不是由所承保的危险近因造成的损失,概不负责。⑥ 近因原则的里程碑案例是英国 Leyland Shipping Co. Ltd. v. Norwich Union Fire Insurance Society Ltd. 一案,审理此案的法官肖勋爵(Lord Shaw)在该案中将近因原则进一步具体化。他认为,将因果关系比喻成链状并不准确。事实上,因果关系不是链状的而是网状的。在每一点上,影响、力量、事件已经并正在交织在一起,并从每一交汇点成放射状无限延伸出去。在各种影响力的汇集处,就需要法官根据事实宣布哪一个汇集在这一点上的原因

---

① 参见覃有土主编:《商法概论(第二版)》,武汉大学出版社2018年版,第312页。
② 参见[英]约翰·T.斯蒂尔:《保险的原则与实务》,孟兴国、徐韦等译,中国金融出版社1992年版,第40页。
③ See Vasileios S. E. Tsichlis, Causation Issues in Barratry Cases, *Journal of Maritime Law & Commerce*, Vol. 35, No. 2, 2004, pp. 257-258.
④ 参见庹国柱主编:《保险学(第八版)》,首都经济贸易大学出版社2018年版,第109页。
⑤ 参见李玉泉:《保险法(第二版)》,法律出版社2003年版,第94页。
⑥ See Howard N. Bennett, *The Law of Marine Insurance*, Clarendon Press, 1996, p. 450.

是近因,哪一个是远因。① 按照这种判断标准,近因原则中的"时间"概念被"有效性"概念所取代,即在判断某一原因是否符合近因原则的要求时,不是看该原因是否最接近损失的发生时间,而是看该原因是否有效地促成保险事故的发生。

事实上,虽然英美法系国家的保险法都将近因原则作为保险法的基本原则确立下来,但对于近因原则的解释及其适用却存在着相当大的分歧。正如美国学者普鲁塞(Prosser)所言:近因仍然是一团乱麻和一堆荆棘,是一个令人眼花缭乱、扑朔迷离的领域。② 追求实际的英国人情愿避免这一哲学谜语,找到一个实际的解决方法。

二、近因原则的具体应用

在保险实务中,损害结果可能是由单一原因或多种原因造成。其中,单一原因造成损害结果的情况比较简单,如果属于保险事故,保险人就承担赔付保险金的责任;如果不属于保险事故,保险人可以拒绝承担保险责任。多种原因造成损害结果的情况则比较复杂,需要具体情况具体分析,归纳起来,多种原因造成损害结果的情形主要有以下几种:

(一)多种原因连续发生

如果有两个或两个以上的原因造成保险事故的发生,一般以最直接、有效的原因作为保险事故发生的近因。例如,日本发生过一起案例,A(受害人,诉外人)坐在 X1(受害者的丈夫)驾驶的自家所有的普通轿车的助手席上,车辆在商场交通管理人员指挥棒引导之下打开转向的方向灯,准备进入商场的停车场,在大拐弯过程中,当车辆位置已经到达道路对面的街沿石、正要进入停车场时,突然被前面疾驶而来的 Y1(加害者,被告)所驾驶的卡车撞击,致使乘坐在助手席上的 A 头部受伤,颈椎和背部也受到不同程度的伤害。同时,由于头部外伤引起视神经受到损伤。交通警察根据现场勘查认定,X1 在驾驶过程中没有任何违规行为,该事故完全是 Y1 的过错。因此,Y1 和 Y2(Y1 投保的保险公司,被告)向 A 支付了所有的医疗费用以及精神抚慰费。A 在遭到交通事故受伤以后,无法忍受头部外伤的疼痛以及在精神上受到的打击,在交通事故发生一年后,A 在居所悬梁自尽。X1 和 X2(受害者 A 的儿子)向 Y1 和 Y2 请求对 A 的死亡进行损害赔偿。Y1 和 Y2 以 A 的自杀同交通事故没有因果关系为由拒绝赔偿。③

---

① 参见陈欣:《保险法》,北京大学出版社 2000 年版,第 145 页。
② 参见林增余:《试论近因与因果关系》,载《保险研究》1992 年第 3 期。
③ 参见沙银华:《日本经典保险判例评释》,法律出版社 2002 年版,第 132—133 页。

在本案中,保险公司 Y2 是否应承担损害赔偿责任,要看因 Y1 的过失造成 A 的损伤是否为 A 自杀的近因。事实上,在本案中,A 死亡的结果是 Y1 对 A 加害行为的合理延续,正是因为 Y1 的过错导致 A 头部、颈椎和背部受伤,虽经医院治疗仍然留下头部外伤的疼痛的后遗症。而正是经常头痛的后遗症导致 A 在精神上受到很大的打击,并最终自杀。因此,Y1 的过错行为与 A 的自杀结果之间存在着近因关系,即 Y1 的过错行为与 A 的自杀结果之间存在着直接的、现实的和有效的因果关系。

有人可能提出质疑,认为 A 最终的自杀行为取决于其自身的精神和意志状态,因为有些人在遭受严重的肉体损害后,虽然有后遗症,但并没有选择自杀。所以,A 的自杀行为取决于其自身特殊的精神状态,与 Y1 的过错行为之间并不存在着直接的因果关系。笔者认为,现实世界中的一切都是相对的、有条件的,上述观点值得商榷。A 的自杀行为确实需要一定的条件,这种条件就是 A 的精神状况发生异常并决定自杀。但事实上,A 的精神状态异常只是其自杀的条件,而并非其自杀的原因。如果将条件看作原因,实际上是主张"泛化原因论",既不符合法律规定,也不利于案件的顺利解决。所以,在本案中造成 A 自杀的近因是 Y1 的过错行为,Y1 应当对 A 的死亡承担赔偿责任。因为 Y2 是 Y1 的保险人,Y1 应当承担的损害赔偿责任应当由保险公司 Y2 实际负责赔偿。

(二) 多种原因同时发生

在多种原因同时并存的场合,要分析其中是否存在除外责任。如果存在除外责任,要根据除外责任与其他原因的作用力,通过常识性原则来判断。具体可以分为两种情形:一种情形是除外责任与承保责任相互依存、共同作用导致危险事故的发生。在这种情形下,保险人不承担赔偿责任。另一种情形是除外责任与承保责任相互独立,任何一种原因都会造成保险标的的损失。在这种情形下,对危险事故造成的损失,保险人应承担赔偿责任。

第一种情形的代表案例是 Wayne Tank & Pump Co. Ltd. v. Employers' Liability Assurance Corp. Ltd.。在该案中,被保险人负责为一套设备安装管道,火灾发生前的晚上,被保险人需要开动设备预热,以便第二天测试,但没有留下人员看管设备和管道,也没有人发现已安装的部分管道存在问题。当天夜里,这部分管道熔化并造成起火燃烧。被保险人投保的是责任保险,管道本身的质量问题是除外责任,夜晚没有适当的人员巡查属于承保责任。[①]

本案中,火灾的发生是管道本身的质量问题与夜晚没有适当的人员巡查共同

---

① 参见陈欣:《保险法》,北京大学出版社 2000 年版,第 148 页。

作用的结果。在这两个原因中,无论缺少哪个原因,保险事故都不会发生。但是,其中管道本身的质量问题是除外责任,如果没有管道本身质量问题这一原因,保险事故是不会发生的。因此,在本案中,保险人对被保险人所遭受的损失不负赔偿责任。

第二种情形的典型案例是,某人的汽车因为发动机故障导致自燃,同时又遭遇冰雹袭击,后因及时救助,车辆未全损。该车辆投保了机动车辆保险,但没有附加自燃损失险。[①] 车辆的损失,是在自燃和冰雹共同作用下的结果,其中任何一个原因都会造成保险标的的损失,所以虽然自燃不属于保险人承保的范围,但对于冰雹造成的损失,保险人仍应承担赔偿责任。

(三) 多种原因间断发生

在多种原因间断发生的场合下,导致损失的原因有多个,并且由于新的独立原因的介入,因果关系的判断更为复杂。多种原因间断发生的案例主要有两种情形:第一种情形是新的独立原因为除外责任,由此所致损失保险人不予赔偿,但对前因所导致损失保险人仍应赔偿。第二种情形是新的独立原因为承保风险,由此所产生损害由保险人赔偿,但对中断了的前因所导致的损失,保险人不予赔偿。

第一种情形的代表性案例如,投保人只是投保了火灾险而没有投保盗窃险,因发生火灾被抢救出来的财产放在露天场所,后发生财产被盗。[②] 有人可能认为,如果不是因为发生火灾,投保人不会将财产放在露天场所,其财产也就不会被偷走了。所以,火灾的发生与投保人的财产被偷走之间存在着近因,保险人应当对投保人被偷走的财产承担赔偿责任。但实际上,在该案中,虽然抢救出来的财产放在露天场所的直接原因是发生火灾,但保险标的被放在露天场所中不是火灾的必然结果。相反,如果投保人将财产抢救出来后放在安全的地方,就不会发生财产被盗的结果。退一步来说,即使将抢救出来的财产放在露天场所,如果派专人看管,也不必然会发生财产被盗的结果。由此可见,在本案中,火灾仅仅是被烧毁的那部分财产损失的近因,并非被盗财产损失的近因。因此,对被盗财产的损失,保险人不承担损害赔偿责任。

第二种情形如,某一地区发生地震,使房屋遭到损坏,后由于地震引起的火灾又将房屋烧毁。按照保险合同的规定,火灾属于承保危险的范围,而地震则属于除外责任。按照常识性原则的判断,火灾造成的损失属于承保范围,由保险人承担赔偿责任。而地震造成的损失则属于除外责任,保险人不予赔偿。

---

① 参见张洪涛、郑功成主编:《保险学》,中国人民大学出版社 2000 年版,第 158—159 页。
② 参见吴庆宝主编:《保险诉讼原理与判例》,人民法院出版社 2005 年版,第 3—5 页。

第三节 保险利益原则

一、保险利益的概念

保险利益源于英文"insurable interest",可直译为"可保利益"。在 18 世纪中叶之前,海上保险人通常并不要求被保险人证明他们对投保的船舶或货物拥有所有权或其他合乎法律规定的利益关系,结果导致许多人以被承保的船舶能否完成其航程作为赌博的对象。同时,这诱使一些人去破坏航程的顺利完成,造成海事欺诈现象的大量存在。[①] 直至 18 世纪中叶,英国议会通过了《1774 年人寿保险法》,对人身保险的保险利益作了规定,这一法律漏洞才在英国得到填补。英国是世界上最早确立保险利益的国家,对保险利益的法律要求源于《1906 年海上保险法》,该法规定被保险人对保险财产具有保险利益是成立具有法律约束力的海上保险合同的前提条件。自此,保险合同的两大类别——财产保险合同和人身保险合同便都深深地打上了保险利益的烙印。

二、保险利益的功能

保险利益作为保险法中的核心概念,具有特定的功能和作用,主要表现在以下几个方面:

（一）避免赌博行为

从经济角度讲,赌博行为不仅不能增加任何社会财富,相反还会转移社会资源;从社会利益角度讲,赌博在一些人身上产生难以消灭的狂热,不但损害人与人之间的关系,还容易损害家庭,造成社会问题和负担;从社会伦理角度讲,赌博使偶然成为生活的主宰者,鼓励贪婪和不劳而获,破坏生活道德秩序。[②] 保险合同虽然也属于射幸合同,但与赌博行为具有很大的区别,关键之处在于投保人对保险标的必须具有保险利益。正是保险利益的存在,使得保险与赌博及与其类似的行为区分开来。一方面,由于投保人和被保险人对保险标的具有保险利益,保险事故的发生会使被保险人遭受事实上的损失,因此保险赔付只是对被保险人所遭受损失的补偿,而并非额外的获利;另一方面,法律明确规定保险合同的效力必须以保险利

[①] 参见陈欣:《保险法》,北京大学出版社 2000 年版,第 34 页。
[②] 参见〔英〕Malcolm A. Clarke:《保险合同法》,何美欢、吴志攀译,北京大学出版社 2002 年版,第 103 页。

益的存在为前提,可以消除投保人、被保险人及受益人侥幸获利的心理。[①]

(二) 防止道德风险的发生

道德风险是保险法中特有的概念,是指投保人、被保险人或受益人为骗取保险赔款而违反法律或保险合同甚至故意犯罪,促使保险事故的发生或在保险事故发生时采取放任的态度导致损失扩大。18世纪中叶之前,英国尚无保险利益的限制,一旦报纸上登载某名人得病,就有不少人以其为被保险人投保死亡保险,从而诱发道德风险,故意制造保险事故以谋取保险金的现象时有发生,[②]给社会增添了许多不安定因素,同时也与保险本身所具有的分散危险、消化损失、履行经济补偿的功能背道而驰。为了防范道德风险的发生,各国在法律上确立保险利益的要求。凡是享有保险利益的主体,因为标的物的安全存在与其有着直接的利害关系,所以一般情况下不会为了获取非法利益而去有意追求保险事故的发生。那些心术不正、希望以他人的财产和生命谋取非法利益的不法之徒,则因为保险利益原则的限制而无法投保,这也在一定程度上防范了道德风险的发生。

(三) 在损失补偿保险中,限制损害赔偿的程度

损失补偿原则是财产保险中的一项基本原则,在保险事故发生后,保险人按照被保险人遭受的实际损失在保险金额范围内给付保险金。保险利益是确定保险金额的基础,保险事故发生后,保险人所赔付的保险金的数额不能超过投保人或被保险人对保险标的所具有的保险利益,以防被保险人因投保而获得额外利益,影响保险损害补偿功能的发挥。

三、保险利益法律效力分析

保险利益存在的主体和时间构成保险利益的效力范围,此效力范围是否科学、合理,直接决定了保险利益原则能否正常发挥其应有的功能。

(一) 保险利益的主体效力

保险利益的主体效力就是判断保险利益的归属主体,即保险利益应当存在于何人的问题。对于保险利益应当存在于何人,各国保险立法不尽一致,学者们的观点也各不相同。归纳起来,主要有以下几种观点:

1. 保险利益仅是对投保人的要求

有学者主张,投保人对保险标的具有保险利益,才能与保险人订立保险合同,

[①] 参见邓成明等:《中外保险法律制度比较研究》,知识产权出版社2002年版,第24页。
[②] 参见李玉泉:《保险法(第二版)》,法律出版社2003年版,第77页。

否则合同无效。李玉泉、施文森等学者持此观点。①

2. 保险利益是对投保人或者被保险人的要求

袁宗蔚认为,保险利益者,乃投保人或被保险人对保险标的因各种利害关系而具有之经济利益,此种经济利益,投保人或被保险人因保险标的有关之保险事故发生而受损,因危险不发生而继续享有。②

3. 保险利益是对被保险人的要求

郑玉波认为,被保险人具有保险利益才是绝对必要的,因为被保险人是遭遇损害、享有赔偿请求权的人,若被保险人并无保险利益存在,岂有损害可言?同时,无保险利益而享有损害赔偿请求权,又何能防止道德风险?故被保险人较投保人享有保险利益更为重要,投保人若不同时也为被保险人,纵无保险利益,亦无影响。③郭宏彬也认为,保险利益应是被保险人对保险标的所具有的利益,而非投保人对保险标的所具有的利益。事实上,即使投保人对于保险标的的损失以及保险赔偿并无任何利益关系,也不会因此而诱发赌博和道德风险之发生,故要求投保人对保险标的具有保险利益在理论和实践上均无积极意义。④

4. 保险利益为对受益人之要求

孙鹏认为,保险利益本质上是对保险合同中受益人的要求,理由如下:首先,符合保险利益的作用。事实上,只有保险合同中的受益人才有请领保险金给付的权利,才易以他人之生命与财产赌博,并易于诱发道德风险,要求其具备保险利益正是对这些弊害之克服。其次,有利于人类之互助,使无因管理制度得在保险中运用。再次,有利于活络交易,如因投保人无保险利益而否认保险合同的效力,可能使交易中的货物损害无法获赔。最后,要求投保人具备保险利益是对受益人保险利益要求的误认。保险利益的目的在于避免赌博行为或道德风险,其规制对象应是保险金的受益人。⑤

实际上,分析保险利益的主体归属应当着眼于保险利益的功能。保险利益的基本功能是避免赌博行为、防止道德风险的发生以及在损失补偿保险中限制损害赔偿的程度。在财产保险中,通常情况下,投保人和被保险人为同一人,所以投保人具有保险利益,也就是被保险人具有保险利益。但是,由于被保险人是在保险事故发生时

---

① 参见李玉泉:《保险法(第二版)》,法律出版社 2003 年版,第 75 页;施文森:《保险法论文(第一集)》,三民书局 1988 年版,第 19 页。
② 参见袁宗蔚:《保险学——危险与保险》,首都经济贸易大学出版社 2000 年版,第 235 页。
③ 参见郑玉波:《保险法论》,三民书局 1994 年版,第 68 页。
④ 参见郭宏彬:《保险利益原则之再界定》,载《中央政法管理干部学院学报》2001 年第 3 期。
⑤ 参见尹田主编:《中国保险市场的法律调控》,社会科学文献出版社 2000 年版,第 165—169 页。

享有保险赔偿金请求权的人,所以应当将保险利益的主体限定为被保险人。在人身保险中,由于被保险人对自己的身体享有法定的权利,可以排除任何人的干涉,所以要求被保险人具有保险利益没有实际意义。与之相对,如果投保人对保险标的不具有保险利益,则有可能诱发道德风险,所以应当要求其具有保险利益。

(二)保险利益的时间效力

保险利益之存在时点,依保险通例,因险种而各不相同。学者多认为,保险利益存在的时间在财产保险与人身保险中不同。在人身保险中,保险利益必须于订约时存在;但在财产保险中,保险利益却不必仅限于订约时存在。[1]

1. 财产保险合同中保险利益的存在时点

对财产保险利益的存在时间,不同国家和地区的法律规定均不相同。有的要求被保险人在投保时就享有保险利益。如意大利《民法典》第 1904 条规定:"在保险应当开始时,如果被保险人对损害赔偿不存在保险利益,则该损害保险契约无效。"我国澳门地区《商法典》第 995 条规定:"损害保险合同,如订立时被保险人对损害赔偿无保险利益,则无效。"有的则规定,在保险合同订立时可以不存在保险利益,但保险事故发生时被保险人必须享有保险利益。如英国《1906 年海上保险法》第 6 条规定:"在保险契约订立时,被保险人对于标的物固无发生利益关系之必要,但标的物灭失时,被保险人必须享有保险利益。"

我国《保险法》第 48 条规定:"保险事故发生时,被保险人对保险标的不具有保险利益的,不得向保险人请求赔偿保险金。"财产保险的主要目的在于填补被保险人遭受的损失,因此应当着眼于保险事故发生的时点。如果被保险人在订约之时有保险利益,但在保险事故发生时保险利益已经不存在,则无损失可言;反之,如果被保险人在订约之时虽无保险利益,但在保险事故发生时取得保险利益,则其所遭受的损失可以得到保险赔偿。因此,将财产保险合同中保险利益的存在时点限定在保险事故发生之时,既能最大限度地实现保险利益的功能,又能将对订约自由的限制降到最低点,不失为一良策。

2. 人身保险合同中保险利益的存在时点

与财产保险合同不同,在人身保险合同中,保险利益的存在时点被限定在保险合同订立之时,至于保险事故发生时是否仍有保险利益,则无关紧要。例如,某人为其妻投保人身意外伤害保险,将自己作为受益人,虽在保险期内夫妻离婚,投保人(受益人)对前妻的生命或身体已无保险利益,但意外伤害保险合同并未因此而失效,投保人于保险事故发生时仍有请领保险金的权利。又如,债权债务存续期

---

[1] 参见桂裕:《保险法论》,三民书局 1981 年版,第 55—58 页。

间,债权人对债务人有保险利益,债权人得以债务人为被保险人订立死亡保险合同,若其后债务人履行债务,债权人对债务人之保险利益消灭。在这种情况下,保险人无法就保险利益的继续存在逐一查证,纵然查证结果证实保险利益消灭,若必欲使保险合同失效,其后将发生保险费应否比例退还以及改以短期保险费率另计保险费等问题,从而使问题变得复杂。①《最高人民法院关于适用〈中华人民共和国保险法〉若干问题的解释(三)》(以下简称《保险法解释(三)》)第3条规定:"人民法院审理人身保险合同纠纷案件时,应主动审查投保人订立保险合同时是否具有保险利益,以及以死亡为给付保险金条件的合同是否经过被保险人同意并认可保险金额。"事实上,大多数人身保险合同是一种储蓄和投资形式。通常情况下,保险金额就是保费的积累,而此种保费以及保险给付金额均是保险人事先根据一定的数理原则计算出来的,无论保费还是给付金额都是相对固定的。在保险人已经按正常标准对风险进行了评估的前提下,仅仅因为合同生效后保险利益的丧失就允许保险人终止合同是极为不合理的。因此,在人身保险合同中,只要在订约之时存在保险利益就可以发挥保险利益的功能,避免赌博行为并防止道德风险的发生,而无须要求在保险事故发生时仍有保险利益的存在。

第四节 损失补偿原则

一、损失补偿原则的含义

保险合同是保险人与被保险人达成的损失补偿协议,这就决定了在保险事故发生时,被保险人获得的保险赔偿不能超过其实际遭受的经济损失。财产保险的经济补偿性质决定了损失补偿原则是财产保险合同法的基本原则。② 损失补偿原则是指在保险期限内发生保险事故致使投保人或被保险人遭受损害时,保险人在责任范围内对投保人或被保险人遭受的损害进行补偿。从损失补偿原则的发展历史看,该原则起源于早期的海上保险,并已成为补偿性保险合同中的一个核心原则。美国著名保险学者许布纳曾指出:"许多保险学者通常并不认为保险中的一些基本概念都可以被视为'原则',但大多数人会同意,'补偿'这个概念在财产保险中是如此重要,所以它应被视为一个真正的原则。"③由此可见,损失补偿原则在保险

---

① 参见王萍:《保险利益研究》,机械工业出版社2004年版,第105—106页。
② 参见徐卫东主编:《保险法学(第二版)》,科学出版社2009年版,第238页。
③ 〔美〕所罗门·许布纳等:《财产和责任保险(第四版)》,陈欣等译,中国人民大学出版社2002年版,第46页。

法中占有重要的地位,财产保险中的许多重要制度,如保险代位权、超额保险的禁止以及复保险的分摊等,都是从损失补偿原则中引申出来的。

损失补偿原则主要包括以下几方面的含义:(1)无损害无保险,无保险则无赔偿。保险事故发生导致保险标的受损,保险人应当按照保险合同约定对被保险人的实际损失进行补偿。[①] 需要补偿的程度则视损害的实际大小而定,因为保险合同是一种补偿合同。[②] (2)对被保险人补偿的量必须等于其损失的量,即保险人的补偿恰好使保险标的恢复到保险事故发生之前的状况,被保险人不能获得多于实际损失的补偿。换句话说,禁止被保险人通过保险获得不当得利,任何被保险人不能因为保险制度的存在而获得超过其实际损害的补偿,否则保险制度将与赌博无异。(3)对被保险人补偿的金额受其投保金额和保险利益的限制,在投保金额超过保险财产的实际价值时,对被保险人补偿的金额要受保险财产实际价值的限制。例如,投保人投保财产的实际价值为 100 万元,但其投保金额为 120 万元,当保险标的发生保险事故全损时,保险人赔付的保险金受保险标的实际价值的限制,即仅赔付 100 万元,对超出的 20 万元保险金不予赔付。

二、损失补偿原则与民法上损害赔偿原则的区别

关于损害赔偿的发生原因,学者们采取的分类存在较大的分歧。一般而言,其发生原因可以归纳为四类:(1)因合同关系而发生之损害赔偿;(2)因侵权行为而发生之损害赔偿;(3)因保险合同而发生之损害赔偿;(4)因法律之特别规定而发生之损害赔偿。[③]

以上损害赔偿的四种原因中,因合同关系而发生之损害赔偿与因侵权行为而发生之损害赔偿统称为"民法上的损害赔偿"。民法上的损害赔偿与保险的损失补偿原则具有相同之处,主要表现在以下几个方面:

(1)二者都是在一定的范围内对受害人所遭受的损失进行全面赔偿,即赔偿以遭受的实际损失为限,损失多少,赔偿多少。

(2)二者都遵循财产赔偿原则,即无论是民法上的损害赔偿还是保险的损失补偿原则,都是以财产赔偿作为唯一的方法,不能用其他方法代替。

(3)赔偿的数额都是以受害人遭受的实际损失为限,避免受害人因为赔偿而获利。为了贯彻上述原则,在保险法中有保险代位权的规定。即在财产保险中,保

---

① 参见温世扬主编:《保险法(第三版)》,法律出版社 2016 年版,第 70 页。
② See M. P. Picard, *Element of Insurance Law*, Sweet & Maxwell, 1939, p.2.
③ 参见曾世雄:《损害赔偿法原理》,中国政法大学出版社 2001 年版,第 9 页。

险标的发生保险事故造成推定全损,或者保险标的由于第三者的责任而灭失,保险人按照合同约定赔付保险金后,依法取得保险标的物的所有权或取得对造成保险标的损失的第三人的追偿权。在民法中则设有损益相抵原则,即赔偿权利人基于发生损害的同一原因受有利益者,应在损害额内扣除利益,由赔偿义务人就差额予以赔偿。

虽然民法上的损害赔偿与保险法上的损失补偿原则具有许多相同点,但二者同时也有许多不同之处,主要表现在以下几方面:

(1) 性质不同。民法上的违约责任是一方当事人对合法有效的合同义务的违反而应当承担的损害赔偿责任;侵权责任是对不得侵害他人人身、财产的法定义务的违反所应当承担的损害赔偿责任。保险责任是保险人按照保险合同的约定履行赔付保险金的责任,并无任何上述违反义务的色彩。

(2) 目的不同。民法上的损害赔偿的目的是将由于责任人的行为所扭曲的法律关系恢复到正常状态,惩罚不法行为人并保护受害人的合法权益;保险损失补偿原则的目的是为了补偿被保险人所遭受的损失,避免因为保险事故的发生造成经济和社会的动荡。

(3) 前提不同。民法上的损害赔偿的适用前提是违约方不履行或不完全履行合同义务给对方当事人造成损失,或者侵权人违反法定义务给受害人的人身、财产造成损害。保险损失补偿的适用前提是保险事故的发生给保险标的造成损失。

(4) 赔偿方法和范围不同。民法上的损害赔偿是对被保险人所遭受的全部损失进行赔偿,损失多少,赔偿多少。在侵权赔偿责任中,对受害人的赔偿不仅包括直接损失的赔偿,还包括间接损失的赔偿;在违约损害赔偿责任中,对受害人的赔偿不仅包括现有财产损失的赔偿,还包括可得利益损失的赔偿。保险损失补偿的范围是由投保人投保时的保险金额决定的,投保人投保时缴纳的保险费越多,保险金额越高,但保险金额有一定的限度,即不能超出保险标的的实际价值。如果超出保险标的的实际价值,则超出的那一部分无效。

三、损失补偿的范围

损失补偿的范围是指保险人对被保险人进行补偿的项目和种类,通常情况下,包括以下几个方面:

1. 保险事故发生时,保险标的的实际损失

由于财产的价格可能受到多种因素的影响而发生上下波动,因此保险标的实际损失的确定也必须按照保险人赔付保险金之时受损财产的实际现金价值为标准进行计算。日本《商法典》第 638 条规定:(1) 保险人应赔偿的损失额,以损失发生

地的时价确定。(2) 计算前款损失的必要费用,归保险人负担。该法第 639 条规定:当事人评定保险价额后,保险人非证明其价额显著失当,不得请求减少赔偿额。韩国《商法典》第 676 条规定:(1) 保险人应要补偿的损害额,应根据该损害发生的时间及地点的价值来计算。但是,若当事人之间另有约定,则应根据该约定价值计算损害额。(2) 有关计算前述损害额的费用,应由保险人承担。

2. 合理费用

合理费用是指保险事故发生后,被保险人为了防止或减少保险标的损失所支付的必要的合理的费用和有关诉讼支出。我国《保险法》第 57 条第 2 款规定:"保险事故发生后,被保险人为防止或者减少保险标的的损失所支付的必要的、合理的费用,由保险人承担;保险人所承担的费用数额在保险标的损失赔偿金额以外另行计算,最高不超过保险金额的数额。"第 66 条规定:"责任保险的被保险人因给第三者造成损害的保险事故而被提起仲裁或者诉讼的,被保险人支付的仲裁或者诉讼费用以及其他必要的、合理的费用,除合同另有约定外,由保险人承担。"日本《商法典》第 661 条、德国《保险合同法》第 63 条以及韩国《商法典》第 680 条都有类似的规定。

3. 其他费用

其他费用主要是指为了确定保险责任范围内的损失所支付的对受损保险标的的检查、估价、出售等费用。我国《保险法》第 64 条规定:"保险人、被保险人为查明和确定保险事故的性质、原因和保险标的的损失程度所支付的必要的、合理的费用,由保险人承担。"

四、损失补偿的方式和计算方法

(一) 损失补偿的方式

在保险实务中,损失补偿的方式主要有以下几种:

1. 现金赔付

在大多数情况下,保险赔付都采用现金赔付的方式,特别是在人身保险和责任保险中,由于保险标的的无形性,只能采取现金赔付的方式。

2. 修复

主要适用于汽车保险方面,保险人广泛地采用修理作为赔偿的方式之一,并授权汽车修理厂对受损的汽车进行修理。在欧洲的一些国家,这种保险理赔方式日益受到人们的认可。[1]

---

[1] 参见李玉泉:《保险法(第三版)》,法律出版社 2019 年版,第 86 页。

3. 更换

当保险标的物因保险责任事故发生而遭受损害时,保险人可以采取替代、更换的方法,对标的物受损害的部分进行部分或全部更换,如在玻璃保险中为被保险人更换玻璃。采用这种方式时,要考虑到标的物的折旧,因此保险人应当享有一定的折扣。

4. 重置

根据保险人与被保险人的协议,双方可以在保险单中加入重置条款。这种补偿方式通常适用于财产保险,尤其是保险人负责修复或重建被火烧毁的房屋等情形。

(二)损失补偿的计算方法

在我国,损失补偿的计算方法主要有以下几种:

1. 比例赔偿方式。即保险人按照保险金额与出险时财产实际价值的比例来赔偿被保险人的损失。其计算公式是:赔偿金额=损失金额×保险金额/财产实际价值。

2. 第一危险赔偿方式。该方式实际上是将保险财产分为两个部分:第一部分为保险金额部分,此部分损失由保险人负责赔偿;第二部分即超过保险金额的部分,保险人不负责赔偿。其特点是,无论足额保险与不足额保险,保险人都在保险金额以内赔偿被保险人的实际损失。

3. 限额赔偿方式。限额赔偿方式又分固定责任赔偿方式和免责限度赔偿方式两种。固定责任赔偿方式主要适用于农作物保险。当农作物实际收成达不到事先确定的限额时,由保险人赔偿其差额。其特点是不计损失数额,保险人只补偿收获量不足限额责任的部分。免责限度赔偿方式是指保险人事先规定一个免责限度(可以是免赔额,也可以是免赔率),只有在损失超过这个限度时才予以赔偿。

示范案例

【案情简介】[①]

2018年8月19日晚,杨甲驾驶豫N×××××小型轿车行驶至某道路交叉口时,因暴雨致使路面积水造成该车发动机损毁。2018年9月28日,驾驶人杨甲支付该车维修费145228元。经该车所有人杨乙申请,一审法院委托商丘市诚信价格评估有限公司对该车的损失进行鉴定,评估其损失额为138700元。杨乙支付评估费2000元。该车在大地财险商丘公司投保了保险金额为327560元的车辆损失保险且不计免赔,保险期间自2018年6月15日0时起至2019年6月14日24时止。

---

① 参见河南省商丘市中级人民法院(2019)豫14民终3327号民事判决书。

法院查明,豫N×××××小型轿车的所有人为杨乙,事故发生时该车驾驶人杨甲持有准驾车型C1的机动车驾驶证。2018年8月18日,商丘市区降雨为暴雨以上等级。

大地财险商丘公司认为,保险人已就该责任免除条款向被保险人履行明确说明义务,因此该免责条款对于被保险人发生法律效力。因被保险机动车在积水路面涉水行驶、被保险车辆在水中启动导致发动机进水而造成发动机的损失属于除外风险,杨乙未购买附加险,不应获得保险赔偿。在本案中,被保险人车辆在积水路面行驶造成发动机损坏,不论因何种原因造成损失,保险人均不应承担赔偿责任。

杨乙向法院提起诉讼,请求判令大地财险商丘公司赔偿其车损费、车损评估费、施救费等共计16万元。

【案例分析】

一审法院认为,杨乙系事故车辆豫N×××××小型轿车的所有人,对该车具有保险利益。该车在大地财险商丘公司投保有车辆损失保险且不计免赔,事故发生在保险期间,杨乙提起诉讼要求大地财险商丘公司承担保险责任,诉讼主体适格。

根据保险法近因原则的要求,如果在导致发动机损坏的诸种原因中承保原因是近因,则保险人应当负责赔偿。根据保险条款,暴雨是承保原因,发动机进水是除外原因。车辆在暴雨中涉水行驶造成发动机损坏,通常系由暴雨、涉水行驶共同作用所致。本案中,造成发动机损坏的因果关系链条为暴雨造成路面积水,车辆涉水行驶导致发动机进水后损坏。其中,暴雨系推动其他事件发展之主要原因,是导致事故发生的最有效、起决定性作用之原因,故暴雨是引发事故之有效近因;发动机进水是车辆在暴雨中行驶造成发动机损坏的自然连接原因。因此,本次事故应当属于保险合同约定的保险人应当承担保险责任的情形,而非保险合同约定的免责情形。

 思考案例

案例一[①]

王某于2001年10月向某保险公司投保了一份生死两全保险,被保险人为本

---

① 参见《保险案例及分析》,豆丁网,http://www.docin.com/p-814697986.html,2020年7月22日访问。

人,受益人为其妻李某。2003年1月,王某经医院诊断为突发性精神分裂症。治疗期间,王某病情进一步恶化,终日意识模糊,狂躁不止,最终自杀身亡。事发之后,李某以保险合同中列明"被保险人因疾病而身故,保险人给付死亡保险金"为由,向保险公司提出给付死亡保险金的索赔要求。保险公司则依据《保险法》第66条的规定,以死者系自杀身亡,且自杀行为发生在订立合同之后的两年之内为由,拒绝了李某的索赔要求,只同意退还保险单的现金价值。

【思考问题】
1. 本案能否适用2002年《保险法》第66条的规定?
2. 本案中,王某死亡的近因是什么?

案例二[①]

1999年1月2日,A公司向本市一家印刷厂租借了一间100多平方米的厂房作为生产车间,双方在租赁合同中约定租赁期为一年。若一方违约,则违约方应支付违约金。同年3月6日,A公司向当地保险公司投保了企业财产险,期限为一年。当年,A公司因订单不断,欲向印刷厂续租厂房一年,但遭到拒绝,因此A公司只好边维持生产边准备搬迁。2000年1月2日至18日期间,印刷厂多次与A公司交涉,催促其尽快搬走,A公司经理一再向印刷厂解释,并表示愿意支付违约金。最后,印刷厂法人代表只得同意,并要求A公司最迟在2月10日前交还厂房,否则将向有关部门起诉。2月3日,A公司职员不慎将煤油洒在地上引燃起火,造成厂房内设备损失215000元;厂房屋顶烧塌,需修理费53000元。于是,A公司向保险人索赔。

本案中厂房内设备属企业财产险的保险责任范围,保险公司理应赔偿该损失,这一点不存在争议。但是,租借合同已到期,对保险公司是否仍应对厂房屋顶修理费进行赔偿产生了分歧。第一种意见认为:租赁合同到期后,A公司对印刷厂厂房已不存在保险利益。第二种意见认为:厂房屋顶烧塌是在A公司继续违约使用印刷厂厂房期间,即A公司违约行为在先,故A公司在保险标的上的利益不合法,保险公司不应给予赔偿。第三种意见认为:本案中,印刷厂法人代表最终同意A公司在2月10日前交还厂房,这是印刷厂对A公司租赁合同到期后继续使用厂房行为的认可。同时,如果A公司未因火灾导致厂房屋顶烧塌,就不用支付相应的修

---

① 参见《到期承租房屋遭火受损 保险公司是否赔偿?》,南方网,2001年9月19日,http://finance.southcn.com/biaoxian/bxal/caix/200203141208.htm,2020年7月22日访问。

理费用,可将完好的厂房交还印刷厂。由此可见,保险事故发生时,A公司对厂房这一保险标的具有保险利益。

【思考问题】

请分析,本案中哪种处理意见正确?

拓展阅读

如上文所述,保险法中对因果关系的判断应遵循近因原则,但对于如何判断近因没有固定的标准。笔者认为可适用常识性原则。在哲学意义上,常识可以被定义为:"理智正常的人通常所具有的、可以用判断或命题来表示的知识或信念。"[①] 常识具有以下三个特性,即普遍性、直接性和明晰性。具体到法学上,因为法律有一个基本的要求,就是要普遍适用于所有人。按照这种要求,法律的内容必须是常识性的东西。[②] 按照哈特和霍诺雷、布里特和瓦勒等学者的观点,人们在日常生活和社会交往中,根据共同的生活准则,已经形成相对一致的因果关系判断标准,尽管这种标准不是十分清楚,但它确实存在。[③]

从这个意义上讲,常识性原则是指在适用近因原则判断危险事故的发生与保险标的的损失之间是否存在直接的因果关系时,必须按照理智正常的人通常所具有的识别能力来进行判断。在这个概念中,理智正常的人是指具有正常的智力水平和思维能力,能作出符合自身年龄水平和社会一般标准的判断的人。在此,对理智正常的人界定为成年人,因为未成年人身心发育还不成熟,所以他们的判断能力还存在欠缺,不能以他们的判断能力作为社会大众的衡量标准。

常识所具有的一个最重要的特性就是普遍性,从某种意义上说,常识的普遍性直接决定了其所具有的直接性和明晰性。但是,常识的普遍性并不具有统一的判断标准。"世上没有两片完全相同的树叶。"这表明了差异性的普遍存在,树叶如此,人类社会同样如此。正因为常识的普遍性与日常生活中的普通人相联系,所以它的普遍性又是相对的,即它依时代、地域、社会生活状况和相关人群一般知识水平的不同而呈现不同的普遍程度。例如,处于不同时代的人对某一事物的认识,因其所处时代的知识水平的差异而有所不同;处于不同国家的人对某一事物的认识,因其国家所处地域的差异,可能也会有所不同;从事不同职业的人,对某一事物的

---

① 周晓亮:《试论西方哲学中的"常识"概念》,载《江苏行政学院学报》2004年第3期。
② 参见邱本:《重视常识在法律中的地位》,载《人民法院报》2005年8月17日第B01版。
③ 参见张绍谦:《刑法因果关系研究》,中国检察出版社2004年版,第11页。

认识,也会因自己的职业背景和专业习惯而有所不同。但这并不意味着常识的差异性是绝对的,因为最普遍的常识能为最大多数的人所具有。正如哈特和霍诺雷所言:"人们认为:尽管这样的观念边缘周围具有很大一部分存在争议的模糊区域,但也存在一个众所公认的核心内容,而这一核心的含义则被认为能够无疑地适用于特别的案件。"[1]

采用常识性标准对保险法中的近因原则进行判断,是有客观依据的。首先,因果关系的客观性完全可以为人们所认识。人们通过大量的日常生活经验,会产生一种现象的出现会引发另外一种现象的观念,即因果观念。这种因果观念是人们在日常生产、生活过程中的经验总结。所以,按照这种观念判断因果关系,不会出现大的偏差。其次,由于人们的常识性因果观念具有一定的普遍性,所以对于同种类型案件的判断结果大致相同,这样就可以避免类似案件作出不同判决的现象的发生,能够保证判决的权威性和稳定性。最后,由于常识性原则的客观性,在判断近因时应符合实事求是原则。这样既可以避免对保险人漫无边际地科以赔偿责任,维持其正常运营;又能防止保险人不合理推卸责任,维持被保险人的利益,从而实现被保险人与保险人之间的利益平衡。

---

[1] 转引自张绍谦:《刑法因果关系研究》,中国检察出版社2004年版,第12页。

第二编　保险合同总论

第四章　保险合同当事人的先合同义务

第一节　投保人的告知义务

一、告知义务的意义和各国立法例

告知,有的国家保险法上称之为"说明",即在保险合同订立时,投保人应将有关保险标的的重要事实(material facts)如实告知保险人,也即通常所说的投保人对保险人负有的告知义务。这种义务是法定的,不受保险合同是否有明确约定的影响。①

一般认为,英美法中被保险人的如实告知义务来源于最大诚信原则。在英国,法院实务、判例法或学术著作均会引证的最大诚信原则来源于曼斯菲尔德勋爵(Lord Mansfield)1766年在Carter v. Boehm一案中所作的经典判决。在该案判决中,曼斯菲尔德勋爵指出,基于保险人和被保险人对于保险标的资讯的先天不平衡,加上保险合同所具有的射幸性,保险人为了评估危险,要依靠被保险人所为的特别事实的告知(disclosure)并信赖被保险人所为的事实陈述(representation)。除故意隐瞒为欺诈外,即使被保险人仅因为过失而无欺诈意图,对保险人而言其行为仍是隐瞒,因为保险人实际承担的危险和其缔约时所了解而想要承担的危险不同,所以在上述情形下保险人可以选择解除保险合同。与此同时,曼斯菲尔德勋爵也对保险人可以行使的上述权利提出了几点保留:首先,保险人主张被保险人未尽如实告知义务而拒付保险金和解除合同的抗辩仅限于海上保险,而不适用于人寿

---

① 参见李玉泉:《保险法(第三版)》,法律出版社2019年版,第57页。

保险。其次,应当区分对保险人有利的隐瞒和对保险人不利的隐瞒,在前一种情况下保险人不能以被保险人有隐瞒行为作为拒付保险金的抗辩。最后,他也意识到可能存在保险人滥用此种抗辩的危险,因此建议要防止使该原则变成保险人进行欺诈的工具。①

到18世纪末期,英国法中的被保险人告知义务总共形成了三条准则:第一,该义务要求投保人和被保险人诚实地陈述和自愿地披露实质性的事实。第二,该义务的履行不考虑义务人欺诈的故意和任何一方的知识范围,因此过失的不实陈述和不披露都构成违约。第三,在不实陈述或者不披露与损失之间不需要有因果关系。②

此后,又经过一百多年的时间,英国最终在《1906年海上保险法》中将最大诚信原则和如实告知义务正式作为成文法固定下来。该法第17条"保险是最大诚信(行为)"规定:"海上保险合同是一份建立在最大诚信基础之上的合同,如果合同的任何一方不遵守最大诚信,另一方可以使合同无效。"紧接着,该法第18条规定了"被保险人的告知",第19条规定了"投保代理人的告知",第20条规定了"商洽(保险)合同期间的陈述"。通过上述规定,英国初步将投保人和被保险人的告知义务体系化地建立起来。③

在美国,最早的关于最大诚信原则的论述是约瑟夫·斯托里(Joseph Story)法官对于M'Lanahan v. Universal Insurance Co.一案的判决。在该案中,船东在1823年10月20日指示其代理人订立保险合同,但是当其代理人在12月22日订立保险合同的时候,该船已经灭失了。在被保险人向保险人索赔时,保险人拒绝承担责任,理由是被保险人对两方面的实质性信息进行了隐瞒:其一,被保险人在哈瓦那没有通知其代理人或其他在美国的人其船舶已经灭失的信息;其二,被保险人在10月20日的指令中未说明船舶开航的日期。

斯托里法官在该案中适用了最大诚信原则。但是,在适用该原则的时候,斯托里法官在两个方面对上述英国案例进行了修正。其一,尽管承认知道船舶灭失是重大事实,但同时被保险人履行告知义务时只要尽了"合理的注意"(due and reasonable diligence)即可,不要求最高的注意(extreme diligence)义务。其二,斯托里法官否定了曼斯菲尔德勋爵确立的开航时间总是重大事项以及认为某一事实是否

---

① 参见孙宏涛:《投保人告知义务论纲》,http://www.doc88.com/p-984460935194.html,2020年7月22日访问。
② See Jeffery B. Struckhoff, The Irony of Uberrimae Fidei: Bad Faith Practices in Marine Insurance, *Tulane Maritime Law Journal*, Vol. 33, Summer 2005, pp. 290-291.
③ See Howard N. Bennett, *The Law of Marine Insurance*, Clarendon Press, 1996, pp. 442, 443.

为重大事实是一个法律问题的观点。相反,斯托里法官认为开航时间是否属于重要事实应当由陪审团根据案件的具体情况判定。①

大陆法系国家的保险法对投保人告知义务的规定以德国、法国和日本为典型代表。② 2008年德国《保险合同法》从第19条到第22条详细规定了投保人的告知义务、投保人不履行告知义务的法律后果以及保险人解除权的行使等内容。总体上看,德国的保险合同立法采取主观主义的立场,所以关于投保人违反告知义务,特别注重区分其主观心理状态规定不同的法律效果。即投保人因故意或重大过失违反告知义务时才承认保险人的解除权;否则,保险人仅享有保险费变更权或一定条件下的终止权。③

法国2005年7月27日修改的《保险合同法》第L113-2条第2款规定:"投保人与被保险人应如实回答保险人提出的询问,特别是,在签订保险合同时必须如实回答保险人向其提交的损失报告询问表上规定的问题,以便保险人能够正确评估保险合同的承保风险。"在投保人违反告知义务时,针对投保人的主观心理状态,区分两种情形。第一种情形是投保人故意违反告知义务。该法第L113-8条第1款规定:"如果投保人或被保险人基于故意或过失不履行如实告知义务,并且上述遗漏或欺诈性陈述降低或改变了保险人对危险的评价,即使投保人或被保险人隐瞒或歪曲的事实对保险事故的发生没有任何影响,保险合同仍然归于无效。"在上述情形下,保险人有权拒绝返还投保人支付的保险费,并有权请求投保人支付拖欠的保险费。但人寿保险合同除外。第二种情形是投保人非故意违反告知义务。该法第L113-9条第1款规定:"如果无法证明投保人、被保险人是基于故意隐瞒了保险标的的相关事实或作出虚假陈述,则保险合同并不因此无效。"这时,保险人可区分投保人、被保险人违反告知义务的事实被发觉是在保险事故发生之前还是之后,按照不同情况作出处理。如果是在保险事故发生之前,则保险人可以选择与投保人协商一致之后增加保险费并继续维持保险合同的效力,或者在用挂号信将终止合同的通知送达被保险人之日起10日后终止保险合同,并将尚未到期的部分保险费

---

① See Thomas J. Schoenbaum, The Duty of Utmost Good Faith in Marine Insurance Law: A Comparative Analysis of American and English Law, *Journal of Maritime Law and Commerce*, Vol. 29, No. 1, 1998, pp. 8-9.
② 参见周玉华,《保险合同法总论》,中国检察出版社2000年版,第204—209页。
③ 德国于2008年1月1日颁布实施的新《保险合同法》第19条对旧《保险合同法》第16条进行了全面修改,不仅明确了投保人承担告知义务的时间阶段,还明确规定当投保人违反告知义务并非基于故意或重大过失时保险人不能解除合同。在上述情况下,保险人有权在通知投保人之日起的一个月内终止合同。此外,新法还对保险人的解除权作出了相关限制,如果保险人在知晓投保人未告知事实后仍然会与之订立合同的,则保险人不得解除合同;如果保险人已经知晓投保人未告知的风险事实或投保人未如实告知重要事实的,则保险人不得解除保险合同。Siehe Gesetz über den Versicherungsvertrag § 19.

返还给投保人。如果是在保险事故发生之后,则应当按照投保人实际缴纳的保险费与保险人得知投保人、被保险人未告知的事实后确定的保险费的比例来计算保险人应当赔付的保险金的数额。

日本《商法典》第644条、第645条和第678条对投保人的告知义务进行了明确的规定,并对损害保险和人身保险分别进行规定。第644条规定,在订立损害保险合同时,因投保人的恶意或重大过失,不告知重要事实或不如实告知的,保险人可以解除合同;但保险人不知相关重要事实或因过失而不知的,不在此限。第678条规定,在订立人身保险合同时,因投保人或被保险人的恶意或重大过失,不告知重要事实或不如实告知的,保险人可以解除保险合同。

二、告知义务的基础

学者们对投保人告知义务基础的研究多局限于法学制度的层面,实际上,这种分析方法过于单一,不能深刻揭示告知义务的理论基础和产生的根源。因此,在下文中,笔者将从告知义务的道德基础、法学基础和经济学基础三个层面探寻告知义务的根源。

(一)告知义务的道德基础——防止保险欺诈

保险是一种集社会互助性和科学技术性为一体的经济损失补偿和人身伤害给付制度,是市场经济繁荣和金融市场稳定的防护网和减震器。在全球科技飞速发展和世界经济一体化的今天,机遇和挑战并存、利润和风险共生,保险这一社会生产和生活的"精巧的稳定器"[①],作为现代社会的一种经济补偿形式,对维护社会稳定、促进国民经济健康发展具有十分重要的作用。在现代保险实务中,投保人所缴纳的保险费是由保险人根据所承保保险标的的危险程度进行分析、计算的,因此投保人是否完全履行了告知义务不仅仅关系到其所缴纳的保险费的多少,更重要的是关系到保险人对所承保的风险的评估。从这种意义上讲,投保人告知义务的履行对保险公司业务的正常开展提供了一种技术性的支持,对整个保险业的健康运转更是起着至关重要的作用。如果每个投保人和被保险人都遵循最大诚信原则,在订立保险合同时诚实履行了告知义务,保险人就可以根据投保人告知的事实来算定保险费率和决定是否承保。但是,在某些情况下,投保人为了骗取高额保险金,故意隐瞒保险标的或被保险人本身的有关情况,从而构成保险欺诈。这样就使得保险这一互帮互助、利己利人的精巧制度在骗取保险金的贪婪的作用下迅速"沉沦"。由此可见,告知义务的道德基础在于保证保险制度的正常运作,防止保险欺

---

① 吴小平主编:《保险原理与实务》,中国金融出版社2002年版,第119页。

诈的发生。

(二) 告知义务的法理基础——最大诚信原则

关于投保人告知义务的法理基础,学说众多,意见不一。主要有射幸合同说、瑕疵担保说、最大诚信说、意思合致说以及危险估计说。综观以上诸说,从各自立论之基点及其方法论考察,可分为三类:(1) 以合同法内在的一般法理进行说明,例如上述意思合致说、瑕疵担保说;(2) 从保险合同与其他合同相比较的特殊构造进行说明,例如上述射幸合同说、最大诚信说;(3) 从保险制度技术之构成进行说明,危险估计说属于这种情况。①

笔者认为,意思合致说、瑕疵担保说和射幸合同说并不能充分揭示投保人告知义务的法理基础。其中,意思合致说的缺陷在于,投保人告知义务的内容并非双方当事人订立合同的必备条件。换句话说,即使投保人未履行告知义务,只要双方当事人对合同主要条款意思表示一致,保险合同仍然成立。瑕疵担保说的缺陷在于,投保人告知的内容是有关被保险人或保险标的自身情况的信息,该信息并非所谓的"瑕疵",因此该说也无法揭示投保人告知义务的法理基础。射幸合同说的缺陷在于,现代保险观念并非完全系于偶然结果,也有一定科学基础。即依精确之数理、精密之统计作出保险金与保险费之决定,而非侥幸于万一。因此,射幸合同说也无法解释告知义务的法理基础。危险估计说是20世纪初由瑞士学者卢烈首先提出的,后欧陆及日本立法、学说均附和此说。该说认为,保险合同之告知义务与私法上其他合同之通知义务迥然有别,因为保险合同是特种合同,告知义务乃为此种合同的一种固有独立的形态;而此固有独立的形态是因保险业事实上之需要而发生,故告知义务乃从危险估计之见地,对保险人之询问所为之回答义务。② 笔者认为,投保人所告知的事实直接影响到保险人是否承保以及保险费率的算定。因此,投保人是否适当履行了告知义务对于保险人正常业务的开展起着至关重要的作用,但这并不意味着危险估计说是投保人告知义务的法理基础,而只能说是投保人告知义务履行的保险学基础。

综上所述,射幸合同说、瑕疵担保说、意思合致说以及危险估计说都不能成为投保人告知义务的法理基础。笔者认为,投保人告知义务的法理基础应当是最大诚信说。最大诚信说是英美法系国家的通说,该说认为告知义务是总的善意义务中最重要的一部分,这一义务的存在理由是推定被保险人比保险人更加了解相关

---

① 参见樊启荣:《保险契约告知义务制度论》,中国政法大学出版社2004年版,第49页。
② 同上书,第75页。

的资料。① 英国《1906年海上保险法》最早将保险合同当事人的诚信义务和被保险人的告知义务以成文法的形式规定下来。该法第17条规定：海上保险合同是一份建立在最大诚信基础之上的合同，如果合同的任何一方不遵守最大诚信原则，另一方可以使合同无效。根据Banque Keyser Ullmann S. A. v. Skandia（U. K.）Insurance Co. Ltd.等相关案例分析，诚信义务不仅仅适用于投保人和被保险人，同时也适用于保险人。但从英国判例法的总体分析来看，该原则主要适用于保护保险人，而非被保险人，因为被保险人对相关资料的了解较保险人而言处于相对优势地位。② 因此，英国《1906年海上保险法》第18条规定：按本条之规定，被保险人在保险合同订立之前必须告知保险人被保险人已知和在正常业务中推定应知的每一重要情况。如果被保险人未能作出这种告知，保险人可以使合同无效。由此可见，最大诚信说是投保人告知义务的法理基础。

（三）告知义务的经济学基础——减少交易费用

交易费用是现代制度经济学的核心范畴。一般来说，它是指经济制度的运行费用。有学者认为，交易费用是为了获得准确的市场信息所要付出的费用，以及谈判和经常性合同的费用。具体到合同行为，一是为签订合同所花费的交易费用；二是签订合同后，为解决合同本身存在的问题——从改变合同条款到退出合同所花费的费用。③ 事实上，交易费用的概念已扩展到包括度量、界定和保护知识产权的费用，发现交易对象和交易价格的费用，讨价还价的费用，订立合同的费用，执行合同的费用，监督违约行为并对之制裁的费用，维持交易秩序的费用等等。④

具体到保险合同的缔结中，投保人和被保险人对保险标的相关情况的了解通常更为详细，他们掌握了决定保险费率的有关信息。而保险人却只有通过大量的调查、分析才能获得该信息，这样就会发生获取信息的成本。从该意义上理解，投保人的告知义务是建立在经济效率基础之上的，该规则设定的目的就是为了降低投保人和保险人的花费，减少交易成本。特别是在海上保险案件中，影响保险标的的危险细节通常都在被保险人的掌握之中。这个规则将告知义务赋予最了解危险状况的被保险人，这样危险状况可以被精确和经济地调查和掌握，从而为保险人节

---

① See Malcolm A. Clarke, The Law of Insurance Contracts, 3rd ed. LLP Limited, 1997, pp. 583-584.

② See William J. Perry, Heidi Nash-Smith, Drake V. Provident's Effect on Insurers' Duty of Good Faith in English Law: Are Insurer Bad Faith Cases Going to Hit England? *Defense Counsel Journal*, Vol. 72, No. 3, 2005, p. 300.

③ 参见樊启荣：《保险契约告知义务制度论》，中国政法大学出版社2004年版，第122页。

④ 参见卢现祥：《西方新制度经济学（修订版）》，中国发展出版社2003年版，第11页。

省费用,同时也为被保险人节省了费用。①

三、我国现行告知义务制度的立法完善

(一) 告知义务的主体

世界各国立法例对告知义务主体的规定不尽相同,大致有三种立法例:(1) 投保人主义。即负有告知义务的主体仅为投保人,不包括被保险人,采此立法例的国家有瑞士、法国、意大利、俄罗斯等。(2) 区别对待主义。例如,日本《商法典》根据损失保险和人寿保险分别作出不同的规定:在损失保险中,仅投保人负有如实告知的义务;在人寿保险中,投保人和被保险人均负如实告知义务。(3) 有的国家或地区要求投保人和被保险人均负告知义务,这样的国家或地区如韩国、美国的许多州。

与之相对,我国的保险法律体系对告知义务主体的规定存在逻辑上的混乱。一方面,《保险法》第 16 条第 1 款规定告知义务的承担者应为投保人,对于被保险人是否负有告知义务没有作出明确规定。另一方面,《海商法》第 222 条第 1 款规定:"合同订立前,被保险人应当将其知道的或者在通常业务中应当知道的有关影响保险人据以确定保险费率或者确定是否同意承保的重要情况,如实告知保险人。"但对于投保人是否负有告知义务没有作出明确规定。笔者认为,当投保人与被保险人为同一人时,投保人履行告知义务与被保险人履行告知义务的效果是完全一样的。但是,当投保人与被保险人是不同的主体时,投保人履行告知义务的效果与被保险人履行告知义务的效果就大不相同了。在财产保险中,投保人通常即为被保险人,相对于两者非属同一人之情形,被保险人为财产标的之所有权人或者权利人,对标的物的状况知之最详;在人身保险中,投保人和被保险人不是同一人时,被保险人为保险事故的客体,对自己的身体健康状况了解最为透彻,从保险合同为最大善意合同的本质而言,被保险人也应负告知义务,以便保险人衡估保险费。由此可见,在为他人利益的保险合同中,无论是财产保险还是人身保险,被保险人对危险估计的重要事实最为熟知,因此将被保险人列为告知义务人才符合告知义务制度的本旨。②

(二) 告知义务的履行期

我国《保险法》第 16 条第 1 款规定:"订立保险合同,保险人就保险标的或者被

---

① See Thomas J. Schoenbaum, The Duty of Utmost Good Faith in Marine Insurance Law: A Comparative Analysis of American and English Law, *Journal of Maritime Law and Commerce*, Vol. 29, No. 1, 1998, p. 3.

② 参见樊启荣:《保险契约告知义务制度论》,中国政法大学出版社 2004 年版,第 166 页。

保险人的有关情况提出询问的,投保人应当如实告知。"由此可见,在我国,告知义务的履行期为"订立保险合同"时,这与世界各国保险法的规定基本相同。在解释上,学者们认为所谓"订立保险合同"时,是指投保人提出投保申请时起,到保险合同成立时为止。① 由此可见,从投保人提出投保申请之时至保险合同成立之前,均属投保人或被保险人告知义务的履行期,该期间与保险单是否交付以及其所载保险期间之始期无关。

在人身保险合同中,会发生合同的复效。所谓合同的复效,是指当导致保险合同中止的事由消除后,其效力即行恢复,恢复后的合同是恢复前的合同的继续。我国《保险法》第36条第1款规定:"合同约定分期支付保险费,投保人支付首期保险费后,除合同另有约定外,投保人自保险人催告之日起超过三十日未支付当期保险费,或者超过约定的期限六十日未支付当期保险费的,合同效力中止,或者由保险人按照合同约定的条件减少保险金额。"第37条第1款规定:"合同效力依照本法第三十六条规定中止的,经保险人与投保人协商并达成协议,在投保人补交保险费后,合同效力恢复。……"在人身保险合同效力中止后复效时,投保人或被保险人是否应负告知义务,各国的规定不尽一致。德国学者认为:保险合同效力中止后复效,本质上仍属原合同的继续,而不是订立新合同,因此投保人无须再履行告知义务,保险人也不得要求投保人重新履行告知义务。在美国,一些州的保险监管法规定,投保人或被保险人在复效时应履行告知义务,保险人有权针对复效申请中的不实告知提出异议和抗辩。②

笔者认为,在保险合同复效时投保人也应当履行告知义务。因为虽然复效后的保险合同是原保险合同的延续,并未形成新的保险合同,但在保险合同效力中止期间被保险人的身体健康状况可能发生很大的变化,而且在许多情况下被保险人都是在发现自己的身体状况恶化时才去申请复效的。事实上,许多疾病并非一般体检可以查出的,如不适用告知义务规定,有可能出现"逆选择"现象。③ 因此,为了防止道德风险的出现,应当规定投保人在保险合同复效时的告知义务。

此外,保险人为了分散经营中的风险,将其承担的保险业务以承保形式部分转移给其他保险人的,为再保险。在美国,保险法律实践中一直认为,再保险合同中的保险人在与再保险人订立合同时应当履行诚信告知义务。例如,Sun Mutual Insurance Co. v. Ocean Insurance Co. 一案涉及海上保险人与再保险人的告知义务

---

① 参见孙宏涛:《我国〈保险法〉如实告知义务的规则完善》,载《江西社会科学》2016年第3期。
② 参见樊启荣:《保险契约告知义务制度论》,中国政法大学出版社2004年版,第171页。
③ 参见〔美〕肯尼思·布莱克、哈罗德·斯基珀:《人寿保险(第十二版)(上册)》,洪志忠等译,北京大学出版社1999年版,第52页。

履行的问题。在该案中,法官认为,再保险与原保险一样,都有适用诚信告知义务的必要。但是,作为该案被告的保险人未履行告知义务,因此该再保险合同无效。① 我国《保险法》第 28 条第 2 款规定:"应再保险接受人的要求,再保险分出人应当将其自负责任及原保险的有关情况书面告知再保险接受人。"由此可见,我国保险法也规定了原保险人与再保险人订立保险合同时的告知义务。据此,如果原保险人履行告知义务,则再保险人可以解除再保险合同。

(三)告知义务的范围及诱因原则的适用

告知义务与危险状态的评估有关,投保人应当告知与危险有关的事实。不过,法律并不要求投保人告知一切与危险有关的事实,投保人只需要告知与危险评估有关的重要事实。那么,"重要事实"这一概念究竟如何界定呢?这需要进行深入的分析。"重要事实"这一概念源于英国保险法。在 18 世纪英国海上保险起步时期,英国法院认为,在保险人和被保险人之间诚信义务的效力大于欺诈和欺诈性误述法所规定的义务之效力,并提出三条建议,其中首要的一条便是诚信原则。该原则不仅要求真实地陈述,还要求自动披露重要事实。②

19 世纪,英国的法院判例不断地扩张诚信告知义务的内容。例如,在 Lindenau v. Desborough 一案中,法官认为被保险人有义务披露其所知道的所有的实质性信息。在该案中,法院判定,判断某一事实是否具有实质性的标准,不在于被保险人是否相信其为实质性事实,而在于客观上其是否为实质性事实。这意味着,即使被保险人自己认为某一信息不重要而未披露它,只要后来法院认为该信息属于实质性的信息,被保险人就违反了诚信义务。③ 英国《1906 年海上保险法》第 18 条规定:(1)按本条之规定,被保险人在合同订立之前必须告知保险人被保险人已知的和正常业务中推定应知的每一重要情况。如果被保险人未能作出这种告知,保险人可以使合同无效。(2)每一个可以影响一个谨慎的保险人确定保费或决定是否承保的判断的情况都是重要的。……(4)在诉讼中,未被告知的具体情况是否重要属于事实问题。(5)"情况"一词包括任何给予被保险人的通知或其收到的信息。

换句话说,对被保险人适用客观披露人的标准,即使其主观上并不知道实质性的事实,也会违反该标准。具体来说,对实质性的判断标准是,作为一个谨慎的保险人,

---

① See Jeffery B. Struckhoff, The Irony of Uberrimae Fidei: Bad Faith Practices in Marine Insurance, *Tulane Maritime Law Journal*, Vol. 33, Summer 2005, p. 292.
② 参见樊启荣:《保险契约告知义务制度论》,中国政法大学出版社 2004 年版,第 191 页。
③ See Jeffery B. Struckhoff, The Irony of Uberrimae Fidei: Bad Faith Practices in Marine Insurance, *Tulane Maritime Law Journal*, Vol. 33, Summer 2005, pp. 290-291.

如果知晓该事实,就会对保险费率的判断或决定是否承保产生影响。[1] 与之相似,我国《保险法》第 16 条也将"足以影响保险人决定是否同意承保或者提高保险费率"作为重要事实的判定标准。因此,投保人和被保险人在订立保险合同时,必须将上述有关情况如实地告知保险人。

同时,对重要事实的误述或未告知并不足以赋予保险人合同解除权,因为保险人因被保险人未告知或误述从而诱导其订立保险合同才是解除保险合同的前提条件,这就是英美法中的诱因原则。英国《1906 年海上保险法》忽略了诱因原则的存在,并未对此作出具体的规定,所以在英国,诱因原则是通过判例逐步确立和发展起来的。在 Pan Atlantic Insurance Co. Ltd. v. Pine Top Insurance Co. Ltd. 一案中,法官认为仅仅证明谨慎的保险人会被完全的和精确的披露影响是不充分的,还有必要证明,实际的保险人由于受到被保险人的虚假陈述和不实披露的诱导,并在此基础上达成合议、承保危险。[2] 在该案中,法官们达成两点共识:一方面,英国《1906 年海上保险法》没有规定诱因原则是立法上的疏漏;另一方面,应当确立诱因原则,即保险人因被保险人的未告知或误述并实际诱导其订立保险合同是宣布保险单无效或解除保险合同的前提条件。诱因原则的确立可以消除和弥补重要事实原则的不足,在保险实务中可以防止未受到影响或损害的保险人以投保人未告知为由作技术性的抗辩,从而保证了最大诚信原则在保险合同中的贯彻执行。

(四)投保人告知的方式和告知义务的免除

关于投保人的告知方式,主要有以下两种:

(1)自动申告主义。即投保人或被保险人的告知义务不以保险人书面询问的重要事项为限,对于未以书面询问的重要事项亦负有告知义务。德国、日本、英国、美国等都采用自动申告主义。

(2)书面询问回答主义。即投保人或被保险人对于保险人书面询问的事项应据实回答,对于保险人书面询问以外的事项,投保人或被保险人可不负告知义务。如我国台湾地区所谓的"保险法"第 64 条第 2 项、瑞士《保险合同法》第 4 条即采用书面询问回答主义。我国《保险法》第 17 条只规定"保险人应当向投保人说明合同的内容",实务中通常采用书面询问回答主义。

在书面询问回答主义下,投保人仅有义务就保险人所询问的对危险估计有重

---

[1] See Jeffery B. Struckhoff, The Irony of Uberrimae Fidei: Bad Faith Practices in Marine Insurance, *Tulane Maritime Law Journal*, Vol. 33, Summer 2005, p. 292.

[2] See William J. Perry, Heidi Nash-Smith, Drake V. Provident's Effect on Insurers' Duty of Good Faith in English Law: Are Insurer Bad Faith Cases Going to Hit England? *Defense Counsel Journal*, Vol. 72, No. 3, 2005, p. 300.

要关系的事实据实告知保险人,至于询问以外的事项,虽有重要性,投保人亦不负告知义务。目前,我国国民的保险意识和对告知义务的认识程度普遍较低,自动申告主义对投保人提出的过高要求恐难实现,因此书面询问回答主义是非常符合我国保险业发展现状的。

保险法在规定投保人告知义务的同时,也对投保人告知义务的免除作了相应规定。事实上,即使是采取自动申告主义的国家和地区,投保人的告知义务也不是无限的,法律一般会直接免除对某些事实的告知义务。例如,英国《1906年海上保险法》第18条第3款规定:如无保险人询问,被保险人无须告知下列情况:(1)任何使风险减少的情况;(2)任何保险人已知或推定应知的情况;(3)任何保险人放弃了解的情况;(4)任何因已有明示或默示保证而无须告知的情况。又如,美国《加州保险法》第333条规定:对于下列事项保险合同当事人无告知义务,但经他方询及者不在此限:(1)为他方所知者。(2)依通常注意为他方所应知或无法诿为不知者。(3)他方声明不必通知之事项。(4)非保证范围而本质上非重要之事项。(5)保险合同所除外且本质上亦非重要之事项。此外,德国《保险合同法》第16条第3款规定:保险人知悉投保人未告知的情况或未为告知之,投保人并无过失的,保险人不得解除合同。日本《商法典》第644条及第678条均规定:保险人已知该事实或因过失不知时,不得解除。

综上所述,根据我国保险实务以及其他国家和地区的立法例,对下列事项可免除投保人告知义务:

(1)保险人未为询问的事项。由上文可知,我国现行保险法对投保人的告知义务采取的是书面询问回答主义。在此立法模式下,告知义务人仅对保险人所提出的书面询问事项负有告知义务,对于保险人未为询问的事项,投保人不负告知义务。因此,对于保险人未为询问的事项,可免除投保人告知义务。

(2)保险人已经知悉的事项。对于保险人已经知悉的事实,投保人告知与否,对保险人没有丝毫的影响。因此,对该事实,可免除投保人告知义务。

(3)保险人应当知悉的事项。随着传媒和通信技术的不断发展,保险人的信息收集能力和信息处理能力不断提高。在许多情况下,虽然投保人未将事实告知保险人,保险人凭借自身的信息优势早已经了如指掌。在这种情况下,如果允许保险人以投保人未履行告知义务为由解除保险合同,则违背了告知义务制度设立的初衷,也违反了作为告知义务源泉的最大诚信原则。所以,对保险人应当知悉的事项,可免除投保人告知义务。

(4)风险减少的事实。英国《1906年海上保险法》第18条第3款规定,如无保险人询问,被保险人无须告知任何使风险减少的情况。这是因为风险减少的事实虽然对危险的准确评估非常重要,但是即使不告知也不会对保险人不利,所以可免除投保人告知义务。①

四、违反告知义务的法律效果

在大陆法系的保险立法中,对投保人违反告知义务的法律效果的规定基本上可以分为两种模式:

(一)自动无效主义

投保人违反告知义务,则保险合同自始无效,免除保险人赔付保险金的责任。法国《保险合同法》第 21 条第 1 款规定:如果投保人故意隐瞒或者虚假告知的行为足以变更或减少保险人对于危险的估计,则保险合同无效。

(二)解除主义

当投保人违反告知义务时,并不必然导致合同无效,保险人仅在一定期间内享有解除合同的权利,如果保险人行使解除权,则产生与保险合同无效同样的效果。晚近多数立法例均采此主义。如德国《保险合同法》第 16 条规定,"违反前项规定而不告知重要事实时,保险人可以解除合同"。日本《商法典》第 644 条及第 678 条规定:保险合同缔结时,因投保人(或被保险人)之恶意或重大过失,不告知重要事实或就重要事实为不实告知者,保险人得解除合同。

在英美法系国家,当投保人违反告知义务时,保险人可采取以下三种救济措施:(1)解除保险合同;(2)对被保险人处以比例处罚;(3)损害赔偿。

综观世界保险法的发展趋势,除了澳大利亚和法国外,葡萄牙、意大利、中国澳门等国家和地区的保险法也采取了比例处罚原则。② 此外,比例处罚原则已被写进《欧盟保险法指令》(The European Union Insurance Law Directives)。由此可见,比例处罚原则已得到广泛的关注和采用,我国在修改保险法时,也应借鉴该原则的合理内涵,将其融入我国的保险法体系之中。

第二节 保险人的说明义务

一、保险人说明义务的内涵

(一)保险人说明义务的含义

保险人的说明义务是指保险人在与投保人订立保险合同时,须对合同内容作

---

① 参见曹兴权:《保险缔约信息义务制度研究》,中国检察出版社 2004 年版,第 191 页。
② 参见澳门《商法典》第 975 条、意大利《民法典》第 1893 条。

确定的解释和澄明,使投保人能够了解合同的内容,以便使投保人准确地理解自己的合同权利与义务的法定义务。① 为了对保险人的说明义务有一个深入的认识,我们先来看两则案例。

案例一②:

2002年12月,宁波市某企业向保险公司投保了公众责任险,保险期为1年。2003年5月,该企业职工驾驶起重机时发生意外事故,造成一名过路行人当场死亡。经法院调解,该企业向死者家属支付了30多万元的赔偿金。事后,该企业向保险公司提出索赔。保险公司经现场查勘,发现起重机系被保险人所有,但未载入保险单明细表内,由其造成的事故应属于除外责任,因而拒绝赔偿。该企业声称,保险公司在承保时未说明此类情形属于除外责任,于是向当地仲裁机构提出仲裁申请。仲裁机构认为:保险公司不能提出足够证据证明其已向被保险人履行了解释说明义务,故裁决保险公司赔偿该企业承担的全部经济损失和诉讼费用。

案例二③:

2004年3月,山东省某企业已投保产品责任险的洗发产品,造成消费者皮肤过敏。保险公司理赔时以保险合同条款约定"生产出售的同一批产品或商品,由于同样原因造成多人的人身伤害、疾病或死亡或多人的财产损失,应视为一次事故造成的损失"为由,主张免除一部分赔偿责任。而被保险人以"保险公司签单时并没有解释'一次事故'的含义"为由起诉到法院。法院认定保险公司没有履行"明确说明免除责任条款含义"的义务,判决保险公司败诉。④

从上述两则案例可以看出,保险人说明义务的履行对合同免责条款的效力至关重要。如果保险人未就合同中的免责条款向投保人明确说明,则该免责条款不能产生效力,保险人不能免除责任。保险人的说明义务具有以下几个特性:(1) 法定性。保险人的此项义务是由法律直接规定的,在保险法规范中属于全面性的强行规定,保险人和投保人或被保险人不能通过约定进行限制、变更或解除。即使有上述约定,该约定也是无效的。(2) 先合同性。保险人的说明义务与投保人的告

---

① 参见徐卫东主编:《保险法学(第二版)》,科学出版社2009年版,第123页。
② 参见朱美琴:《未履行告知义务频频败诉保险公司当自省两大原因》,新浪网,2004年11月19日,http://finance.sina.com.cn/roll/20041119/03051165573.shtml,2020年7月22日访问。
③ 同上。
④ 同上。

知义务一样属于先合同义务,是在保险合同订立过程中履行的义务,在保险人履行该义务的时候,保险合同尚未生效。(3)主动性。与投保人的告知义务相比,保险人的说明义务具有主动性,无须投保人询问,保险人应就保险条款的相关规定向投保人主动说明。(4)区分性。保险人的说明义务具有区分性的特征,即根据保险条款的不同,说明方式也不同。对于保险合同的一般条款,保险人只需要向投保人履行说明义务,即起到"醒示作用",使投保人知道某种规则的存在即可。对于保险合同的免责条款,保险人要履行明确说明义务,即起到"醒意作用",不仅要使投保人知道某种规则的存在,还要求其理解规则的具体内容。[1]

(二)保险人说明义务与投保人告知义务的区别

保险法规定保险人说明义务与投保人告知义务,目的在于使有关保险产品的信息在保险人与投保人之间自由流动,解决合同当事人之间的信息不对称问题,维护公平交易赖以实现的基础条件,这是两者的相同之处。但总体上看来,两者之间有许多不同之处,主要表现在以下几个方面:

1. 履行主体不同

说明义务的履行主体是保险人,告知义务的履行主体是投保人。

2. 立法目的不同

说明义务的立法目的主要是为了维护投保人和被保险人的利益。现代保险业日趋专业化,保单由保险人单方拟定并含有大量专业术语,投保人很难准确理解各条款的真实含义。要求保险人进行说明,可以防止其利用投保人缺少经验和专业知识而拟定不公平条款,特别是限制责任条款或免责条款,以维护投保人和被保险人的利益。[2] 告知义务的立法目的则主要是为了维护保险人的利益。如果投保人不履行告知义务,保险人对保险标的有关的情况就要亲自进行调查;这样,保险人势必就要花费相应的成本去收集信息。而对投保人科以告知义务,要求投保人详细告知保险标的的相关情况,有利于保险人正确估测风险、降低经营成本。

3. 履行义务的方式不同

按照我国《保险法》第16条的规定,保险人就保险标的或者被保险人的有关情况提出询问的,投保人应当如实告知。投保人只就保险人所询问的、对危险估计有重要关系的事实据实告知保险人,至于询问以外的事项,虽有重要性,投保人亦不负告知义务。与之相对,保险人的说明义务具有主动性,无须投保人询问,保险人应就保险条款的真实含义向投保人主动说明。

---

[1] 参见展凯莉:《我国互联网保险合同之保险人条款说明义务》,载《华北金融》2017年第3期。
[2] 参见徐卫东主编:《商法基本问题研究》,法律出版社2002年版,第383页。

4. 履行义务的内容不同

保险人说明义务的主要内容是就合同中条款的含义向投保人作出准确的说明,特别是对保险合同中的免责条款,要向投保人明确说明。投保人告知义务的内容主要包括那些足以影响保险人决定是否同意承保或者提高保险费率的事实。从各国保险法的规定来看,投保人所应告知的事实,通常包括以下四项:(1)足以使保险危险增加的事实;(2)为特殊动机而投保的,有关此种动机的事实;(3)表明保险危险特殊性质的事实;(4)显示投保人在某方面非正常的事实。①

二、保险人说明义务的对象和方式

保险人履行说明义务的对象既包括保险合同的标准条款,也包括保险合同的特约条款。所谓保险合同的标准条款,是指保险合同的基本内容。按照我国《保险法》第18条第1款的规定,保险合同的基本内容包括:保险人的名称和住所;投保人、被保险人的姓名或者名称、住所,以及人身保险的受益人的姓名或者名称、住所;保险标的;保险责任和责任免除;保险期间和保险责任开始时间;保险金额;保险费以及支付办法;保险金赔偿或者给付办法;违约责任和争议处理;订立合同的年、月、日。保险合同的特约条款,是指当事人在保险合同的标准条款之外另外约定的、承认履行特定义务的条款。《保险法》第18条第2款规定:"投保人和保险人可以约定与保险有关的其他事项。"该条款即为特约条款的规定,根据契约自由原则,双方当事人在不违反法律、行政法规或社会公共利益的前提下可以就合同内容作出特别约定。一般情况下,双方当事人在拟定保险合同中关于投保人或被保险人履行保证义务的特约条款时,保险人应向投保人或者被保险人明确说明。综上所述,保险人说明义务的重点应当在于对保险合同标准条款的阐释和说明上,即对于保险合同一般条款的说明和对于保险合同免责条款的说明。

(一) 对保险合同一般条款的说明

如上文所述,保险合同的一般条款主要包括保险人名称和住所;投保人、被保险人名称和住所,以及人身保险的受益人的名称和住所;保险标的;保险责任;保险期间和保险责任开始时间;保险价值;保险金额;保险费以及支付办法;保险金赔偿或者给付办法;违约责任和争议处理;订立合同的年、月、日等。其中,更为重要的是有关承保责任、保险期间、保险金额、保险费的支付和保险金的赔偿以及违约责任等条款。在双方当事人订立合同时,保险人应当就上述条款的含义向投保人进行说明,使投保人理解这些条款的含义。此外,由于投保人群体缺乏相关专业知

---

① 参见李玉泉:《保险法(第三版)》,法律出版社2019年版,第93页。

识,对于保险合同中的一些专业术语,保险人应当向投保人作详细解释。例如,中国人民财产保险股份有限公司(以下简称"人保财险")的建筑安装工程保险单规定:在保险期限内,如果被保险财产在保险单列明的工地范围内,因为保险单除外责任以外的任何自然灾害或意外事故造成物质损坏或灭失,保险公司都应按照保险单的规定承担赔偿责任。其中,自然灾害是指地震、海啸、雷电、飓风、台风、龙卷风、风暴、暴雨、洪水、水灾、冻灾、冰雹、地崩、山崩、雪崩、火山爆发、地面下陷下沉及其他人力不可抗拒的破坏力强大的自然现象。意外事故是指不可预料的以及被保险人无法控制并造成物质损失或人身伤亡的突发性事件,包括火灾和爆炸。保险人在与投保人订立合同时应就自然灾害和意外事故的含义向投保人进行解释说明。

保险人向投保人说明保险合同条款内容时,应当以普通人能够理解的程度为限,但是可以根据投保人的投保经验作不同程度的解释。如果投保人第一次与保险人订立该类型的保险合同,则保险人在向投保人说明时应当尽量详细一些,尤其是对保险合同中的一些术语,如保险价值和保险金额等,以口头或书面形式向投保人作详细的解释,使投保人理解该术语的含义。如果投保人不是第一次与保险人订立该类型的保险合同,则保险人只要简单明了地向投保人履行说明义务即可。

(二) 对免责条款的明确说明

我国台湾地区所谓的"保险法"第 54 条第 1 款规定:"保险契约中有左列情事之一,依订约时情形显失公平者,该部分之约定无效:一、免除或减轻保险人依本法应负之义务者。二、使要保人、受益人或被保险人抛弃或限制其依本法所享之权利者。三、加重要保人或被保险人之义务者。四、其他于要保人、受益人或被保险人有重大不利益者。"因此,从广义上讲,保险合同的免责条款是指一切免除保险人责任、限制保险人责任、对投保人或被保险人施加特别义务的条款。① 例如,人保财险的船舶保险单规定的除外责任有以下几项:(1) 不适航,包括人员配备不当、装备或装载不妥,但以被保险人在船舶开航时知道或应该知道此种不适航为限;(2) 被保险人及其代表的疏忽或故意行为;(3) 被保险人克尽职责应予发现的正常磨损、锈蚀、腐烂保养不周或材料缺陷,包括不良状态部件的更换或修理;(4) 本公司战争和罢工险条款承保和除外的责任范围。此外,该保险单还对保险人的免赔额作出了规定,主要包括以下两方面:(1) 承保风险所致的部分损失赔偿,每次事故要扣除保险单规定的免赔额,但不包括碰撞责任、救助、共损、施救的索赔;(2) 恶劣气候造成两个连续港口之间单独航程的损失索赔时应视为一次意

---

① 参见曹兴权:《保险缔约信息义务制度研究》,中国检察出版社 2004 年版,第 225 页。

外事故,但本条不适用于船舶的全损索赔以及船舶搁浅后专为检验船底引起的合理费用。上述除外责任和免赔额的规定,都是保险人免除或减轻自己赔偿的条款,属于免责条款的范畴,保险人在与投保人订立保险合同时应当向投保人明确说明。

与保险合同的一般条款相比,保险人对免责条款必须进行明确说明。所谓明确说明,是指保险人在与投保人签订保险合同时,对于保险合同中所约定的有关保险人责任免除条款,应当在保险单上或者其他保险凭证上对有关免责条款作出能够足以引起投保人注意的提示,并且应当对有关免责条款的内容以书面或口头形式向投保人作出解释。[1] 由此可见,保险人的明确说明义务应当包括两个方面:(1)保险人应当在保险单上或者其他保险凭证上对有关免责条款作出能够足以引起投保人注意的提示;(2)保险人应当对有关免责条款的内容以书面或口头形式向投保人作出解释。在保险实务中,有的保险公司在保险单上印制了"重要提示""明示告知"等内容,这只能认定保险人在保险单上已提示投保人注意,符合明确说明的第一个要件,但并不足以证明保险人已经完全履行了明确说明义务。保险人如果要证明其已经履行了明确说明义务,必须完成明确说明的第二个要件,即就有关免责条款的内容以书面或口头形式向投保人作出解释。

三、保险人说明义务的例外

在保险实务中,普通投保人一般都缺少专业的保险知识,对各种保险用语以及行为所蕴含的权利义务和法律效果不甚了解。相比之下,保险人作为经营保险业务的专业性组织机构,拥有丰富的专业知识和经验优势。因此,保险人应当对双方权利义务关系重大的保险行为、保险术语的含义以及法律效果向投保人进行必要的解释和说明,[2]以使保险产品信息在保险人与投保人之间流动,消除投保人在产品信息掌握上的劣势地位,维护公平交易赖以实现的基础条件。[3] 对于能够为社会上具有一般知识水平、理解能力的人所熟知且不会影响投保人决定是否参加保险的事项,如姓名、地址、年龄、性别等,保险人可以简要说明甚至不说明。但是,如果投保人就此询问,保险人应当予以解释。[4]

保险法规定说明义务并不意味着保险人对任何条款都要向投保人进行说明,如果要求保险人将所有条款都向投保人说明,既不现实也不合理。实际上,这可能导致投保人滥用说明义务条款,主张保险人未履行说明义务,要求保险人承担责

---

[1] 参见陈群峰:《保险人说明义务之形式化危机与重构》,载《现代法学》2013年第6期。
[2] 参见樊启荣:《保险契约告知义务制度论》,中国政法大学出版社2004年版,第312页。
[3] 参见曹兴权:《保险缔约信息义务制度研究》,中国检察出版社2004年版,第223页。
[4] 参见徐卫东主编:《商法基本问题研究》,法律出版社2002年版,第394页。

任,从而造成保险人的经营危机,并最终损害投保人的利益。因此,对说明义务的履行范围应当有所限制。《保险法解释(二)》第10条规定:"保险人将法律、行政法规中的禁止性规定情形作为保险合同免责条款的免责事由,保险人对该条款作出提示后,投保人、被保险人或者受益人以保险人未履行明确说明义务为由主张该条款不生效的,人民法院不予支持。"

四、保险人对明确说明义务的举证责任

《保险法解释(二)》第13条规定:"保险人对其履行了明确说明义务负举证责任。投保人对保险人履行了符合本解释第十一条第二款要求的明确说明义务在相关文书上签字、盖章或者以其他形式予以确认的,应当认定保险人履行了该项义务。但另有证据证明保险人未履行明确说明义务的除外。"因此,说明义务的举证责任属于保险人。同时,《最高人民法院关于适用〈中华人民共和国民事诉讼法〉的解释》第90条规定:"当事人对自己提出的诉讼请求所依据的事实或者反驳对方诉讼请求所依据的事实,应当提供证据加以证明,但法律另有规定的除外。在作出判决前,当事人未能提供证据或者证据不足以证明其事实主张的,由负有举证证明责任的当事人承担不利的后果。"由此可见,如果保险人不能采取一定方式证明自己已经履行了说明义务,就要承担败诉的后果。

在司法实践中,因免责条款问题产生的诉讼越来越多,保险公司却常常没有足够的证据证明其在签订保险合同时对免责条款已履行明确说明义务,从而导致法院认定相关免责条款无效,使保险公司处于被动的不利地位。出现这种局面其实并不是偶然的,也不是个别的,主要有以下两个方面的原因:(1)在签订保险合同时,保险代理人有时为了说服客户购买保险产品,往往仅介绍对投保人或被保险人有利的方面,对免责事项只字不提。(2)保险公司仅仅将免责条款印在保险单上以提示投保人注意,但依此不能证明保险人已将免责条款真实含义和法律后果等内容向投保人进行了解释说明。有时,保险代理人在签订保险合同时仅仅采用口头方式将免责条款的有关内容向投保人进行解释说明,但最终因没有书面证据而不被法院采信。①

为解决上述问题,在保险实务中可以采取相应措施,如在各险种使用的投保单上统一印制以下内容:"本人已获得并详细阅读了本保险条款。其中的责任免除条款,保险人已采用书面及口头方式向本人明确说明,本人已按照保险人的说明充分

---

① 参见《谈保险合同免责条款效力的程序规范(下)》,丸子的博客,2006年10月11日,http://blog.sina.com.cn/s/blog_5450f514010007cu.html,2020年7月30日访问。

理解。所有保险条款均同意订入合同。"①这样既可以使投保人清楚地了解合同条款的含义,避免在不清楚合同条款的情况下签订合同,同时又可以减少对合同条款的争议。更重要的一点是,在双方当事人对保险人是否履行明确说明义务的问题上发生争议的时候,有利于保险人举证,并方便法院裁决。

示范案例

【案情简介】②

林某系莱阳市万第镇前万第村农民。2014年7月3日,林某作为投保人,在农银人寿保险股份有限公司山东分公司投保"农银爱自由"两全保险一份。在银行代理的保险投保书(普通版)中,投保人职业为农夫,农村居民,收入来源为务农,此事实已经莱阳市万第镇前万第村村民委员会证明。被保险人在保单"是否有下列情形之一"(如被保险人存在下列情形之一,本公司不予承保)之"否"处打勾,具体包括从事海上作业、井下作业、高空作业、潜水员、爆破工等高风险职业。在《人身投保提示书》的投保人声明处,打印有"在填写投保书之前,本人已经认真阅读且完全理解《人身投保提示书》内容",投保人亲笔签名确认。保险合同签订后,林某按合同约定缴纳了两期保险费合计6400元。2015年10月21日,林某在东营"10·21""荣江2003"轮沉没事故中死亡。农银人寿保险股份有限公司山东分公司认为,投保人林某投保时未履行如实告知义务,故意隐瞒其真实高风险职业,导致公司在不知情的情况下承保。职业变更是一项重要的客户信息变更内容,客户有义务及时通知公司,林某至少在出险之前2个月从事海上作业,但是并未及时将职业变更告知保险公司,故保险公司不应支付林某意外身故保险金。

【思考方向】

投保时被保险人林某的职业告知是否存在重大过失?保险公司是否应支付保险金?

【适用法条】

1.《保险法》第16条第1款:"订立保险合同,保险人就保险标的或者被保险人的有关情况提出询问的,投保人应当如实告知。"

2.《保险法》第16条第2款:"投保人故意或者因重大过失未履行前款规定的

---

① 鲁忠江:《〈保险法〉第17条司法解释规则评析——基于民法动态规制理论》,载《保险研究》2014年第1期。

② 参见山东省烟台市中级人民法院(2019)鲁06民终2232号民事判决书。

如实告知义务,足以影响保险人决定是否同意承保或者提高保险费率的,保险人有权解除合同。"

3.《保险法解释(二)》第 6 条第 1 款:"投保人的告知义务限于保险人询问的范围和内容。当事人对询问范围及内容有争议的,保险人负举证责任。"

【案例分析】

一、二审法院审判结果一致。《保险法》第 16 条第 1 款规定:"订立保险合同,保险人就保险标的或者被保险人的有关情况提出询问的,投保人应当如实告知。"《保险法解释(二)》第 6 条第 1 款规定:"投保人的告知义务限于保险人询问的范围和内容。当事人对询问范围及内容有争议的,保险人负举证责任。"可见,投保人的告知义务的范围应当以保险人询问的事项为限,对保险人未询问的事项,投保人不负有告知义务。

本案中,林某生前投保,在保险期间内在轮船沉没事故中死亡,事实清楚,证据充分,该保险合同合法有效。林某生前系农村居民,以务农作为家庭收入来源,他在投保书中所填写的投保人职业为农夫,农村居民,该情况与事实相符。即使他有临时的收入来源工作,也不代表其职业身份的变更。投保人林某对其职业填写只是投保人填写的个人信息部分,并不能免除"保险人就保险标的或者被保险人的有关情况提出询问的"义务。故农银人寿保险股份有限公司山东分公司以林某对其职业告知存在重大过失,违反保险法规定的如实告知义务为由主张不承担赔偿责任,理据不足,法院不予支持。保险公司应承担保险责任,支付林某意外身故保险金 20 万元。

思考案例①

2004 年 8 月 20 日,原告衡某(以下简称"原告")就车牌号为京 G×××××的捷达 FV7160Gix 型轿车向被告中国太平洋财产保险股份有限公司北京市通州支公司(以下简称"被告")提出投保申请并缴纳保险费后,被告将保险单交给原告。该保险单记载的内容为:被保险人;衡某;车牌号:京 G×××××;车辆厂牌型号:捷达 FV7160Gix;使用性质:私人生活用车。投保的险种包含全车盗抢险(保险金额 86667 元)。保险期限自 2004 年 8 月 21 日零时起至 2005 年 8 月 21 日零时止。

---

① 参见王爱农、张涛:《保险公司未向投保人明确说明免责条款对投保人是否有效》,中国法院网,2006 年 8 月 1 日,https://www.chinacourt.org/article/detail/2006/08/id/213842.shtml,2020 年 7 月 22 日访问。

明示告知内容为：请您详细阅读所附保险条款，特别是有关责任免除、投保人和被保险人义务的部分。该保险单的下方盖有被告公章及两个骑缝章，左上角有装订痕迹。2005年3月2日1时许，原告的外甥郝某驾驶原告投保的轿车"拉黑活"时车辆被抢。郝某遂向北京市公安局丰台分局报案，此案公安机关尚未侦查终结。后原告向被告提出索赔。被告认为，根据双方签订的《机动车综合险保险单》第30、34条的规定，原告改变车辆用途应当通知被告；原告不通知被告的，因改变车辆用途导致危险程度增加而发生保险事故，被告不承担保险责任。本案中，原告未履行通知义务，该事故不属赔偿责任范围。被告于2005年11月23日向原告发出《机动车辆险拒赔通知书》。原告诉至法院，请求判令被告全额支付原告被抢劫轿车的保险金额86667元。庭审中，原告称被告只向其交付了保险单正本，并未向其交付保险单附件（保险条款）。

在案件审理过程中，存在两种意见：一种意见认为，根据现有证据，可以推定保险公司已经将保险单附件交付给了原告，其免责条款应对原告发生法律效力；原告私自改变保险车辆用途，增加了车辆危险程度，导致发生保险事故，保险公司可以免责；即使不认定保险公司将保险单附件交付给了原告，根据《保险法》第37条的规定，原告改变车辆用途造成危险程度增加却未通知被告，被告也可以免责。故应驳回原告诉讼请求。另一种意见认为，保险公司的明确说明义务是法定义务，现有证据不足以推定被告履行了明确说明义务；同时，《保险法》第37条规定保险公司免责以合同规定了投保人的告知义务为前提条件，故不应适用《保险法》第37条。现发生了保险事故，保险公司应当全额理赔，故应支持原告诉讼请求。

【思考问题】

哪种处理意见正确？为什么？

拓展阅读

电子投保趋势下，保险人明确说明义务履行体系的构建[①]

构建"身份验证—条款交付—醒目提示—多样化说明—过程留痕"的明确说明义务履行体系，以更好地平衡保险消费者和保险公司的关系。

---

① 参见孟爱：《电子投保须格外重视履行明确说明义务》，载《中国银行保险报》2019年12月18日第6版。

(一) 完善电子投保签名和身份验证机制

建议结合指纹和人脸识别等技术,完善身份验证机制,避免"说明对象不适格"等情况的发生。同时,改进签名时抖动等情况,避免电子签名与纸质手写签名因技术问题而出现明显差异,以防控相关法律风险。

(二) 构建符合法律规定的条款在线交付机制

保险合同的免责事项多在保险条款中进行约定,符合法律规定的条款交付有两个要点:一是主动交付,二是在保险合同订立前或订立时交付。

为了同时满足上述两个要求,建议在设计电子投保流程时:一是以平铺的方式显示保险条款文本内容,投保人可以直观地看到保险条款全文;二是设置成强制阅读模式,要求投保人逐页点击阅读,最后点击确认"我已阅读＊＊＊条款";三是设置"下载条款"等选项,在投保人阅读完整条款后,可以根据自身需求保存保险合同条款;四是投保人如未阅读条款内容,则无法进行后续投保操作,确保条款的交付是在保险合同成立之前。

(三) 提示义务履行应达到醒目程度

提示义务是保险人通过特定的方式提醒投保人注意免责条款存在的义务。大多数保险公司为了吸引眼球,会更加关注网页上销售宣传内容的设计,而忽略对电子版合同应提示内容的考量。结合司法实践,对于提示义务的把握,有以下几个要点:

1. 提示义务的履行标准是通过视觉外观来判断的。免责条款要在电子版合同中予以突出显示,使其在外观上明显区别于保险单中的其他条款。

2. 能否引起投保人的注意取决于提示的醒目程度。常见的做法是采用一些特殊标记,如加大字号、黑体加粗、加框、阴影或采用红色字体印刷等,要足以和其他保险条款相区别。

3. 对于将法律、行政法规中的禁止性规定情形作为免责事由的,保险人也需要按照上述要求履行提示义务。

(四) 借助互联网构建多样化明确说明体系

互联网媒介为保险人信息化、智能化明确说明义务履行搭建了有效平台。

1. 保险人可以对保险合同内容录制解说视频,辅之以典型案例,向投保人明确说明合同条款,特别是免责条款的确切含义,并设置最短收听或观看时间。

2. 在电子投保页面设置智能客服,针对投保人的常见疑问予以回应,对于投保人的个性化问题可以转人工客服加以进一步说明。

3. 通过投保人《投保声明》的方式确认作为保险人履行明确说明义务的辅助证明。《投保声明》要包含"投保人认可、理解免除保险人责任条款的概念、内容及其法律后果"的字样。

（五）利用互联网新技术优化证据留存

司法实践中，对于免责条款是否生效发生争议时，保险人要对相应义务的履行情况承担举证责任，因此证据的留存就显得尤为重要。

一是为电子投保流程做公证。可以通过公证将网页形式的投保流程固化成证据，以备发生争议时使用。

二是注意保存交付保险合同条款的相关证据。投保人以电子邮件、微信等形式下载保存保险合同条款的，保险公司应当对发送时间、发送对象、发送内容等证据进行全面留存。

三是研究利用区块链等新技术优化证据留存。具有去中心化、不可更改、不可伪造等特点的区块链技术未来有望在保险人优化证据留存方面发挥积极的作用。

第五章　保险合同的订立

第一节　保险合同订立的程序

一、初次订立保险合同

我国《保险法》第13条第1、2款规定:"投保人提出保险要求,经保险人同意承保,保险合同成立。保险人应当及时向投保人签发保险单或者其他保险凭证。保险单或者其他保险凭证应当载明当事人双方约定的合同内容。当事人也可以约定采用其他书面形式载明合同内容。"由此可见,在初次订立保险合同时,合同的成立要件有两个:

1. 投保人提出保险要求

投保人提出保险要求是指投保人向保险人发出要约,即向保险人作出与其订立保险合同的意思表示。在实践中,该行为表现为投保人主动要求填写投保单,或经保险代理人的要约引诱而填写投保单。投保单通常由保险人事先印就,其内容除了投保人(或被保险人)的基本情况如投保人、被保险人的姓名或名称、住址、保险标的及其坐落地点外,还包括保险费率、保险金额、保险责任范围及除外责任等。① 由于我国采用书面询问告知主义,投保人填写的内容是否准确,直接关系到投保人是否履行了如实告知义务。特别是对于那些足以影响保险人是否同意承保或提高保险费率的重要事实,投保人必须如实填写,否则保险人有权解除保险合同。

2. 保险人同意承保

保险人收到投保人填写的投保单后,经逐项审查,认为符合保险条件,愿意接受投保人的保险要求并表示同意承保。这种同意承保在实践中主要表现为保险人通过言词、书信表示同意,或者保险人将保险费收据交付投保人表明同意承保。② 保险人同意承保的承诺,既可以由保险人作出,也可以由保险人的代理人作出。但

---

① 许多先进国家的保险单上还附有"资料保护条款",其目的在于禁止保险人将有关投保人或被保险人的个人资料透露给第三人,这一点可为我国保险立法所参考。参见江朝国:《保险法基础理论》,中国政法大学出版社2002年版,第166页。

② 参见卞江生:《关于"保险人同意承保"的几个法律问题——兼论保险合同的成立、生效与保险责任开始》,载《保险研究》2010年第12期。

是，无论是谁作出承诺，该承诺都不能附有条件。按照合同法的基本理论，如果保险人或其代理人在作出同意承保的意思表示的同时又附加了其他条件的，则这种同意承保的意思表示不能视为承诺，而是反要约。只有在投保人对保险人的反要约同意之后，保险合同才能成立。原则上讲，保险人对投保人的投保申请并没有承诺的义务，因此如果保险人对投保人的要约经过相当期间不作承诺，原要约就失去效力。在投保人已预付保险费之情形下，保险人如不及时作出承诺，对投保人显然不利。我国台湾地区的例子颇能说明问题：在寿险业发展初期，保险人在收受投保申请和保险费后常采取观望政策，迟迟不签发保险单。在观望期间，如果被保险人平安无事，保险人便将保险合同效力溯及保险费交付时，可以收受保险费而不负任何风险；如果发生保险事故，保险人就主张在保险单做成前保险合同尚未成立，便将保险费退还给投保人以推卸其给付保险金的责任。寿险业的这种做法，不仅严重影响其自身信誉，也倍受社会各界指责。因而，台湾地区于 1975 年修正"保险法施行细则"时规定：人寿保险公司于同意承保前，得预收相当于第一期保险费之金额，保险人应负之保险责任，以保险人同意承保时溯自损收相当于第一期保险费金额时开始。为了防止保险人采取上述观望政策，台湾"财政部"特发函指示：人寿保险公司于同意承保前预收相当于第一期保险费的，应于预收保险费后 5 日内为同意承保与否之表示，逾期未为表示者，即视为承诺。① 台湾地区的做法对保护投保人和被保险人的利益有重大帮助，值得学习和借鉴。

上文所述是保险合同订立的通常情形，在特殊情况下，保险人可能是要约人，而填具投保单的投保人也可能是承诺人。例如，投保人投保海洋运输货物保险的一切险，在标的货物装运至国外某地后，保险人提出对货物的短少要有一定的免赔额。在这种情形下，保险人是要约人，投保人为承诺人。投保人不再受填写好的投保单的约束，只有投保人接受保险人的要约，保险合同才成立。② 此外，保险人为了业务上的方便，事先根据不同险种印制了保险的基本条款，并以促销保险传单的形式寄送，这种传单并不是保险人的要约，只是保险人的要约邀请。投保人填妥表格并寄给保险人，才能视为要约。③

二、续订保险合同

根据学者的观点，续订保险合同是形成一个新合同的过程，因此保险合同的续

---

① 参见王洪礼：《代签名人身保险合同效力的认定与道德风险防范》，载《法学论坛》2009 年第 6 期。
② 参见李玉泉：《保险法（第二版）》，法律出版社 2003 年版，第 163 页。
③ 参见梁宇贤：《保险法新论（修订新版）》，中国人民大学出版社 2004 年版，第 94 页。

订也有要约和承诺的过程,只不过这种要约和承诺的作出主体与初次订立保险合同时正好相反。通常情况下,由保险人向投保人发出续订通知,该续订通知为要约,投保人对该续订通知的接受即为承诺。投保人的承诺既可以明示方式作出,也可以默示方式作出。如在汽车保险中,如果保险人向投保人发出了续订通知,虽然投保人没有明确表示接受该续订通知,但只要收到续订通知的被保险人认为他已经被保险,并且像往常一样驾车,就可以认定投保人以默示方式作出了承诺。①

第二节 保险合同订立的凭证

在保险合同订立的过程中,可能涉及各种保险单证,如投保单、保险单或其他保险凭证,为便于学习,有必要对其进行介绍。

一、投保单

投保单又称"投保书""要保书",是投保人向保险人申请订立保险合同的书面要约。投保书是由保险人事先准备、具有统一格式的书据。投保人必须依其所列项目一一如实填写,以供保险人决定是否承保或以何种条件、何种费率承保。投保单本身并非正式的合同文本,但一经保险人接受,即成为保险合同的一部分。投保人提出保险要约时,均需填具投保单。如投保单填写的内容不实或故意隐瞒、欺诈,将会影响保险合同的效力。

具体来讲,投保人填写投保单时,应注意如下各点:(1) 投保人的姓名或名称,应当用投保之时的法定姓名或名称——户口簿(身份证)上登记的公民姓名或在主管机关(如工商行政管理部门或民政部门)登记注册的法人名称。(2) 投保人的地址,要详细写清地址全称。如果住所地(户籍所在地或法人注册地)与其居所地(居住地或法人营业地)不一致,则应当分别填写清楚。(3) 投保人的职业或经营范围,应当填写投保人在投保之时所从事的职业或主管机关批准的经营范围。要填写具体的职业,不要用工、农、商、学、兵等简单写法,而应当写出具体的工作性质,如司机、教师、纺织工、大学生等。(4) 投保人欲投保何险种险别,是否已就同一保险标的、保险风险向其他保险人投保同一险种及相应的保险金额。(5) 投保的保险标的应当填写清楚。比如,财产保险标的的名称、种类、数量及其坐落地点等均

---

① 参见 Malcolm A. Clarke:《保险合同法》,何美欢、吴志攀等译,北京大学出版社 2002 年版,第 280 页。

应分项填写清楚。而人身保险的投保单,则应就被保险人生存、死亡、伤残、劳动能力、疾病及其医药费支出等标的予以明确填写。(6)投保人身保险时,投保人还必须如实填写被保险人的姓名、年龄、从事的职业或工作岗位等。其中,被保险人的年龄应当采用公元纪年的实足年龄。不足一年的,大于 6 个月的计算为上一年,不足 6 个月的计为下一年。例如,被保险人年龄为 20 岁又 7 个月的,则填写为 21 岁。(7)投保人身保险时,投保人应当根据被保险人出于真实意志所指定的受益人,在投保单中填写受益人的姓名、住址等信息。如果该受益人在国外或其他地方工作或居住,还应当填写其通讯地址。如果被保险人未指定受益人,投保人可在受益人一栏内暂填"法定继承人"。(8)填写投保金额时,投保人应当根据投保标的的具体情况和自己寻求保险保障的需要以及保险人在有关保险条款中的要求,填写适当的数额。(9)投保人应当在投保单上亲自签名或盖章。如果投保人是文盲,可用"十"画押,不要用手指模来替代。[1]

二、暂保单

从投保人提出投保申请到保险人对投保人的申请作出承诺,通常要经过一段时间,如果在这一期间内发生保险事故,保险合同尚未生效,投保人得不到任何赔偿,对其而言是非常不利的。为了保护投保人的利益,各国大都规定了暂保单。[2] 暂保单又称"临时保险书",是在正式保险单或其他保险凭证签发之前,由保险人或保险代理人签发的临时保险凭证。[3] 暂保单的内容较为简单,仅表明投保人已经办理了保险手续,并等待保险人出立正式保险单。暂保单不是订立保险合同的必经程序,使用暂保单一般有以下几种情况:(1)保险代理人已争取到业务,在还未向保险人办妥保险单手续之前给被保险人的一种证明;(2)保险公司的分支机构接受投保后,在还未获得总公司的批准之前先向被保险人出立的保障证明;(3)在洽订或续订保险合同时,订约双方还有一些条件需商讨,在没有完全谈妥之前,先由保险人出具给被保险人的一种保障证明;(4)为办理出口贸易结汇,保险人在出具保险单或保险凭证前可先出具暂保单,以证明该出口货物已经办理保险,作为结汇的凭证之一。[4]

---

[1] 参见《投保人在填写保单的时候应注意哪些问题》,https://wenda.so.com/q/1468195850729259?src=180&q,2020 年 7 月 22 日访问。
[2] See Robert E. Keeton & Alan I. Widiss, *Insurance Law: A Guide to Fundamental Principles, Legal Doctrines, and Commercial Practices*, West Academic Publishing, 1988, p.52.
[3] 参见方乐华:《保险法论》,立信会计出版社 2002 年版,第 62 页。
[4] 参见李玉泉:《保险法(第二版)》,法律出版社 2003 年版,第 157 页。

暂保单具有和正式保险单同等的法律效力,但暂保单的有效期通常不长,一般不超过 30 日。在正式保险单出立后,暂保单就自动失效。如果保险人经考虑不出立保险单的,也可以终止暂保单的效力,但必须提前通知投保人。暂保单是保险人在出立正式保险单之前签发的证明保险人已同意给予投保人以保险保障的一种临时凭证,保险人在同投保人商订保险合同中接受投保的意思已定,但还有一些条件尚未完全谈妥,一般就使用这种凭证。如果洽商不能达成协议,暂保单可以取消;如能达成协议,则保险人可签发正式保险单代替暂保单。此外,经保险人事前通知,也可提前终止暂保单的效力。

三、保险单

保险单是保险人与被保险人订立保险合同的正式书面证明。保险单必须完整地记载保险合同双方当事人的权利义务及责任。保险单记载的内容是合同双方履行的依据。保险单是保险合同成立的证明。但是,根据我国《保险法》规定,保险合同成立与否并不取决于保险单的签发,只要投保人和保险人就合同的条款协商一致,保险合同就成立,即使尚未签发保险单,保险人也应负赔偿责任。当然,保险合同双方当事人在合同中约定以出立保险单为合同生效条件的除外。保险单具有以下几方面的意义:(1) 证明保险合同的成立。保险单是在保险合同成立后签发的,所以保险单的签发和接受,即可证明保险合同已经成立。(2) 确认保险合同的内容。无论采取何种形式订立保险合同,保险人都应当及时签发保险单并载明合同内容。因此,保险单所载明的事项即为保险合同的内容。(3) 保险单是明确当事人双方履行保险合同的依据。除了有欺诈或其他违法行为外,当事人双方均以保险单所记载的事项为履行保险合同的依据,双方据此享受权利、承担义务。(4) 具有证券作用。在某些特定的财产保险中,保险单可制成无记名形式,随保险标的物而转移。例如,在海上货物运输保险中,保险单可以随着货物提单而转移。在人身保险中,保险单可以作为权利证券进行质押。[①]

在保险实务中,投保人在收到保单时应查验是否有下列文件:(1) 保单正本;(2) 保险条款;(3) 保险费正式收据;(4) 变更通知书或出险通知书;(5) 现金价值表。投保人应对保单正本及保险费收据上所有的项目逐条核对,如有错误应及时通知保险公司及业务员予以更正。通常情况下,投保人从收到保单之日起有 10 日的冷静期,在这一期间内,投保人有权解除保单,并如数收回已缴纳的保费。投保人的撤保通知应以书面形式提出,可以通过业务员或直接送达的方式送交保险公

---

① 参见覃有土主编:《保险法概论(第二版)》,北京大学出版社 2001 年版,第 169—171 页。

司。保险公司在收到撤保通知时,应当退还已收取的保费。

四、保险凭证

保险凭证,又称"小保单",是指保险人向投保人签发的用以证明保险合同成立或保险单已签发的书面凭证。[①] 保险凭证是一种简化了的保险单,与保险单具有同等效力。凡是保险凭证上没有列明的,均以同类的保险单为准。如果保险凭证上所记载的内容与保险单的内容相冲突,则以保险凭证上的内容为准。

为了便于双方履行合同,这种在保险单以外单独签发的保险凭证主要在以下几种情况下使用:(1) 在一张团体保险单下,需要给每一个参加保险的人签发一张单独的凭证;(2) 在货物运输保险订有预约合同的条件下,需要对每一笔货运签发单独的凭证;(3) 对于机动车辆第三者责任险,一般实行强制保险,为了便于被保险人随身携带以供有关部门检查,保险人通常出具保险凭证。此外,我国还有一种联合保险凭证,主要用于保险公司同外贸公司合作时附印在外贸公司的发票上,仅注明承保险别和保险金额,其他项目均以发票所列为准。外贸公司在缮制发票时,保险凭证也随即办妥。这种简化凭证可大大节省人力,目前内地对港澳地区的贸易业务也已大量使用。

第三节 保险条款

一、基本条款

保险合同的基本条款又称"普通条款",是指保险人在事先准备或印就的保险单上根据不同的险种规定的有关保险合同当事人双方权利义务的基本事项,它往往构成保险合同的基本内容,是投保人与保险人签订保险合同的依据。按照我国《保险法》第18条第1款的规定,保险合同应当包括下列事项:保险人的名称和住所;投保人、被保险人的姓名或者名称、住所,以及人身保险的受益人的姓名或者名称、住所;保险标的;保险责任和责任免除;保险期间和保险责任开始时间;保险金额;保险费以及支付办法;保险金赔偿或者给付办法;违约责任和争议处理;订立合同的年、月、日。上述条款是《保险法》以列举形式直接规定的,是保险合同中必不可少的条款。

[①] 参见温世扬主编:《保险法(第三版)》,法律出版社2016年版,第100页。

(一) 保险当事人、关系人

保险当事人和关系人包括投保人、保险人、被保险人和受益人。其中,投保人、保险人是订立保险合同的主体,因此称为"保险当事人";被保险人、受益人虽然并非订立合同的直接主体,但是因为能直接承受保险合同所规定的权利与义务,因此称为"保险合同关系人"。保险单之所以要记载当事人、关系人的姓名和住所,其主要原因在于,合同订立后有关保险费的请求支付、危险程度增加的通知、危险发生原因的调查、保险金的给付等有关事项,都与当事人、关系人及其住所有关,所以应为保险合同的基本条款。

在保险实务中,财产保单中存在指示式和无记名式两种特别形式的保单。指示式保单除了记明投保人的姓名外,还记载"或其指定人"字样,投保人可以背书的形式将该保单转让给第三人。例如,为房屋投保火灾保险的,在房屋所有权转移时,可以将保单的所有权背书转让给受让人。无记名式保单不记载投保人的姓名,投保人可以交付的形式将保单转让给第三人。例如,为货物投保的火灾保险中,投保人可将保单随同货物一同交付而转让给他人。[1]

(二) 保险标的

保险标的又称"保险客体",在财产保险中是指财产本身、有关财产利益以及被保险人依法应当对第三人承担的赔偿责任;在人身保险中是指人的生命和身体。保险标的的记载有以下几方面的作用:首先,决定保险的种类。根据保险标的是财产还是人身,判断其为财产保险还是人身保险。其次,判断投保人和被保险人对保险标的是否有保险利益。最后,确定保险人的赔偿范围。因为物有主物和从物之分,以主物为保险标的时,应写明其所包括的从物,以确定保险人赔偿的范围。例如,以某建筑物为保险标的时,若不写明其附属物也包含在承保范围内,则保险事故发生时,对于该附属物,保险人往往拒绝赔偿。[2]

(三) 保险责任和责任免除

保险责任是指保险人对于保险合同约定的因保险事故发生所造成的财产损失承担赔偿责任,或者当被保险人死亡、伤残、疾病或者达到合同约定的年龄、期限时承担给付保险金的责任。保险合同的种类不同,保险人承担的给付义务也不同。保险责任条款通常包括两方面的内容:(1) 保险人承担的基本险责任条款;(2) 保险人承担的附加险责任条款。责任免除条款又称"除外责任",是指保险人免予承

---

[1] 参见侯雪梅:《银行保单质押贷款之相关法律问题分析》,载《金融与经济》2011年第8期。
[2] 参见李莉:《登记公示型动产担保物权人权利研究》,对外经济贸易大学2014年博士学位论文,第46页。

担责任的规定。在保险实务中,除外责任因保险种类的不同而有所区别,但下列危险一般是各类保险不予承保的:被保险人的故意行为导致的损失;物品的自然损耗;因战争或罢工造成的损失(投保战争险或罢工险的除外);核辐射造成的损失;其他道德风险造成的损失。①

(四)保险期间和保险责任开始时间

保险期间是保险人责任的存续期间,只有在此期间内发生保险事故,保险人才承担保险责任。所以,保险期间应当在合同中明确记载。保险期间的计算方法通常以一定时间确定,如"一年";也有以一定事实确定的,如"从甲港到乙港的航海期间"。保险责任开始时间就是保险人从何时起开始承担保险责任。通常情况下,保险期间开始,保险人的责任也同时开始,二者保持一致。但是,双方可以就保险责任开始时间进行特别约定,约定保险人在保险期间开始后的某一时间才开始承担保险责任。

(五)保险价值和保险金额

保险价值是合同当事人约定的保险标的的价值。保险合同约定保险价值的,称为"定值保险";反之,则称为"不定值保险"。在定值保险中,当发生保险事故时,不论保险标的的实际价值多少,保险人均要按照约定的保险价值计算保险金数额。在不定值保险中,由于对保险标的没有事先估价,所以以发生保险事故时保险标的的实际价格作为保险价值。

保险金额,是投保人和保险人在保险单上载明的、投保人对于保险标的实际投保的金额以及保险人承担给付保险金义务的最高限额。保险金额由投保人和保险人协商确定。保险金额是计算保险费的基础,也是保险人承担保险责任的最高限额,所以保险合同应当对其作出明确的约定。

(六)保险费及其支付办法

保险费,是投保人为了使保险人承担保险责任而向保险人支付的费用,是建立保险基金的源泉。由于保险合同是绝对的有偿合同,任何一方均须给付或同意给付一定的对价,投保人交付或同意交付保险费是保险人承担保险责任的前提要件。因此,如果双方当事人在保险合同中约定投保人不需要支付保险费,则该保险合同无效。在保险实务中,保险费的支付方式可分为一次支付和分期支付。合同约定一次支付保险费的,投保人应当在保险合同成立后立即一次付清全部保险费;合同约定分期支付保险费的,投保人应当在合同成立后立即付清第一期保险费,并依照合同约定按期缴纳其余各期保险费。通常情况下,保险法对于保险费的支付方式并

---

① 参见徐卫东主编:《保险法学(第二版)》,科学出版社2009年版,第142页。

没有具体的规定,投保人应当按照保险合同约定的支付方式将保险费交付保险人。①保险人有权规定保险费必须以现金方式支付,也可以接受支票、本票、汇票、自动转账或者以保单项下的现金价值或红利作为保费的支付方式,保险人甚至可以给予被保险人一定的保险费信用额度。②

（七）保险金赔偿及其给付办法

保险金是指保险合同约定的保险事故发生或者在约定的保险事件到来时,保险人应当支付的赔款,保险人所支付的保险金的数额应当依照保险标的的损失程度等因素确定。保险金额是指投保人和保险人在保险合同中约定,投保人对于保险标的实际投保的金额或保险人承担给付保险金义务的最高限额。保险金额在财产保险中以保险标的的实际价值来确定,其中财产保险的约定保险金额不得超出保险标的的保险价额或保险标的的实际价值。我国《保险法》第55条第3款规定:"保险金额不得超过保险价值。超过保险价值的,超过的部分无效,保险人应当退还相应的保险费。"在人身保险中,投保人和保险人一般根据被保险人或者受益人的实际需要和投保人交付保险费的能力等因素来确定保险金额。保险金额既是计算保险费的基础,又是保险人承担保险责任的最高限额,所以保险合同应对其作出明确约定。③ 保险人在保险事故发生后应当及时支付保险金。由于保险金的支付对被保险人和受益人关系重大,因此保险合同应当规定保险金的计算方式和支付方法等事项。

（八）违约责任和争议处理

违约责任是指当事人不履行合同债务时依法产生的法律责任。保险合同当事人不履行合同义务时,会产生相应的法律责任。违约责任的存在是当事人认真履行合同义务的保证,也是"合同必须信守"的保证,因此违约责任是保险合同不可缺少的条款。争议处理,是指当事人发生纠纷以何种方式解决。在保险合同履行过程中,双方当事人对合同的有效和无效、变更和解除等问题难免可能发生争议,争议如何解决以及解决的时间和成本对双方当事人的利益影响很大。因此,当事人一般都在保险合同中约定争议处理事宜,包括争议的解决机构以及解决方法。通常情况下,争议解决方法有两种:一是通过诉讼方式解决;二是采用仲裁方式解决。具体采用何种方式,由当事人协商确定。④

---

① See Evan James Macgillivray, *et al.*, *Macgillivray on Insurance Law: Insurance Practitioner's Library*, 9th ed., Carswell Legal Pubns, 1997, pp. 155-156.
② 参见陈欣:《保险法》,北京大学出版社2000年版,第105页。
③ 参见徐卫东主编:《保险法学(第二版)》,科学出版社2009年版,第143页。
④ 同上书,第144页。

(九) 订立合同的时间和地点

保险合同的订立时间是确定投保人是否有保险利益、保险危险是否发生、保险费缴纳期限以及保险合同生效时间等的重要依据。保险合同的订立地点往往会影响到争议发生后的诉讼管辖、法律适用等问题,因此也应当在合同中作出明确规定。

二、特约条款

在签订保险合同时,除了基本条款外,当事人还可以根据其特殊需要拟定其他条款,为了与基本条款相区别,这类条款称为"特约条款"。我国《保险法》第18条第2款规定:"投保人和保险人可以约定与保险有关的其他事项。"该条款即为对特约条款的规定。特约条款是保险人控制危险的方法,凡对于过去、现在或未来之事项,无论本质上是否重要,一经特约,即成为保险合同的一部分,有绝对之效力。[①] 所谓过去者,如人寿保险合同当以被保险人过去确未患有某种疾病为特约;所谓现在者,如火灾保险合同以房屋概未存储危险物为特约;所谓将来者,如伤害保险合同以被保险人不得旅行危险地带为特约。

(一) 特约条款与相关概念的区别

1. 特约条款与告知的区别

(1) 意义不同

特约条款是保险合同当事人在已经拟定的基本条款的基础上,为满足各自的特殊需要而另行约定的合同内容。告知是在订立保险合同时,投保人或被保险人针对保险人的书面询问所作的陈述。

(2) 表现形式不同

特约条款是保险合同的一部分,一般情况下,特约条款必须记载于保险人签发的保险单上。告知是投保人或被保险人针对保险人的书面询问所作的陈述,通常情况下以言词的形式表达,所以无记载于保险单上的必要。

(3) 内容不同

对于特约条款的内容,只要是与保险合同有关之一切事项,不问过去、现在或将来,均得以特约条款定之,不以重要之事项为限。与之相反,投保人的告知则以重要事项为限。所谓重要事项,是指足以变更或减少保险人对于危险估计的事项。[②]

---

① 参见梁宇贤:《保险法新论(修订新版)》,中国人民大学出版社2004年版,第104页。
② 参见林群弼:《保险法论(增订二版)》,三民书局2003年版,第197页。

(4) 法律效力不同

不论在法律上有没有重要性，一旦投保人违反特约条款，保险人就可以解除保险合同。对于投保人的告知，保险人必须证明投保人故意隐瞒事实，不履行如实告知义务，或者因过失未履行如实告知义务，足以影响保险人决定是否同意承保或者提高保险费率的，保险人才有权解除保险合同。

(5) 作用不同

特约条款通常是要求投保人或被保险人必须履行某种义务，从这个意义上讲，特约条款往往是保险人用以控制危险的方法。投保人的告知义务是辅助保险人进行危险估计的工具，保险人根据投保人告知的情况对保险合同承保的危险种类和危险程度进行衡量，并最终决定保险费率和保险金额。

2. 特约条款与条件的区别

(1) 意义不同

特约条款是保险合同当事人在保险合同基本条款之外另行约定承认履行特种义务的条款。条件是指使法律行为效力之发生或终止取决于将来客观上不确定之事实成立与否的一种附加条款，即当事人以将来客观上不确定的事实成立与否决定其法律行为效力的一种附加条款。条件可以分为停止条件和解除条件：停止条件是限制法律行为效力发生的条件，即法律行为于条件成就时发生效力，于条件不成就时不发生效力。解除条件是限制法律行为效力消灭的条件，即已发生的法律行为于条件不成就时保持其效力，于条件成就时失其效力。①

(2) 效力不同

特约条款约定的内容不论是否为重要事项，一旦投保人违反，保险人就可以解除保险合同。与之相对，条件必须是法律上的重要事项才能影响保险合同的效力；若为不重要者，无论是否成就，都对保险合同无关紧要。

(3) 举证责任不同

特约条款如有违背，须由保险人负举证责任。至于条件，则因解除条件、停止条件而有不同。对于解除条件，如条件成就，则保险合同失其效力，须由保险人负举证责任。对于停止条件，如条件成就，则保险合同发生效力，须由投保人负举证责任。②

3. 特约条款与除外条款的区别

(1) 含义不同

特约条款是保险合同当事人在保险合同基本条款之外另行约定的承认履行某

---

① 参见王泽鉴：《民法总则（增订版）》，中国政法大学出版社2001年版，第423页。
② 参见梁宇贤：《保险法新论（修订新版）》，中国人民大学出版社2004年版，第105—106页。

种特定义务的条款。除外条款是将原本包括在保险合同内的危险排除在保险合同承保范围之外的条款,即将原本必须负责的危险排除在保险合同承保范围外的条款。保险合同中常见的除外条款有:被保险人故意造成的损失、战争、核辐射、核污染、保险标的的自然损耗、航行延迟、交货延迟或行市变化等。①

(2) 目的不同

保险人借助特约条款的规定,可以对危险进行控制。除外条款的规定,是将原本应当包含在保险合同内的危险排除在外,事实上缩小了保险人的承保范围,降低了其原本应当承担的风险。

(3) 内容不同

在保险实务中,只要是与保险合同有关的事项,不论该事项的重要性如何,也不论是过去、现在或将来,都可以就其订立特约条款。反之,除外条款所约定的事项,须为原本包括在保险合同内的危险,否则不但毫无意义,而且不会发生任何效力。②

(二) 特约条款的形式

通常情况下,特约条款包括以下几种形式:

1. 保证条款

关于保证条款的基本内容,在上文"投保人的保证义务"中已经进行了详细的介绍,此处不再赘述。

2. 共保条款

共保条款是指保险人与投保人就保险标的物的一部分约定,由投保人自行负担因保险事故发生所造成的损失。通常情况下,这种保险称为"合力保险"或"共保条款保险",仅仅适用于财产保险,人身保险不适用共保条款。③ 在保险实务中,财产保单中通常设有免赔额的规定。免赔额是指在保险合同中规定的损失在一定限度内保险人不负赔偿责任的额度,可分为绝对免赔额和相对免赔额。免赔额的规定主要是为了减少一些频繁发生的小额赔付支出,提高被保险人的责任心和注意力,避免不应发生的损失发生,同时也可以降低保险公司的经营成本。

共保条款是在保险合同基本条款之外另行约定的条款,按照其性质划分,应当属于特约条款的一种。所以,共保条款应当适用有关特约条款的规定,在投保人违反共保条款与其他保险人订立保险合同时,保险人可以解除保险合同。

---

① 参见李玉泉:《保险法(第二版)》,法律出版社 2003 年版,第 150—151 页。
② 参见林群弼:《保险法论(增订二版)》,三民书局 2003 年版,第 200 页。
③ 参见梁宇贤:《保险法新论(修订新版)》,中国人民大学出版社 2004 年版,第 108 页。

3. 协会条款

协会条款是指保险同业者因实际需要而共同商定的条款。协会条款通常包括两种：(1) 伦敦保险业协会所制定的条款，通常带有"Institute of London Underwriters"字样；(2) 美国保险业协会所制定的条款，通常带有"American Institute"字样。协会条款中的附带条款种类繁多，根据维克多·多佛(Victor Dover)所著 *Analysis of Marine and Other Institute Clause* (7th ed., 1956) 一书统计，共有 123 种，常见于海上保险合同中，如船舶碰撞条款、姊妹船舶条款、货物保险附带仓至仓条款、战争危险担保条款等。①

4. 附加条款

附加条款，又称"追加条款""补充条款"，是指保险合同当事人在合同基本条款的基础上约定的补充条款，是为增加或限制基本条款所作的补充。保险合同的当事人，在保险合同订立时或订立后，为适应特殊的需要，经当事人双方同意，对于原有基本条款的规定可以进行补充或变更。② 通常情况下，将附加条款书写或印就纸条粘贴于保险单的空白位置，使其成为保险合同的一部分。例如，双方当事人用附加条款的形式在保险单内增加或减少保险人的承保范围、保险标的或受益人人数等。在特约条款体系内，附加条款的效力高于保险单内基本条款、协会条款以及保证条款的规定；同时，时间在后的附加条款的效力优于时间在前的附加条款的效力。③

(三) 特约条款的法律效力

特约条款的法律效力可以分为积极效力和消极效力。

1. 积极效力

我国台湾地区所谓的"保险法"第 68 条第 1 款规定："保险契约当事人之一方违背特约条款时，他方得解除契约；其危险发生后亦同。"由此可见，如果当事人一方违背特约条款，另一方就享有解除权，从而使保险合同归于消灭。但是，该解除权的行使并非毫无限制，为了防止解除权人长期不行使权利从而导致保险合同的效力长期处于不稳定状态，以及保护相对人的利益，法律对当事人解除权的行使期间作出了严格规定。解除权人知悉有解除原因后经过一个月不行使解除权的，该权利即归于消灭；合同自订立后经过两年，即使有可以解除之原因，当事人亦不得解除合同。④ 虽然在理论上，特约条款的内容可能扩大保险人的责任范围，也可能

---

① 参见林群弼：《保险法论（增订二版）》，三民书局 2003 年版，第 192—193 页。
② 参见徐卫东主编：《保险法学（第二版）》，科学出版社 2009 年版，第 147 页。
③ 参见梁宇贤：《保险法新论（修订新版）》，中国人民大学出版社 2004 年版，第 107—108 页。
④ 参见李晓钰：《合同解除制度研究》，西南政法大学 2014 年博士学位论文，第 27 页。

缩小保险人的责任范围,但在保险实务中,特约条款已变成保险人控制危险的一种工具,往往是保险人要求投保人或被保险人履行特定义务。在投保人或被保险人未能按照特约条款的规定履行义务时,保险人可以解除保险合同,这对在保险合同关系中处于弱势地位的投保人和被保险人来说极为不利。

2. 消极效力

如上文所述,凡对于过去、现在或将来之事项,无论其本质上是否重要,都可以由特约条款加以规定。因此,解除合同的规定,无论是关于过去事项、现在事项或将来事项的特别约定,都可以适用。① 但对于将来事项的特约条款,法律往往会有特别的规定。例如,我国台湾地区所谓的"保险法"第69条规定:"关于未来事项之特约条款,于未届履行期前危险已发生,或其履行为不可能,或在订约地为不合法而未履行者,保险契约不因之而失效。"对于上述关于未来事项之特约条款的特殊效果,学者们称之为"特约条款的消极效力"。具体情况如下:

(1) 未届履行期前危险已发生

例如,投保企业财产综合保险,当事人双方约定在合同订立后3日内将厂房内的易燃物转移到安全的场所,但在订约后的第二天发生火灾,厂房被烧毁。在这种情况下,保险人不能解除合同。

(2) 履行行为不可能

例如,在火灾保险合同中,当事人特别约定于保险合同订立10日内拆除与标的物相邻的茅屋。但订约后未及10日,该茅屋因诉讼遭法院查封并禁止处分。在这种情况下,保险合同不能因投保人或被保险人未履行特约条款而丧失效力,所以不能解除。

(3) 在订约地为不合法而未能履行

例如,经保险合同当事人特约,投保人应将部分黄金出售。但在保险合同生效后,黄金买卖突然为法律所禁止。在这种情况下,保险合同并不因投保人未能出售黄金而失去效力,保险人也不能解除保险合同。②

(四) 特约条款的法律规制

虽然在理论上,特约条款的订立可能为投保人设定义务,也可能为保险人设定义务,但考虑到保险合同的附合性,在保险实务中,特约条款通常是要求投保人或被保险人履行某种义务。从这个意义上讲,特约条款是保险人用以控制危险的工具。为了防止保险人滥用特约条款,并将其作为规避风险的"盾牌",必须对特约条

---

① 参见陈俊郎:《保险法规》,三民书局1992年版,第90页。
② 参见林群弼:《保险法论(增订二版)》,三民书局2003年版,第192页。

款进行相应的规制。一般而言,规制主要从形式上和实质上两方面进行:

1. 形式上的规制

对特约条款形式上的规制主要是看其是否已被订入合同,并成为合同的一部分,即保险合同当事人对特约条款内容的意思表示是否一致。特约条款的订立同样要经历要约和承诺阶段,但与保险合同的订立不同,特约条款一般是由保险人事先拟定的,特别是保证条款、共保条款和协会条款,通常情况下都是由保险人事先草拟好的。在这种情况下,特约条款是否已被订入合同应当探求当事人的真意,其判断标准有以下几方面:

(1) 在订立保险合同的时候,保险人必须采用合理的方法提请投保人注意特约条款的存在。就特约条款的外形而言,"该文件的外形须予人以该文件有足以影响当事人权益之约款的印象,否则相对人收到该文件根本不予阅读,使用人之提请注意即不充分"[①]。保险人提请注意必须达到相当的程度才能足以使相对人注意到特约条款的存在。因此,该提请注意应当采取主客观相结合的判断标准,即原则上以理智正常的一般人的认识水平为标准,同时兼顾智力、视力、文化程度欠缺等人群的特殊情况。[②]

(2) 特约条款使用的语言必须是清楚的,如果特约条款部分的词语被印戳掩盖难以辨认,或者被大片的广告所掩盖,就不能认为该特约条款已被订入合同。同时应当注意的是,如果保险人明知投保人不懂英文,而特约条款都以英文撰写,则投保人应不受特约条款的拘束,除非保险人在订约前已予以明确说明。

(3) 依当事人间长期的交易惯例来判断。如果当事人之前长期有类似的交易,且经过自由意思磋商,习惯上将某特约条款订入契约,对达成合意的特约条款已和普通合同条款无异。这是交易双方平等协商的结果,即使当事人在交易时因疏忽而遗漏,当事人也应受特约条款的拘束。[③]

2. 实质上的规制

对保险合同特约条款的实质规制可以分为立法、司法、行政规制以及社团规制。

(1) 立法规制

立法规制是规制保险合同特约条款通用的方式,通常是在制定法上综合考虑保险合同双方当事人的利益,对于当事人的权利、义务进行适当调整,并直接体现

---

① 刘宗荣:《定型化契约论文专辑》,三民书局1993年版,第8页。
② 参见崔建远:《合同法学》,法律出版社2015年版,第55页。
③ 参见于海纯:《保险人缔约信息义务的边界——以重要性标准之建立为中心》,载《比较法研究》2011年第2期。

在立法上。此处所说的"立法"并不仅仅局限于保险法,还包括合同法和消费者权益保护法等。例如,我国台湾地区所谓的"保险法"第 54 条第 1 款规定:"保险契约中有左列情事之一,依订约时情形显失公平者,该部分之约定无效:一、免除或减轻保险人依本法应负之义务者。二、使要保人、受益人或被保险人抛弃或限制其依本法所享之权利者。三、加重要保人或被保险人之义务者。四、其他于要保人、受益人或被保险人有重大不利益者。"如果特约条款包含上述条款所规定的内容,该特约条款无效。

同时,合同法也会对特约条款加以规制。例如,德国《一般合同条款法》中列举了"黑名单""灰名单"等;英国 1977 年《不公平合同条款法》规定了四种绝对无效的合同条款;以色列 1964 年《格式条款法》具体列出了九种限制性文句。[1]《中华人民共和国民法典》(以下简称《民法典》)第 497 条规定了格式条款无效的三种情形。综上,对特约条款的规制主要表现在以下几个方面:(1) 违反法律、行政法规的强制性规定的特约条款无效。(2) 损害社会公共利益的特约条款无效。(3) 因重大误解订立特约条款的,在订立特约条款时显失公平的,一方以欺诈、胁迫的手段或者乘人之危使对方在违背真实意思的情况下订立特约条款的,受损害方都有权请求人民法院或者仲裁机构变更或者撤销。

此外,消费者权益保护法对处于弱势地位的消费者也提供了特殊的保护。例如,《中华人民共和国消费者权益保护法》(以下简称《消费者权益保护法》)第 4 条规定:"经营者与消费者进行交易,应当遵循自愿、平等、公平、诚实信用的原则。"此外,该法第 20 条第 1、2 款规定:"经营者向消费者提供有关商品或者服务的质量、性能、用途、有效期限等信息,应当真实、全面,不得作虚假或者引人误解的宣传。""经营者对消费者就其提供的商品或者服务的质量和使用方法等问题提出的询问,应当作出真实、明确的答复。"保险人在与作为自然人的投保人订立消费性保险合同的过程中,也应当遵守《消费者权益保护法》的规定,特别是有关保险合同的免责条款与特约条款的规定,对投保人的利益影响巨大,保险人必须遵循自愿、平等、公平、诚实信用的原则,与投保人商定特约条款,否则就要承担相应的法律责任。

(2) 司法规制

在英美法系国家,实行"判决拘束原则",即在同一系统的法院中,对于相类似事实的案件,于不同级法院间,下级法院必须受上级法院判决的拘束;于同级法院间,后判决受前判决的拘束。[2] 这样做的效果是,法官通过司法判决对当事人的权

---

[1] 参见王利明、崔建远:《合同法新论·总则》,中国政法大学出版社 2000 年版,第 201 页。
[2] 参见潘维大、刘文琦编著:《英美法导读》,法律出版社 2000 年版,第 57 页。

利、义务实行再分配,达到法官造法的效果,判例对于特约条款的规制与立法所起的作用基本相同。此外,在英美法系国家还存在诸如"严格解释理论""不利解释理论""重大违约理论""系列交易理论""事先通知理论""合同相对性理论""禁止欺诈理论""合理性理论"以及"不正当竞争理论"等,[①]也会被作为规制特约条款的司法工具。在大陆法系国家,成文法占主导地位,不允许法官造法。因此,法官主要通过对法律和特约条款进行解释,并对特约条款的效力作出肯定或否定判决的方式来实现对特约条款的规制。例如,根据德国《民法典》第157条的规定,合同的解释应遵循诚实和信用的原则,并考虑交易上的习惯。这样就扩大了法官在对特约条款判断时考虑因素的范围,成为对特约条款进行司法规制的有力武器。总体上看来,司法规制具有终极性和公正性的优点,但同时其又具有救济的事后性、个别性等缺点,而且程序较为复杂,成本较高。[②]

(3) 行政规制

对于特约条款的行政规制,各国的做法并不相同。1971年,瑞典在"消费者巡视官"之下设立了一个特别机构,其职责是监督公司在市场上的行为。如果该机构发现有公司使用不公平条款,可以同该公司或其所属集团进行谈判以便制止之。如果谈判没有取得预期的结果,则该机构可以要求特别法院发布禁令。[③] 在以色列,根据其1964年《标准合同法》第2条的规定,任何公司要适用格式合同,必须向国家特别设立的委员会申请。该委员会有权对特约条款等格式条款进行审查,作出承认或拒绝的决定。[④] 但是,从总体上看来,在全球市场单一化的潮流下,行政规制方法逐渐退出了合同内容控制方法的行列。例如,崇尚自由经济与契约自由的英国从未对保险合同条款进行过行政规制;一向以保险单之事前行政规制为内容控制重要概念的德国,根据欧盟法令的规定,也在1994年修法废除保险单条款事先送审制,回归立法、司法控制。[⑤]

(4) 社团规制

社团规制主要是通过消费者组织进行规制。例如,我国的消费者保护组织每年都要接受大量的消费者投诉。德国和日本也有许多消费者权益保护组织,德国的消费者保护团体可以自己的名义诉请主张特约条款等格式条款无效,日本的消

[①] 参见王海波:《论中国海上保险法与一般保险法之协调》,复旦大学2012年博士学位论文,第188页。
[②] 参见王利明、崔建远:《合同法新论·总则》,中国政法大学出版社2000年版,第202页。
[③] 参见〔德〕海因·克茨:《欧洲合同法》,周忠海等译,法律出版社2001年版,第220页。
[④] 参见李永军:《合同法》,法律出版社2004年版,第288页。
[⑤] 参见王保璇:《格式条款规制研究》,山东大学2019年博士学位论文,第4页。

费者生活中心可以与大企业就特约条款等格式条款进行协商和交涉。① 法国、奥地利、荷兰、葡萄牙等国也有类似的规定。另外,欧共体1993年4月5日发布指令,要求其成员国进行立法,允许消费者协会在法院进行诉讼,取得关于特约条款等格式条款是否公平的判决,以便其采取适当措施制止保险公司等继续使用此类条款。②

示范案例

【案情简介】③

2001年10月5日,孙某的长子谢某在信诚人寿保险有限公司(以下简称"信诚人寿")保险代理人黄某的介绍下,与黄某共同签署了《信诚人寿保险有限公司(投资连结)保险投保书》(以下简称《投保书》)一份,注明:被保险人为谢某,受益人为孙某,主合同(即主险)为"信诚智选投资连结保险",保险金额为100万元;附加险为附加提前给付长期疾病保险、附加住院津贴长期医疗保险、附加手术津贴长期医疗保险、附加长期意外伤害保险、附加意外伤害医疗保险,附加险基本保险金额为200万元。在"投保须知"一栏中注明:本投保书为保险合同组成部分,本保险合同自投保人缴纳首期保险费并经保险公司审核同意承诺后成立,合同生效日及保险责任开始日以保险单所载日期为准,本投保书所列各项保险合同(主合同/附加合同)的权利、义务及释义依其条款约定办理等内容。谢某选择的是半年缴费一次,在签署《投保书》后即向信诚人寿缴纳保险费11944元。信诚人寿安排谢某于2001年10月17日进行体检,体检报告在2001年10月18日由广州市东山区人民医院出具。信诚人寿在2001年10月18日收到谢某的体检报告后,即安排黄某通知谢某办理保险财产告知手续及补缴保费18.7元。黄某在通知过程中得知谢某已于2001年10月18日身故,遂告知孙某谢某向信诚人寿投保了投资连结保险及附加险。

2001年11月13日,孙某向信诚人寿提出索赔申请,并提交了谢某的财务证明材料。2002年1月14日,信诚人寿向孙某发出函件,称根据"信诚智选投资连结保险"第22条,该保险金额为人民币100万元整,但信诚人寿需要根据谢某的身体状况、财务状况决定是否承保以及承保的条件。此外,谢某仍须补交首期保险费人民

---

① 参见王利明、崔建远:《合同法新论·总则》,中国政法大学出版社2000年版,第202—203页。
② 参见李永军:《合同法》,法律出版社2004年版,第287页。
③ 参见广东省广州市中级人民法院(2003)穗中法民二终字第993号民事判决书。

币 18.7 元。附加长期意外伤害保险等保险责任,自投保人交付首期保险费且本公司同意承保后开始,而谢某的保险事故发生于 2001 年 10 月 18 号,本公司尚未同意承保,故该保险事故不属于保险责任范围,本公司对于"附加长期意外伤害保险"不予赔付。

【思考方向】

保险合同成立时间及成立条件。

【适用法条】

1.《保险法》第 13 条:"投保人提出保险要求,经保险人同意承保,保险合同成立。保险人应当及时向投保人签发保险单或者其他保险凭证。保险单或者其他保险凭证应当载明当事人双方约定的合同内容。当事人也可以约定采用其他书面形式载明合同内容。依法成立的保险合同,自成立时生效。投保人和保险人可以对合同的效力约定附条件或者附期限。"

2.《保险法》第 14 条:"保险合同成立后,投保人按照约定交付保险费,保险人按照约定的时间开始承担保险责任。"

【案例分析】

根据《保险法》第 13 条的规定,只要投保人与保险人在平等、自愿的基础上达成合意,双方当事人意思表示一致,保险合同即成立,不需要保险人签发保险单或者其他保险凭证作为保险合同成立的要件,保险合同的诺成性质十分明显。至于投保人缴纳保险费,以及保险人向投保人签发保险单或者其他保险凭证等行为,是双方当事人在保险合同成立后履行约定的义务,而不是保险合同的成立条件。

 思考案例[①]

某成衣厂于 2000 年 1 月 31 日与某保险公司签订了财产保险合同,保险期限从 2000 年 2 月 1 日起至 2001 年 2 月 1 日止,保险金额为 35 万元。该厂于签约当日交付了全部保险费。2000 年 2 月 7 日晚,因是春节期间,该厂值班人员钟某擅自离开工厂,到朋友家去吃晚饭,饭后又与朋友一起打麻将,直到第二天下午 3 时才回到工厂,发现工厂防盗门被人撬开,厂内的财产被盗。经现场查勘,该厂的财产损失约 16 万元。由于此案一直未破,该厂于 2000 年 5 月 11 日向保险公司提交书

---

① 参见《无人看守财产被盗案》,豆丁网,http://www.docin.com/p-1296331717.html,2020 年 7 月 22 日访问。

面索赔申请。同年6月20日,保险公司出具《拒赔通知书》,称依据该保险公司《企业财产保险条款附加盗窃险特约条款》(以下简称《特约条款》)的约定,"由于保险地址无人看守而发生的被盗窃损失,保险人不负赔偿责任"。该厂认为保险公司应该赔偿,遂向法院起诉要求保险公司承担其财产损失的赔偿责任。

一审法院认为,成衣厂在保险公司办理企业财产保险,并缴纳了保险费,保险合同合法有效,双方当事人应当遵照执行。成衣厂在保险期限内发生保险财产被盗案件,但是被盗是由于保险地址无人看守导致的,保险地址无人看守这一事实已由被保险人提供的书面材料证实,该行为属于保险条款中的除外责任。因此,法院作出如下判决:驳回成衣厂的诉讼请求。一审法院判决后,成衣厂不服,遂向上级法院提起上诉。二审法院以同样的理由,维持原判。

【思考问题】
1. 保险人是否履行了对保险条款的说明义务?
2. 本案中《特约条款》的除外责任对被保险人是否具有法律约束力?

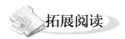
拓展阅读

违反禁止承保职业条款订立的保险合同是否有效①

【案情】

原告唐某系一名挖掘机驾驶员。2016年3月26日,唐某在被告阳光财产保险股份有限公司淮安中心支公司(以下简称"阳光保险公司")购买了"阳光灿烂个人意外伤害综合保险"保险卡,保险卡中载明的禁止承保职业包括建筑机械车辆操作驾驶人员,并提示"禁止承保职业类别人员切勿激活本卡,否则激活后保险合同不生效"。唐某在保险卡上签字确认并缴纳了保险费。次日,唐某按照该保险卡激活流程在网上填写个人信息,激活了该保险,但职业一栏留空未填。2016年3月30日6时左右,唐某驾驶电动车时被一截断落的空中架设电缆线绊倒受伤。经鉴定,唐某左上肢丧失部分功能,构成十级伤残。唐某诉至法院,要求阳光保险公司给予赔偿。

---

① 参见岳玥:《违反禁止承保职业条款订立的保险合同是否有效》,载《人民法院报》2018年10月18日第7版。

【分歧】

对于阳光保险公司应否承担保险赔偿责任,有两种不同的观点。

一种观点认为,保险公司不承担赔偿责任。保险公司已在保险卡中载明禁止承保职业,并明确提示"禁止承保职业类别人员切勿激活本卡,否则激活后保险合同不生效"。被保险人的职业属于该保险禁止承保的职业,故保险合同不生效。

另一种观点认为,保险公司应当承担赔偿责任。投保人负有如实告知义务,而保险人亦负有相应的询问及审查义务。阳光保险公司对被保险人的职业未尽到询问和审慎审查的义务,由此导致的保险风险应由其自行承担。

【评析】

笔者赞同第二种观点,理由如下:

1. 阳光保险公司在向唐某销售保险卡时未尽到询问义务

《保险法》第 16 条第 1 款规定:"订立保险合同,保险人就保险标的或者被保险人的有关情况提出询问的,投保人应当如实告知。"投保人依法负有如实告知的义务,而保险人则同时负有主动询问和审慎审查的义务。本案中,唐某所投保的"阳光灿烂个人意外伤害综合保险"根据不同职业可能发生的人身风险系数高低将各类社会职业进行了类别划分,针对不同类别分别设置了相应的赔付标准,并将部分存在高风险的职业列入禁止承保职业予以拒保。因此,投保人的职业是决定保险人是否同意承保的一项重要因素,保险公司亦在保险条款中将符合承保职业作为保险合同生效的条件。在此情况下,保险公司对投保人的职业理应负有审慎审查的义务,以确保被保险人符合承保要求。从本案双方当事人订立保险合同的过程来看,虽然案涉保险卡中以加粗加黑字体对承保职业要求作出提示,明确将建筑机械车辆操作驾驶人员列入禁止承保职业,但是该提示并不能免除保险公司的询问和审查义务。保险公司在销售保险卡时应主动询问被保险人的职业,对不符合该险种承保职业的购卡者理应拒绝销售或履行明确的说明义务,但阳光保险公司在唐某缴纳保费后即向其交付了保险卡,未对其职业进行询问。

2. 阳光保险公司对电子保单的激活信息未尽到审查义务

不同于传统的保险合同形式,电子保单是由保险人通过网上设定的程序对被保险人的个人信息提出询问,在保险卡激活流程中设置包括被保险人职业在内的个人信息栏目,要求投保人以填写或选择的方式进行告知。本案中,阳光保险公司在案涉保险的网络激活页面中虽然设置了职业信息一栏,但并未将该项设置为必填项,唐某在该职业栏空置未填的情况下依然成功激活了保单。阳光保险公司在明知被上诉人未如实告知其职业的情况下,并未进一步向唐某询问核实。因此,对于阳光保险公司疏于审查而导致的保险风险,应由其自行承担。

3. 本案事故并未增加保险公司的保险风险

从案涉保险设置禁止承保职业的目的来看,由于风险系数高的职业会相应增加保险公司的保险风险,故而保险公司根据职业风险进行分类,并将一些高危职业排除在承保范围之外,其本意是通过排除高危职业所涉的高风险情形,从而降低自身的保险风险。本案中,虽然唐某的职业属于涉案保险约定的禁止承保职业范围,但本案事故系一起普通交通事故,并非发生在唐某从事职业过程中,事故的发生与唐某是否从事高危职业无关联性,并未增加阳光保险公司的保险风险,因此对本案事故承担保险责任并未违背阳光保险公司设置禁止承保职业的初衷,亦未损害其利益。因此,保险公司应当承担保险赔偿责任。

第六章 保险合同的生效

第一节 一般生效要件

保险法作为商法的一个分支,属于民法的特别法,因此有关保险合同生效要件的规定也应当适用一般民事行为生效要件的规定。我国《民法典》第143条规定:"具备下列条件的民事法律行为有效:(一)行为人具有相应的民事行为能力;(二)意思表示真实;(三)不违反法律、行政法规的强制性规定,不违背公序良俗。"这一规定是合同的一般生效要件,也是检验合同效力的标准。具体到保险合同,其生效要件应当包括一般生效要件和特殊生效要件。其中,一般生效要件包括以下几方面:

一、主体合格

(一)保险合同的当事人

按照合同法的一般原理,保险合同的当事人是指享受保险合同权利、承担保险合同义务之人。[①] 从这个角度分析,保险合同的当事人应当包括投保人和保险人。投保人是与保险人订立保险合同,并按照保险合同负有支付保险费义务的人。自然人和法人都可以成为投保人。有学者认为,享有投保人之资格须具备两个要件:一是投保人必须具有权利能力;二是投保人必须具有保险利益。[②] 笔者认为这种观点值得商榷。法律行为的生效要件只是要求投保人必须具有相应的行为能力,对权利能力并没有要求。实际上,对自然人来说,其权利能力始于出生,终于死亡;对法人来说,其权利能力始于依法成立,终于依法注销登记。因此,对权利能力的要求没有实际意义。而与之相反,如果投保人没有相应的行为能力,订立的保险合同的效力就会存在瑕疵。例如,限制民事行为能力人订立的保险合同,只有经过法定代理人的追认才能生效。在法定代理人追认之前,保险合同处于效力未定的状态。无民事行为能力人不能单独订立保险合同,必须由其法定代理人代为订立。当然,上文所说的无民事行为能力人和限制民事行为能力人不能单独订立保险合

[①] 参见刘宗荣:《保险法》,三民书局1995年版,第49页。
[②] 参见刘宗荣:《新保险法:保险契约法的理论与实务》,中国人民大学出版社2009年版,第54页。

同的情况也存在例外,即行为能力人订立与其年龄、智力、精神健康状况相适应的保险合同。在这种情况下,保险合同无须法定代理人追认或代为订立。例如,学生在校注册时,均可以投保学生平安险;不论是否年满18周岁,自然人旅行时均可以投保旅行平安险等。①

保险人,是指与投保人订立保险合同,并承担赔偿或给付保险金责任的保险公司。按照我国保险法的规定,保险公司应采取股份有限公司和国有独资公司的形式。保险公司的设立采取特许主义,非经保险监督管理机构批准,不得私自设立保险公司。

(二) 保险合同的关系人

保险合同的关系人是指因保险合同的成立而享受合同权利或承担某些义务的人,包括被保险人和受益人。在财产保险中,被保险人是指在保险事故发生时遭受损害、享有赔偿请求权的人。在以死亡为给付保险金条件的人身保险中,被保险人因保险事故发生而死亡的,由受益人行使保险金赔付请求权。由于人身保险涉及被保险人的人身安全,容易诱发道德风险,所以法律对被保险人的资格进行严格限制,以防止道德风险的发生。根据我国《保险法》第33条的规定,除父母为其未成年子女投保的人身保险外,投保人不得为无民事行为能力人投保以死亡为给付保险金条件的人身保险,保险人也不得承保。如果违反上述规定,则保险合同无效。在需要被保险人指定受益人或同意投保人指定的受益人的合同中,被保险人也必须具有行为能力,否则保险合同无效。受益人是指人身保险合同中由被保险人或投保人指定的享有保险金请求权的人。受益人的资格一般没有限制,自然人、法人均可为受益人,并且对受益人的资格没有行为能力要求,即使是胎儿,也可作为受益人,但须以活着出生为限。②

(三) 保险合同的辅助人

保险合同的辅助人有保险代理人和保险经纪人。保险代理人,也称"保险代理商",是根据代理合同或授权书,向保险人收取费用,并代理经营业务之人。③ 按照我国现行保险法律法规的规定,作为保险代理人,必须同时具备三个条件:一是金融监督管理部门规定的资格条件,即具备资格证和许可证。二是执业证,即保险代理人执业的合法凭证,由工商行政管理部门核发。三是财产保证,主要有两种表现形式:(1) 向金融监督管理部门缴存保证金;(2) 投保执业责任险。保险经纪人,是

---

① 参见覃有土主编:《保险法概论(第二版)》,北京大学出版社2001年版,第120—121页。
② 同上书,第126页。
③ 参见刘宗荣:《新保险法:保险契约法的理论与实务》,中国人民大学出版社2009年版,第67页。

基于被保险人的利益,代向保险人洽订保险合同,向承保之保险业收取佣金之人。① 按照我国保险法的规定,保险经纪人从业必须拥有《保险经纪人员资格证书》。在取得从业资格证书后,保险经纪人必须加入保险经纪公司才能正式执业。

二、意思表示真实

意思表示真实,是指保险合同缔约人的表示行为应真实地反映其内心的效果意思,即效果意思与表示行为相一致。这在民法上又被称为"意思表示无瑕疵"。如果在保险合同的订立过程中存在欺诈、胁迫、乘人之危、重大误解、显失公平以及恶意串通的情形,权利人可以撤销、变更或者申请宣告保险合同无效。

三、内容合法

保险合同作为民事行为的一种,其内容必须具有合法性,只有合法的保险合同才能达到当事人预期的法律效果。归纳起来,保险合同的内容合法应当包括以下三方面的内容:首先,保险合同的内容不得违反保险法律法规的强行性规定,不得违反社会公共秩序和善良风俗;其次,保险标的必须是法律允许投保的财产及其利益或人的身体、生命;② 最后,由于保险法具有强烈的社会性和技术性,因此其规范多为强制性规范,对于这些强制性规范,当事人不得通过约定加以变更或排除其适用。③

第二节 特别生效要件

保险合同的特别生效要件主要包括以下几个方面:

一、投保人告知义务和保险人说明义务的履行

因为保险合同是最大诚信合同,投保人和保险人能否做到诚实信用,是评价保险合同效力的重要因素。在订立保险合同时,投保人应当就订立保险合同有关的重要内容向保险人如实陈述,否则保险人有权解除合同。根据《保险法解释(二)》第5条和第6条的规定,投保人的告知内容包括其明知的与保险标的或者被保险人有关的情况,但告知义务限于保险人询问的范围。而保险人的说明义务主要体现在其应当向投保人说明保险合同的条款内容,尤其是保险人的责任免除条款。

---

① 参见刘宗荣:《新保险法:保险契约法的理论与实务》,中国人民大学出版社2009年版,第71页。
② 参见徐卫东主编:《保险法学(第二版)》,科学出版社2009年版,第131页。
③ 参见温世扬主编:《保险法(第三版)》,法律出版社2016年版,第123页。

若保险人在订立保险合同时未明确说明责任免除条款,则该条款不产生效力。根据《保险法解释(二)》第9条和第11条规定,保险人提供的格式合同文本中的责任免除条款、免赔额、免赔率、比例赔付或者给付等免除或者减轻保险人责任的条款,都可以被认定为免除保险人责任的条款,对上述条款保险人应以足以引起投保人注意的文字、字体、符号或者其他明显标志作出提示。

二、危险的存在

建立保险制度的目的是为了应对自然灾害和意外事故等特定事件的发生。只有存在这种发生特定事件的危险,才有必要建立补偿损失的保险制度。从这个意义上讲,无危险则无保险。作为保险合同特别生效要件的危险,必须具备以下几个特性:(1)危险发生与否不能确定;(2)危险发生的时间不能确定;(3)危险所导致的后果不能确定;(4)对被保险人来说,危险的发生必须是非故意的。只有存在上述危险的保险合同才是有效的保险合同。

三、保险合同中特约条款的规定

保险合同中的特约条款是指保险合同之当事人于保险合同基本条款外另加约定,承认履行特种义务之条款。特约条款不是基本条款,是在法律所规定之条款以外而特别约定者。[①] 由此可见,特约条款是当事人在保险法或相关保险法规规定的法定义务外,约定履行义务的条款。如果一方当事人违背特约条款,则另一方可以解除保险合同。从这个角度理解,特约条款也可以说是保险合同的一种特别生效要件。

四、保险利益的存在

保险利益,是指投保人或被保险人对保险标的所具有的法律上的利益,包括财产保险利益和人身保险利益两个方面。根据《保险法》第31条,人身保险合同订立时,投保人对被保险人不具有保险利益的,合同无效。根据《保险法》第48条,保险事故发生时,财产保险合同的被保险人对保险标的不具有保险利益的,不得向保险人请求赔偿保险金。因此,投保人对保险标的是否具有保险利益,是判断保险合同是否有效的一个特别要件。

但是,作为商事活动的一种,保险业具有不断创新的特性,新的保险产品层出不穷,"法律上承认的利益"的概念限制了潜在的投保人,阻碍了保险人业务的拓

---

① 参见梁宇贤:《保险法新论(修订新版)》,中国人民大学出版社2004年版,第103页。

展,难以满足保险实务的需要。随着保险制度的不断发展,在保险实务中,"无保险利益则无保险"的规则正在被"非赌博、无道德风险和不当得利即为有保险利益"的规则所替代。为了顺应保险法的发展趋势,防止保险利益原则成为保险市场发展的瓶颈,笔者认为,只要不存在赌博或道德风险发生的可能性,即使投保人对保险标的不具有保险利益,也应当承认保险合同的有效性。例如,投保人基于无因管理或赠与为他人订立的保险合同,也应当被认为是完全有效的保险合同。

⚥ 示范案例

【案情简介】①

2013年3月30日,曾某驾驶其妻罗某所有的湘ANF×××小型轿车从隆回县高坪镇驶往邵阳市。当日16时45分许,曾某行驶至新邵县新田铺镇新光村地段时,将杨甲撞倒后逃逸,造成杨甲受伤及湘ANF×××小型轿车受损的交通事故。杨甲家人当即找人追赶曾某。杨甲受伤后,即被送至邵阳市中心医院住院治疗,第二天被转至正大邵阳骨伤科医院治疗,2013年10月9日出院,共住院189天,用去医药费19179元(曾某垫付18823.98元)。经正大邵阳骨伤科医院诊断,杨甲伤势为:(1)左胫骨骨折;(2)鼻骨骨折;(3)左跟骨骨髓挫伤;(4)左踝部浅筋膜损伤;(5)右膝部外侧浅筋膜损伤。杨甲住院期间由其父亲杨乙护理。

同年4月15日,新邵县公安局交通警察大队作出新公交认字(2013)第4009号《道路交通事故认定书》,认定曾某承担本次事故的全部责任,杨甲不承担本次事故的责任。

肇事车辆湘ANF×××小型轿车(发动机号D×××××)的所有人为罗某,罗某向人保财险岳麓支公司投保了机动车交通事故责任强制保险(以下简称"交强险")和第三者责任保险(以下简称"三责险"),保险期间均为2012年9月26日至2013年9月25日,其中免责条款明确了肇事逃逸行为属于保险公司不承担保险赔偿责任的范围。罗某向人保财险岳麓支公司购买交强险和三责险时没有亲自签字,而由代理人在保险合同上签字。

【思考方向】

1. 本案中,保险合同是否生效?
2. 若保险合同生效,保险免责条款是否生效?

---

① 参见湖南省邵阳市中级人民法院(2014)邵中民一终字第357号民事判决书。

【适用法条】

1. 《保险法解释（二）》第3条第1款："投保人或者投保人的代理人订立保险合同时没有亲自签字或者盖章，而由保险人或者保险人的代理人代为签字或者盖章的，对投保人不生效。但投保人已经交纳保险费的，视为其对代签字或者盖章行为的追认。"

2. 《保险法》第17条第2款："对保险合同中免除保险人责任的条款，保险人在订立合同时应当在投保单、保险单或者其他保险凭证上作出足以引起投保人注意的提示，并对该条款的内容以书面或者口头形式向投保人作出明确说明；未作提示或者明确说明的，该条款不产生效力。"

【案例分析】

1. 关于保险合同是否生效。《保险法解释（二）》第3条第1款规定："投保人或者投保人的代理人订立保险合同时没有亲自签字或者盖章，而由保险人或者保险人的代理人代为签字或者盖章的，对投保人不生效。但投保人已经缴纳保险费的，视为其对代签字或者盖章行为的追认。"本案中罗某向人保财险岳麓支公司购买交强险和三责险时没有亲自签字，而由代理人在保险合同上签字，但罗某缴纳保险费的行为可视为其对代理人签字行为的追认，保险合同当然生效。

2. 保险免责条款是否生效。免责条款是否生效取决于人保财险岳麓支公司是否履行了保险免责条款的提示义务。《保险法》第17条第2款规定："对保险合同中免除保险人责任的条款，保险人在订立合同时应当在投保单、保险单或者其他保险凭证上作出足以引起投保人注意的提示，并对该条款的内容以书面或者口头形式向投保人作出明确说明；未作提示或者明确说明的，该条款不产生效力。"本案中，免责条款处的投保人签名系代签，不能证明投保人已经知晓、了解免责条款的内容，人保财险岳麓支公司也未提供其他证据证明其向投保人作出了说明，故该免责条款不生效。

 思考案例①

1996年4月11日，在某人寿保险公司（以下简称"保险公司"）营销员的动员下，张先生同意购买80万元终身寿险。张先生填写了《终身寿险投保单》，并交付了首期保险费。1996年5月7日，张先生出差时在所住宾馆的意外火灾中不幸身

---

① 参见《承保有违操作规程　保险合同照样成立》，找法网，2019年2月9日，http://china.findlaw.cn/info/baoxian/baoxianhetong/bxhtdl/68793.html，2020年7月12日访问。

亡。事故发生后,保单受益人张先生的妻子刘女士立即通知了保险公司,要求保险公司全额给付80万元保险金。保险公司认为,人寿保险合同保险金额巨大,保险公司必须在被保险人体检后方可决定是否承保。张先生尚未体检,因而该保险合同不成立,于是作出拒赔决定。刘女士不服,向法院起诉,要求保险公司承担给付保险金的责任。

在案件一审过程中,保险公司认为,保险合同没有成立:首先,投保人填写投保单并预交首期保险费只是要约行为,并不能因此认定保险公司已作出承诺;其次,张先生并没有根据保险公司的规定进行体检,保险公司无法确定保险金额和应缴纳的保险费;第三,保险公司出具保险费收据并不能代表保险公司已作出承诺。刘女士则认为,张先生填具投保单是要约行为,保险公司收取保险费是承诺行为,保险合同已经成立并生效。至于张先生没有进行体检这一事实,是由于保险公司没有通知张先生,过错应该在保险公司。

一审法院经审理认为,张先生与保险公司间保险合同未成立,判决驳回原告刘女士的诉讼请求,保险公司返还所收首期保险费。刘女士对一审判决不服,提起上诉。在二审过程中,双方达成调解协议,保险公司赔付刘女士30万元。

【思考问题】

1. 本案中,一审法院的判决是否正确?

2. 本案中,保险人提出的"人寿保险合同保险金额巨大,保险公司必须在被保险人体检后方可决定是否承保。张先生尚未体检,因而该保险合同不成立"的抗辩能否成立?

3. 本案中,保险合同是否生效?

拓展阅读

对于"保险利益"概念的界定,学者们的观点各不相同,归纳起来主要有以下三种:

(一)经济利益理论

该说认为,保险利益是投保人或被保险人对保险标的或被保险人人身所具有的经济利益。美国法律界长期以来认为,保险利益系指经济上之利益,不论财产保险合同还是人身保险合同中的保险利益,都是可以金钱计算的经济利益。由于受英美保险法的影响,很多学者持此观点。如我国学者覃有土、孙积禄等认为,保险利益是指投保人(被保险人)对于保险标的所具有的经济利益。

由于经济利益是一个具有很大弹性的概念,能够包容的内容比较广泛。因此,法官在审理案件时,可以借助该理论进行自由裁量,判定哪些属于保险利益的范围,从而充分保护投保人和被保险人的利益。但是,由于人身保险标的是被保险人的生命和身体,而人的生命和身体是无法用金钱来衡量的,所以该理论在解释人身保险的保险利益时就会陷入困境。

（二）利害关系理论

利害关系理论认为,保险利益是投保人或被保险人对保险标的或被保险人人身所具有的利害关系。该说能够全面地概括财产保险和人身保险中的保险利益,克服了经济利益理论无法解释人身保险的保险利益的弊端。我国大陆和台湾地区的许多学者都赞成此理论。如台湾地区学者郑玉波认为:保险利益就是投保人或被保险人对于保险标的所有之利害关系。换句话说,投保人或被保险人因保险事故之发生,致保险标的不安全而受损;因保险事故之不发生,致保险标的之安全而受益,此种损益关系便是保险利益。

但应当注意的是,利害关系理论包含的范围太过广泛,不仅包括正面的利益,甚至还包括负面的利益。例如,债务人与债权人有利害关系,债务人希望保险事故发生、债权人死亡,如此则可免除其债务。若允许债务人以债权人为被保险人订立人身保险合同,则恐难避免道德风险。由此可见,用利害关系理论来界定保险利益也有不妥之处。

（三）存在合法关系的实际利益理论

该学说认为保险利益是投保人或被保险人对保险标的或被保险人人身所具有的合法的利益,这与我国现行保险法对保险利益的规定相一致。我国《保险法》第12条第6款规定:"保险利益是指投保人或者被保险人对保险标的具有的法律上承认的利益。"由于该理论兼顾了保险利益的合法性及利益性,所以得到许多学者的支持。如邹海林认为,保险利益是指投保人或者被保险人对保险标的所具有的法律上的利益,包括财产利益和人身利益两个方面。卞耀武、李玉泉等学者也持类似观点。

实际上,上述三种观点各有其优劣之处。经济利益理论虽然能很好地解释财产保险合同的保险利益,但在分析人身保险利益的时候缺乏说服力。利害关系理论虽然能较好地涵盖财产保险和人身保险中的保险利益,但由于缺乏必要的限制,可能产生道德风险。相比之下,存在合法关系的实际利益理论兼顾了保险利益的合法性与实际利益性,较为全面地揭示了保险利益的内涵与外延,因此为大多数学者所倡导。[①]

[①] 参见孙宏涛:《保险合同法精解》,法律出版社2014年版,第15页。

第七章　保险合同的变更、转让、解除、终止

第一节　保险合同的变更

一、保险合同变更的含义与种类

合同变更有广义和狭义之分。广义的合同变更是指合同的内容和主体发生变化。狭义的合同变更是指合同成立之后尚未履行或尚未全部履行之前，在当事人不发生变化的情况下，仅合同的内容发生变化。我国合同法上的合同变更仅指狭义的合同变更，主体的变更则称为"合同的转让"。具体到保险法上，保险合同的变更也有广义和狭义之分，对于保险合同的变更也应当从狭义上解释，即仅指对保险合同内容的变更。我国《保险法》第20条规定："投保人和保险人可以协商变更保险合同内容。变更保险合同的，应当由保险人在保险单或者其他保险凭证上批注或者附贴批单，或者由投保人和保险人订立变更的书面协议。"

保险合同的变更有两种情形，即协议变更和法定变更。

（一）协议变更

协议变更是指保险合同当事人通过协商变更保险合同的有关内容。主要包括两种情形：(1) 在合同有效期内，双方当事人通过协商变更保险合同的相关内容。(2) 出现特定情形时，当事人应协议变更保险合同的有关内容。例如，按照《保险法》第51条第3款和第52条第1款的规定，被保险人未按照其与保险人的约定履行对保险标的的安全照顾义务或者在保险期间内保险标的的危险程度增加的，保险人有权请求与投保人或被保险人进行协商变更合同，增加保险费。投保人或被保险人不同意变更保险费的，保险人可以解除合同。

（二）法定变更

法定变更是指在出现法律规定的情形时，根据法律直接规定变更保险合同。例如，按《保险法》第53条的规定，在据以确定保险费率的有关情况发生变化，保险标的的危险程度明显减少；或者保险标的的保险价值明显减少的，除合同另有约定外，保险人应当降低保险费，并按日计算退还相应的保险费。此外，《保险法》第32条第2款规定："投保人申报的被保险人年龄不真实，致使投保人支付的保险费少于应付保险费的，保险人有权更正并要求投保人补交保险费，或者在给付保险金

时按照实付保险费与应付保险费的比例支付。"

二、保险合同变更的效力

保险合同的变更具有以下几方面的效力：

（1）保险合同的变更是保险合同关系的局部变化，即合同变更只是对原合同关系的内容作某些修改和补充，而不是对合同内容的全部变更。当事人要依照变更后的保险合同履行义务，否则要承担相应的违约责任。

（2）保险合同的变更不会导致保险合同的效力中止或中断。在双方当事人达成变更原保险合同的协议之前，应当按照原保险合同的规定履行自己的义务，任何一方都不能以正在对保险合同内容协商变更为由拒绝履行自己的义务。

（3）保险合同的变更不对已经履行的部分产生效力，对于已按原保险合同所做的履行无溯及力，任何一方都不能因为合同的变更而单方面要求另一方返还已经做出的履行。例如，按照《保险法》第53条，在保险标的危险程度明显减少或者保险标的的保险价值明显减少时，除合同另有约定外，保险人应当降低保险费，并按日计算退还相应的保险费。但是，对于保险标的危险程度明显减少或者保险标的的保险价值明显减少这一事件发生之前的保险费，保险人没有退还的义务。

（4）保险合同的变更不影响当事人请求损害赔偿的权利。同时，因保险合同的变更给对方当事人造成损失的，应当承担损害赔偿责任。

三、保险实务中合同变更的具体情形

在保险实务中，合同的变更主要有以下几种情形：

（1）更改姓名或身份证号。在变更此项内容时，只能对姓名进行更正，不能更换保险合同主体。

（2）更正性别或出生日期。如果投保人误告的性别或年龄导致保险人实收的保费少于应收的保费，投保人应补交保险费及累积利息；如果投保人误告性别或年龄导致保险人实收的保费多于应收的保费，保险人应当退还投保人多交的保费。

（3）更改地址或电话。投保人可以申请变更电话或其住址，对于住址的变更应特别注意同时变更邮编。

（4）变更交费频次或交费方式。变更交费频次一般只适用于从频次高的变为频次低的，如从按月缴纳保费变为按年缴纳保费。变更交费方式是指改变缴纳保费的方式，如从上门收取保费变更为转账缴纳保费。

（5）增加附加险。投保人和保险人经协商一致可以增加附加险，附加险经保险人核保批准后生效。

第二节 保险合同的转让

保险合同的转让,是指保险合同的当事人一方依法将合同权利义务全部或部分转让给第三人的行为。根据保险合同种类的不同,保险合同的转让可以分为财产保险合同的转让和人身保险合同的转让。财产保险合同的转让一般是由保险标的的转让引起的。保险标的的转让,可以引起保险合同权利的转让,也可以引起保险合同权利、义务的概括转让。人身保险合同的转让一般是因保险人被强制解散或破产引起的。

一、财产保险合同的转让

财产保险合同的转让一般因保险标的转让而引起。保险标的转让的原因可分为两种:一种是法定原因,主要是因投保人死亡、破产;另一种是约定原因,即一方当事人与第三人约定转让保险标的。因此,按照保险标的的转让原因的不同,财产保险合同的转让可分为法定转让和约定转让。[①]

（一）财产保险合同的法定转让

财产保险合同的法定转让一般是基于某种特定原因发生的,主要包括投保人、被保险人死亡、破产以及货物运输保险合同的转让。例如,我国台湾地区所谓的"保险法"第 18 条规定:"被保险人死亡或保险标的物所有权移转时,保险契约除另有订定外,仍为继承人或受让人之利益而存在。"第 28 条规定:"要保人破产时,保险契约仍为破产债权人之利益而存在,但破产管理人或保险人得于破产宣告三个月内终止契约。其终止后之保险费已交付者,应返还之。"

从国外保险法的规定来看,对于保险合同的法定转让主要有两种立法例:英美法系国家采取绝对当然继受主义,即在当事人死亡或破产时,其继承人或破产管理人当然继受合同当事人的地位。大陆法系国家采取相对当然继受主义,仅就当事人破产加以规定,并未涉及当事人死亡。例如,日本《商法典》第 652 条规定:对于为他人利益的保险合同,投保人宣布破产的,保险人可以请求被保险人交付保险费,但被保险人抛弃其权利的,不在此限。德国《保险合同法》也规定:投保人被宣告破产、开始和解程序或不动产受强制管理命令的,保险人可以在一个月的期限内

[①] 参见徐卫东主编:《保险法学(第二版)》,科学出版社 2009 年版,第 153 页。

通知终止保险合同。①

（二）财产保险合同的约定转让

在保险实务中，财产保险合同转让的最常见形态就是约定转让，约定转让通常会发生投保人出卖、转让保险标的物的情形。但是，保险标的物的转让并不当然发生保险合同转让的效果，而是以保险人是否同意继续承保来决定保险合同的效力。保险人同意继续承保的，保险标的物的转让就导致保险合同的转让，保险合同对受让人继续有效；未经保险人同意，或者保险人拒绝继续承保的，保险合同从保险标的转让时开始失效。

财产保险合同转让时，需要依法变更合同。我国《保险法》第20条第2款规定："变更保险合同的，应当由保险人在原保险单或者其他保险凭证上批注或者附贴批单，或者由投保人和保险人订立变更的书面协议。"因此，保险人同意继续承保的，应当在原保险单或其他保险凭证上批注或者附贴批单，这样才能发生保险合同转让的效力。若被保险人、受让人依法及时向保险人发出保险标的转让通知后，保险人作出答复前，发生保险事故的，根据《最高人民法院关于适用〈中华人民共和国保险法〉若干问题的解释（四）》（以下简称《保险法解释（四）》）第5条规定："被保险人、受让人依法及时向保险人发出保险标的的转让通知后，保险人作出答复前，发生保险事故，被保险人或者受让人主张保险人按照保险合同承担赔偿保险金的责任的，人民法院应予支持。"

为了深入了解财产保险合同转让的法律效果，我们来分析一则案例：

> 1999年12月10日，张某将自己已购的二居室公有房屋及屋内财产投保了家庭财产保险：房屋的保险金额为30万元，家用电器的保险金额为8万元，其他财产的保险金额为8万元。保单中载明："在保险期限内，保险标的被转卖、转让或赠与他人，或保险标的的危险程度增加的，投保人应在七日之内通知保险公司，并办理批改手续。"张某一直认为自己的居住条件不够好，长时间以来非常注意楼市的动态，终于在2000年4月如愿以偿搬进了一套三居室新居。在得知已购公有住房可以上市出售的情况后，张某立即向当地政府房地产行政主管部门提出申请，经审核，房地产行政主管部门作出准予该房屋上市出售的书面意见。经朋友介绍，张某将原来的二居室房屋卖给了赵某。同年5月5日，赵某将全部房款付清并入住，双方商定一星期后去房地产交易管理部门办理交易过户手续。不料，5月10日，因赵某家的煤气阀门未关紧而

---

① 参见徐卫东主编：《保险法学（第二版）》，科学出版社2009年版，第154页。

引发火灾,致使房屋遭受严重损失。事发后,赵某找到张某,于是张某向保险公司提出索赔。[1]

对于此案,保险公司内部有三种不同的意见:

第一种意见认为,张某无权向保险公司提出索赔。虽然火灾确属于家庭财产保险责任范围内的风险,但由于张某已将房屋卖出,且赵某房款已付,因此张某对发生事故的房屋已无保险利益,存在于保险公司与张某之间的保险合同已失效。

第二种意见认为,虽然赵某房款已付,但是双方尚未到房地产行政主管部门办理交易过户手续和所有权登记转移手续,因此该房屋仍属张某,所有权并未发生移转,张某仍具有保险利益,也无须通知保险公司,保险公司应予赔付。

第三种意见也认为张某仍具有保险利益,但是保险房屋已发生转卖,被保险人未在7日内通知保险公司,根据保险合同条款,保险公司无任何责任。

根据建设部1999年4月19日颁布的《已购公有住房和经济适用住房上市出售管理暂行办法》(以下简称《办法》)第6条的规定,已购公有住房和经济适用住房所有权人要求将已购公有住房和经济适用住房上市出售的,应当向房屋所在地的县级以上人民政府房地产行政主管部门提出申请,并提交有关材料。《办法》第7条规定:"房地产行政主管部门对已购公有住房和经济适用住房所有权人提出的上市出售申请进行审核,并自收到申请之日起十五日内作出是否准予其上市出售的书面意见。"《办法》第8条第1款规定:"经房地产行政主管部门审核,准予出售的房屋,由买卖当事人向房屋所在地房地产交易管理部门申请办理交易过户手续,如实申报成交价格。并按照规定到有关部门缴纳有关税费和土地收益。"《办法》第9条第1款规定:"买卖当事人在办理完毕交易过户手续之日起三十日内,应当向房地产行政主管部门申请办理房屋所有权转移登记手续,并凭变更后的房屋所有权证书向同级人民政府土地行政主管部门申请土地使用权变更登记手续。"本案中张某已购公房的出售虽已获得房地产行政主管部门的批准,但是买卖双方既未向房地产交易管理部门申请办理过户手续、缴纳契税,也未向房地产行政主管部门申请办理房屋所有权转移登记手续,因此该已购公房的所有权并未发生变动,张某仍然享有保险标的的所有权。

原保险合同规定:在保险期限内,保险标的被转卖、转让或赠与他人,或保险标的的危险程度增加时,应在七日之内通知保险公司,并办理批改手续。但在本案

---

[1] 参见《财产保险案例分析试题》,百度文库,https://wenku.baidu.com/view/db0ae29ca66e58fafab069dc5022aaea988f4125.html,2020年7月12日访问。

中,作为保险标的的房屋尚未完成所有权变更登记手续,投保人张某无须通知保险人并办理保险单的批改手续。在这种情况下,张某对房屋仍然享有保险利益,在发生保险事故时有权请求保险公司承担赔偿保险金的责任。

二、人身保险合同的转让

人身保险合同的转让可以分为保险事故发生前的转让与保险事故发生后的转让。

(一)保险事故发生前的转让

保险事故发生前的转让是指因投保人和保险人的原因对保险合同的主体进行变更。我国《保险法》第34条第2款规定:"按照以死亡为给付保险金条件的合同所签发的保险单,未经被保险人书面同意,不得转让或者质押。"依反面解释,按照以死亡为给付保险金条件的合同所签发的保险单,经被保险人书面同意后,可以转让或者质押。此外,《保险法》第92条第1款规定:"经营有人寿保险业务的保险公司被依法撤销或者被依法宣告破产的,其持有的人寿保险合同责任及准备金,必须转让给其他经营有人寿保险业务的保险公司;不能同其他保险公司达成转让协议的,由国务院保险监督管理机构指定经营有人寿保险业务的保险公司接受转让。"在这种情况下,保险合同转让的主要目的是为了保护投保人的利益,所以保险合同的转让无须征得投保人的同意。

(二)保险事故发生后的转让

保险事故发生后,被保险人和受益人享有向保险人请求给付保险金的权利,而投保人一般不再享有任何权利。因此,在保险事故发生后,被保险人、受益人和保险人都可以转让人身保险合同,但投保人不得转让。被保险人、受益人转让的是保险金请求权,其性质是合同债权,故被保险人、受益人转让人身保险合同只需遵循合同权利转让的要求,通知保险人即可。与之相反,在保险事故发生后保险人转让人身保险合同,转让的是合同债务,需要征得被保险人或受益人的同意。

第三节 保险合同的解除

合同的解除,是指在合同有效成立以后,当具备合同解除条件时,因当事人一方或双方的意思表示而使合同关系自始消灭或向将来消灭的一种行为。合同解除制度作为一项独立的法律制度,与合同无效、合同变更、合同担保等制度相互配合,共同构成合同法的完整体系。① 保险合同的解除是指在保险合同有效期内,有解除权的一方当事人向他方作出解除合同的意思表示,使合同关系归于消灭的行为。保险合同的解除可以分为以下两种情况:

一、法定解除

保险合同的法定解除,是指在保险合同成立之后,尚未履行或履行完毕之前,当事人一方行使法定解除权而使合同效力消灭的行为。根据行使解除保险合同权利主体的不同,可以将法定解除权分为投保人的法定解除权和保险人的法定解除权。

(一) 投保人的法定解除权

我国《保险法》第15条规定:"除本法另有规定或者保险合同另有约定外,保险合同成立后,投保人可以解除保险合同,保险人不得解除合同。"该条规定赋予了投保人任意解除权,即除法律另有规定或者保险合同另有约定的情况外,在保险合同生效后,投保人不需要任何理由就可以解除保险合同。《保险法解释(三)》第17条对投保人解除权进行了规定:"投保人解除保险合同,当事人以其解除合同未经被保险人或者受益人同意为由主张解除行为无效的,人民法院不予支持,但被保险人或者受益人已向投保人支付相当于保险单现金价值的款项并通知保险人的除外。"保险法之所以赋予投保人任意解除权,主要原因在于:保险合同当事人的经济地位不平等,分散的投保人的经济力量明显弱于保险人,无法与之抗衡;且保险行业专业性、技术性强,投保人对保险的专业知识相对缺乏;因为保险合同是附合合同,保险人拟定合同条款,投保人只有同意或不同意的自由,没有讨价还价的余地。② 在这种情况下,为了保护投保人的利益,保险法采取了"向投保人倾斜"的原则,赋予投保人任意解除权。但是应当注意的是,凡是原则均有例外,投保人的任意解除权并非绝对的。《保险法》第50条对投保人的任意解除权作出了限制,该条规定:"货物运输保险合同和运输工具航程保险合同,保险责任开始后,合同当事人不得解除合同。"

(二) 保险人的法定解除权

《保险法》第15条规定:"除本法另有规定或者保险合同另有约定外,保险合同成立后,投保人可以解除合同,保险人不得解除保险合同。"《保险法》之所以如此规定,原因在于,保险人作为格式合同的拟定者和保险业务的经营者,对其拟定的保

---

① 参见王利明、崔建远:《合同法新论·总则》,中国政法大学出版社2000年版,第438页。
② 参见徐卫东主编:《保险法学(第二版)》,科学出版社2009年版,第161页。

险合同的内容十分明确,因此保险人一旦与投保人订立了保险合同,就必须切实履行合同义务,非依法律明文规定,原则上不得解除合同。[①] 依照我国《保险法》的规定,保险人的法定解除权主要存在于以下几种情形之中:

1. 投保人违反如实告知义务

《保险法》第16条第2款规定:"投保人故意或者因重大过失未履行前款规定的如实告知义务,足以影响保险人决定是否同意承保或者提高保险费率的,保险人有权解除合同。"

2. 被保险人或受益人谎称发生保险事故或故意制造保险事故

《保险法》第27条第1、2款规定:"未发生保险事故,被保险人或者受益人谎称发生了保险事故,向保险人提出赔偿或者给付保险金请求的,保险人有权解除合同,并不退还保险费。投保人、被保险人故意制造保险事故的,保险人有权解除合同,不承担赔偿或者给付保险金的责任;除本法第四十三条规定外,不退还保险费。"

3. 投保人、被保险人未尽维护保险标的安全的义务

《保险法》第51条第3款规定:"投保人、被保险人未按照约定履行其对保险标的的安全应尽责任的,保险人有权要求增加保险费或者解除合同。"

4. 保险标的危险程度显著增加

《保险法》第52条第1款规定,"在合同有效期内,保险标的的危险程度显著增加的,被保险人应当按照合同约定及时通知保险人,保险人可以按照合同约定增加保险费或者解除合同"。根据《保险法解释(四)》第4条第1款规定,判断保险标的是否"危险程度显著增加",应当综合考虑以下因素:(1)保险标的用途的改变;(2)保险标的使用范围的改变;(3)保险标的所处环境的变化;(4)保险标的因改装等原因引起的变化;(5)保险标的使用人或者管理人的改变;(6)危险程度增加持续的时间;(7)其他可能导致危险程度显著增加的因素。

5. 投保人申报的被保险人年龄不真实

《保险法》第32条第1款规定:"投保人申报的被保险人年龄不真实,并且其真实年龄不符合合同约定的年龄限制的,保险人可以解除合同,并按照合同约定退还保险单的现金价值。保险人行使合同解除权,适用本法第十六条第三款、第六款的规定。"

6. 保险合同经过复效期

《保险法》第37条规定:"合同效力依照本法第三十六条规定中止的,经保险人

[①] 参见覃有土主编:《保险法概论(第二版)》,北京大学出版社2001年版,第207页。

与投保人协商并达成协议,在投保人补交保险费后,合同效力恢复。但是,自合同效力中止之日起满二年双方未达成协议的,保险人有权解除合同。保险人依照前款规定解除合同的,应当按照合同约定退还保险单的现金价值。"

二、约定解除

根据契约自由原则,保险合同的当事人享有解除合同的权利,即双方当事人可以通过约定或行使约定的解除权来解除合同。当事人的约定只要不违背法律或社会公共道德,在法律上就是有效的,并且可以产生当事人预期的法律效果。约定解除包括两种情形:

(一) 协议解除

协议解除是指在保险合同成立之后,双方当事人通过协商解除合同,使合同效力消灭的行为。协议解除具有两方面的特征:(1) 协议解除的本质是通过订立一个新的合同来解除原有的保险合同,当事人协商的目的是为了达成一个解除保险合同的协议。(2) 协议解除不得违反国家利益和社会公共利益,双方当事人协商解除原保险合同的内容由其自行决定,但如果损害了国家利益和社会公共利益,则协议解除无效。例如,《机动车交通事故责任强制保险条例》第2条规定,"在中华人民共和国境内道路上行驶的机动车的所有人或者管理人,应当依照《中华人民共和国道路交通安全法》的规定投保机动车交通事故责任强制保险"。据此,如果机动车所有人或者管理人与保险人协议解除机动车交通事故责任强制保险合同,该解除协议无效,当事人仍应按照原合同的规定履行义务。

(二) 行使约定解除权

行使约定解除权是指保险合同当事人事先在合同中约定合同的解除事由,在约定的条件成就时,保险合同当事人可以行使解除权。它与协议解除的区别在于:协议解除是一种双方法律行为,双方当事人事先并没有约定解除权,而是通过双方的合意解除原保险合同;而行使约定解除权是一种单方法律行为,是当事人一方行使解除权,该权利的行使无须征得对方同意,只要解除合同的意思到达对方就能产生解除合同的法律效果。

第四节 保险合同的终止

一、保险合同终止的含义

保险合同属于债的一种,是有期限的法律关系,不会永久存续,总要经历从发生到终止的历程。保险合同的终止是指保险合同权利义务关系的绝对消灭。保险合同的终止与保险合同的变更不同:保险合同的变更是指合同中的内容或要素发生变化,广义的变更还包括保险合同主体的变化,即保险合同的转让,但无论如何,保险合同关系依然存在;保险合同的终止则是消灭既存的合同债权债务关系。保险合同的终止与保险合同的无效也不同:保险合同的无效为自始无效,故与其有关的一切给付均无法律上的依据,其已受领的原则上均可依不当得利请求返还。保险合同的终止只向将来发生消灭的效力,终止前仍属有效。因此,有关的已为给付,受领人无须返还,但法律另有规定的除外。如因投保人违反告知义务解除保险合同的,保险人原则上无须返还保费;但因投保人过失解除保险合同的,保险人应返还投保人所交保费。[①]

二、保险合同终止的原因

(一)因期限届满而终止

这是保险合同终止最普遍、最基本的原因。在保险合同规定的期限内未发生任何保险事故,则期限届满时保险合同即告终止。由于保险事故的发生只是偶然的,所以期限届满是保险合同终止的常态。

(二)因保险合同履行而终止

在保险合同的有效期内,如果发生了保险事故,按照保险合同的约定,保险人应当向被保险人或受益人赔付保险金。在保险人履行了保险合同义务之后,保险合同即告终止。但是,如果保险事故只是造成保险标的部分受损或被保险人部分丧失身体机能,保险人履行部分赔付保险金额的责任后,保险合同继续有效,并不导致合同终止。

(三)因保险标的全部灭失而终止

我国台湾地区所谓的"保险法"第81条规定:"保险标的物非因保险契约所载之保险事故而完全灭失时,保险契约即为终止。"作出上述规定的原因在于,保险合同旨在承担保险标的物的危险,保险标的物既已灭失,保险标的物的危险已不可能再发生,保险合同自应当然终止。[②]

(四)因投保人或保险人破产而终止

我国台湾地区所谓的"保险法"第28条规定:"要保人破产时,保险契约仍为破产债权人之利益而存在,但破产管理人或保险人得于破产宣告三个月内终止契约。

---

① 参见徐卫东主编:《保险法学(第二版)》,科学出版社2009年版,第187页。
② 参见林群弼:《保险法论(增订二版)》,三民书局2003年版,第326页。

其终止后之保险费已交付者,应返还之。"由此可知,投保人破产时,破产管理人或保险人可以在破产宣告后三个月内终止保险合同。但在人寿保险中,在投保人破产而保险合同约定有受益人时,保险合同仍为受益人之利益而存在。同时,我国台湾地区所谓的"保险法"第 27 条规定:"保险人破产时,保险契约于破产宣告之日终止,其终止后之保险费,已交付者,保险人应返还之。"保险人在宣告破产后,已无承担危险及履行保险给付的能力,保险合同于破产宣告之日,自应当然终止。①

（五）因合同主体行使终止权而终止

我国《保险法》第 58 条规定:"保险标的发生部分损失的,自保险人赔偿之日起三十日内,投保人可以解除合同;除合同另有约定外,保险人也可以解除合同,但应当提前十五日通知投保人。合同解除的,保险人应当将保险标的未受损失部分的保险费,按照合同约定扣除自保险责任开始之日起至合同解除之日止应收的部分后,退还投保人。"依照上述规定,投保人终止权的行使有期限的限制,必须在保险人赔偿后 30 日内为之。对于保险人终止权的行使是否有期限限制,法律并未作出明确规定。但从平衡双方当事人间利益以及维护保险合同稳定性的角度考虑,保险人的终止权也应在其赔付保险金之日起 30 日内行使。

（六）保险合同失效

保险合同失效是指在保险合同的有效期限内,决定合同效力的要件丧失从而使合同效力终止。例如,财产保险合同中保险标的的转让,除货物运输保险合同和另有约定的合同之外,都需要取得保险人的同意。未通知保险人并经保险人同意继续承保的,则从保险标的转让给第三人时起,保险合同的效力终止。②

（七）因当事人解除保险合同而终止

如上文所述,保险合同的解除分为法定解除和约定解除。在双方当事人解除保险合同之后,合同当然终止。

（八）因法定情形出现而终止

我国《保险法》第 43 条第 1 款规定:"投保人故意造成被保险人死亡、伤残或者疾病的,保险人不承担给付保险金的责任。投保人已交足二年以上保险费的,保险人应当按照合同约定向其他权利人退还保险单的现金价值。"在上述法定情形出现时,无须当事人行使权利,保险合同当然终止。

---

① 参见张国键:《商事法论·保险法(修订六版)》,三民书局 1978 年版,第 95—97 页。
② 参见覃有土主编:《保险法概论(第二版)》,北京大学出版社 2001 年版,第 215 页。

三、保险合同终止的法律效果

保险合同终止的,合同自终止时起失去其效力,并不溯及既往,双方当事人并无恢复原状的义务。在某些情况下,保险人需要向投保人返还保险费。例如,按照我国《保险法》第 58 条的规定,在保险标的发生部分损失时,保险人终止合同的,应当提前 15 日通知投保人,并将保险标的未受损失部分的保险费,按照合同约定扣除自保险责任开始之日起至终止合同之日止应收的部分后,退还投保人。在人寿保险合同中,非因保险事故造成被保险人死亡的,根据投保人的交费年限,保险人应当向投保人退还保险费或保险单的现金价值。例如,按照我国台湾地区所谓的"保险法"第 60 条的规定,若保险合同的终止是由于投保人或被保险人的行为导致危险增加的,保险人除无须返还其终止前的保险费外,若有损失,并得请求损害赔偿。

 示范案例

【案情简介】①

2018 年 2 月 10 日,董甲在中国平安人寿保险股份有限公司赤峰中心支公司投保"平安鑫盛终身寿险"。投保文件包括阅读指引、人身保险投保书(电子版)、人身保险(个险渠道)投保提示书。人身保险投保书(电子版)记载:(1)投保人为董甲;(2)身故保险金受益人为董乙;(3)健康告知询问事项第 06 项为:"您过去五年内是否曾住院检查或治疗?"第 08 项为:"您是否目前患有或过去曾经患过下列疾病或手术史?若是,请在说明栏告知。A. 脑、神经系统及精神方面疾病,例如:脑中风、脑炎、脑血管瘤、多发性硬化……;B. 心血管的疾病,例如:高血压、冠心病、心律失常、心绞痛、心肌梗死、先天性心脏病……。"对于以上询问事项,董甲在投保书上均勾选为"否"。

电子投保申请确认书记载:"本人在投保书中的健康、财务及其他告知内容均属真实,与本次投保有关的问卷、体检报告及对体检医生的各项陈述均确实无误。如有不实告知,中国平安人寿保险股份有限公司有权依法解除保险合同,并对合同解除前发生的保险事故不承担保险责任。所有告知事项以书面告知为准,口头告知无效。"董甲手书文字如下:"本人已阅读保险条款、产品说明书和投保提示书,了解本产品的特点和保单利益的不确定性。"投保人/被保险人签名处有董甲签名,投

---

① 参见内蒙古自治区赤峰市中级人民法院(2019)内 04 民终 2994 号民事判决书。

保申请日期为 2018 年 2 月 10 日。

2018 年 2 月 10 日,保险公司同意承保并签发了保险单。当日,董甲向保险公司支付保险费 5895.14 元。事实上,投保人董甲于 2016 年 8 月 16 日 17 时至 2016 年 8 月 19 日 10 时曾在阿鲁科尔沁旗医院住院,在入院记录的既往史中明确记载董甲"既往高血压病史 30 年,不规律用药,血压控制差。否认糖尿病病史,否认肝炎结核等传染病病史,否认药物、食物过敏史,左肩胛骨骨折钢板固定术后 3 年,否认输血史"。

2018 年 11 月 28 日,董甲因脑干出血死亡。董乙于 12 月 11 日向保险公司提出理赔申请,保险公司调查后发现董甲隐瞒了病情,于 2019 年 1 月 4 日拒绝董乙理赔申请。

【思考方向】

1. 董甲是否履行了如实告知义务?
2. 保险公司能否据此行使合同解除权?

【适用法条】

《保险法》第 16 条第 3 款:"前款规定的合同解除权,自保险人知道有解除事由之日起,超过三十日不行使而消灭。自合同成立之日起超过二年的,保险人不得解除合同;发生保险事故的,保险人应当承担赔偿或者给付保险金的责任。"

【案例分析】

1. 投保人董甲在电子投保申请确认书下方的投保人和被保险人签名处亲笔签字,意味着其认可人身保险投保书(电子版)内容中的告知事项,应视为是董甲的真实意思表示,对其具有拘束力。《保险法》第 16 条第 1 款规定:"订立保险合同,保险人就保险标的或者被保险人的有关情况提出询问的,投保人应当如实告知。"董甲在投保涉案保险时,在保险公司就有无病史和医院检查情况通过投保书向董甲提出询问的情形下,董甲没有告知自己既往高血压病史 30 年的事实,在投保书中作出与事实明显不符的答复,显然没有履行如实告知的法定义务。

2. 投保人未履行如实告知义务,保险人能否据此解除保险合同并拒绝承担保险责任,应当以投保人未如实告知的事项是否足以影响保险人对是否承保、如何确定承保条件和保险费率作出正确决定,是否对保险事故发生有严重影响为判断标准。根据本案事实,保险公司通过投保书等对被保险人董甲健康事项进行了明确的询问,且是与保险项目有关的重要事项,董甲作为完全民事行为能力人,未予如实回答,明显违反了如实告知义务,足以影响保险人是否同意承保或据以确定保险费率,故保险公司可据此享有合同解除权。

3. 至于保险公司行使涉案保险合同解除权是否超过法定期限的问题,根据《保险法》第 16 条第 3 款规定,合同解除权自保险人知道有解除事由之日起,超过 30 日不行使而消灭。自合同成立之日起超过 2 年的,保险人不得解除合同。本案中,保险公司于 2018 年 12 月 11 日收到董乙提交的保险理赔申请,经向相关医院调取董甲的病历资料,发现董甲未将曾患有高血压病史情况如实告知,并在知道有解除事由之后于 2019 年 1 月 4 日行使涉案保险合同解除权,并未违反上述规定。因此,保险公司行使涉案保险合同解除权未超过上述法定期限。

 思考案例①

  1999 年 4 月 29 日,田甲的伯父田乙作为投保人与中国人寿保险公司安阳分公司(以下简称"保险公司")签订《99 鸿福终身保险合同》一份,保险公司予以承保并签发了保险单,收取了投保人一次性缴纳的保险费 29610 元。田甲为被保险人。合同当日生效。在合同有效期内,被保险人生存保险金每三年领取一次。保险合同还约定,保险合同成立后,投保人可以要求解除合同。2002 年 5 月,田甲作为被保险人向保险公司申请领取了第一个三年生存保险金 3000 元。2000 年 10 月 11 日,田乙与王丙再婚。2003 年 8 月,田乙去世。2005 年 5 月,田甲在申请领取第二个三年生存保险金时,保险公司告诉他保险合同已于 2004 年 4 月 16 日应王丙的申请而解除,保险费 29610 元已被王丙领取。田甲要求保险公司继续履行保险合同遭到拒绝,无奈之下,田甲将保险公司和王丙诉至法院。

  田甲诉称:根据保险合同的约定,只有投保人有权解除合同,其他任何人均无权擅自申请解除。王丙以遗产继承人的身份申请解除、保险公司予以受理的行为违反了法律规定和合同约定,属于无效行为。田甲要求法院依法确认两被告的解除行为无效,并要求保险公司继续履行保险合同。

  保险公司辩称:保险合同是田乙与保险公司签订的,合同并未约定投保人死亡后其继承人不能解除合同。两被告的解除行为并不违反法律的禁止性规定,为有效法律行为。

  王丙辩称:作为原告伯父的配偶,她有权依照继承法的规定,对被继承人的遗产进行处置。解除保险合同的行为符合有关的法律规定,并未侵犯原告的任何保险利益。

---

① 参见《投保人死亡 继承人无权解除保险合同》,找法网,2007 年 3 月 22 日,http://china.findlaw.cn/info/minshang/baoxian/42479.html,2020 年 7 月 12 日访问。

【思考问题】
1. 本案中,王丙是否有权解除保险合同?
2. 对于该案,法院应当怎样判决?

 **拓展阅读**

在英美法系国家,当投保人违反告知义务时,保险人可采取以下三种救济措施:

(一)解除保险合同

按照英美法的传统,对违反告知义务通行的补救措施是解除合同(rescission of the contract),这意味着无过错一方可以选择使保险合同无效。通常情况下,该项权利都是由保险人来行使。解除权可以通过书面通知的方式行使,如果双方产生争议,则由法院来确认。自无过错一方发出通知之时起,合同的解除生效,保险合同被视为自始无效。这意味着,在这之前的任何赔付都要返还,同时保险人也要返还投保人所缴纳的保险费。

(二)比例处罚

比例处罚(the assessment of a proportional penalty against the assured)的方法产生于对传统的以解除保险合同作为补救措施的批判。持该观点的学者认为,解除保险合同是太过严厉的补救措施。其理由主要有三点:首先,解除保险合同是一种全有或全无(all-or-nothing)的补救措施,因而不如比例赔偿这种方法在使用上精确。其次,尽管在损失与不实陈述之间不存在因果关系,但当事人仍然有权解除合同,这一措施太过严厉,同时也违反了诚实信用原则。最后,解除合同是一种比较草率的补救措施,它不能区分过错的程度,因为虚假陈述可能出于故意也可能出于过失,但结果却是一样的。为了应对这些批评,有些学者提出,对于诚信告知义务的违反应当用对被保险人处以比例处罚来代替解除保险合同。在实务中,可以采取以下形式:(1)对被保险人请求赔付保险金的数额按比例减少;(2)按比例增加到期保险费的数额。此外,比例赔偿仅仅适用于过失的虚假陈述,在被保险人故意欺诈的场合,解除合同的做法仍然可以适用。

(三)损害赔偿

至少在理论上,损害赔偿(damages)适用于对诚信告知义务的违反,或者代替解除保险合同,或者作为补充性的救济手段。在海上保险法中,基于多种原因,这一补救措施一直被保留下来。在绝大多数案件中,解除合同都可以为受害人提供其需要的救济。如果投保人未告知保险标的危险程度增加的事实,则保险人无须赔付保险金;如果保险人隐瞒了保险标的危险程度减少的事实,则必须将保险金全额退还投保人。

我国《保险法》对于投保人违反告知义务的法律效果采取的是解除主义。《保险法》第16条规定:投保人故意或者因重大过失未履行前款规定的如实告知义务,足以影响保险人决定是否同意承保或者提高保险费率的,保险人有权解除合同。投保人故意不履行如实告知义务的,保险人对于合同解除前发生的保险事故,不承担赔偿或者给付保险金的责任,并且不退还保险费。投保人因重大过失未履行如实告知义务,对保险事故的发生有严重影响的,保险人对于合同解除前发生的保险事故,不承担赔偿或者给付保险金的责任,但应当退还保险费。由此可见,我国现行保险法对于投保人违反告知义务的规定不仅考虑到投保人的主观心态必须出于故意或重大过失,同时也将告知事项与事故发生之间的因果关系一并列入,此种规定值得赞赏。但是,仅仅规定解除权可能造成投保人与保险人之间过于尖锐的利益冲突格局。事实上,我们可以跳出全有或全无的牢笼,寻求一种新的、更加合理的解决办法,比例处罚就是一个很好的选择。比例处罚主张抛弃全有或全无的调整方法所带来的利益不均衡的固有弊端,在投保人不告知或不如实告知并影响到保险人对保险费率的确定时,保险人不能既解除保险合同又不承担任何保险责任,投保人也不能要求保险人按原保险合同的约定给付全部保险金,而应当按查明事实真相后的应然保险费率与原保险费率的比例关系,计算应当实际给付的保险金额。[①]

[①] 参见孙宏涛:《保险合同法精解》,法律出版社2014年版,第69页。

第八章 保 险 费

第一节 概 述

保险是在合理计算的基础上,以分担金为前提的经济补偿制度。这种分担金有一个专门的名称——保险费(以下简称"保费")。保费的作用在于把充当保险给付和经营费用的金额分摊给被保险人。从这个意义上讲,保费是关系到保险性质的重要因素,无保费则无保险可言。[1]

一、保费的构成与保险费率的计算

保费通常包括两部分:(1) 纯保费(在人寿保险中称"net premium",在财产保险中称"pure premium"),系备作危险事故发生时给付保险金之用。保险公司按照大数法则和概率论计算纯保费的数额。(2) 附加保费(additional premium),主要是指保险公司的各种业务费用、佣金支出以及预计利润。此外,对于财产保险的重大危险以及人身保险在统计数字上之偏差等,都有安全费的计算,这部分安全费也包括在附加保费内。纯保费与附加保费的总和称为"总保险费"(gross premium),即营业保险费(office or business premium),又称"表定保费"(tariff premium)。[2] 从理论上讲,保险人的利润主要来源于保费,但事实并非如此。但是,由于保险公司的激烈竞争、政府对保险费率的严格管理以及大规模的自然灾害、人为灾难的频繁出现,财产责任保险公司的当年赔付长期大于当年保费收入,单纯依靠保费收入很难维持保险公司的合理利润。实际上,保险公司的合理利润主要来自保险公司对保险基金的投资运用。[3]

在学习保费的时候,必须将其与保险费率区别开来。保险费率是指每单位保险金额(以下简称"保额")的保费,通常以每百美元或每千美元保额应缴纳的保费来表示。[4] 例如,美国的火灾保险是以一百美元为计算保额的单位,人寿保险则以一千美元为计算保额的单位。与保费一样,保险费率也是由纯费率和附加费率两

---

[1] 参见〔日〕园乾治:《保险总论》,李进之译,中国金融出版社 1983 年版,第 87 页。
[2] 参见袁宗蔚:《保险学——危险与保险》,首都经济贸易大学出版社 2000 年版,第 291 页。
[3] 参见陈欣:《保险法(第三版)》,北京大学出版社 2010 年版,第 200 页。
[4] 参见汤俊湘:《保险学》,三民书局 1978 年版,第 139 页。

部分组成。纯费率也称"净费率",是纯保费与保险金额的比率,用于保险事故发生后进行赔偿和给付保险金。附加费率是附加保费与保险金额的比率,以保险人的营业费用为基础计算,用于保险人的业务费用支出、手续费支出以及提供部分保险利润等,通常以占纯费率的一定比例表示。附加费率由费用率、营业税率和利润率构成。习惯上,纯费率和附加费率相加得到的保险费率被称为"毛费率"。

在计算和确定保险费率时,应当遵循以下几个原则。(1)充分性原则。指保险人收取的保险费足以支付保险金的赔付以及合理的营业费用、税收和公司的预期利润。充分性原则的核心是保证保险人有足够的偿付能力。(2)合理性原则。指保险费率应尽可能合理,不可因保险费率过高而使保险人获得超额利润。(3)公平性原则。指一方面保费收入必须与预期的赔付相对称;另一方面,被保险人所负担的保费应与其所获得的保险权利相一致。(4)稳定灵活原则。指保险费率应当在一定时期内保持稳定,以保证保险公司的信誉。同时,保险费率也要随着风险的变化、保险责任的变化和市场需求等因素的变化而调整,具有一定的灵活性。(5)促进防损原则。指保险费率的制定应有利于促进被保险人加强防灾防损。

二、支付方式

通常情况下,保险法对于保费的支付方式并没有具体的规定,投保人应当按照保险合同约定的支付方式将保费交付保险人。[①] 保险人有权规定保费必须以现金方式支付,或者接受支票、本票、汇票、自动转账以及保单项下的现金价值或红利作为保费的支付方式,保险人甚至可以给予被保险人一定的保费信用额度。[②]

具体到保费的支付方式上,有一次支付和分期支付两种。一次支付就是一次付清全部保费;分期支付就是将保险合同期间划分为几个交费期间,每一个期间支付一定金额的保费。具体采用何种支付方式,由当事人在合同中具体约定。

三、支付期限

依照合同法中的适当履行原则,投保人应当在规定的期限内将保费支付给保险人。如果保险合同当事人已约定支付时间,则投保人应当在约定时间内缴纳保费;如果保险合同未载明具体的支付时间,则保费应在合理的时间内支付。通常情

[①] See Evan James MacGillivray, et al., *MacGillivray on Insurance Law: Relating to All Risks Other Than Marine*, 12th ed. Sweet & Maxwell, 2012, pp.155-156.

[②] 参见陈欣:《保险法(第三版)》,北京大学出版社2010年版,第105页。

况下,财产保险合同的保费由投保人一次交清。例如,人保财险的《普通型家庭财产综合保险条款》第18条规定:投保人应当在保险合同生效前一次性交清保费。保险合同在投保人一次性交清保费后生效。人身保险具有储蓄性质,一般由投保人每年支付一定的保费,经过若干年后,投保人获得一笔保险金。由于人身保险合同大都是长期性合同,需要投保人几年、十几年甚至几十年分期缴纳保费。在这种情况下,投保人难免会因为一时疏忽迟缴保费,如果因此导致保险合同无效,则对投保人、保险人双方都不利,所以在人身保险合同中大都设有宽限期的规定。在宽限期内,保险合同仍然有效,如果发生保险事故,保险人可以在应给付的保险金内扣除投保人欠缴的保费。如果投保人超出宽限期未缴保费,则会导致保险合同的效力中止或失效,除非投保人要求复效,否则保险人不能要求投保人补缴保费。①

四、支付地点

我国《保险法》对保费支付的地点没有作出明确的规定,按照《民法典》第511条第3项的规定,"履行地点不明确,给付货币的,在接受货币一方所在地履行"。因此,如果双方当事人在保险合同中没有对保费的支付地点作出特别约定,投保人应当到保险人的营业所在地支付保费。在保险实务中,许多保险公司为了争取顾客,大都派出业务人员上门收取保费。在这种情况下,投保人可以将保费交给保险公司的工作人员,并向其索取缴费凭证,作为已经缴纳保费的证明。

第二节 预交保费与保险责任的承担

2001年10月5日,谢某听取信诚人寿保险(以下简称"信诚")代理人黄某介绍后,与之签署了《信诚人寿(投资连结)保险投保书》,指定其母作为自己的保险受益人,主合同基本保险金额100万元,附加合同(共附加5项)的其中1项为"附加长期意外伤害保险",基本保险金额200万元。10月6日,信诚向谢某提交了盖有其总经理李某印章的《信诚运筹建议书》,谢某按信诚的要求及该建议书的规定缴纳了首期保费,共计11944元(其中包括"附加长期意外伤害保险"的首期保费2200元)。信诚随即安排谢某在当月17日进行体检。10月17日下午,谢某在信诚指定的医院完成了体检。10月18日凌晨1时许,谢某与另外三名朋友在天河某酒楼吃夜宵时,不幸被歹徒刺死。行凶歹徒翌日早上被抓获。11月13日,谢母向信诚方面告知保险事故并提出索赔申请。2002年1月14日,信诚及相关再保险公司经调

---

① 参见李玉泉:《保险法(第三版)》,法律出版社2019年版,第245—246页。

查后在理赔答复中称,根据主合同,同意赔付主合同保险金100万元;同时,信诚认为事故发生时其尚未同意承保(未开出保单),故拒绝赔付附加合同的保险金200万元。1月15日,谢母拿到信诚声称按"通融赔付"支付的100万元。7月16日,谢母将此案诉至广州市天河区人民法院,请求判决信诚支付"附加长期意外伤害保险"保险金200万元,以及延迟理赔上述金额所致的利息。

  本案中,双方争论的焦点在于投保人与信诚的保险合同(包括主险合同和附加长期意外伤害保险合同)关系是否已经确立。原告认为,基于信诚已经收取谢某缴纳的首期保费、谢某已经完成体检两个事实,可以判定谢某与信诚的主险合同、附加长期意外伤害保险合同都已成立。此外,原告还主张,如果保险合同关系没有确立,信诚就不会作出赔付100万元的理赔意见。主合同既然约定,在未签发保单的情形下被保险人发生保险事故的,保险公司承担赔偿责任,那么这个规定也应适用于附加合同。被告认为,对谢某购买的这类保险金额300万元的高额人寿保险,信诚和各大保险公司一样,需要谢某通过体检、提供财务证明资料,并由信诚据此决定是不是承保。但是,谢某死亡时,信诚尚未见到他的全部体检报告,不能判定他是不是符合公司的承保要求,因此信诚与谢某的保险合同还没成立,附加合同的200万元保险金,信诚当然不必赔付。与此同时,信诚认为,保险公司之所以赔付100万元是因为主合同条款中有规定的"特殊情形",但这并不意味着合同成立,这只是保险理赔的一种国际惯例,这100万元便是"信诚在国内第一次援引国际惯例,对保险合同关系尚未成立并未出具保单的特殊情形下作出的理赔尝试"。

  2003年5月20日,天河区人民法院对国内这一宗最大的寿险理赔案作出一审判决:对于交付了首期保费的投保人谢某,在核保程序未完成的情况下被害,判决保险人信诚人寿保险应该在按主合同赔付100万元之后再追加赔付附加合同的200万元。[①]

  对于本案的判决,学者们的见解各不相同。有学者认为,投保人填写了投保单并缴纳了保险费,但保险人未立即签发保单。在此情形下,保险人应承担在缴费日至签单时所发生的保险事故责任。因为保险人在收取保费时应出具保费收据,而保费收据具有暂保单的作用。[②] 也有学者认为,保险合同经要约、承诺成立,人寿保险合同中,要约、承诺的形式通常是:由投保人签署投保单并交予保险人或其代理人;保险人收到投保单后,通常会安排被保险人参加体检,并对体检结果及其他

[①] 参见黄珊:《投保人投保10小时被杀 全国最大寿险案一审判决》,中国法院网,2003年5月21日,https://www.chinacourt.org/article/detail/2003/05/id/58592.shtml,2020年7月18日访问。

[②] 参见覃有土主编:《保险法概论(第二版)》,北京大学出版社2001年版,第367页。

内容进行审核,以决定是否同意承保。保险人同意承保的,就在承保书上签字或盖章,并署上日期,保险合同即告成立。本案中,被保险人刚刚完成体检,第二天即因意外死亡,此时,保险人尚未见到被保险人全部体检结果,核保尚不可能完成,自然还没来得及作出承诺,所以保险合同尚未成立。①

在上述案例中,保险合同是否成立?如果保险合同尚未成立,那么投保人缴纳的首期保费的性质究竟为何?上述问题的回答,对于解决我国保险实务中从投保人缴纳首期保费到保险人正式签发保单这一期间保险责任的归属有着重要的意义。

一、人身保险合同中缴纳首期保费与保险责任的承担

从我国现行《保险法》第13条的规定看,我国的保险立法将保险合同界定为不要式合同,即投保人和保险人可以采用口头、书面或其他形式订立保险合同。这种规定兼顾了交易安全与交易便捷两种价值,使投保人可以根据自己的具体情况选择订立合同的形式。在订立保险合同后,投保人按照合同的约定支付保险费,保险人按照约定的时间开始承担保险责任。因为财产保险一般期间较短,所以保险合同一般约定一次性支付保险费。而人身保险一般期间比较长,投保人如何支付保费,不仅涉及投保人的利益,而且事关保险人的利益。因为一次性支付保费有诸多不便,所以人身保险合同一般约定分期支付保费。②

在投保人支付首期保费后,如果发生保险事故,保险人是否承担赔付保险金的责任?实际上,对该问题应当区分情况进行分析。对于需要对被保险人进行体检的保险合同,虽然保险人收取了投保人支付的首期保费,但如果被保险人并未参加体检,此时若发生保险事故,保险人原则上不承担赔偿责任。例如,黄某于2002年4月11日为颜某向某保险公司投保"平安鸿盛",保险金额档次1万元,同时预缴了首期保费1181元。保险公司开具了"人身险暂收收据"给黄某。由于颜某超龄,保险公司于2002年4月25日向投保人发出要求被保险人进行体检的新要约通知书。4月26日,业务员带领被保险人颜某到医院体检。颜某在体检开始之前疾病发作,当即办理了住院手续。经诊断,颜某患有:(1)肺部感染性休克,(2)风心病,(3)心衰,住院至4月29日死亡。原告黄某于2002年10月21日向法院起诉,要求保险公司赔偿,后双方达成和解:保险公司退还原告保费1181元;按照被保险人

---

① 参见孙宏涛:《预收保费与保险责任的承担——论我国应当建立暂保承诺制度》,载《广西财经学院学报》2007年02期。

② 参见邹海林:《保险法教程》,首都经济贸易大学出版社2002年版,第73页。

一年内疾病身故承担保险责任支付1000元;承担案件受理费230元;共计2411元。原告同意放弃诉讼请求及保险责任等一切权利。① 在本案中,由于颜某的疾病突然发作,他实际上并未接受体检。因此,不能判定颜某对保险公司的新要约通知书作出了承诺,所以保险合同尚未生效,保险人不承担赔付保险金的责任。

对于不需要体检或者被保险人已经体检完毕,并且保险人已经收取了投保人的首期保费的人身保险合同,如果在保险人正式签发保险单之前发生保险事故,保险人是否承担赔偿责任?这正是本节开头案例的争议焦点所在。在该案中,主合同第22条规定:投保人在保险公司签发保单前先缴付相当于第一期的保费,且投保人及被保险人已签署投保书,履行如实告知义务并符合本公司承保要求时,若被保险人因意外伤害事故死亡,保险公司将承担保险责任。按照该条款的规定,只要投保人缴纳了相当于第一期的保费,即使被保险人在保险人承保前死亡,保险人也要按照合同的规定承担赔付责任。实际上,日本大量判例认为,只要投保人缴纳了充当首期保费的金额之后,不论保险人是否承诺,均视为保险合同成立,保险责任已经开始。② 因此,对于保险人应当赔付的主合同保险金100万元,双方当事人并无争议。

但是,对于保险人是否应当赔付附加合同的200万元保险金,双方存在着较大的分歧。原告方认为,根据保险人已经收取谢某缴纳的首期保费和谢某已经完成体检两个事实,可以判定谢某与信诚的主合同、附加合同都已成立。因此,保险公司应当承担赔付附加合同200万元保险金的责任。但实际上,按照该附加长期意外伤害保险合同第5条的规定,保险公司的附加险责任,自投保人缴付首期保费且保险公司同意承保后开始。因此,从理论上讲,如果附加保险合同没有经过保险人的承保,保险人对发生的损失不承担赔偿责任。这是否意味着原告无法得到附加合同200万元保险赔偿金呢?答案是否定的。事实上,该案中法院的判决是正确的,但判决的理由并不是保险合同已经成立,而是保险人违反了说明义务。

我国《保险法》第17条规定:订立保险合同,采用保险人提供的格式条款的,保险人向投保人提供的投保单应当附格式条款,保险人应当向投保人说明合同的内容。对保险合同中免除保险人责任的条款,保险人在订立合同时应当在投保单、保险单或者其他保险凭证上作出足以引起投保人注意的提示,并对该条款的内容以书面或者口头形式向投保人作出明确说明;未作提示或者明确说明的,该条款不产

---

① 参见《被保险人体检中死亡保险公司该赔吗?》,新浪网,2004年9月13日,http://finance.sina.com.cn/roll/20040913/02431019080.shtml,2020年7月18日访问。

② 参见沙银华:《日本经典保险判例评释(修订版)》,法律出版社2011年版,第10页。

生效力。"此条是关于保险人说明义务的规定,保险法规定保险人说明义务的目的在于促使保险产品信息在保险人与投保人之间流动,消除投保人在产品信息掌握上的劣势地位,维护交易公平赖以实现的基础条件。① 该案中,关于保险责任开始的时间,主合同与附加合同的规定存在差异,这种做法在保险行业国际惯例中并不多见。保险公司在制作保险条款时,一般都会采取统一的做法。因为不统一的做法容易引起纠纷,使保险公司的信誉受到影响。因此,保险人应当对附加保险合同的保险责任期间作出说明,并对投保人说明其对附加险应负的保险责任,自投保人缴付首期保费且保险公司同意承保后开始。但是,在该案中,保险人并未对该条款进行说明。所以,该条款的规定不能生效,保险人仍然应当承担附加险200万元保险金的赔偿责任。

二、对"保险真空期间"的立法完善——建立暂保承诺制度

本节开头所举的案例反映了我国保险司法实践中存在已久却一直未能得到妥善解决的一个问题,即从投保人投保到保险人作出承保承诺的这段特殊期间内,如果发生保险事故,保险人是否要承担保险责任?如果保险人承担保险责任,其依据何在?该问题的解决不仅关系到我国保险法律体系的完善,而且关系到对投保人和被保险人合法权益的保护。

(一) 暂保承诺概述

从投保人提出投保申请到保险人正式签发保单之前,投保人和被保险人的合法权益无法受到保险合同的保护。② 人们通常把这一期间称为"保险真空期间",在这一期间,如果发生保险事故,保险人可能逃避保险赔偿责任。因为投保人的投保申请属于要约,所以如果得不到保险人的保护,投保人就很可能撤回投保要约。如果投保人真的这样做,保险公司对投保人进行调查的费用就白白浪费了,并且将会失去一个潜在的顾客。不止如此,保险公司更是希望能够尽量早地收取保费。③ 从另外一个角度看,保险人可能利用"保险真空期间"作出违反最大诚信原则的行为。

事实上,为了填补从投保人提出投保申请到保险人作出承保承诺这一段"保险真空期间"的空白,各国保险立法大都规定了暂保承诺制度。暂保承诺是指在保险

---

① 参见曹兴权:《保险缔约信息义务制度研究》,中国检察出版社2004年版,第223页。
② See The Board of Trustees of the Leland Stanford Junior University, "Binding Receipts" in California: Insurance-Contracts- "Binding Receipts", *Stanford Law Review*, Vol.7, No.2, 1955, p.293.
③ Ibid., pp.293-294.

人决定是否对投保人之要约为承诺前,提供暂时之保险保护的制度。① 在实行暂保承诺制度的国家,有的将其称为"暂时保险合同",有的将其称为"暂保单",但实际上二者并无本质的差别。

在保险实务中,暂时保险合同通常表现为暂保单。暂保单又称"临时保险单",系指保险人为了证明保险合同之签订及其内容,对于投保人所签发的一种临时书据,等日后换取正式保险单。② 暂保单的内容一般只包括被保险人姓名、保险标的、保险金额、保险费率、保险责任范围等保险合同的主要内容。财产保险的暂保单又称"暂保条"(binding slip),人身保险的暂保单又称"暂保收据"(binding receipt),③其法律效力与正式保单完全相同,正式保单签发后,暂保单自动失效。

(二)暂保承诺的适用情形

暂保承诺制度的功能是,在保险人决定是否对投保人的要约进行承诺前提供暂时性的保险保护。在保险实务中暂保承诺的目的是为了招揽顾客,争取保险业务,因此在作出承保承诺之前就为被保险人提供即时的保险保障。在保险实务中,暂保承诺制度的适用主要有以下几种情形:

1. 在商谈或续订保险合同的过程中,订约双方虽然已经就合同的主要条款达成协议,但是还有一些条件需要商讨,在没有完全谈妥之前,为了对投保人提供暂时性的保护,由保险人出立保险证明。例如,在德国发生过这样的案例。某工厂所有人甲欲向保险人乙投保火灾保险,在商洽的过程中,乙表示有关保费及承保危险须经计算及评估之后才可以决定,但是在保险合同成立前可为甲提供暂保。几天后,该厂遭焚毁,而甲后来在和乙再次商谈有关保险费率时并未向乙提起该事故。对此,法院认为,对于本保险合同保险人乙可依投保人甲违反告知义务之规定解除合同,但此并不妨碍暂保承诺之效力,故保险人乙对甲仍应负保险赔偿责任。④

2. 在保险代理人争取到保险业务但是保险人尚未办妥保险单手续前,保险人给被保险人开出证明。在保险实务中,尤其是在人身保险合同中,保险人一般都会要求被保险人先进行体检,然后再根据体检情况决定是否承保以及确定保险费率。在这种情况下,如果投保人在提出投保申请的同时缴纳了第一期保险费,并且按照保险代理人的要求参加了体检,保险代理人可以出具暂保单。本节开头的案例正

---

① 参见江朝国:《保险法基础理论》,中国政法大学出版社 2002 年版,第 168 页。
② 参见梁宇贤:《保险法新论(修订新版)》,中国人民大学出版社 2004 年版,第 94 页。
③ 参见李玉泉:《保险法(第三版)》,法律出版社 2019 年版,第 158 页。
④ 参见江朝国:《保险法基础理论》,中国政法大学出版社 2002 年版,第 168—169 页。

是属于这种情形,如果我国现行的保险立法规定了暂保承诺制度,原告的合法权益就能依法得到充分的保护。

3. 保险公司的分支机构,在接受投保后、尚未获得总公司批准前,先出立保障证明。在这种情况下,保险公司分支机构出具的证明的效力与保险代理人出具的暂保单的效力完全相同,都是在获得保险人的正式承诺前,为投保人提供的暂时性保险。

4. 在国际贸易中按 CIF 和 CIP 这两种贸易术语成交的合同,其价格中均包括通常的运费和约定的保费,由出卖人负责为货物购买保险,并且凭借保险单办理出口结汇手续。因此,在保险人出具保险单或保险凭证前,可以先出立暂保单,以证明出口货物已经办理保险手续。而后,出卖人可以凭借暂保单结汇。在此期间,如果投保的货物发生保险事故,保险人应当承担赔偿责任。

(三) 暂保承诺的终止

遇有以下几种情形,暂保单的效力即行终止:①

1. 约定期限届满

如果暂保单中规定了其效力的存续期间,则在该期间届满时(比如经过 7、14、21 或 28 日等),暂保单的效力终止。但是,根据加拿大的有关判例,如果因为承保人或承保人的代理人的过错,未能在合理期间内对投保人申请正式保单的行为作出回应,则暂保单并不因其效力存续期间届满而无效,相反,应当继续有效。

2. 投保人终止暂保单

如上文所述,在保险人作出正式承诺之前,投保人可以撤回要约。在这种情况下,暂保单的效力因为投保人的行为而终止。但是,投保人与其他保险人的谈判并不导致暂保单的终止。

3. 保险单的签发

在保险人经过审查同意承保,并正式签发保险单时,暂保单的效力即告终止。但是,如果保险人签发的保单与投保单的条款不符,则其签发的主保单还不构成保险合同,它仅是反要约。在这种情况下,暂保单仍然有效,除非反要约的条款对投保人来讲明显无法接受,可以看作通过保险人的通知使暂保单默示终止。

4. 投保人对主保单的申请被拒绝

当投保人对主保单的申请被拒绝,暂保单因为保险人的拒绝通知而终止。但应当注意的是,保险人提出的要求被保险人接受进一步体检并不等于拒绝。例如,

---

① 参见 Malcolm A. Clarke:《保险合同法》,何美欢、吴志攀等译,北京大学出版社 2002 年版,第 298 页。

在 Ransom v. Penn Mut. Life Ins. Co. 一案中,Ransom 参加体检之后,保险公司又要求他进一步接受体检,但保险公司的这种要求并不构成对投保人申请的拒绝。此外,当保险人对投保人提出反要约时,暂保单的效力因反要约的提出而终止。

第三节 迟交保费与保险责任的承担

1996年7月21日,中保人寿保险公司湖南省冷水江市支公司(以下简称"中保人寿")业务员曾某等人将盖有人寿保险业务专用章的投保单、保险单和盖有财务专用章的正式保险费收据交给该市某镇企业办主任谢某,要求企业办帮助联系投保单位。谢某即将有关材料交给了企业办副主任王某,并要王某去帮助保险公司联系业务。22日,王某持保险凭证去高界煤矿联系保险业务,并以业务员曾某的名义向高界煤矿开具了18人的《人身保险单》和保险费收据。该保险单约定:保险期限自1996年7月22日0时起至1999年7月22日24时止,18名井下工人为被保险人,每人保险金额为人民币2万元,受益人为高界煤矿。保险费收据上除载明保费大写金额外,在"本月累计交保费"格式栏中写明了小写金额3420元。因为高界煤矿当日出纳外出,故没有实际交付保险费。事后,王某将此情况告诉了企业办主任谢某和保险业务员曾某,两人均没有提出异议,只要求王某负责将保费收回。王某也没有开具保险单副本交中保人寿存档。9月11日,王某到高界煤矿催收保费。9月12日下午,高界煤矿井下瓦斯爆炸,死亡8人,重伤1人。9月13日,高界煤矿持保险单和保险费收据要求中保人寿支付保险金,中保人寿以高界煤矿未按约缴纳保险费,保险合同未生效,且查无保险凭证为由拒赔。同时,高界煤矿与中保人寿就保费的实际缴纳时间发生争议,高界煤矿称已在事故前一日王某到该矿催讨时交付了王某,中保人寿却坚持是在事故的后一日即9月13日才交付,而王某的证言前后不一致。另查明,9月14日,中保人寿从王某处收走了空白保险单和收据以及已签发给其他投保人的保险单,但对于高界煤矿提供给王某的18名被保险人名单及缴纳的3420元保费,中保人寿则予以拒收,只取走了高界煤矿的保险单(副本),3420元保费现仍在王某处。

在本案中,保险人是否承担赔偿保险金的责任,取决于对两个先决问题的回答。第一,王某的行为是否构成保险代理,即王某的行为是否对中保人寿产生代理的法律效力。第二,高界煤矿迟交保费的行为是否对保险合同的法律效力产生影响,即保险合同是否以保费的缴纳为生效要件。下文中,笔者将对这两个问题进行详细分析。①

一、王某的行为是否构成保险代理

民法上的代理是指代理人在代理权限内,以本人(被代理人)的名义向第三人为意思表示或由第三人受意思表示,而对本人直接发生法律效力的行为。② 以他人的名义与第三人为法律行为的人,为代理人;对代理人的行为承担法律后果的人,为本人(被代理人)。保险代理为民法上代理的一种,我国《保险法》第117条第1款规定:"保险代理人是根据保险人的委托,向保险人收取佣金,并在保险人授权的范围内代为办理保险业务的机构或者个人。"保险代理人与本人(保险人)、第三人(投保人)的法律关系如下图所示:

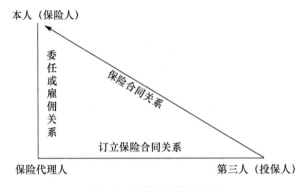

图 8-1 法律效果归属关系

在本案中,曾某是中保人寿的业务员,实际上也是中保人寿的保险代理人。曾某将盖有人寿保险业务专用章的投保单、保险单和盖有财务专用章的正式保险费收据交给该市某镇企业办主任谢某,要求谢某帮助联系投保单位。此举实际上是曾某将其代理权转委托给谢某,由谢某来行使保险代理权。后来,谢某又将保险代理权转委托给王某。王某持保险凭证去高界煤矿联系保险业务,并以业务员曾某的名义向高界煤矿开具了《人身保险单》和保险费收据。由于王某具有保险代理人曾某的间接授权,而曾某是中保人寿的保险代理人,所以王某与高界煤矿签订保险合同的效果直接归属于中保人寿。以上关系如下图所示。

---

① 参见孙宏涛:《迟交保费与保险责任承担——兼论保险合同的生效要件》,载《甘肃金融》2007年09期,第58—60页。

② 参见王泽鉴:《民法总则(增订版)》,中国政法大学出版社2001年版,第440页。

图 8-2 本案法律关系图

二、高界煤矿迟交保费的行为是否对保险合同的效力产生影响

如前文所述,保险合同的一般生效要件包括:(1)保险合同当事人具有相应的民事行为能力。(2)保险合同当事人的意思表示真实。(3)保险合同内容不违反法律或社会公共利益。保险合同的特别生效要件包括:(1)投保人的告知义务和保险人说明义务的履行。(2)危险的存在。(3)保险合同中特约条款的规定。(4)保险利益的存在。由此可见,无论保险合同的一般生效要件还是特殊生效要件,都未将支付保费作为其构成要件之一。因此,只要保险合同符合生效要件,并且双方当事人没有特别约定保险责任的承担以保费的支付为前提,那么即使投保人尚未缴纳保费,保险人仍然应当承担赔付保险金的责任。

在本案中,保险人是依法成立的中保人寿保险公司湖南省冷水江市支公司,保险人的资格完全符合保险法的规定。保险人的业务员曾某将盖有人寿保险业务专用章的投保单、保险单和盖有财务专用章的正式保险费收据交给该市某镇企业办主任谢某,并委托其代为订立保险合同。谢某又将该代理权转委托给企业办副主任王某。王某持保险凭证去高界煤矿联系保险业务,并以业务员曾某的名义向高界煤矿开具了18人的《人身保险单》和保险费收据。虽然由于高界煤矿的出纳外出,当时没有实际交付保费,但王某开具了保险费收据,这意味着其同意高界煤矿延期缴纳保险费。因此,保险合同已订立并生效,保险人必须按照保险合同约定的保险期间承担保险责任。本案中,保险单约定的保险期间为从1996年7月22日0时起至1999年7月22日24时止,保险事故发生在1996年9月12日,在保险期间内,因此保险人应当承担赔付保险金的责任。

三、未依约支付保险费的合同效力

2019年11月《全国法院民商事审判工作会议纪要》第97条"未依约支付保险费的合同效力"规定:"当事人在财产保险合同中约定以投保人支付保险费作为合同生效条件,但对该生效条件是否为全额支付保险费约定不明,已经支付了部分保险费的投保人主张保险合同已经生效的,人民法院依法予以支持。"

(一)保险费的支付与保险合同的成立生效

保险合同属于诺成性合同,投保人与保险人意思表示一致,保险合同即告成立。一般而言,保险合同一成立即生效,但依据《保险法》第13条之规定,保险合同生效可以附条件或者附期限,即投保人和保险人可以约定将缴纳保险费作为合同生效条件。

缴纳保险费作为保险合同生效要件与作为合同义务,法律效果截然不同。如果是前者,投保人未缴纳保险费则会导致合同不生效,保险人不需要就已发生的保险事故承担保险责任,同时也无权通过诉讼等方式追缴保险费。但从理论上讲,当事人仍可以主张缔约过失责任。如果是后者,即使投保人未缴纳保险费,发生保险事故后,保险人仍应当按照保险合同约定承担保险责任,但可以通过诉讼等手段追缴保险费,或者在保险赔偿金中予以扣除。此外,对于将缴纳保险费作为生效要件的保险合同来说,如果缴纳部分保险费后合同生效,仍有部分保险费未缴纳,则剩余部分保险费缴纳仍为投保人应当履行的主要合同义务。①

(二)保险合同约定不明,已经支付部分保险费的应当认定合同已生效

当事人在财产保险合同中约定以投保人支付保险费作为合同生效要件,但对该生效要件是否为全额支付保险费约定不明,投保人已经支付了部分保险费的,根据《保险法》第30条,应当作出对投保人、被保险人有利的解释,认定保险合同已生效。该条款符合"疑义利益解释"这一基本原则,有利于保护保险交易中处于弱势地位的投保人和被保险人,也符合投保人合理期待。同时,保险人因保险事故的发生而承担保险责任后,可以就投保人尚未支付的保险费从保险赔偿金中进行扣减或者通过诉讼方式进行追缴,因此认定合同已经生效不会造成双方之间利益失衡。

(三)本条适用范围为财产保险合同

关于支付保险费的问题,保险法对人身保险和财产保险作出了不同的规定。《保险法》第38条规定:"保险人对人寿保险的保险费,不得用诉讼方式要求投保人

---

① 参见最高人民法院民事审判第二庭编著:《〈全国法院民商事审判工作会议纪要〉理解与适用》,人民法院出版社2019年版,第504页。

支付。"同时,《保险法》设置了相应的合同中止、复效等制度。对于财产保险合同,保险法并未直接规定不缴纳保险费的后果,也未禁止保险人以诉讼方式要求投保人支付保险费。因此,如果投保人在财产保险合同生效后拒不缴纳保险费,保险人可以通过诉讼手段追偿。

 示范案例①

【案情简介】

在海南省海口市中级人民法院(以下简称"海口中院")审理的中国人民财产保险股份有限公司海口市分公司(以下简称"人保财险公司")与海口市堤防工程建设管理中心(以下简称"堤防中心")保险合同纠纷二审一案②中,堤防中心就四个标段的防洪工程向人保财险公司投保了"建筑工程一切险",双方签订的涉案四份《保险合作协议书》中约定,付款方式为本协议签订之日起5个工作日内,堤防中心将全额保险费一次性转入人保财险公司的账户。人保财险公司在收到堤防中心转账的全额保险费后,出具正式的保险合同并承担相应的保险责任。然而,由于堤防中心一直未按约定支付保险费,人保财险公司遂起诉,请求堤防中心向其支付拖欠的保险费及利息。

【裁判意见】

海口中院认为,涉案《保险合作协议书》的内容符合保险合同应当包括事项的规定,保险合同成立。《保险合作协议书》中关于"人保财险公司在收到堤防中心转账的全额保险费后,出具正式的保险合同并承担相应的保险责任"的约定应视为双方对人保财险公司承担保险责任的附加条件。因此,双方虽在协议书中约定"本协议自双方签章之日起生效",但是实际上又对协议的生效附加条件,该保险合同应为附生效条件合同。由于堤防中心一直未缴纳保险费,人保财险公司未出具正式的保险合同,保险合同约定的生效条件尚未成就,保险合同未生效。因此,人保财险公司诉请堤防中心按未生效保险合同的约定支付保险费及利息损失缺乏事实根据和法律依据。

海南省高级人民法院(以下简称"海南高院")认为,一般情况下,保险合同生效时间与保险责任开始的时间一致。但在有约定的情况下,保险合同生效的时间并

---

① 参见詹昊主编:《中国保险诉讼裁判规则集成——保险诉讼经典案例判词逻辑分类汇编(上册)》,法律出版社2019年版,第92页。

② 海南省海口市中级人民法院(2015)海中法民二终字第52号。

不等于保险责任开始的时间。《保险法》第 14 条规定:"保险合同成立后,投保人按照约定交付保险费,保险人按照约定的时间开始承担保险责任。"因此,保险合同成立、生效的时间与保险责任开始的时间不是同一概念。保险合同成立、生效后,并不意味着保险人立即开始承担保险责任,保险人何时开始承担保险责任,取决于保险合同对保险人承担保险责任开始时间的约定。涉案《保险合作协议书》第 4 条"付款方式"第 2 款"乙方收到甲方转账的全额保险费后,出具正式保险合同并承担相应保险责任,并在收款后 2 日内将相应的保险合同正本及发票送达甲方"的约定,系双方对保险人承担相应保险责任开始时间的约定,是附条件生效的约定。双方已签章,符合第 6 条"协议生效与效力"第 4 款中"本协议自双方签章之日起生效"的约定,四份《保险合作协议书》已生效。再审申请人认为《保险合作协议书》已生效的理由成立,一、二审判决关于《保险合作协议书》应为附条件生效合同,尚未发生法律效力的认定不当。

【思考方向】

本案保险合同中约定缴纳保险费后开始承担保险责任,该约定属于附生效条件的约定还是开始承担保险责任的时间约定?

【适用法条】

1.《保险法》第 13 条:"投保人提出保险要求,经保险人同意承保,保险合同成立。保险人应当及时向投保人签发保险单或者其他保险凭证。保险单或者其他保险凭证应当载明当事人双方约定的合同内容。当事人也可以约定采用其他书面形式载明合同内容。依法成立的保险合同,自成立时生效。投保人和保险人可以对合同的效力约定附条件或者附期限。"

2.《保险法》第 14 条:"保险合同成立后,投保人按照约定交付保险费,保险人按照约定的时间开始承担保险责任。"

【案例分析】

本案涉及保险合同中关于"投保人缴纳保险费后保险人开始承担保险责任"的约定的法律性质认定问题。海口中院认为该约定属于附生效条件的约定,而海南高院认为该约定是关于保险人开始承担保险责任时间的约定,而非合同中附生效条件的约定。根据《保险法》第 13 条、第 14 条的规定,海南高院的认定无疑是准确的。但是,在最高人民法院(以下简称"最高院")审理的中国人寿财产保险股份有限公司曲靖中心支公司与云南福运物流有限公司财产损失保险合同纠纷再审一案[①]中,最高院关于本问题的性质认定,与海口中院在本案中的认定一致,与海南高院的认定相左。显然,就此问题,司法实践中不同法院之间的认定也是存在冲突的。

 思考案例[②]

1997年6月20日,中保财产有限责任公司日照市某区支公司与某开发公司签订了一份渔船保险保险单,因投保人暂无款支付保费,便向保险人打了一张保费欠条。同年7月2日,被保险渔船发生保险合同约定的保险事故受损。投保人向保险人请求理赔时遭到拒绝,遂诉至法院请求处理。

对案件的处理,合议庭形成三种不同意见:

第一种意见认为,保险合同为诺成性合同,只要投保人与保险人在平等自愿的基础上达成合意,签订保险合同,双方当事人间的保险法律关系即告成立,保险合同生效。保险事故发生后,保险人应按照保险合同的约定承担赔偿责任。

第二种意见认为,保险人与投保人虽然订有保险合同,但投保人未按期缴纳保险费,不符合附条件民事行为的构成要件,保险合同不生效,保险事故发生后,保险人应不予赔偿。

第三种意见认为,该案中保险合同成立、有效,但保险人对保险事故应不予理赔。理由是:保险合同是诺成性合同,其成立、有效不以缴纳保险费为前提(双方另有约定的除外)。本案中,投保人与保险人意思表示真实一致,就渔船保险条款达成协议,保险人出具了保险单,故保险合同合法有效。保险合同成立后,投保人有按照约定支付保险费的义务。根据中国人民保险公司1981年11月21日发布的《国内渔船保险条款》"被保险人义务"一章第10条的规定,被保险人应当在保险人签出保险单时,按照保险人所规定的保险费率,一次缴清保险费。此外,保险合同成立并不等于保险责任开始。保险关系双方当事人可以自行约定保险责任开始的时间。本案中,保险人承担保险责任应是附约定条件的法律行为,约定条件为投保人交付保费。投保人未按期交付保费,违约在先,保险人可以按照约定,拒绝赔偿。保险合同是附合合同,即保险合同并非由缔约双方充分协商订立,而是由一方提出合同的主要内容,另一方只能作取或舍的决定,要么接受保险人提出的条件,要么

[①] 参见最高人民法院(2013)民申字第1567号。
[②] 参见刘京柱:《投保人打保费"白条"保险人出具保险单 保险事故该如何理赔?》,法律图书馆网,2004年10月30日,http://www.law-lib.com/lw/lw_view.asp? no=4030,2020年7月18日访问。

不签订合同。按照《国内渔船保险条款》的规定,保险合同签订生效后,双方当事人之间形成合同之债,投保人即应履行缴纳保费的义务。本案中,投保人未履行缴纳保费义务,故保险人有权拒绝赔偿。

【思考问题】

本案中,哪种意见正确?为什么?

拓展阅读

【案情简介】[①]

2014年6月4日,张某与紫金财产保险股份有限公司内蒙古分公司通辽中心支公司(以下简称"紫金财保")签订《机动车辆保险合同》,后紫金财保向张某(投保人)送达了机动车保险单及保险业专用发票,并为张某垫付了保险费。嗣后,保险车辆发生保险事故,被保险人向保险人申请保险金时,保险人主张,保险费是由保险人为投保人垫付,投保人至保险事故发生时,一直未向保险人支付垫付的保险费,此保险合同未成立、生效,保险人不承担保险金赔付责任。

【裁判意见】

二审法院认为,2014年6月4日,张某与紫金财保签订了《机动车辆保险合同》,权利义务明确,是双方当事人之间的真实意思表示,合法有效,应受法律保护。当事人双方应履行机动车辆保险合同约定的权利义务。紫金财保对张某投保出险的奔驰GLXXX商务车应负理赔责任。保险人紫金财保辩称投保人张某未交清保费,保险合同未生效,但保险人在一审庭审中承认为投保人垫付了保费,该垫付行为应视为投保人已缴纳保费,保险合同成立并生效。如果投保人之后未向保险人偿还此垫付保费,应认定双方形成债权债务关系,但这并不能影响本案保险合同的效力,保险人不能因此对投保人保险车辆的损失拒赔,原审告知保险人垫付保费问题需另案处理是正确的。

---

① 参见内蒙古自治区通辽市中级人民法院(2015)通商终字第13号。

第九章 保险合同的解释

保险合同的解释,是对保险合同条款的理解和说明。由于保险条款要反复适用于不同的投保人、被保险人和保险标的,因而其内容不可避免地具有抽象性和专业性的特点。因此,在适用于具体案件时,保险条款的含义可能出现模糊或歧义,在这种情况下,对保险条款的解释就成为一项非常重要的工作。保险合同解释的直接目的在于明晰保险合同的内容,揭示当事人的权利义务关系,从而便于保险合同的履行,使当事人的合法权益得以实现。

在英美法系中,关于保险合同的解释原则主要有:(1)整体解释原则;(2)专业解释原则;(3)一致解释原则;(4)特约条款优于一般条款的解释原则;(5)后加条款优于格式条款的解释原则;(6)手写条款优于打印条款的解释原则;(7)有利于保单持有人的解释原则;(8)对除外条款进行限制解释的原则;(9)明示条件优于默示条件的解释原则;(10)疑义利益解释原则;(11)公平解释原则;(12)合理期待解释原则;(13)文义解释原则;(14)标题作为合同的一部分的解释原则;(15)弃权与禁止抗辩原则。

在大陆法系中,保险合同的解释原则主要有:(1)意图解释原则;(2)有效解释原则;(3)目的解释原则;(4)习惯解释原则;(5)整体解释原则;(6)疑义利益解释原则;(7)诚实信用原则。[1]

由于篇幅所限,本书无法对上述解释原则一一进行分析,只能选择具有代表性的几个解释原则进行分析。

第一节 保险合同解释的一般原则

一、文义解释原则

文义解释是指,如果保险合同条款的用语与合同目的没有明显的冲突或违背,通常情况下应当按照该用语最常用、最普遍的含义进行解释。因为保险合同是当事人双方协商一致的产物,而这种产物是通过一定的文字形式表现出来的,因此,

---

[1] 参见王卫国主编:《保险法》,中国财政经济出版社2003年版,第305—307页。

当合同的某些内容产生争议而条款文字表达又很明确时,应当首先按照保险合同条款的含义进行解释。

文义解释是保险合同解释的一般原则之一,在运用该原则对保险合同进行解释时应当注意以下三方面的要求:(1)对于在同一保险合同中多次出现的同一文字和词语应当按照同样的标准进行解释,使其含义保持前后一致;(2)除非有强有力的理由作其他解释,保险合同用语应当按其表面语义或者自然语义进行解释;(3)如果某一文字具有专门的法律含义或者其他特定的专业性含义,则应当按其法律含义或专门含义去解释。例如,保监会2000年发布的《机动车辆保险条款解释》关于"自燃"的定义是:"没有外界火源,保险车辆也没有发生碰撞、倾覆的情况下,由于保险车辆本身漏油或电器、线路、供油系统、载运的货物等自身原因发生问题引起的火灾。"又如,"暴雨"是一个气象学专门术语,其含义是指每小时降雨量达16毫米以上,或连续12小时降雨量达30毫米以上,或连续24小时降雨量达50毫米以上。只有达到上述标准之一时,才构成"暴雨",而不能将"暴雨"按一般人认为的"大雨或急雨"来理解。①

二、目的解释原则

目的解释是指在解释保险合同时,如果合同所使用的文字词语或某个条款可以作两种以上的解释时,应当采取最符合合同目的的解释。当保险合同中的用语含混不清、内容前后不一致时,应根据合同内容与合同订立时的背景材料进行逻辑分析,推断缔约当事人的真意,由此来说明和理解合同的内容。例如,法国《民法典》第1156条规定:"解释契约,应从契约中寻找缔结契约之诸当事人的共同本意,而不应局限于用语的字面意思。"第1158条规定:"用语可作两种解释时,应取最适于契约之实际目的的解释。"我国台湾地区所谓的"保险法"第54条第2款规定:"保险契约之解释,应探求契约当事人之真意,不得拘泥于所用之文字;如有疑义时,以作有利于被保险人之解释为原则。"与之相似,我国《民法典》第466条也规定了目的解释原则。

目的解释体现了"五个从优"的原则:一是书面约定优于口头约定;二是保险单优于投保单、暂保单等其他文件;三是特约保险条款优于基本保险条款;四是后加保险条款优于原有保险条款;五是手写的保险条款优于打印的保险条款,打印的保险条款优于粘贴的保险条款,粘贴的保险条款优于保险单上印就的保险条款。上述"五个从优"原则,在世界各国家和地区的法律规定中大体一致,由于其科学性和

---

① 参见温世扬主编:《保险法(第三版)》,法律出版社2016年版,第137页。

广泛的适用性,其至有形成国际惯例或学说的趋势,对我国的司法实践也颇有借鉴意义。①

三、整体解释原则

对保险合同的解释,应当从合同的整体内容考虑,不能孤立地对某一条款作出解释而与合同的基本内容发生冲突。单个词语、条款应当置于合同之中,根据整个合同的意思确定其含义。在同一保险合同中先后出现数次的同一词语,其解释应当保持一致。由于保险合同条款专业性强,较之一般合同条款的制定有更高的技术要求,对保险合同解释时,更应注重条款的前后联系和整体的协调。经过解释之后的保险合同,应前后一致,全文贯通,具有整体性。

第二节 疑义利益解释原则

疑义利益解释原则是指,在格式合同的词句有歧义或者模糊时,应采纳对拟定合同条款一方或是使用格式合同一方不利的解释。此种解释规则渊源于罗马法"有疑义应为表意人不利益之解释"原则,后为法学界所接受,不但法谚有"用语有疑义时,应对使用者为不利益的解释"之说,而且为英美法和大陆法所采用。② 在英美法中,疑义利益解释原则已为立法所确立,当保险合同词句具有两种或两种以上的含义时,应当采纳对起草人不利的解释。大陆法系国家也采纳了该解释规则。例如,法国《民法典》第1162条规定:"契约有疑义之情形,应作不利于订立此种约定的人而有利于债务人的解释。"我国的立法也确立了该原则。《民法典》第466条规定:"当事人对合同条款的理解有争议的,应当依据本法第一百四十二条第一款的规定,确定争议条款的含义。合同文本采用两种以上文字订立并约定具有同等效力的,对各文本使用的词句推定具有相同含义。各文本使用的词句不一致的,应当根据合同的相关条款、性质、目的以及诚信原则等予以解释。"该法第498条规定:"对格式条款的理解发生争议的,应当按照通常理解予以解释。对格式条款有两种以上解释的,应当作出不利于提供格式条款一方的解释。格式条款和非格式条款不一致的,应当采用非格式条款。"此外,《保险法》第30条规定:"采用保险人提供的格式条款订立的保险合同,保险人与投保人、被保险人或者受益人对合同条款有争议的,应当按照通常理解予以解释。对合同条款有两种以上解释的,人民法

---

① 参见覃有土主编:《保险法概论(第二版)》,北京大学出版社2001年版,第247页。
② 参见刘宗荣主编:《定型化契约论文专集》,三民书局1987年版,第125页。

院或者仲裁机关应当作出有利于被保险人和受益人的解释。"上述规定对于保护被保险人和受益人等处于弱势地位的合同关系人具有非常重要的意义。此外,该规则对于完善我国《民法典》之合同编关于格式合同的解释也具有历史性的贡献。

一、疑义利益解释原则的肇端

疑义利益解释原则是来自古罗马的一条谚语:"有疑义应为表意人不利益之解释。"该原则被引入保险法最早开始于1536年的一个英国判例。在英国,承保海上保险的理查德·马丁在公历1536年6月18日将其业务扩大到寿险,并为他一名嗜酒的朋友威廉·吉朋承保人寿险,保额2000英镑,保险期限为12个月,保费80英镑。吉朋于1537年5月29日死亡,其受益人请求依约给付保险金2000英镑。马丁声称,吉朋所购人寿险的12个月保险期限系以阴历每月28日计算的,因而保单已于公历5月20日到期;受益人则主张,保险期限应按公历计算,保险事故发生于合同有效期内。最后,法院在判决中作了有利于被保险人的解释,宣判马丁应承担给付保险金之责。从此以后,这种不利解释原则便成为保险合同的一大特色解释原则,并被广泛应用于其他定式合同的解释中。

二、疑义利益解释原则的法理基础

关于疑义利益解释原则的法理基础,主要有以下几种学说:[①]

(一)附合契约说

该说认为,保险合同所载之条款一般皆由保险人预先拟定,实际上虽多由投保人为要保申请,但在通常情形下,投保人对保险单之内容仅能表示接受或不接受,并无讨价还价之余地,故保险合同为附合契约。若保险人在拟约时能立于公平正义之立场,不仅考虑本身,亦兼顾他人利益,则保险合同之附合性并非无可取之处。然而,绝大多数拟约人皆未能把持超然之地位,唯以契约自由之美名,利用其丰富经验拟定出只保护自己的条款,其相对人对此唯有接受或拒绝,别无选择。在此情形下,所谓契约自由则流于形式上的自由而已,相对人对于内容订定之自由完全被剥夺。因此,当保险合同之条款用语有疑义时,应当作不利于条款拟定人之解释。

(二)专有技术说

该说认为,保险发展成为具有高度技术性的商行为历经了几个世纪,几乎可以说是一部史诗。保险是把可能遭受同样危险事故的多数人组织起来,结成团体,测

[①] 参见樊启荣:《保险合同"疑义利益解释"之解释——对〈保险法〉第30条的目的解释和限缩解释》,载《法商研究》2002年第4期。

定事故发生的比例(即概率),按照此比例分摊风险。根据概率论的科学方法,算定分担金要有特殊技术,这种特殊技术就是人身保险和财产保险的共同特征。保险条款中所涉及术语的专门化和技术性,并非一般投保人所能完全理解,这在客观上有利于保险人。若保险人科学地运作保险技术,合理地使用保险术语,则没有干涉或解释条款之必要。但保险人往往滥用保险技术,在保险条款中使用晦涩或模糊之文字,因此,应作不利于保险人之解释。

(三)弱者保护说

该说认为,在保险交易中,投保人或被保险人相对于保险人而言往往处于弱者地位,主要表现为"交易能力不对等",具体表现为:(1)交易力量悬殊。保险业具有垄断性质,谈论契约自由是虚幻的;(2)交易信息不对称。同时,保险合同是复杂的法律文件,非业内人士很难理解其中的文字。保险人拥有保险的专门技术、丰富的知识和经验,而普通投保人对此则未必了解。因此,当对保险合同条款发生歧义时,应作不利于保险人之解释。

从某种意义上说,三种学说各有道理,从不同的角度揭示了疑义利益解释原则的法理基础。其中,附合契约说和专有技术说是从保险人的角度进行分析的。因为保险合同是由保险人事先拟定的格式合同,极少反映投保人的意图。投保人在订立保险合同时,一般只能接受或者拒绝保险人事先拟定的条款,而没有其他选择的自由。同时,保险合同的格式化又促成了保险合同用语的专业化,这种专业术语很难为普通人所理解,在客观上增加了投保人在订立合同时所面临的风险。因此,在对保险合同条款的理解产生歧义时,应当适用不利解释原则。弱者保护说是从投保人的角度对疑义解释原则进行分析的,由于保险条款是由保险人单方面拟定的,而投保人欠缺保险专业知识并且经济力量相对弱小,为了实现二者之间的利益平衡,应当适用疑义利益解释原则。值得注意的是,疑义利益解释原则是为了保护处于弱势地位的普通投保人、被保险人的利益而设立的,它只能适用于普通投保人、被保险人。

三、疑义利益解释原则的适用条件

合同解释有广义和狭义之分。广义的合同解释包括确定合同是否成立、确定合同的性质、补充合同的隐含条款、明确合同条款的含义等;狭义的合同解释仅指明确合同条款的含义。在美国的保险法理论中,一般认为疑义利益解释原则只适用于狭义的合同解释。由于疑义利益解释原则建立在对投保人、被保险人利益优先保护之上,其目的是为了削弱保险人利用缔约优势以及条款的单方拟定权获取不正当利益,[①]因此在司法实践中,对疑义利益解释原则的适用必须限定严格的条件。

第一,疑义利益解释原则是保险合同解释的特殊原则,只有在适用一般解释原则仍然无法解决当事人之间的争议时才能采用。原因在于,疑义利益解释原则仅仅为解释保险合同的歧义条款提供了一种手段或者途径,它本身并不能取代保险合同解释的一般原则,更没有提供解释保险合同的方法;疑义利益解释原则不具有绝对性,不能排除解释保险合同的一般原则或者方法的适用以对保险合同任意作不利于保险人的解释。在探究当事人的意图时,可以采用隶属于意图解释原则的一些辅助规则,如文义解释规则、上下文解释规则以及补充解释规则等。只有在运用意图解释原则以及该原则的相关辅助规则仍不能正确解释保险合同争议条款的情况下,疑义利益解释原则的适用方为可能。

第二,疑义利益解释原则适用的一个根本前提就是保险合同条款的文字存在疑义。如果保险合同文字语义清晰,双方意图明确,那么尽管当事人事后对保险条款理解发生争议,法院或仲裁机关也不能对此条文适用疑义利益解释原则。由此可见,疑义的存在是疑义利益解释原则适用的基本前提。通常情况下,保险合同条款的疑义性有以下几种表现形式:(1)词句含义的逻辑边界不明确,存在一个语义的集合。比如在保险合同中,如果仅约定保险标的为"企业的财产",那么此处"财产"一词就可能包括企业的机器设备、原材料产品存货以及企业拥有的知识产权等各种财产权利。(2)词句具有两种或两种以上等效含义。比如在保险合同中仅规定朴次茅斯港(Portsmouth)而未规定具体地点,世界上共有5个朴次茅斯港,其中1个在英国,另外4个在美国。(3)词句笔误或打印错误的情况。比如在保险合同中将车辆"自燃"一词错误打印为"自然"。(4)词句在合同中存在相互矛盾的情况。比如在保险合同的不同地方对同一问题有着不同的规定。[②]

第三,疑义利益解释原则不适用于保险合同的特约条款。保险合同条款可以分为基本条款和特约条款。保险合同的基本条款又称"普通条款",是指保险人在事先准备或印就的保险单上,根据不同的险种规定的有关保险合同当事人双方权利义务的基本事项,它往往构成保险合同的基本内容,是投保人与保险人签订保险合同的依据。由于基本条款是由保险人事先拟定的,投保人、被保险人并没有机会参与基本条款的协商,因此,如果遇到保险条款存有疑义的情况,应当适用疑义利益解释原则,按照不利于保险人的方式进行解释。此外,按照我国《保险法》第18

---

① 参见王海波:《论中国海上保险法与一般保险法之协调》,复旦大学法学院2012年博士学位论文。
② 参见王江凌、郭健斌:《"不利保险人解释规则"相关法律问题研究》,载《保险研究》2006年第1期。

条第 2 款的规定,投保人和保险人可以就与保险有关的其他事项作出约定。该条款即为对特约条款的规定。特约条款是保险人控制危险的方法,凡对于过去、现在或将来之事项,无论本质上是否重要,一经特约,即成为保险合同的一部分,有绝对之效力。① 对于特约条款而言,由于双方当事人对其拟定享有平等的权利,条款的最终形成也是当事人双方讨价还价、共同协商的结果,因此疑义利益解释原则不适用于保险合同的特约条款。

第四,法院在适用疑义利益解释原则时,不能为了有利于被保险人的目的而确认不合理的解释。如英国枢密院在 1921 年审理 Condogianis v. Guardian Assurance Co. 一案时,即拒绝采纳被保险人建议的对其有利的解释,因为该解释超出了"合理解释的范畴"。另外,如果适用疑义利益解释原则的结果将违反法律或给第三人造成损害,则该原则也不应予以适用。

第三节 合理期待解释原则

所谓合理期待解释原则,是指当保险合同当事人就合同内容的解释发生争议之时,应以投保人或被保险人对于合同缔约目的的合理期待作为出发点对保险合同进行解释。② 在保险业发展的初期,保险合同当事人具有相对平等的谈判力量。如早期的劳合社,保险人在劳合社咖啡店寻找投保人,兜售保险,保险合同双方谈判时间充足,而且当时交易类型简单,因此投保人与保险人对保险合同的权利义务容易有清晰的了解。③ 时至今日,随着保险业的不断发展,保险人承保的风险千变万化,每天都要签订大量的保险合同。这就决定了保险合同不得不进行技术化、定型化和标准化的处理,保险合同成为格式合同是保险业发展的必然选择。作为格式合同的保险合同简化了合同订立的程序,适应了保险合同当事人进行频繁的、重复性交易的需要,节省了交易成本。但与此同时,我们应当看到的是,格式保险合同由保险人拟定,极少反映投保方的意图。投保人在订立保险合同时,一般只能表示接受或者不接受保险人拟就的条款。此外,保险合同的格式化又促成了保险合同术语的专业化,而保险合同所用术语非普通人所能理解,这在客观上对保险人极为有利。所以,当保险人对保险合同的专业理解与投保人和被保险人对保险合同的合理期待存在差距时,应遵循"满足被保险人的合理期待"原则,按照有利于投保

---

① 参见梁宇贤:《保险法新论(修订新版)》,中国人民大学出版社 2004 年版,第 104 页。
② 参见李利、许崇苗:《论在我国保险法上确立合理期待原则》,载《保险研究》2011 年第 4 期。
③ 参见刘宗荣:《保险法》,三民书局 1995 年版,第 11—12 页。

人或被保险人利益保护的方式来处理。

一、合理期待解释原则的发展历程

合理期待解释原则产生的背后存在着丰厚的历史背景与社会积淀。早在1925年,20世纪最伟大的合同法学者之一卡尔·卢埃林(Karl N. Llewellyn)教授指出,法官在阅读标准合同的时候,应当深入分析处于弱者地位的一方当事人究竟希望合同中包含什么内容,并举保险合同为例来印证他的观点。卢埃林教授认为,投保人在购买保险后有权得到其所期待的保护,这是不应过多考虑保险单的除外规定。[1] 另一位合同法巨匠费里德里奇·凯斯勒(Friedrich Kessler)在其1943年发表的论文《附合合同——关于合同自由的一些思考》中也表达了相同的见解。他认为,法院在处理标准保险合同时,必须决定合同中处于弱势地位的一方通过购买保险人提供的服务究竟期待获得什么样的保障,这种合理期待究竟应当达到何种保障程度也必须根据案件的具体情况决定。[2]

事实上,尽管合理期待解释原则在早期的一些保险案例中也出现过,但是直到1961年美国新泽西州法院对Kievit v. Loyal Protection Life Insurance Co. 一案作出判决,该原则才引起广泛的注意。在该案中,被保险人购买了意外伤害保险,该保单的承保范围是由于意外事故直接、独立对身体造成的伤害,但是由于疾病原因直接或间接对人身造成的损害被排除在外。本案中,被保险人的伤残部分原因在于其患上了帕金森氏综合症,在其患病的同时意外事故的发生造成被保险人身体伤残。法院认为,被保险人的伤残应当属于保险人的承保范围。因为当消费者购买保险后,他们可以合理地期待得到保险合同的保护,这种期待应当得到法院的支持。

最早对"满足被保险人的合理期待"原则作出系统阐释的,是美国的罗伯特·基顿(Robert E. Keeton)法官。1970年,基顿法官在《哈佛法律评论》上发表了一篇具有前瞻性的论文——《在保险法上存在的与保单条款相冲突的权利》。基顿法官认为,在保险实践中出现了许多用传统理论无法解释的案件,但是可以用两条原则解释这些案件:(1)在保险交易中,保险人不能获得任何不合理的利益;(2)投保人与受益人的合理期待应当得到法律的保护,即使上述期待与保单的明示规定相

---

[1] See Karl N. Llewellyn, The Effect of Legal Institutions upon Economics, *American Economic Review*, Vol. 15, 1925, pp. 665-673.

[2] See Friedrich Kessler, The Contracts of Adhesion—Some Thoughts About Freedom of Contracts, *Columbia Law Review*, Vol. 43, 1943, pp. 629-636.

违背。① 这意味着,被保险人可以从保险合同条款之外的其他规定那里获得合理期待,这种合理期待可以推翻任何合同条款,无论上述条款如何清晰。

基顿法官认为,保险合同的附合性、保险人对于条款用语的随意控制以及被保险人在理解保险合同专业术语时所面临的困难,这些都支持了合理期待解释原则的应用。由于合理期待解释原则得到像基顿法官这样著名学者的支持,该原则的发展非常迅速。虽然不是所有的法院,但至少在大多数法院中,合理期待解释原则成为法官解释保险合同的基本原则。但是与此同时,法院对该原则的认可引发了持久的论战,即合理期待解释原则的适用究竟应当延伸到何种程度,特别是当被保险人的期待与保险合同的明示规定相反的时候,应当如何处理。尽管这种争论并没有阻止合理期待解释原则的进一步发展,但它导致一些法院放弃了基顿法官的理论;一些法院完全拒绝适用该理论;一些法院在接受与拒绝之间徘徊不定;还有一些法院则在适用该原则的时候增加了许多限制,以防止对该原则适用的过分扩张。②

二、对合理期待解释原则的评判

(一) 批判的观点

合理期待解释原则一经产生,在法学界和保险业界就引起巨大的震动。与其他新生的思潮或制度一样,合理期待解释原则在得到赞扬的同时也遭到许多的批评与质疑,批评的观点主要有以下几方面:

第一,在美国,合理期待解释原则的适用使保险案件的裁判呈现出极大的不确定性,尤其是不同州的司法判决出现冲突,从而增加了保险成本,并拖延了索赔争议的解决。合理期待解释原则得到许多法院的认同,如亚拉巴马州、阿拉斯加州、亚利桑那州、加利福尼亚州、蒙大拿州、内布拉斯加州、内华达州、新泽西州等州的法院都采纳了合理期待解释原则,将其作为解释保险合同的工具。但与此同时,也有许多州的法院并未采纳合理期待解释原则,这样就造成不同州司法判决的冲突。③ 此外,法院对被保险人合理期待的保护,刺激美国保险业者作出强烈的反应,最常见的表现就是对索赔争议解决的拖延。

---

① See Robert E. Keeton, Insurance Law Rights at Variance with Policy Provisions, *Harvard Law Review*, Vol. 83, 1970, pp. 962-975.
② See Mark C. Rahdert, Reasonable Expectations Revisited, *Connecticut Insurance Law Journal*, Vol. 5, 1998, pp. 109-110.
③ See Roger C. Henderson, The Doctrine of Reasonable Expectations in Insurance Law After two Decades, *Ohio State Law Journal*, Vol. 51, 1990, pp. 828-830.

第二,有学者认为,有些法官为了适用合理期待解释原则,热衷于发现被保险人的内心期待,有时甚至出现这种现象:法官事先创造被保险人的"内心期待",之后又适用合理期待解释原则来对被保险人进行保护。这样做的危险就像把马车放在马的前面一样,为了让保险人承担责任,将教条放在事实的前面。① 对这种现象,有批评者指出:与其说是"被保险人的合理期待",倒不如说是"法院的合理期待"。一言以蔽之,合理期待解释原则的适用实际上是没有丝毫掩盖的司法立法。②

第三,合理期待解释原则的适用忽略了商业保险合同中当事人之间的真正意图。在某些情况下,法院允许被保险人获得保险赔偿,即使该赔偿是一个客观的投保人阅读保险合同时根本不会期待得到的。在这种情况下,法院要求保险人承担保险责任,即使保险合同的除外条款所使用的语言明确无误,并且是被保险人已经知道或应当知道该除外条款。③ 对此状况,有学者批评:合理期待解释原则旨在解决的问题并非真正的问题,施行该原则对经济效率与契约自由以及确定性均有损伤。④

第四,有学者认为,合理期待解释原则的缺点在于它取决于"合理"这个概念。因为不管司法上付出多大的努力寻找具有理性的人,这个具有理性的人还是可望而不可即。事实上,公共汽车上的每一个普通乘客都可以告诉我们,具有理性的人根本不存在。法律只关心法定的责任,合同法只关心合同双方当事人应履行的义务而产生的法律责任,而不是关注合同一方当事人要求对方去做其没有法律义务去做的事的期望,不管这种期望是多么合理。⑤

(二) 赞成的观点

虽然合理期待解释原则在一定程度上背离了传统的合同法并因此招致许多的批判,但该原则最终还是得到普遍的接受与肯定。赞成该原则的观点主要有以下几方面:

第一,合理期待解释原则敦促保险人向被保险人披露更真实、详细的保险信息,以利于被保险人在全面了解各种信息的基础上选择自己真正需要的保险产品。

---

① See Stephen J. Ware, A Critique of The Reasonable Expectations Doctrine, *University of Chicago Law Review*, Vol. 4, 1989, pp. 1461-1475.

② See Abraham, Freedom of Contract and Choice of Law in Insurance, *Harvard Law Review*, Vol. 93, 1981, p. 109.

③ See Kenneth J. Horner, Jr., Insurance-Contracts-The Ambiguity in the Doctrine of Reasonable Expectations, *North Dakota Law Review*, Vol. 62, 1986, pp. 427-428.

④ See Jeffrey W. Stempel, *Interpretation of Insurance Contracts*: Law and Strategy for Insurers and Policyholders, Little Brown, 1994, pp. 314-316.

⑤ 参见 Malcolm A. Clarke,《保险合同法》,何美欢、吴志攀等译,北京大学出版社 2002 年版,第 355 页。

其中,有关承保范围的信息对合理期待解释原则而言至关重要。保险人之所以要承担责任,主要原因在于它要对被保险人所掌握的有关保险合同承保范围的不准确的信息负责。从这种意义上讲,合理期待解释原则的核心内容在于:如果被保险人所掌握的有关承保范围的信息是不准确的,保险人就应当承担相应的责任。这种做法的好处是,有利于督促保险人向被保险人提供更准确的信息,从而建立更有效率的保险市场。在获得充分信息后,被保险人可以更好地估计承保范围的有关信息并选择最符合其意愿的保险合同。如果被保险人需要的保险合同在保险市场中尚不存在,也可以刺激保险人提供符合被保险人期待的保险产品。

第二,合理期待解释原则通过允许法院透过当事人双方的正常交易让保险人对在保险合同中使被保险人产生合理期待的事项承担保险责任,实现公平正义的目的。实践中,许多法院将保险人使被保险人对合同产生合理期待作为要求其承担保险责任的原因。在这些案件中,即使保险合同中的条款是明确无误的,法院也会暗中根据衡平原则推翻上述条款,以实现公平正义的交易观念。

第三,合理期待解释原则促进了危险的有效分散。保险是一种分散不同类型的危险与损失的工具,法院对被保险人合理期待的支持进一步增强了保险所具有的分散风险的功能。从某种意义上说,合理期待解释原则的出现进一步延伸了"深口袋理论"(The Deep Pocket Theory),即在处理保险纠纷的时候,作出对保险人不利的判决,让拥有雄厚资金的保险人承担保险责任,以分散社会风险,保护普通投保人、被保险人的利益。

第四,合理期待解释原则是建立在经验主义基础上的,这些合理期待可能产生于保险人与被保险人先前的交易或交易惯例。例如,在商业交易的场合,这些合理期待具有强制性,因为双方当事人之间的关系是建立在这种合理期待的基础上的,即使这些期待并未通过书面的方式表达出来。因此,为了保持保险人与被保险人之间的正常交易并维持双方之间的交易信任,在保险纠纷的处理过程中应当适用合理期待解释原则。[1]

三、合理期待解释原则的适用情形

第一,被保险人是没有专业知识的普通消费者。通常情况下,书面保险合同都是冗长、复杂的文件,如果没有专业的保险知识,被保险人很难读懂保险合同的多数条款。尽管对法官而言,保险合同的条款可能并不模糊,但对于在保险市场中处

---

[1] See Catherine Mitchell, Leading a Life of its Own? The Roles of Reasonable Expectation in Contract Law, *Oxford Journal of Legal Studies*, Vol. 23, No. 4, 2003, pp. 654-655.

于弱势地位的被保险人而言,他们所具有的一般知识水平可能无法完全理解这些条款,此时法院将会按照被保险人的客观的、合理的期待解释合同条款。

第二,为了促进保险销售,许多保险人在保险合同用语上动过手脚,使用某些诱导性词汇。如保险人先前使用概括性极强的词汇来描述保险单,而后却作出诸多限制,在这种情形下,被保险人的合理期待应当得到法院的保护。①

第三,大部分保险合同所采用的营销方式使得消费者在购买保险之前根本没有机会阅读保险合同条款。例如,在人寿保险中,只有在投保人提交投保单并支付首期保费以及保险公司批准投保单并出具保险单之后,投保人才能看到保险合同条款。② 从某种意义上说,保险的这种特别营销方式为合理期待解释原则的适用奠定了基础。

第四,在某些情况下,保险人或其代理人的某些行为使被保险人相信其所购买的保险包含其想要得到的保障,尽管保险合同的条款明确地将其想要得到的保障排除在承保范围之外。在这种情况下,法院会判定,限制保险合同承保范围的条款因为与被保险人的合理期待相反,所以不具有法律效力,无法得到法院的强制执行。换句话说,被保险人的合理期待会得到法院的保护。

示范案例③

【案情简介】④

崔某与平安人寿即墨支公司(以下简称"平安人寿公司")形成平安附加意外伤害医疗保险合同关系。后来发生保险事故,双方当事人对《平安附加意外伤害医疗保险(2002)》第3条第3款的约定产生争议,该条款约定:"在本附加合同保险责任有效期间内,本公司承担下列保险责任:……同一被保险人的意外伤害医疗保险金累计给付以保险单所载明的'意外伤害医疗保险金额'为限。"2010年2月18日,崔某意外受伤,平安人寿公司赔付其保险金1万元。2010年3月22日,崔某再次意外受伤,依据同一保单在同一保险年度内又请求平安人寿公司赔付其保险金1万元。崔某申请再审称,原判决适用法律确有错误,平安人寿公司应按约承担给付保

---

① 参见孙宏涛:《美国保险法中的合理期待原则及其价值探析》,载《中国保险报》2018年3月9日第6版。
② 参见陈欣:《保险法(第三版)》,北京大学出版社2010年版,第31—32页。
③ 参见詹昊主编:《中国保险诉讼裁判规则集成——保险诉讼经典案例判词逻辑分类汇编(上册)》,法律出版社2019年版,第338页。
④ 参见山东省高级人民法院(2014)鲁民申字第362号。

险金的责任。

【裁判意见】

山东省高级人民法院(以下简称"山东高院")认为,本案的焦点问题是崔某与平安人寿公司对《平安附加意外伤害医疗保险(2002)》第3条第3款的约定产生争议时应如何理解。《保险法》第30条规定:"采用保险人提供的格式条款订立的保险合同,保险人与投保人、被保险人或者受益人对合同条款有争议的,应当按照通常理解予以解释。对合同条款有两种以上解释的,人民法院或者仲裁机构应当作出有利于被保险人和受益人的解释。"本案中,双方当事人对《平安附加意外伤害医疗保险(2002)》第3条第3款的约定产生了争议,该条款约定:"在本附加合同保险责任有效期间内,本公司承担下列保险责任:……同一被保险人的意外伤害医疗保险金累计给付以保险单所载明的'意外伤害医疗保险金额'为限。"该条款约定的前提是"在本附加合同保险责任有效期间内"保险金累计限额。按照通常的理解,一个保险年度内被保险人遭受意外伤害事故并进行治疗的,保险人累计给付的保险金以保险单所载明的"意外伤害医疗保险金额"为限,即不论被保险人崔某一个保险年度内遭受几次意外伤害事故,平安人寿公司给付的保险金不超过1万元。原审已查明,2010年2月18日,崔某意外受伤,平安人寿公司已赔付其保险金1万元。2010年3月22日,崔某再次意外受伤,依据同一保单在同一保险年度内又请求平安人寿公司赔付其保险金1万元,已超出该保险单所约定保险金的限额。因此,原审法院对崔某之请求不予支持,适用法律并无不当,裁定驳回崔某的再审申请。

【思考方向】

采用保险人提供的格式条款订立的保险合同,保险人与投保人、被保险人或者受益人对合同条款有争议的,保险金累计限额应当适用何种解释方法进行解释?

【适用法条】

1.《民法典》第466条:"当事人对合同条款的理解有争议的,应当依据本法第一百四十二条第一款的规定,确定争议条款的含义。合同文本采用两种以上文字订立并约定具有同等效力的,对各文本使用的词句推定具有相同含义。各文本使用的词句不一致的,应当根据合同的相关条款、性质、目的以及诚信原则等予以解释。"

2.《保险法》第30条:"采用保险人提供的格式条款订立的保险合同,保险人与投保人、被保险人或者受益人对合同条款有争议的,应当按照通常理解予以解释。对合同条款有两种以上解释的,人民法院或者仲裁机构应当作出有利于被保险人和受益人的解释。"

【案例分析】

文义解释是指通过对合同所使用的文字、词句含义的解释,探求合同所表达的当事人的真实意思。在进行文义解释时,一般应按照词语的通常意义解释。因为法律概念多取自日常生活用语,原则上应从日常用语中寻求其意义。在法律解释方法中,文义解释是首先要考虑的解释方法。只有在具有排除文义解释的理由时,才能放弃文义解释,即文义解释具有优先性。

 思考案例[①]

家住新野县城的钱某没有想到,保险合同中的一个"或"字,使他在向保险公司申请理赔时遭到拒绝,从而引发了一场官司。

2000年8月1日,钱某之妻李某经中国人寿保险公司新野县支公司(以下简称"新野县人寿保险公司")业务员介绍,为钱某购买了一份中国人寿保险公司"康宁终身保险"。保险合同双方约定:被保险人为钱某,年保险费1320元,交费期限20年,基本保险金额2万元;合同有效期内,被保险人在合同生效(或复效)之日起180日后初次发生并经保险人指定或认可的医疗机构确诊患重大疾病的,保险人则按基本保额的两倍给付重大疾病保险金;重大疾病包括癌症。合同中对"癌症"的释义是:癌症是指组织细胞异常增生且有转移特性的恶性肿瘤或恶性白血球过多症,经病理检验确定符合国家卫生部"国际疾病伤害及死因分类标准"归属于恶性肿瘤的疾病。

合同生效后,钱某之妻李某先后于2000年8月31日、2001年9月15日两次向新野县人寿保险公司缴纳每期保险费1320元。

2002年8月,钱某感觉身体不适,遂到新野县人民医院检查,被确诊为患"骨髓增生异常综合征"(以下简称"MDS")。医生说,人患了这种疾病身体会极度虚弱,如果不及时治疗,最终可能导致骨髓性白血病,也可能因自身免疫力下降而导致死亡。钱某幸亏发现得早,不过需要经常服药治疗才能控制病情继续发展。钱某一家在庆幸之余,不禁为高额的医疗费犯了愁。这时,钱某想到妻子为自己投保的"康宁终身保险",但这种疾病是否属于合同约定的重大疾病,是否能领到重大疾

[①] 参见滕月辉:《保险合同中一个"或"字引发的官司》,中华全国律师协会网,2009年7月23日,http://tianjinlawyer.110.com/article/show/type/1/aid/142068/,2020年7月18日访问。

病保险金呢？为弄清这个问题，钱某去咨询医生。医生告诉他，这种疾病就是血液系统的恶性肿瘤，实质上就是癌症。于是，8月20日，钱某向新野县人寿保险公司提出重大疾病理赔申请，要求保险公司支付4万元保险金。

令钱某意想不到的是，保险公司拒绝批准他的理赔申请，理由是"康宁终身保险"条款规定，"癌症是指组织细胞异常增生且有转移特性的恶性肿瘤或恶性白血球过多症"。而钱某所患的MDS症状是白血球过少而不是过多，不属癌症中的"恶性白血球过多症"，故保险公司不应赔付。钱某随即提出，"康宁终身保险"条款对"癌症"释义时的用语为"或"，自己所患的MDS是血液系统的恶性肿瘤，虽然不符合释义的后半部分，但却符合前半部分，即"组织细胞异常增生且有转移特性的恶性肿瘤"，应该被归类为重大疾病。但保险公司的工作人员却坚持认为，应同时符合释义条款的前半部分和后半部分，才能构成重大疾病。

此后，钱某又多次和保险公司交涉，新野县人寿保险公司终于同意给付钱某保险金4万元。但新野县人寿保险公司的上级机构中国人寿保险南阳公司却以MDS不符合重大疾病条件为由拒绝批准，致使钱某的理赔愿望再次落空。钱某于2003年10月将新野县人寿保险公司告上法庭，要求被告支付保险赔偿金4万元及利息。

新野县人民法院审理后认为，原告之妻李某投保"康宁终身保险"，以原告钱某为被保险人，被告表示接受，双方意思表示真实，且不违背法律、法规规定，保险合同依法成立、生效。根据保险合同约定，癌症是指"组织细胞异常增生且有转移特性的恶性肿瘤或恶性白血球过多症……"该项条款系选择性条款，符合其一即可。原告钱某所患MDS虽然白血球过少，但其提供的证据能够证明MDS属于血液系统的恶性肿瘤，而被告却无相反证据证明MDS不属于"组织细胞异常增生且有转移特性的恶性肿瘤"，仅以白血球过少为由认为MDS不符合癌症的条件，是对该项条款中的"或"作并列性理解，显属不当。因此，被告作为保险合同的实际履行方应当按照合同约定支付基本保额2万元两倍的保险金额。本案中，原告于2002年8月20日向被告提出理赔申请，被告应当及时作出属于保险事故的核定，并按保险法规定在与原告达成理赔协议后10日内履行给付保险金义务。因被告未及时履行该项义务，故应自2002年8月31日起赔偿原告的利息损失。依照我国《保险法》第22条、第23条、第31条之规定，新野县人民法院判决：被告新野县人寿保险公司于判决生效后10日内赔付原告钱某保险金4万元整，并按中国人民银行同期贷款利率支付原告自2002年8月31日至保险金付清之日止的利息损失。

一审宣判后，原被告双方均未提起上诉。

【思考问题】

1. 本案中,法院的判决是否正确?
2. 本案中,法院在解释保险合同时运用了哪种解释方法?

 拓展阅读

一些学者针对现实中存在的问题对疑义利益解释原则提出了若干质疑。事实上,原则或制度都有其适用的范围或边界,具体到疑义利益解释原则,其适用范围应仅限于普通消费者购买保险的情形。对于经济实力强大的公司或那些聘请了经验丰富的律师或保险经纪公司的投保人,疑义利益解释原则确实应当抛弃,否则恰恰违反了公平原则。特别应当注意的是,疑义利益解释原则作为一种辅助解释原则,只有在适用一般解释原则仍然无法解决当事人之间争议的时候才能适用。具体来说,只有在适用文义解释规则、上下文解释规则以及补充解释规则等仍无法清楚解释保险条款的情形下,才可以适用疑义利益解释原则。至于疑义利益解释原则对保险市场效率的冲击问题,一方面,法院对疑义利益解释原则的适用,确实可能增大保险公司的承保风险。另一方面,我们应当看到的是,保险合同的标准条款是保险公司一手拟定的,投保人通常只能用脚投票,选择某家公司的保险或者放弃选择并寻找其他更为合适的保险,但投保人对保险条款的具体拟定并无谈判与磋商的机会和能力。如果保险条款出现疑义,就极有可能误导消费者。而保险人是出现疑义的条款的制定者,所以理应承担条款模糊的不利后果。此外,即使法院判决保险人承担保险合同条款含义模糊的不利后果,该后果也是暂时的,因为保险人大可以重新起草合同条款并使条款的含义尽量明确化。这样,疑义利益解释原则对保险市场效率的冲击就会进一步变小。

对于疑义利益解释原则不利于投保人与保险公司之间的信息沟通问题,在保险实务中,保险人有义务向投保人说明格式条款的内容。特别是对于保险合同中免除保险人责任的条款,保险人在订立合同时应当在投保单、保险单或者其他保险凭证上作出足以引起投保人注意的提示,并对该条款的内容以书面或者口头形式向投保人作出明确说明,未作提示或者明确说明的,上述条款不产生效力。由此可见,无论法院是否适用疑义利益解释原则,保险人都应当向投保人说明相关条款的内容。事实上,许多消费者并不知晓疑义利益解释原则的存在,他们在与保险人订立合同的过程中还是会努力阅读保险条款并尽量与保险人进行沟通以实现高效的信息沟通。

对于疑义利益解释原则导致司法判决出现不确定性的问题,应当看到的是,法院之所以对疑义条款作出不利于保险人的解释,原因在于保险人完全能够控制保险合同格式条款的修改与变更。因此,如果保险人仔细斟酌合同条款并尽力消除条款中的模糊与歧义之处,则疑义利益解释原则自无适用之余地,当然也不会出现司法判决前后不一致及不确定性问题。

此外,以疑义利益解释原则脱离现代保险合同的订约现实为由提出的质疑是很难成立的。原因在于,虽然格式合同与标准化语言的应用给消费者带来了很多好处,但这与疑义利益解释原则的适用并不相抵触。换言之,不能以格式合同给消费者带来利益为由拒绝适用疑义利益解释原则。①

---

① 参见孙宏涛:《保险合同法精解》,法律出版社2014年版,第42页。

第十章 再 保 险

再保险,又称"保险的保险",是整个保险体系中非常重要的一环。当直接保险人不能承受其所承保的巨大风险或特殊风险时,就有必要进入再保险市场,将其所承担的保险责任部分或者全部转嫁给其他保险人,从而进一步分散其所承担的风险。因此,再保险对于分散保险经营风险,增强保险公司的承保能力,稳定保险市场乃至整个国民经济等都具有非常重要的作用。[1] 再保险可分为广义的再保险和狭义的再保险。广义的再保险是指保险人将其承担的保险业务以分保形式部分或全部转移给其他保险人的再保险,狭义的再保险是指保险人以其承担的保险责任的一部分为保险标的向其他保险人分保的再保险。例如,美国有些州的立法禁止保险人通过再保险承保原保险人依照原保险合同承担的全部风险责任,要求原保险人保留不能通过再保险获得填补的部分风险。我国《保险法》第 28 条第 1 款规定:"保险人将其承担的保险业务,以分保形式部分转移给其他保险人的,为再保险。"由此可见,我国法律规定的再保险为狭义的再保险,保险人只能将其承担的部分保险责任转移给其他保险人。[2]

第一节 再保险的性质

关于再保险性质的学说主要有以下几种:[3]

一、合伙合同说

有学者认为,再保险合同是原保险人与再保险人以分担危险为共同目的之合伙合同。由于原保险人与再保险人对于危险分担之结果在利害关系上有共同性,因此再保险与合伙之性质相似。同时,再保险合同的当事人就危险之分担、利益之获得而言,有着共同目的,这样的结合类似合伙。这一观点被德、日、法等国早期判

---

[1] 参见郑云瑞:《再保险法》,中国人民公安大学出版社 2004 年版,第 1 页。
[2] 参见徐怀丽、俞蓉:《浅析我国再保险制度及其法律完善》,载《安徽农业大学学报(社会科学版)》2003 年第 6 期。
[3] 参见吕云凤:《再保险合同性质评析》,载《北京市政法管理干部学院学报》2004 年第 1 期;覃怡、樊启荣:《再保险合同定位的若干问题探讨》,载《法商研究(中南政法学院学报)》2000 年第 1 期。

例所采用。① 但实际上,再保险合同与合伙合同存在诸多区别,具体表现在以下几方面:首先,再保险合同当事人是相互独立的法人,没有形成团体;合伙合同当事人是同一合伙的团体成员。其次,再保险合同当事人之间没有共同出资和因共同出资形成的相对独立的财产;合伙合同当事人则有共同出资并形成相对独立的合伙财产。最后,再保险合同当事人间没有连带责任;合伙合同当事人间则有连带责任。由此可见,再保险合同与合伙合同并不相同。

二、委托合同说

该说认为,再保险人受原保险人的委托,处理原保险人承担的危险等事务。该说注意到原保险人的许多权利义务被转移到再保险人身上,但是忽视了最重要的一点,即再保险合同订立后,原保险人仍然要处理诸如理赔等工作,再保险人实际承担的义务并不直接向原被保险人履行。因此,委托合同说也存在重大缺陷。

三、原保险合同说

该说认为,再保险合同继承了原保险合同,两者并无二致。因再保险之成立与否,仅视原保险是否存在,而其实质内容仍以原保险合同之内容为基础。即再保险合同系由两个团体承担同一危险,构成同一利害共同体,再保险人赔偿义务与原保险人赔偿义务同时发生,再保险与原保险属于同种保险。所以,原保险合同若为财产保险,则再保险合同也为财产保险;原保险合同若为人身保险,再保险合同仍不失为人身保险,因为其保险标的并未改变。② 但实际上,再保险合同与原保险合同存在很大区别:一方面,再保险的保险利益与原保险的保险利益有着明显的不同,再保险的保险利益并非原保险的保险利益。另一方面,再保险的保险标的为原保险人依照原保险合同所要承担的保险责任,而原保险合同的保险标的既可能是财产及其有关利益,也可能是人的生命或身体,二者也有显著的差异。因此,原保险合同说并不具有充分的说服力。

四、责任保险合同说

该说认为,再保险系基于原保险合同中原保险人对原被保险人之给付责任,而以填补此种给付为目的的一种责任保险。因责任保险合同所保险之对象并非被保险人于保险事故发生时所致之财产损失,而是避免其因法律或合同所负债务之增

---

① 参见袁宗蔚:《再保险论》,三民书局1972年版,第12页。
② 参见陈继尧:《再保险实务研究》,三民书局1976年版,第47页。

加或扩大,所保护者为消极之保险利益,亦即一种不利之关系。再保险合同对原保险人的保护,正是其依原保险合同所负之赔偿责任,故其性质应为责任保险。换言之,不论原保险为财产保险或人身保险,再保险均属责任保险。

虽然我国《保险法》未对再保险合同的性质作出明确规定,但根据该法第 28 条第 1 款的规定,再保险是保险人将其承担的保险业务以分保形式部分转移给其他保险人。原保险人与再保险人订立合同的目的是为了将其所承担的保险责任的一部分转移给再保险人,从而减少其自身所承担的风险。事实上,再保险合同是原保险人与再保险人以合同的形式将其所承担的保险责任进行转移,这完全符合责任保险的定义。但是,再保险与一般的责任保险合同有很大的不同。一方面,再保险的成立以原保险合同的有效存在为前提,如果原保险合同无效,则再保险合同无存在之必要;另一方面,再保险的填补责任,受到原保险合同的保险金额和赔偿限额的制约,因而与原保险合同具有密切的联系。

第二节 再保险的种类

按照不同的标准,再保险可以分为不同的种类:[①]

一、财产再保险和人身再保险

按照再保险的险种,可以将再保险分为财产再保险和人身再保险。

财产再保险是指将财产保险合同分保而订立再保险合同。根据财产保险合同的种类,可以将财产再保险合同分为企业财产再保险合同、家庭财产再保险合同、运输工具再保险合同、运输货物再保险合同以及责任再保险合同。

人身再保险是指将人身保险合同分保而订立再保险合同。根据人身保险合同的种类,可以将人身保险合同分为人寿再保险合同、健康再保险合同以及意外伤害再保险合同。由于人身保险通常以个人为承保对象,保险金额较小,危险通常具有独立性、稳定性和规范性,因此人身保险对再保险的需求远远低于财产保险。

二、自愿再保险和法定再保险

按照再保险的实施方式,可以将再保险分为自愿再保险和法定再保险。

自愿再保险,又称"商业分保",是指原保险人与再保险人双方按照自愿的原则,约定双方权利和义务,确定再保险的条件和受益,签订再保险合同而产生的再

---

① 参见郑云瑞:《再保险法》,中国人民公安大学出版社 2004 年版,第 37—46 页。

保险关系。大部分再保险业务都属于自愿再保险,原保险人可以自行决定是否分保、向何人分保以及分保后的自留额。

法定再保险,又称"强制分保",是指按照国家的法律或法令规定,原保险人必须将其承保业务的一部分向国家再保险公司或指定的再保险公司进行分保的再保险。我国1995年颁布的《保险法》中规定了法定再保险制度,即经营财产保险业务的保险公司必须将20%的业务向中国再保险公司办理再保险。根据我国加入世界贸易组织(以下简称"入世")的承诺,我国应在入世4年后,完全取消法定再保险的强制性规定。为了履行入世承诺,我国在2002年对1995年《保险法》进行了修改,取消了法定再保险制度。

三、比例再保险和非比例再保险

按照责任限制的方式,可以将再保险分为比例再保险和非比例再保险。

比例再保险是以保险金额为计算基础安排的分保方式。其最大特点就是,保险人和再保险人按照比例分享保费、分担责任,并按照同一比例分担赔款、支付手续费。比例再保险可分为成数再保险(成数分保)和溢额再保险(溢额分保)两种主要方式。成数分保是缔约双方对某一险种业务的每一危险单位约定一个固定的百分比,分出公司对规定的业务按此比例分出,接受人亦按此比例接受。溢额分保是分出公司先确定每一危险单位自己承担的自留额,保险责任超过自留额的部分称为"溢额",分出人将溢额部分办理再保险。分出人和再保险人以每一危险单位的自留额和分保限额占保险金额的比例计算分享保费、分摊责任和赔款。

非比例再保险是与比例再保险相对而言的。它是以赔款金额作为计算自留额和分保限额基础的。也就是先确定一个由分出人自己承担的赔款额度,超过这一额度的赔款才由分保接受人承担赔偿责任,二者无比例关系。因此,超额赔款的分保方式几乎成了非比例再保险的代名词。非比例再保险如果起赔点较高,则意味着再保险人承担赔偿的概率较低,因而原保险人支付的分保费则较少;反之,如果起赔点较低,则意味着再保险人承担赔偿的概率较高,因而原保险人支付的分保费则较多。

四、临时再保险、合同再保险和预约再保险

按照再保险业务的操作方式,可以分为临时再保险、合同再保险、预约再保险。

临时再保险是逐笔成交的、具有可选择性的再保险安排方式,它常用于单一风险的再保险安排。当承保的单一风险大于其自留的限额时,保险公司可以自由选择安排多少再保险、向谁安排等。与此同时,保险公司必须将风险的整体情况和再

保险安排的条件如实告知再保险公司。一般情况下,再保险的保障条件与原保单一致。当然,再保险公司可以根据业务情况和自己的承保能力自由选择接受与否以及接受的份额。临时再保险是再保险的最初形态,其优点在于,再保险接受人可以清楚地了解业务情况,收取保费快捷,便于资金运用。但是,临时再保险手续较为烦琐,分出人必须逐笔将再保险条件及时通知再保险人,而对方是否接受却事先难以判断。保险人如果不能迅速安排再保险,就会影响业务的承保或对已承保的业务承担更多的风险责任。

合同再保险是由保险人与再保险人用签订合同的方式确立双方的再保险关系,在一定时期内对一宗或一类业务,根据双方在合同中同意及规定的条件,再保险分出人有义务分出、再保险接受人亦有义务接受合同限定范围内的保险业务。简单地说,合同再保险实际上是再保险人提供给保险人的、对其承保的某一险种的业务的一种保障。合同再保险是一种缔约人之间有约束力的再保险。再保险合同是长期有效的,除非任何一缔约方根据合同注销条款的规定,在事前通知对方后注销合同。

预约再保险是介于以上两者之间的一种再保险方式,是在临时再保险的基础上发展起来的一种再保险方式。它既具有临时再保险的性质,又具有合同再保险的形式。预约再保险往往用于对合同再保险进行补充。预约再保险的订约双方对于再保险业务范围虽然有预约规定,但保险人有选择的自由,不一定要将全部业务放入预约再保险合同。但对于再保险接受人预约再保险则具有合同性质,只要是预约再保险合同规定范围内的业务,分出人决定放入预约合同的,接受人就必须接受,在这一点上预约再保险具有合同的强制性。

第三节 再保险的独立性

再保险合同与原保险合同是两个独立的保险合同,合同的主体、客体、内容各不相同。原保险人按照原保险合同对原被保险人承担保险责任,再保险人按照再保险合同对原保险人承担保险责任,两个合同各自独立,合同的权利义务亦不相牵连,这就是再保险合同的独立性。[①]

[①] 参见覃怡、樊启荣:《再保险合同定位的若干问题探讨》,载《法商研究(中南政法学院学报)》2000年第1期;吕云凤:《再保险合同性质评析》,载《北京市政法管理干部学院学报》2004年第1期。

一、赔偿请求权的独立性

原保险合同与再保险合同是两个相对独立的合同,所以在原保险合同约定的保险事故发生时,投保人和原被保险人只能向原保险人请求承担赔付保险金的责任。除非另有规定,原被保险人不能对再保险人请求赔付保险金。我国《保险法》第 29 条第 2 款规定:"原保险的被保险人或者受益人不得向再保险接受人提出赔偿或者给付保险金的请求。"

二、保险费请求权的独立性

按照合同效力相对性原则,再保险人、原保险人是再保险合同的当事人,原投保人与再保险人并无合同关系,因此再保险人不得向原投保人请求支付保险费。我国《保险法》第 29 条第 1 款规定:"再保险接受人不得向原保险的投保人要求支付保险费。"

由再保险的种类观察,比例再保险之保险费固以原保险费为计算基础,但溢额再保险的再保险费高低与原保险费全然无涉,自不能由再保险人径向原保险合同之投保人请求保险费之给付。即使在比例再保险中,要求原保险合同的投保人将一定比例的保险费给付甲原保险人,或将一定比例的保险费给付甲再保险人、乙再保险人,亦甚烦琐。

就再保险人而言,不仅无原投保人之完整资料,且可能空间距离较远,又无业务往来,直接收取保险费不仅困难且不经济。为求运作之经济便利,仍应遵循各保险合同的分际,由原保险人向原保险合同之投保人请求原保险费,再保险人向原保险人请求再保险费而不向原保险合同的投保人请求,此为保险费请求权的独立性。

三、赔偿义务的独立性

我国《保险法》第 29 条第 3 款规定:"再保险分出人不得以再保险接受人未履行再保险责任为由,拒绝履行或者迟延履行其原保险责任。"该条款规定体现了赔偿义务的独立性。

原保险人的赔偿义务,应该根据原保险合同来确定,不论是否办理再保险,一旦保险事故发生,保险人便应对此承担理赔责任。因为再保险的运用对于原保险人而言,虽然有利于增强保险,但再保险合同的履行情况不应影响到原保险合同的履行,因此原保险人不得以再保险人不履行债务为由,拒绝或迟延履行其对原被保险人之给付义务,这便是赔偿义务的独立性的体现。

示范案例

【案情简介】[①]

2015年10月30日,二重集团(德阳)重型装备股份有限公司(以下简称"二重重装")以自己为被保险人投保了《首台(套)重大技术装备综合保险》,保险期间从2015年10月30日至2016年12月20日止。原告中国人民财产保险股份有限公司德阳市分公司(以下简称"原告")为主共保人,被告中国太平洋财产保险股份有限公司德阳中心分公司(以下简称"太平洋财保德阳支公司")及中国平安财产保险股份有限公司、中国大地财产保险股份有限公司、天安财产保险股份有限公司、中华联合财产保险股份有限公司、中航安盟财产保险有限公司为共保人,被告共保比例为14%。2016年5月27日,二重重装向原告发送《出险通知书》,载明了出险情况、主要原因等。同年12月30日,原告向二重重装支付赔偿款2546334元。2018年1月12日,原告向泛华保险公估股份有限公司四川分公司支付因上述保险事故产生的公估费6000元。

以原告为首席承保人,太平洋财保德阳支公司、中国平安财产保险股份有限公司、中国大地财产保险股份有限公司、天安财产保险股份有限公司、中华联合财产保险股份有限公司、中航安盟财产保险有限公司为共保人的《首台(套)重大技术装备综合保险共保体合作协议》第7条第2款约定:出险后被保险人向出单公司报案,出单公司应以邮件或电话方式通知共保体各方。

【裁判意见】

一审法院认为,本案系由原告作为保险人,将其承担的保险业务以分保形式部分转移给被告等其他保险人的合同引起的纠纷,故应确定为再保险合同纠纷。被告作为共保人,在原告已向投保人支付赔偿金后,应当按照约定将自己应承担部分支付给原告。被告抗辩原告应先向其开具增值税专用发票或被告按税率17%扣除税款后再向原告支付相应赔偿款,双方就此并无明确约定,被告以此抗辩无法律依据,法院不予支持。

【思考方向】

1. 被告是否应该支付相应的赔偿款?
2. 被告的抗辩理由有无法律依据?

[①] 参见德阳市旌阳区人民法院(2018)川0603民初3256号民事判决书。

【适用法条】

1. 《保险法》第 28 条:"保险人将其承担的保险业务,以分保形式部分转移给其他保险人的,为再保险。应再保险接受人的要求,再保险分出人应当将其自负责任及原保险的有关情况书面告知再保险接受人。"

2. 《保险法》第 29 条:"再保险接受人不得向原保险的投保人要求支付保险费。原保险的被保险人或者受益人不得向再保险接受人提出赔偿或者给付保险金的请求。再保险分出人不得以再保险接受人未履行再保险责任为由,拒绝履行或者迟延履行其原保险责任。"

3. 《民法典》第 577 条:"当事人一方不履行合同义务或者履行合同义务不符合约定的,应当承担继续履行、采取补救措施或者赔偿损失等违约责任。"

 思考案例[①]

五家保险公司共同承保了 SK 海力士半导体公司为其所有的动产和不动产投保的"财产一切险"。成道公司与 SK 海力士半导体公司签订《建设工程承包合同书》,负责设备管道连接施工工作,但因连接管道存在错误导致火灾事故。五家保险公司向 SK 海力士半导体公司实际支付了 8.6 亿美元赔偿金后,提起代位求偿诉讼,请求成道公司赔偿。本案中,五家保险公司的保险赔付金额为 8.6 亿美元,但由于五家保险公司已经将大部分风险通过再保险的形式分出,最后的净自留赔付金额并不大。由于五家保险公司从再保险公司处获得了大部分再保险赔付,成道公司抗辩称五家保险公司通过再保险已经获得的再保险赔偿金额应当在其主张的追偿金额中扣除。

【思考问题】

1. 五家保险公司是否享有代位求偿权?
2. 共保人通过再保险安排获得赔偿是否能成为成道公司责任减免的理由?

英国再保险背对背赔偿制度的历史进程[②]

背对背赔偿的推定,意味着将原保险合同的条款移植到再保险合同中。这种

---

① 参见最高人民法院(2018)最高法民终 1334 号民事判决书。
② 参见赵亮:《英国再保险背对背赔偿制度的普通法新发展》,载《法律适用》2010 年第 4 期。

推定与条款并入的区别在于,前者是对再保险合同解释的一种方法,目的在于在适当情况下对再保险合同作出与原保险合同相同的解释。英国普通法关于背对背赔偿的权威案例是 Forsikringsaktieselskapet Vesta v. Butcher①,从而解决再保险合同和原保险合同因适用不同法律而产生的问题。

在该案中,原保险人承保挪威一个渔场的财产险,该保险合同适用挪威法律。原保险人将风险责任的 90% 分给再保险人,再保险合同适用英国法律。原保险合同和再保险合同包含相同条款,包括 24 小时看管渔场的保证(warranty)条款,如果违反该保证,合同将无效。当渔场遭遇风暴受损后,原保险人对被保险人予以赔偿,并向再保险人进行追偿。再保险人拒绝赔偿,理由是渔场没有履行 24 小时看管保证义务,因此根据英国法再保险合同无效。但是,根据挪威法,即使渔场违反保证义务,原保险人仍然要承担损害赔偿责任,除非渔场没有履行 24 小时看管保证义务是损害发生的原因(在本案中不是)。由于原保险合同和再保险合同适用法律的不同,导致分保人和再保险人根据相同的合同条款可能承担不同的赔偿责任。

一审法官霍布豪斯(Hobhouse)认为,再保险人在英国法下享有渔场违反保证的抗辩权,但在挪威法下没有。为了避免不合理的结果发生,应当视为再保险人在订立再保险合同时放弃了该项抗辩权。再保险合同和原保险合同内容一样,再保险合同显然应当与原保险合同背对背一致。合同方的本意是:再保险合同如原保险合同一样受挪威法约束,并作同样方式的解释。因此,再保险分保人有权获得再保险人赔偿。再保险人上诉。上诉法院认为,根据背对背赔偿原则,只有再保险分保人能够依据渔场违反保证义务而主张原保险合同无效,再保险人才能依据同样的理由主张再保险合同无效。因此,再保险人的上诉被驳回。再保险人上诉至上议院。上议院法官认为,原保险合同中渔场违反保证义务的后果应当适用挪威法,这种法律适用的结果应当背靠背地体现在再保险合同中。再保险人的赔偿责任不是依据再保险合同适用的英国法确定的,而是由再保险分保人依据挪威法确定其应承担的责任。大法官格里菲斯勋爵(Lord Griffiths)认为,再保险人可以在再保险合同中特别约定承保或不承保哪些风险,除此之外,再保险应当被理解为背对背地对应原保险合同。这意味着,再保险人应承担再保险分保人承担的责任。②

---

① (1989) Lloyd's Rep. 331.
② (1989) Lloyd's Rep. 336.

第十一章　保险合同与惩罚性赔偿

第一节　惩罚性赔偿责任的可保性研究

惩罚性赔偿(punitive damages),也称"示范性赔偿"(exemplary damages)或"报复性赔偿"(vindictive damages),是指由法庭作出的赔偿数额超出实际损害数额的赔偿,具有补偿受害人遭受的损失、惩罚和遏制不法行为等多重功能。[①] 由于惩罚性赔偿责任是赔偿责任的一种,因此它是否包含在责任保险合同的承保范围之内直接关系到被保险人的切身利益。在美国,对保险法中惩罚性赔偿责任是否具有可保性也存在着激烈的争论。目前,按照加利福尼亚、佛罗里达、伊利诺伊、印第安纳、堪萨斯、缅因、明尼苏达、密苏里、新泽西、纽约、俄亥俄、俄克拉何马、宾夕法尼亚、犹他等州法律的规定,惩罚性赔偿责任不具有可保性。在科罗拉多、特拉华、马萨诸塞、内布拉斯加、北卡罗来纳、南卡罗来纳等州,对于是否承认惩罚性赔偿责任的可保性存在着激烈的争论。在阿肯色、肯塔基、田纳西、弗吉尼亚等州,则将惩罚性赔偿责任区分为被保险人故意侵权导致的惩罚性赔偿责任和被保险人过失侵权导致的惩罚性赔偿责任;对于被保险人故意侵权导致的惩罚性赔偿责任,否认其可保性;对于被保险人过失侵权导致的惩罚性赔偿责任,则承认其具有可保性。[②] 当然,随着时间的推移,上述各州法院对惩罚性赔偿责任是否具有可保性的看法可能发生一定变化,这种变化背后的原因可能是多方面的,但最重要的一点就是,在承认惩罚性赔偿责任具有可保性与否认惩罚性赔偿责任具有可保性的观点交锋中,究竟何者占据上风。

一、承认惩罚性赔偿责任具有可保性的理由

支持惩罚性赔偿责任具有可保性的论点很多,主要包括以下几种:

第一,为受害人提供最大化补偿的需要。惩罚性赔偿责任具有补偿受害人遭受的损失、惩罚和遏制不法行为等多重功能。对受害人而言,最重要的就是为其提

[①] 参见王利明:《惩罚性赔偿研究》,载《中国社会科学》2000年第4期。
[②] See Katherine B. Posner, Coverage for Punitive Damages: Choice of Law Shell Game, *Defense Counsel Journal*, Vol.60, 1993, pp.404-405.

供充分、及时、有效的补偿。在某些案件中,即使法院判决加害人承担惩罚性赔偿责任,但往往由于加害人经济状况的恶化或者其他特殊原因,法院的判决也无法得到实际履行,此时受害人所遭受的损害就无法得到及时、有效的补偿。如果将惩罚性赔偿纳入责任保险的承保范围,则可以为受害人提供更为充分、有效的补偿。①

第二,保护加害人的需要。对一些公司而言,如果不把惩罚性赔偿责任,特别是那些数额特别巨大的惩罚性赔偿责任纳入责任保险的承保范围之中,则一旦被法院判决承担惩罚性赔偿责任,这些公司就会遭受毁灭性的打击,甚至可能破产。② 这些公司的破产可能影响到其他与其有业务往来的公司的经营状况,产生一系列消极影响,并可能最终影响到社会经济秩序的稳定和发展。此外,在交通事故中,汽车驾驶人可能因为一时的鲁莽或疏忽造成他人的损害并被判决承担惩罚性赔偿责任,如果这种惩罚性赔偿责任不能纳入责任保险的承保范围,就有可能造成成千上万的驾驶人破产。而这些人大部分都是家庭的经济支柱,如果他们宣告破产,就会直接影响到其家庭的经济收入,并可能进而使其家庭关系产生危机,对社会稳定造成一定的冲击。

第三,当侵权后果是由于被保险人的过失行为造成的,可以将惩罚性赔偿责任纳入责任保险的承保范围。在美国,法院作出惩罚性赔偿判决的原因可能是多种多样的。在一些州,即使加害人由于过失行为给他人造成损害,法院也可能判决其承担惩罚性赔偿责任。基于上述考虑,在判断保险合同的承保范围是否可以包括惩罚性赔偿责任时,一些州的法律将加害人的行为区分为故意行为和过失行为。过失行为与那些故意的恶意侵权行为或明目张胆的违反公共利益的行为相比,行为人主观上的恶意要小得多。考虑到作出惩罚性赔偿的原因多种多样,将所有的惩罚性赔偿责任都排除在承保范围之外显得不那么合理。③ 得克萨斯州上诉法院也认为,只要保险公司愿意以一定的价格为承担惩罚性赔偿责任的加害人承保,并且加害人的惩罚性赔偿责任是由于其过失行为造成的,没有任何理由阻止上述合同的履行。④

第四,在被保险人由于其代理人或受雇人的原因承担惩罚性赔偿责任时,可以将该惩罚性赔偿责任纳入保险合同的承保范围。在许多情况下,被代理人、雇主需

---

① See William P. Zuger, Insurance Coverage of Punitive Damages, *North Dakota Law Review*, Vol. 53, No. 2, 1976, pp. 257–258.

② See Roginsky v. Richardson-Merrell, Inc., 378 F. 2d 832, 841(2d Cir. 1967).

③ See Alan I. Widiss, Liability Insurance Coverage for Punitive Damages—Discerning Answers to the Conundrum Created by Disputes Involving Conflicting Public Policies, Pragmatic Considerations and Political Actions, *Villanova Law Review*, Vol. 39, No. 2, 1994, p. 478.

④ See Am. Home Assur. v. Saway Steel Prod., 743 S. W. 2d 693(Tex. App. 1987).

要对其代理人、受雇人的侵权行为承担责任。例如,受雇人实施某项侵权行为的,雇主就要承担相应的法律责任。这种责任的承担并非因为雇主直接实施了侵权行为,而是因为其与受雇人之间存在着某种特殊关系,基于法律的特殊规定而需要承担法律责任。① 不仅如此,被代理人、雇主所承担的民事损害赔偿责任并不局限于补偿性责任,在某些情形下,如被代理人、雇主未能履行对其代理人、受雇人的监督义务时,法院会判决被代理人、雇主承担惩罚性赔偿责任。在美国,考虑到被代理人、雇主虽应依法承担惩罚性赔偿责任,但其主观上一般并不具有直接侵害他人的故意,所以许多州的法院在判决中认为,在被保险人因承担雇主责任而遭受法院惩罚性赔偿判决时,将惩罚性赔偿责任排除在保险合同承保范围之外的基本原则并不适用。在这些判决中,法院将惩罚性赔偿责任区分为由于被保险人的直接侵权行为导致的惩罚性赔偿责任和由于被保险人承担被代理人、雇主责任而导致的惩罚性赔偿责任,将前者排除在承保范围之外,而后者则被允许纳入保险合同的承保范围。②

第五,埃利斯教授认为,迄今为止没有确切性的证据表明将惩罚性赔偿责任纳入责任保险的承保范围会对惩罚性赔偿责任的威慑作用造成减损。他还进一步提出,即使将惩罚性赔偿责任纳入责任保险的承保范围,不断增加的保险费和严厉的惩罚制裁也会对加害人的侵害行为起到抑制作用。③ 因此,将惩罚性赔偿责任纳入责任保险合同的承保范围不会影响惩罚性赔偿责任的惩罚和威慑功能。

二、否认惩罚性赔偿责任具有可保性的理由

反对将惩罚性赔偿责任纳入责任保险承保范围的理由主要有以下几点:

第一,惩罚性赔偿责任类似于对犯罪行为处以赔偿责任,这类责任不应纳入责任保险的承保范围,因为对被保险人的犯罪行为承担补偿责任明显违反公共政策的基础。在 Harrell v. Travelers Indem. Co. 一案中,霍尔曼法官将惩罚性赔偿责任与基于犯罪行为的罚款对比,认为保险公司可以拒绝按照保险合同为被保险人的犯罪行为交纳罚款,当然也可以拒绝为被保险人的惩罚性赔偿承担保险责任。④

---

① See Grace M. Giesel, The Knowledge of Insurers and the Posture of the Parties in the Determination of the Insurability of Punitive Damages, *University of Kansas Law Review*, Vol. 39, No. 2, 1991, p. 378.

② See Alan I. Widiss, Liability Insurance Coverage for Punitive Damages—Discerning Answers to the Conundrum Created by Disputes Involving Conflicting Public Policies, Pragmatic Considerations and Political Actions, *Villanova Law Review*, Vol. 39, No. 2, 1994, pp. 482-484.

③ See Dorsey D. Ellis, Jr, Fairness and Efficiency in the Law of Punitive Damages, *Southern California Law Review*, Vol. 56, No. 1, 1982, pp. 25-28.

④ See Harrell v. Travelers Indem. Co., 567 P. 2d 1013(Or. 1977).

第二，在理论上，惩罚性赔偿的两个基本目标是惩戒和预防，即对不法行为人进行惩戒，并预防不法侵害行为的再次发生。如果将惩罚性赔偿责任纳入责任保险的承保范围，其直接后果就是会使上述两个目标落空。如果加害人的惩罚性赔偿责任由保险公司来承担，那么对加害人作出的惩罚性赔偿的判决就很难对其起到惩戒作用，也很难预防加害人再次作出同样的侵权行为。由此，责任保险与惩罚性赔偿之间的紧张关系也就很容易理解了。[①]

第三，保险运营的基本原理是由众多投保人缴纳保险费形成保险基金，在保险事故发生时，保险人运用该保险基金向被保险人赔付保险金。因此，如果承认惩罚性赔偿责任具有可保性，就等于让没有丝毫过错的其他众多投保人承担原本应由被保险人承担的惩罚性赔偿责任，就会导致惩罚性赔偿责任的抑制功能被大大地削弱。此外，只有让过错方为其不当行为承担惩罚性赔偿责任，正义才能真正实现。所以，惩罚性赔偿责任不应纳入责任保险的承保范围。[②]

第四，威兹德姆法官认为，如果将惩罚性赔偿责任纳入责任保险的承保范围，就等于让保险人对被保险人的不当行为承担赔偿责任。这种做法的直接后果就是减少了惩罚性赔偿责任对被保险人的震慑作用，还可能造成鼓励被保险人从事不法行为的后果，这与社会公共政策也是背道而驰的。[③]

第五，反对惩罚性赔偿具有可保性的经济学观点认为，保单与无形财产一样，增加了被告的财富总量。因而，考虑到被告的财富总量，法官可能增加惩罚性赔偿的判决数额。[④] 此外，根据经济学分析，在从事不法行为前，被保险人会对其行为进行成本和收益的分析，进而决定从事不法行为在经济上是否合理。如果在分析后发现从事不法行为所带来的收益大于投保责任保险所遭受的保费的损失，被保险人通常会选择从事不法行为。因此，为了防止上述现象的出现，不应将惩罚性赔偿责任纳入责任保险的承保范围。[⑤]

[①] See Tom Baker, Reconsidering Insurance for Punitive Damages, *Wisconsin Law Review*, Vol. 1, 1998, pp. 103-104.

[②] See S. Loyd Neal, Punitive Damages: Suggested Reform for an Insurance Problem, *Saint Mary's Law Journal*, Vol. 18, 1987, pp. 1031-1032.

[③] See Linda L. Schlueter, *Punitive Damages*, Volumes 1 & 2, 5th ed., Matthew Bender and Company, 2005, pp. 22-23.

[④] See S. Loyd Neal, Punitive Damages: Suggested Reform for an Insurance Problem, *Saint Mary's Law Journal*, Vol. 18, 1987, pp. 1033-1035.

[⑤] See Stephanie L. Grassia, The Insurability of Punitive Damages in Washington: Should Insureds Who Engage in Intentional Misconduct Reap the Benefit of Their "Bargains?", *Seattle University Law Review*, Vol. 26, No. 3, 2003, pp. 640-641.

三、惩罚性赔偿责任是否具有可保性的再思考

事实上,如果保险人在责任保险单中明确将惩罚性赔偿责任排除在承保范围之外,则对于惩罚性赔偿责任是否具有可保性的争论就没有多大的现实意义。因为保险人已通过免责条款的形式将惩罚性赔偿责任排除在其承保范围之外,只要保险人向投保人和被保险人履行了说明义务,该免责条款就会产生法律效力。但值得注意的是,在保险实务中,许多责任保险单并没有明确写明惩罚性赔偿责任是否包含在保险合同的承保范围之内,这就需要我们采取一定的方法进行判断。

法院在判断惩罚性赔偿责任是否具有可保性时,通常会采取两步走的做法。一般来说,法院会首先分析保险合同用语,采用标准的合同解释工具对其进行解释。如果在解释后发现保险合同的承保范围可以包括惩罚性赔偿责任,下一步就要分析将惩罚性赔偿责任纳入保险合同的承保范围是否与公共政策相抵触。[①] 因此,对惩罚性赔偿责任能否纳入承保范围的判断,也应当按照以上两个步骤进行。

(一) 对保险合同的解释

1. 不利解释原则

当责任保险合同用语模糊不清时,应当运用不利解释原则对保险合同进行解释,即按照不利于保险人的方式解释。据此,如果保险人在责任保险合同中对承保范围是否包括惩罚性赔偿责任用语模糊不清,就应当按照不利于条款拟定者的方式进行解释,确认惩罚性赔偿责任被包含在其承保范围之中。[②]

2. 合理期待解释原则

合理期待解释原则,是指当保险合同当事人就合同内容的解释发生争议时,应以投保人或被保险人对于合同缔约目的的合理期待为出发点对保险合同进行解释。[③] 在基顿法官于 1970 年在《哈佛法律评论》上发表了题为《在保险法上存在的与保单条款相冲突的权利》这一奠基性论文后,合理期待解释原则逐渐为美国大多数州法院接受和采纳,而且英国法院也呈现采行之倾向。[④] 在美国田纳西州最高法院的判决中,戴尔法官写到,在运用合同解释的通常方法对责任保险合同的条款进行分析后,大多数法官都能得出结论,责任保险的承保范围既包括补偿性赔偿也

---

① See Catherine M. Sharkey, Revisiting the Noninsurable Costs of Accidents, *Maryland Law Review*, Vol. 64, No. 1, 2005, pp. 421-422.

② Robert E. Keeton & Alan I. Widiss, *Insurance Law: A Guide to Fundamental Principles, Legal Doctrines, and Commercial Practices*, West Academic Publishing, 2003, pp. 614-623.

③ 参见陈百灵:《论保险合同解释中的合理期待原则》,载《法律适用》2004 年第 7 期。

④ 参见樊启荣:《美国保险法上"合理期待原则"评析》,载《法商研究》2004 年第 3 期。

包括惩罚性赔偿。既然大多数法官都这样解释责任保险合同条款,不难想象普通的保单持有人在阅读保险合同条款时也会合理地期待责任保险的承保范围包括惩罚性赔偿责任。特别是当保险人在责任保险合同中使用"all sums"等词汇来界定保险合同的承保范围时,被保险人(特别是那些缺乏专业保险知识的人)会认为该保险合同的承保范围包含被保险人可能承担的一切责任,当然也包括惩罚性赔偿责任。①

(二) 对公共政策的判断

对公共政策的判断是一个非常复杂的问题,原因在于公共政策问题仅仅用逻辑是无法解释的,它更多体现为法官的价值判断。因此,它主要由法官在司法过程中根据具体情况加以把握。一位英国法学家曾说,公共政策仿佛是"很难驾驭的一匹马,当你骑上之后,你根本不知道它究竟会把你带到哪里去"。在司法实践中,大多数法官都将公共政策简要地界定为公共利益。那些反对惩罚性赔偿责任具有可保性的法官认为,如果将惩罚性赔偿责任纳入保险合同的承保范围,则会使惩罚性赔偿责任所具有的惩罚和遏制等维护社会利益的功能丧失殆尽。持相反立场的法官则认为,将惩罚性赔偿责任纳入保险合同的承保范围并不会对惩罚性赔偿责任的遏制功能造成减损。②

事实上,由于引起惩罚性赔偿责任的原因是多种多样的,因此笼统地说惩罚性赔偿责任具有可保性或不具有可保性就显得不那么严谨。正确的做法是,根据惩罚性赔偿责任的具体形态来决定某种惩罚性赔偿责任是否具有可保性。

1. 故意侵权行为引起的惩罚性赔偿责任应当被排除在保险合同的承保范围之外

故意侵权行为反映了行为人在主观上追求损害他人利益结果的意图,③因而应当受到法律的否定性评价。这种否定性评价的效果之一就是要加害人承担损害赔偿责任。通过让加害人承担惩罚性赔偿责任,可以对其起到惩戒和警示的作用,遏制其再次作出类似的侵权行为。相反,如果承认故意侵权行为引起的惩罚性赔偿责任的可保性,则不仅无法对故意侵权行为发挥震慑和遏制的作用,而且会起到鼓励不法行为的负面作用。此外,保险的运行机制是从合格的被保险人那里收取

---

① See Alan I. Widiss, Liability Insurance Coverage for Punitive Damages—Discerning Answers to the Conundrum Created by Disputes Involving Conflicting Public Policies, Pragmatic Considerations and Political Actions, *Villanova Law Review*, Vol. 39, No. 2, 1994, p. 477.

② See Catherine M. Sharkey, Revisiting the Noninsurable Costs of Accidents, *Maryland Law Review*, Vol. 64, No. 1, 2005, pp. 422-423.

③ See William L. Prosser, *Law of Torts*, West Publishing Co, 1964, p. 31.

保险费,并在其遭受损失的时候提供相应的补偿。如果损失的发生变得更加频繁和严重,保险公司就必须增加所有投保人的保费以弥补将来的赔偿保险金的支出。通常情况下,惩罚性赔偿责任远远高于补偿性赔偿责任。如果保险公司为被保险人的惩罚性赔偿责任赔付保险金,则只能通过提高保险费的方式将上述成本支出转移给购买相关保险的投保人。因此,允许将故意不法行为导致的惩罚性赔偿责任纳入责任保险的承保范围之中,实际上是让支付保险费的相关投保人为被保险人的不法行为买单。[1]

2. 在被保险人由于其代理人、受雇人的原因而承担惩罚性赔偿责任时,应当承认该种惩罚性赔偿责任的可保性

在这种情况下,侵权行为并不是被保险人直接实施的,而是由其代理人或受雇人实施的。此时,法律要求被保险人承担损害赔偿责任的原因是多方面的,不仅仅考虑到被保险人监督其代理人、受雇人存在主观上的疏忽,更重要的原因是考虑到被保险人与其代理人、受雇人相比,具有更强大的经济实力,由其直接对受害人承担损害赔偿责任,能使受害人得到及时、有效的赔偿,对受害人的保护更有利。因此,在被保险人因其代理人、受雇人的原因而承担惩罚性赔偿责任时,其主观上的恶意远远小于直接侵权案件中加害人的主观恶意。此时,承认该种惩罚性赔偿责任的可保性,并不会与惩罚性赔偿责任遏制加害行为的功能发生实质性的冲突,因而并不违反公共政策。

3. 若侵权后果是由于被保险人的过失行为造成的,可以承认惩罚性赔偿责任的可保性

在过失侵权的情形下,被保险人对危害结果的发生只是抱着一种放任的态度,对于损害结果的发生或者不发生均漠不关心。与故意侵权行为相比,其主观恶性要小得多。例如,美国亚利桑那州最高法院在 Price v. Hartford Accident and Indemnity Co. 一案中指出,在被保险人采取放任态度造成他人损害而导致其承担惩罚性赔偿责任时,将被保险人所应承担的惩罚性赔偿责任纳入保险合同的承保范围并不会对惩罚性赔偿责任的抑制和惩罚功能造成影响。[2] 因此,在这种情况下,承认惩罚性赔偿责任的可保性与公共政策并不冲突。

---

[1] See Stephanie L. Grassia, The Insurability of Punitive Damages in Washington: Should Insureds Who Engage in Intentional Misconduct Reap the Benefit of Their "Bargains?", *Seattle University Law Review*, Vol. 26, No. 3, 2003, pp. 643-644.

[2] See Michael A. Pope, Punitive Damages: When, Where and How They Are Covered, *Defense Counsel Journal*, Vol. 62, No. 4, 1995, pp. 540-541.

四、结语

关于惩罚性赔偿责任是否具有可保性的争论已经持续了约半个世纪。很明显,责任保险合同究竟能否将惩罚性赔偿责任纳入承保范围是这一争论的核心所在,需要根据案件的具体情况进行判断。无论如何,惩罚性赔偿责任是否具有可保性已经不仅是保险法的问题,还涉及侵权法以及对公共政策的判断。这一切都使得该问题的解决显得更为复杂。正确的做法只能是,区分惩罚性赔偿责任的不同形态,根据具体的案件进行判断。

第二节 美国保险法中的惩罚性赔偿制度研究

所有合同中都包含着对双方当事人诚实信用和公平交易的要求。保险合同与其他合同一样,也暗含着这种义务。诚实信用和公平交易的义务要求任何一方当事人都不能为了获取合同利益而侵害另一方的权利。[①] 按照传统的合同法理论,在保险人违反上述义务时,被保险人只能请求其承担违约责任,但是由于违约责任的赔偿范围有限,因此通常情况下被保险人无法获得充分的救济。为此,法院在审判实践中不断寻找突破上述传统理论限制的路径和方法,并最终找到一个突破口,即将保险人恶意或有重大过失的违反合同义务的行为认定为一种独立的侵权行为,并要求其承担惩罚性赔偿责任。[②] 下文中,笔者将对美国保险法中惩罚性赔偿的相关内容进行介绍,希望能借鉴其合理之处,对我国的保险立法有所裨益。

一、美国保险法中惩罚性赔偿制度的发展概况

在英美法传统中,违反合同的惩罚性赔偿责任得不到法院的支持。最初,美国法院对合同一方当事人恶意违约并意图侵害另一方权益的行为不愿意处以惩罚性赔偿责任。但是,从19世纪50年代开始,一些法院意识到在这种类型的合同诉讼中,可以侵权诉讼诉因来代替违约诉讼请求。与此同时,许多法院将合同看作诚实信用和公平交易的契约,并裁决一方当事人不能不合理地拒绝另一方的请求。[③]

---

① See Douglas R. Richmond, The Two-Way Street of Insurance Good Faith: Under Construction, But Not Yet Open, *Loyola University Chicago Law Journal*, Vol. 28, No. 1, 1996, pp. 95-96.
② See John A. Sebert, Jr., Punitive and Nonpecuniary Damages in Actions Based Upon Contract: Toward Achieving the Objective of Full Compensation, *UCLA Law Review*, Vol. 33, 1986, pp. 1600-1602.
③ See Laurence P. Simpson, Punitive Damages for Breach of Contract, *Ohio State Law Journal*, Vol. 20, No. 2, 1959, pp. 284-287.

如果一方当事人在没有正当理由的情形下恶意拒绝履行合同义务，就应当承担惩罚性赔偿责任。这种现象在保险合同中最为常见。

事实上，美国惩罚性赔偿责任在保险领域的适用最早开始于第三人保险。1967年，加利福尼亚州（以下简称"加州"）最高法院在 Crisci v. Security Insurance Co. 一案中认为，责任保险人拒绝在保险合同赔偿限额内与对方当事人达成和解协议的行为已经构成独立的侵权行为，除了应当赔付被保险人保险金外，还要承担惩罚性赔偿责任。[1] 1970年，法院开始将惩罚性赔偿适用于第一人保险中。加州上诉法院在 Fletcher v. Western National Life Insurance Co. 一案中判定，保险人负有诚实信用和公平交易义务。法院进一步推论：保险人的恶意违约行为构成一种独立的侵权行为，被保险人所遭受的经济损失、精神损害以及惩罚性赔偿的要求都应当得到法院的支持。1973年，在 Gruenberg v. Aetna Insurance Co. 一案中，加州最高法院支持了下级法院的做法，并在该案中对保险人处以惩罚性赔偿责任。[2]

时至今日，惩罚性赔偿责任在保险合同中的应用已经得到法院的广泛认同。目前，美国至少有24个州的法院明确认定在保险合同中可以对保险人适用惩罚性赔偿责任。[3] 其他一些州也逐渐加入上述行列，适用惩罚性赔偿责任保护被保险人和受益人的合法权益。

随着各州法院对在保险合同中适用惩罚性赔偿责任的逐渐认同，保险公司不断遭受惩罚性赔偿的重创。例如，在1993年的一个健康保险案例中，保险人拒绝向被保险人支付保险金，法院要求保险人支付1232万美元的保险金，同时支付7700万美元的惩罚性赔偿金。[4] 1995年，在一起财产损害赔偿案件中，洛杉矶法院要求保险人赔付8670万美元的保险金，并承担5780万美元的惩罚性赔偿责任。1996年，犹他州法院在一起案件中判决保险人承担1.45亿美元的惩罚性赔偿责任。

二、美国保险法中惩罚性赔偿制度的理论基础

依照传统的合同法理论，保险人违反合同义务的行为只是构成违约行为，被保

---

[1] See Douglas R. Richmond, The Two-Way Street of Insurance Good Faith: Under Construction, But Not Yet Open, *Loyola University Chicago Law Journal*, Vol. 28, No. 1, 1996, pp. 100-102.

[2] See Edward W. Carlton, Squelching First Party Bad Faith Breach of an Insurance Contract: Aetna V. Lavoie, An Opportunity Lost, *American Journal of Trial Advocacy*, V. 9, 1986, pp. 441-443.

[3] See Roger C. Henderson, The Tort of Bad Faith in First-Party Insurance Transactions After Two Decades, *Arizona Law Review*, Vol. 37, 1995, pp. 1153-1156.

[4] See Keith R. Krueger, Company Slammed for $8 Million After Refusal to Settle for $25000, *Missouri Law Weekly*, Vol. 7, 1994, pp. 1-20.

险人只能请求其承担违约损害赔偿责任。按照学界通行的观点,在违反合同的场合是不能适用惩罚性赔偿责任的。由于合同法理论下的损害赔偿受到极大的限制,因此被保险人转而寻求能为其提供更大程度救济的侵权理论的帮助。[①]

随着保险法理论的不断发展,许多学者认为,在复杂的现实社会中,保险合同的标准化逐渐暴露出传统契约救济方式的软弱无力。因此,应当赋予被保险人针对保险人违约行为的新的诉讼请求方式。为了满足这一需要,许多法院允许被保险人对保险人的恶意违约行为提起侵权诉讼。允许针对恶意违约的侵权诉讼是非常重要的,因为它允许受害人在对方当事人违反合同义务的情形下请求侵权损害赔偿,受害人进行权益救济的途径就会具有更大的弹性。支持该理论的学者认为,侵权损害赔偿可以为遭受保险公司恶意违约侵害的当事人提供充分的救济和补偿。[②] 相关实务人士认为,保险合同暗含的诚实信用和公平交易义务要求保险人不能恶意或无正当理由威胁拒绝支付或实际拒绝支付被保险人赔偿金,从而剥夺被保险人根据合同应当享有的合法权益。对上述义务的违反尽管属于违约责任,但同时也构成侵权行为,在这种情况下,保险人应当承担惩罚性赔偿责任。

总的看来,保险法中惩罚性赔偿的理论基础主要有以下几方面:

(一)保险人与被保险人之间的特殊关系

通过签订保险合同,保险人与被保险人之间形成一种特殊的关系,这种关系源于双方当事人之间不平等的磋商能力以及保险合同的本质,故保险人应本着诚实信用和公平交易的精神履行合同义务。事实上,被保险人购买保险是为了心情的平静和安宁,而不是为了获得金钱利益。而保险合同的本质也是为了帮助被保险人应对可能遇到的危险和灾难,并非纯粹为了获取商业利益。所以,被保险人享有的对保险人赔付保险金的合理期待,应当得到法院的支持。在保险人故意侵犯被保险人合法权益的场合,补偿性的损害赔偿无法实现被保险人的合理期待,并且会使保险人通过保险交易获得不合理的利益。因此,惩罚性赔偿的重要性显得尤为突出。

(二)保险人与被保险人间地位的不对等性

在保险合同中,双方当事人的谈判地位是不平等的,保险人的经济实力与遭受损失后的被保险人相比是非常强大的。一些法院认为,如果没有潜在的惩罚性赔偿责任的威慑,保险人将会不惜代价寻找借口迟延赔付保险金,而且采取拖延战术

[①] See Chris M. Kallianos, Bad Faith Refusal to Pay First-Party Insurance Claims: A Growing Recognition of Extra-Contract Damages, *North Carolina Law Review*, Vol. 64, 1986, pp. 1421-1423.

[②] See Linda Curtis, Damage Measurements for Bad Faith Breach of Contract: An Economic Analysis, *Stanford Law Review*, Vol. 39, No. 1, 1986, pp. 161-163.

往往可以迫使被保险人接受保险人的不完全赔付。因此,为了抑制保险人的不当行为,应当允许保险合同中惩罚性赔偿责任的存在。①

(三)保险合同的附合性

保险合同是传统的附合合同,由于被保险人在条款的磋商与拟定方面的弱势地位,双方当事人间权利义务往往是不对等的。从这种意义上说,如果赋予被保险人侵权损害赔偿请求权并对保险人处以惩罚性赔偿责任,双方当事人之间的地位会重新实现平衡。

(四)保险行业的服务特性

从本质上说,保险行业是为保护公共利益服务的。早在1914年,美国最高法院就认识到保险行业的公共服务特性,此后美国保险公司的业务经营受到各州有权机关的严格监管。保险人在履行合同义务的过程中如果从事了不当行为,并且该不当行为性质非常严重,明显违背了公共利益,则法院可以根据公共利益判决保险人承担惩罚性赔偿责任。②

三、美国保险法中惩罚性赔偿的种类

(一)第一人保险中的惩罚性赔偿责任

在第一人保险中,通常情况下被保险人提出惩罚性赔偿请求的原因在于,保险人本应本着诚实信用的精神为被保险人服务并妥善保护被保险人的利益,但却没有这样做。③ 在以下几种情形中,法院可以判决保险人承担惩罚性赔偿责任:

1. 败德行为④的侵权责任

保险法中败德行为(bad faith)的侵权责任是一个新生事物,它起源于20世纪50年代末,但直到70年代才受到人们的广泛注意。败德行为的诉讼请求既可能出现在第三人保险中,也可能出现在第一人保险中。⑤ 保险人有败德行为意味着其行为是不合理的,如在没有正当理由的情形下拒绝被保险人的请求。通常情况下,加州法院在判断保险人的败德行为时遵循下列标准:如果保险人有激怒、伤害、

---

① See Leslie E. John, Formulating Standards for Awards of Punitive Damages in the Borderland of Contract and Tort, *California Law Review*, Vol. 74, 1986, p. 2052.

② See Linda L. Schlueter, *Punitive Damages*, Volumes 1 & 2, 5th ed., Matthew Bender and Company, 2005, pp. 30-36.

③ See Brett J. Preston, George A. Vaka, The First Party Insurance Bad Faith Claim: Basics and New Developments, *Florida Bar Journal*, Vol. 69, No. 6, 1995, pp. 79-80.

④ 败德行为是信息经济学中经常使用的一个术语。笔者考虑语词的谐音及含义,为了达到形象的效果,将"bad faith"翻译为"败德行为"。

⑤ See Robert H. Jerry II, The Wrong Side of the Mountain: A Comment on Bad Faith's Unnatural History, *Texas Law Review*, Vol. 72, 1994, pp. 1317-1318.

骚扰被保险人的行为或故意无视被保险人的合法权益,就应当承担惩罚性赔偿责任。① 在司法实践中,法院认定的保险人的败德行为主要有以下几种情形:②

(1) 对保险合同承保范围的相关内容作虚假陈述;

(2) 对保险合同中所产生的问题未能与被保险人及时沟通;

(3) 对保险合同所产生的问题未能及时采取措施进行调查;

(4) 在未对全部信息进行合理分析的情况下就拒绝被保险人的赔付请求;

(5) 在对保险标的物定损完毕后未能在合理期间内作出赔付或拒赔的决定;

(6) 在保险责任非常明显的情形下,未能本着诚实信用的精神公平地解决与被保险人之间的争议;

(7) 企图按照未经被保险人同意修改的合同条款解决双方的争议;

(8) 故意拖延调查或赔付,并预先要求被保险人或受益人的医生向其提供赔付请求的报告,而后要求提供证明损失的正式报告,即使上述二者的实质内容完全一致。

2. 故意侵犯他人财产权益

加州法院认为,当保险人恶意威胁或拒绝按照保险合同的规定向被保险人赔付保险金时,保险人的行为构成对被保险人合法财产权益的侵犯。对此,被保险人可以请求保险人赔偿所有因其行为所造成的损害,包括经济损失和精神损害,也可以适用惩罚性赔偿责任。在 Ledingham v. Blue Cross Plan for Hosp. Care. 一案中,法院认为,保险人故意拒绝按照保险合同的约定向被保险人支付保险金,并威胁被保险人放弃对保险金的请求,这实际上是对被保险人合法财产权益的侵犯,被保险人既可以获得补偿性的保险金也可以获得惩罚性赔偿金。在 Travelers Ins. Co. v. King 一案中,法院认为,保险人在未事先通知被保险人的情况下停止向被保险人的账户转入保险金的行为,构成对被保险人合法财产权益的侵犯。因此,保险人应向被保险人赔付 500 美元保险金,并承担 2000 美元的惩罚性赔偿责任。③

3. 故意造成他人精神损害

虽然法院承认加害人在故意侵权案件中可造成被害人的精神损害,但这种精神损害必须达到某种严重的程度,同时加害人的行为也必须是异乎寻常的和不道德的。在保险纠纷中,如果被保险人认为保险人的行为对其造成精神损害,也必须

---

① See John C. McCarthy, *Punitive Damages in Bad Faith Cases*, Lawpress Corporation, 1987, pp. 19-40.

② See Linda L. Schlueter, *Punitive Damages*, *Volumes 1 & 2*, 5th ed., Matthew Bender and Company, 2005, pp. 38-41.

③ See John C. McCarthy, *Punitive Damages in Bad Faith Cases*, Lawpress Corporation, 1987, pp. 123-125.

符合上述要求。如果保险人恶意拒绝被保险人请求支付保险金的要求,并凭借其强大的经济实力去影响被保险人的利益,则这种行为是不道德的和令人无法容忍的,必定会对被保险人造成精神上的损害。对此,被保险人可以请求保险人承担惩罚性赔偿责任。① 在 Strader v. Union Hall Inc. 一案中,法院认为,保险人未与被保险人协商就解除保险合同。从一个理性人的角度观察,这一行为毫无疑问对被保险人的精神造成严重的打击,并导致其精神状态恶化。因此,法院判决保险人承担惩罚性赔偿责任。②

4. 欺诈

从通常意义上讲,欺诈是指通过作为或不作为的方式违反某种义务、辜负某人的信赖或隐瞒某项事实并对他人造成损害。如果被保险人对保险人提出欺诈之诉,保险人则会面临惩罚性赔偿的制裁。通常情况下,认定保险人存在欺诈行为必须符合以下要件:

(1) 保险人对某一重要事实作虚假陈述;

(2) 保险人知道该陈述的虚假性或者对陈述的真实性漠不关心;

(3) 保险人作出上述陈述的目的是为了引诱被保险人信赖其陈述;

(4) 被保险人对上述陈述产生了合理信赖并遭受某种损害。

此外,对于保险人的代理人对保险合同的承保范围所作的虚假陈述,保险人也要承担惩罚性赔偿责任。例如,在 Sharp v. Automobile Club of Southern California 一案中,保险人的代理人告知被保险人其公司将按照保险合同的限额向被保险人赔付医疗费,即使已经有其他保险公司向被保险人支付了该笔医疗费。被保险人认为,该陈述具有欺诈性,原因在于:(1) 按照保险业经营的惯例,如果有其他保险人已经赔付了医疗费,则保险公司不会再向被保险人赔付医疗费。(2) 本案中,保险人并没有履行其代理人所作出的陈述。法院采纳了被保险人的意见,并判令保险公司承担惩罚性赔偿责任。③

(二) 第三人保险中的惩罚性赔偿责任

大多数法院都认为,在第三人保险中,保险人负有诚实信用和公平交易义务。这两项义务要求保险人针对被保险人对受害第三人的人身和财产造成的损害进行

---

① See Linda L. Schlueter, *Punitive Damages*, Volumes 1 & 2, 5th ed., Matthew Bender and Company, 2005, pp.49-50.

② See John C. McCarthy, *Punitive Damages in Bad Faith Cases*, Lawpress Corporation, 1987, pp.142-143.

③ See Linda L. Schlueter, *Punitive Damages*, Volumes 1 & 2, 5th ed., Matthew Bender and Company, 2005, pp.46-48.

抗辩或与受害人达成和解,以保护被保险人的合法权益。如果保险人违反上述义务,就要承担惩罚性赔偿责任。通常情况下,在第三人保险中,保险人的惩罚性赔偿责任主要适用于以下几种情形:①

1. 败德行为的侵权责任

大多数法院认为,在第三人保险中,保险人有义务站在被保险人的立场上针对受害人的起诉进行抗辩。这种义务不仅仅源于保险合同的规定,同时也源于保险人与被保险人通过签订保险合同所建立的特别关系。因此,如果保险人有机会在保险合同限额内与受害人达成和解协议或进行有效抗辩,却未履行上述义务,则应当承担惩罚性赔偿责任。② 在 Campbell v. Government Employees Insurance Co. 一案中,保险人拒绝在保险合同的赔偿限额内与受害人达成和解协议,法院判决其承担 2.5 万美元的惩罚性赔偿责任。在该案中,尽管保险人明确知道如果纠纷起诉到法院,胜诉的机会非常渺茫,但仍然拒绝与受害人达成和解协议。③

2. 违反法定义务的责任

美国许多州的保险委员会都制定了可在本州适用的不公平诉讼解决法令,并在法令中列举了保险人不公平行为和欺诈行为的种类。尽管这些法令在表面上看来只是州保险委员会对违反义务的保险人的处罚措施,但换个角度来看也可以认为其是被保险人所享有的权利。如果权利遭受保险人侵害,被保险人可以根据法令对保险人提起诉讼,要求法院对保险人施加惩罚性赔偿。在 Royal Globe Ins. Co. v. Superior Court 一案中,加州最高法院参考加州法令的规定,创设了多种义务,包括保险人对被保险人的义务、保险人对第三受害人的义务以及保险人对被保险人与第三受害人共同的义务,保险人在违反上述义务时要承担惩罚性赔偿责任。④

3. 疏忽大意的过失责任

在第三人保险中,一些法院要求保险人保持适当的注意义务,违反该注意义务则应当承担疏忽大意的过失责任。也就是说,保险人应当保持如同处理自己事务一样的通常的注意义务和谨慎态度,如果违反上述义务,保险人就要承担惩罚性赔偿责任。但是,在第三人保险案件中,如果被保险人想要保险人承担惩罚性赔偿责

---

① See Theresa Viani Agee, Breach of an Insurer's Good Faith Duty to its Insured: Tort or Contract?, *Utah Law Review*, Vol. 135, 1988, pp. 136–138.

② See John C. McCarthy, *Punitive Damages in Bad Faith Cases*, Lawpress Corporation, 1987, pp. 209–215.

③ See Linda L. Schlueter, *Punitive Damages*, Volumes 1 & 2, 5th ed., Matthew Bender and Company, 2005, pp. 53–56.

④ See John C. McCarthy, *Punitive Damages in Bad Faith Cases*, Lawpress Corporation, 1987, pp. 247–250.

任,仅仅证明保险人存在过失是不够的,还要证明保险人拒绝在保险合同的限额内与受害人和解上存在重大过失。例如,在 Linkenhuger v. American Fid & Cas. Co. 一案中,被保险人起诉保险人未能与受害人达成和解协议从而导致其承担超出保险合同限额的赔偿责任。法院认为,该案的证据只能证明保险人存在轻微过失,并不存在重大过失,所以保险人不必承担惩罚性赔偿责任。

4. 严格责任

赞同者认为,责任保险人如果拒绝在保险合同的限额内与被保险人达成和解协议,就应该承担严格责任。在 Crisci v. Security Insurance Co. 一案中,法院认为,如果保险人可以在保险合同的限额内与受害人达成和解协议却拒绝这样做,就应承担严格责任。同时,虽然有法院认为此时保险人还应当承担相应的惩罚性赔偿责任,但对于严格责任下保险人承担惩罚性赔偿责任是否恰当仍然存在相当大的争议。[1]

5. 违反信托义务责任

惩罚性赔偿责任也可能源于对信托义务的违反。在 Rova Farms Resort, Inc. v. Investors Ins. Co. of American 一案中,新泽西州最高法院认为,保险人在与受害人商讨和解协议时对被保险人负有信托义务。在该案中,由于保险人拒绝与受害人以超出保险合同限额 1/4 的赔偿达成和解协议,结果导致被保险人遭受了更大的损失。被保险人对保险人提起诉讼,要求赔偿因保险人的原因导致其多支付的赔偿金。法院认为,按照责任保险合同的规定,保险人在与受害人进行协商的时候充当的是被保险人代理人的角色。因此,保险人对被保险人负有信托义务。由于保险人充当的是被保险人受托人的角色,因此应当为被保险人的利益服务,如果违反该义务,保险人应当承担惩罚性赔偿责任。[2]

四、结语:启示与借鉴

时至今日,惩罚性赔偿已经成为美国法院处理保险纠纷的有力武器,通过对保险人处以惩罚性赔偿责任,对其违反诚实信用和公平交易义务的行为进行惩戒,以防止类似行为的再次发生。[3] 从某种意义上说,惩罚性赔偿责任的引入,可以对处

---

[1] See Linda L. Schlueter, *Punitive Damages*, Volumes 1 & 2, 5th ed., Matthew Bender and Company, 2005, pp. 57-59.
[2] Ibid., pp. 59-60.
[3] See Gary D. Plunkett, Crime and Punishment Punitive Damages, Bad Faith Breach of an Insurance Contract, and the Excessive Fines Clause of the Eighth Amendment, *University of Dayton Law Review*, Vol. 14, 1989, pp. 683-686.

于严重失衡状态的保险人与被保险人之间的关系起到再平衡的作用,从而有效防止保险人滥用其制度优势地位随意欺压被保险人。

与美国相比,我国的保险业尚处于发展初期,在保险合同的订立和履行过程中,投保人由于缺少专业知识与缔约经验,常常处于劣势地位,其合法权益屡屡遭受保险人的侵犯。而惩罚性赔偿作为惩戒和抑制保险人不法行为的"杀手锏",体现了优先保护被保险人的立法精神,值得我国保险立法借鉴。

示范案例

【案情简介】[①]

2015年7月27日,石某(日本籍,在中国境内有住所)在A保险公司韦某等人推销劝诱之下,为儿子李某投保"创富一号"分红型个人人寿保险。2015年7月31日,石某交付保险费67万元,A保险公司交付石某保险单、保险合同、收款收据、保险条款等,保险单于2015年8月1日生效。石某投保后,经询问其他相关人员,怀疑该保险产品有问题,向韦某提出质疑。2015年10月26日,韦某向石某出具书面材料,内容包括"7月阳光人寿销售的创富一号,收益率6.32%(保底),今后收益率会更高"。2015年12月,石某向中国保监会吉林保险局(以下简称"吉林保监局")书面投诉A保险公司。2016年2月1日,吉林保监局向石某送达吉保监消费投诉【2015】第46号《保险消费投诉处理决定告知书》,主要内容为:"查实阳光人寿延边中心支公司在销售保险单号为802600005205XXXX的阳光创富一号年金保险(分红型)保险产品业务活动中,存在承诺高额收益欺骗投保人、被保险人签字栏非本人签名的问题,未查实返还佣金问题。我局针对查实的问题,拟对该公司及其相关人员依法进行处理。"据此,石某向A保险公司提出退还保费、赔偿损失的要求。经多次交涉,并经吉林保监局督办,A保险公司于2016年3月10日将保险费67万元退还石某,但没有赔偿石某任何损失。石某认为A保险公司有欺诈行为,故依法应按保险费金额的三倍赔偿其201万元。

【思考方向】

保险消费者是否适用《消费者权益保护法》?

【适用法条】

1.《消费者权益保护法》第2条:"消费者为生活消费需要购买、使用商品或者

---

① 参见吉林省高级人民法院(2016)吉民终515号民事判决书。

接受服务,其权益受本法保护;本法未作规定的,受其他有关法律、法规保护。"

2.《消费者权益保护法》第 28 条:"采用网络、电视、电话、邮购等方式提供商品或者服务的经营者,以及提供证券、保险、银行等金融服务的经营者,应当向消费者提供经营地址、联系方式、商品或者服务的数量和质量、价款或者费用、履行期限和方式、安全注意事项和风险警示、售后服务、民事责任等信息。"

3.《消费者权益保护法》第 55 条:"经营者提供商品或者服务有欺诈行为的,应当按照消费者的要求增加赔偿其受到的损失,增加赔偿的金额为消费者购买商品的价款或者接受服务的费用的三倍;增加赔偿的金额不足五百元的,为五百元。法律另有规定的,依照其规定。经营者明知商品或者服务存在缺陷,仍然向消费者提供,造成消费者或者其他受害人死亡或者健康严重损害的,受害人有权要求经营者依照本法第四十九条、第五十一条等法律规定赔偿损失,并有权要求所受损失二倍以下的惩罚性赔偿。"

4.《保险法》第 2 条:"本法所称保险,是指投保人根据合同约定,向保险人支付保险费,保险人对于合同约定的可能发生的事故因其发生所造成的财产损失承担赔偿保险金责任,或者当被保险人死亡、伤残、疾病或者达到合同约定的年龄、期限等条件时承担给付保险金责任的商业保险行为。"

5.《最高人民法院关于贯彻执行〈中华人民共和国民法通则〉若干问题的意见(试行)》第 68 条:"一方当事人故意告知对方虚假情况,或者故意隐瞒真实情况,诱使对方当事人作出错误意思表示的,可以认定为欺诈行为。"

【案例分析】

1. 关于保险消费者是否适用《消费者权益保护法》,二审法院以及最高人民法院均认为应当适用,理由是依据《消费者权益保护法》第 28 条的规定,A 保险公司作为金融机构负有向金融消费者诚实披露相关产品信息的义务。本案中,保险合同双方恰因产品真实信息交换出现问题导致纠纷以致成讼,A 保险公司不能证明投保人石某为相关交易种类的专业投资人。同时,考虑到涉案合同虽具有理财功能,但性质仍为人寿保险合同的情况,在我国目前金融产品纷繁多变、金融交易秩序还在发展建构却尚无关于金融消费者专门保护立法的情况下,对本案适用《消费者权益保护法》予以调整较为适当。

2. 关于 A 保险公司的相关行为是否构成欺诈。二审法院认为,《最高人民法院关于贯彻执行〈中华人民共和国民法通则〉若干问题的意见(试行)》第 68 条规定:"一方当事人故意告知对方虚假情况,或者故意隐瞒真实情况,诱使对方当事人作出错误意思表示的,可以认定为欺诈行为。"同时,作为行业监管部门的吉林保监局出具的【2015】第 46 号《吉保险消费投诉处理决定告知书》已经书面确认 A 保险公司存在欺诈投保人石某的情形。故据此认定,因 A 保险公司的虚假承诺,石某基于会获得高额保底收益的错误认识而作出签订合同的错误意思表示。由于 A 保险公司存在欺诈行为,二审法院及最高人民法院均按照《消费者权益保护法》第 55 条第 1 款之规定,判定对 A 保险公司适用惩罚性赔偿。

 思考案例[①]

2009 年 12 月 7 日,原告刘某在被告 A 公司处为其所有的车辆苏 NUXXXX、苏 NGXXX 挂车投保了机动车商业保险(以下简称"商业险")和机动车交通事故责任强制保险(以下简称"交强险"),保险期间分别为 2009 年 12 月 26 日至 2010 年 12 月 25 日、2009 年 12 月 8 日至 2010 年 12 月 7 日。

2010 年 4 月 3 日 23 时 5 分,原告刘某驾驶上述车辆在高邮市 X206 线与菱塘回族乡团结街交叉路口发生交通事故,车载货物刮倒了路上的广播电视、电信线路,导致线路、绿化带、路边房屋和一辆小型客车受损。交警部门认定,原告驾驶的车辆所载货物超高是造成该事故的原因,故原告对该事故承担全部责任。后经交警部门调解,原告赔偿各项损失共计 51215 元。原告实际赔付了上述费用后,向被告 A 公司申请理赔。被告认为,上述车辆未在被告处投保货险,且事故原因是车辆所载货物超高,故该事故不在保险赔偿的范围。后被告又对原告进行了电话回访,双方就涉案事故达成销案的协议。

另外,原告刘某所投保的商业险条款约定:"……第七条 下列损失和费用,保险人不负责赔偿:(一)被保险机动车发生意外事故,致使第三者停业、停驶、停电、停水、停气、停产、通信或者网络中断,数据丢失、电压变化等造成的损失以及其他各种间接损失……(六)被保险人或驾驶人的故意行为造成的损失……第九条 保险人依据本保险合同约定计算赔款的基础上,保险单载明的责任限额内按下列免赔率免赔:负全部事故责任的,免赔率为 20%;违反安全装载规定的,增加免赔率 10%……"

【本案疑难问题】
1. 保险人的行为是否构成《消费者权益保护法》第 55 条所规定的欺诈行为?

[①] 参见《刘向前诉安邦财产保险公司保险合同纠纷案》,载《中华人民共和国最高人民法院公报》2013 年第 8 期。

2.《消费者权益保护法》第 55 条第 1 款规定之欺诈与《民法典》第 148 条第 2 款规定之欺诈的区别和联系是什么？

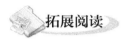
拓展阅读

惩罚性赔偿的法律性质[①]

关于惩罚性赔偿的性质，学界历来众说纷纭，莫衷一是。如前所述，惩罚性赔偿的确立是公、私法界限不明的结果，围绕惩罚性赔偿性质的诸多争议从本质上来说就是对惩罚性赔偿的公、私法色彩谁占主导的争议。围绕对惩罚性赔偿性质的不同认识，学界形成了公法责任说、私法责任说、经济法责任说和混合责任说四种观点。

（一）公法责任说

持公法责任说的以传统大陆法系学者为主，英美法系学者中也有部分支持者。他们普遍认为，惩罚性赔偿是公、私法不分的产物，并不是一项合理的制度。甚至有美国法官认为："民事上的赔偿绝对没有说要对一个不法错误的行为进行处罚的意思，将惩罚目的纳入民事规范难道不是出位的、不合规范的、异常的、不科学的吗？它是一种面目可憎的异端，一个丑陋和致命的毒瘤，它扭曲了法律本身的对称性，将它归入民事救济之中是荒谬可笑的。"[②]

对不法行为人进行惩罚只能是公法的任务和国家的职能。惩罚或惩戒的前提是，施加惩罚的一方对另一方在法律上具有优越地位，凭借自身独立意志就能在相对人身上施加负担而对方不得拒绝。惩罚性赔偿金在本质上类似于一种罚金，[③]它能对相对人的财产状况和声誉造成重大影响，是一种强大的公法权力，是一种以一己之力就可以改变对方地位的强大武器，因而只能掌握在国家手中，而不应该被授予私人。因为私人执法与现代社会的法治文明格格不入，它只是满足了简单朴素的报复理念，却有可能引发更大的问题。而国家作为公民的集合体，代表公民个体追究不法行为人的责任，在现代社会才具有正当性。事实上，惩罚性赔偿金虽然由个体诉请提出，但也必须得到法院等国家机关的判决才能实际执行，否则

[①] 参见刘奇英：《公法与私法交融视域下惩罚性赔偿的法律性质及其制度功能》，载《晋阳学刊》2018 年第 3 期。

[②] Fay v. Parker, 53 N. H. 342 (1872).

[③] See Cassell & Co. Ltd. v. Broome and Another, A. C. 1127(1972).

只是一个写在法律中的条文，很难像其他民事权利那样自力救济。如果按照这个逻辑，从程序上来说补偿性赔偿也具有公法责任的特点，它必须借助国家权力才能最终顺利实现。

（二）私法责任说

此说认为，惩罚性赔偿是一种私法责任。在承认惩罚性赔偿的国家，此观点基本上都是主流观点或优势观点。这也促使我们思考惩罚性赔偿在私法框架下的制度贡献问题。主张惩罚性赔偿为私法责任的学者虽然也同意惩罚性赔偿与刑事法律等公法的目的和功能有类似之处，即主要为了对恶性的不法行为进行惩罚和制裁，但这种责任本质上是一种民事责任而不是刑事责任，属于民事制裁或私人罚款的范畴。[①]

首先，从赔偿金的归属来看，刑事罚金往往由法院等国家机关惩处后上缴国库，其收取和上缴都要遵循严格的公法程序并受到严格监督，否则即构成违法，或成为腐败的温床。实际上，即使是法国法中对不履行私法义务判处的民事罚金，由于是向国库支付，客观上也不能算是民事责任。而惩罚性赔偿金则不同，它是由侵权人直接向受害人支付的，法律关系完全发生于作为私主体的当事人之间，国家在此过程中并不会有经济上的利益，从中获得的只是当事人纠纷解决后的一种秩序或者规范利益。此外，在惩罚性赔偿金确认后，具体如何支付也可以留待当事人细致协商，而不必像收缴罚金那样遵循严格的操作规程。

其次，从程序规则来看，惩罚性赔偿适用的也是民事诉讼的流程形式，且此种流程形式经事实证明并不会对原有的刑事或行政程序造成冲击。这说明惩罚性赔偿从启动（当事人提出诉请）到最终实现（法院民事强制执行）都是在民事诉讼的制度框架下进行，并不需要像刑事案件那样由检察机关提起公诉，也不符合刑事自诉的条件，客观上也不必以行为人的行为构成犯罪为前提。

最后，虽然惩罚性赔偿表面上是将数量较多的钱财授予受害人，但总体上而言，惩罚性赔偿在当前环境下还只是一种特殊的民事责任，是只在特殊情形下才适用的制度。[②] 在美国的司法实践中，惩罚性赔偿虽然诉请量较大，但真正得到支持的只是少数，并不会对公法上的罚金或罚款起到事实上的替代作用，至少眼前如此。以上这些都表明，在民事框架中惩罚性赔偿能得到自洽的发展，它不必也不应该成为一种公法责任。

[①] 参见邢海宝、余浩：《论惩罚性赔偿制度的确立与适用》，载《河南省政法管理干部学院学报》2005年第2期。

[②] 参见王崇敏、陈敖翔：《我国民法中惩罚性赔偿制度新探》，载《河北法学》2004年第2期。

(三) 经济法责任说

此说认为,将惩罚性赔偿作为经济法责任比作为民事责任更为妥当,更符合惩罚性赔偿责任的立法目的和功能,也更有利于发挥其制度效用。具体论证思路是:

首先,惩罚性赔偿责任与经济法的性质相符,因为惩罚性赔偿兼有公法责任和私法责任的属性,将其完全放在哪一部分都不符合实际,而经济法作为在公、私法融合背景下产生的新的法律部门,正好契合了这样的分类要求。

其次,从立法目的来看,经济法以维护社会经济公共利益为目的,不同于维护个体利益的私法或维护国家权威和公共利益的公法,在达成社会公共利益的过程中,公法和私法的手段都可以使用,能更为妥当、高效地实现规范目的。此外,从经济法的任务来看,惩罚性赔偿是制止市场失灵、克服负外部性的重要手段。

再次,经济法责任同时具有奖励功能和制裁功能,这与惩罚性赔偿存在重合之处,因此作为经济法责任更有利于惩罚性赔偿功能的充分发挥和实现。

最后,经济法上的制裁往往是针对一些非法牟利行为,以保护社会交易秩序和公共利益,而惩罚性赔偿对此大有可为。相反,将其适用于殴打、诽谤等民事侵权领域可能不一定如公法那般有效。因此,惩罚性赔偿最适合在经济法领域适用。[1]

(四) 混合责任说

持混合说的学者其实是基于这样一个前提:不管是公法责任说还是私法责任说,事实上都承认惩罚性赔偿从其目的和功能分析应属于公法责任,而从法律规范的实际存在方式和运行规则来看又属于私法责任。因此,发端于英美法系的惩罚性赔偿在本质上应该属于公法责任,在形式上却表现为私法责任,是一种公私法的"混合物"。[2]

---

[1] 参见金福海:《论惩罚性赔偿责任的性质》,载《法学论坛》2004年第3期。
[2] 参见杜称华:《惩罚性赔偿的法理与应用》,武汉大学法学院2012年博士学位论文,第56—58页。

第三编　保险合同分论

第十二章　人身保险合同

第一节　人身保险合同概述

一、人身保险合同的概念

人身保险合同以人的生命和身体为保险标的,它是指投保人与保险人约定,保险人依照被保险人的年龄、健康状况按约定向投保人收取保险费,于被保险人死亡、伤残、疾病或者生存到约定的年龄、期限时,向被保险人或受益人给付保险金的合同。在我国,人身保险包括人寿保险、健康保险与意外伤害保险。

人身保险合同以人寿保险为主体,但各国关于人身保险所涵盖的范围存在差异。例如,日本《商法典》第十章第二节只规定了"生命保险",并未对健康保险和意外伤害保险作出明文规定。实际上,在日本保险法中存在着"第三领域保险"的概念。所谓第三领域保险,是指介于寿险和财险公司传统经营范围之间的领域,即我国的健康险和意外险领域。日本《保险业法》中将其定义为"约定对意外伤害和疾病给付一定金额的保险金,并对由此产生的该当事人受到的损害予以补偿,收取保险费的保险"。为增强保险市场的活力,日本保险管理当局于1965年裁定"意外伤害、医疗保险既不属于人寿保险也不属于财产保险,而是属于第三领域的新险种"。① 同时,为避免两个业界的全面竞争导致市场混乱,影响公众利益,当局还规定,寿险公司不把意外伤害保险作为单独产品销售,财险公司则在现行特约的基础

---

① 参见王小琳、孙东雅:《商业健康保险发展思考》,载《中国金融》2018年第5期。

上不再扩大疾病保险的范围。1996年以前,立法只允许外资保险公司和中小生命保险公司销售第三领域保险。随着第三领域保险的重要性凸显,1996年《保险业法》第3条规定,生命保险公司与损害保险公司的许可经营范围都包括第三领域保险。但是,根据日美保险协议,日本在政策上仍维持着外资保险公司在第三领域保险的优先地位。直到2001年7月,日本政府才允许其国内大型保险公司进入第三领域保险业。第三领域保险的自由化使得大量公司与资本涌入第三领域保险,行业竞争加剧,整体水准得到提升,如在商业医疗保险中生命保险与损害保险得到融合与新生。

我国2002年《保险法》第92条第2款规定:"同一保险人不得同时兼营财产保险业务和人身保险业务;但是,经营财产保险业务的保险公司经保险监督管理机构核定,可以经营短期健康保险业务和意外伤害保险业务。"这一规定标志着第三领域保险对财险公司全面开放,财险公司也可以借助这一机会进入短期健康保险和意外伤害保险领域,在与寿险公司竞争的过程中不断拓宽自己的经营范围。

二、人身保险合同的特征

因为人身保险是以人的生命和身体为保险标的的保险合同,所以人身保险合同具有以下特殊性:

(一)保险标的的不可估价性

人身保险的保险标的是人的生命和身体,这种利益实质上属于人身或人格利益,与财产利益完全不同,不能用货币来计量和评价。由于人身保险的保险标的不具有金钱价值,人身保险合同也不存在保险价值,因此人身保险合同保险金额的约定不能以保险价值为依据,而是由投保人与保险人协商确定。

(二)保险金额的定额性

由于人身保险的保险标的是人的生命和身体,无法用货币来计量和评价,因此不存在确定保险金数额的价值标准,人身保险的保险金额是投保人与保险人在订立合同时协商确定的数额,双方同意以此作为保险人给付保险金的最高限额。同时,也有例外存在,在健康保险合同、意外伤害保险合同中保险金额也可表现为不定值,如按照实际医疗费为准计算。[①]

(三)保险费的支付不得强制

人身保险合同的保险费以自愿支付为原则。投保人可以按照保险合同约定在合同成立时向保险人一次支付全部保险费,也可以按照保险合同约定分期支付保

---

① 参见徐卫东主编:《保险法学(第二版)》,科学出版社2009年版,第282页。

险费。如果投保人未按照保险合同约定给付保险费，保险人在催告无效后，可以中止保险合同或采取法律规定的其他救济方法，但保险人不得采用诉讼方式强制请求投保人给付保险费。法律之所以这样规定，其原因在于：人身保险合同多数是保险期间较长的人寿保险合同，保险期间可以是几年、几十年甚至终生。同时，长期的人寿保险合同一般采用分期支付保险费的方式。在保险期间内，投保人的收入水平、支付能力、经济状况可能发生变化。在投保人收入减少、生活困难的情况下，如果保险人采取诉讼方式向投保人请求支付保险费，则可能加重投保人的经济负担。所以，对于人身保险费的支付以投保人自愿为原则，任何人不得强制投保人缴纳保险费。

（四）以生命表或伤残表作为保险合同的技术基础

人身保险合同的标的是人的生命和身体。因此，被保险人只能是自然人，而不能是法人或其他组织。人身保险合同承保的是自然人的生命和身体状况变动所表征的风险，因此生命表、伤残表便成为确定保险费收取标准的技术基础。所谓生命表、伤残表，是指对从属于某一范围内的人群在一定时间内的生命现象、伤残情况所作的综合考察，找出与死亡率、伤残率有关的因素的规律，尤其是不同年龄层次、职业的人的死亡、伤残的比例，并以列表的方式固定下来。①

（五）保险责任准备金的储蓄性

由于人身保险合同主要是将投保人多次缴纳的保险费集中起来，构成人身保险责任准备金，最终由保险人以保险金的形式返还给被保险人或受益人，保险人充当的是保险费资金管理人的角色，因此人身保险合同具有储蓄性质。

（六）保险人代位求偿权行使的禁止

在财产保险合同中，因第三者对保险标的的损害而造成保险事故的，保险人自向被保险人赔偿保险金之日起，在赔偿金额范围内代位行使被保险人对第三者请求赔偿的权利，即保险人享有代位求偿权。对于人身保险合同能否适用保险人代位求偿权，学者们多持否定态度。理由主要有以下几点：②首先，人身保险以人的生命、身体为保险标的，而人的生命、身体不可以金钱计量，用金钱评价人的生命、身体会引起道德和伦理上的反感。其次，人身保险于保险事故发生时被保险人或受益人之赔偿请求权，在性质上与被侵害人之权利类似，乃为原权利之变形，具有身份上的专属性，不得任意移转，客观上亦不能由保险人代位行使。再次，人身保

---

① 参见徐卫东主编：《保险法学（第二版）》，科学出版社2009年版，第283页。
② 参见郑玉波：《保险法论》，台湾三民书局1978年版，第170页；梁宇贤：《保险法新论（修订新版）》，中国人民大学出版社2004年版，第129—130页；徐卫东主编：《商法基本问题研究》，法律出版社2002年版，第473页。

险具有储蓄与投资之性质,并非以损害填补为目的,被保险人的死亡、伤残不具有财产损失,故无补偿之代替性可言。最后,人类的本能对诈取保险金的行为具有抑制作用,即使允许被保险人获得双重支付,也不必担心在人身保险方面的道德风险。凡有规则,皆有例外。并非所有的人身保险合同都排除了保险人代位求偿权适用的余地。在意外伤害保险和健康保险中,其中的死亡保险金和伤残保险金是固定金额的,不具有损害赔偿性质,因此保险人不能行使代位求偿权。但是,保险人支付的医疗费和误工费具有损害赔偿性质,且以被保险人的实际损失或者实际损失的一定比例为依据,因此可以适用保险人代位求偿。

第二节 人身保险合同中不可抗辩条款完善之研究

一、问题的提出

许多人寿保险单中都规定了不可抗辩条款,规定从保单生效起到被保险人出险之时,如果经过了一定期间(通常为两年),保险人就不能对保单的有效性提出争议,[1]即使投保人在投保时未如实告知重要事实也是如此。[2] 该条款是保险合同所独有的条款,在其他商贸领域,合同双方都不可能同意经过一段时间后合同的有效性即变为不可争议之情形。[3] 由此,不可抗辩条款成为保险合同的一大特色,同时也成为保险公司经营中应予遵循的行业惯例。[4] 追溯不可抗辩条款的历史可以发现,它滥觞于19世纪中期;[5]该制度肇始于英国,广泛应用于美国。[6] 1848年,基于市场竞争策略的考虑,英国的一家保险公司率先在其销售的保单中引入不可抗辩条款,[7]其目的在于增加社会公众对保险公司的信任。在不可抗辩条款出现之前,虽然投保人已长期缴纳保费,但保险人在保险事故发生时仍可能寻找一些细小的瑕疵来撤销保险合同并拒绝赔付保险金。[8]

---

[1] 参见〔美〕约翰·F. 道宾:《美国保险法(第4版)》,梁鹏译,法律出版社2008年版,第205页。
[2] See Cristina Alonso, Imposter Fraud and Incontestability Clauses in Life Insurance Policies, *Florida Bar Journal*, Vol. 80, No. 6, 2006, p. 68.
[3] 参见陈欣:《保险法(第3版)》,北京大学出版社2010年版,第71页。
[4] See Aaron A. Haak, Callahan v. Mutual Life Insurance of New York:Incontestability Clauses as a Bar to "First Manifestation"Policy Provisions, *American Journal of Trial Advocacy*, Vol. 23, 1999, p. 231.
[5] 参见梁鹏:《保险人抗辩限制研究》,中国人民公安大学出版社2008年版,第307页。
[6] 参见李青武:《我国〈保险法〉不可争辩条款制度:问题与对策》,载《保险研究》2013年第6期。
[7] See David G. Newkirk, An Economic Analysis of the First Manifest Doctrine: Paul Revere Life Insurance Co. v. Haas, 644 A. 2d 1098 (N.J. 1994), *Nebraska Law Review*, Vol. 76, No. 4, 1997, p. 826.
[8] See Erin Wessling, Contracts—Applying the Plain Language to Incontestability Clauses, *William Mitchell Law Review*, Vol. 27, No. 2, 2000, p. 1256.

1864年,美国曼哈顿人寿保险公司成为第一家在保单中引入不可抗辩条款的保险公司。① 与英国同行相似,曼哈顿人寿保险公司在保单中添加不可抗辩条款的初衷也是为了平复和消除美国保险消费者对保险公司的不满情绪。② 截至1905年,美国大多数保险公司都在其销售的人寿保单中添加了不可抗辩条款。③ 20世纪初期,美国部分州开始在制定法中规定不可抗辩条款,不可抗辩条款开始向不可抗辩法则转化。④ 1906年,纽约州的《阿姆斯特朗法案》(Armstrong Act)将不可抗辩条款上升到具有普遍性和强制性的法律规范的高度,明确规定不可抗辩条款为人寿保险合同的法定条款。1946年,美国国家保险委员会联合会起草了关于不可抗辩制度的保险示范法案,被47个州的保险法立法所采纳。其中,43个州的立法将不可抗辩条款适用于人寿保险合同,4个州的立法将不可抗辩条款适用于任何类型的保险合同,只有北达科他州、罗得岛州与怀俄明州未通过立法明确规定不可抗辩条款。⑤

　　美国关于不可抗辩条款的立法影响了许多国家的保险立法。我国《保险法》第16条第2款规定:"投保人故意或者因重大过失未履行前款规定的如实告知义务,足以影响保险人决定是否同意承保或者提高保险费率的,保险人有权解除合同。"同时,该法第16条第3款规定:"自合同成立之日起超过二年的,保险人不得解除合同;发生保险事故的,保险人应当承担赔偿或者给付保险金的责任。"不过,我国《保险法》有关不可抗辩条款的规定过于简单、抽象,导致立法上的漏洞以及司法实践中法官适用法律上的诸多困惑。例如,不可抗辩条款的适用范围仅限于人身保险还是既包括人身保险也包括财产保险? 在规定不可抗辩条款的同时是否应当规定其适用中的例外情形? 这些例外情形具体应当包括哪些? 投保人欺诈投保,保险合同存在除外条款规定之事项,保险合同未成立以及投保人未缴纳保费之情形是否可以适用不可抗辩条款? 在保险合同成立两年内发生保险事故以及保险合同复效时不可抗辩期间起算点如何确定? 这些都值得深入研究和分析。

---

　　① See Erin Wessling, Contracts—Applying the Plain Language to Incontestability Clauses, *William Mitchell Law Review*, Vol. 27, No. 2, 2000, pp. 1256-1257。

　　② See Muriel L. Crawford, William T. Beadles, Janice E. Greider, *Law and the Life Insurance Contract*, 6th ed., Richard D Irwin, 1989, p. 424.

　　③ See Katherine Cooper, Liar's Poker: The Effect of Incontestability Clauses After Paul Revere Life Ins Co. v. Haas, *Connecticut Insurance Law Journal*, Vol. 1, 1995, p. 228.

　　④ 参见李庭鹏:《保险合同告知义务研究》,法律出版社2006年版,第61页。

　　⑤ See Erin Wessling, Contracts—Applying the Plain Language to Incontestability Clauses, *William Mitchell Law Review*, 2000, Vol. 27, No. 2, pp. 1257-1258。

二、不可抗辩条款的适用范围:人身保险抑或人身保险和财产保险?

关于不可抗辩条款的适用范围,不仅学界存在着较大争议,各国的立法也有所不同。

有学者认为,不可抗辩条款的适用范围仅限于人身保险,并不包括财产保险,其理由如下:首先,财产保险多为短期保险,其期限通常为一年,不符合不可抗辩条款二年期限的规定。其次,不可抗辩条款设立的初衷在于保护被保险人长期缴纳保费后的心理信赖,此与财产保险的短期性不相符合。最后,财产保险不像人身保险那样举证困难。在人身保险中,当保险人以被保险人不履行如实告知义务进行抗辩时,被保险人可能已经死亡。经过长时间后,提起索赔的受益人很难举证证明被保险人在投保时是否真正存在不履行告知义务之情形,因此需借助不可抗辩条款加以保护。[1] 财产保险的保障对象是物品,特定物品的状态是一种客观存在,举证相对简单,而且财产保险的目的是损失的补偿,不涉及人的价值,因此没有牺牲诚信原则予以特别保护的必要。[2] 同时,财产保险只关注保险标的财产价值损益变动的补偿,并不涉及对人的生存价值的保障,因此根本不可能适用不可抗辩条款。[3] 总之,不可抗辩条款正如其名称所宣示的那样,是人身保险中因重大不实告知引起的一个特殊保单抗辩规则,旨在禁止因投保单中的误报而对保单的有效性提出争议,是人身保险合同独特的条款。[4]

与上述观点相对,也有学者认为,不可抗辩条款的适用范围既包括人身保险也包括财产保险。为了促使保险人尽快调查相关文件,保护投保人的利益,人身保险与财产保险均有适用不可抗辩条款之余地。只是由于财产保险的期限较短,运用不可抗辩条款的实际机会相对较少而已。[5]

在美国,最初保险公司只是在人寿保险合同中添加不可抗辩条款来缓解社会公众对保险公司的敌对情绪和质疑。[6] 后来,美国大多数州的保险立法都要求保

---

[1] 参见梁鹏:《保险人抗辩限制研究》,中国人民公安大学出版社2008年版,第319页。
[2] 参见姚军、于莉:《保险欺诈及其防范——新〈保险法〉不可抗辩条款的法律适用》,载《国际金融》2012年第2期。
[3] 参见李庭鹏:《保险合同告知义务研究》,法律出版社2006年版,第62页。
[4] 参见樊启荣:《保险契约告知义务制度论》,中国政法大学出版社2004年版,第282页。
[5] 参见沈晖:《不可抗辩规则适用探析》,载《新疆社科论坛》2011年第3期;郭建标:《〈保险法〉中不可抗辩条款若干法律问题之探讨》,载《法律适用》2012年第1期;袁碧华、袁继尚:《我国保险法上不可抗辩条款的适用问题研究》,载《政法学刊》2012年第6期。
[6] See Wischmeyer v. Paul Revere Life Ins. Co., 725 F. Supp. 995(S.D. Ind. 1989).

险公司在人寿保险合同、健康保险合同以及意外伤害保险合同中添加不可抗辩条款。① 除此之外,康涅狄格州、密西西比州、密苏里州以及北卡罗来纳州的保险立法将不可抗辩条款适用于各种类型的保险合同。② 在大陆法系国家的保险立法中,德国《保险合同法》将不可抗辩条款规定在第一章"总则"中,该法第21条规定:"保险人根据本法第19条第2款至第4款规定所享有权利的行使期限为合同生效后5年内。如果投保人故意违反告知义务的,上述期限为10年。"③此规定意味着,不可抗辩条款既适用于人身保险,也适用于财产保险。韩国《商法典》第651条也对不可抗辩条款作了强制性规定,使得该条款既适用于人身保险,也适用于财产保险。④ 我国《保险法》在第二章"保险合同"的第一节"一般规定"第16条第3款也规定了不可抗辩条款,从体系上看,不可抗辩条款也应当同时适用于人身保险与财产保险。

除了法律条文规定的原因外,还有以下理由:第一,从立法目的来看,不可抗辩条款适用于财产保险合同,同样可以达到督促保险人严格核保程序、规范保险公司经营、树立保险公司的诚信经营形象的目的。⑤ 这些都与不可抗辩条款的立法目的相一致,同时也有利于保险公司严格核保、谨慎经营。第二,虽然财产保险多为短期保险,但也有超过两年的家庭财产保险及企业财产保险。换言之,财产保险也有两年不可抗辩期间适用之可能性。从这种意义上讲,那种认为财产保险合同一定短于两年期间因此无不可抗辩条款适用余地之想法难免有主观臆断之嫌。第三,如果财产保险的缴费期限超过两年,则保险公司也应当保护投保人长期缴纳保费之后的心理信赖。这与不可抗辩条款的立法目的相吻合,同时也有利于保护被保险人或受益人的合理期待。⑥ 第四,按照我国《保险法》的规定,投保人为告知义务的履行主体,经过较长时间后,即使在财产保险中,被保险人也很难举证证明投保人在投保时是否真正存在不履行告知义务之情形,因此也有适用不可抗辩条款加以保护之必要。第五,财产保险虽然只是对承保标的物发生保险事故后的一种损失补偿,但保险补偿金对被保险人而言可能至关重要,甚至会直接关系到其基本生活保障。因此,认为财产保险只关注保险标的财产价值损益变动补偿,并不涉及

---

① See V. G. Lewter, Annotation, Construction of Incontestable Clause Applicable to Disability Insurance, 13 A. L. R. 3d 1383, 1384 (1967).
② See Erin Wessling, Contracts—Applying the Plain Language to Incontestability Clauses, *William Mitchell Law Review*, Vol. 27, No. 2, 2000, p. 1257.
③ 孙宏涛:《德国保险合同法》,中国法制出版社2012年版,第67页。
④ 参见黄积虹:《论保险合同不可抗辩条款》,载《云南大学学报(法学版)》2010年第6期。
⑤ 参见郭建标:《〈保险法〉中不可抗辩条款若干法律问题之探讨》,载《法律适用》2012年第1期。
⑥ 参见〔美〕约翰·F.道宾:《美国保险法(第4版)》,梁鹏译,法律出版社2008年版,第206页。

对人的生存价值保障的观点显得有些以偏概全、过于武断。事实上,从美国的保险立法来看,美国各州保险立法将不可抗辩条款法定化的主要原因在于保护处于弱势地位的保险消费者免于遭受实力强大的保险公司的压迫。① 从这个角度分析,财产保险中的被保险人与人身保险中的受益人一样,应同样得到不可抗辩条款的保护,如此才能彰显保险法对处于弱势地位的保险消费者的保护,并真正践行法律的公平正义原则。

三、不可抗辩条款适用中的例外情形:类型化区分

有学者指出,根据不可抗辩条款的一般规则,在可争议期间届满后,禁止对保单有效性提出任何争议。但正如大多数规则一样,该规则也有例外情形,在欺骗或冒名顶替、缺乏可保利益、蓄意谋杀被保险人而投保等情况下,即使可争议期已经结束,也可以对保单的有效性提出争议。② 长期的司法实践表明,不可抗辩条款的适用常常与保险保障、被保险人欺诈、保险合同是否成立等问题纠缠在一起。也正是在长期的审判实践和理论研究中,人们开始将不可抗辩条款适用中的例外情形逐步加以厘清。③ 事实上,在司法实践中,不可抗辩条款的适用确实存在一些例外情形。但我国《保险法》第16条第3款在规定不可抗辩条款之后,并未针对该条款适用中的例外情形作出明确规定,这就导致司法实践中法官在适用不可抗辩条款时感到模糊迷茫。因此,有必要进一步厘清不可抗辩条款的适用范围,并对该条款适用中的例外情形进行类型化区分。

(一)投保人欺诈投保之情形

在投保人欺诈投保的情况下,是否适用不可抗辩条款,一直是保险法理论界与实务界激烈争论的问题。按照我国《保险法》第16条第3款的规定,自合同成立之日起超过二年的,保险人不得解除合同;发生保险事故的,保险人应当承担赔偿或者给付保险金的责任。该款规定并未将欺诈投保排除在外。换言之,对于投保人欺诈投保,只要保险公司未能在合同成立之日起两年内发现欺诈之事由,发生保险事故的,保险公司必须承担保险责任。但与此同时,根据我国《民法典》第148条至151条,一方以欺诈、胁迫的手段或者乘人之危,使对方在违背真实意思的情况下订立的合同,受损害方有权请求人民法院或者仲裁机构变更或者撤销。此前,对于

---

① Eric K. Fosaaen, AIDS and the Incontestability Clause, *North Dakota Law Review*, Vol. 66, No. 2, 1990, p. 268.
② 参见〔美〕缪里尔·L.克劳福特:《人寿与健康保险(第八版)》,周伏平、金海军等译,经济科学出版社2000年版,第380页。
③ 参见梁鹏:《保险人抗辩限制研究》,中国人民公安大学出版社2008年版,第320页。

当投保人欺诈投保时,保险公司能否以《合同法》第54条第2款规定为由撤销合同,曾是《保险法解释(二)》起草中的焦点问题。《保险法解释二(征求意见稿)》第9条规定:"投保人投保时未履行如实告知义务构成欺诈的,保险人依据《合同法》第五十四条规定行使撤销权的,人民法院应予支持。"由上述规定可知,在征求意见稿中,最高法对于保险公司撤销权的行使还是持赞同态度的。但是,在最终正式出台的《保险法解释(二)》中上述规定却被删除了,这意味着最高法否定了保险公司的撤销权。有意思的是,最高法在2014年10月22日发布的《保险法解释三(征求意见稿)》第10条有关保险合同"解除与撤销关系"中,同时规定了两种截然相反的意见。一种意见是:"投保人在订立保险合同时未履行如实告知义务,保险人解除保险合同的权利超过《保险法》第十六条第三款规定的行使期限,保险人以投保人存在欺诈为由要求撤销保险合同,符合《合同法》第五十四条规定的,人民法院应予支持。"另一种意见却是:"投保人在订立保险合同时未履行如实告知义务,保险人根据《合同法》第五十四条规定要求撤销保险合同,人民法院不予支持。"如此之规定,说明对于投保人欺诈投保是否应当适用不可抗辩条款以及如何处理解除与撤销的关系,仍然是充满争议、悬而未决的问题,尚有深入探讨之必要。

对于投保人欺诈投保并且保险合同成立满两年保险公司能否适用民法上之撤销权,理论界与实务界存在两种针锋相对的观点。否定说认为,保险法是民法的特别法,基于商事法律行为效力必须尽快确定的理由,一旦保险法规定的除斥期间届满,即使民法规定的撤销权的除斥期间还没有届满,保险公司也不得行使撤销权。肯定说认为,保险法规定的解除权与民法规定的撤销权并非法条竞合关系,而是权利竞合关系。就规范目的以及构成要件而言,不应认定保险法中保险人解除权是民法撤销权的特别规定,而应认定这两种权利是同时存在的关系,保险公司可以择一行使。若其中一个除斥期间已经届满而不得行使,保险公司还可以行使另外一个。①

事实上,当投保人的故意不实告知构成欺诈时,理应赋予保险公司撤销合同之权利。该种做法的正当性有三点:第一,当投保人故意欺诈并企图骗保时,应当允许保险公司行使撤销权以保护自身的合法权益。此种做法也符合保险法中最大诚信原则的要求。前已述及,保险是人类抗御自然灾害和意外事故的共同行为,体现的是"人人为我,我为人人"的互助协作精神。每一个参与者都由衷地希望和要求

---

① 参见刘宗荣:《新保险法:保险契约法的理论与实务》,中国人民大学出版社2009年版,第143—144页。

其他当事人真诚参与,只有同舟共济、众志成城,才能抗御灾害、化险为夷。① 如果投保人基于欺诈订立合同并企图在保险事故发生时骗取保险金,则不仅违反了保险关系成立之前提,也违背了人类社会创设保险制度之初衷。第二,保险费率的确定以投保人如实告知的事实为计算基础,在投保人故意欺诈的情况下,在可抗辩期间届满后,如果要求保险公司不得行使撤销权而必须承担保险责任,则会破坏保险公司的经营基础,对其他投保人而言也极为不公。因为随着欺诈投保案例的增多,保险人的赔付风险会迅速增大,可能导致保险人不得不提高保险费率、陷入经营亏损甚至破产倒闭,其他无辜的投保人则会成为欺诈投保行为的直接受害人。第三,在投保人故意欺诈的情况下,双方当事人的意思表示不一致,此时法律赋予受害人在知晓欺诈事由之日起一年内的撤销权,无论是在一般合同的订立中还是保险合同的订立中并无本质上之区别。因此,如果仅仅因为可抗辩期间届满就不允许保险公司撤销合同,与保险立法的宗旨也是相违背的。

综上所述,在投保人欺诈投保的情况下,应当允许保险公司在发现欺诈事实之日起的一年内行使撤销权。②

(二)保险合同除外条款规定之事项

除外责任(excluded risks exclusions)与保险责任相对,又称为"责任免除",是指保险人依据法律规定或合同约定,不承担保险金赔偿或给付责任的风险范围或种类,其目的在于适当限制保险人的责任范围。③ 通常情况下,保险公司仅就保险条款约定的承保范围承担保险责任,对于保险合同除外条款规定的事项,保险人自然无须承担保险责任,自无不可抗辩条款适用之余地。因此,当投保人或被保险人在与保险人订立合同时未告知之事项属于保险合同除外条款规定之事项时,则无论保险合同成立之日起是否经过两年,投保人或被保险人都不能借助不可抗辩条款进行抗辩并要求保险人承担保险责任。

在美国,通常情况下不可抗辩条款不能排除保险公司对保险合同除外条款规定事项的抗辩。例如,在Conway一案中,卡多佐(Cardozo)法官认为不可抗辩条款的适用范围并不是毫无限制的,事实上,对于保单承保范围之外的损失,保险人

---

① 参见孙积禄:《保险法最大诚信原则及其应用》,载《比较法研究》2004年第4期。
② 当然,笔者也承认,借助民法上所规定的撤销权来规制投保人的欺诈投保行为实际上也是无奈之举,只能治标而不能治本。从这种意义上讲,最根本的方法就是在《保险法》修改时明确不可抗辩条款适用中的例外情形,如将欺诈投保行为排除在外。其关键之处是将不可抗辩规则进一步体系化、科学化。如此,既能打击保险活动中的欺诈投保行为,又能弘扬保险法中的最大诚信原则。因此,以上建议理应成为立法者重点思考之问题。
③ 参见李玉泉:《保险法(第三版)》,法律出版社2019年版,第126页。

并不负责。① 在 Conway 一案后,1947 年,美国人寿保险协会组织了一个委员会来起草标准保险法案,该委员会被称为"荷兰委员会"。荷兰委员会的成立背景是日益增多的关于不可抗辩条款过于宽泛解释的判决,它起草并通过的法案规定如下:在经过特定期间后,除了有关保单有效性、保险范围等条款外,人寿保险合同中的任何其他条款都是不可抗辩的。②

在 Conway 一案后,美国有关保险合同承保范围是否适用不可抗辩条款的争论继续发酵。一些保险公司通过在保险合同中添加"首次显现"条款,拒绝对一些首次显现在保险合同生效之前的疾病承担保险责任。此后,越来越多的保险公司通过在保险合同中添加"首次显现"条款来阻碍不可抗辩条款的适用。按照"首次显现"条款的规定,对于保险合同生效前被保险人首次罹患的疾病,保险公司可以拒绝承担保险责任。保险公司的观点是:如果法院不允许适用"首次显现"条款,其直接后果就是法官人为地扩大了保险合同的承保范围。③

从保险学的角度来看,对于保险合同的除外条款,保险人自然无承担保险责任之必要。得出该种结论的原因在于,保险公司在运用大数法则通过精算技术确定保险费率时,已然将除外条款排除在外。如果针对保险合同中的除外条款适用不可抗辩条款,相当于人为地破坏了保险公司运营的精算基础,这对于保险公司的正常经营乃至整个保险行业的健康运作都会造成巨大的伤害。因此,对于保险合同除外条款规定之事项不应适用不可抗辩条款。

(三) 保险合同未成立之情况

在保险实务中,不可抗辩条款的运用历史已经逾百年,其主要目的是鼓励人们购买人寿保险。④ 不可抗辩条款的存在可以限制保险公司的合同解除权及其相应的拒赔主张,但其前提是有效存续的保险合同。⑤ 如果保险合同不成立,保险合同中的不可抗辩条款也就无法适用。⑥ 从这个意义上讲,如果保险合同并未成立,保险合同中的不可抗辩条款也并非有效条款,被保险人也就无法借助不可抗辩条款

---

① See Me. Life Ins. Co. v. Conway, 169 N.E. 642(N.Y. 1930).
② See Erin Wessling, Contracts—Applying the Plain Language to Incontestability Clauses, *William Mitchell Law Review*, Vol. 27, No. 2, 2000, p. 1259.
③ See Dale Joseph Gilsinger, Construction of Incontestable Clause Applicable to Disability Insurance, A.L.R. 5th, Vol. 67, 1999, p. 513. See also Aaron A. Haak, Callahan v. Mutual Life Insurance of New York: Incontestability Clause as a Bar to "First Manifest" Policy Provisions, *American Journal fo Trial Advocacy*, Vol. 23, 1999, p. 231.
④ See Plotner v. Northwestern Nat'l Life Ins. Co., 48 N.D. 295, 183 N.W. 1000, 1003 (1921).
⑤ 参见刘学生:《论不可抗辩规则——我国〈保险法〉第 16 条第 3 款之解析》,载谢宪主编:《保险法评论(第三卷)》,法律出版社 2010 年版,第 167 页。
⑥ See Robert H. Jerry II, *Understanding Insurance Law*, Matthew Bender & Co., 1989, p. 546.

请求保险公司承担保险责任。

在保险实务中,保险合同未能成立的典型例子就是投保人或被保险人缺乏保险利益。例如,我国《保险法》第31条第3款规定:"订立合同时,投保人对被保险人不具有保险利益的,合同无效。"据此,如果投保人故意隐瞒其对被保险人不具有保险利益的相关事实,以此与保险公司订立保险合同并获得保险公司承保的,即使经过两年不可抗辩期间,保险公司仍然可以抗辩。其原因在于,保险利益背后存在着强有力的公共政策支持,缺乏保险利益的合同因为违反了公共政策而从未生效过,不可抗辩条款自然无法得到法院的强制执行。①

(四)投保人未缴纳保费之情形

保险公司为了避免投保人不缴纳保费导致自己在两年期间经过后丧失抗辩权,通常在不可抗辩条款之后附加未缴纳保费保留抗辩权的条件。② 虽然未缴纳保费并不属于投保人或被保险人故意或重大过失不履行告知义务的情形,但对于保险公司而言,要求其在未收取任何保费的情况下仍然承担保险责任,显然违反了对价平衡与公平原则。因此,在这种情况下,保险公司可以不受不可抗辩条款的限制,拒绝承担保险责任。

四、不可抗辩期间起算点的准确判定

不可抗辩条款通常规定,在保单签发之日起两年后,保险公司不能对保单的有效性提出异议,即使投保人在投保时故意违反告知义务也是如此。因此,不可抗辩期间起算点的准确判定,对于不可抗辩条款的正确适用起着至关重要的作用。③ 我国《保险法》第16条第3款明确规定,"自合同成立之日起超过二年的,保险人不得解除合同;发生保险事故的,保险人应当承担赔偿或者给付保险金的责任"。由此可见,我国的保险立法明确将不可抗辩期间的起算点确定在保险合同成立之日。值得注意的是,自保险合同成立之日起两年内发生保险事故的,是否应当适用不可抗辩条款,这是值得思考之问题。事实上,许多人对不可抗辩条款心存疑虑的主要原因就是该条款的存在有引发保险欺诈的可能。因此,有保险行业的代表人士主张彻底废除不可抗辩条款或者至少将可抗辩期间拉长,以利于保险公司发现或揭露投保人的欺诈行为。彻底废除不可抗辩条款的做法有些过于极端,但将可抗辩

---

① 参见〔美〕小罗伯特·H. 杰瑞、道格拉斯·R. 里士满:《美国保险法精解(第4版)》,李之彦译,北京大学出版社2009年版,第140—141页。
② 参见梁鹏:《保险法修改中的不可争条款——借鉴英美保险法的视角》,载谢宪主编:《保险法评论(第二卷)》,中国法制出版社2009年版,第65页。
③ See Kaufman v. Mutual of Omaha Ins., Co. 681 So. 2d 747(Fla. Dist. Ct. App.).

期间拉长的做法值得考虑,虽然该种做法存在损害被保险人、受益人合法权益的可能性,但规制投保人保险欺诈的想法却是值得赞同的。

(一)保险合同成立两年内发生保险事故时不可抗辩期间起算点的判定

在我国司法实践中,已经出现有的被保险人在保险合同成立两年内发生保险事故,但故意拖延至合同成立两年后才向保险公司申请理赔,以规避如实告知义务的案例。[1] 在上述情况下,如果仍然适用不可抗辩条款并要求保险公司承担保险责任,则无异于鼓励保险欺诈行为。有学者认为,保险公司合同解除权两年除斥期间的适用,应限于该期间内保险事故未发生之情形为宜,理由如下:第一,如果保险合同订立两年内,保险事故已经发生,则限制保险人合同解除权的目的已无法达到,此时应回归违反如实说明义务应有的法律效果,纵使合同订立后经过两年,也应允许保险公司行使合同解除权。第二,防止保险金请求权人钻法律漏洞。如果不论保险期间内事故是否已经发生都适用不可抗辩条款,则极有可能导致某些被保险人在两年内发生事故时也选择等待保险合同订立满两年,从而向保险公司请求赔付保险金。由此,可能使具有诚信、善意及公平精神的保险制度沦为投机性浓厚的赌博工具。第三,就英美法系国家立法例而言,均在不可抗辩条款中添加"在被保险人仍生存时"抗辩期间始能进行的限制。[2]

综上所述,我国将来在修改《保险法》时应采纳学者建议以及借鉴英美法系国家保险立法经验,规定以保险事故未发生作为两年不可抗辩条款适用的前提条件,以降低道德风险,避免少数被保险人的投机行为。这意味着,如果在保险合同成立两年内发生了保险事故,则不可抗辩期间起算点就不能从保险合同成立之日起计算,而应当从保险事故发生之日起开始计算。如此,则既能充分发挥不可抗辩条款保护被保险人、受益人之功效,又能防止被保险人、受益人滥用不可抗辩条款进行保险欺诈的不当行为。

(二)保险合同复效时不可抗辩期间起算点的判定

除上述情形外,在保险合同复效时应如何计算不可抗辩期间的起算点也是值得关注的问题。对上述问题的解答取决于在保险合同复效时投保人是否仍应履行如实告知义务,如果投保人根本无须履行如实告知义务,则自无不可抗辩期间起点计算之问题。反之,如果保险合同复效时投保人仍须履行如实告知义务,则在投保人违反告知义务时,不可抗辩期间的起点是从保险合同成立之日起算还是保险合同复效之日起算便是应当思考的问题。

---

[1] 参见刘竹梅、林海权:《保险合同纠纷审判实务疑难问题探讨》,载《法律适用》2013年第2期。
[2] 参见江朝国:《保险法论文集(三)》,瑞星图书股份有限公司2002年版,第188—189页。

笔者认为，在保险合同复效时投保人也应当履行告知义务。因为虽然复效后的保险合同是原保险合同的延续，并未形成新的保险合同，但在保险合同效力中止期间，被保险人的身体健康状况可能发生很大的变化。事实上，在许多情况下，被保险人都是在发现自己的身体状况恶化时才去申请复效的。同时，许多疾病并非一般体检可以查出，如不适用告知义务的规定，则极有可能出现"逆选择"的现象。① 因此，在保险合同复效时，保险人就被保险人的有关情况提出询问的，投保人也应当履行如实告知义务。既然保险合同复效时投保人也应当履行告知义务，那么若投保人违反如实告知义务，不可抗辩期间的起点应当如何计算才更为妥当？就该问题，美国许多法官认为，应当重新计算不可抗辩期间，但是该期间仅仅是为被保险人恢复保单效力提供新信息所需要而设置的。如果保险人对最初签发保单时的基础信息进行抗辩，则不可抗辩条款规定的期限依然有效。② 此观点根据投保人违反告知义务的期间区分计算不可抗辩期间的起算点，更加科学合理，值得我国保险立法借鉴。因此，在保险合同复效时，如果投保人或被保险人违反了如实告知义务，并且保险公司以投保人或被保险人在合同复效时提供虚假信息为由解除保险合同的，则不可抗辩期间的起算点应从保险合同复效之日开始计算。当然，如果保险人以保险合同最初订立时投保人或被保险人违反告知义务为由解除合同的，不可抗辩期间的起算点仍应为保险合同成立之日。

第三节 人身保单质押贷款

1998年9月，李某为自己和妻子分别投保了一份终身保险，保额合计为200万元。保单条款规定："在保险合同的有效期内，被保险人生存至每3周年，凭保单、投保人身份证、最后一次缴纳保险费的收据，可申领保单所列保险金额10％的保险金。"2000年1月，李某向保险公司申请将受益人变更为某农业银行办事处，以便用于抵押贷款。保险公司的业务人员在确认该申请已征得被保险人同意的情况下，出具批单注明："本保单受益人增加某农业银行办事处，受益份额1∶1，用于抵押贷款。"办完批注之后，李某将保单交存银行作为质押，获得了50万元的贷款。

2001年10月，李某和妻子到保险公司领取生存保险金，保险公司未经审核保单即通过转账形式向李某及其妻子支付了生存保险金20万元。得知此消息后，某

---

① 参见〔美〕肯尼思·布莱克、哈罗德·斯基珀：《人寿保险（上册）（第十二版）》，洪志忠等译，北京大学出版社1999年版，第52页。

② 参见〔美〕约翰·F.道宾：《美国保险法（第4版）》，梁鹏译，法律出版社2008年版，第207页。

农业银行办事处以保险公司侵害其受益权为由提起诉讼。该农业银行办事处认为,保单的质押依法成立,该农业银行办事处对保险金享有受益权,保险公司向李某支付保险金侵害了自己的受益权,应进行赔偿。而保险公司认为,根据保单条款和业务惯例,此项保险有两种保险金,即生存保险金和身故保险金,被保险人对生存保险金享有权利,受益人对身故保险金享有权利,保险公司的行为并无过错,不应承担赔偿责任。

法院受理案件后,将李某夫妇追加为第三人进行了审理。法院认为,本案保单经原告、被保险人和保险公司同意后用于抵押贷款,权利质押反映了当事人的真实意愿,应认定为有效。保单的保险金由生存期满保险金和死亡保险金组成,保险公司对保单进行批注时只笼统地注明原告的受益份额为1∶1,并未明确其受益范围。但考虑到李某夫妇既是投保人又是被保险人、受益人,并且李某与原告商定借款合同时意在将全部保单权益进行质押,原告也是基于这一考虑才发放了贷款,因此原告对生存保险金也应享有质押权。保险公司向被保险人直接支付保险金的行为侵害了原告的质押权,本应承担重新给付的责任。但为避免不当得利,判决由第三人李某夫妇将领取的保险金交存于该农业银行办事处。①

一、保单质押贷款的概念和立法概况

上述案例主要涉及的是保单质押贷款问题。人寿保单质押贷款,是指投保人、被保险人以其所持有的人寿保单为质押物,通过金融机构办理贷款的短期融资手段。② 目前,我国的保单质押贷款主要有两种模式:一是投保人把保单直接质押给保险公司,从保险公司取得贷款,如果投保人到期不能履行债务,当贷款本息达到退保金额时,保险公司终止其保险合同效力;另一种是投保人将保单质押给银行,由银行贷款给借款人,当借款人到期不能履行债务时,银行可依据合同凭保单要求保险公司偿还贷款本息。

从某种角度看,保单质押贷款是银行和保险公司合作,开拓创新业务渠道,延伸服务领域的新型业务。该项业务的开展,有以下几个方面的意义:首先,对银行来讲,补充了个人消费贷款的品种,开辟了增加业务收入的新渠道,为资金投放找到了新的出路。其次,对保险公司来讲,通过开展此项业务,可以使寿险保单的附加值得到提升,有利于其拓展和稳定新的客户群,提高经营业绩。同时,以寿险保单作为质押进行贷款,投保人到期不能履行还款义务时,保险公司可以从寿险保单

---

① 参见张鸣飞:《保单质押应明确受益权》,载《金融时报》2003年12月12日。
② 参见史卫进编著:《保险法案例教程(第二版)》,北京大学出版社2010年版,第239页。

现金价值中直接得到偿还,消除了贷款不能回收的风险。最后,对投保人来讲,可以满足其短期内对资金的迫切需求,解其燃眉之急,同时又可以避免退保给其造成的保险权益损失,能最大限度地维护投保人的利益。① 从某种意义上讲,保单质押贷款是保险突破其原有的分担风险、消化损失的单一功能,向储蓄、投资等多重功能发展的产物。所以,保单质押贷款业务具有很大的上升空间。但是,我国现行《保险法》并未明确规定保单质押贷款制度,只是在第 34 条以禁止性规范的形式间接确认了人身保险单的可质押性。该法第 34 条第 2 款规定:"按照以死亡为给付保险金条件的合同所签发的保险单,未经被保险人书面同意,不得转让或者质押。"对该规定的反面解释就是,在征得被保险人书面同意后,可以将人身保险单进行转让或者质押。此外,作为担保制度一般规定的《民法典》相关条款也未明确将保险单列为可质押的权利凭证。基于上述原因,在司法实践中,保单质押贷款目前尚缺乏法律规范的支持,这对保单质押贷款业务的发展是极为不利的。因此,从立法者的角度来说,应当适时将其纳入担保法律体系中,以规范保单质押的市场行为,促进保险事业的发展,维护保险市场的稳定。

二、保单质押贷款的法律性质和种类

在我国,保险单可以分为财产保险单和人身保险单,鉴于这两种保险单的性质存在着很大的差异,下文对其分别进行论述。

(一) 财产保险单的质押

财产保险以填补被保险人的财产损失为目的,因此原则上并不具有储蓄性;其保险事故并不必然发生,保险人给付保险金的义务也不确定,因而财产保险不属于资本性保险,通常情况下不能被用于保单质押贷款。② 此外,《最高人民法院关于财险保险单能否用于抵押的复函》(法函〔1992〕47 号)指出:"财险保险单是保险人与被保险人订立保险合同的书面证明,并不是有价证券,也不是可以折价或者变卖的财产。因此,财产保险单不能用于抵押。"该复函中的"抵押",实际上包括担保物权的抵押和质押两种形式。进一步结合有关规定和担保法律理论,财险保险单显然不能被作为抵押标的,因此该复函实质上规定了财险保险单不能用于质押。③

尽管理论上和司法解释中对于财产保险单能否用于质押都持否定态度,但是随着社会经济的发展,仍然出现了投保人将财险保单尤其是投资保障型财险保单

---

① 参见王娟:《寿险保单质押法律问题探析》,中国政法大学 2011 年硕士学位论文,第 11—12 页。
② 参见欧阳海泉、廖焕国:《保单质押贷款的法律分析》,载《财经理论与实践》2004 年第 6 期。
③ 参见李祝用、熊德政:《财险保单质押理论与实务问题研究》,载《保险研究》2004 年第 5 期。

用于质押以获取融资的情况。例如，还本型火灾险保险单的特色在于满期金的给付，即只要保险期间未发生任何损失或损失累计尚未达到特定百分比，且保险合同持续有效至期间届满，保险人就依约以满期金的方式返还投保人保费或保险金额的一部分。又如，储蓄型财产保险中保险人给付义务必然发生，具有确定性、投资性、长期性的特性，符合依法可质押权利必须具备的要件，因此这类财产保险单可用于质押贷款。

（二）人身保险单的质押

在人身保险合同期内，如果合同解除或由于某种原因终止，保险人应当将保险责任准备金扣除退保手续费后退还给投保人或被保险人。因为人身保险合同的投保人可以随时向保险人提出解除合同（无须提出任何原因和理由），领取退保金，持有人身保险单相当于持有有价证券，所以人身保险单具有现金价值，可以进行质押。① 对于人身保险单的现金价值，立法例或商事习惯一般规定应经一定之期限方可具备。例如，美国的一般终身付费的人寿保险的现金价值为保险合同生效后的第三年起算；我国台湾地区将人身保险单现金价值的起算时间规定为两年。但是，法律解释一般认为，此类规定为任意性规范，可以通过在合同中约定加以变更，如缩短为一年或延长为三年。②

除此之外，我国《保险法》第34条第2款规定："按照以死亡为给付保险金条件的合同所签发的保险单，未经被保险人书面同意，不得转让或者质押。"根据反面解释，以死亡为给付保险金条件的合同所签发的保险单，在经过被保险人书面同意后，可以转让或者质押。同时，非以死亡为给付条件的人身保险合同则无须被保险人的书面同意即可转让与质押。由此可见，我国在立法上已经承认人身保险单的可质押性。总体上来说，人身保险合同可以分为两类，一类是医疗费用保险合同和意外伤害保险合同，此类合同属于损失补偿性合同，保单不可用于质押。另一类为具有储蓄功能的养老保险、投资分红型保险及年金保险等人身保险合同，此类合同只要投保人缴纳保费超过一年，人寿保险单就具有了一定的现金价值，此时无论是否发生保险事故，无论保单是否持续有效，该部分已积累的现金价值是永不丧失的，保单持有人都可以要求保险公司返还该部分现金价值以实现债权，故此类保险单可用于质押贷款。③

由于人身保险单的种类繁多，笼统地说人身保险单可用于质押贷款并不严谨。

---

① 参见秦道夫主编：《保险法论》，机械工业出版社2000年版，第270页。
② 参见钟青：《权利质权研究》，法律出版社2004年版，第271页。
③ 参见徐霞：《析保单质押》，载《北京工商大学学报（社会科学版）》2004年第3期，第76页。

因此,下文将对几种主要的人身保险单进行详细分析,以区分可质押的人身保险单与不可质押的人身保险单。

1. 人寿保险单

人寿保险单可分为生存保险单、死亡保险单和生死两全保险单。

(1) 生存保险单

生存保险单(Pure Endowment Insurance Policy)是以被保险人在一定期间内的生存为保险事故的发生而给付保险金的保险单。在被保险人生存到保险期满时,保险人应当按照保险合同的约定给付保险金。若被保险人死亡,则保险合同失效,保险人不承担给付保险金的责任,也不退还保险费。由此可见,生存保险中保险人的给付义务并非确定发生,因此生存保险单不能用于保单质押贷款。

(2) 死亡保险单

死亡保险单(Insurance Policy Against Death)是指以被保险人的死亡为保险事故的发生而给付保险金的保险单。死亡保险依期限可以分为终身保险和定期保险。终身保险是在合同中不约定期限,自合同生效之日起,被保险人无论何时死亡,保险人均给付保险金的保险,即以被保险人的终身为保险期间的人寿保险。依据自然规律,人必有一死,除了投保人中途退保外,保险人的给付义务确定发生。所以,终身保险属于资本性保险,其保单可用于质押贷款。定期保险是指投保人和保险人约定一定期间为保险期间,被保险人在保险期间内死亡时,保险人给付保险金的保险。如果保险期满被保险人仍然生存,则合同自行终止,保险人不必给付保险金,当然也不用退还保险费。由此可知,定期保险中保险人的给付义务并非确定发生,因此该类保险单不能用于保单质押贷款。

(3) 生死两全保险单

生死两全保险单(Mixed Insurance Policy),又称为"混合保险",是指被保险人在保险期间内死亡或者被保险人到保险期满仍生存时,保险人均给付约定金额的保险单。此种保险不仅以死亡为保险事故的发生,同时也以生存为保险事故的发生。在该类保险中,保险期间届满时被保险人非生即死,保险人的给付义务确定发生,因此该类保险单可用于开展保单质押贷款业务。

2. 健康保险单

健康保险单是指以被保险人的身体健康为标的,以疾病、分娩以及因疾病、分娩等致残或致亡为保险事故发生而签订的保险单。健康保险单承保的风险比较多元化,被称为"综合保险单"。[1] 由于健康保险中保险人的给付义务并非确定发生,

---

[1] 参见桂裕:《保险法论》,三民书局1981年版,第371页。

该类保险单不符合资本性保险的特征,因此不宜用于保单质押贷款业务。但是,若系类似于前述储蓄型财产保险设计的保险产品(如约定保险期间无保险事故发生,则保险人在保险期间届满后应返还投保人保费或保险金额的一部分),则该类保险单可用于保单质押贷款。①

3. 意外伤害保险单

意外伤害保险单是以被保险人的身体为保险标的,以其受到意外伤害为保险事故的发生而签订的保险单。按照意外伤害保险单的约定,投保人按照约定向保险人支付保险费,在被保险人因意外事故致伤、致残或者死亡时,保险人按照约定向被保险人或者受益人给付保险金。② 与健康保险一样,意外伤害保险为非资本性保险,因此保单质押贷款制度原则上不适用于意外伤害保险。

4. 年金保险单

年金保险单,是指保险人于被保险人生存期间或特定期间内,依照合同承担一次或分期给付一定金额责任的保险单。我国现行保险法并未规定年金保险单,但在美国、日本等国家,个人年金保险单及企业年金保险单的签发已经相当普遍。③ 此处主要讨论两种年金保险单:一是定期生存年金保险单,该保险单的保险人给付责任取决于被保险人是否生存;二是定期死亡年金保险单,该保险单只有在被保险人死亡或发生伤残事故时,保险人才向被保险人或第三人履行给付保险年金现价的义务。在定期生存年金保险中,只有被保险人在一定期限内生存,保险人才给付保险金,因此保险金的给付具有不确定性,所以该类保险单不能用于质押贷款。与其相似,在定期死亡年金保险中,如果被保险人经过保险期仍然生存,则保险人不用给付保险金,其所收的保险费也无须返还;如果投保人中途退保,保险费也不退还。因此,定期死亡年金保险与定期死亡险一样,保险人的给付义务取决于被保险人的生死,不具有确定性,其保险单不能用于保单质押贷款。④

三、保单质押贷款合同的当事人

我国《保险法》第 34 条第 2 款规定:"按照以死亡为给付保险金条件的合同所签发的保险单,未经被保险人书面同意,不得转让或者质押。"如果单纯从这条规定看,在人身保险单质押贷款中,合同的主体应当是投保人,被保险人仅仅享有同意权,并非质押贷款合同的主体。此外,人身保险单的现金价值是因投保人溢缴保险

---

① 参见欧阳海泉、廖焕国:《保单质押贷款的法律分析》,载《财经理论与实践》2004 年第 6 期。
② 参见覃有土、樊启荣:《保险法学》,高等教育出版社 2003 年版,第 340 页。
③ 参见刘宗荣:《保险法》,三民书局 1995 年版,第 477 页。
④ 参见欧阳海泉、廖焕国:《保单质押贷款的法律分析》,载《财经理论与实践》2004 年第 6 期。

费积存而来的,投保人对该现金价值享有法定权利,所以从这个角度考虑,保单质押贷款合同的借款人也应为投保人。

保险合同的受益人能否成为借款人？这也是司法实践中可能出现的问题。按照我国《保险法》的规定,人身保险合同的受益人是指人身保险合同中由被保险人或者投保人指定的享有保险金请求权的人。当投保人或被保险人为受益人时,他们能否成为借款人,上文已有分析,此处不再赘述。当投保人、被保险人与受益人不同时,受益人能否成为质押贷款合同的借款人则值得思考。笔者认为,受益人能否得到保险金不仅取决于保险事故是否发生,而且还受到投保人和被保险人的主观意志的影响。一方面,按照我国《保险法》第58条至第60条的规定,人身保险合同的投保人可以随时终止保险合同,领回解约金。另一方面,按照《保险法》第41条的规定,被保险人可以变更受益人并书面通知保险人,投保人在征得被保险人同意并书面通知保险人后也可以变更受益人。据此,受益人的法律地位始终处于不稳定的状态,受益人仅仅享有一种取得保险金的期待权,所以不能成为质押贷款合同的借款人。

然而,这又引发了另外一个问题,即投保人在以保单质押借款时,是否需要征得受益人的同意。在美国,投保人以保单设质时,保险人应审查保单条款及其记载事项,以决定质押是否应经受益人同意;若保单明文规定投保人得任意变更受益人,则投保人为质押借款时无须获得受益人的同意;若投保人不仅指定受益人,而且明言抛弃处分权或已将保单让与他人,除非保单有相反的约定,投保人非经受益人同意不得以保单质押借款。[①] 我国台湾地区保险法理论也认为,对于另有受益人的保单之设质,受益人不得变更的,设质应经受益人的同意,否则受益人将对现金价值享有优先权;如为可变更受益人的保单,依法律之规定设定质权者,质权人享有优先权。[②] 由此可见,投保人将保单质押时是否需要征得受益人的同意要根据具体情况分析。对于保单明确规定投保人可以任意变更受益人的,投保人在将保单质押时无须经过受益人的同意;对于保单指定受益人,并且明文规定不得变更的,投保人在将保单质押时应经受益人同意,否则受益人对保单的现金价值享有优先权。

四、保单质押贷款合同的设立

（一）设立前提条件

由于我国现行的《民法典》《保险法》等对保单质押贷款都没有作出详细、明确

---

① 参见钟青：《权利质权研究》,法律出版社2004年版,第274页。
② 参见刘荣宗：《保险法》,三民书局1995年版,第419—420页。

的规定,因此在实践中银行、保险公司对保单质押必须具备条件的要求各不相同。有的规定保险单生效满两年且缴费满两年后才可以质押。有的没有对缴费期间作出特别规定,而只是规定具有现金价值即可。如中国银行的保单质押贷款规则规定:凡具有完全民事行为能力的自然人,持有中国银行指定的保险公司开具的、具有现金价值的人寿保险保单的投保人、被保险人或经团体投保人授权的被保险人,均可申请人寿保险保单质押贷款。

从理论上来看,保单质押的本质是以保单所具有的现金价值进行质押贷款,当出质人无法按期清偿债务时,质权人可以发生保险事故时能够取得的保险金或要求投保人退保以取得保险单的现金价值来实现自己的质权。因此,只要保险单具有现金价值即可用于设定质押,无须要求缴纳保费达到一定期间。我国台湾地区"保险法"第120条最初规定缴纳保费两年后才能请求保单质押贷款,后修正为一年期届满即可请求保单质押贷款。虽然时间上有所松动,但问题依然存在,因为"并非任何保单均有现金价值,保单没有现金价值者,即使经过再长的期限,也不可能具有现金价值;相反,即使没有经过一定期间,一旦具备现金价值,则可以用于贷款担保"①。为了彻底修正该问题,台湾地区所谓的"寿险示范条例"第19条改为"缴足保费累积达有保单价值准备金",不再设期间的限制。实际上,美国寿险实务中也多以保单具有现金价值或者贷款价值作为投保人办理保单质押贷款的唯一条件。②由此可见,我国在规定保单质押的条件时也当将具有现金价值作为保单质押的条件,而不必要求缴纳保费达到一定期间。

(二) 设立的程序

保单质押主要有两种方式:一是投保人把保单直接质押给保险公司,从保险公司取得贷款,如果借款人到期不能履行债务,当贷款本息达到退保金额时,保险公司终止其保险合同的效力;二是投保人将保单质押给银行,由银行支付贷款给借款人,当借款人到期不能履行债务时,银行可依据合同凭保单向保险公司要求偿还贷款本息,以满足其债权。相比较而言,在保险人作为贷款人时,由于保险合同中存在保单质押条款的制约,手续相对简单。因此,下文中主要介绍银行作为贷款人的情形。

1. 质押申请

持有寿险保单的投保人在银行办理保单质押贷款时,必须填写《寿险保单质押贷款申请书》和《寿险质押保单批改申请书》,并提供具有现金价值的寿险保单、合法有效的身份证件。

---

① 林勋发:《保险契约效力论》,今日书局1996年版,第27页。
② 参见欧阳海泉、廖焕国:《保单质押贷款的法律分析》,载《财经理论与实践》2004年第6期。

2. 银行债权人的受理与审核

在收到借款人的《寿险保单质押贷款申请书》、具有现金价值的寿险保单等有关资料后,银行会进行审核、调查,确认符合质押贷款的条件的,予以受理,并出具《质押保单临时收据》交借款人。银行将《寿险质押保单批改申请书》和质押保险单递交保险公司,由保险公司确认该保险单的真实有效性、核定现金价值的金额,出具同意保单质押的《寿险质押保单批改意见书》以及对申请质押的保单进行受理查询登记。银行收到保险公司的《寿险质押保单批改意见书》及质押保单后,根据保险公司核定的现金价值计算贷款金额,与借款人签订《保单质押协议书》和《小额质押借款合同》,收回《质押保单临时收据》。在与借款人办妥手续后,银行正式向保险公司发出保单质押贷款通知,保险公司对质押保单予以质押登记并进行相关控制。若经审核不同意贷款的,银行应及时将保单和有关资料退还借款申请人,办妥交接手续,同时通知保险公司撤销该寿险保单的受理查询登记。[1]

3. 贷款的发放与回收

签订《小额质押借款合同》后,银行应按要求及时发放贷款,并由会计部门将质押的保单视同现金入库保管。银行按合同约定的利率及贷款期限计算贷款利息,按期收回贷款本息。在借款人全部归还借款本息后,银行填写《贷款回收凭证》,与借款人在《质押凭证清单》上共同签章,将质押的寿险保单归还借款人,并凭还款凭证和《寿险质押保单批改意见书》等通知保险公司撤销对该寿险保单的出质登记。如果出质人不能按期归还贷款,银行应持质押保单、借款合同、《质押凭证清单》以及《寿险质押保单批改意见书》等凭证和资料直接到保险公司代投保人办理退保手续,退保款项优先偿还银行贷款本息。[2]

五、保单质押贷款的法律效力

(一)保单质权对质押标的的支配范围

保单质权对质押标的的支配,实际上是对质押标的交换价值的支配。质权人具有直接支配保单交换价值的权利,在借款人不能按期清还借款时,质权人可以依法对保单行使优先受偿权。此外,《民法典》第389条规定:"担保物权的担保范围包括主债权及其利息、违约金、损害赔偿金、保管担保财产和实现担保物权的费用。当事人另有约定的,按照其约定。"据此,保单质权所担保的范围应当按照该条规定来确定,具体包括主债权、利息、违约金、损害赔偿金和实现质权的费用。

---

[1] 参见江君:《人身保险单质押法律问题研究》,武汉大学2004年硕士学位论文。
[2] 参见吴占权、汤明远:《保单质押贷款若干问题的探讨》,载《金融教学与研究》2004年第5期,第33页。

（二）质权人的权利、义务

质权人的权利主要包括：

1. 占有或留置权利凭证

在保单质权存续期间，质权人可以持续不断地占有质权凭证；在其债权未获全部清偿前，质权人有权留置保单，以迫使债务人履行债务。

2. 转质

转质为动产质权的效力之一，但并不限于动产质权，权利质权亦有转质的适用。[①] 保单质权作为权利质权的一种，也应当适用转质的有关规定。

3. 孳息的收取权

人身保险单孳息的主要形式是保险人为其开出的分红保险单所支付的分红。实践中，大多数保险公司会在保险单周年日对已生效两年以上的保险单给付红利，红利的金额会随着保险单的年份而增加。红利的支付方式主要有现金、减少保险费、留存、购买增额保险费缴清保险、购买定期寿险、把保险单转换为保险费缴清保险单或两全保险。事实上，没有一种红利给付方式能够适合所有保险单所有人的需要，因此每个保险单所有人应根据自己的经济情况、需要和目的来选择。[②]

在保单质押中，质权人可以对上述现金红利和留存的孳息行使收取权。同时，按照《民法典》的规定，质权人所收取的上述孳息应先抵充收取孳息的费用，次抵原债权之利息，再抵原债权。[③]

4. 提存保险金

在保单质权所担保的债权清偿期届满前，若发生保险事故或被保险人生存至保险期满而依保险合同取得保险金，则质权人有权依法将该保险金向约定的机构提存，以便在清偿期到来时以该保险金来清偿债权。

5. 变价质押标的优先受偿

质权人在被担保的债权清偿期已届满而未获清偿时，为求优先受偿之实现，有权处分保险单。

质权人的义务主要包括：

1. 妥善保管质押保单
2. 在被担保的债权因清偿或其他原因消灭后，将保单退还给出质人，并及时将质权消灭的情况书面通知保险人

[①] 参见谢在全：《民法物权论（下）》，中国政法大学出版社1999年版，第828页。
[②] 参见许谨良等编著：《人身保险原理和实务（修订本）》，上海财经大学出版社2002年版，第162—163页。
[③] 参见谢在全：《民法物权论（下）》，中国政法大学出版社1999年版，第829页。

（三）出质人的权利、义务

出质人的权利如下：

1. 可用其他财产代替保险单以作为对债权的担保

2. 变更受益人

尽管保单已被出质，但出质人（仅指投保人或被保险人）仍可中途撤销或变更受益人，且无须征得保险人的同意，但必须书面通知保险人，并由保险人在保险单上批准。若投保人与被保险人非为同一人，还须征得被保险人的同意。[①]

3. 选择行使孳息收取权的形式

当出质人依照质押合同的规定保留孳息的收取权时，可以选择现金、减少保险费、留存、购买增额保险费缴清保险、购买定期寿险、把保险单转换为保险费缴清保险单或两全保险等形式，并行使收取权。

出质人的义务如下：

1. 行使保险合同解除权的限制

在保单质押期间，出质人解除保险合同必须经质权人的同意，否则出质人必须在清偿债务或者提供质权人认可的其他担保后方可解除保险合同。

2. 按照保险合同的约定一次或者分期缴纳保险费

六、保单质权的实现

保单质权的实现，是指债权人凭借其合法持有的质押保单满足自己的债权并在其权利可能或已经受到侵害时利用保单来保障自己的合法权利的方法和途径。因此，从广义上讲，人身保险单质押实现的途径主要包括两个方面：一是在预防功能上，质权人取得保单的红利或约定给付用以充抵被担保债权的本息；另一个是在保障功能上，在保单质权担保的债权已届清偿期而未受清偿时，质权人可以通过出售或者退保等方式处分质押保单权益。[②] 本节所说的保单质权的实现是从狭义上来理解的，仅指保单质押的保障功能，即在保单所担保的债权已届清偿期未获清偿时，质权人可以依法处分已经设质的保单以实现其债权。

由于保单所担保的主债权与保单的保险期间可能不一致，因此会出现保单所担保的主债权先于保险合同到期和后于保险合同到期这两种情形，相应地，对保单质权的实现应当分别讨论。

---

① 参见张顺荣：《试论保险单质押》，载《社会科学》1998年第11期，第42页。
② 参见周玉华：《保险合同法总论》，中国检察出版社2000年版，第377—378页。

（一）保单所担保的主债权先于保险合同到期

被担保债权的清偿期先于保单的保险期间届满的，质权人能否行使保单项下的给付金请求权而使被担保的债权优先受偿？这涉及债权质押实现中的一个重要问题，即被担保债权的清偿期先于出质债权的清偿期，质权人能否直接实现质权。有学者认为，被担保债权的清偿期先于保单的保险期间届满的，质权人需等到保单的保险期间届满后才能实现质押，否则保险人有权拒绝履行。《最高人民法院关于适用〈中华人民共和国担保法〉若干问题的解释》第102条规定："以载明兑现或者提货日期的汇票、支票、本票、债券、存款单、仓单、提单出质的，其兑现或者提货日期后于债务履行期的，质权人只能在兑现或者提货日期届满时兑现款项或者提取货物。"据此，在保单质押中也应当适用该规则。[①] 笔者认为，这种观点值得商榷。因为保单与其他作为质押标的的汇票、支票、本票、债券、存款单、仓单、提单等不同，虽然保单也有保险期间的约定，但投保人可以随时解除保险合同并取得解约金或保单的现金价值。因此，对保单质押而言，即使被担保债权的清偿期先于保单的保险期间届满，质权人仍然可以要求投保人解除保险合同以取得解约金或保单的现金价值，并就该部分款项实现其债权。

（二）保单所担保的主债权后于保险合同到期

被担保债权的清偿期后于保单的保险期间届满的，质权人如何实现质权？这涉及债权质押实现中的另一个重要问题，即被担保债权的清偿期后于出质债权的清偿期，质权人能否提前实现质权。在这种情况下，有些国家法律规定质权人不能提前受清偿，而只能对债权质押的标的提存，留待以后清偿质权人的债权。德国即采取这种做法。[②] 与此相对，我国《民法典》对担保物权的规定赋予质权人在提前受偿还是提存上的选择权，即质权人可以接受出质人的提前清偿，也可以接受出质人将保险金提存，待主债权到期后再就保险金优先受偿。

第四节 人身保险合同的受益人

一、保险受益人的概念

保险受益人，又称"保险金受领人"，有广义、中义和狭义三种不同的含义。广义的保险受益人不仅存在于人身保险合同中，而且存在于财产保险合同中，泛指保

[①] 参见李祝用、熊德政：《财险保单质押理论与实务问题研究》，载《保险研究》2004年第5期。
[②] 参见曹士兵：《中国担保诸问题的解决和展望——基于担保法及其司法解释》，中国法制出版社2001年版，第68页。

险事故发生后有权请求和受领保险金的人。中义的保险受益人存在于人身保险合同中,是指人身保险事故发生后有权请求和受领保险金的人。狭义的保险受益人则仅存在于含有死亡保险因素的人身保险合同中,是指被保险人死亡的保险事故发生后有权请求和受领身故保险金的人。① 本节此处所讨论的受益人是从中义上来说的,即指人身保险合同中由被保险人指定的享有保险金请求权的人,投保人、被保险人可以为受益人。

从上述概念可以看出,受益人具有以下几个特点:(1)受益人是享有保险赔偿请求权的人;(2)受益人是被保险人、投保人所指定之人;(3)受益人既可是投保人、被保险人之外的人,也可以是投保人、被保险人;(4)受益人一般没有资格限制,法人、自然人皆可充任受益人;(5)指定自然人为受益人的,不以具有民事行为能力的人或与被保险人有利害关系的人为限。(6)受益人不是保险合同的当事人,仅仅享有保险金请求权,而不负交付保险金的义务,是保险合同的关系人。

二、保险受益人的分类

按照不同的分类标准,受益人可以分为不同的种类:②

(一)可变更受益人与不可变更受益人

依保单所有人是否保留变更受益人的权利之标准,可以将受益人分为可变更受益人和不可变更受益人。可变更受益人是指保单中保留了变更受益人的权利,保单所有人可依自己的意愿变更指定的受益人。不可变更受益人指保单中未保留变更受益人权利,保单所有人不可以任意变更指定的受益人。我国《保险法》规定的受益人原则上属于可变更受益人,只有当事人明确指定为不可变更受益人或明示放弃对受益人变更、撤销的权利时,方可将其指定的受益人认定为不可变更受益人。这样做的好处在于,投保人或被保险人可以根据客观情况或主观意愿的变化随时变更或撤销其原先指定的受益人,这一方面尊重投保人、被保险人的真实意愿;另一方面能够预防指定受益人可能发生的道德风险。

(二)指定受益人与法定受益人

这种分类方法是按照受益人产生根据的不同所作的分类。指定受益人是指在人身保险合同中由被保险人或者投保人指定的在保险事故发生时有权受领保险金的人;法定受益人是指未指定受益人或指定受益人先于被保险人死亡或放弃受益

---

① 参见张秀全:《保险受益人研究》,载《现代法学》2005年第4期。
② 参见潘红艳:《人身保险合同受益人法律问题研究》,载《当代法学》2002年第2期;张秀全:《保险受益人研究》,载《现代法学》2005年第4期。

权、丧失受益权,又无其他指定受益人时,由法律推定的有权受领保险金的人。

(三) 原始受益人与后继受益人

按照受益人指定的先后顺序,可以将受益人分为原始受益人与后继受益人。原始受益人是指由订立保险合同的投保人或被保险人最初指定的受益人;后继受益人是指在合同存续期间原始受益人死亡而被保险人仍然生存时,被保险人再次指定的受益人。例如,投保人在合同中先指定妻子为原始受益人,妻子死后又指定子女为受益人,这里的子女就是后继受益人。

三、保险受益人的指定

(一) 指定受益人的主体

我国《保险法》第39条第1款规定:"人身保险的受益人由被保险人或者投保人指定。"由此可见,有权指定受益人的主体包括被保险人和投保人。

1. 投保人指定受益人

投保人是保险合同的当事人,所以可以指定受益人以享受保险合同规定的利益,但其指定的受益人以请求保险金额时生存为限。如果受益人在请求保险金额前死亡的,则投保人的指定失去效力,不能由受益人的继承人继承其权利。同时,投保人指定受益人,须经被保险人同意。法律之所以这样规定,目的是为了保护被保险人的利益。因为人身保险以被保险人发生保险事故为受益人获得保险金的前提,为了防止道德风险的发生,被保险人必须对受益人的道德品质进行考察,对可能存在道德风险之人,不会允许投保人将其指定为受益人。因此,投保人指定受益人,必须经被保险人同意。

2. 被保险人指定受益人

人身保险合同的受益人也可以由被保险人指定。被保险人为无民事行为能力人或者限制民事行为能力人的,其指定权由监护人代为行使。被保险人可以指定投保人为受益人,也可以指定投保人以外的第三人为受益人。合同订立时已经指定受益人的,合同成立后被保险人还可以追加指定受益人。[①]

(二) 指定受益人的限制

原则上投保人、被保险人可以指定任何第三人为受益人而不受限制,但少数国家和地区的法律基于某些特定考虑,明确规定只有对被保险人有保险利益的人才可以成为受益人,对被保险人无保险利益的人即使被指定为受益人,也无权请求给付保险金。例如,美国有的州保险法规定:凡就自己生命投保人寿保险的人,可以

[①] 参见邹海林:《保险法教程》,首都经济贸易大学出版社2002年版,第178页。

书面形式指定任何人为受益人,但受益人必须自始至终对被保险人有保险利益。我国台湾地区所谓的"简易人寿保险法"第 12 条也规定:以他人为被保险人时,须投保人或受益人与被保险人经济上切身利害关系者,方得要约。[①] 此外,在投保人以他人为被保险人而订立的死亡保险合同中,投保人在指定受益人时受到严格的限制,必须得到被保险人的同意。世界上大多数国家和地区的保险法采用这种做法。例如,日本《商法典》第 674 条规定:"订立因他人死亡而支付保险金额的保险契约时,应经该他人同意。但是,被保险人为保险金额受领人时,不在此限。"韩国《商法典》第 731 条规定:"关于以他人死亡为保险事故的保险合同中,在签订合同时必须经该他人的书面同意。"我国《保险法》第 39 条第 2 款规定:"投保人指定受益人时须经被保险人同意。投保人为与其具有劳动关系的劳动者投保人身保险,不得指定被保险人及其近亲属以外的人为受益人。"我国台湾地区所谓的"保险法"第 106 条规定:"由第三人订立之人寿保险契约,其权利之移转或出质,非经被保险人以书面承认者,不生效力。"

四、受益人的变更

从世界各国和地区保险法的规定来看,受益人的变更主要有两种立法例:[②]一是保留主义。即投保人或被保险人指定受益人时,须同时声明保留其处分权。否则受益人一经指定,投保人或被保险人就无权变更。在美国,依联邦最高法院的判例,投保人或被保险人在指定受益人时,未作保留处分权声明的,视为抛弃处分权。二是直接主义。即投保人或被保险人指定受益人后,除声明放弃处分权外,仍可以合同或遗嘱处分保险利益。换言之,投保人或被保险人未作明确抛弃的,视为其保留处分权。所谓以合同处理保险利益,是指投保人或被保险人在指定受益人后转让保险合同的,因保险合同而产生的一切权利义务应归受让人,并因此而产生受益人的变更。而以遗嘱处分保险利益,是指投保人或被保险人指定受益人后,仍然可以以遗嘱的方式将保险金变更为由其继承人分配。在美国,绝大多数法院只承认以下五种情况下遗嘱变更的效力:

(1)保险合同对受益人的变更无特别规定的,或者虽有规定但无须保险人同意即可将保险单送交保险人批注的,投保人或被保险人可以遗嘱变更受益人。

(2)如果受益人先于被保险人死亡,不论保险合同对受益人的变更有无特别规定,投保人或被保险人均可以遗嘱变更受益人。

---

① 参见李玉泉:《保险法(第三版)》,法律出版社 2019 年版,第 227 页。
② 同上书,第 228 页。

(3) 保险合同规定的受益人变更方式如系纯为保险人的利益或方便，保险人抛弃规定要求的，投保人或被保险人可以遗嘱变更受益人。

(4) 在军人保险的场合，为了顾及投保人或被保险人所处的独特环境并尊重其意思，特别容许其以亲笔遗嘱变更受益人。

(5) 法律特别容许以遗嘱变更受益人的。在此情形下，投保人或被保险人应严格遵守法律的规定，不仅变更受益人的书面形式要符合遗嘱的要件，而且还必须在遗嘱上注明所遗赠的保险合同。

我国《保险法》第41条规定："被保险人或者投保人可以变更受益人并书面通知保险人。保险人收到变更受益人的书面通知后，应当在保险单或者其他保险凭证上批注或者附贴批单。投保人变更受益人时须经被保险人同意。"由此可见，我国《保险法》采取的是直接主义，即投保人或被保险人在指定受益人后，除声明放弃处分权的，仍可进行变更。

第五节 人身保险合同的中止与复效

一、保险合同的中止

所谓保险合同的中止，是指在保险合同有效期内，因某种特殊事由的出现，使保险合同的效力处于暂时停止的状态。保险合同的中止与保险合同的终止不同。保险合同的终止使合同关系自终止之日起归于消灭，合同本身不复存在。保险合同的中止仅使保险合同的效力处于暂时停止状态，待中止之事由消失后，合同的效力即可恢复。

(一) 保险合同中止的适用范围

关于保险合同中止的适用范围，各国保险法的规定不尽相同。德国《保险合同法》关于续期保险费经宽限期未交付的法律规定，对于大部分险种均适用，不限于人身保险。因为财产保险中的长期保险或高额保险，也多有分期交付保险费的情形存在。意大利《民法典》关于保险合同中止的规定，适用于所有分期支付保险费的合同。该法典第1901条第2款规定："如果约定的期限届满，投保人没有继续支付保险费，自期间届满后第15日的24时起，保险契约处于效力未定状态。"在我国，保险合同的中止仅适用于人身保险合同。我国《保险法》第36条第1款规定："合同约定分期支付保险费，投保人支付首期保险费后，除合同另有约定外，投保人自保险人催告之日起超过三十日未支付当期保险费，或者超过约定的期限六十日未支付当期保险费的，合同效力中止，或者由保险人按照合同约定的条件减少保险金额。"

(二) 保险合同中止的构成要件①

长期人身保险合同具有投资和储蓄的某些性质,投保人在交付第一期保险费以后,可以分期支付保险费,除非保险合同另有约定,保险合同不能因为投保人暂时逾期交付保险费而失效。在投保人逾期未交付首期保费以外的其他保费时,应当按照双方当事人的约定处理。即遵循意思自治原则,当事人约定的解决方式优于法律规定。如果当事人未对此作出约定,投保人自保险人催告之日起超过30日未支付当期保险费,或者在投保人逾期未交保险费超过法定的60日期间后,保险合同的效力中止。

根据我国《保险法》的规定,人身保险合同在满足以下条件时,合同的效力中止:(1)投保人延期交付保险费。投保人在支付首期保险费后,未能在保险合同约定的期限内向保险人缴纳保险费。(2)投保人自保险人催告之日起超过30日未支付当期保险费或延迟缴费已经超过60日。投保人在保险合同约定的缴费日期经过后60日内没有缴纳保险费,或者保险合同对投保人缴纳保险费约定缴费宽限期,投保人在缴费宽限期过后60日内没有缴纳保险费。(3)保险合同没有约定其他补救办法。对于投保人缴费延迟,保险合同未约定合同效力中止以外的其他救济措施,诸如保险合同失效、解除保险合同、减少保险金额、保险费自动垫付等,人身保险合同的效力因投保人缴费延迟而中止。

(三) 保险合同中止的后果

保险合同的效力一旦中止,在效力中止期间,即使有保险事故的发生,保险人也不承担赔付保险金的责任。但是,保险合同的中止仅仅是合同效力的暂时停止,并不意味着保险合同的效力完全结束。相反,只要具备一定的条件,保险合同的效力即可恢复。

二、保险合同的复效

(一) 复效的概念

保险合同的复效,是指在导致保险合同效力中止的事由消除后,经过一定的程序,被中止的合同效力得以恢复。在因不能按期支付保险费而导致合同效力中止后,投保人既可以重新投保订立新的保险合同,也可以在一定条件下要求恢复原保险合同的效力。对投保人而言,通常情况下,恢复原保险合同的效力往往比重新投

---

① 参见徐卫东主编:《保险法学(第二版)》,科学出版社2009年版,第157—158页;邹海林:《保险法教程》,首都经济贸易大学出版社2002年版,第82页。

保更为有利。特别是在原保险合同效力中止或失效后被保险人已经超过投保年龄限制时,只有要求恢复原保险合同的效力,才能继续享有参加保险的权利。

世界各国和地区的保险立法大多对保险合同的复效作出了明确的规定。例如,韩国《商法典》第 650 条规定:"根据第 650 条第 2 款保险合同已终止而未支付终止返还金时,保险合同人在一定期间内向保险人支付保险滞纳金加约定利息则可以请求恢复该合同。对此情形,准用第 638 条之 2 的规定。"我国台湾地区所谓的"保险法"第 116 条第 3 款、第 4 款规定:"第一项停止效力之保险契约,于保险费及其他费用清偿后,翌日上午零时,开始恢复其效力。""保险人于第一项所规定之期限届满后,有终止契约之权。"我国《保险法》第 37 条第 1 款规定:"合同效力依照本法第三十六条规定中止的,经保险人与投保人协商并达成协议,在投保人补交保险费后,合同效力恢复。但是,自合同效力中止之日起满二年双方未达成协议的,保险人有权解除合同。"《保险法解释(三)》第 8 条规定:"保险合同效力依照保险法第三十六条规定中止,投保人提出恢复效力申请并同意补交保险费的,除被保险人的危险程度在中止期间显著增加外,保险人拒绝恢复效力的,人民法院不予支持。保险人在收到恢复效力申请后,三十日内未明确拒绝的,应认定为同意恢复效力。保险合同自投保人补交保险费之日恢复效力。保险人要求投保人补交相应利息的,人民法院应予支持。"

(二) 复效的条件

根据我国《保险法》的规定,人身保险合同的复效必须具备下列条件:

1. 投保人在法律规定的期限内提出复效申请

在保险合同效力中止后,如果投保人希望恢复保险合同的效力,则应当向保险人提出复效申请,并由保险人决定是否同意保险合同的复效。如果投保人不主动提出复效申请,则保险合同的效力不能自动恢复。此外,如果保险合同中止效力后经过两年,投保人没有申请复效的,保险人有权解除保险合同。有学者认为,在保险合同效力中止和失效时间超过两年后,投保人就不能申请复效。[①] 实际上,该观点有失偏颇。按照我国《保险法》第 37 条的规定,自合同效力中止之日起满两年双方未达成协议的,保险人有权解除合同。该条规定只是明确,在效力中止之日起两年内双方未达成协议的,保险人享有解除权,但并不意味着投保人在合同效力中止之日起经过两年就不能申请复效。事实上,投保人可以在保险合同效力中止后的任何期间内提出复效申请,除非保险合同另有约定或者保险人已经依法解除效力中止的保险合同。

---

① 参见李玉泉:《保险法(第二版)》,法律出版社 2003 年版,第 237—238 页。

2. 在申请复效时被保险人符合投保条件

在保险合同效力中止期间,被保险人的健康状况或职业可能有所变化。如果被保险人的健康状况恶化或者所变更职业的危险性增大,不符合承保条件的,保险人可以拒绝承保。所以,投保人和被保险人在申请复效时,必须遵循最大诚信原则,履行如实告知义务。保险人则根据投保人和被保险人告知的情况,判断是否承保。

3. 投保人补交保险费

在保险合同效力中止前未缴纳的保险费以及中止期间应当缴纳的保险费,在保险合同复效时投保人应当一次缴清。投保人补缴保险费确有困难的,也可以在征得保险人同意后分期支付。

4. 投保人和保险人达成复效协议

根据我国保险法的规定,投保人申请复效的行为并不能直接使合同的效力恢复,还必须征得保险人的同意。只有保险人同意接受投保人复效请求的,保险合同才能恢复效力。同时,如果投保人和保险人不能达成复效协议,则保险合同不能复效。事实上,相对于中止的保险合同而言,复效的保险合同并非一个新合同,而是原合同效力的延续。因此,只要投保人在复效时补缴保险费,并且被保险人符合投保条件,中止的保险合同即应恢复其效力,无须经过投保人和保险人双方就复效事宜达成合意。在美国,只要投保人符合复效条件,且已补缴所欠保费,合同即自动复效。我国台湾地区所谓的"保险法"在保险合同中止后复效的问题上,也仅以保险费是否再次缴付为条件,而不以达成协议为要件。[①] 上述立法例值得借鉴。

第六节　人寿保险合同

一、人寿保险合同的概念和特征

人寿保险合同是指投保人和保险人约定,被保险人在合同规定的年限内死亡或者在合同规定的年限届至时仍然生存的,由保险人按照约定向被保险人或受益人给付保险金的合同。人寿保险合同具有以下特征:[②]

1. 人寿保险合同以被保险人的生命为保险标的、以死或生为保险事故的发生

这是人寿保险合同与健康保险合同、意外伤害保险合同的不同之处。虽然健

[①] 参见江朝国:《保险法论文集(一)》,瑞星图书股份有限公司1997年版,第381—391页。
[②] 参见温世扬主编:《保险法(第三版)》,法律出版社2016年版,第207—208页。

康保险合同、意外伤害保险合同都是以人的身体和生命为保险标的，但健康保险是以疾病为保险事故的发生，意外伤害保险则以意外伤害为保险事故的发生，与人寿保险专以人的死、生为保险事故者有所不同。

2. 人寿保险合同为定额保险合同

人的身体和生命不同于财产，难以用金钱价值准确计量，所以在人寿保险合同中，保险人承担的不是损失补偿责任，而是给被保险人或受益人提供物质上的帮助。保险人给付保险金的依据是投保人与保险人在人寿保险合同中约定的保险金额，这使得人寿保险成为典型的定额保险。

3. 人寿保险是长期性合同

一般来说，财产保险合同的期限都比较短，而人寿保险合同则为长期合同，保险期限可能是几年、十几年甚至被保险人的一生。

4. 人寿保险单在一定条件下具有现金价值

人寿保险单的现金价值是指，在投保人已经交足两年以上的保险费而保险合同的效力消灭时，保险人应当退还投保人、被保险人或受益人的已经提取的责任准备金。因为人寿保险合同的投保人可以随时向保险人提出解除保险合同并领取退保金，持有人寿保险单相当于持有有价证券，所以人寿保险单具有现金价值，保单持有人可以将其转让或质押。

二、人寿保险的种类

按照不同的分类标准，人寿保险可以分为不同的种类：①

（一）以保险事故为区分标准，人寿保险可以分为死亡保险、生存保险和生死两全保险

1. 死亡保险

死亡保险是指以被保险人死亡为保险事故的人寿保险。死亡保险又可分为终身死亡保险和定期死亡保险。终身死亡保险是指以被保险人的终身为保险期间，不论被保险人何时死亡，保险人均须依约给付保险金的死亡保险。终身死亡保险的特点是以被保险人之终身保险期间，自保险合同生效之日起，被保险人无论何时死亡，保险人均负有给付一定保险金额的义务。这种保险的目的多在于为家属生活费预留保障，由此被保险人死后，遗族可以生活无忧。定期死亡保

---

① 参见林群弼：《保险法论（增订二版）》，三民书局2003年版，第547—556页；陈云中：《保险学（修订三版）》，五南图书出版公司1984年版，第372—380页；郑玉波：《保险法论》，三民书局1998年版，第166—171页。

是指以一定期间为保险期间,若被保险人于该期间内死亡,则保险人必须给付保险金的死亡保险。定期保险又可分为长期保险和短期保险两种。短期保险常见于空中旅行、海外旅游者自行投保或债权人为其债务人投保。长期保险期间通常为1年、5年、10年、15年及20年,有时也可约定保至被保险人60岁或70岁为止。在定期保险期限内,若被保险人死亡,则保险人必须给付保险金;若期限届满被保险人仍生存,则保险合同即行终止,保险人不必给付保险金,当然也不必退还保险费。

2. 生存保险

生存保险是指以被保险人在一定期限内生存为保险事故发生的人寿保险。保险期间届满,如果被保险人仍生存,保险人要给付保险金;如果被保险人在保险期间内死亡,则保险人不必给付保险金额,保险合同的效力同时终止。生存保险的性质比较特殊,与其他保险不同,主要是预防本人日后生活困难,使年老者能凭借此种保险金为生,使其安享晚年,所以投保人多为老年人。

3. 生死两全保险

又称"混合保险",即无论被保险人生存或死亡,达到一定时期后,保险人均须给付定额保险金的保险。生死两全保险的目的在于为被保险人提供双面救济:在保险期间内被保险人死亡的,被保险人的受益人可以享有受领保险金的权益;在保险期间内被保险人未死亡的,则被保险人本身亦可获得生活保障。因为在保险期间内无论被保险人生存或死亡,保险人均须给付保险金,所以投保人应缴纳的保险费通常高于单纯的生存保险或死亡保险的保险费。

(二)以保险金给付方式为区分标准,人寿保险可以分为一次给付保险和分期给付保险

1. 一次给付保险

在这种保险中,保险人在给付保险金时,一次将全部金额支付给受益人。普通人寿保险多属一次给付保险。受益人在获得一次给付的保险金后,可以将其存入保险公司,由保险公司给予最底限额的保证利息。

2. 分期给付保险

分期给付保险是指,无论何种人寿保险,当保险人决定给付时,给付金额依照保险合同约定分期支付给受益人。这种给付方式可以避免一次给付后受益人不善利用或浪费的弊端。此外,在分期给付保险中,因为以后各期给付的利息也应计算,所以保险费的负担较一次给付保险有所减轻。

（三）以保险经营方式为区分标准，人寿保险可以分为普通人寿保险和简易人寿保险

1. 普通人寿保险

普通人寿保险是指以通常的技术方法经营的人寿保险，这种保险由一般的经营人寿保险业务的保险公司经营。

2. 简易人寿保险

简易人寿保险一般是指保险金额小、保费低、交费期短、无须体检的人寿保险。"简易人寿保险"用语源自日本的"简易生命保险"，德法两国将其称为"国民保险"，英美两国将其称为"工业保险"。这种保险具有简易的投保程序，可便利一般大众，减轻其经济生活之威胁，其业务之经营兼有社会安全之目的，所以此种保险虽为营业保险，但兼有社会保险之性质。

（四）以保险合同利益之归属为区分标准，人寿保险可以分为为自己利益之人寿保险和为他人利益之人寿保险

1. 为自己利益之人寿保险

为自己利益之人寿保险是指投保人所订立的保险合同系为自己利益。在该种保险中，投保人与受益人必然为同一人；投保人与被保险人可能是同一人，也可能是不同的人。

2. 为他人利益之人寿保险

为他人利益之人寿保险是指投保人订立的人寿保险合同系为他人利益。在为他人利益之人寿保险合同中，投保人与受益人是不同的主体，但投保人与被保险人可以是同一人，也可以是不同的人。被保险人与受益人可以是同一人，也可以是不同的主体。

（五）以被保险人的危险程度为区分标准，人寿保险可以分为健体保险和弱体保险

1. 健体保险

健体保险是指被保险人的危险程度可依保险公司所订立的标准或正常费率来承保的保险，普通的人寿保险都属于健体保险。

2. 弱体保险

弱体保险又称"次标准体保险"，因被保险人属于次标准体或弱体，不能按照正常费率承保，但可用特别条件来承保。

（六）以被保险人的人数为区分标准，可以将人寿保险分为个人人寿保险、联合人寿保险和团体人寿保险

1. 个人人寿保险

个人人寿保险是指以某一特定个人为被保险人的人寿保险。在该种人寿保

中,被保险人人数只有一人。

2. 联合人寿保险

联合人寿保险是指以两人或两人以上为被保险人,而以其中的一人或一人以上的死亡或达到一定年龄尚生存为保险事故的发生。在保险事故发生时,其他被保险人均有领取保险金的权利。实践中,夫妻、父子、兄弟、姐妹通常以联合保险的形式投保。例如,夫妻两人投保联合人寿保险,其中一方死亡,他方即可获得保险金,经济生活不致发生困难。

3. 团体人寿保险

团体人寿保险是指以概括的某团体如学校、家庭、公司、工厂的全体成员为被保险人,由该团体负担保险费,而保险金则由死亡者之家属或其指定之人领取的人寿保险。这种人寿保险中,被保险人的资格因加入该团体并经通知保险人后即当然取得,因脱离该团体而当然丧失。

三、人寿保险合同的当事人及关系人

(一) 人寿保险合同的当事人

1. 保险人

人寿保险合同的保险人是依法设立的从事经营人寿保险业务的企业法人,自然人不能作为保险人从事人寿保险业务。我国《保险法》规定,经营人寿保险业务的保险人只能是人寿保险公司,财产保险公司不得为之。此外,我国《保险法》第95条第2款规定:"保险人不得兼营人身保险业务和财产保险业务。但是,经营财产保险业务的保险公司经国务院保险监督管理机构批准,可以经营短期健康保险业务和意外伤害保险业务。"

2. 投保人

人寿保险的投保人可以是自然人也可以是法人。作为投保人的自然人,必须具备民事行为能力。投保人可以本人的生命为保险标的,也可以他人的生命为保险标的,但以他人的生命为保险标的的,对被保险人应当具有保险利益。

(二) 人寿保险合同的关系人[①]

1. 被保险人

被保险人是保险合同的关系人,同时被保险人的生命也是保险合同的标的。所以,关于被保险人的资格的要求相对于投保人而言更为严格。关于被保险人,应当注意以下问题:(1) 被保险人必须为自然人。投保人不一定是自然人,法人也可

---

① 参见林群弼:《保险法论(增订二版)》,三民书局2003年版,第557—568页。

成为投保人,如公司可以为其债务人或重要职员投保寿险。法人由于其自身性质所限,没有死、生问题,所以法人不得为人寿保险的被保险人。(2) 被保险人与投保人可以为同一人,也可以是不同的人。由被保险人本人为投保人订立的保险合同为"为自己利益之人寿保险合同",由第三人为投保人订立的人寿保险合同为"为他人利益之人寿保险合同"。由于"为他人利益之人寿保险合同"的投保人与被保险人并非同一人,为了防止道德风险的发生,对该类人寿保险合同的订立、转让或出质均有严格的限制。例如,我国《保险法》第 34 条第 1 款规定:"以死亡为给付保险金条件的合同,未经被保险人书面同意并认可保险金额的,合同无效。"此外,《保险法》第 34 条第 2 款规定:"按照以死亡为给付保险金条件的合同所签发的保险单,未经被保险人书面同意,不得转让或者质押。"

2. 受益人

受益人是指依照保险合同约定,在保险事故发生时享有保险金请求权的人。受益人的资格并没有明文限制,自然人、法人均得为受益人。受益人一般由被保险人和投保人在订立合同时指定。受益人的人数可以是一人,也可以为数人。受益人为数人的,除保险合同中另有规定外,原则上应当依照民法上有关多数债权人的规定,平均分配其利益。此外,如果受益人中有代表者,则可由该代表受领保险金;如果受益人未设定代表或代表所在地不明的,保险人向受益人中之一人为保险金额的给付,通常对他人也属有效。

四、人寿保险合同的效力

(一) 人寿保险合同对保险人的效力

1. 保险金额的给付

根据人寿保险合同的约定,被保险人在保险期间内因保险事故死亡或者在保险期间届满仍然生存的,保险人有义务按照合同的约定向保险人给付保险金。由于人寿保险合同是定额保险,所以保险金额依照保险合同的规定。只要投保人愿意支付保险费,并且保险人愿意承保,就不会发生超额保险问题。

2. 保险单现金价值的返还义务[①]

保险单的现金价值,又称"保险单价值准备金",是人寿保险人为准备将来履行

---

① 《保险法解释(三)》第 16 条规定:"保险合同解除时,投保人与被保险人、受益人为不同主体,被保险人或者受益人要求退还保险单的现金价值的,人民法院不予支持,但保险合同另有约定的除外。投保人故意造成被保险人死亡、伤残或者疾病,保险人依照保险法第四十三条规定退还保险单的现金价值的,其他权利人按照被保险人、被保险人继承人的顺序确定。"

保险合同支付保险金义务所积存的金额。因为人寿保险具有储蓄性质,在投保人交付保险费后,保险人应将其一部分予以保留,尤其是对超收的保险费更应该积存起来,以便将来返还投保人或其指定的受益人。这种保险费的积累就是保险单现金价值的来源。按照我国《保险法》的规定,在以下几种情况下,保险人应当向投保人、被保险人或者受益人返还保险单的现金价值:(1) 投保人、受益人故意造成被保险人死亡、伤残或者疾病的,保险人不承担给付保险金的责任。投保人已交足二年以上保险费的,保险人应当按照合同约定向其他享有权利的受益人退还保险单的现金价值。(2) 以被保险人死亡为给付保险金条件的合同,自合同成立或者合同效力恢复之日起二年内,被保险人自杀的,保险人不承担给付保险金的责任,但被保险人自杀时为无民事行为能力人的除外。保险人依照前款规定不承担给付保险金责任的,应当按照合同约定退还保险单的现金价值。(3) 因被保险人故意犯罪或者抗拒依法采取的刑事强制措施导致其伤残或者死亡的,保险人不承担给付保险金的责任。投保人已交足二年以上保险费的,保险人应当按照合同约定退还保险单的现金价值。(4) 投保人解除合同的,保险人应当自收到解除合同通知之日起 30 日内,按照合同约定退还保险单的现金价值。

3. 代位求偿权的禁止

因为人寿保险是以被保险人的生命为保险标的,其因保险事故所生对于第三人的请求权具有身份上的专属性,所以不得代位行使。我国《保险法》第 46 条也规定:"被保险人因第三者的行为而发生死亡、伤残或者疾病等保险事故的,保险人向被保险人或者受益人给付保险金后,不得享有向第三者追偿的权利,但被保险人或者受益人仍有权向第三者请求赔偿。"因此,被保险人和受益人在取得保险金后,继续享有对第三人的损害赔偿请求权。

(二) 人寿保险合同对投保人的效力

1. 支付保险费的义务

按照人寿保险合同的约定,投保人有缴纳保险费的义务,并且这种缴费义务不具有专属性。我国台湾地区所谓的"保险法"第 115 条规定:"利害关系人,均得代要保人交付保险费。"这里所称的"利害关系人"包括被保险人和受益人。此外,虽然投保人有缴纳保险费的义务,但对于保险费,保险人不得以诉讼方式请求支付。不过,如果投保人不按期缴纳保险费,将产生以下法律后果:(1) 保险合同效力中止或按照保险合同约定的条件减少保险金额。我国《保险法》第 36 条规定:"合同约定分期支付保险费,投保人支付首期保险费后,除合同另有约定外,投保人自保险人催告之日起超过三十日未支付当期保险费,或者超过约定的期限六十日未支付当期保险费的,合同效力中止,或者由保险人按照合同约定的条件减少保险金额。"(2)保险人具有解除保险合同的权利。自保险合同效力中止之日起满两年双方当事人没有达成协议的,保险人有权解除保险合同。

2. 真实年龄告知义务

在订立保险合同时,投保人应就有关保险标的的情况及保险人提出的有关保险标的重要事实的询问如实回答保险人。在人寿保险中,投保人和被保险人要如实告知被保险人以往的病史、家族病史、年龄、性别等,其中如实告知被保险人的年龄尤为重要。按照我国保险法的规定,投保人对被保险人年龄的错误告知会产生以下法律效果:(1)投保人申报的被保险人年龄不真实,并且其真实年龄不符合合同约定的年龄限制的,保险人可以解除合同,并在扣除手续费后向投保人退还保险费,但是自合同成立之日起逾二年的除外。(2)投保人申报的被保险人年龄不真实,致使投保人支付的保险费少于应付保险费的,保险人有权更正并要求投保人补交保险费,或者在给付保险金时按照实付保险费与应付保险费的比例支付。(3)投保人申报的被保险人年龄不真实,致使投保人实付保险费多于应付保险费的,保险人应当将多收的保险费退还投保人。

第七节 健康保险合同

一、含义和特征

健康保险,是商业保险公司通过疾病保险、医疗保险、失能收入损失保险和护理保险等方式对健康因素导致的损失给付保险金的保险。健康保险有以下几方面的特征:

(一)承保危险具有综合性

健康保险的承保范围既包括被保险人的疾病、分娩等风险,又包括被保险人因疾病、分娩等导致的伤残和死亡,因此其承保危险具有综合性。所谓疾病,是指由于人身内在原因所导致的精神上或肉体上的痛苦和不健全。疾病有以下三方面的特性:(1)疾病的发生具有内在性。无论是自身身体病变还是因外部细菌传染而致病,都要在人身体内部经过一定时期的酝酿。(2)疾病具有潜伏性。疾病通常具有一定的潜伏期,无论是先天遗传的疾病还是后天的疾病,只要发病时间在健康保险合同的存续期内,都可以请求保险人赔偿。(3)疾病具有偶然性。一般情况下,人生以健康为常态,以疾病为变态,因此健康保险中疾病也以偶然发生者为限。被保险人因自然原因发生的年老、衰弱、退化等,均非因偶然原因发生的,所以不属于健康保险中的疾病范围。例如,被保险人因为自然衰老而死亡时,属于人寿保险的范围,健康保险的保险人不承担保险给付责任。①

（二）被保险人的资格受到一定限制

由于健康保险以人的身体和健康为保险标的,因此人身保险中对被保险人资格的限制也适用于健康保险合同。例如,投保人不得为无民事行为能力人投保以死亡为给付保险金条件的健康保险,保险人也不得承保,但父母为其未成年子女投保的健康保险除外。需要注意的是,死亡给付保险金额总和不得超过保险监督管理机构规定的限额。以死亡为给付保险金条件的健康保险合同,未经被保险人书面同意并认可保险金额的,合同无效,但父母为其未成年子女投保的健康保险除外。按照国外惯例,对于健康保险,除团体保险外,通常不接受16岁或17岁以下之被保险人的申请;即使保险人接受了其申请,在发生保险事故时,也仅以赔付必要的医疗费用为限。②

（三）健康保险具有损失补偿保险和定额保险的双重属性

在健康保险合同中,对于被保险人的工资收入和医疗费用的赔偿无法事先预定,只能在发生保险事故后,以实际损失金额来弥补,因而健康保险具有损失填补的属性。对于因疾病、分娩等导致被保险人伤残或死亡的,保险人赔偿的保险金额是订约时已经明确约定的金额,具有定额给付的属性。由此可见,健康保险同时具有损失补偿保险和定额给付保险的双重属性。

（四）承保期限上的短期性

目前,我国健康保险多以一年期的短期合同为主。产品险种主要集中于重大疾病保险、门诊及住院医疗费用保险等几类,其他市场急需的长期医疗险、长期护理保险和失能收入损失险等险种基本上还是缺失状态。③

（五）合同中的特殊条款

由于健康保险的风险不易控制和难以预测,保单有效期内有可能出现超过一次的理赔,保险金的索赔额差异较大,理赔认定带有一定的主观性,因此健康保险合同比人寿保险合同要复杂得多。除了与人寿保险相一致的条款,如保险合同构成条款、宽限期条款、复效条款、不可抗辩条款、理赔支付条款等,还有一些条款是健康保险合同所特有的,包括体格检查和尸体解剖条款、法律行为条款、既往病症除外条款、免赔额条款、共保条款、重复投保及保险金的协调给付条款等。此外,在

---

① 参见林群弼:《保险法论(增订二版)》,三民书局2003年版,第614页。
② 参见桂裕:《保险法(增订新版)》,三民书局1984年版,第399页。
③ 参见王硕:《我国商业健康险市场发展研究》,湖南大学2018年硕士学位论文。

健康保险合同中还常设有等待期条款,即在医疗保险、重大疾病保险这几类健康保险中,被保险人在首次投保时,自保险合同生效日起的一段时间内,被保险人患病所发生的费用,保险人根据合同约定不承担保险责任。①

二、健康保险的种类

对健康保险的分类,不同国家的做法各不相同。德国健康保险股份公司是一家专业经营健康保险的公司,目前是欧洲最大的商业健康保险公司,该公司将健康保险分为医疗费用保险、住院日额津贴保险和收入损失补偿保险(即失能保险)三类。美国健康保险学会将健康保险分为医疗费用保险、补充医疗保险、长期看护医疗保险、伤残失能保险和管理式医疗保险五类。在日本,健康保险分为门诊保险、住院保险、疾病医疗保险、护理保障保险和收入补偿保险五类。② 根据中国银行保险监督管理委员会 2019 年 10 月发布的《健康保险管理办法》第 2 条第 1 款的规定:"本办法所称健康保险,是指由保险公司对被保险人因健康原因或者医疗行为的发生给付保险金的保险,主要包括医疗保险、疾病保险、失能收入损失保险、护理保险以及医疗意外保险等。"由此可见,在我国健康保险包括疾病保险、医疗保险、失能收入损失保险和护理保险。具体来说,健康保险可以分为以下几种:

(一)疾病保险

疾病保险,是指发生保险合同约定的疾病时,为被保险人提供保障的保险。疾病保险有广、狭两种含义,广义的疾病保险是健康保险的旧称,与健康保险的意义相同。狭义的疾病保险是健康保险的一种。此处所说的疾病保险是从狭义上理解的,即当被保险人罹患保险单上约定的疾病时,保险人要承担赔付保险金的责任。③ 在我国目前的保险市场上,最常见的疾病保险包括两种:(1)重大疾病短期保险。保障范围大致包括以下几部分:第一,重大疾病保险金。在被保险人初次罹患重大疾病时,保险人应按保险金给付比例表的规定给付重大疾病保险金。第二,身故保险金。在被保险人身故时,保险人应按保险金给付比例表的规定给付身故保险金。第三,重大疾病住院医疗费用保险金。如果被保险人在合同生效或复效一年后因首次罹患重大疾病住院接受治疗,保险人应对实际住院医疗、医药费用支出按一定比例赔付保险金,最高以保险金额为限。(2)重大疾病终身保险。保障范围基本上包括以下几部分:第一,身故保险金。若被保险人身故,保险人应按保

---

① 参见王卫国:《保险法》,中国财经经济出版社 2009 年版,第 197 页。
② 参见杜佳琳:《我国商业健康保险需求影响因素研究》,中国海洋大学 2014 年硕士学位论文。
③ 参见郑玉波:《保险法论》,三民书局 1998 年版,第 200 页。

险单上载明的保险金额给付身故保险金。第二，重大疾病保险金。在合同生效日或最后复效日起一定时间后，若被保险人初患合同所列举重大疾病中的一种或多种，保险人应按保险单上载明的保险金额给付重大疾病保险金。第三，祝寿保险金。在被保险人生存至一定年龄时，按保险单上载明的保险金额给付祝寿保险金。

（二）医疗保险

医疗保险，是指按照保险合同约定为被保险人的医疗、康复等提供保障的保险，主要为被保险人接受诊疗期间的医疗费用支出提供保险保障。此类保险也属于社会保险的范围，在被保险人患病时可给予免费的诊疗或住院治疗，使其恢复健康，但不给付现金。如美国的蓝十字（Blue Cross）和蓝盾（Blue Shield）医疗保险，都非以赢利为目的。[1]

目前，我国医疗保险主要有两种，即费用补偿型医疗保险和定额给付型医疗保险。费用补偿型医疗保险是指根据被保险人实际发生的医疗费用支出确定保险金的医疗保险；定额给付型医疗保险是指按照合同约定金额给付保险金的医疗保险。在我国目前保险市场上，医疗保险的承保范围主要包括以下几方面：（1）住院费保障，对被保险人的住院费保险人按实际住院床位费用给付。（2）住院杂项费及手术费保障，对因住院所引起的杂项费及手术费超过一定数额的部分，保险人按比例给付保险金。杂项费及手术费一般包括：一般护理费、医药费、治疗费、诊疗费、检查费、化验费、放射费、麻醉费、输血费、输氧费、材料费、手术费。在合同有效期内，不论一次或多次发生住院医疗费用，保险人均按规定分别给付保险金，在累计给付保险金达到保险金额全数时，合同效力即行终止。（3）有的医疗保险单还附加器官移植保险。其内容包括在被保险人需住院治疗且施行器官移植手术时，由保险公司按手术内容给付器官移植保险金。在被保险人需住院治疗且施行非器官移植手术时，由保险人按手术等级给付手术医疗保险金；在每一保险期间内，保险人累计给付可达保单上载明的手术医疗保险金额。[2]

（三）失能收入损失保险

失能收入损失保险，是指以保险合同约定的疾病或者意外伤害导致工作能力丧失为给付保险金的条件，为被保险人一定时期内收入减少或者中断提供保险保障。鉴于该险种规定的时间不长，目前开办该险种的保险公司还为数不多。

（四）护理保险

护理保险，是指按照保险合同约定为被保险人日常生活能力障碍引起的护理

---

[1] 参见陈俊郎：《保险法规》，三民书局1998年版，第218页。
[2] 参见《新华人寿保险股份有限公司住院费用医疗保险（2007）利益条款》，https://static-cdn.newchinalife.com/ncl/pdf/20200401/ca72c526-52d5-4294-a8fc-c2b0ac5a4ce6.pdf，2020年7月30日访问。

需要提供保障的保险。面对日益增长的城市老龄人口现状，老人护理问题日益受到人们的关注。老人普遍患有慢性病或大病，无论住在普通医院还是护理医院，都必须支付一笔沉重的生活护理费（护工费）。这对老年人及其家属来说是一笔沉重的负担，不少老人因为支付不起这笔费用而只能留在家里。护理保险则为该问题提供了一个比较好的解决方案。

（五）医疗意外保险

医疗意外保险，是指为按照保险合同约定发生不能归责于医疗机构、医护人员责任的医疗损害提供保障的保险。

三、健康保险合同的当事人

健康保险合同的当事人为投保人和保险人，关系人则为被保险人和受益人。通常情况下投保人和被保险人为同一人，但也不排除在某些情况下投保人与被保险人为不同的主体，此时投保人对保险合同是否具有保险利益对保险合同的效力有着直接的影响。我国《保险法》第31条规定："投保人对下列人员具有保险利益：（一）本人；（二）配偶、子女、父母；（三）前项以外与投保人有抚养、赡养或者扶养关系的家庭其他成员、近亲属；（四）与投保人有劳动关系的劳动者。除前款规定外，被保险人同意投保人为其订立合同的，视为投保人对被保险人具有保险利益。"同时，《保险法解释（三）》第3条规定："人民法院审理人身保险合同纠纷案件时，应主动审查投保人订立保险合同时是否具有保险利益，以及以死亡为给付保险金条件的合同是否经过被保险人同意并认可保险金额。"所以，在健康保险合同由第三人订立时，为避免道德风险，第三人对该健康保险合同必须有保险利益。

四、健康保险合同的效力

（一）对保险人的效力

1. 支付保险金的义务

在被保险人因为疾病或其他原因导致健康受损或工作能力丧失时，保险人应按照保险合同的约定承担赔偿保险金的责任。保险人对被保险人医疗费用的赔偿可以分为两种类型：费用补偿型医疗保险和定额给付型医疗保险。其中，费用补偿型医疗保险是根据被保险人实际发生的医疗费用支出确定保险人应当支付的保险金。该种类型的健康保险合同与损害保险合同的性质完全相同，在合同的变更和解除方面也应参照损害保险合同办理。在定额给付型医疗保险合同中，保险人按照合同约定的金额向被保险人赔付保险金。该类型的保险合同属于定额保险合同，与人寿保险合同具有相同的性质。

2. 保险人的免责事由

(1) 被保险人在订立保险合同之时已经因为疾病或其他原因导致健康受损或工作能力丧失。由于健康保险合同是对未来的危险提供保障,如果在订立合同之时危险已经发生,则应将该危险排除在保险范围之外。例如,被保险人在订约时已患气管炎,保险人对该气管炎可免负责。但如果被保险人在订约后罹患盲肠炎,则保险人对该盲肠炎仍应负责。①

(2) 投保人、受益人和被保险人故意造成保险事故发生。我国《保险法》第43条规定:"投保人故意造成被保险人死亡、伤残或者疾病的,保险人不承担给付保险金的责任。投保人已交足二年以上保险费的,保险人应当按照合同约定向其他权利人退还保险单的现金价值。受益人故意造成被保险人死亡、伤残、疾病的,或者故意杀害被保险人未遂的,该受益人丧失受益权。"据此,投保人或受益人故意造成保险事故发生的,除投保人已交足二年以上保险费外,保险人应返还保单的现金价值外,但不承担赔付保险金的责任。此外,我国《保险法》第44条、第45条分别规定了被保险人自杀、故意犯罪以及抗拒依法采取的行政强制措施导致其伤残或者死亡的,保险人不承担赔付保险金的责任。依此类推,在健康保险中,被保险人故意造成保险事故发生、损害自己健康的,保险人也不承担赔付保险金的责任。

(3) 投保人与保险人可以约定的方式规定免责事由。例如,当事人可以在合同中约定,对下列事由保险人免于承担责任:A. 法定传染病;B. 美容手术及外科整形;C. 牙齿的治疗、镶补或装设义齿;D. 健康保险合同订立日或复效日起30日内所患之疾病;E. 被保险人未经医师指示,使用违禁药品以致疾病、伤残或死亡者。②

(二) 对投保人的效力

1. 缴纳保险费

投保人有义务按照保险合同约定的金额、期限和方式支付保险费。但是,与人寿保险合同不同之处在于,对于健康保险的保险费,保险人可以诉讼方式请求支付。③

2. 如实告知义务

因为健康保险合同的保险标的是被保险人的身体健康,被保险人的健康状况、

---

① 参见林群弼:《保险法论(增订二版)》,三民书局2003年版,第621页。
② 参见刘荣宗:《保险法》,三民书局1995年版,第461—462页。
③ 参见林咏荣:《商事法新诠(下)》,五南图书出版公司1989年版,第482页。

年龄、性别、职业、既往病史等与保险事故的发生有密切关联,保险人要借助上述信息决定是否承保以及采用何种保险费率。所以,在订立保险合同时,投保人对于被保险人的年龄、性别、职业、身体状况等保险人的询问事项负有如实告知义务。

3. 当事人破产的法律效果

保险人破产时,保险合同的效力终止,受益人可以向保险人请求赔付保险金。投保人破产时,保险合同的效力并不终止,仍为受益人的利益而存在。

4. 健康保险的投保人、被保险人、受益人对于保险人为被保险人所提存的责任准备金享有优先受偿的权利[①]

第八节 意外伤害保险合同

一、含义和特征

(一) 含义

意外伤害保险合同,简称"伤害保险合同",是指投保人和保险人约定,在被保险人遭受意外伤害或由此导致伤残、死亡时,由保险人承担赔付保险金责任的保险合同。意外伤害保险以被保险人遭受意外伤害及其所致伤残或死亡为承保范围。在此,需要明确两点:(1) 所谓意外伤害,是指因不可预料的事故或不可抗力导致的人身伤害。因此,如果被保险人因为故意或犯罪行为造成自己身体伤害,则不属于意外伤害保险的承保范围,保险人不承担赔付保险金的责任。(2) 所谓人身,是指人体的天然部分,现代医学上为残疾人配置的各种装置,如假牙、假眼、假手、假腿等,如果受到损害,都不是人身伤害。

(二) 特征

意外伤害保险具有以下几方面的特征:

1. 承保危险为意外伤害

在健康保险中,保险事故是由内在疾病引发的。[②] 而在意外伤害保险中,保险事故是由外部伤害引发的。该外部伤害具有以下几方面的特性:(1) 外来性。该伤害必须是由于外部事故直接导致的。如果被保险人由于忧郁过度造成身体伤害,则应该属于健康保险的范围,不适用意外伤害保险合同。(2) 偶然性。伤害事故的发生必须具有偶然性,即伤害事故是被保险人不能预见并且是不能避免的。

---

① 参见郑玉波:《保险法论》,三民书局1998年版,第204页。
② 虽然疾病在很多情况下是由外部细菌侵入导致的,但疾病最终还是从人体内部引发的,所以与外部伤害有所不同。

如果被保险人故意造成自身伤害，如故意从楼下跳下，则不属于保险人的承保范围。(3) 急剧性。通常情况下，从事故的发生到伤害结果的造成，其中间过程是非常短暂的。①

为了深刻了解意外伤害的含义，以下我们通过一则案例进行说明。李某投保了人身意外伤害保险，同时附加了意外伤害医疗保险。一天，李某因支气管发炎去医院求治。医院按照医疗规程操作，先为被保险人进行青霉素皮试，结果呈阴性。然后，医院按医生规定的药物剂量为其注射青霉素。治疗两天后，被保险人发生过敏反应，虽经医院全力抢救，但医治无效死亡。医院出具的死亡证明是：迟发性青霉素过敏。李某的受益人持医院证明及保险合同向保险人提出索赔申请。保险公司接到受益人的申请后，内部产生两种不同意见：一种意见是，被保险人是在接受疾病治疗过程中死亡的，不属于"意外伤害"的范畴。由于被保险人投保的是人身意外伤害保险，并非疾病保险、医疗保险，因此保险人不应承担给付保险金的责任。另一种意见是，尽管被保险人是在治疗疾病过程中死亡的，但由于迟发性青霉素过敏对于医院和被保险人来说均属突然的意外事件，对于具有过敏体质的人来说尤其如此。因此，对于青霉素过敏导致的死亡，可以比照中毒死亡处理，而不能认为是因疾病导致死亡。也就是说，排除了被保险人因疾病死亡的可能性，只能视为意外死亡。所以，保险人应按照人身意外伤害险的保险合同规定，履行给付保险金的义务。

按照我们对外部伤害的分析，外部伤害具有三方面的特性：外来性、偶然性和急剧性。首先，在本案中，医院按照医疗规程为其注射青霉素药物，可以认定青霉素为"外来的"物质，符合外来性的构成要件。其次，李某接受青霉素皮试结果呈阴性，并没有过敏反应，而是在治疗两天后发生迟发性青霉素过敏。虽然医生应当知道病人中可能有迟发性青霉素过敏反应的人，但究竟在何人身上、何时发生，对医生而言是很难预测的，所以本案中李某的死亡具有偶然性。最后，虽然从对李某注射青霉素到其死亡经过了两天时间，但是从李某因迟发性青霉素过敏产生反应到其死亡只经历了很短暂的时间，这也符合急剧性的特性。综上所述，被保险人李某的死亡完全符合"外部伤害"的特性，保险人应当承担赔付保险金的责任。

还有一则案例可以帮助我们进一步加深对意外伤害的理解。刘女士于2003年在某人寿保险公司购买了"健乐增额终身重大疾病保险"，附加人身意外伤害保险和意外伤害医疗保险。2004年7月11日下午2时许，她外出办事，刚下出租车，便觉阳光刺眼，眼前一黑，接着向后摔倒在地，昏迷约20分钟。经大夫诊断为"摔

---

① 参见温世扬主编：《保险法（第三版）》，法律出版社2016年版，第222—223页。

伤头部、后枕部"，为此花去医疗费3500多元。不料,当她就此向保险公司申请赔偿时,却被断然拒绝。该保险公司理赔部门负责人认为,该保险单上已特别说明:意外伤害,是指遭受外来的、突发的、非本意的、非疾病的使身体受到伤害的客观事件。刘女士是自己晕倒,这种情况根本不属于意外伤害。刘女士认为,阳光刺眼、温度过高等因素属于"外来的",这种情况同时也符合"突发的、非本意的、非疾病的"等条件。为此,她前后跑了60多次保险公司,还向消协等部门求助,均无果。对于该案件,实务界的见解各不相同。有律师认为,这种情况其实一直存在争议,比如中暑或宫外孕,有的人认为是意外,有的人则认为是疾病,目前多数人倾向于认为其属于疾病。就刘女士一案来说,由于刘女士一开始在索赔申请中填写的是"突然晕倒",而非"摔倒",所以形势对她很不利。也有律师认为,这种情况很明显属于意外伤害,保险公司应给予理赔。①

有学者认为,刘女士提出的其所受到的外来事故是"阳光刺眼",但此种因素与刘女士头部的伤情并无必然的、直接的联系。同时,按照一般人的通常理解,"阳光刺眼"并非导致人晕倒的必然原因,一般情况下人们都能够忍受"阳光刺眼"。因此,可以推断刘女士身体上一定存在某种病态或体质差异,造成其晕倒的最主要原因还是其自身因素,而非意外伤害。此外,刘女士提出的"阳光刺眼、温度过高"属于外来的、突发的因素也不能成立。从通常意义上讲,外界阳光光线强和温度过高并非突然发生的,而是在一定的时间内缓慢积累起来的。就像中暑一样,而中暑的发生是可以预测、可以避免的。在高温天气可以减少外出时间,还可以随身准备相关药物,在轻度中暑时可以防治。因此,刘女士不能请求保险公司承担保险责任。

笔者认为,上述分析不无道理,但是都没有指出本案的关键所在。刘女士遭受伤害的表面原因虽然是阳光刺眼、温度过高,但深入分析之后不难发现,真正导致刘女士受伤的是其因为头晕而摔倒的事实。整个过程可以表示为:

阳光刺眼──→头晕──→摔倒──→受伤

由此可见,导致刘女士受伤的真正原因是摔倒,而非阳光刺眼、温度过高,也非因阳光刺眼导致的昏晕。而摔倒这一事实符合意外伤害的外来性、偶然性和急剧性。因此,刘女士的伤害属于意外伤害保险的承保范围,保险人应当赔付保险金。

实际上,与本案类似的案例很多,比如因为中暑导致摔伤。大多数保险公司都认为,中暑是身体对自然气温变化的不适应,属于生理反应,因此算是疾病的一种,

---

① 参见何酷:《阳光刺眼摔昏"意外伤害"保险理赔起争议》,胶东在线,2005年5月16日,http://www.jiaodong.net/news/system/2005/05/16/000730461.shtml,2020年7月30日访问。

并非外来突发的事故,因此不属于意外伤害事故。国外学者也大多认为,意外伤害保险单应当将被保险人由于外界气候原因造成的中暑排除在承保范围之外。① 不过,如果被保险人因中暑摔倒受伤,则属于意外事故,可以按照意外伤害保险合同的规定得到相应的赔偿。

2. 意外伤害保险原则上为定额保险

意外伤害保险的保险标的为被保险人的身体利益,当被保险人遭受伤害或死亡时,其身体利益是无法用金钱衡量的。保险人向受益人赔付的保险金并非被保险人身体利益的等价表现,因此保险人应当按照合同约定的金额赔付保险金,不能随意增减。在通常情况下,意外伤害保险合同是一种定额保险合同。但在某些情况下,意外伤害保险合同也可以约定非定额给付。例如,在 Theobald v. Railway Passenger's Assurance 一案中,涉案保险单中包含两个不同的条款:(1) 如果被保险人遭受意外伤害遭受意外伤害死亡,保险人赔付受益人 1000 英镑保险金;(2) 如果被保险人未死亡,则保险人在 1000 英镑的限额内赔偿被保险人住院治疗所花费的各种费用。在该保单中,第二个条款体现了意外伤害保险合同的补偿性,即补偿被保险人因遭受意外伤害所支付的医疗费、手术费等。②

3. 保险费率的确定主要取决于被保险人的职业

通常情况下,无论被保险人是男是女、年长年幼、体格健壮还是体弱多病,在相同的环境中,他们身体遭受意外伤害的可能性大体上是相同的。因此,被保险人遭受意外伤害的概率主要取决于其职业、工种或所从事的活动。在其他条件相同的情况下,被保险人的职业、工种或所从事的活动的危险程度越高,保险费率就越高,投保人应缴纳的保费就越多。③ 在美国,伤害保险就是依照职业分类确定保险费率的。例如,《纽约州保险法》第 164 条规定:被保险人更改职业,从合同约定的一类转入危险较大的其他种类,或同时从事危险较大的他类职业而受到伤害时,除因处理家庭事务或在消遣中涉及他类职业外,保险人仅就其所付保险费依该他类职业所得投保金额负责,但仍以该他类之职业为保险人所定职业类别范围所列入者为限。依照该规定,被保险人改从危险较大的职业时,保险人得减少其保险金额而仍维持保险合同的效力,但如被保险人所从事之职业为保险人所订职业门类所不列者,则保险人可不负责。④

---

① See Raoul Colinvaux, *The Law of Insurance*, 5th ed., Sweet & Maxwell, 1984, p.374.
② Ibid., p.372.
③ 参见王肃元主编:《保险法学》,中国人民公安大学出版社 2003 年版,第 234 页。
④ 参见陈俊郎:《保险法规》,三民书局 1992 年版,第 232 页。

4. 意外伤害保险的保险期限较短

意外伤害保险是短期险,以一年期为多,也有几个月或更短的。例如,各种旅客意外伤害保险,保险期限为一次旅程;出差人员的平安保险,保险期限为一个出差周期;游泳者平安保险期限更短,只有一个场次。

二、意外伤害保险的分类

按照不同的标准,意外伤害保险可以分为不同的种类:

第一,按实施方式的不同,可分为自愿意外伤害保险和强制意外伤害保险。自愿意外伤害保险是指投保人和保险人在自愿协商的基础上订立保险合同。强制意外伤害保险是指国家机关通过颁布法律、行政法规、地方性法规等强制施行的意外伤害保险。

第二,按承保危险的不同,可以分为普通意外伤害保险和特定意外伤害保险。普通意外伤害保险也叫"一般意外伤害保险",是以个人在日常生活中可能遭遇的伤害为承保事故的保险,如滑倒致伤、骑车撞伤、沸水烫伤等。特定意外伤害保险是以特定时间、特定地点或特定原因发生的意外事故为承保危险的意外伤害保险,如煤矿井下职工意外伤害保险。

第三,按是否具有储蓄特征,可以分为非储蓄型意外伤害保险和储蓄型意外伤害保险。储蓄型意外伤害保险是指投保人缴纳一定的储金,以储金的利息作为保险费,待保险合同终止时,保险人退还全部储金的保险,如终生储蓄返本型意外伤害保险。大多数意外伤害保险都是非储蓄型意外伤害保险,即投保人缴纳保险费,保险人在发生保险事故时赔付保险金,并且投保人缴纳的保险费没有储金的性质。

第四,按保险期限划分,可分为一年期、极短期、长期意外伤害保险。大多数普通意外伤害保险都属于一年期意外伤害保险,如中美大都会人寿保险股份有限公司的附加一年期意外伤害保险、平安一年期交通意外险等。极短期意外伤害保险是指保险期限不足一年,往往只有几天、几小时甚至更短的意外伤害保险。长期意外伤害保险是指保险期限超过一年的意外伤害保险,大多数为满期还本、带有储蓄性的保险。

三、意外伤害保险的主要险种介绍

(一)团体意外伤害保险

团体伤害保险是多数被保险人作为一个团体,通过一张总的保险单为团体成员意外伤害提供保障的保险。例如,永诚财产保险股份有限公司推出的团体人身意外伤害保险,该保单对被保险人的要求是年满16周岁至65周岁、身体健康、能正常工作或正常劳动的自然人;单位投保人数必须占在职人员的75%以上,且投保人数不低于8人。被保险人遭受意外伤害而致身故、伤残的,均可按保险合同的约定获得全部或部分保险金的给付。

(二) 旅行意外伤害保险

旅行伤害保险是以被保险人在旅途中因意外事故遭受伤害为保险事故的保险,分为国内旅行伤害保险和海外旅行伤害保险两类。[①] 前者如人保"神州逍遥行"——境内旅行意外伤害自助式组合保险,理赔范围包括被保险人在境内旅行期间发生的意外身故、伤残等产生的医疗费用等。后者如人保财险推出的"四海逍遥行"——境外旅行意外伤害自助式组合保险,理赔范围包括被保险人在境外旅行期间发生的意外身故、伤残等产生的医疗费用、境外紧急救援费用等。

(三) 交通意外伤害保险

交通意外伤害保险是以搭乘飞机、火车、电车、公共汽车等定期或定时依一定路线飞行或行驶的交通工具发生的伤害为承保危险的伤害保险。例如,人保财险推出的营运交通工具乘客意外伤害保险,凡年满3周岁至70周岁、身体健康、能正常工作或正常劳动的持有效客票乘坐合法营运的交通工具,包括飞机、火车(含地铁、轻轨)、汽车(含电车、有轨电车)、船舶的乘客,都可以投保该保险。被保险人在交通工具内因交通事故导致身故、伤残的,均可按保险合同的约定获得全部或部分保险金的给付。

四、意外伤害保险合同的效力

(一) 对保险人的效力

1. 支付保险金的义务

根据意外伤害保险合同的规定,在被保险人遭受意外伤害或由此导致伤残、死亡时,保险人应承担赔付保险金的义务。保险金额的多少,由双方当事人在保险合同中约定,可以分为定额给付和不定额给付。对于因意外伤害造成被保险人伤残、死亡,保险人按照合同的规定赔偿伤残保险金、死亡保险金的,属于定额给付;对于被保险人因意外伤害所支付的医疗费用,保险人按照其实际支出的医药费和手续费承担赔付保险金的责任的,属于不定额给付。

---

① 参见郑玉波:《保险法论》,三民书局1984年版,第206页。

2. 保险人的免责事由

(1) 被保险人因自杀或犯罪行为受伤、伤残或死亡

如果被保险人因自杀或犯罪行为受伤、伤残或死亡,却仍然要求保险人承担赔付保险金的责任,则无异于鼓励违法行为的实施,不利于防范道德风险的发生。在保险实务中,对被保险人的死亡是自杀还是事故造成的举证责任,一般都属于保险金受益人,但是在特殊情况下也存在例外。例如,在日本的一则案例中,被保险人A在失踪3年半以后被发现死于车祸。由于A在数年前已经死亡,并且事故的发生现场又在山沟里,要求受益人承担举证责任显然不合理,因此法院要求保险人承担举证责任。① 此外,这里所说的犯罪行为,仅指被保险人违反刑法、构成犯罪的行为,如果被保险人违反的是行政法,则不属于犯罪行为。例如,被保险人违反《道路交通安全法》造成自己伤残或死亡时,因其行为不属于犯罪行为,所以保险人仍然要承担赔付保险金的责任。

(2) 受益人故意伤害被保险人

在受益人故意伤害被保险人未遂时,被保险人可以撤销其受益权;如果受益人故意伤害被保险人既遂,则受益人无权请求保险人赔付保险金。由于受益人故意伤害被保险人的意图在于获得保险金,无论其加害行为既遂还是未遂,都不应当享有保险金的请求权。② 因此,为了防止道德风险的发生,在受益人故意伤害被保险人时,保险人不承担赔付保险金的责任。

(二) 对投保人的效力

1. 缴纳保险费

意外伤害保险合同订立后,投保人的主要义务就是要向保险人支付保险费。与健康保险合同相似,对于意外伤害保险的保险费,保险人可以诉讼方式请求支付。③

2. 如实告知义务

由于意外伤害保险以被保险人遭受意外伤害为承保危险,而被保险人所遭受意外伤害的概率又是与其所从事的职业密切相关。因此,在订立合同的时候,投保人必须履行如实告知义务,向保险人详细陈述被保险人的职业等有关情况。

3. 当事人破产的法律效果

保险人破产时,保险合同的效力终止,受益人可以向保险人请求赔付保险金,

---

① 参见沙银华:《日本经典保险判例评释(修订版)》,法律出版社2011年版,第156页。
② 参见林群弼:《保险法论(增订二版)》,三民书局2003年版,第636页。
③ 参见林咏荣:《商事法新诠(下)》,五南图书出版公司1989年版,第482页。

具体按订约时的保险费率比例计算。投保人破产时,保险合同的效力并不终止,仍为受益人的利益而存在。

第九节 相互保险模式探究

一、相互保险制度的起源

相互保险,指具有同质风险保障需求的单位或个人,通过订立合同成为会员,并缴纳保费形成互助基金,由该基金对合同约定的事故发生所造成的损失承担赔偿责任,或者当被保险人死亡、伤残、疾病或者达到合同约定的年龄、期限等条件时承担给付保险金责任的保险活动。相互保险制是成员间同舟共济、风险共担的商业保险制度。

近代相互保险制度发源于17世纪的英国,其发端时期的典型个案是伦敦火灾相互保险友爱社(以下简称"伦敦火险友爱社")的建立和发展。发端于英国的相互保险制度,既带有中世纪英国行会互助性质,也具有近代商业契约性质,是英国制度渐进式现代化特征的重要体现。1666年9月2日至6日,伦敦市发生超大型火灾,造成巨大的财产损失,但也推动了英国财产保险制度的发展,成为世界相互保险制度发展的历史契机。伦敦火险友爱社成立于1683年,终止于1700年,是伦敦大火后兴起的火灾保险组织之一。伦敦火险友爱社成员最多时达1.8万人,大约是当时伦敦总人口的3%,可见其规模之大。一般认为,伦敦火险友爱社是英国最早的相互保险组织。

英国没有一部完整的成文保险法,保险业的法律规范主要集中于事后监管性的规定。因注重相互保险公司的自治性,相互保险公司的内部自治章程成为英国监管当局对相互保险进行监管的主要方式。

1875年,英国《互助社审慎监管暂行规则》的通过,标志着法律层面开始对互助社进行全面的监管。

20世纪80年代后期至90年代初期,相互保险迎来发展巅峰,占全球保险市场的份额将近66%。

二、相互保险制度的特征

在发达国家,相互保险已有100多年历史。20世纪60年代,相关行业公司在日本占市场份额的76%,在美国占比也超过60%。截至2017年,根据国际相互合作保险组织联盟(ICMIF)统计数据,全球相互保险收入1.3万亿美元,占全球保险市场总份额的27.1%,覆盖9.2亿人。

相互保险公司具有独特的组织管理形式和运营方式。相互保险公司没有股份公司中的股东,公司成员就是作为被保险人的会员;会员大会是公司的权力机构,下设董事会和经理机构;公司的日常运作由经理部门负责。相互保险公司的资金不是由股东出资筹集,而是由会员缴纳会费(保费)构成的。相互保险的被保险人既是保险关系中的被保险一方,同时又是相互保险公司的成员,即公司的会员,会员退出的同时保险关系也随之终止。相互保险公司的经营目的是最大限度地保障会员的共同风险,而不是公司取得最大利润。正是基于以上特征,具有共同的特殊风险利益者之间才能够建立起成本低、便于调整保险范围和保险费率的相互保险关系,以共同抵御风险。

由于组织形式的特殊性,相互保险公司没有外部股东,公司由全体投保人共同所有,不存在投保人与保险人之间的利益冲突。因此,相互保险具有以下独特优势:(1) 投保人和保险人利益一致,能够较好地实现以客户利益为中心;(2) 展业费用较低,核灾定损准确度较高,可以有效降低经营成本;(3) 没有股东盈利压力,公司资产和盈余都用于被保险人的福利和保障。

相互保险是全球保险市场体系的重要组成部分,具有独特的发展活力和竞争优势,有望成为保险业增长新引擎。

三、相互保险制度在我国的发展:从"相互保"到"相互宝"

2015年1月,原保监会印发《相互保险组织监管试行办法》,初步确立了相互保险发展和监管的基本理念及核心原则。该办法第2条规定:"本办法所称相互保险是指,具有同质风险保障需求的单位或个人,通过订立合同成为会员,并缴纳保费形成互助基金,由该基金对合同约定的事故发生所造成的损失承担赔偿责任,或者当被保险人死亡、伤残、疾病或者达到合同约定的年龄、期限等条件时承担给付保险金责任的保险活动。"

2018年10月16日,由蚂蚁保险、芝麻信用、信美人寿相互保险社(以下简称"信美")联合发布的"相互保"产品上线,这种全新的保险形式打破了我国传统保险模式。"相互保"是蚂蚁会员(北京)网络技术服务有限公司作为投保人向信美投保的团体保险,由双方共同管理,这符合相互保险的原则。"相互保"采用后付费模式,降低了保险公司的承保风险,开创了"0元入保"的保险新模式。但是,具体来看,信美只提供了理赔条款,即使没有信美承保,"相互保"也可以独立运营,本质上和之前成立的众筹平台如抗癌公社、轻松筹等相似。因此,"相互保"是具有网络互助众筹特征的一种保险模式。

"相互保"推出不久,银保监会以专项整治以网络互助计划形式非法从事保险业务的不当行为、划清互助计划与保险产品界限、防范误导消费为由,对这款团体重疾保险产品的业务开展情况进行了现场调查,约谈了信美,指出其涉嫌存在未按规定使用经备案的保险条款和费率问题。

2018年10月28日,"相互保"发布公告,宣布将升级为"相互宝",并将其定位为一款基于互联网的互助计划,"相互宝"将不再由信美相互承保。经过整改的"相互保"彻底放弃了保险的属性,"相互宝"不再是保险产品,变成网络众筹互助计划,由蚂蚁金服负责运营。

正如监管层的认定那样,依据国内现有保险法律框架,很难认定"相互保"是一款合格的保险产品。这也从另一个层面说明,尽管我国已经颁布了相关相互保险的法律制度,也发放了相互保险的牌照,但仍需明确相互保险和网络互助的法律地位,进一步健全和完善现有的法律和监管制度。

相互保险新模式的兴起与互联网巨头的"加持",使相互保险热度不减。与此同时,互联网思维和互助共济理念在健康保险领域的应用降低了大病保障的门槛,填补了中低收入人群的医疗保障缺口。在现有的医疗保障体系中,贫困人口医保由政府兜底,如医疗救助、精准扶贫等措施。而对于中等收入阶层来说,除了基本医保以外,还需要一些商业保险作为补充,相互保险模式实际上是一个不错的选择。

2016年6月,原保监会发放了3张相互保牌照,分别给了众惠财产相互保险社(以下简称"众惠")、信美和汇友建工相互保险社(2018年7月更名为"汇友财产相互保险社",以下简称"汇友")。目前,3家相互保险社业务规模都不大,均处于亏损状态:开业首年(2017年),信美、众惠、汇友的保险业务收入分别为4.74亿元、6771.14万元、465.31万元;分别亏损1.69亿元、6058.54万元、3106.63万元。2018年前三季度,3家相互保险社分别亏损3338万元、4012万元、409.5万元。在我国,目前这一行业发展缓慢,除个别试点外,鲜有市场自发形成的相互制保险组织存在。

相互保模式给保险业带来了巨大的冲击,但我们有理由相信,相互保险制度在我国拥有广阔的发展前景。数据显示,"相互保"上线8天就有1000万人参保,上线不足两个月的时间里已有2000万人参保,其巨大规模引起各保险公司的关注。此外,中金公司2015年发布的一份研究报告指出,中国相互保险市场前景广阔,2025年相互保险市场份额有望达到10%,市场空间预计达到7600亿元左右。

相互保险是一次积极尝试,是保障类产品向精细化和多层次化方向发展的探索。虽然短期来看,它并无可能全面冲击和取代重疾险市场,但从中长期趋势看,相互保险可以成为保障类产品的有益补充,推动保险行业的覆盖与渗透。相互保险期待着萌发,更期待着相关理论的健全和完善。

 示范案例

【案情简介】[①]

张某向银行贷款 30 万元用于养殖业投资,因技术问题,张某所养观赏鱼几乎全部死亡。张某遂将设备等固定资产卖得 10 万元,以其儿子为被保险人、妻子为受益人购买了投资连接型人寿保险,保险费一次交清。银行要求张某偿还贷款未果,向法院申请强制执行其人寿保单,以取得保单的现金价值 9.5 万元用于偿还贷款。

【思考方向】

人寿保险合同权益能否被强制执行?

【适用法条】

1. 《保险法》第 15 条:"除本法另有规定或者保险合同另有约定外,保险合同成立后,投保人可以解除合同,保险人不得解除合同。"

2. 《保险法》第 47 条:"投保人解除合同的,保险人应当自收到解除合同通知之日起三十日内,按照合同约定退还保险单的现金价值。"

3. 《最高人民法院关于人民法院民事执行中查封、扣押、冻结财产的规定》第 7 条:"对于超过被执行人及其所扶养家属生活所必需的房屋和生活用品,人民法院根据申请执行人的申请,在保障被执行人及其所扶养家属最低生活标准所必需的居住房屋和普通生活必需品后,可予以执行。"

4. 2015 年浙江省高级人民法院《关于加强和规范对被执行人拥有的人身保险产品财产利益执行的通知》第 1 条:"投保人购买传统型、分红型、投资连接型、万能型人身保险产品,依保单约定可获得的生存保险金、或以现金方式支付的保单红利、或退保后保单的现金价值,均属于投保人、被保险人或受益人的财产权。当投保人、被保险人或受益人作为被执行人时,该财产权属于责任财产,人民法院可以执行。"

【案例分析】

人寿保险合同具有现金价值,投保人如果退保,可以获得现金价值;如果发生保险事故,受益人也可以获得保险金。但是,由于人寿保险合同的财产权益在不同

---

① 参见草梗:《人寿保险合同权益能否被强制执行》,草梗的博客,2012 年 2 月 29 日,http://blog.sina.com.cn/s/blog_4ab5db8d01010ft8.html,2020 年 8 月 30 日访问。

的时间点分别属于投保人和受益人,因此如果投保人的债权人对人寿保险合同权益申请强制执行,则须区分其债权到期时保险事故是否已经发生。

如果事故尚未发生,则保险合同财产权益的内容是投保人所具有的现金价值请求权,属投保人财产,应当属于强制执行的对象;如果保险事故已经发生,则人寿保险合同财产权益的内容是受益人的保险金请求权,属受益人财产范围,不应被强制执行用于偿还投保人的债务。

也有观点认为,人寿保险合同与被保险人的人身密切相关,因此人寿保险合同不能被强制执行。但是,分析人寿保险合同权益的性质后可以发现,无论是投保人的现金价值请求权,还是受益人的保险金请求权,都是对保险人的独立的财产权,权利的行使与被保险人的人身利益没有关系。

我国台湾地区所谓的"保险法"也规定,投保人破产时,如果投保人自己是受益人或无偿指定其他人为受益人,则保险合同利益和保险金请求权都可以被作为破产财产。破产管理人可于3个月内终止保险合同,合同终止后已经交付的保险费应当予以返还;也可以不终止保险合同,使保险合同为破产债权人的利益而存在。因此,在保险合同生效后,投保人的现金价值请求权作为投保人的债权,可以成为强制执行的对象。

 思考案例

案例一 被保险人在遗嘱中追加受益人是否有效?[①]

2000年1月,陈某为丈夫王某投保了简易人身险,保险期限30年,保费4.2万元,受益人为6岁的女儿小丽。2002年,王某生病住院。住院期间,王某约来三名好友,由王某口述,好友代书,立下遗嘱,在遗嘱中变更1万元保险金给自己的母亲安度晚年之用。2002年底,王某病故。办完后事,王某的母亲将王某生前有关保险金安排的意思书面通知了保险公司,后者经调查属实后将1万元扣下,通知陈某代小丽领取剩下的保险金。陈某认为,保险公司应向小丽全额给付保险金。经几次交涉没有结果后,陈某将保险公司告上法庭。

法院经审理认为,本案的争议焦点在于如何理解王某遗嘱中安排保险金行为

---

① 参见张鸣飞:《被保险人在遗嘱中追加受益人是否有效?》,网易网,2003年12月9日,http://money.163.com/economy2003/editor_2003/031209/031209_172982.html,访问日期2020年7月30日。

的效力。王某在遗嘱中称:"生前所投人身保险,归实际受益人。但年迈的母亲应老有所依,对保险金应享有 1 万元的受益权。"从字面意思看,这句话可有不同的理解,既可能是遗嘱,也可能是追加受益人。但考虑到被保险人及执笔人的自身条件,不能要求其用准确的专业术语表达意思。同时,王某的三名好友也证明,王某的本意是想使自己的母亲对 1 万元保险金享有受益权。为尊重被保险人的意志,遵守"老有所养"的社会道德规范,王某的意思表示应被视作增加受益人的安排,应认定为有效。因此,王某的母亲享有 1 万元保险金的受益权。

【思考问题】

本案中,法院的判决是否正确?

案例二 保单的失效与复效①

1998 年 8 月 27 日,张先生作为投保人在某保险公司为其本人投保一份终身寿险,保险金额 3 万元,年缴保费 1500 余元,交费期 20 年。至 2001 年 8 月,张先生已按时向保险公司缴纳了四期保险费。按合同约定,第五期保险费应交日为 2002 年 8 月 27 日,但张先生没有如期向保险公司缴纳保险费,并最终导致该保险合同失效。直到 2004 年 4 月,张先生才向保险公司提出申请对原保险合同恢复效力。按照复效规定,保险公司要求张先生告知其健康情况,张先生告知保险公司其于 2003 年 10 月 13 日至 2003 年 12 月 29 日在某医院住院治疗。张先生提供的病历出院小结记录:因双侧巩膜黄染,全身乏力半月余入院。B 超提示:胆总管下端占位性病变。穿刺活检病理报告显示:胆总管管状腺癌。行抗肿瘤药物(化疗)、支持等治疗,出院后继续定期化疗。根据张先生的健康情况,保险公司作出拒绝复效、退还保险合同现金价值的决定。

【思考问题】

本案中,保险公司能否拒绝保险合同的复效?

案例三 投保人签订重大疾病险后身亡 法院判决保险公司败诉②

2003 年 6 月 24 日,因朋友的大力推荐,张某以自己为投保人、儿子为受益人,

---

① 参见李忠恒:《保单的失效与复效》,金融界,2005 年 4 月 29 日,http://news2.jrj.com.cn/news/20050429/000000024836.htm,2020 年 7 月 30 日访问。

② 参见《投保重大疾病险后身亡 法院判保险公司败诉》,慧择网,2010 年 12 月 31 日,https://xuexi.huize.com/study/detal-21506.html,2020 年 9 月 22 日访问。

与某保险公司签订了一份"健乐增额终身重大疾病保险",保额5万元,保险费2700元,缴费期限20年,保险期限从订立合同开始至终身。保险合同规定,如果投保人患有癌症等近30多项重大疾病或者因重大疾病死亡,保险公司应支付5万元的保险金。2004年9月15日,投保人张某突发脑溢血死亡。随后,张某的家属向保险公司申请理赔。然而,面对家属的理赔要求,保险公司称,张某在订立保险合同前曾经接受过外科手术,腹部有刀伤,而且没有在订立合同前告知保险公司,因此不能按照合同规定理赔。在与保险公司多次协商未果的情况下,张某的家属将保险公司告上法庭。

法院经过审理认为,投保人对订立保险合同前曾接受过外科手术并住院治疗的事实未履行如实告知义务,其行为足以影响保险人决定是否同意承保或提高保险费率,因此驳回当事人请求。张某的家属不服,提起上诉。二审法院经过审理驳回了一审法院的判决。二审法院认为,本案中张某死于脑溢血,与保险公司在张某死亡后调查的其曾因刀伤住院治疗并无医学上的直接联系,不能确认张某有违背诚信且追求不当利益的恶意。因此,判决保险公司支付保险金5万元。

【思考问题】

本案中,法院的判决是否正确?

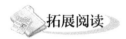 拓展阅读

相互保险模式影响深远[①]
——以"相互保"为视角

2018年10月16日,由蚂蚁保险、芝麻信用、信美人寿相互保险社联合发布的"相互保"产品上线,这种全新的保险模式打破了传统保险模式,开创了"0元入保,30万保障金"的新模式。"相互保"设有90天的等待期,等待期过后确诊患病者可以申请保障金。理赔程序也是在线进行,由保险机构审核后公示案件信息以便监督。所有参与"相互保"的人员平均分摊费用。支付宝承诺,每一理赔案件,参与者均摊不超过1毛钱,剩余由支付宝兜底理赔。

"相互保"是蚂蚁会员(北京)网络技术服务有限公司作为投保人向信美投保的

---

① 参见孙宏涛:《相互保险模式影响深远——以"相互保"为视角》,载《民主与法制时报》2018年12月13日第6版。

团体保险,由双方共同管理,这符合相互保险的原则。事实上,信美只提供了理赔条款,即使没有信美承保,"相互保"也可以独立运营,本质上和之前成立的众筹平台如抗癌公社、轻松筹等相似。

笔者认为,"相互保"可以说是介于保险与众筹之间的一种商业模式。"相互保"完全是会员之间的互助,采用现收现付的模式,不做资金管理,赔付的大病保险金完全分担到每个会员身上,同时会员还要承担10%的管理费用。

银保监会专项整治以网络互助计划形式非法从事保险业务,划清了互助计划与保险产品的界限,防范消费误导。据《证券日报》报道,监管部门约谈信美,并对这款团体重疾保险产品的业务开展情况进行了现场调查,指出其涉嫌存在未按规定使用经备案的保险条款和费率。

经过整改的"相互保"彻底放弃了保险属性。2018年10月28日,"相互保"发布公告宣布将升级为"相互宝",升级的权益是:(1) 2019年的单份分摊金额188元封顶,如有多出部分,全部由蚂蚁金服承担。(2) 管理费将从原来的10%下降到8%。换句话说,转为互助计划后的"相互宝"不再是保险产品,由蚂蚁金服负责运营,真正变成了互助计划。相互保险模式在我国的初次尝试就此失败。

"相互保"模式给我国保险业带来了巨大冲击,但也给大家提供了一种全新的保险视角。"相互保"促进了保险市场主体的多元化,有利于我国保险行业与国际接轨;提高了我国公民的保险意识。同时,"相互保"还引入了区块链技术,提高了理赔的精确度,具有许多的优点。但必须承认的是,作为一种全新的商业保险模式,"相互保"的发展前景还存在许多不确定性。比如,支付宝平台不承担任何风险,理赔越多,平台得到的管理费用就越多。也就是说,赔得越多,会员分担的费用就越多。

总体而言,"相互保"作为一种新的商业保险模式,还有许多需要改进和完善之处。事实上,不管是众筹、互助还是保险,归根结底都不过是应对风险的一种方式,没有好坏之分。虽然"相互保"已转为"相互宝"互助计划,不再是保险产品,"相互保"作为相互保险模式在我国的初次尝试以失败告终,但它所引进的新模式为保险业提供了一种全新的视角,影响深远。

第十三章 财产保险合同

第一节 财产保险合同概述

一、财产保险合同的概念

财产保险合同是以财产及其有关利益为保险标的的保险合同。由于它是以物质财富以及与此相关的利益作为保险标的,因此又被称为"产物保险"。此外,由于该保险主要以补偿财产的实际损失为目的,是纯粹填补损失的一种保险,因此也被称为"损失保险"。①

传统意义上的财产保险主要以有形财产的损失为限,如火灾保险、海上保险等。现代意义上的财产保险除了有形财产保险外,还将无形财产或利益作为财产保险合同的标的。由此,财产保险的范围得到不断拓宽。

二、财产保险合同的特征

与人身保险合同相比,财产保险合同具有如下特征:

1. 财产保险合同的保险标的是财产及其相关利益

财产保险与人身保险的最大区别就在于,财产保险合同的保险标的是财产及其相关利益,而人身保险合同的保险标的是被保险人的生命和身体。此处的"财产"泛指一切有形的动产和不动产,"相关利益"指的是基于权利而产生的现有利益、基于权益或现有利益而产生的期待利益以及基于责任而产生的消极利益。

2. 财产保险合同保险金额的确定以保险标的的价值为依据

财产保险合同的保险标的包括两类:一类是有形财产,另一类是无形财产或利益。这两类财产都可以货币计量、表现其价值。在确定保险金额时,应以保险标的本身的价值为基础。保险价值是判断不足额保险、足额保险、超额保险和重复保险的标准。财产保险合同的保险金额不得超过保险价值,超过保险价值的部分无效。

3. 财产保险合同是典型的补偿性合同

在财产保险合同中,保险事故发生的后果必然表现为被保险人在经济上遭受

---

① 参见温世扬主编:《保险法(第三版)》,法律出版社2016年版,第224页。

某种损失,而这种损失是可以用货币进行估价的。保险人支付的赔款是对被保险人经济损失的补偿,所以赔款金额以不超过实际损失为原则,这就是损失补偿原则。从这个意义上说,财产保险不能成为任何人牟利的工具。

4. 财产保险合同适用保险代位权

若第三人对于被保险人发生的损失应当负损害赔偿责任,则被保险人请求给付保险金后,仍向该第三人请求损害赔偿,将获得超过其保险标的价值的利益。这与损失填补原则不符,同时也可能使被保险人获得双重利益,进而引发道德风险。因此,财产保险合同广泛适用保险代位权。保险人在赔偿被保险人的损失后,取得被保险人依法享有的向应当承担损害赔偿责任的第三人请求赔偿的权利。

三、财产保险合同的保险利益

财产保险的保险利益,是指投保人或被保险人对特定财产享有的经济利益,因该利益的丧失将蒙受经济上的损失。财产保险合同的保险利益必须满足以下条件:(1)该利益对投保人或被保险人必须有经济上的价值;(2)该利益必须是法律所认可的;(3)该利益必须能够用金钱估价或者约定。①

财产保险中的保险利益概念具有重要意义,主要体现在确定损失范围、防止道德风险发生和确定对何人予以补偿的功能上。财产保险的保险利益具体可以分为现有利益、期待利益和责任利益三类:

1. 现有利益

现有利益,是指投保人或者被保险人对保险标的所享有的现存利益。例如,投保人对自己的房屋依所有权享有所有人利益,抵押权人对抵押物、质权人对出质物、留置权人对留置物、占有人对占有物均享有保险利益。

2. 期待利益

所谓期待利益,是指基于财产上的现有利益而产生的未来可预期的合法利益。例如,企业家对于经营的企业的预期利益,果树园主对于果实收获的预期利益,货物托运人对于货物按期到达的可得收益的预期利益等。此外,因合同而产生的利益,也属于期待利益的一种。我国台湾地区所谓的"保险法"第20条规定:"凡基于有效契约而生之利益,亦得为保险利益。"

3. 责任利益

责任利益,是指基于现有利益而期待某项责任不发生的利益。投保人或被保险人对保险标的所承担的合同上的责任、侵权损害赔偿责任以及其他依法应当承

---

① 参见郑云瑞:《财产保险法》,中国人民公安大学出版社2004年版,第38—39页。

担的责任都属于责任利益的范围,投保人因上述责任的发生而受损,因上述责任的不发生而受益。例如,运送人或保管人负有保证其运送或保管的货物安全的义务,如果其运送或保管的货物发生毁损、灭失,则要向托运人或寄存人承担损害赔偿责任。如果运送人或保管人以该损害赔偿责任为保险标的投保责任保险,则可以在保险事故发生时从保险人处获得赔偿。

第二节 重复保险

一、重复保险的含义

重复保险又称"复保险",有广义和狭义之分。狭义的重复保险是指投保人就同一保险标的、同一保险利益、同一保险事故在同一期间与数个保险人分别订立数个保险合同,而其保险金额之总和超过保险价值的保险。日本《商法典》第632条、法国《保险合同法》第30条、英国《1906年海上保险法》第32条都采纳了狭义的重复保险概念。广义的重复保险是指投保人就同一保险标的、同一保险利益、同一保险事故与数个保险人分别订立数个保险合同,且该数个保险合同均须在同一保险期间内发生效力。我国《保险法》第56条采纳了广义的重复保险的概念。狭义的重复保险与广义的重复保险的区别在于,狭义的重复保险除了要具备广义的重复保险的要件外,其保险金额总和要超过保险标的的价值。这也是各国保险法对重复保险进行规制的原因所在。

我国的保险合同立法在重复保险的概念上出现了自相矛盾的现象。一方面,《保险法》第56条第4款规定:"重复保险是指投保人对同一保险标的、同一保险利益、同一保险事故分别与两个以上保险人订立保险合同,且保险金额总和超过保险价值的保险。"据此,《保险法》采纳的是广义的重复保险的概念。另一方面,《海商法》第225条规定:"被保险人对同一保险标的就同一保险事故向几个保险人重复订立合同,而使该保险标的的保险金额总和超过保险标的的价值的,除合同另有约定外,被保险人可以向任何保险人提出赔偿请求。被保险人获得的赔偿金额总和不得超过保险标的的受损价值。各保险人按照其承保的保险金额同保险金额总和的比例承担赔偿责任。任何一个保险人支付的赔偿金额超过其应当承担的赔偿责任的,有权向未按照其应当承担赔偿责任支付赔偿金额的保险人追偿。"从该条规定不难看出,《海商法》采纳的是狭义的重复保险的概念。

如前所述,各国保险立法的重点是对重复保险进行法律规制,防止因超额保险违反损失填补原则,并防止道德风险的发生。因此,我国在修改《保险法》的时候,应当采纳狭义的重复保险的概念,以实现上述立法目的。

二、重复保险的构成要件

重复保险应当具备以下条件:

(一)投保人以同一保险利益订立数个保险合同

当投保人就同一保险利益订立数个保险合同时,如甲就其所有的房屋基于所有权与数个保险人订立数个保险合同,就符合了重复保险的初步要件。如果投保人就不同的保险标的与数个保险人订立数个保险合同,或者不同的投保人就对保险标的享有的不同权益订立数个保险合同,则不构成重复保险。前者如甲就其房屋与乙保险人订立保险合同,又就其汽车与丙保险人订立保险合同,该等保险并非重复保险。后者如甲为房屋所有权人,将其房屋抵押给乙,后甲与保险人丙订立房屋所有权保险,乙与保险人丁订立房屋抵押权保险,则该等保险也非重复保险。

(二)投保的保险事故相同

投保人就同一保险事故与数个保险人分别订立保险合同,如甲就其汽车分别向保险人乙和保险人丙投保车损险,保险事故相同,则符合重复保险的要件。如果甲就其汽车分别向保险人乙投保车损险,向保险人丙投保第三者责任险,则并非重复保险。

(三)保险期间具有重叠性

投保人投保的数个保险合同的期间必须具有重叠性,时间上的重叠性包括全部重叠与部分重叠两种。全部重叠也称"同时复保险",是指投保人就同一保险标的、同一保险事故和保险利益与不同的保险人订立数个保险合同,并且保险的起讫时间均相同。部分重叠也称"异时复保险",是指投保人就同一保险标的、同一保险利益、同一保险事故与数个保险人订立保险合同,其起讫时间虽非完全相同,但仍有部分相同。此外,时间上的重叠性是指数个保险合同的生效期间的重叠,并非成立期间的重叠。[1]

三、重复保险的效力

重复保险合同的效力因投保人的投保金额是否超过其保险标的的价值而有所不同。[2]

---

[1] 参见徐卫东主编:《保险法学(第二版)》,科学出版社2009年版,第254页。
[2] 参见林群弼:《保险法论(增订二版)》,三民书局2003年版,第342—344页;徐卫东主编:《保险法学(第二版)》,科学出版社2009年版,第255页。

(一) 保险金额总和未超过保险标的的价值的

如果投保人所订立的重复保险合同的保险金额总和未超过保险标的的价值,如甲有一栋别墅,价值2000万元,甲就该别墅分别向乙保险公司投保300万元的火险,向丙保险公司投保500万元的火险,向丁保险公司投保800万元的火险,三个保险合同的保险金额总和并未超过保险标的的价值,则该三个保险合同均有效。

(二) 保险金额总和超过保险标的的价值的

还是举上述案例,甲就其价值2000万元的别墅分别向乙保险公司投保700万元的火险,向丙保险公司投保800万元的火险,向丁保险公司投保900万元的火险,三个保险合同的保险金额总和超过了保险标的的价值。在这种情况下,甲所投保的三个保险合同构成超额重复保险,此时,甲负有分别通知义务。

我国《保险法》第56条第1款规定:"重复保险的投保人应当将重复保险的有关情况通知各保险人。"该规定的立法目的是,通过投保人通知义务的履行,使各保险人之间相互了解投保人所投保的保险金额,并进而决定在发生保险事故时按照何种比例承担赔偿责任。从而防止投保人利用重复保险合同故意取得超额保险金,使其保险金额的总和超过保险标的的价值,从中渔利。该项投保人通知义务的内容应当包括以下几方面:

1. 通知义务人

通常情况下,投保人是订立保险合同的主体,对其订立的保险合同的数量和保险金额最为清楚,所以通知义务的主体应当是投保人。按照我国《保险法》第56条第1款的规定,通知义务的履行主体是投保人。

2. 通知义务的内容

我国现行《保险法》仅规定,重复保险的投保人应当将重复保险的有关情况通知各保险人,但并未对"有关情况"作出界定。相比之下,我国台湾地区所谓的"保险法"的规定更为详尽。该法第36条规定:"复保险,除另有约定外,要保人应将他保险人之名称及保险金额通知各保险人。""他保险人之名称"是指受通知保险人以外的其他保险人的名称,"保险金额"是指受通知保险人以外的其他各保险人所承保的保险金额。

3. 通知对象

依照我国《保险法》的规定,投保人通知义务的对象是"各保险人",即与投保人就同一保险标的、同一保险利益、同一保险事故,在同一期间订立数个保险合同的所有保险人。

4. 通知时间

如果保险合同没有另外约定,投保人在重复保险的实际发生之时,就应当将其他保险人的名称及保险金额通知各保险人。

5. 违反义务的效果

我国《保险法》第 56 条第 2 款规定:"重复保险的各保险人赔偿保险金的总和不得超过保险价值。除合同另有约定外,各保险人按照其保险金额与保险金额总和的比例承担赔偿保险金的责任。"该条款仅仅规定了重复保险时的赔偿原则,并没有对保险合同的效力进行区分。事实上,对于投保人意图攫取超额保险金进行重复保险而故意不通知保险人的,保险合同无效;对于投保人善意为重复保险而未通知各保险人的,除法律另有规定或合同另有约定外,保险人不得解除或终止合同,并以不超过保险价值为限按比例分担给付义务。例如,甲的房屋价值 120 万元,甲与乙、丙两个保险人分别订立了保险金额为 100 万元、60 万元的保险合同。假定保险事故所造成的损失是 100 万元,则乙应当承担的赔偿保险金的责任是 [100 万元/(100 万元+60 万元)]×100 万元=62.5 万元;丙应当承担的赔偿保险金的责任是[60 万元/(100 万元+60 万元)]×100 万元=37.5 万元。

第三节 保险代位权

一、保险代位权的发展概况

保险代位制度是保险法中的一种非常独特的法律制度。据考证,最早关于保险人代位权的表述是 1748 年英国法官哈德威克勋爵在兰达诉卡兰克案中作出的。而最早以成文法的形式将保险代位权确立下来的是英国《1906 年海上保险法》。[①] 该法第 79 条规定:"保险人在赔付后,有权取得被保险人自保险事故发生之日起在保险标的上的权利和救济,但以被保险人已获全部赔偿或已获部分赔偿为限。"[②] 在美国,学者们认为保险代位权是来源于衡平法的一种权利。衡平法院创设保险代位权的基本目标是防止被保险人因为一次损害获得两次赔偿,并通过保险代位权的行使偿还保险人对被保险人所支付的费用。可见,保险代位权产生的最初基础是自然正义,而非合同法。保险代位原则能否运用于具体案件取决于衡平原则、善意原则以及公共政策。因此,保险代位权在本质上是一种纯粹的衡平权利,如果

---

① 参见王利苹:《保险代位法律制度研究》,载赵中孚主编:《民商法理论研究(第一辑)》,中国人民大学出版社 1999 年版,第 250 页。

② E. R. Hardy Ivamy, *Marine Insurance*, Butterworth Insurance, 1969, p. 471.

该权利的行使会造成不公平的后果,就不能被强制执行。①

随着保险制度的发展,保险代位权逐渐为各国保险法所普遍接受,并作为一项重要制度规定于各国的保险法典中。例如,日本《商法典》第662条第1款规定:"在因第三人的行为发生损害的情形下,保险人已经向被保险人支付其负担的金额时,在其已经支付金额的限度内,取得投保人或被保险人对第三人的权利。"德国《保险合同法》则有进一步的规定:"投保人对于第三人有损害赔偿请求权时,保险人于补偿投保人的损失后,其请求权移转于保险人。此种移转,不得对于投保人有利益之主张。投保人抛弃对于第三人的请求权或其担保请求权的权利时,保险人于其请求权或权利可得赔偿的限度内,免除其自己补偿的义务。"意大利《民法典》第1916条第1款规定:"支付赔偿金的保险人,在赔偿金总数范围内享有被保险人对第三责任人的代位权。"韩国《商法典》第682条规定:"损害是基于第三人的行为而产生的,支付保险金的保险人,以其支付的金额为限,取得保险合同人或被保险人对该第三人的权利。但是,保险人支付应予以补偿的部分保险金时,以不损害被保险人的权利为限,可以行使该权利。"俄罗斯联邦《民法典》第965条规定:"1.如果财产保险合同无其他规定,保险人在给付保险赔偿金后,投保人(受益人)对造成保险损失赔付的责任人的请求权,以保险赔偿金额为限转移给保险人。但是,排除对故意造成损失的人的请求权向保险人转移的合同条款,自始无效。2.转移给保险人的请求权依照调整投保人(受益人)与损失责任人之间的关系规则实现。"法国、瑞士等发达国家的保险法也有类似的规定。

我国《保险法》第60条第1款规定:"因第三者对保险标的的损害而造成保险事故的,保险人自向被保险人赔偿保险金之日起,在赔偿金额范围内代位行使被保险人对第三者请求赔偿的权利。"由此可见,保险代位权是指保险人享有的、代位行使被保险人对造成保险标的损害而负有赔偿责任的第三人的求偿权。②

二、保险代位权的本质

关于保险代位权的本质,学者们的观点各不相同,主要有以下几种观点:

(一)英美法中的诉权转让说

保险代位权最早出现在英国,而英国法律十分强调合约的相对性(privity of

---

① See Paul R. Thomson III, Insurance—Subrogation—A Subrogation Clause in a Health Insurance Policy Is Enforceable Even Though the Insured Has Not Been Made Whole. Higginbotham v. Ark. Blue Cross & Blue Shield, 312 Ark. 199(1993), *University of Arkansas at Little Rock Law Journal*, Vol. 16, No. 3, 1994, p.478.

② 参见邹海林:《保险法教程》,首都经济贸易大学出版社2002年版,第117页。

contract)原则:除了订约方,第三者不能要求合约的权利;除了订约方,不能强加合约责任给第三者。① 这一僵化的法律原则适用于保险代位中,就使得保险人在行使代位权时需以被保险人的名义向责任人追偿,因为被保险人才是合约的当事人一方。换句话说,保险人只有借用被保险人的名义才能行使代位权。由此得出的结论是,在英国,保险代位求偿权为一项诉讼上或者程序上的权利,而不是一项实体权利。②

(二)债权拟制转移说

该学说为早期法国学者所主张,认为被保险人的债权虽因保险人偿付保险赔偿金而消灭,但法律拟制该债权仍然存在,并移转给保险人。③

(三)赔偿请求权说

该学说认为,保险人自给付保险赔偿金时起,便取得与被保险人对第三人享有的索赔权同一的赔偿请求权。该学说源自德国民法关于保证人及物上保证人清偿代位制度的有关法律规定。

(四)法定债权移转说

该学说认为,代位求偿权实质上是一种特殊的债权转移制度,是保险人对第三人债权的"法定受让",满足相应条件后,债权自动转移,无须被保险人的让与意思表示,也无须债务人的同意。该学说目前为大多数学者所主张。

笔者认为,上述学说中以法定债权移转说更具有说服力。即保险人在赔付被保险人保险金后,便依法取得被保险人对第三责任人的损害赔偿请求权。该赔偿请求权的取得无须被保险人作出意思表示,而是由法律直接规定。除此之外,该赔偿请求权的内容并未发生变化,只不过权利主体由被保险人变为保险人。因此,保险代位权是保险责任和民事责任融合的产物,是民法债权转移制度在保险领域的特别体现。

三、保险代位权存废之争

(一)关于代位权存废的不同观点

随着学者们对保险代位权的研究日益深入,不少学者对保险代位权存在的合

---

① 参见〔美〕约翰·F. 道宾:《保险法(美国法精要·影印本)(第3版)》,法律出版社2001年版,第282—284页。
② 参见李正锋:《海上保险代位权若干问题研究》,上海海事大学2004年硕士学位论文,第8页。
③ 参见史尚宽:《债法总论》,中国政法大学出版社2000年版,第804—805页。

理性提出了质疑。① 这些学者的观点大致可以分为三种,具体如下:

1. 彻底废除保险代位权

持该观点的学者认为,保险代位权的规定极为不当,它反映了法律对保险人的过度偏爱:

(1) 保险代位权的规定,强行将本已处于不利地位的被保险人的固有权利剥夺,赋予实力雄厚的保险人,以维护它们的超额利益。如果说代位权的规定在最初是为保障保险业的起步和发展而合理存在的话,那么时至今日,法律仍赋予保险人此种特权就有些不合理了。它的存在对市场的其他主体、对当事人都是不公平的,同时也不利于保险制度自身的完善与发展。

(2) 保险代位权的权源在于第三人对被害人权利的侵犯,而非对保险人权利的侵犯;保险人与被保险人间也不存在买卖关系。因此,若无法律的强制规定,保险人无任何理由享有对第三人的求偿权。②

(3) 理想主义者或许会认为,由于保险代位权的存在,避免了被保险人凭借保险合同可以获得双重赔偿,因此保险费率将会有所降低。但实际情况并非如此,保险人设定的保险费率并没有下降的趋势。

(4) 有学者对保险代位权原则进行重新思考并发现,通常情况下,在现代保险法中代位权的应用并不被视为在本质上具有衡平性。例如,在美国 Allstate v. Drucker 一案中,法院认为,要求受伤的投保人向保险人返还凭借其已经支付保险金所得来的收益,实际上是剥夺了投保人凭借节俭和远见所获得的利益,同时也剥夺了其支付保险费所应当获得的对价。

(5) 支持保险代位权的学者们认为,如果废除保险代位权,被保险人可以从保险人与侵权人处获得双重赔偿,这样就会造成被保险人的不当得利。反对者认为,上述推理在大多数情况下不仅是有瑕疵的,而且是讽刺的。正如美国内华达州最高法院在 Maxwell v. Austate 一案中所指出的,事实上是保险人通过行使保险代

---

① 参见梁炎廷:《试论保险代位权的不当性》,载《律师世界》1998 年第 3 期;徐卫东主编:《商法基本问题研究》,法律出版社 2002 年版,第 475—482 页;王占明、焦艳玲:《保险代位权法定的初步质疑》,载《经济师》2003 年第 1 期;朱明锁:《关于保险代位权的法律思考》,载《广西政法管理干部学院学报》1999 年第 1 期。See also Paul R. Thomson III, Insurance—Subrogation—A Subrogation Clause in a Health Insurance Policy Is Enforceable Even Though the Insured Has Not Been Made Whole. Higginbotham v. Ark. Blue Cross & Blue Shield, 312 Ark. 199 (1993), *University of Arkansas at Little Rock Law Journal*, Vol. 16, No. 3, 1994; Eric J. Pickar, Westfield Insurance Company, Inc. v. Rowe: The South Dakota Supreme Court Rejects the Common Law "Made Whole" Doctrine on a Property Insurance Subrogation Claim, *South Dakota Law Review*, Vol. 47, 2002.

② 参见朱明锁:《关于保险代位权的法律思考》,载《广西政法管理干部学院学报》1999 年第 1 期,第 26 页。

位权获得了不当得利。①

(6) 罗杰·M. 巴伦教授认为,否定代位权的正当性并不需要去考察每个案例,因为废除代位权可以提高侵权案件解决的效率。他指出,只要保险人行使代位权,即使是行使部分代位权,被保险人与第三人之间的诉讼都会受到干扰,二者之间和解的难度将会增大,甚至发生不必要的诉讼拖延。②

2. 将保险代位权从法定改为约定

此种观点认为,保险代位权的法定并不具有充分的说服力,因此应当将保险代位权从法定改为约定:③

(1) 代位权的法定取得虽然一定程度上有利于交易便捷,但未必总与权利人的意愿与利益一致。将代位权作为强行性的法律规定,过于强调代位权的功能而无视当事人的基本权利,因而不足取。

(2) 从代位权的权利性质上看,它不应属于法律强行性规定的范畴,因而规定代位权的法定取得并不合适。

(3) 保险法中同时存在委付与保险代位权,但委付的发生完全依当事人双方的合意,是一种契约,而一般代位权则为强行规定。这样,在效力来源的保险代位权的内部存在明显的不一致。

3. 折中的方法

持折中观点的学者既不主张完全废除保险代位权,也不同意全面贯彻保险代位权,而是主张以第三人的主观状态作为代位权行使与否的依据。在造成损害的第三人有故意或重大过失时,允许保险人行使代位权;在第三人主观上不存在故意或重大过失的场合,禁止保险人行使代位权。④

实际上,保险代位权的存废之争并非空穴来风,而是有着深刻的内在原因。这些争论的焦点在于保险代位权存在的合理性,即该权利的存在是否有深厚理论基础的支撑。

(二) 大陆法系国家支持保险代位权的传统观点

1. 不当得利说

该说认为,保险事故发生后,被保险人既可以向保险人请求赔付保险金,又可

---

① See Eric J. Pickar, Westfield Insurance Company, Inc. v. Rowe: The South Dakota Supreme Court Rejects the Common Law "Made Whole" Doctrine on a Property Insurance Subrogation Claim, *South Dakota Law Review*, Vol. 47, 2002.

② See Roger M. Baron, Subrogation on Medical Expense Claims: The "Double Recovery" Myth and the Feasibility of Anti-Subrogation Laws, *Dick Law Review*, Vol. 96, 1992.

③ 参见王占明、焦艳玲:《保险代位权法定的初步质疑》,载《经济师》2003年第1期,第70—71页。

④ 参见徐卫东主编:《商法基本问题研究》,法律出版社2002年版,第466页。

以向造成损害的第三人请求损害赔偿,这两种权利同时行使的结果可能使被保险人获得的赔偿总额超过其实际遭受的损失,从而构成不当得利。"代位行使保单持有人之请求权之功能仅在于防止保单持有人不当得利。"[①]该说的缺点是显而易见的,被保险人从保险人和侵权人获得双重赔偿并不符合不当得利的构成要件。按照学者通说,不当得利的构成要件有以下几方面:首先,一方当事人受有财产上的利益,该利益既包括财产或利益的积极增加,也包括财产或利益的消极增加;其次,导致他人遭受损失,该损失既包括财产或利益的积极损失,也包括财产或利益的消极损失;再次,受损人的损失与受益人的受益之间有因果关系;最后,无合法根据。[②] 被保险人向保险人请求赔付保险金是基于保险合同的约定,被保险人向造成损害的第三人请求损害赔偿是基于侵权责任法的规定。由此可见,在上述两种情形下,被保险人的请求权都有合法根据。因此,用不当得利说来解释保险代位权在理论上很难让人信服。

2. 减轻投保人负担说

该说认为,保险代位权的行使,可以实质性地降低保险人保险给付之总额,从而降低保险费率,保险费率之降低实即减轻社会上广大投保人之负担。[③] 该说的缺陷在于两方面:一方面,在很多情况下,第三人因无资力而难以履行赔偿义务,保险人徒有代位权之名而无代位权之实,故减轻投保人负担仍难圆其说。[④] 另一方面,根据有关学者的调查,即使保险人实际行使了代位权,保险人规定的保险费率也没有下降的趋势。[⑤] 由此可见,减轻投保人负担说并不具有充分的说服力。

3. 避免第三人脱责说

该说认为,建立代位权制度,可使被保险人对于第三人之损害赔偿请求权于受领保险给付之范围内移转于保险人,以避免加害之第三人脱免责任。[⑥] 该说也存在明显的缺陷:一方面,通常情况下,除非向第三人行使损害赔偿请求权成本过高,否则被保险人不会因为得到保险人赔付的保险金就放弃向第三人索赔。此外,在向第三人行使损害赔偿请求权成本过高的情况下,即使赋予保险人代位权,保险人

---

① 转引自林勋发:《保险法论著译作选集》,瑞兴图书股份有限公司1991年版,第123页。
② 参见张广兴:《债法总论》,法律出版社1997年版,第91—95页。
③ 参见刘宗荣:《保险法》,三民书局1995年版,第243页。
④ 参见覃有土、樊启荣:《保险法学》,高等教育出版社2003年版,第242页。
⑤ See Paul R. Thomson III, Insurance—Subrogation—A Subrogation Clause in a Health Insurance Policy Is Enforceable Even Though the Insured Has Not Been Made Whole. Higginbotham v. Ark. Blue Cross & Blue Shield, 312 Ark. 199(1993), *University of Arkansas at Little Rock Law Journal*, Vol. 16, No. 3, 1994, p. 489.
⑥ 参见刘宗荣:《保险法》,三民书局1995年版,第243页。

也不一定实际行使代位权。因此,该制度谈不上能够避免第三人脱责。另一方面,法律并没有明文规定保险人必须行使代位权。所以,保险人可以向第三人请求赔偿,也可以放弃行使该权利。在保险人放弃行使代位权的场合,第三人因保险人弃权行为所获得的利益,可以对抗任何人。① 此时,避免第三人脱责的目的也无法实现。

4. 物上权利转移说

该说认为,保险代位求偿权的行使实际上就是被保险人在保险人完成赔付之后将保险标的的一切权利转让给保险人。我国《保险法》第 59 条规定:"保险事故发生后,保险人已支付了全部保险金额,并且保险金额等于保险价值的,受损保险标的全部权利归于保险人;保险金额低于保险价值的,保险人按照保险金额与保险价值的比例取得受损保险标的的部分权利。"该说混淆了物的代位与保险代位之间的区别,物的代位必须以物的实际存在为基础,如果保险标的物已经不存在,则无法行使物的代位。由此可见,物上权利转移说也无法揭示保险代位权的理论基础。

(三) 英美法系国家关于代位权的观点

在英美法系国家,保险法学者一般认为,保险合同中的代位求偿是建立在补偿性合同基础之上的,是由这种补偿本质所决定的。但是,对于代位求偿的法理基础,学者之间存在不同的看法。归纳起来主要有两种观点:

1. 代位求偿是衡平法上的一个原则,保险人的代位求偿权是衡平法院所给予的

赋予保险人代位权的原因并不是为了剥夺被保险人的财产,而是为了避免被保险人获得不当得利。这是在英国被广为接受的代位权的基础。在美国,学者们也大多赞同这一观点,认为"即使保险合同对代位作了明确规定,适用的原则仍然是衡平性的。除非合同另有规定,合同性的代位权也要在衡平法代位的理论下考虑,要符合其原则"②。该观点与大陆法系的不当得利说在本质上是完全相同的,因此与不当得利说一样无法清晰地解释保险代位权的理论基础。

2. 保险人代位求偿权的取得是基于保险合同的暗含条款

该观点认为,被保险人有义务对第三责任方采取法律行动以减少其损失,并将其减少损失的利益交予保险人。用迪普洛克勋爵的话说就是:"英国法上没有概括

---

① 参见覃有土、樊启荣:《保险法学》,高等教育出版社 2003 年版,第 241 页。
② 〔英〕Malcolm A. Clarke:《保险合同法》,何美欢、吴志攀等译,北京大学出版社 2002 年版,第 823—825 页。

的有关不当得利的规则……代位包含着多个概念。它是对权利从一个人转到另一个人,不需权利转出方的转让或同意,而是法律在许多不同的情况下适用的结果的简称。一些被代位的权利源于合同,如保险合同,其他的……与合同无关,但又不好分类,只能说是为防止一种特殊的不当得利的实用补救。"① 上述观点的主旨是,保险代位权被作为默示条款规定在保险合同中,依照该条款的规定,被保险人对第三人的权利被转让给保险人,并且这种转让无须被保险人的同意。该说只是简单地将保险代位权解释为法律赋予保险合同的暗含条款,并没有揭示这种暗含条款存在的基础和依据,因此也很难让人信服。

(四)保险代位权存在的合理性

在讨论某一法律部门中的具体法律规定时,我们经常会考虑:"这部分规定的最终目的是什么?""它是为何而制定的?""用什么来衡量,才能知道它们是否达到了应有的标准?"② 对于保险代位权存在的合理性,应当从以下两个方面考虑:一方面,要看保险代位权制度的最终目的为何;另一方面,以什么标准来衡量,才能证明保险代位权制度的规定达到应有的立法目的。

1. 保险代位权的立法目的

无论是大陆法系还是英美法系,都有学者对保险代位权的理论基础提出不同观点。但是,上述观点并未充分揭示保险代位权存在的法理基础。笔者认为,保险代位权存在的理论基础和立法目的主要有两个方面:一是为了防止被保险人从保险人和第三人处获得双重赔偿,使其获得额外利益,从而诱发道德风险,将作为损失补偿工具的保险变成投机和赌博的工具。二是使作为危险分散机制的保险共同体获得相应的经济来源,反过来满足共同体成员的需要。

对于保险代位权的第一个理论基础,有学者批判:规定保险代位权虽然可以有效防止被保险人双重得利,但将这一利益赋予保险人,又会使保险人获得意外收益。③ 按照该观点,只有在造成损害的第三人有故意或重大过失时,才允许保险人行使代位权;在第三人主观上不存在故意或重大过失的场合,禁止保险人行使代位权。同时,该说也存在一定的弊端,即没有考虑到保险合同的种类。在不足额保险的场合,按照该说,在第三人存在一般过失的情形下,被保险人也只能向保险人请求赔付保险金,不能获得完全的补偿。这不仅与保险的目的不符,而且与侵权责任

---

① 〔英〕Malcolm A. Clarke:《保险合同法》,何美欢、吴志攀等译,北京大学出版社2002年版,第824页。

② 〔英〕彼得·斯坦、约翰·香德:《西方社会的法律价值》,王献平译,中国法制出版社2004年版,第1页。

③ 参见徐卫东主编:《商法基本问题研究》,法律出版社2002年版,第469页。

法的过错原则相违背,很难令人信服。① 此外,上述学者担心因代位权的行使使保险人获得意外的收益。这种担心不无道理,但这并不能构成否定代位权的充分理由。保险人行使代位权究竟能否获利,不能简单地从保险合同的规定来分析,尚须跳出法律制度的范畴,从经济学的角度来考虑,这就是保险代位权的第二个理论基础。

美国学者马克·R.格林和詹姆斯·S.特里许曼在其合著的《危险与保险》(1981年版)一书中指出:"保险可以从两个主要含义上来阐述,一是作为解决补偿职能的社会经济制度来考虑;二是作为当事人双方之间所拟订的合法补偿合同。定义不能只强调上述两个含义的一个方面。"② 由此可见,从社会角度来看,保险是分散危险、消化损失的一种经济制度;从法律角度来看,保险是一种合同(即保险合同)或由合同产生的权利义务关系。进一步深入分析不难发现,保险合同只是一种法律手段,运用该手段的目的就是为了分散、消化个别人由于未来特定的、偶然的、不可预测的事故在财产上所受的不利结果,使处于同一危险之中但未遭遇事故的多数人予以分担,从而排除或减轻灾害。③

有学者认为,保险人根据大数法则计算保费和承担风险,如果它通过代位求偿收回其全部或部分赔付的保险金,则保险人实际上取得了不当得利。④ 这种观点实际上只看到保险具有的合同的法律形式,并没有看到保险作为分散危险、填补损失的实质。如果仅仅从保险合同表面看,保险人支付保险金的对价是被保险人向其支付的保险费,因此如果保险人再行使代位权,向第三人请求赔偿,似乎获得了不当得利。但是,从保险经济学角度考虑,保险代位权行使的结果并非如此。从经济学角度考察,保险基于团体基础之意,非指一人对一人的相互性,而系遭遇偶然事件之一人与其他成员间的"相互关系"。⑤ 也就是说,从危险共同体这一意义上,被保险人所遭受的损失并非个人的损失,而是整个危险共同体的损失。因此,保险人行使代位权的结果并非获得不当得利,而是将其归为整个危险共同体所有,即将其纳入保险基金之中,由保险人加以管理,并最终服务于整个危险共同体。

2. 保险代位权功效的衡量标准

保险代位权功效的衡量标准就是分析以何种标准来判断保险代位权是否达到

---

① 参见滕维建:《论保险代位权》,西南政法大学2004年硕士学位论文。
② 转引自李玉泉:《保险法(第二版)》,法律出版社2003年版,第8页。
③ 参见〔日〕园乾治:《保险总论》,李进之译,中国金融出版社1983年版,第7页。
④ 参见陈欣:《保险法》,北京大学出版社2000年版,第200页。
⑤ 参见〔日〕大林良一:《保险总论》,春秋社1973年版,第16页;覃有土主编:《保险法概论(第二版)》,北京大学出版社2001年版,第6页。

预期的立法目的。有学者对保险代位权的存在功能产生怀疑,认为应当废除保险代位权的典型事例就是保险实务中的汽车互撞免赔(knock for knock)协议。此种协议的主要内容是,保险人相互承诺,各自对自己的被保险人的损失负责赔偿,彼此均不向对方行使保险代位权。① 实际上,保险实务中采取这种做法的主要原因是,在某一保险公司因不对第三人提起代位诉讼而遭受损失时,在另一场合它可能已经向有责任之第三人提供了责任保险,因而它能因其被保险人不在代位权诉讼中成为被告而获益,在一定时期内这些受损和获益可彼此抵消。② 由此可见,该协议的主要目的是为了减少交易成本和管理费用、节约社会资源并促进保险业的发展,并非否定保险代位权。

此外,国外有学者对保险代位权行使进行过调查。詹姆斯·迈耶就1972年美国保险人的代位获偿额占全部保险赔付的百分比作了估算。按不同保险之险种分析,海上保险是14.15%,机动车财产保险是8.56%,户主全益保险是0.80%,火灾保险是0.68%,平均获赔百分比是2.96%。霍恩博士在1960年也得出过类似的结论,机动车保险是12.5%,户主全益保险是0.5%,火灾保险是0.6%。③ 根据这些数据,有学者认为,只有海上保险和机动车保险的代位求偿获赔达到对全部保险赔付的相当大的百分比。据此可以假定,只有对于这两种保险,代位权才有可能对保险费率产生边际的影响。④ 在其他保险中,代位权的作用是非常微小的。笔者认为,上述学者的分析结果有失妥当。保险代位权行使的前提条件是被保险人对第三人有损害赔偿请求权,但是在户主全益保险和火灾保险中,不是代位权行使的对象很难确定,就是根本没有代位权行使的对象,代位权行使的比例自然很低,相应地代位获偿占全部保险赔付的百分比也不会很高。所以,用上述数据证明保险代位权的存在没有实际意义的论证过程并不严谨。而根据上述学者调查所得的数据,在海上保险和机动车保险等代位权普遍存在的保险中,代位求偿获偿达到对全部保险赔付的相当大的百分比。这也从一个侧面反映了保险代位权的实际效果,为作为危险分散机制的保险共同体提供了相应的经济来源,反过来服务于共同体成员的需要。不过,为防止保险人将行使代位权获得的赔偿据为己有,应当在保险公司内部建立专门的保险代位权基金。从而将代位求偿获偿的费用用于开发新的保险产品和充抵保险金的支出,推出更加全面、细致的保险服务,并逐步降低保险

---

① 参见徐卫东主编:《商法基本问题研究》,法律出版社2002年版,第474页。
② See S. R. Derham, *Subrogation in Insurance Law*, The Law Book Company Limited, 1985, p.152.
③ 参见徐卫东主编:《商法基本问题研究》,法律出版社2002年版,第478页。
④ See S. R. Derham, *Subrogation in Insurance Law*, The Law Book Company Limited, 1985, pp.153-154.

费率。此外,由于保险代位权的行使,被保险人不能获得双重赔偿,这也在一定程度上体现了保险的补偿性,避免了道德风险的出现。

综上所述,对保险代位权的存废,学者们的见解各不相同。但不可否认的是,保险代位权对于贯彻保险法的损害填补原则,避免加害人逃脱赔偿责任,[①]防止被保险人获得过多赔偿从而引发道德风险以及减少保险人的保险赔付量并降低社会平均保费负担都具有不可忽视的作用。因此,彻底废除保险代位权的观点过于极端。正确的做法应当是,在分析保险代位权功效的基础上,对其立法及实务操作中的不合理之处进行改进和完善,使其成为平衡保险人、被保险人和第三人利益的调节器,发挥其应有的作用。

四、保险代位权的最新发展

(一)《最高人民法院关于适用〈中华人民共和国保险法〉若干问题的解释(四)》的相关规定

《保险法》第60条规定:"因第三者对保险标的损害而造成保险事故的,保险人自向被保险人赔偿保险金之日起,在赔偿金额范围内代位行使被保险人对第三者请求赔偿的权利。"但是,代位权的行使需要以赔偿责任为前提,这种赔偿责任既可以是法定的,也可以是约定的。在以往的实践中,法定赔偿责任较为明确,但约定赔偿责任的实现却较为困难。为了解决这一难点,《保险法解释(四)》第14条对于代位权实现提供了明确的判断规则:"具有下列情形之一的,被保险人可以依照保险法第六十五条第二款的规定请求保险人直接向第三者赔偿保险金:(一)被保险人对第三者所负的赔偿责任经人民法院生效裁判、仲裁裁决确认;(二)被保险人对第三者所负的赔偿责任经被保险人与第三者协商一致;(三)被保险人对第三者应负的赔偿责任能够确定的其他情形。前款规定的情形下,保险人主张按照保险合同确定保险赔偿责任的,人民法院应予支持。"

依据《保险法解释(四)》第14条,代位权的行使依据不仅仅局限于生效的法院判决,还包括生效的仲裁裁决、当事双方的协商一致以及被保险人对于第三者应负的赔偿责任能够确定的其他情形。换言之,只要第三者所负的赔偿责任不违背法律的禁止性规定,不影响他人的合法利益,即可以作为代位权行使的基础。

(二)《全国法院民商事审判工作会议纪要》的相关规定

《全国法院民商事审判工作会议纪要》第98条"仲裁协议对保险人的效力"

[①] See Kenneth S. Abraham, *Insurance Law And Regulation: Cases And Materials*, Foundation Press, 1990, p. 202.

规定,被保险人和第三者在保险事故发生前达成的仲裁协议,对行使保险代位求偿权的保险人具有约束力。该条明确表示,保险代位求偿权是一种法定债权转让,保险人在向被保险人赔偿保险金后,有权行使被保险人对第三者请求赔偿的权利。

第四节 财产损失保险合同

财产损失保险合同是指以有形财产为标的而订立的保险合同。按照财产损失保险合同的约定,投保人向保险人支付保险费,在保险事故发生时,保险人按照约定向被保险人赔付保险金。我国保险法上的财产保险的概念与财产损失保险的概念并不相同,财产保险以财产损失保险为中心,同时还包括责任保险、信用保险和保证保险。财产损失保险的标的可以是生产资料、生活资料、运输工具、运输中的货物、房屋等一切有形的动产或不动产。如企业财产保险、家庭财产保险、运输工具保险、运输货物保险等,均属于财产损失保险。

一、火灾保险合同

(一)火灾保险的含义

火灾保险,简称"火险",是指以火灾为主要承保危险的财产保险。作为财产保险中最常见的一种业务,火灾保险的产生晚于海上保险,但早于工业保险和汽车保险。火灾保险制度起源于14—15世纪德国的陆上火灾基尔特制度。1666年的伦敦大火,是火灾保险发展史上的第一个重大事件,这场火灾几乎烧毁了伦敦城,它不仅让人们记住火灾的危害和惨烈教训,更促使人们建立火灾保险制度,通过提供灾后经济补偿来化解火灾危险。如果说伦敦火灾催生了火灾保险,主要承保不动产与一般动产构成火灾保险的早期模样;那么,18世纪以后的机器大生产及由此而引出的工业保险,则使火灾保险迈入了新的发展阶段。经过300多年的发展,火灾保险作为最基本的保险业务,不仅是保险人立足市场的基础,也是投保人转嫁损失的首选险种。此外,需要特别指出的是,"火灾保险"只是历史遗留下来的一种险别名称,在其产生之初,因只承保陆上财产的火灾危险而得名,后来逐渐发展到承保各种自然灾害与意外事故,因此,就保险责任而言,火灾保险早已超出了当初承保陆上火灾的范围。不过,保险界仍然保留着对此类业务的传统叫法。

(二) 火灾保险的种类

按照不同的标准,火灾保险可以分为不同的种类。①

第一,依照保险标的的不同,火灾保险可以分为以下几类:

(1) 不动产火灾保险,是指以不动产为保险标的的火灾保险。我国《民法典》未对不动产的概念作出明确界定,1995年颁布实施的《担保法》对不动产的概念作出了明确规定。该法第92条第1款规定:"本法所称不动产是指土地以及房屋、林木等地上定着物。"因此,所谓不动产,是指土地及其定着物,如家宅、房屋、店铺、工厂、仓库、桥梁或其他土地上定着物等皆是,且不以已完成者为限,建造中的房屋也可以作为火灾保险的标的。

(2) 动产火灾保险,是指以动产为保险标的的火灾保险。我国1995年《担保法》第92条第2款规定:"动产是指不动产以外的物。"如商品、原料、衣服、家具等。动产不以放置于房屋内部的物品为限,放置于户外的器具、家具等也可以成为动产火灾保险的标的。

(3) 无形利益火灾保险,是指以无形利益为保险标的的火灾保险。例如,房屋所有人以其出租房屋的租金为火灾保险合同标的,抵押人以其抵押权为火灾保险合同标的,店主或工厂所有人以其经营的店铺或工厂的利润为火灾保险合同标的等。

(4) 混合火灾保险,是指同时以动产和不动产为保险标的的火灾保险。例如,以房屋及屋内家具、电器、衣物等为火灾保险合同标的。

第二,依照标的的数量,火灾保险可以分为以下几类:

(1) 单独火灾保险,是指以特定的某一财物为保险标的的火灾保险。例如,投保人以其所有的别墅投保火灾保险即为单独火灾保险。

(2) 集合火灾保险,是指以集合的财物为保险标的的火灾保险。例如,以工厂之内的机器设备、工具为保险标的的火灾保险。

(3) 总括火灾保险,是指以一定范围内的财物或同一地区内某种不同货物为保险标的,于损害发生后就其实际损失计算赔偿金额的火灾保险。例如,以仓库内储存的各种货物为保险标的的火灾保险。

第三,依照是否事先约定保险标的的价值,火灾保险可以分为以下两类:

(1) 定值火灾保险,是指在火灾保险合同中载明保险标的的价值的火灾保险。

(2) 不定值火灾保险,是指在保险合同中未载明保险标的的价值,必须在危险

---

① 参见梁宇贤:《保险法新论(修订新版)》,中国人民大学出版社2004年版,第172—174页;林群弼:《保险法论(增订二版)》,三民书局2003年版,第386—389页。

发生后予以估算的火灾保险。

(三) 火灾保险合同的保险责任范围[①]

1. 火灾保险人的基本责任

第一,火灾。火灾是火灾保险承保的一个主要的保险事故。通常认为,火灾是指在时间上和空间上失去控制的异常性燃烧。火灾包括以下四个要件:

(1) 具有燃烧作用。所谓燃烧作用,是指因燃烧而起,具有灼热、火焰之破坏作用。因此,燃烧作用必须具有燃烧、灼热及火焰,三者缺一不可。这里需要指出的一点是,物品的自燃并非具有燃烧作用的"火"。根据美国联邦第九巡回上诉法院在判例中的解释,"自燃"通常为一种急速的氧化作用,火亦为带有灼热与火焰之急速氧化作用。火常因燃烧而起,但燃烧不一定发火。物体之所以自燃,其原因在于内部热量之发展,而非外力之作用。燃烧或自燃非至发生火焰与灼热,不得称之为火。

(2) 火力超出一定范围。火可以分为友善之火与敌意之火两种。友善之火是指非意外的、控制之中的、在其专用容器中燃烧的火,是生产、生活中有目的的用火,如做饭之火、取暖之火、信号之火、吸烟之火等。敌意之火是指意外的、失去控制的、有危害的火。例如,吸烟之火为友善之火,但是一旦烟火掉落在干木材之旁引发火灾,则成为敌意之火。但是,如果该火很快被熄灭,并未失去控制,未造成火灾,也不能称为"敌意之火"。

(3) 须由于偶然或意外。火灾的发生必须是事先无法预料的。如果因投保人或被保险人故意而引起的火灾,则非火灾保险的火灾。

(4) 须发生损害。火灾保险以填补损失为目的,因此未发生损失的火灾,当然不能成为火灾保险的保险事故。这里所说的损失,包括直接损失和间接损失。直接损失是由火灾导致保险标的物的毁损或灭失,如保险标的物被焚毁、烟熏或烧焦。间接损失是指因救护保险标的而导致的损失,如因救火而毁坏墙壁,衣物因救火而烧坏等。

第二,闪电和雷击。保险标的物因闪电和雷击而毁损灭失的,也是保险人承保的责任范围。早期的保险合同并不承认闪电和雷击是火灾保险的保险事故,因为因闪电和雷击造成的损害通常相当严重,而且对于其破坏范围也很难判断。现行的火灾保险单已经将闪电和雷击列入承保范围,凡是闪电和雷击造成的损害,都在

[①] 参见袁宗蔚:《保险学——危险与保险》,首都经济贸易大学出版社 2000 年版,第 394—398 页;郑云瑞:《财产保险法》,中国人民公安大学出版社 2004 年版,第 220—222 页;林群弼:《保险法论(增订二版)》,三民书局 2003 年版,第 391—393 页。

火灾保险的责任范围内。

第三,爆炸。包括在火灾保险范围内的爆炸,以下列两种情形为限:(1)家庭使用的锅炉、电器用具、煤油炉的爆炸;(2)建筑物内作为家庭用、照明用或取暖用的煤气爆炸。如果因用作任何营业上之用途而发生爆炸,则应除外,另由特种保险单承保。

2. 火灾保险人的除外责任

火灾保险的除外责任,大致有以下两种情形:

(1)战争、军事行动或暴力行为。战争、军事行动或暴力行为的涉及面非常广,造成的损害程度往往无法确定。所以,火灾保险单一般将其作为除外责任。

(2)核辐射和污染。核武器爆炸和核反应堆发生事故而产生的辐射、污染导致被保险人财产损失的,保险人不承担赔偿责任。

(四)火灾保险合同的效力

1. 保险人的义务

第一,损失赔偿义务。具体包括:

(1)直接损失。直接损失是指因火灾直接导致保险标的的毁损或灭失。例如,因火灾发生导致货物被毁、房屋被焚等。

(2)间接损失。间接损失是指因火灾间接导致保险标的的毁损、灭失。例如,因抢救火灾中的家用电器导致该电器的损坏。除保险合同另有约定外,对于因火灾保险事故导致的间接损失,保险人也应当承担损害赔偿责任。

第二,减免损害费用的偿还义务。我国《保险法》第57条第2款规定:"保险事故发生后,被保险人为防止或者减少保险标的的损失所支付的必要的、合理的费用,由保险人承担;保险人所承担的费用数额在保险标的的损失赔偿金额以外另行计算,最高不超过保险金额的数额。"因为被保险人救助行为的目的在于避免或减轻保险标的的损害,间接减轻保险人的负担,所以对于上述费用,保险人应当承担。

2. 投保人的义务

(1)支付保险费的义务。在火灾保险合同生效后,投保人有义务按照保险合同的规定支付保险费。与人身保险合同不同,如果投保人拒绝支付火灾保险合同的保险费,保险人可以申请法院强制执行。

(2)告知义务。按照我国《保险法》第16条的规定,在订立火灾保险合同时,投保人应当履行告知义务,将与保险标的有关的重要事实如实告知保险人。保险人根据投保人告知的重要事实决定是否承保以及保险费率。

二、运输工具保险合同

（一）运输工具保险的含义

运输工具保险合同是投保人与保险人订立的，以运输工具如机动车、船舶、飞机等作为保险标的的财产保险合同。随着社会经济的不断发展，运输工具在人们日常工作和生活中的作用越来越重要，同时现代运输工具一般价值较高，因此世界上大多数国家都开办了种类繁多的运输工具保险。

（二）机动车辆保险

机动车辆保险是最常见的一种运输工具保险。作为一种财产保险，机动车辆保险的保险标的包括各种汽车、摩托车、拖拉机以及其他的专用车辆，其中以汽车为主，所以又被称为"汽车保险"。汽车保险起源于19世纪中后期，当时，随着汽车在欧洲一些国家的出现并不断发展，因交通事故导致的意外伤害和财产损失的不断增加。尽管各国都采取了一些管制方法和措施，汽车的使用仍对人们的生命和财产安全构成严重威胁。这引起一些精明的保险人对汽车保险的关注。

最早开发汽车保险业务的是英国的法律意外保险有限公司。1898年，该公司率先推出了汽车第三者责任保险，并可附加汽车火险。到1901年，保险公司提供的汽车保险单已初步具备现代综合责任险的条件，保险责任也扩大到汽车的失窃。

20世纪初期，汽车保险业在欧美得到了迅速发展。1903年，英国创立了汽车通用保险公司，并逐步发展成为一家大型的专业化汽车保险公司。到1913年，汽车保险已扩大到了20多个国家，汽车保险费率和承保办法也基本实现了标准化。

1927年是汽车保险发展史上一个重要的里程碑。美国马萨诸塞州制定的举世闻名的《强制汽车（责任）保险法》的颁布与实施，标志着汽车第三者责任保险开始由自愿向法定强制保险方式转变。此后，汽车第三者责任法定保险很快遍及世界各地。第三者责任法定保险的广泛实施，极大地推动了汽车保险的普及和发展，车损险、盗窃险、货运险等业务也随之发展起来。

20世纪50年代以来，随着欧、美、日等地区和国家汽车制造业的迅速扩张，机动车辆保险也得到广泛的发展，成为各国财产保险中最重要的业务险种。到20世纪70年代末期，汽车保险已占整个财产险的50%以上。[1]

在我国保险实务中，汽车保险分为基本险和附加险两大类。基本险有汽车损失险、第三者责任险两种；附加险有自燃损失保险、车辆停驶损失保险、全车盗抢保

---

[1] 参见《汽车保险的起源和发展》，新浪网，2005年9月15日，http://auto.sina.com.cn/news/2005-09-15/1747140403.shtml，2020年7月21日访问。

险等。通常情况下,汽车保险采用基本险与附加险相结合的综合保险单的形式。

1. 汽车损失保险[①]

汽车损失保险的责任范围包括汽车车身损失责任与救护行为的费用损失责任:

(1) 汽车车身损失责任

按照保险公司拟定的保险条款,被保险人或其允许的驾驶人在使用保险车辆过程中因保险合同列明的原因造成保险车辆的损失,保险人负责赔偿。在这里,被保险人与其所允许的驾驶人必须同时具备两个条件:其一,被保险人或其允许的驾驶人是指被保险人本人以及经被保险人委派、雇佣或认可的驾驶保险车辆的人员。其二,驾驶人必须持有效驾驶证,并且所驾车辆与驾驶证规定的准驾车型相符;驾驶出租汽车或营业性客车的驾驶人还必须具备交通运输管理部门核发的许可证书或其他必备证书,否则仍认定为不合格。此外,"在使用保险车辆过程中"是指保险车辆作为一种工具被使用的整个过程,包括行驶和停放。例如,被保险的吊车固定车轮后进行吊卸作业属于使用过程。

在保险实务中,保险公司所列明的责任范围通常包括以下方面:碰撞、倾覆;火灾、爆炸;外界物体倒塌、空中运行物体坠落、保险车辆行驶中平行坠落;雷击、暴风、龙卷风、暴雨、洪水、海啸、地陷、冰陷、崖崩、雪崩、雹灾、泥石流、滑坡;载运保险车辆的渡船遭受自然灾害(只限于有驾驶员随车照料者)。

(2) 救护行为的费用损失责任

发生保险事故时,被保险人或其允许的合格驾驶员对保险车辆采取施救、保护措施所支出的合理费用,保险人负责赔偿。但是,此项费用的最高赔偿金额以保险金额为限。这里所说的施救措施是指发生保险责任范围内的灾害或事故时,为减少和避免保险车辆的损失所实施的抢救行为。保护措施则是指保险责任范围内的自然灾害或意外事故发生以后,为防止保险车辆损失扩大和加重而采取的行动。例如,保险车辆受损后不能行驶,雇人在事故现场看守的合理费用(不得超过3天,每天3人,参照劳动力平均收入计算),有当地有关部门出具证明的,可以赔偿。合理费用是指保护、施救行为支出的费用是直接的、必要的,并符合国家有关政策规定。

在处理救护行为的费用损失责任时,应当注意以下问题:第一,保险车辆出险

[①] 参见《汽车车身险》,新浪网,2005年9月19日,http://auto.sina.com.cn/news/2005-09-19/1527140799.shtml,2020年8月15日访问;《华泰财产保险股份有限公司财产综合险条款》,保险网购网,https://www.xyz.cn/insterm-jbugl2mtjt-j64zlpmxjx.html,2020年8月21日访问。

后失去正常行驶能力的,被保险人雇佣吊车或其他车辆进行抢救的费用,以及将出险车辆拖运到最近修理厂的运输费用,保险人应按有关行政管理部门核准的收费标准或该车修理费用的 20%(以低者为准)负责赔偿。第二,抢救车辆在拖运受损保险车辆途中发生意外事故,造成保险车辆损失扩大部分和费用支出增加部分,如果该抢救车辆是被保险人自己或他人义务派来抢救的,保险人应予以赔偿;如果该抢救车辆是受雇的,则保险人不予赔偿。第三,在抢救过程中,因抢救而损坏他人的财产,如果应由被保险人承担赔偿,保险人可酌情予以赔偿。但是,在抢救过程中抢救人员个人物品的损失和丢失,保险人不予赔偿。第四,保险车辆出险后,被保险人或其代表奔赴事故现场处理所支出的费用,保险人不予负责。第五,保险车辆为进口车或特种车,发生保险责任范围内事故后,经确认出险地最近修理厂或当地修理厂确无能力修复时,在取得保险人同意后,该事故车被移送到其他修理厂或外地修理的移送费,保险人予以负责。但护送保险车辆人员的工资和差旅费,保险人不予负责。第六,施救保护费用(含吊车和拖运车费用)与修理费用应分别计算。当车辆全损无施救价值时,保险人一般不赔偿施救费;残余部分如果有一定价值,保险人可适当给予一定的施救费,但不得超过残值的 10%。在施救前,如果施救保护费用与修理费用相加估计已达到或超过保险金额,则可推定全损,由保险人予以赔偿,但保险人不接受权益转让。

2. 汽车损失保险的除外责任

汽车损失保险人对下列损失和费用,不负责赔偿:

(1) 自然磨损、朽蚀、故障、轮胎单独损坏。

(2) 玻璃单独破碎、无明显碰撞痕迹的车身划痕。玻璃单独破碎是指任何原因引起的玻璃单独破碎,玻璃包括挡风玻璃、车窗玻璃。

(3) 人工直接供油、高温烘烤造成的损失。人工直接供油是指不经过车辆正常供油系统的供油。高温烘烤是指无论是否使用明火,凡违反车辆安全操作规则的加热、烘烤升温行为。

(4) 自燃以及不明原因引起火灾造成的损失。自燃是指因本车电器、线路、供油系统发生故障或所载货物自身原因起火燃烧,即在没有外界火源、保险车辆也未发生碰撞或倾覆的情况下,由于保险车辆本车漏油或电器、线路、供油系统、载运的货物等自身发生问题引起的火灾。不明原因的火灾是指公安消防部门的《火灾原因认定书》中认定的起火原因不明的火灾。

(5) 遭受保险责任范围内的损失后,未经必要修理继续使用,致使损失扩大的部分。指车辆因发生保险事故遭受损失后,没有及时进行必要的修理,或修理后车辆未达到正常使用标准却继续使用,造成保险车辆损失扩大的部分。

(6) 车辆标准配置以外的未投保的新增设备的损失。

(7) 在淹及排气筒或进气管的水中启动车辆,或者被水淹后未经必要处理就启动车辆等操作不当致使发动机损坏。即保险车辆在停放或行驶过程中,被水淹及排气筒或进气管,驾驶员继续启动车辆或利用惯性启动车辆;车辆被水淹后转移至高处或水退后未经必要的处理就启动车辆,造成发动机损坏。

(8) 保险车辆所载货物坠落、倒塌、撞击、泄漏造成的损失。其中,车辆所载货物坠落是指保险车辆装载的货物从车上掉下砸伤他人或砸坏他人财产。

(9) 摩托车停放期间因翻倒造成的损失。指两轮摩托车或轻便摩托车停放期间由于翻倒造成的车辆损失。

3. 汽车损失保险的附加险

在我国保险实务中,只有在投保基本险的基础上,才能投保附加险。附加险与基本险的规定不一致时,应以附加险的规定为准。

(1) 自燃损失保险

投保该附加险的机动车辆在使用过程中因本车电器、线路、供油系统发生故障及运载货物自身原因起火燃烧造成保险车辆的损失,以及被保险人在发生保险事故时为减少保险车辆损失所支出的必要的、合理的施救费用,由保险人负责赔偿。

该附加险的除外责任包括:第一,因人工直接供油、高温烘烤等违反车辆安全操作规则造成的损失;第二,运载货物自身的损失;第三,因自燃仅造成电器、线路、供油系统的损失;第四,被保险人的故意行为或违法行为造成保险车辆的损失。

(2) 新增加设备损失保险

投保该附加险的机动车辆在使用过程中发生保险事故,造成车上新增加设备的直接损毁,由保险人在保险单该项目所载明的保险金额内按实际损失计算赔偿。新增加设备,是指在保险车辆出厂时原有各项设备以外,被保险人另外加装的设备及设施。投保人办理该附加险时,应列明车上新增加设备及其实际价值。

该附加险的除外责任包括:第一,新增加设备单独被盗窃或丢失;第二,未在保险单中列明的新增的设备。

(3) 车辆停驶损失保险

投保该附加险的机动车辆在使用过程中发生保险事故,造成车身损毁,致使车辆停驶,由保险人在约定的赔偿限额内负责赔偿。

该附加险的除外责任包括:第一,车辆被扣押期间的损失;第二,因车辆修理质量不符合要求,造成返修期间的损失;第三,被保险人及其驾驶人员拖延车辆送修或修理时间的损失。

（4）全车盗抢保险

投保该附加险的机动车辆发生下列损失，由保险人负责赔偿：第一，保险车辆被盗窃、被抢劫、被抢夺，有出险当地县级以上公安刑侦部门立案证明，满3个月未查明下落的全车损失；第二，保险车辆全车被盗窃、被抢劫、被抢夺期间受到损坏或车上零部件、附属设备丢失需要修复的合理费用。

该附加险的除外责任包括：第一，非全车遭盗抢，仅车上零部件或附属设备被盗窃或损坏；第二，被保险人因民事、经济纠纷而导致保险车辆被抢劫、被抢夺；第三，全车被盗窃、被抢劫、被抢夺期间，保险车辆造成的第三者人身伤亡或财产损失；第四，租赁车辆与租车人同时失踪；第五，保险车辆在修理、扣押期间被罚没；第六，被保险人及其家庭成员、被保险人允许的驾驶人员的故意行为或违法行为造成的损失。

（5）玻璃单独破碎保险

投保该附加险的机动车辆的挡风玻璃或车窗玻璃发生单独破碎，由保险人负责赔偿。投保人可选择按进口或国产玻璃投保，保险人根据投保方式承担相应的赔偿责任。

该附加险的除外责任包括：第一，被保险人或其驾驶员的故意行为造成的；第二，安装、维修车辆过程中造成的玻璃单独破碎；第三，车灯、车镜单独破碎。

（6）火灾、爆炸损失保险

投保该附加险的机动车辆因下列原因发生的损失，由保险人负责赔偿：第一，火灾、爆炸造成保险车辆的损失；第二，发生保险事故时，被保险人为防止或者减少保险车辆的损失所支付的必要的、合理的施救费用。

该附加险的除外责任包括：第一，所载货物自身的损失；第二，轮胎爆裂引起的轮胎本身的损失。

（7）车身划痕损失保险

投保该附加险的机动车辆发生无明显碰撞痕迹的车身划痕损失，由保险人负责赔偿。

该附加险的除外责任为，被保险人及其家庭成员、驾驶人员的故意行为造成的损失。

（8）发动机特别损失保险

投保该附加险的机动车辆在使用过程中因下列原因造成的发动机直接损毁，由保险人负责赔偿：第一，保险车辆在积水路面涉水行驶中操作不当造成的发动机损坏；第二，保险车辆因车辆冷却水凝固致使发动机冻裂所造成的损坏；第三，发生上述保险事故时被保险人或其允许的驾驶员对保险车辆采取施救、保护措施所支出的合理费用。

该附加险的除外责任包括:第一,被保险人的故意行为造成保险车辆发动机的损失;第二,发动机的自然磨损、朽蚀、机械故障所造成的损失;第三,其他不属于保险责任范围内的损失和费用。

4. 汽车责任保险

依照《中国人民保险公司机动车辆第三者责任保险条款》的规定,所谓汽车责任保险,是指被保险人或其允许的合格驾驶人员,在中国境内(不含港、澳、台地区)驾驶汽车、电车及约定的其他车辆发生意外事故,造成第三者人身伤亡或财产损失时,由保险人代替被保险人向第三者承担损害赔偿责任。但是,根据该保险条款的规定,保险车辆造成下列人身伤亡或财产损失的,不论在法律上是否应当由被保险人承担赔偿责任,保险人均不负责赔偿:(1) 被保险人所有或代管的财产损失;(2) 私有、个人承保车辆的被保险人及其家庭成员的人身伤亡以及他们所有或代管的财产损失;(3) 本车上的一切人员和财产的损害;(4) 车辆所载货物掉落、泄漏造成的人身伤亡或财产损失;(5) 战争、军事冲突、暴乱、扣押、罚没造成的损失;(6) 竞赛、测试、进厂修理期间发生的损失;(7) 饮酒、吸毒、毒物麻醉、无有效驾驶证造成的损失;(8) 保险车辆拖带未保险车辆及其他拖带物或者未保险车辆拖带保险车辆造成的损失;(9) 保险车辆发生意外事故引起第三者停电、停水、停气、停产、中断通信、停业或者停驶等发生的各种间接损失。[①]

汽车责任保险制度是否完善直接关系到民众的出行安全,其重要性显而易见。各国为加强对机动车道路交通事故受害人的保障,皆通过立法强制机动车所有人或者使用人投保机动车第三者责任保险。其立法目的在于,在道路上行驶的机动车辆均能依法投保责任保险,每一机动车事故的受害人均能获得相应的赔偿。[②] 2004年5月1日起施行的《道路交通安全法》第17条规定:"国家实行机动车第三者责任强制保险制度,设立道路交通事故社会救助基金。具体办法由国务院规定。"2006年3月21日,时任国务院总理温家宝签署第462号国务院令,公布了《机动车交通事故责任强制保险条例》,该条例于2006年7月1日起正式施行。

(三) 船舶保险

广义的船舶保险是以船舶及其附属品为保险标的的保险业务。根据船舶所处的状态,船舶保险可分为船舶营运险、船舶建造险、船舶停航险、船舶修理险、拆船

---

① 参见邹海林:《责任保险论》,法律出版社1999年版,第88页。
② 参见施文森:《论汽车强制保险》,载《保险法论文(第二集)》,五南图书出版公司1982年版,第221页。

保险等。狭义的船舶保险是指船舶营运险,具体可分为基本险、附加险和特殊附加险三种。其中,基本险又可分为全损险和一切险两种。[①]

1. 船舶全损险

船舶全损险是船舶营运保险的一个基本险种,投保人在投保时可以选择使用。在这一险别下,保险人的保险责任范围为:(1)八级以上(含八级)大风、洪水、地震、海啸、雷击、崖崩、滑坡、泥石流、冰凌;(2)火灾、爆炸;(3)碰撞、触碰;(4)搁浅、触礁;(5)由于上述一至四款灾害或事故引起的倾覆、沉没;(6)船舶失踪。

2. 船舶一切险

在船舶一切险下,保险人承担的保险责任大于船舶全损险,因而其保险费率高于船舶全损险。根据我国船舶保险条款,在船舶一切险下保险人应承担船舶全损险规定的各种原因造成的被保险船舶的全部和部分损失,以及下列责任和费用:(1)碰撞、触碰责任。该保险承保的保险船舶在可航水域碰撞其他船舶或触碰码头、港口设施、航标,致使上述物体发生的直接损失和费用,包括被碰撞船舶上所载货物的直接损失,依法应当由被保险人承担的赔偿责任。但是,该保险对每次碰撞、触碰责任仅负责赔偿金额的3/4,且在保险期限内一次或累计最高赔偿额以不超过船舶保险金额为限。此外,保险人对非机动船舶不负碰撞、触碰责任,但保险船舶由本公司承保的拖船拖带时,可视为机动船舶。(2)共同海损、救助及施救费用。保险人负责赔偿依照国家有关法律或规定应当由保险船舶摊负的共同海损。除合同另有约定外,共同海损的理算办法应按《北京理算规则》办理。保险船舶在发生保险事故时,被保险人为防止或减少损失而采取施救及救助措施所支付的必要的、合理的施救或救助费用、救助报酬,由保险人负责赔偿。但是,共同海损、救助及施救三项费用之和的累计最高赔偿额以不超过保险金额为限。

3. 除外责任

保险船舶由于下列情况所造成的损失、责任及费用,保险人不负责赔偿:(1)船舶不适航、不适拖(包括船舶技术状态、配员、装载等,拖船的拖带行为引起的被拖船舶的损失、责任和费用,非拖轮的拖带行为引起的一切损失、责任和费用);(2)船舶正常的维修、油漆,船体自然磨损、锈蚀、腐烂及机器本身发生的故障和舵、螺旋桨、桅、锚、锚链、橹及子船的单独损失;(3)浪损、座浅;(4)被保险人及其代表(包括船长)的故意行为或违法犯罪行为;(5)清理航道、污染和防止或清除污染、水产养殖及设施、捕捞设施、水下设施、桥的损失和费用;(6)因保险事故引

[①] 参见《沿海、内河船舶保险条款》,找法网,1996年12月27日,https://code.fabao365.com/law_253599.html,2020年8月22日访问。

起本船及第三者的间接损失和费用以及人员伤亡或由此引起的责任和费用；(7) 战争、军事行动、扣押、骚乱、罢工、哄抢和政府征用、没收；(8) 其他不属于保险责任范围内的损失。

（四）飞机保险

飞机保险 20 世纪初产生于英美等国，之后获得了迅速的发展。鉴于飞机运行中的危险较为集中，一旦发生事故，造成的损害后果就会非常严重。在英国，飞机保险最初是由劳合社采用集团共保方式进行承保的。我国的飞机保险开办于 1974 年。作为运输工具保险的一种，飞机保险以飞机作为保险标的，对于承保飞机在保险期间因发生保险责任事故造成飞机损失，以及产生被保险人对所载乘客、货物及第三者的财产损害和人身伤亡的赔偿责任，由保险人按约定向被保险人赔付保险金。飞机保险主要包括机身险、第三人责任险、旅客法定责任险，具体如下：[①]

1. 机身险

机身险是飞机保险中的基本险种，承保飞机在保险期间可能遭遇损失的风险。机身险的保险责任包括：(1) 飞机在飞行、滑行中以及在地面上，不论何种原因造成飞机及其附件的意外损失或损坏，由保险人负责赔偿；(2) 因意外引起的飞机拆卸重装和运输的费用以及清除残骸的费用；(3) 飞机失踪，即飞机起飞后 15 天仍无行踪消息的，即构成失踪损失；(4) 施救费用，即飞机发生意外事故时，被保险人采取施救、保护措施所支出的合理费用，由保险人负责赔偿，但最高限额不得超过机身保险的保险金额。

机身险的除外责任包括：(1) 飞机不符合适航条件而飞行；(2) 被保险人的故意行为；(3) 飞机任何部件的自然磨损、制造及机械缺陷（但因此而对飞机造成的损失和损坏，保险人仍予赔偿）；(4) 战争、飞机劫持险条款规定的承保和除外责任。

2. 第三人责任险

第三人责任险的保险责任范围是，由于飞机或从飞机上坠人、坠物造成第三者的人身伤亡或财物损失，应由被保险人负担的赔偿责任，但被保险人及其支付工资的机上和机场工作人员的人身伤亡或财物损失除外。第三人责任险的除外责任与机身险的除外责任相同。

[①] 参见《中国平安财产保险股份有限公司飞机保险条款》，百度文库，https://wenku.baidu.com/view/a9ccdf6c8662caaedd3383c4bb4cf7ec4bfeb67e.html，2020 年 6 月 22 日访问。郑云瑞：《财产保险法》，中国人民公安大学出版社 2004 年版，第 245—249 页。温世扬主编：《保险法（第三版）》，法律出版社 2016 年版，第 237 页。

3. 旅客法定责任险

旅客法定责任险是指以旅客在乘坐或上下飞机时发生意外,造成旅客的人身伤亡或所携带和业经交运登记的行李、物件的损失,以及对旅客、行李或物件在运输过程中因延迟而造成的损失,根据法律或合同应由被保险人承担的赔偿责任为保险标的的保险。此处所说的旅客,是指购买飞机票的旅客或为被保险人同意免费搭载的旅客,但不包括为履行被保险人的任务而免费搭载人员。此外,旅客法定责任险系采取强制保险的方式要求旅客投保,旅客所购买的机票中已包含该保险,法律之所以这样规定,目的是通过强制保险的方式保护旅客的合法权益。

三、货物运输保险合同

货物运输保险合同是指以运输中的货物作为保险标的,保险人对于保险标的因自然灾害或意外事故造成的损失承担赔偿责任而订立的保险合同。按照运输工具的不同,货物运输保险合同可以分为水路货物运输保险合同、公路货物运输保险合同、铁路货物运输保险合同、航空货物运输保险合同与海洋货物运输保险合同等。

(一) 货物运输保险合同的特点[①]

第一,保险标的的流动性。普通财产保险合同的保险标的一般为存放在固定地点的财产,且通常处于静止状态。在货物运输保险合同中,保险标的为运输中的货物,其保险标的经常处于运动状态,具有流动性。

第二,承保风险的广泛性。普通财产保险所承保的风险主要是火灾、自然灾害或意外事故。货物运输保险承保的风险则广泛得多,包括海上、陆上和空中风险,自然灾害和意外事故风险,动态和静态风险等。

第三,承保价值的定值性。普通财产保险主要是不定值保险,即保险合同中不约定保险标的的实际价值,仅规定保险金额作为赔偿的最高限额,在保险事故发生时,由保险人根据保险标的当时的实际价值确定损失额。在货物运输保险中,承保货物在不同地点可能出现价格差异,因此承保货物的保险金额可由保险双方按约定的保险价值确定。

第四,保险期限的规定方式不同。普通财产保险合同的保险期限以年、月、日计算,存在明确的时段。在货物运输保险中,保险期限一般以一次航程或运程计算,采用"仓至仓条款",即从货物离开起运地点的仓库开始至到达目的地收货人的仓库时终止。

---

① 参见郑云瑞:《财产保险法》,中国人民公安大学出版社 2004 年版,第 252—254 页。

第五，保险单可以随提货单背书转让。在普通财产保险中，被保险人财产的所有权转移必须经过保险人的同意并在保险单上进行批注，否则保险单自行终止。在货物运输保险中，出于贸易经营的需要，保险合同可以随提货单的转移而转让，只要在保险单背面背书即可，保险人不得拒绝承担保险责任。

第六，合同解除的严格性。货物运输保险合同的保险责任开始后，被保险人或保险人一般不得解除保险合同。我国《保险法》第50条规定："货物运输保险合同和运输工具航程保险合同，保险责任开始后，合同当事人不得解除合同。"

（二）国内水路、陆路货物运输保险

国内水路、陆路货物运输保险适用于国内水路、铁路、公路或联运方式，在保险货物遭受保险责任范围内的自然灾害或意外事故时，由保险人向被保险人按照合同约定赔付保险金。国内水路、陆路货物运输保险分为基本险和综合险，保险货物遭受损失时，保险人按承保险别的责任范围负赔偿责任。[1]

1. 基本险

（1）因火灾、爆炸、雷电、冰雹、暴风、暴雨、洪水、地震、海啸、地陷、崖崩、滑坡、泥石流所造成的损失；

（2）由于运输工具发生碰撞、搁浅、触礁、倾覆、沉没、出轨或隧道、码头坍塌所造成的损失；

（3）在装货、卸货或转载时，因遭受不属于包装质量不善或装卸人员违反操作规程所造成的损失；

（4）按国家规定或一般惯例应分摊的共同海损的费用；

（5）在发生上述灾害、事故时，因纷乱而造成货物的散失及因施救或保护货物所支付的直接合理的费用。

2. 综合险

该保险除包括基本险责任外，保险人还要负责赔偿：

（1）因受震动、碰撞、挤压而造成货物破碎、弯曲、凹瘪、折断、开裂或包装破裂致使货物散失的损失；

（2）货物因受震动、碰撞或挤压致使所用容器（包括封口）损坏而渗漏的损失，或用液体保存的货物因液体渗漏而造成保存货物腐烂变质的损失；

（3）遭受盗窃或整件提货不着的损失；

（4）符合安全规定却遭受雨淋等所致的损失。

---

[1] 参见《中国人民保险公司国内水路、陆路货物运输保险条款》，海利律师网，http：//www.henrylaw.cn/page72？article_id=150，2020年8月23日访问。

3. 除外责任

由于下列原因造成保险货物的损失,保险人不负赔偿责任:

(1) 战争或军事行动;

(2) 核事件或核爆炸;

(3) 保险货物本身的缺陷或自然损耗,以及由于包装不善;

(4) 被保险人的故意行为或过失;

(5) 全程是公路货物运输的,盗窃和整件提货不着的损失;

(6) 其他不属于保险责任范围内的损失。

4. 保险责任的起讫

国内水路、陆路货物运输保险的责任起讫期是,自签发保险凭证和保险货物运离起运地发货人的最后一个仓库或储运处所时起,至该保险凭证上注明的目的地的收货人在当地的第一个仓库或储存处所时终止。但保险货物运抵目的地后,如果收货人未及时提货,则保险责任的终止期最多延长至以收货人接到《到货通知单》后的 15 日为限(以邮戳日期为准)。

(三) 航空货物运输保险

航空货物运输保险是指与航空货物运输有关的保险,其保险责任范围包括航空运输险和航空运输一切险两种。被保险货物遭受损失时,保险人按保险单上订明的承保险别的条款负赔偿责任。[①]

1. 航空运输险

该保险责任范围包括:

(1) 被保险货物在运输途中遭受雷电、火灾、爆炸或由于飞机遭受恶劣气候或其他危难事故而被抛弃,或由于飞机遭受碰撞、倾覆、坠落或失踪意外事故所造成的全部或部分损失;

(2) 被保险人对遭受承保责任内危险的货物采取抢救、防止或减少货损的措施而支付的合理费用,但以不超过该批被救货物的保险金额为限。

2. 航空运输一切险

航空运输一切险包括上述航空运输险的责任,以及货物由于外来原因所致的全部或部分损失。

3. 除外责任

该保险对下列损失,不负赔偿责任:

---

① 参见《航空货物运输保险条款》,中国经济网,2003 年 7 月 19 日,http://finance.ce.cn/info/insurance/200606/14/t20060614_7338443.shtml,2020 年 8 月 16 日访问。

(1) 被保险人的故意行为或过失所造成的损失;

(2) 属于发货人责任所引起的损失;

(3) 保险责任开始前,被保险货物已存在的品质不良或数量短差所造成的损失;

(4) 被保险货物的自然损耗、本质缺陷、特性以及市价跌落、运输延迟所引起的损失或费用;

(5) 本公司航空运输货物战争险条款和货物运输罢工条款规定的责任范围和除外责任。

4. 保险责任的起讫

保险人负"仓至仓"责任,自被保险货物运离保险单所载明的起运地仓库或储存处所开始运输时生效,至该项货物运达保险单所载明目的地收货人的最后仓库或储存处所或被保险人用作分配、分派或非正常运输的其他储存处所为止,包括正常运输过程中的运输工具在内。如未运抵上述仓库或储存处所,则以被保险货物在最后卸载地卸离飞机后满 30 日为止。如在上述 30 日内被保险货物需转运到非保险单所载目的地,则在该项货物开始转运时终止。

由于被保险人无法控制的运输延迟、绕道、被迫卸货、重行装载、转载或承运人运用运输合同赋予的权限所作的任何航行上的变更或终止运输合同,致使被保险货物运到非保险单所载目的地时,在被保险人及时将获知的情况通知保险人,并在必要时加缴保险费的情况下,保险合同继续有效。

保险责任按下述规定终止:(1) 被保险货物如在非保险单所载目的地出售,保险责任至交货时为止。但不论任何情况,均以被保险的货物在卸载地卸离飞机后满 30 日为止。(2) 被保险货物在 30 日期限内继续运往保险单所载原目的地或其他目的地的,保险责任仍按前述第(1)款的规定终止。

示范案例

【案情简介】[①]

2002 年 6 月,某保险公司与 S 公司签订了海上运输货物保险合同,其内容是以 S 公司为被保险人,保险标的为 665 吨秘鲁鱼粉,保险金额为 31.45 万美元,运输起运港为秘鲁瓦乔,目的港为中国大连,7 月装船,8 月 31 日前交货,承保险别为

---

① 参见《海上货物运输保险合同赔偿案》,华律网,2021 年 1 月 24 日,https://www.66law.cn/laws/35622.aspx,2021 年 1 月 25 日访问。

海上运输货物一切险和战争险。保险公司为此签发了保险单。

当承运该批鱼粉的 M 轮中途停靠厄瓜多尔时,由于案外人提出预防性扣留申请,当地法庭下令禁止 M 轮起航。S 公司从当地的中资公司获知的情况是:M 轮一直滞留在厄瓜多尔,船上货物未发生重大损失,有关方面正在与船东及其相关当事人进行谈判,力争使该船尽快到达目的港。协商的结果是,当地法庭同意 M 轮在扣留期间开往当地安全港口,卸下所载鱼粉存入仓库,并在 5 日内办理转船至目的港的海关手续。但是,M 轮一直滞留于当地港口。

由于该批货物一直未抵达目的港,S 公司向保险公司提出委付申请,但保险公司未予接受。于是,S 公司向法院起诉,请求判令保险公司赔偿全部货款损失。

【思考方向】
1. 如何理解本案涉及的委付适用条件?
2. 如何认定推定全损?

【适用法条】
1.《海商法》第 246 条:"船舶发生保险事故后,认为实际全损已经不可避免,或者为避免发生实际全损所需支付的费用超过保险价值的,为推定全损。货物发生保险事故后,认为实际全损已经不可避免,或者为避免发生实际全损所需支付的费用与继续将货物运抵目的地的费用之和超过保险价值的,为推定全损。"

2.《海商法》第 249 条:"保险标的发生推定全损,被保险人要求保险人按照全部损失赔偿的,应当向保险人委付保险标的。保险人可以接受委付,也可以不接受委付,但是应当在合理的时间内将接受委付或者不接受委付的决定通知被保险人。委付不得附带任何条件。委付一经保险人接受,不得撤回。"

【案例分析】
本案的主要争点在于:

(1) 根据我国《海商法》第 249 条的规定,委付的适用条件包括:① 保险标的因保险事故发生推定全损;② 被保险人在法定时间内提出委付申请;③ 被保险人将保险标的上的一切权利和义务转移给保险人;④ 必须经保险人承诺接受。显然,保险标的发生推定全损是委付得以适用的首要实质条件。

(2) 依据我国《海商法》第 246 条的规定,船舶的推定全损是"认为实际全损已经不可避免,或者为避免发生实际全损所需支付的费用超过保险价值的"情况;货物的推定全损则是"认为实际全损已经不可避免,或者为避免发生实际全损所需支付的费用与继续将货物运抵目的地的费用之和超过保险价值的"情况。概括来讲,不论是船舶或货物,达到推定全损的均为以下两类表现之一:① 实际全损已经不可避免;② 为避免全损所需费用超过保险价值。运用上述立法标准判断本案涉及的承保货物是否构成推定全损可以看到,被保险人即 S 公司投保的鱼粉本身虽然没有遭受损失,但是因载运船舶被司法扣押而导致运输航程丧失或受阻致使该批货物无法抵达保险单所载目的地,同样是"实际全损已经不可避免"。当这一风险形成时,意味着保险标的已经构成推定全损,则被保险人应有权申请委付。

不过,按照民事诉讼的证据规则,关于该批货物因载货船舶被司法扣押等构成推定全损的举证责任,应当由被保险人(原告)承担。即被保险人 S 公司为了使其诉求得到法律支持,有义务提供证据证明其投保货物因载货船舶被司法扣押而无法运抵目的地。不仅如此,根据上述案情介绍可知,本案中载运保险货物的船舶在被司法扣押后,其船上所载保险货物仍然完好,尤其是实施扣押的法庭已经允许该批货物转船运输,从而如果被保险人及时安排转船运输,完全可以避免航程丧失或受阻情况的出现。

 思考案例

某事业单位向 A 保险公司投保财产综合险,保险标的为改事业单位办公大楼的房屋建筑及附属机器设备等设施。保险期间,某事业单位向 A 保险公司报案称,投保设备中有一部电梯线路起火,引起配电柜起火,并造成两部进口电梯受损。

接到报案后,A 保险公司对事故现场进行勘察。该事业单位办公大楼系独立建筑,使用一年左右。A 保险公司现场查勘时已看不到火灾的情景,只是在空气中有较重的胶皮气味。查勘人员检查发现,现场线路有烧焦痕迹,天梯配电柜多处有熏黑的痕迹;经检测,该配电柜多处受损,需重新更换。

案件发生后,该事业单位认为属火灾责任,索赔金额超过 100 万元。A 保险公司查勘现场,咨询电梯重置价,并就案件展开分析讨论后认为,该案件属意外发生的事故,有燃烧的现象,但没有形成火灾责任,同时造成损失的真正原因也不在财产综合险承保责任范围内,应予拒赔。

【思考问题】
保险公司拒赔是否合理?

拓展阅读

物流责任保险

物流产业在我国正在兴起,从事专门服务的物流正在国民经济中发挥着越来越重要的作用。但是,在如何为物流公司提供责任风险保障方面,目前还没有一个完整的保险解决方案。尽管很多地方在试行物流链条环节中的承运人责任保险、货运代理人责任保险、港口责任险等,但这些方案都没有着眼整个物流过程,没有着眼于一个真正的物流公司所面临的整体风险。物流责任保险可以有效地解决此类问题。①

物流责任保险可以为客户提供经营第三方物流业务过程中的全面保障,是一种契合现代物流业发展潮流的新型保险产品。

物流责任保险的责任范围包括在经营物流业务过程中依法应由被保险人承担赔偿责任的物流货物的损失。它将运输中承运人的责任以及仓储、流通加工过程中保管人及加工人的责任融合在一起,因此物流责任保险的风险大于其他单独的责任保险的风险。

物流保险责任范围较小,根据该保险条款,保险人仅承保被保险人在物流业务过程中,由于火灾、爆炸、运输工具发生碰撞、出轨、倾覆、坠落、搁浅、触礁、沉没、碰撞、挤压导致的包装破裂或容器损坏、装卸人员违规装卸、搬运等五种原因造成的物流货物损失,不包括被保险人因上述原因而给第三者造成的人身伤亡或其他财产损失。从引起被保险人赔偿责任的环节来看,基本限于被保险人在运输、储存、装卸、搬运、配送货物过程中造成的物流货物损失,而不包括被保险人在提供包装、流通加工、信息处理服务过程中造成的物流货物损失。

---

① 参见陈建华:《论物流责任风险与担保》,《保险研究》2003年第4期。

第十四章 责任保险总论

第一节 责任保险之特性分析

一、责任保险的概念和性质

责任保险,又称"第三者责任保险"(third party liability insurance)或者"第三人保险"(third party insurance),即当被保险人依法对第三者承担民事损害赔偿责任时,由保险人对第三人负补偿责任的保险。我国《保险法》第65条第4款规定:"责任保险是指以被保险人对第三者依法应负的赔偿责任为保险标的的保险。"

责任保险在性质上通常被划归广义的财产保险范畴。学界将广义上的财产保险分为三类:(1)对于特定标的物的灭失毁损之保险,即有形财产保险;(2)对于将来可取之利益的丧失之保险,即无形财产保险;(3)对于发生保险事故而须由其财产中支出之保险。责任保险即属于第三类的财产保险。[①] 我国《保险法》第95条第1款第2项规定:"财产保险业务,包括财产损失保险、责任保险、信用保险、保证保险等保险业务。"由此可见,责任保险属于财产保险的一个分支。

尽管责任保险属于财产保险,但由于责任保险的保险标的是被保险人依法应当承担的民事赔偿责任,因此,责任保险不仅不同于人身保险,与一般的财产保险也有很大的差异。

责任保险与一般财产保险的区别表现在:

(一)保险标的的特殊性

责任保险的保险标的,是被保险人对第三人依法应当承担的民事损害赔偿责任。而一般财产保险的保险标的是被保险人的特定财产或其所享有的财产利益,即为被保险人所拥有的动产或不动产以及其现在或将来可能取得的某种财产利益。

(二)有无保险价值和保险金额的特殊性

在一般财产保险合同中,通常有保险价值和保险金额之分。但是,责任保险并非以被保险人的特定财产为标的,而是以被保险人依法应当对第三人承担的赔偿

---

① 参见郑玉波:《保险法论》,三民书局1984年版,第132页。

责任为标的。因此,在责任保险中原则上无保险价值的概念,保险人仅在合同约定的保险金额限度内负赔偿责任。因此,一般财产保险中的超额保险或重复保险的规定,原则上不适用于责任保险。①

(三) 保险责任成就的不同

责任保险中的保险责任应当成就于被保险人责任确定之时。② 因为只有在被保险人对第三人的赔偿责任确定后,才能确定保险人应当承担的责任,保险给付责任才正式开始。事实上,在美国,法官也认为在诉讼中受害人主张的赔偿责任事实和赔偿责任程度得到确认后,保险责任才成就。③ 在一般财产保险中,保险责任的成就根据保险合同种类的不同而有所差异。例如,在火灾保险中,保险责任成就于火灾发生之时;在海上保险中,保险责任成就于海上事故发生之时;在陆空保险中,保险责任成就于陆上、内河及航空事故发生之时。

(四) 保险利益不同

责任保险的保险标的是被保险人依法对第三人应当承担的赔偿责任,在保险责任发生时,由保险人代替被保险人向第三人负补偿责任。因此,责任保险的保险利益虽依存于有形物体,但在性质上属于抽象的利益。而在一般财产保险中,其保险利益必附着于保险标的物。④

二、责任保险的特征

(一) 责任保险赔偿的限额性

由于责任保险承保的是被保险人对第三人的损害赔偿责任,而这种赔偿责任具有无形性,不像一般财产保险那样具有实体价值,因此在责任保险中一般无保险金额这一说法,保险人按照事先约定的赔偿限额承担责任,超过限额的部分则由被保险人自己负担。所以,在订立责任保险合同时,投保人和保险人约定的保险金额实际上是保险人承担赔偿责任的最高限额。实务中,责任保险人依照保险单的约定应当承担的赔偿限额主要有四种形式:(1) 保险期间的累计最高赔偿限额。该

---

① 参见梁宇贤:《保险法新论(修订新版)》,中国人民大学出版社 2004 年版,第 216 页。

② 对于责任保险人的保险责任何时成就,我国《保险法》没有明文规定。理论上,对于保险责任成就时间有四种学说:(1) 被保险人责任说。即当被保险人负有损害赔偿责任时,保险责任成就。(2) 受害人求偿说。即当被保险人受到求偿时,保险责任成就。(3) 双重标准说。在被保险人应当负损害赔偿责任并受到求偿时,保险责任成就。(4) 被保险人责任确定说。即在被保险人对第三人的赔偿责任确定时,保险责任成就。笔者赞同被保险人责任确定说。关于上述学说的详细内容,参见吴荣清:《财产保险概要》,三民书局 1992 年版,第 228 页;邹海林:《责任保险论》,法律出版社 1999 年版,第 191—192 页。

③ See Evan James Macgillivray, et al., *Macgillivray on Insurance Law: Insurance Practitioner's Library*, 9th ed., Carswell Legal Pubns, 1997, p.776.

④ 参见梁宇贤:《保险法新论(修订新版)》,中国人民大学出版社 2004 年版,第 216 页。

种责任保险单约定,在保险单有效期间内,被保险人致人损害而发生的赔偿不止一次的,保险人对所有的人身伤亡、财产损害所承担的赔偿责任以保险单约定的最高累计赔偿限额为限。(2)每次事故赔偿限额。该种责任保险单约定,保险人对每次事故所造成的被保险人的赔偿责任承担给付保险赔偿金的最高限额。(3)每次事故每人赔偿限额。该种责任保险单约定,保险人对每次保险事故所造成的被保险人的赔偿责任,对每个受害人的索赔承担给付保险赔偿金的最高限额。(4)被保险人的自负额。该种责任保险单约定被保险人的自负额,保险人仅对超过被保险人自负额的赔偿责任部分,承担保险给付责任。[①]

（二）责任保险的第三人性

责任保险在性质上为第三人保险,第三人对被保险人的赔偿请求,是责任保险合同得以成立和存在的基础。若没有第三人的存在,被保险人的损害赔偿责任无从发生,当无责任保险的适用。[②] 在责任保险发展的早期,其立法目的主要是为了补偿被保险人因对第三受害人赔偿所遭受的损失,因此,只有在被保险人向第三人赔偿后,保险人才向被保险人赔付保险金。但随着责任保险制度的发展,对作为弱者的第三受害人的保护价值日益受到重视,保险人对被保险人承担保险责任也不再以被保险人向第三受害人实际赔付保险金为条件。随着这种趋势的进一步发展,出现了第三受害人对保险人的直接请求权,即第三受害人可以直接请求保险人向其支付保险金。在英国,1988年《道路交通法案》第151节的规定赋予第三人对保险人的直接请求权。由此可见,责任保险合同在相当程度上是为第三人的利益而订立的合同。

（三）责任保险偿付的替代性

因为责任保险具有第三人性,所以责任保险具有替代性的特征。即除了法律规定不能通过责任保险转移的赔偿责任或保险合同不予承保的赔偿责任外,被保险人对第三人应当承担的赔偿责任或者受害人请求被保险人给付的保险金,由保险人承担赔偿责任。[③] 由此可见,责任保险制度将被保险人对第三人应当承担的损害赔偿责任进行了分散和转移。在这个意义上讲,责任保险人的偿付具有一定的替代性。

---

① 参见邹海林:《责任保险论》,法律出版社1999年版,第184—187页。
② 参见吴荣清:《财产保险概要》,三民书局1992年版,第225页。
③ 参见覃有土主编:《保险法概论(第二版)》,北京大学出版社2001年版,第392页。

第二节 责任保险制度之立法理由

责任保险制度作为保险制度的一个重要分支,其产生和确立有其自身的合理性,具体有以下几方面:

(一)保护受害人的合法权益

在责任保险制度产生之初,其立法目的主要是为了补偿被保险人因为对第三受害人承担赔偿责任所遭受的损失。但随着责任保险制度的不断发展,它所具有的保护受害人的功能不断地得到强调和深化。特别是在被保险人缺乏赔偿能力的情形下,投保人是否为被保险人订立了责任保险合同对被害人能否得到充分的赔偿起着至关重要的作用。这一点在机动车道路交通事故中表现得尤为明显。

据公安部统计,截至 2007 年底,全国机动车保有量为 1.6 亿辆,其中汽车 5696.8 万辆。[1] 截至 2020 年 6 月,全国机动车保有量达 3.6 亿辆,其中汽车 2.7 亿辆。[2] 在十几年的时间里,机动车保有量实现翻倍,汽车保有量增长近 5 倍。2020 年全国汽车销量达到 2531.1 万辆,汽车销量连续 12 年蝉联全球第一位。[3] 但与此同时,道路交通事故的数量也触目惊心。国家统计局数据显示,2007 年至 2019 年期间,机动车交通事故发生量虽然呈下降趋势,但总量还是较大。例如,2019 年,全国发生交通事故 247636 起,死亡人数达 62763 人,直接财产损失 134617.9 万元。[4] 在事故发生后,机动车驾驶人肇事逃逸或者虽未逃逸但无偿付能力的情形并不罕见。在这种情形下,受害人无法得到补偿,极易引发社会矛盾,影响社会的稳定。基于上述考虑,我国将机动车第三者责任保险作为强制保险,既能切实保护受害人的合法权益又能缓和社会矛盾,维护社会的稳定。

(二)分散责任风险并推动民事责任的发展

保险的一个基本功能就是分散危险,将集中在某一单位或个人身上的因偶发的灾害事故或人身事件所致的经济损失,通过收取保费的方法平均分散给所有的被保险人。责任保险作为保险的一个重要分支,当然也具有这个基本功能,而且其

---

[1] 参见《2007 年全国机动车辆和驾驶人员统计数字》,公安部网站,2008 年 10 月 22 日,https://app.mps.gov.cn/gdnps/pc/content.jsp?id=7428775&mtype=,2021 年 4 月 29 日访问。
[2] 参见《2020 年上半年全国机动车保有量达 3.6 亿辆》,公安部网站,2020 年 7 月 14 日,https://app.mps.gov.cn/gdnps/pc/content.jsp?id=7457676&mtype=,2021 年 4 月 29 日访问。
[3] 参见《中国汽车销量连续十二年全球第一》,人民网,2021 年 1 月 15 日,http://paper.people.com.cn/rmrbhwb/html/2021-01/15/content_2029221.htm,2021 年 4 月 29 日访问。
[4] 参见《中国统计年鉴 2020》,国家统计局网站,http://www.stats.gov.cn/tjsj/ndsj/2020/indexch.htm,2021 年 4 月 29 日访问。

分散危险的功能更加具体,即将被保险人因为某种原因对第三人依法所应当承担的赔偿责任的危险通过保险的方式加以分散。尤其是 19 世纪以来,意外事故有增无减,完全由加害人个人承担意外事故的损害赔偿责任往往难以实现。而通过责任保险,将集中在某一自然人或某一企业的致人损害的责任分散于社会大众,实现损害赔偿的社会化,可以增强加害人损害赔偿的能力,也可以有效避免受害人不能获得实际赔偿的民事责任制度上的尴尬。[1] 因此,责任保险自 19 世纪产生以来,逐步渗透到社会经济生活的各个领域,有时甚至成为人们从事经营活动以及个人行为的不可或缺的前提条件。[2]

据统计,美国平均每年在责任保险上的支出高达 750 亿美元,这一支出大约占美国国民生产总值的 2‰。从 1965 年到 1986 年,美国人在责任保险上的支出每年以 8.7% 的速度增长,大约有 3500 家保险公司雇佣了 33 万名保险从业人员经营责任保险业务。[3] 与此同时,由于责任保险制度的存在,被保险人应当承担的责任风险得以分散,这样一方面有利于保护受害人的合法权益,使得民事责任制度朝着有利于受害人的方向发展;另一方面可以避免被保险人承担过重的民事责任,使得被保险人可以放心、大胆地采用新技术、新工艺和新方法进行生产,这一点在产品责任保险领域表现得尤为明显。

(三) 有利于损害赔偿纠纷的顺利解决

由于责任保险的存在,原本应由被保险人承担的损害赔偿责任转由保险人承担,因此保险人从自身利益的角度考虑,必然会采取措施尽量减少自身可能支付的费用。例如,在索赔金额不大的诉讼中,保险公司为了避免法院的不利判决,通常情况下更愿意采用和解的方式终止诉讼。[4] 此外,随着现代责任保险制度的发展,抗辩第三人索赔的责任已经被交给责任保险人,使其负有为被保险人的利益进行抗辩的义务。这样一来,被保险人可以从长期诉讼的枷锁中解脱出来,从而减轻了被保险人的讼累。

第三节 责任保险之历史概况及发展趋势

按照通常的说法,责任保险始创于法国。在 19 世纪初期颁布的法国《民法典》

---

[1] 参见邹海林:《责任保险论》,法律出版社 1999 年版,第 34 页。
[2] See John G. Fleming, *An Introduction to the Law of Torts*, 2nd ed., Clarendon Press, 1968, p. 9.
[3] See Kent D. Syverud, On the Demand for Liability Insurance, *Texas Law Review*, Vol. 72, No. 6, 1994, pp. 1629-1630.
[4] See John G. Fleming, *An Introduction to the Law of Torts*, 2nd ed., Clarendon Press, 1968, p. 16.

规定民事赔偿责任后,法国首先开办了责任保险;德国随后仿效法国,也开办了责任保险;英国在1857年开始办理责任保险业务;美国的责任保险制度则始于1887年之后。① 虽然责任保险的历史并不久远,仅有两百多年的渐进历程,但是其发展速度却是相当惊人的,其保险费的增长速度已超过全部保险业务的保费增长速度。② 特别是20世纪70年代以后,责任保险的发展在世界范围内进入黄金时期,责任保险制度也日益完善。其发展趋势主要表现在以下几方面:③

(一)责任保险的险种不断增多

在责任保险发展之初,险种比较单一,主要包括雇主责任保险、产品责任保险、汽车责任保险等基本险种。进入20世纪70年代以后,西方发达国家责任保险的服务领域日趋广泛,形成了门类齐全、险种众多、专业性强的特色,真正成为企业、团体、家庭、个人乃至政府机关都必不可少的危险保障工具和各国保险人的主要业务种类。④ 新的责任保险不断出现,如公众责任保险、环境责任保险、专家责任保险、工程承包商责任保险以及航空责任保险等。与此同时,除了传统的责任保险领域的危险有增无减外,又出现了一些新的责任风险源。如电磁辐射,遭受电磁场的电磁(如移动电话、计算机设备和高压电线的电磁)袭击会引起永久性的健康问题,而这种损害又很难用金钱来衡量。欧盟曾正式通过一项关于计算机监视器的指令,要求雇主必须采取措施,防止雇员因操作暂停或其他原因的中断遭受监视器的辐射。⑤ 可以预见,随着危险来源的不断增加,责任保险的种类也会不断增多。

(二)责任保险的承保范围不断扩张

在承保的责任种类方面,责任保险已由承保侵权行为责任迈向承保侵权行为责任和债务不履行责任。在承保的被保险人行为方面,随着侵权行为归责理论发展的需要,责任保险由承保被保险人过失行为责任逐步走向承保被保险人之无过失行为责任。⑥

在责任保险发展的初期,它主要是针对侵权行为责任,尤以汽车驾驶人对第三人的侵权行为责任为主要领域。但随着责任保险制度的进一步发展,人们逐渐意识到责任保险的范围不应当仅仅局限于侵权行为责任,债务不履行责任也应当被纳入责任保险的范畴之中。因为侵权行为责任与债务不履行责任虽然在责任发生

---

① 参见袁宗蔚:《保险学》,台湾合作经济月刊社1981年版,第354页。
② 参见崔欣、华锰:《责任保险的发展及责任保险危机》,载《北方经贸》2003年第7期,第40页。
③ 参见邹海林:《责任保险论》,法律出版社1999年版,第46—53页。
④ 参见张洪涛、郑功成主编:《保险学》,中国人民大学出版社2000年版,第313页。
⑤ 参见尹田主编:《中国保险市场的法律调控》,社会科学文献出版社2000年版,第407页。
⑥ 参见刘宗荣:《保险法》,三民书局1995年版,第352页。

的原因和成立的要件上有所区别,但在赔偿受害人的损失方面并无实质性的差别,都是为了填补受害人所遭受的损害而设定的制度。因此,责任保险制度所承保的范围不应当仅仅局限于侵权行为责任,还应当包括债务不履行责任。事实上,在保险实践中,雇主责任保险、专家责任保险均为主要以合同责任作为承保危险的责任保险。

在责任保险所承保的被保险人行为方面,最初是以被保险人主观上具有过错作为责任保险承保的范围,后来随着侵权责任制度的不断发展,无过失责任制度在适用上呈现出逐渐扩张的趋势。相应地,责任保险制度也将无过失责任纳入其承保范围之中。

(三) 以保护受害人为责任保险的基本目标

传统的责任保险以填补被保险人对第三人承担赔偿责任而受到的损失为基本目的。在这个意义上,责任保险为纯粹的填补损害的保险,是被保险人分散其赔偿责任之风险的一种方法,被保险人致人损害,若未向受害人为实际赔偿,则无损失发生,保险人也不承担赔偿责任。但随着责任保险的发展,责任保险对受害人的保护作用日益受到重视,保险人对被保险人承担保险责任便不再以被保险人实际向受害人给付赔偿金为条件,并在此基础上进一步发展出受害人对责任保险人的直接请求给付保险赔偿金的制度。由此可见,随着责任保险制度的逐步发展,该制度的价值取向和立法目的已经从注重保护被保险人的利益向保护第三人的利益倾斜。

(四) 强制责任保险的适度推行

随着责任保险的立法价值取向日益向保护受害人的利益倾斜,责任保险的制度设计也必然从保护受害人的角度来考虑。在责任保险发展的初期,按照契约自由原则,投保人是否订立保险合同、投保多大的保险金额以及保险人是否决定承保等,完全取决于投保人和保险人的意愿。随着责任保险制度的不断发展,人们逐渐认识到,责任保险制度的立法宗旨不能仅仅是为了补偿被保险人因为承担对受害人的损害赔偿责任所遭受的损失,而应更关心受害人能否得到补偿或者取得相应的保障。而以自愿为基础的责任保险制度难以最大限度地实现责任保险保护受害人利益的政策目标,因此,各国法律通常规定,在某些领域,如机动运输工具致人损害责任(包括汽车、飞机、火车等)、海洋油污损害责任、专家责任等,实行强制责任保险。

第四节 责任保险之种类分析

一、分类标准及种类

依据不同的分类标准,责任保险可以分为不同的种类:

(1) 以承保的风险性状为标准,责任保险可以分为公众责任保险、产品责任保险、雇主责任保险、专家责任保险、展览会责任保险、环境责任保险、汽车第三者责任保险、飞机第三者责任保险、工程承包商第三者责任保险、承运人旅客责任保险等。

(2) 以适用范围和承保对象为标准,责任保险可以分为企业责任保险、专家责任保险和个人责任保险三大类。[1]

(3) 以保险人承担保险责任的基础为标准,责任保险可以分为索赔型责任保险和事故型责任保险。

(4) 以效力基础或依据为标准,责任保险可以分为自愿责任保险和强制责任保险。[2]

二、具体种类

由于篇幅限制,笔者在此只简要介绍以下几种常见的责任保险。

(一) 公众责任保险

公众责任保险,又称"普通责任保险"或"综合责任保险",以被保险人的公众责任为承保对象,是责任保险中独立的、适用范围最为广泛的保险类别。所谓公众责任,又称"第三者责任""公共责任"或"综合责任",是指致害人在公众活动场所因侵权行为造成他人人身或财产损害而依法应承担的民事损害赔偿责任。公众责任风险是普遍存在的,商店、旅馆、展览馆、医院、影剧院、运动场、动物园等公共场所都有可能在生产、营业过程中发生意外事故,造成他人的人身伤害或财产损失,致害人则必须依法承担相应的民事赔偿责任。相应地,分散、转嫁公众责任风险就显得尤为必要。这是各种公众责任保险产生并取得迅速发展的基础。

公众责任保险的适用范围很广泛,具体又可以分为营业场所责任保险、电梯责任保险、建筑工程第三者责任保险、安装工程第三者责任保险、个人责任保险等。

---

[1] 参见陈云中:《保险学(修订三版)》,五南图书出版公司1984年版,第59页。
[2] 参见邹海林:《责任保险论》,法律出版社1999年版,第68—71页。

我国开办的公众责任保险主要为场所责任保险,如电梯责任保险、建筑工程第三者责任保险、安装工程第三者责任保险以及工厂、商场、办公楼、宾馆、饭店、公共娱乐场所公众责任保险。[①]

在我国的保险实务中,公众责任保险的保险人应根据合同约定对被保险人致人损害承担赔偿责任,但若有下列情形之一,则保险人不承担保险责任:(1)被保险人及其代表的故意或重大过失行为;(2)战争、敌对行为、军事行为、武装冲突、罢工、骚乱、暴动、盗窃、抢劫;(3)政府有关当局的没收、征用;(4)核反应、核子辐射和放射性污染;(5)地震、雷击、暴雨、洪水、火山爆发、地下火、龙卷风、台风、暴风等自然灾害;(6)烟熏、大气、土地、水污染及其他污染;(7)锅炉爆炸、空中运行物体坠落;(8)未载入保险单但属于被保险人或其占有、以其名义使用的任何牲口、脚踏车、车辆、火车头、各类船只、飞机、电梯、升降机、自动梯、起重机、吊车或其他升降装置所引起的损失或伤害责任。

(二)产品责任保险

产品责任保险,以生产商、销售商生产或销售的产品在使用过程中因瑕疵、缺陷造成他人人身或财产损害而引起的民事损害赔偿责任为标的,当保险责任事故引起被保险人依法承担民事损害赔偿责任时,保险人为被保险人提供经济补偿的一种责任保险合同。产品责任保险的目的在于,保护产品的生产商、销售商免受因其产品的使用造成他人人身或财产损害而承担的损害赔偿责任的损失。

产品责任保险的基本保险责任包括以下两项:(1)在保险有效期内,保险人在保险单规定的赔偿限额内赔偿被保险人生产、销售、分配或修理的产品发生事故,造成用户、消费者或其他任何人的人身伤害(包括疾病、伤残、死亡)或财产损失,依法应由被保险人承担的责任;(2)被保险人为产品事故所支付的诉讼、抗辩费用以及其他经保险人事先同意支付的费用,保险人负责赔偿。

2020年5月28日,全国人大审议通过了《民法典》,《民法典》必将对我国保险业的发展产生深刻影响。侵权责任是责任保险的基础,《民法典》对《侵权责任法》的一些改动,会给责任保险带来巨大的机遇与挑战。在《侵权责任法》的基础上,《民法典》第七编第四章"产品责任"第1206条第2款规定:"依据前款规定采取召回措施的,生产者、销售者应当负担被侵权人因此支出的必要费用。"第1207条则进一步拓宽了产品责任惩罚性赔偿制度的范围:"明知产品存在缺陷仍然生产、销售,或者没有依据前条规定采取有效补救措施,造成他人死亡或者健康严重损害的,被侵权人有权请求相应的惩罚性赔偿。"对此,保险公司应尽快适应法律变化,

---

① 参见邹海林:《责任保险论》,法律出版社1999年版,第77页。

调整产品责任保险的承保政策和除外责任。

产品责任保险的除外责任主要包括以下几项:(1) 被保险人根据与他人的协议应承担的责任,但即使没有这种协议,被保险人仍应承担的责任不在此限;(2) 根据劳动法应由被保险人承担的责任;(3) 根据雇佣关系应由被保险人对雇员承担的责任;(4) 被保险人产品本身的损失;(5) 产品退换、回收的损失;(6) 被保险人所有、保管或控制的财产的损失;(7) 被保险人故意违法生产、出售的产品或商品造成任何人的人身伤害、疾病、死亡或财产损失;(8) 被保险产品造成的大气、土地、水污染以及其他各种污染所引起的责任;(9) 被保险人产品对飞机或轮船造成的损害责任;(10) 由于战争、类似战争行为、敌对行为、武装冲突、恐怖活动、谋反、政变直接或间接引起的任何后果所致的责任;(11) 由于罢工、暴动、民众骚乱或恶意行为直接或间接引起的任何后果所致的责任;(12) 由于核裂变、核聚变、核武器、核材料、核辐射及放射性污染所引起的直接或间接的责任。

(三) 雇主责任保险

雇主责任保险,是指雇主对雇员在受雇佣期间因从事与被保险人经营业务有关的工作遭受意外或患与业务有关的国家规定的职业性疾病而致伤、残或死亡应承担的赔偿责任,由保险公司在规定的赔偿限额内负责赔偿的一种保险。雇主通过投保雇主责任保险将雇主责任转嫁给保险人,其前提条件是雇主与雇员之间存在直接的雇佣合同关系。其中,被保险人所雇佣的员工为雇主责任保险的第三人,且该等三人不以被保险人长期雇佣的员工为限,还包括短期工、临时工、季节工和学徒工。但是,被保险人雇佣的员工不包括为雇主提供劳务或者服务的独立承包商雇佣的员工,不论雇主对独立承包商雇佣的员工是否直接支付劳动报酬。

按照惯例,雇主责任保险合同规定的保险人的基本责任有四项:(1) 被保险人所雇佣的员工在保险单列明的地点于保险有效期内,从事与其职业有关的工作时遭受意外伤害而致伤、致残、死亡,依法或根据合同应由雇主承担的赔偿责任。(2) 雇员因患有与其职业有关的职业性疾病而致伤、残、死亡,依法或根据合同应由雇主承担的赔偿责任。(3) 雇主依法或根据雇佣合同应承担的雇员的医药费。但该项医药费的赔偿以雇员遭受前述两项事故而致伤残为条件,对于其他情况下的医药费,保险人不予赔偿。(4) 被保险人处理保险责任范围内的索赔时支付的法律费用。包括抗辩费用、律师费用、取证费用以及经法院判决应由被保险人代雇员支付的诉讼费用。但该项费用必须是用于处理保险责任范围内的索赔纠纷或诉讼案件,并且是合理的因诉诸法律而支出的额外费用。[①]

[①] 参见温世扬主编:《保险法(第三版)》,法律出版社2016年版,第262—263页。

雇主责任保险的除外责任包括以下几项:(1) 战争、类似战争行为、叛乱、罢工、暴动或由于核辐射所致的被雇人员伤残、死亡或疾病;(2) 受雇人员由于疾病、传染病、分娩、流产以及因这些疾病而施行内外科治疗手术导致的伤残或死亡;(3) 由于受雇人员自己的原因造成本人受伤、自杀、犯罪行为、酗酒及无照驾驶各种机动车辆所致的伤残或死亡;(4) 被保险人的故意行为或重大过失;(5) 被保险人对其承包商雇佣的员工的责任。

(四) 职业责任保险合同

职业责任保险是从事各种专业技术工作的单位或个人在履行自己职责的过程中,因过失行为而给他人造成的财产损失或人身伤害依法应负赔偿责任的保险,由于该保险中的被保险人是提供专门技能或知识服务的人员,因此又被称为"专家责任保险"。职业责任保险始于19世纪末,率先开办的是医生职业责任保险。20世纪初,出现独立的会计师责任保险。20世纪60年代,随着法制的不断健全,人们对于自身合法权益的保护意识逐渐增强,从事各种专业技术职业的人面临的职业责任风险也越来越大,各种职业责任保险在西方国家得到全面、迅速发展。[①]

目前,在西方发达国家,职业责任保险已成为普及型的保险种类,可以为上百种职业技术工作提供保险保障。常见的职业责任保险主要有以下几种:医疗责任保险、律师责任保险、建筑工程技术人员责任保险、会计师责任保险、美容师责任保险、药剂师责任保险、教育工作者责任保险、保险代理人及保险经纪人责任保险、情报处理者责任保险、退休人员责任保险等。因为职业责任保险的种类众多,所以没有适用于各种保险的统一条款,对于各种职业责任保险的承保范围及除外责任等,都在相应的职业责任保险合同中规定。

(五) 机动车第三者责任保险

将在本章第七节"机动车交通事故责任强制保险合同"中进行详细论述。

(六) 环境责任保险合同

环境责任保险是以被保险人因污染环境而应当承担的环境赔偿或治理责任为标的的责任保险。对于因污染环境而应当承担的民事责任(包括限期治理的责任),可以投保环境责任保险。[②] 目前,我国由于环境污染造成的损失是相当严重的。相关数据显示,在我国由于环境污染造成的直接经济损失每年达1200亿元,比较有代表性的案例有:重庆天然气井喷事件,死亡263人;沱江污染造成的直接经济损失达5亿元人民币,当地生态环境5年内无法恢复;松花江污染,导致100

---

① 参见温世扬主编:《保险法(第三版)》,法律出版社2016年版,第266页。
② 参见邹海林:《保险法教程》,首都经济贸易大学出版社2002年版,第170页。

吨左右苯类污染物进入松花江水体,对当地的生态环境造成了严重的破坏。① 由此可见,我国环境责任保险制度的建立有着极其重要的意义。为此,我国《民法典》第1232条、第1234条、第1235条增加规定了生态环境损害的惩罚性赔偿制度、生态环境修复责任以及赔偿范围,大大提高了污染者的赔偿责任水平,我国环境责任保险的需求必然会随之大幅增加。

纵观世界各国环境责任保险立法,主要有以下三种模式②:(1)以德国为代表,采取强制责任保险与财务保证或担保相结合的环境责任保险制度。德国《环境责任法》第19条规定:"为了保证某些特别危险设备的经营人能够承担本法规定的赔偿责任,设备经营人必须与保险公司订立保险合同,约定一旦发生特定的损害,保险公司即予以赔偿。"(2)以美国为代表,采取以强制责任保险为主、任意责任保险为辅的制度。美国针对有毒物质和废弃物的处理、处置可能引起的环境损害赔偿责任实行强制保险制度。(3)以法国为代表,采取以任意责任保险为主,强制责任保险为辅的环境责任保险制度。

在以上三种模式中,最值得借鉴的是美国模式,即以强制责任保险为主、任意责任保险为辅的立法模式。同时,我国可以借鉴机动车交通事故责任强制保险的相关立法经验,建立环境责任强制保险制度。对石油、化工、印染、造纸、皮革、煤气、采矿等高度危险、有毒或废弃物处置的行业,强制其投保环境责任保险;对其他污染危险较小的行业,可以实行任意责任保险。

第五节 责任保险中第三人之直接请求权

责任保险是指,当被保险人对第三人依法应当承担损害赔偿责任时,由保险人代替被保险人向第三人承担赔偿责任。在责任保险的发展初期,立法主要是为了保护被保险人的利益。但随着责任保险的发展,对受害人的保护价值日益受到重视,并在此基础上进一步确立了受害人对责任保险人的直接请求给付保险赔偿金的制度,③该权利即为责任保险中的第三人直接请求权。立法例承认责任保险的第三人享有直接请求权,是责任保险所具有的公益性日益获得承认的必然结果。

一、第三人直接请求权的概念和发展概况

第三人直接请求权,是指责任保险的第三人依照法律规定或合同约定请求保

---

① 参见张润昊:《环境责任保险的可行性研究初探》,载《辽东学院学报》2005年第6期,第95页。
② 参见那力、何志鹏编著:《WTO与环境保护》,吉林人民出版社2002年版,第3页。
③ 参见邹海林:《责任保险论》,法律出版社1999年版,第47页。

险人直接给付保险赔偿金的权利。赋予第三人直接请求权,是责任保险制度发展的趋势之一,也是其目的所在。"责任保险之目的本来在于保护被保险人,但近来其保护重心渐移于受被保险人侵犯之第三人,亦即受害人,"①这也正是赋予第三人直接请求权的根本原因所在。

对于责任保险中第三人直接请求权的规定,不同国家和地区的规定各不相同。在英国,1930 年以前,针对某人对他人可能造成的损害而被提起的赔偿诉讼投保的补偿性保险合同对被保险人而言具有专属性,保险人与受害人之间并没有合同关系。因此,无论在保险人赔付被保险人保险金之前还是之后,受害人对保险人都既无普通法上的权利,也无衡平法上的权利。如果被保险人破产或进入清算程序,保险金就成为被保险人总财产的一部分在债权人之间分配。如果受害人对其损害没有获得法院的判决或者扣押执行,他所享有的权利就只能在破产和清算中行使。② 为了改变这种不公平的现象,1930 年英国《第三方法案》规定:"当被保险人无力还债时,第三人有权向他们的责任保险人提出索赔;如果被保险人不是一家公司,破产了或与债权人达成协议或安排,或如果被保险人是一家公司,已接到结业的命令或已通过一项自愿结业的决议或任命了一个接受人、管理人,根据任何有关的责任保险合同,他对保险人的权利都转给第三人;任何保险合同所含条件改变了这些法律权利,将被宣布无效。"③根据这一法案的规定,尽管索赔人对于承保人享有直接诉因,但由于破产,被保险人的诉因被剥夺,并被转移给第三方。④ 此后,1972 年英国《道路交通法》第 149 条规定:"保险人向被保险人签发有效的责任保险单,被保险人因交通事故对受害人承担的责任,属于保险单承保的责任范围,受害人取得被保险人的赔偿判决后,有权直接请求保险人给付保险赔偿金。"⑤在美国,以合同受益人的地位请求履行保险合同的第三人,始终能够得到法院和立法的支持,合同的相对性原则对保险合同几乎没有多少限制。此外,1958 年瑞士《联邦道路交通法》第 65 条第 1 款明确规定被害人有直接请求权。⑥ 日本《机动车损害赔偿法》第 16 条第 1 款规定:"发生保有者损害赔偿责任时,受害人根据政令的规定,

---

① 郑玉波:《民商法问题研究(二)》,三民书局 1980 年版,第 194 页。
② See Evan James Macgillivray, et al., *Macgillivray on Insurance Law: Insurance Practitioner's Library*, 9th ed., Carswell Legal Pubns, 1997, p.780.
③ 〔英〕科林·史密斯:《责任保险》,中国金融出版社 1991 年版,第 152 页。
④ 参见 Malcolm A. Clarke:《保险合同法》,何美欢、吴志攀等译,北京大学出版社 2002 年版,第 143 页。
⑤ Raoul Colinvaux, *The Law of Insurance*, 5th ed., Sweet & Maxwell, 1984, p.430.
⑥ 参见郑玉波:《民商法问题研究(二)》,三民书局 1980 年版,第 99 页。

可以在保险金额的限度内向保险人请求支付损害赔偿额。"①

在另外一些国家和地区,虽然没有直接规定第三人的直接请求权,但都肯定了保险赔偿金可以经被保险人同意后由保险人向第三人直接给付。此举能够迅速填补第三人的损害,提高了赔付效率,可避免被保险人取得赔偿保险金后却不向第三人支付的法律纠纷,同时也为进一步赋予第三人对保险人的直接请求权奠定了基础。② 例如,意大利《民法典》第1917条第2款规定:"在预先通知被保险人的情况下,保险人得直接向受损失的第三人支付其应得的补偿,并在被保险人的请求下,承担直接给付的义务。"韩国《商法典》第724条规定:"保险人在通知被保险人或接到被保险人通知后,可以直接对受害之第三人支付保险金额的全部或一部。"

我国现行《保险法》第65条第2款规定:"责任保险的被保险人给第三者造成损害,被保险人对第三者应负的赔偿责任确定的,根据被保险人的请求,保险人应当直接向该第三者赔偿保险金。被保险人怠于请求的,第三者有权就其应获赔偿部分直接向保险人请求赔偿保险金。"与2002年《保险法》相比,该条对第三人的保护已经大大改进。③ 同时,自2018年9月1日起施行的《保险法解释(四)》明确了赔偿责任确定的情形和被保险人怠于请求的认定,该解释第14条规定:"具有下列情形之一的,被保险人可以依照保险法第六十五条第二款的规定请求保险人直接向第三者赔偿保险金:(一)被保险人对第三者所负的赔偿责任经人民法院生效裁判、仲裁裁决确认;(二)被保险人对第三者所负的赔偿责任经被保险人与第三者协商一致;(三)被保险人对第三者应负的赔偿责任能够确定的其他情形。前款规定的情形下,保险人主张按照保险合同确定保险赔偿责任的,人民法院应予支持。"第15条规定:"被保险人对第三者应负的赔偿责任确定后,被保险人不履行赔偿责任,且第三者以保险人为被告或者以保险人与被保险人为共同被告提起诉讼时,被保险人尚未向保险人提出直接向第三者赔偿保险金的请求的,可以认定为属于保险法第六十五条第二款规定的'被保险人怠于请求'的情形。"对第三人的保护逐渐得到完善。此外,我国1995年10月30日通过的《民用航空法》明确规定了航空第三者责任保险中第三人对保险人的直接请求权。该法第168条第1款规定:"仅在下列情形下,受害人可以直接对保险人或者担保人提起诉讼,但是不妨碍受害人根据有关保险合同或者担保合同的法律规定提起直接诉讼的权利:(一)根据本法第

---

① 李薇:《日本机动车事故损害赔偿法律制度研究》,法律出版社1997年版,第239页。
② 参见卞飞:《论责任保险第三人的直接请求权》,厦门大学2001年硕士学位论文。
③ 2002年《保险法》仅在第50条第1款规定:"保险人对责任保险的被保险人给第三者造成的损害,可以依照法律的规定或者合同的约定,直接向该第三者赔偿保险金。"除此之外,并未就第三人的直接请求权作出任何规定。

一百六十七条第(一)项、第(二)项规定,保险或者担保继续有效的;(二)经营人破产的。"

综上所述,第三人的直接请求权可以分成两类:一是附抗辩事由的直接请求权。此类请求权是由责任保险合同约定的,保险人可以对抗被保险人的事由对抗受害之第三人。在自愿保险的场合,第三人的请求权为附抗辩事由的直接请求权。二是不附抗辩事由的直接请求权。保险人不可以对抗被保险人的事由对抗受害之第三人,但可以被保险人对抗受害之第三人的事由来对抗受害之第三人。在强制保险的场合,第三人的请求权为不附抗辩事由的直接请求权。

二、第三人的内涵与外延

责任保险的第三人的内涵,有广义和狭义两种理解。从广义上讲,该第三人是指责任保险合同当事人和关系人以外的所有人;从狭义上讲,该第三人是指责任保险单约定的当事人和关系人以外的、对被保险人享有赔偿请求权的人。本章是从狭义上来理解第三人的概念的。

责任保险的第三人的范围,因责任保险种类的不同而不同,但都以对被保险人享有损害赔偿请求权的受害人为限。按照第三人对被保险人享有的请求权的基础是侵权责任、债务不履行责任还是法定责任的不同,第三人的范围也各不相同。(1)在以被保险人对第三人的侵权责任为承保危险的责任保险中,第三人请求权的基础是被保险人的侵权行为。此时,责任保险的第三人以对被保险人享有侵权损害赔偿请求权的人为限。例如,公众责任保险的第三人为被保险人应当承担赔偿责任的受害人,但不包括被保险人雇佣的员工以及正在为被保险人提供服务的人。[①] (2)在以被保险人对第三人的债务不履行责任为承保危险的责任保险中,第三人请求权的基础是被保险人的债务不履行行为。此时,责任保险的第三人仅限于对被保险人享有债务不履行损害赔偿请求权的人。例如,承运人责任险中的第三人为乘坐汽车、火车、飞机、轮船等运输工具的乘客,旅行社责任险中的第三人为参加旅行社组织的旅游活动的旅游者。(3)在以被保险人对第三人应当承担的法定责任为承保危险的责任保险中,第三人请求权的基础是被保险人依法应当承担的法定责任。例如,在以无因管理责任为承保危险的责任保险中,第三人是指没有法定的或约定的义务而为本人(被保险人)从事管理或服务行为的人。在以缔约过失责任为承保危险的责任保险中,第三人是指因对方违反依诚实信用原则应尽的义务而遭受信赖利益损失的人。

---

① 参见邹海林:《责任保险论》,法律出版社1999年版,第225页。

同时，责任保险的第三人的范围还因责任保险单的约定或法律直接规定的不同而有所差异。例如，依照某保险公司机动车辆第三者责任保险条款的规定，对于被保险人及其家庭成员、本车驾驶人员及其家庭成员以及本车上其他人员的人身伤亡或财产损失，保险人不承担赔付保险金的责任。因此，上述人员不属于机动车辆第三者责任保险的第三人的范围。当然，上述责任保险单的规定更多是从保险人的角度考虑的，因此对第三人的保护非常不利。纵览世界各国保险法的发展趋势，汽车责任保险单不提供保险保障的第三人的范围正在缩小。例如，在日本，具有"他人"性的受害人为汽车责任保险的第三人，因汽车事故而受害的"他人"是指汽车"运行供用者、驾驶者、辅助驾驶者以外的人"。[1] 所以，在日本汽车责任保险的第三人是汽车所有人和使用人以外的人，至于其与被保险人之间是否具有夫妻关系、是否具有乘用汽车的合同关系等，在所不问。[2]

另外，为了防止道德风险的发生，责任保险不承保被保险人对其配偶依法应承担的损害赔偿责任。因此，被保险人的配偶也不是责任保险的第三人。例如，美国《纽约州保险法》第 3420 条第 7 款规定："任何责任保险单或合同均不得视为承保被保险人因其配偶的死亡或伤害，或者其配偶的财产的损坏或灭失而发生的责任，除非保险单对之有特别明文约定。该项除外不保应当仅适用于受害的配偶必须证明因可归责于被保险人的配偶的行为而有权请求赔偿损害的场合。"[3]

三、第三人直接请求权的性质

如上文所述，法律规定责任保险的第三人对保险人的直接请求权已经成为各国立法的潮流和趋势，故第三人对保险人的直接请求权并不依赖于保险合同的约定。第三人直接请求权的性质究竟为何，其法理基础何在，这正是下文所要集中讨论的问题。关于第三人直接请求权的性质，主要有以下几种学说：

（一）原始取得说

原始取得说认为：受害人于损害发生的同时，根据法律的规定原始取得与被保险人当时所拥有的权利同等内容的、完全独立的权利。原始取得说源于法定权利说，两者主张实际类同。法定权利说认为：第三人直接请求权的行使要件和范围由法律和责任保险合同规定，因而可以说是法定权利。[4] 法定权利说本来是关于责

---

[1] 参见李薇：《日本机动车事故损害赔偿法律制度研究》，法律出版社 1997 年版，第 92 页。
[2] 参见邹海林：《责任保险论》，法律出版社 1999 年版，第 227 页。
[3] See Subsection of Section 3420 of Chapter 34 of the Consolidated Laws, New York State Insurance Law, https://www.nysenate.gov/legislation/laws/ISC/3420, visited on July 1, 2020.
[4] 参见李薇：《日本机动车事故损害赔偿法律制度研究》，法律出版社 1997 年版，第 244 页。

任保险第三人直接请求权的通说见解,源自法国学者关于直接请求权的法律解释。1930年法国《保险合同法》第53条规定:"保险者对于受害人因被保险者之责任导致的损害事故之金钱上的结果,只要在保险金额的限度内该金额尚未被赔偿,保险者则不得将必须支付的保险金额之全部或部分支付给受害人以外的任何人。"法国学者认为,受害人依照该条规定对保险人享有直接请求权,而直接请求权是由直接诉权承认的直接权利,是通过实体法的立法而取得之债权。①

原始取得说对于第三人的不附抗辩事由的直接请求权作出了较为合理的解释,即第三人的直接请求权仅仅因为法律规定而发生,而且保险人不得以对抗被保险人的事由对抗第三人的直接请求权的行使。但是,原始取得说不能用以解释第三人享有的附抗辩事由的直接请求权。②

(二) 权利转移说

权利转移说认为:保险给付请求权为被保险人依照责任保险合同而享有的权利,在符合法律规定的条件时,被保险人将之转移给第三人,第三人取得对保险人的直接请求权。所以,责任保险第三人的直接请求权是通过法定权利转移而取得之被保险人的保险给付请求权。③

依照该说,被保险人的权利以及影响其权利的任何条件或前提,一同移转于第三人。④ 由此可见,权利转移说赋予了第三人与被保险人完全相同的权利,第三人取得了被保险人的法律地位,可以行使被保险人所享有的一切权利,请求保险人给付保险赔偿金。但与此同时,第三人也要承担被保险人所应履行的义务,承受保险人对被保险人提出的抗辩。这样一来,权利转移说的缺陷就暴露出来了,它不能合理解释第三人所享有的不附抗辩事由的直接请求权。

(三) 责任免脱给付说

所谓责任免脱,是指避免责任的推卸。责任免脱给付说认为:责任保险的保险给付本质在于避免加害人推卸责任,以便保证其对受害人给付的履行。受害人的直接请求权正是为了达到避免加害人推卸责任这一责任保险合同目的而设立的,它的存在意味着保险公司在加害人的损害赔偿债务上处于法定连带保证人的地位。⑤ 受害人作为债权人,可向作为债务人的加害人或作为连带保证人的保险公司之任何一方请求赔偿。

---

① 参见李薇:《日本机动车事故损害赔偿法律制度研究》,法律出版社1997年版,第245页。
② 参见邹海林:《责任保险论》,法律出版社1999年版,第246页。
③ 同上。
④ See Post Office v. Norwich Union Fire Insurance Society Ltd.,(1967)2 QB 363.
⑤ 参见李薇:《日本机动车事故损害赔偿法律制度研究》,法律出版社1997年版,第246页。

责任免脱给付说的优点在于,它揭示了直接请求权的实质是第三人对保险人在保险责任范围内的损害赔偿请求权,而非保险金请求权,体现了法律对第三人的充分保护。但其缺点在于,它将保险人、被保险人与第三人的关系归结为连带保证关系,这样保险人和被保险人之间则应当具有保证人和债务人的关系,保证人对债务人有求偿权,但责任保险恰恰不承认保险人对被保险人的求偿权。①

如上文所述,第三人的直接请求权可以分为附抗辩事由的直接请求权和不附抗辩事由的直接请求权,因此,对第三人的直接请求权的分析也应当区分附抗辩事由的直接请求权和不附抗辩事由的直接请求权两种情况。对于附抗辩事由的直接请求权,因为第三人的请求权受到责任保险合同的制约,保险人可以对抗被保险人的事由来对抗第三人的请求权,所以该第三人的直接请求权应当以权利转移说为其法理基础。对于不附抗辩事由的直接请求权,因为保险人不得以对抗被保险人的事由来对抗第三人的请求权,此时,保险人对第三人负有给付保险赔偿金的绝对义务,所以用原始取得说作为该请求权的法理基础较为妥当。

四、赋予第三人直接请求权的必要性和可行性

(一) 必要性

1. 保护受害第三人的需要

早期的责任保险的理念是,责任保险系为被保险人转移其赔偿责任的方式,责任保险专为弥补被保险人因为对第三人承担责任所遭受损失的利益而存在。② 这对受害人的保护非常不利。近些年来,随着责任保险理论的发展,越来越多人认为责任保险设立的目的应是着重保护第三者的利益。如只规定保险金请求权是被保险人的权利,被保险人可以随意处置,或放弃之,或懈怠之,或将之转让,或为他人提供担保,则不利于保护第三人的利益。③ 除此之外,在被保险人破产的情形下,若不赋予第三人直接请求权,则第三人只能与其他债权人一同参加破产分配,这对其利益的保护尤为不利。

2. 防止保险人不当得利的需要

在责任保险合同中,保险人和投保人为当事人,被保险人为关系人,享有保险赔偿金给付请求权。若局限于合同的相对性,则只有被保险人已经向受害人给付赔偿的,保险人才承担保险责任,因被保险人的行为而受害的第三人对保险人则没

---

① 参见邹海林:《责任保险论》,法律出版社 1999 年版,第 248 页。
② 同上书,第 250 页。
③ 参见秦琴:《论责任保险中的第三人请求权》,载《重庆工学院学报》2004 年第 5 期,第 114 页。

有直接请求损害赔偿的权利。若被保险人支付不能,则受害人不能直接请求保险人给付保险赔偿金,被保险人也不能请求保险人承担保险责任,会造成保险人收取保费但不承担责任的不公平后果。

  3. 方便第三人索赔与减少诉讼成本的需要

  按照传统的理赔方式,被保险人要先向保险人请求给付保险金,而后将取得的保险金再转给第三人。这样一来,第三人取得保险赔偿金就要经过两个程序,不但不利于第三人的索赔,而且会增加诉讼成本,造成诉讼资源的浪费。相比之下,如果赋予第三人对保险人的直接请求权,则第三人不必考虑被保险人的因素,可以直接对保险人行使保险金给付请求权,这样不仅方便第三人的索赔,而且可以减少诉讼成本,避免诉讼资源的浪费。

  4. 责任保险理论发展的需要

  传统的责任保险以填补被保险人对第三人承担赔偿责任而受到的损失为基本目的。在这个意义上,责任保险是纯粹的填补损害的保险,是被保险人分散其赔偿责任之风险的一种方法。被保险人致人损害,若未向受害人为实际赔偿,则无损失发生,保险人不承担赔偿责任。随着责任保险的发展,无论在理论上还是在实务上,责任保险都日益弱化了其保护被保险人的目的,逐渐具有并强调保护受害第三人的利益的功能。实际上,随着责任保险覆盖面的拓宽和法律社会化运动的深入,责任保险成为受害第三人甚至整个社会公共利益获得保护的重要手段。从这个意义上说,责任保险具有保护被保险人和受害第三人的利益的双重功能。

  (二) 可行性

  1. 责任保险社会化的结果

  现代各国责任保险制度都已从对被保险人的保护演变为对第三人和社会公共利益的保护,除了因经济发展和社会进步对责任保险提出了更高的要求之外,其根本原因是人们对责任保险目的的认识也在逐渐深化,从对招致责任者即被保险人进行补偿(实现责任保险的个人目的)发展到更注重对被招致责任者即受害第三人进行补偿(强调责任保险的社会目的)。这是社会发展和工业化的必然要求,生产的社会化和大型化导致责任的社会化和大型化,仍然坚持由被保险人先行承担责任已经不合实际,在许多情况下也已不大可能;如果因被保险人不能承担责任就免除保险人的责任,则会使受害第三人因此不能获得补偿,这显然非责任保险之目的所在,也与情理不合。由此可见,赋予受害第三人直接请求权是责任保险社会化的结果,具有现实的可行性。

  2. 对发达国家先进经验的借鉴

  目前,世界上大部分国家和地区的保险立法都赋予受害第三人对保险人的直接请求权。例如,英国1972年《道路交通法》第149条规定:"保险人向被保险人签发有效的责任保险单,被保险人因交通事故对受害人承担的责任,属于保险单承保的责任范围,受害人取得对被保险人的赔偿判决后,有权直接请求保险人给付保险赔偿金。"① 又如,美国路易斯安那州、纽约州等以立法例肯定,受害之第三人对保险人有直接赔偿请求权,准许被害人直接对责任保险之保险人起诉,以请求赔偿。如美国《威斯康星州保险法》第6条规定:"承保因过失致人损害的责任之保险人,以保险单约定的金额为限,对有权请求被保险人赔偿其人身伤亡或者财产损失的人负有责任,不论被保险人的赔偿责任是否依照判决而最终确定。"② 此外,1958年瑞士《联邦道路交通法》第65条第1款明定被害人有直接请求权。③ 日本《机动车损害赔偿法》第16条第1款规定:"发生保有者损害赔偿责任时,受害人根据政令的规定,可以在保险金额的限度内向保险人请求支付损害赔偿额。"④ 我国正处于大力发展社会主义市场经济阶段,保险市场开放的深度和广度都在不断加大,保险业与国外接轨的需求日益增强。因此,很有必要在借鉴外国先进经验的基础上改进我国的责任保险制度,赋予受害第三人对保险人的直接请求权。

3. 合同相对性原则的松动奠定了第三人直接请求权的理论基础

合同具有相对性,此为合同法的一项古老的原则。根据合同相对性原则,只有合同当事人得彼此对他方提起诉讼而强制他方履行合同约定的义务。⑤ 一项合同不得赋予合同当事人以外的任何人以合同上的权利,亦不得使其承担合同上的义务。⑥ 但是,随着合同法理论的不断发展,合同相对性在事实上已经发生了演变,在更深的层次上反映着保护第三人利益的需求。其中,对合同相对性提出挑战最为彻底的合同类型为保险合同。例如,英国的法律改革先后以《第三人对保险人的权利法》《道路交通法》等明文肯定第三人对保险人所享有的权益,极大地突破了合同相对性原则对责任保险合同项下第三人权利的限制。在美国,以合同受益人的地位请求履行保险合同的第三人,始终能够得到法院和立法的支持,合同相对性原则对保险合同几乎没有多少限制。⑦ 此外,加拿大、澳大利亚、新西兰等国在保险合同领域也对合同的相对性采取了类似的立场。特别是澳大利亚1984年《保险合

---

① Raoul Colinvaux, *The Law of Insurance*, 5th ed., Sweet & Maxwell, 1984, p.430.
② 徐晓冀:《中外产品责任保险若干法律问题的研究》,大连海事大学2002年硕士学位论文。
③ 参见郑玉波:《民商法问题研究(二)》,三民书局1980年版,第99页。
④ 李薇:《日本机动车事故损害赔偿法律制度研究》,法律出版社1997年版,第239页。
⑤ See Steven J. Burton, *Principles of Contract Law*, West Publishing Co., 1995, p.629.
⑥ See David Oughton & Martin Davis, *Sourcebook on Contract Law*, Cavendish Publishing Ltd., 1996, p.577.
⑦ 参见邹海林:《责任保险论》,法律出版社1999年版,第222—223页。

同法》，几乎放弃了合同相对性原则在保险合同领域的适用，规定"受保险责任范围保障的任何特定之第三人，有权请求任何保险合同的履行"[1]。由此可见，合同法理论发展到今天，其相对性原则已经受到很大的限制，这为责任保险中第三人的直接请求权奠定了理论基础。

4. 保险人对第三人抗辩与和解的控制是第三人直接请求权存在的现实基础

责任保险合同虽然规定了保险人应承担被保险人的赔偿责任，但对于赔偿责任的大小、给付的具体金额却无法予以明确地规定，这一般取决于第三人向被保险人的索赔。保险人所承担的给付责任与第三人对被保险人的索赔有着直接的利害关系。因此，由谁来控制对抗第三人的索赔，以便尽可能地减少被保险人对第三人的赔偿责任，便直接关系到保险人的切身利益。当第三人向被保险人提起索赔诉讼时，保险人以被保险人的名义对第三人的索赔请求予以抗辩或达成和解的争议解决过程，称为"抗辩与和解的控制"。实践中，为了获得控制和对抗第三人索赔的权利，保险人一般都在保险合同中进行特别的约定，约定保留保险人参加第三人索赔的权利。通过保险合同的约定，保险人可取得被保险人在第三人索赔程序中的地位，从而得以被保险人的名义参加第三人索赔争议的解决和诉讼。例如，在美国，责任保险合同中一般订有如下条款："若第三人因身体伤害或财产损失而对被保险人起诉请求赔偿的，保险公司有对抗该诉讼的权利和义务。"[2]在和解阶段，美国责任保险合同一般规定："保险事故发生后，被保险人于获得保险人同意前，不得承认其责任、与被害人和解或干预保险人进行和解。"又如，我国台湾地区的汽车保险单一般规定："因使用被保险汽车发生意外责任，被保险人如被控诉或受赔偿请求时，保险人得以被保险人的名义，代为进行和解。"[3]

我国在《保险法解释（四）》第19条规定："责任保险的被保险人与第三者就被保险人的赔偿责任达成和解协议且经保险人认可，被保险人主张保险人在保险合同范围内依据和解协议承担保险责任的，人民法院应予支持。被保险人与第三者就被保险人的赔偿责任达成和解协议，未经保险人认可，保险人主张对保险责任范围以及赔偿数额重新予以核定的，人民法院应予支持。"由此可见，在第三人向被保险人提出索赔后，保险人已经以被保险人的名义直接参与到第三人的索赔中来，并实际控制着被保险人同第三人的和解，替代被保险人对第三人进行抗辩。可以说，第三人在向被保险人提出索赔阶段，实际上就已经直接面对保险人，第三人向被

---

[1] Section 84 of Australia Insurance Contract Act, 1984.
[2] 转引自黄义丰：《论美国责任保险保险人之责任》，载《台大法学论丛》第17卷第2期，第262页。
[3] 施文森：《保险法论文（第一集）》，五南图书出版公司1982年版，第63页。

保险人的索赔,已经逐步演变成第三人向保险人的索赔。① 综上所述,第三人直接请求权的存在,由于保险人对第三人抗辩与和解的控制,早已有了它的现实基础。

第六节 责任保险之负面效应分析

有学者认为,责任保险可能诱发两种道德风险。

第一,一个人在购买责任保险后,心理上就会缺乏预防诉讼的主动性。这表现在,由于责任保险合同的存在,被保险人可能忽略其承担损害赔偿责任的成本。如果所有的损失被充分地内部化,被保险人在预防事故发生方面的投入将会更少。② 也就是说,投保人会因为责任保险的存在而减少对事故的预防措施。正是基于这一点,有学者认为,责任保险承保的范围越广,发生事故的可能性就越大。③ 同时,由于责任保险的存在,有了实力雄厚的保险公司的支持,被保险人承担损害赔偿责任的能力会大大增强。但这也会产生一个负面效应,即由于责任保险的存在,被保险人承担损害赔偿责任的概率和范围都可能不断增大。有学者举了一个例子,原告在被告的杂货店里由于地板湿滑而摔倒受伤,通常情况下,原告要向杂货店老板请求损害赔偿。在责任保险出现后,原告的代理律师发现,原告从保险人处获得保险金要比从作为被告的杂货店老板获得损害赔偿金容易得多。这种现象的后果是,随着购买责任保险的杂货店的数量不断增加,杂货店(即使那些未购买责任保险的杂货店)因地板湿滑而被提起诉讼的比例就会越来越高。如果所有的杂货店都买了包含因地板湿滑造成第三人损害赔偿责任的保险,法院对该项赔偿责任的判决数额也会逐渐增加。④

第二,侵权律师,特别是原告的侵权律师,非常喜欢责任保险,因为他们可以从不断扩张的责任保险市场获得额外的利益。这是责任保险中道德风险的另一来源。通常情况下,即使购买责任保险的潜在侵权人和未购买责任保险的潜在侵权人采取相同的注意义务防止对原告造成损害,原告也更倾向于起诉购买责任保险的潜在侵权人。这是因为起诉购买责任保险的被保险人比起诉未购买责任保险的

---

① 参见卞飞:《论责任保险第三人的直接请求权》,厦门大学2001年硕士学位论文。
② See Jon D. Hanson & Kyle D. Logue, First-Party Insurance Externality: An Economic Justification for Enterprise Liability, *Cornell Law Review*, Vol. 76, No. 1, 1990, pp.138-139.
③ See Kent D. Syverud, On the Demand for Liability Insurance, *Texas Law Review*, Vol. 72, No. 6, 1994, p.1634.
④ Ibid., pp.1634-1635.

被保险人更有利,因为法院的判决会有实力雄厚的保险公司的支撑。这样一来,就不难解释,为什么劳动歧视案件的律师更加欢迎劳动歧视保险,律师协会赞成在汽车责任保险和医疗过失保险中提高法定赔偿的最低限额,等等。责任保险扩充了律师们的案源市场,无论对律师个人还是律师协会来说都是有利的。因此,如果律师们能够影响责任保险市场的发展,他们宁愿去促进责任保险市场的发展而不是阻碍责任保险市场的发展。[①] 在美国的责任保险案件中,通常情况下,律师在起诉之前首先要调查被告是否购买了责任保险。因为如果被告购买了责任保险,原告的诉讼请求得到法院支持后,得到执行的可能性就会大大增加。因此,相对于未购买责任保险的被保险人,那些已经购买责任保险的被保险人被起诉的可能性就大大增加了。

针对肯特·西弗勒德(Kent D. Syverud)提出的责任保险可能诱发的两个负面效应,笔者认为:

第一,被保险人在购买了责任保险之后,确实在主观上会产生一定的麻痹思想,认为有责任保险单的存在,即使发生保险事故造成他人损害,保险人也会承担损害赔偿责任,因而就可能放松对事故的预防措施。但即使这样,责任保险人仍可以采取一定的方法来控制这种道德风险。这与对火灾保险中道德风险的控制类似。在火灾保险中,保险人会采取一系列方法,如采取扣除保险赔偿金、共同保险、周期性评定等方法来提高被保险人预防保险事故发生的主动性。事实上,为了防止被保险人因有责任保险合同的存在就减少预防事故的成本的支出,必须采取一定的规制方法。具体来说,可以参照火灾保险合同中对道德风险的控制。例如,保险人可以采取一定的方法周期性地检查被保险人为预防保险事故发生所采取的各种措施,在被保险人未能采取合理措施预防事故发生时,保险人可以扣减保险赔偿金的数额。当然,如果被保险人故意造成第三人损害,保险人则不承担赔付保险金的责任。[②] 另外,肯特·西弗勒德认为,责任保险的存在刺激了侵权责任的发生。笔者认为,更准确的说法应当是责任保险刺激了责任诉讼的发展,而不是刺激了侵权责任的发生。从长远看来,责任保险为新的责任类型的出现和责任理论的发展提供了经济上的支持。[③]

---

① See Kent D. Syverud, On the Demand for Liability Insurance, *Texas Law Review*, Vol. 72, No. 6, 1994, pp. 1641-1642.

② 参见我国《保险法》第 27 条第 2 款:"投保人、被保险人故意制造保险事故的,保险人有权解除合同,不承担赔偿或者给付保险金的责任;除本法第四十三条规定外,不退还保险费。"

③ See Steven W. Pottier & Robert C. Witt, On the Demand for Liability Insurance: An Insurance Economics Perspective, *Texas Law Review*, Vol. 72, 1994, p. 1693.

第二，肯特·西弗勒德指出，原告的律师能够从不断扩张的责任保险市场中获得利益，并且相对于未购买责任保险的潜在被告，原告的律师更倾向于起诉已经购买责任保险的潜在被告，因为这样原告获得赔偿的可能性更大。笔者承认，责任保险制度的普及确实带来了上述问题。在加害人为两人以上，并且承担连带责任的场合，为了保证原告的诉讼请求能够顺利实现，原告的律师通常会起诉投有责任保险的被告人。这是律师的一种诉讼技巧，虽然律师的收入通常情况下与其代理的诉讼是否胜诉相关联，但这并不足以证明责任保险的存在使原告律师获得了额外的利益，并进而导致律师们的道德风险。

第七节 机动车交通事故责任强制保险合同

2004年5月1日起施行的《道路交通安全法》第17条规定："国家实行机动车第三者责任强制保险制度，设立道路交通事故社会救助基金。具体办法由国务院规定。"2006年3月21日，时任国务院总理温家宝签署第462号国务院令，公布了《机动车交通事故责任强制保险条例》(以下简称《条例》)，该条例于2006年7月1日起正式施行。作为我国正式颁布的第一个强制保险条例，在起草的过程中便受到社会各界的广泛关注。国务院法制办和原保监会在听取国内外专家学者意见的同时，多次向社会各界征求意见，在经过反复研究和论证之后才确定条例的最终内容。(1)从与作为其上位法的《道路交通安全法》的逻辑关系上看，《条例》秉承了《道路交通安全法》第76条的归责原则，无论被保险人是否有过错，对于其给第三人造成的人身和财产损害，保险公司都要在强制保险责任限额范围内承担赔付保险金的责任。(2)从《条例》的内容上看，在第22条规定的三种情形下，保险公司有先行垫付抢救费用的义务。在第24条规定的三种情形下，由道路交通事故社会救助基金先行垫付受害人的丧葬费用和抢救费用。还有第29条关于保险人赔偿期限的规定等，无不体现了《条例》保障交通事故中受害人的以人为本的人文主义情怀。(3)从《条例》的立法技术上看，第8条规定的"奖优罚劣"的费率浮动机制以及第23条的四种赔偿限额的规定，都体现了对国外先进立法技术的借鉴。此外，《民法典》第1213条明确了交通事故损害赔偿的顺序："机动车发生交通事故造成损害，属于该机动车一方责任的，先由承保机动车强制保险的保险人在强制保险责任限额范围内予以赔偿；不足部分，由承保机动车商业保险的保险人按照保险合同的约定予以赔偿；仍然不足或者没有投保机动车商业保险的，由侵权人赔偿。"

一、机动车交通事故责任强制保险的立法目的[1]

(1) 分散危险、消化损失,维护社会秩序的稳定。自从汽车问世以来,人类摆脱了自身的生理局限,将跨越空间的速度提高了几十倍,有效地节约了大量的宝贵时间。但是,机动车在带给人类舒适和便捷的同时,也给人类带来了危害,机动车引发的交通事故就是这些危害中的一种。与世界其他国家和地区相比,中国的交通事故尤为严重。国家统计局官网数据显示,2018年,我国共发生机动车道路交通事故216178起,造成58091人死亡、227438人受伤,直接财产损失131023.5万元。[2] 发生交通事故后,许多加害人由于自身经济实力的局限无法赔偿受害人遭受的损失,同时受害人可能因交通事故而丧失基本的生活能力,这样最直接的后果是为社会增加了许多不安定因素,影响社会秩序的稳定、和谐。正是基于以上原因,已经经历交通事故高发期的发达资本主义国家和地区通常采取综合性手段填补受害人的损失,分散加害人的风险,其中之一就是采取机动车交通事故责任强制保险(以下简称"交强险")的方式。

(2) 与现有的法律规定相衔接,保证法律制度的顺畅运行。我国《道路交通安全法》第76条规定,"机动车发生交通事故造成人身伤亡、财产损失的,由保险公司在机动车第三者责任强制保险责任限额范围内予以赔偿"。由此可见,保险人承担的是无过错责任,即在强制保险的限额内,只要机动车驾驶人造成第三人人身、财产的损害,保险公司都要承担赔付保险金的责任,唯一的免责条款是受害人的故意。《条例》的出台实现了与现有法律规定的衔接,有利于保证法律制度的顺畅运行。

二、机动车交通事故责任强制保险的特征[3]

(一) 强制性

对于机动车第三者责任任意保险,法律法规没有强制性规定,投保人是否投保、保险人是否承保纯属自愿,因而机动车第三者责任任意保险是通过投保人、保险人自愿签订合同的方式实施的。相反,机动车第三者责任强制保险则直接出于

---

[1] 参见张新宝、陈飞:《机动车第三者责任强制保险制度研究报告》,法律出版社2005年版,第89—91页。

[2] 参见《中国统计年鉴(2019)》,国家统计局网站,http://www.stats.gov.cn/tjsj/ndsj/2019/indexch.htm,2020年8月30日访问。

[3] 参见李祝用、徐首良:《论机动车第三者责任强制保险制度的价值及特性》,载《保险职业学院学报》2005年第5期,第47—48页;施文森:《汽车保险》,五南图书出版公司1982版,第230页;王刚:《机动车强制责任保险法律问题研究》,华东政法学院2006年硕士学位论文。

法律的强制规定。保险人的经营模式与原则、赔偿范围、最低责任限额、基础保险费率等均由法律直接作出规定,当事人意思自治的空间被极大压缩,在原本体现当事人契约自由的保险合同领域出现了法律的强制干预。但是,由于这种干预的目的是为了对事故受害人及社会公众提供保护,因此并不与宪法中有关人民自由权的规定相抵触。

(二)公益性

机动车第三者责任任意保险属于一般的商业保险,保险公司经营此项业务以营利为目的。而机动车第三者责任强制保险属于特殊的责任保险,保险公司经营此险不以营利为目的,基本上是不赔不赚或保本微利即可,故它在性质上属于政策保险,[1]具有高度的公益性。

(三)为第三人利益性

机动车第三者责任任意保险的主要目的在于保护被保险人,即通过保险的风险管理功能来分散被保险人的风险。而机动车第三者责任强制保险以《条例》为依据,《条例》主要是为了保护受害第三人的利益而制定的,因此机动车第三者责任强制保险合同在本质上属于为第三人利益的合同。

(四)排斥说明及担保原则

在一般责任保险中,保险人可以在被保险人有说明不实、隐匿、遗漏、违背担保或欺诈等情形时解除合同,且解约之效力溯及订约之时,以免除保险人责任,但此种做法在强制责任保险中无适用余地。在交强险中,解约非但不能溯及既往,对于解约前发生之损害还要负赔偿责任。同时,保险人行使解约权还要履行法定的程序。另外,保险人对于被保险人的抗辩事由不得对抗受害人。

三、受害第三人的直接请求权

《条例》第 31 条规定,"保险公司可以向被保险人赔偿保险金,也可以直接向受害人赔偿保险金"。该规定与《保险法》第 65 条相比并没有明显的区别。也就是说,《条例》也没有赋予受害第三人向保险人的直接请求权。所谓第三人的直接请求权,是指责任保险的第三人依照法律规定或合同约定请求保险人直接给付保险赔偿金的权利。赋予第三人直接请求权,是责任保险制度发展的趋势之一,也是其目的所在。"责任保险之目的本来在于保护被保险人,但近来其保护重心渐移于受被保险人侵犯之第三人,亦即受害人。"[2]这正是赋予第三人直接请求权的根本原

---

[1] 参见林勋发:《保险法制之沿革与修正刍议》,载《月旦法学杂志》2000 年第 10 期。
[2] 郑玉波:《民商法问题研究(二)》,三民书局 1980 年版,第 194 页。

因所在。

实际上,已有很多国家通过立法肯定第三人对保险人的直接请求权。在英国,1972年《道路交通法》第149条规定:"保险人向被保险人签发有效的责任保险单,被保险人因交通事故对受害人承担的责任,属于保险单承保的责任范围,受害人取得对被保险人的赔偿判决后,有权直接请求保险人给付保险赔偿金。"[1]在美国,以合同受益人的地位而请求履行保险合同的第三人,始终能够得到法院和立法的支持,合同相对性原则对保险合同几乎没有多少限制。此外,1958年瑞士《联邦道路交通法》第65条第1款明定被害人有直接请求权。[2] 日本《机动车损害赔偿法》第16条第1款规定:"发生保有者损害赔偿责任时,受害人根据政令的规定,可以在保险金额的限度内向保险人请求支付损害赔偿额。"[3]

有学者认为,我国《道路交通安全法》第76条第1款的规定实际上也已经赋予受害人直接请求权。[4] 但是,无论《道路交通安全法》第76条第1款的规定还是《条例》第31条规定都没有明确赋予受害第三人直接请求权。为了实现对受害第三人的充分保护,应当通过立法明确赋予第三人直接请求权,明确规定受害人或其他合法权利人可以在强制责任保险金额的限度内向保险人请求支付损害赔偿金。

四、道路交通事故救助基金

《条例》第24条规定:"国家设立道路交通事故社会救助基金(以下简称"救助基金")。有下列情形之一时,道路交通事故中受害人人身伤亡的丧葬费用、部分或者全部抢救费用,由救助基金先行垫付,救助基金管理机构有权向道路交通事故责任人追偿:(一)抢救费用超过机动车交通事故责任强制保险责任限额的;(二)肇事机动车未参加机动车交通事故责任强制保险的;(三)机动车肇事后逃逸的。"可见,救助基金和机动车交通事故责任强制保险的关系非常密切,实际上是配套的制度安排。

(一)救助基金的来源

按照《条例》第25条的规定,救助基金的来源主要包括以下四部分:第一,按照机动车交通事故责任强制保险的保险费的一定比例提取的资金;第二,对未按照规定投保机动车交通事故责任强制保险的机动车的所有人、管理人的罚款;第三,救助基金机构依法向道路交通事故责任人追偿的部分资金;第四,救助基金孳息。虽

---

[1] Raoul Colinvaux, *The Law of Insurance*, 5th ed., Sweet & Maxwell, 1984, p.430.
[2] 参见郑玉波:《民商法问题研究(二)》,三民书局1980年版,第99页。
[3] 李薇:《日本机动车事故损害赔偿法律制度研究》,法律出版社1997年版,第239页。
[4] 参见张新宝、陈飞:《机动车第三者责任强制保险制度研究报告》,法律出版社2005年版,第117页。

然上述规定从几个方面明示列举了救助基金的来源,但在范围上还有待拓宽。实际上,对于未经保险监督管理部门批准,非法从事强制保险业务的;保险公司违反规定开展业务的;拒不履行约定的赔偿保险金义务;未按照规定及时支付或者垫付抢救费用的,《条例》规定的罚款额度非常高,可达数十万元乃至数百万元。同时,保险监督管理部门还可没收违法所得。如果这些罚款也能适当提取一部分归入救助基金,则无疑能使救助基金保障水平有较大幅度提高。

(二)救助基金的补偿

按照《条例》的规定,救助基金先行垫付的情形包括:"(一)抢救费用超过机动车交通事故责任强制保险责任限额的;(二)肇事机动车未参加机动车交通事故责任强制保险的;(三)机动车肇事后逃逸的。"中国银保监会2020年9月发布《关于实施车险综合改革的指导意见》,将交强险总责任限额从12.2万元提高到20万元。其中,死亡伤残赔偿限额从11万元提高到18万元,医疗费用赔偿限额从1万元提高到1.8万元,财产损失赔偿限额维持2000元不变。无责任赔偿限额按照相同比例进行调整,其中死亡伤残赔偿限额从1.1万元提高到1.8万元,医疗费用赔偿限额从1000元提高到1800元,财产损失赔偿限额维持100元不变。但是,上述费用对于伤势严重的受害人而言,只是杯水车薪,许多情况下受害人的抢救费用远远超过交强险责任限额。因此,《条例》第24条规定,抢救费用超过机动车交强险责任限额的,由救助基金先行垫付。

虽然从2006年7月1日起,伴随着《条例》的实施,在我国境内道路上行驶的机动车所有人或者管理人都应当购买交强险,但不可否认的是,仍然会有一些人未购买机动车交强险。在这种情况下,如果发生交通事故,受害人仍然无法得到保险赔偿。为了及时救助受害人,《条例》规定由救助基金先行垫付丧葬费、抢救费。与此同时,我们应当看到的是,虽然某些机动车驾驶人已经参加机动车交强险,但因未按期缴纳保费或其他原因造成保险合同失效或不存在,此时如果发生交通事故,救助基金也应当先行垫付抢救费用。在保险实务中,如果交通事故是由两辆或两辆以上的机动车导致的,肇事车辆中有一辆以上为已投保车辆,则通常会由已投保车辆的保险人负连带赔偿责任,救助基金不予补偿。这是由于担心救助基金补偿过多,从而影响其财务运作。[①] 但事实上,在多辆机动车造成的事故中,受害人可以先向已投保车辆的保险人请求赔偿保险金,如果该赔偿金不足以补偿其抢救费用,则可以请求救助基金先行垫付。如果肇事车辆逃逸的,为了满足救助受害人的需要,也应当由救助基金先行垫付抢救费用。

---

① 参见江朝国编著:《强制汽车责任保险法》,中国政法大学出版社2006年版,第269—270页。

此外,还应当注意的一点是,救助基金所补助的和受害人应当无道德风险或违反公序良俗的情形。这一点可以参照我国台湾地区所谓的"强制汽车责任保险法"第 26 条的规定,对于受害人或受益人与被保险人或加害人串通之行为所导致的损害,受害人或受益人之故意行为所导致的损害以及受害人或受益人从事犯罪之行为所导致的损害,救助基金不予补偿。

(三)救助基金的管理

《条例》第 26 条规定:"救助基金的具体管理办法,由国务院财政部门会同国务院保险监督管理机构、国务院公安部门、国务院卫生主管部门、国务院农业主管部门制定试行。"事实上,由于机动车交强险涉及保险公司以及保险监督管理部门、公安部门、卫生部门等多个职能机构,因此仅仅依靠保险监督管理部门对救助基金进行管理是远远不够的。同时,管理救助基金是一个复杂的工程。为确保救助基金能达到"收好、管好、用好"的要求,使保障交通事故受害人能够得到及时、有效的赔偿,必须依靠上述部门的通力合作。

示范案例

【案情简介】[①]

2014 年 10 月 31 日,蒋某在购买车辆时,经 4S 店店员推销,购买了某科技公司汽车智能无钥匙启动安全系统,该产品主要功能为防止机动车被盗抢。后蒋某在其车辆上加装了此产品。2015 年 7 月 1 日,某科技公司在保险公司投保了产品责任险,保险期限为 2015 年 7 月 5 日至 2016 年 7 月 4 日,保险产品为汽车智能无钥匙启动安全系统,保险地点为全国各地,每次事故赔偿限额为 100 万元,绝对免赔额为每次事故损失金额的 20%。2015 年 11 月 18 日,某科技公司与蒋某签订产品责任保险告知书,告知蒋某该公司向保险公司投保产品责任险保险单号、赔偿限额及部分条款等基本情况,载明绝对免赔额为每次事故损失金额的 20%,若车辆被盗,则由保险公司在 30 万元限额内赔偿蒋某的损失。2016 年 4 月 12 日,蒋某车辆被盗,经公安机关立案处理,最终未能追回车辆。蒋某向某科技公司主张权利未果,与保险公司就保险理赔问题发生争议,遂诉至法院,要求保险公司支付车辆保险赔偿款 204640 元(车辆价值 255800 元×80%)。保险公司辩称:承保的是产品责任险而非盗抢险,产品责任险适用的前提是产品缺陷造成第三人财产损失,本案原告需要证明产品有缺陷。

[①] 参见兰州铁路运输法院(2017)甘 7101 民初 110 号民事判决书。

【思考方向】

1. 蒋某能否直接请求保险公司赔偿？
2. 保险公司的辩解意见能否得到法院支持？

【适用法条】

1. 《保险法》第 65 条："保险人对责任保险的被保险人给第三者造成的损害，可以依照法律的规定或者合同的约定，直接向该第三者赔偿保险金。责任保险的被保险人给第三者造成损害，被保险人对第三者应负的赔偿责任确定的，根据被保险人的请求，保险人应当直接向该第三者赔偿保险金。被保险人怠于请求的，第三者有权就其应获赔偿部分直接向保险人请求赔偿保险金。责任保险的被保险人给第三者造成损害，被保险人未向该第三者赔偿的，保险人不得向被保险人赔偿保险金。责任保险是指以被保险人对第三者依法应负的赔偿责任为保险标的的保险。"

2. 《最高人民法院关于适用〈中华人民共和国民事诉讼法〉的解释》第 90 条："当事人对自己提出的诉讼请求所依据的事实或者反驳对方诉讼请求所依据的事实，应当提供证据加以证明，但法律另有规定的除外。在作出判决前，当事人未能提供证据或者证据不足以证明其事实主张的，由负有举证证明责任的当事人承担不利的后果。"

【案例分析】

1. 本案中，某科技公司向保险公司投保了产品责任险，在保险期限内，蒋某在使用保险公司承保产品过程中由于产品缺陷发生车辆被盗的后果，造成蒋某的经济损失，符合保险合同约定的保险事故，保险公司应当依约承担赔付保险金的责任。某科技公司作为责任保险的被保险人，因其生产的产品存在缺陷，未发挥应有的防盗功能，给蒋某造成经济损失，故某科技公司应对蒋某承担赔偿责任。但是，某科技公司怠于向蒋某履行赔偿义务和向保险公司主张保险责任，因此蒋某依法有权就其应获赔偿部分直接向保险公司请求赔偿保险金。

2. 对于保险公司辩称其承保产品是否存在缺陷应由蒋某举证证明的意见，法院认为，保险事故发生后，蒋某向保险公司请求赔偿保险金时，已向保险公司提供了其所能提供的与确认保险事故的性质、原因、损失程度等有关的证明和资料，上述证据已证明蒋某在加装具有防盗功能的产品后车辆被盗及损失大小的事实，蒋某已履行了举证责任。蒋某作为普通消费者，在产品随车辆被盗的情况下，再要求其举证证明保险公司承保产品是否存在质量缺陷的专业性问题，属于加重蒋某义务。同时，保险公司承保的产品具有汽车防盗功能，但蒋某在正常使用该产品时依然发生车辆被盗的情况，由常理推断可知，该产品未发挥其应有的功能。据此可知,该产品是否存在缺陷,应由保险公司举证证明,保险公司不能举证证明该产品是否存在缺陷,由此产生不利的后果,由负有举证证明责任的保险公司承担。故法院对保险公司的辩解意见,不予支持。

 思考案例①

某酒店于 2018 年 11 月 13 日在保险公司处投保公众责任险,保险单约定累计责任限额 120 万元,每次事故每人责任限额 8 万元,每次事故责任限额 24 万元,保险期间为 2018 年 11 月 15 日零时起至 2019 年 11 月 14 日二十四时止。2019 年 3 月 23 日,入住客人向某在该酒店因酒后呕吐物堵塞呼吸道窒息死亡。

2019 年 3 月 25 日,以死者向某的亲属为甲方、酒店为乙方达成一份《协议书》,主要内容为:(1) 乙方出于人道主义支付甲方 3 万元用于安埋死者(当场支付);(2) 其他相关责任的费用甲方可以通过司法程序再向酒店索取赔偿;(3) 本协议签订后,在司法程序处理过程中,甲方及家属不得影响乙方正常的工作秩序,如有影响,甲方负责赔偿。

2019 年 6 月 27 日,死者向某的亲属向法院提起生命权纠纷诉讼。法院审理后于 2019 年 8 月 26 日作出民事判决,判令酒店赔偿死者家属 33205.7 元,承担诉讼费 36 元。酒店不服判决,提起上诉。2019 年 11 月 20 日,二审法院判决维持原判,二审案件诉讼费 630 元由酒店负担。

事后,酒店要求保险公司支付酒店在本次意外事故中所支付的费用:赔偿死者家属 63205.7 元,支付诉讼费 666 元,支付律师服务费 6000 元,合计 69871.7 元。酒店、保险公司就保险金赔偿事宜协商未果,酒店于 2020 年 3 月 24 日向法院提起诉讼。

【思考问题】

1. 本案中,酒店主张的保险金中,向死者向某家属支付的 3 万元能否得到法院支持?

2. 本案中,酒店主张的保险金中,律师费 6000 元及二审案件诉讼费 630 元能否得到法院支持?

---

① 参见贵州省凯里市人民法院(2020)黔 2601 民初 2711 号民事判决书。

拓展阅读

环境责任保险中除外条款的合理设定[①]

环境责任保险是我国绿色金融体系建设中的关键部分,明确环境责任保险的承保范围,合理设定其除外条款是我国构建科学、合理的环境责任保险法律制度的重要任务之一。但是,在设定除外条款的过程中,是否要将渐进性环境污染和生态损害纳入除外条款是两个备受关注的问题。

除外条款的合理设定有利于环境责任保险产品的科学设计

现代工业发展给我国带来经济腾飞的同时,也导致环境污染加剧,因此,运用市场手段建立绿色资本市场,完善环境经济政策是我国应对环境问题的重要举措。2016年8月31日,中国人民银行、财政部等七部委联合印发了《关于构建绿色金融体系的指导意见》,由政府主导对发展绿色金融体系作出了顶层设计,其中一个重要方面就是要发展绿色保险。该指导意见不仅要求在环境高风险领域建立环境污染强制责任保险,而且鼓励保险机构创新绿色保险产品和服务,支持保险机构参与环境风险治理体系建设。

在发展环境责任保险市场的过程中,合理确定环境责任保险的承保范围是保险公司研发环境责任保险这一产品的核心任务,但实际情况是保险公司无法承保所有的环境损害风险,因此在法律有明确规定或者当事人另有约定的情况下,保险公司可以将某些特定风险排除在承保范围之外,并将这些风险作为除外条款写入保单。除外条款作为保险公司的免责事由,不仅是投保人考虑是否投保的关键因素,同时也往往是理赔过程中的争议焦点。如何科学合理地设定环境责任保险除外条款,将直接影响保险业在环境保护体系中的作用大小。

在环境责任保险除外条款的设定过程中有两个重要问题值得讨论,分别是渐进性环境污染与生态损害是否要通过除外条款的方式加以排除。

将渐进性环境污染纳入环境责任保险合同的承保范围

我国现阶段的环境责任保险通常只承保突发性污染损害,对于渐进性环境污染损害是否应当纳入保险合同的承保范围持反对意见。在学术界,大多数学者也持反对意见,反对将渐进性污染条款囊括在环境责任保险的承保范围之内。

[①] 参见孙宏涛:《环境责任保险中除外条款的合理设定》,中国保险报—中保网,2017年10月26日,http://chsh.sinoins.com/2017-10/26/content_245896.htm,2020年7月21日访问。

但笔者认为,由于渐进性污染导致的环境污染损害在环境污染事故中所占比例相当之大,并且其造成的损害往往周期长、损失大,因此应将渐进性污染损害纳入环境责任保险的承保范围,不应将其作为环境责任保险合同的除外条款。其主要理由如下:

(1) 渐进性环境污染风险具有可保性

首先,许多国家通过特约条款或者在专门的环境责任保险单中承保渐进性污染,如英国、法国、荷兰等。这意味着,在保险实务中承保渐进性污染具有可操作性。其次,从学理上分析,渐进性环境污染风险是否具有可保性的考虑因素很多,其中最受学者质疑的是渐进性风险是否具备不确定性。不确定性是指风险有可能发生,也有可能不发生。渐进性风险如果没有加以治理或改善,日积月累之下其损害后果必然会发生,但是在特定保险期间内,渐进性污染有可能发生,也有可能不发生。因此,符合不确定性的要求。最后,渐进性污染风险具有潜伏性。通常情形下,渐进性污染风险的起因或许早已发生,但其损害后果可能要经过数十年才爆发;对于投保人而言,只是按照正常程序和步骤进行生产,环境污染后果是其无法预见的。因此,渐进性环境污染风险的不确定性排除了其可保性的质疑。

(2) 分散渐进性环境污染风险符合我国的环境责任保险的立法本意以及投保人的现实需求

从环境污染责任保险的发展历程看,各国政府已经无法负担赔偿环境污染损失的重负,亟须借助环境责任保险来分散政府的风险。应当看到的是,在环境污染事故中有相当大的一部分是渐进性环境污染,而潜伏期较长的渐进性环境污染往往会造成更大的环境损害。因此,从政府推行环境责任保险的本意看,应当将渐进性环境污染造成的损害纳入保险人的承保范围。但是,从我国环境责任保险试点的实际情况看,企业投保的积极性并不高。主要原因在于,一些企业认为缴纳保险费会增加企业的经营成本,而环境污染责任风险具有一定的偶发性和突然性,因此它们抱以侥幸态度,认为事故不会发生在自己身上。同时,如果环境责任保险的承保范围仅包含突发性的环境污染损害,则会更加打击投保人的积极性,也不利于环境责任保险的普及和推广。

(3) 突发性环境污染和渐进性环境污染难以区分

在保险实务中,突发性和渐进性环境污染通常是难以区分的。在美国,围绕"突然而意外"纠纷的案例不胜枚举,究其缘由,无非是法院、保险人、投保人等各方主体在区分突发性和渐进性环境污染问题上未能形成统一的判断。因此,关于突发性和渐进性环境污染,究竟是原因还是结果这一点必须在保单中加以说明,这在保险人提供保单的过程中十分关键。有些污染是由于渐进性起因导致的,但最终却引发了突发性污染结果;有些污染是突发性起因导致的,但却表现为渐进性环境污染结果。例如,爆炸引起水管破裂,有害物质渗入饮用水源,从事故起因上看是突发性的,但后果却是渐进性地污染了饮用水。又如,煤气管道受到侵蚀导致气体泄漏,在居民区引发爆炸,造成人员伤亡,事故的起因是渐进的,但却造成了突发性的后果。由此可见,渐进性和突发性环境污染的区分无法一刀切,如果保险人想要将渐进性环境污染损害规定在除外条款之中,必须事先说明是渐进性起因导致的结果,还是渐进性污染影响的结果。由此可见,如果要刻意区分渐进性和突发性环境污染,必然会遇到实务操作上的困难,并直接影响到推行环境责任保险的效果和效率。与其如此,不如将渐进性环境污染损害纳入环境责任保险单的承保范围,以更好地保护遭受环境污染损害的第三人的合法权益并减少司法纠纷的产生。

(4)可以通过其他途径分散环境责任保险人的承保压力

环境责任保险在我国尚处于起步阶段,保险人的承保能力有限,操作经验也较为缺乏。而渐进性环境污染损害本身具有的难以估量和难以控制的特性,会让保险公司难以负担。其实,对于保险人而言,虽然承担渐进性环境污染风险会导致其保险责任加重,但仍可以通过其他途径予以化解。

首先,损失是可以限定的。可以将保险人承担的责任限定在一定保险额度内。即使保险人承保的是渐进性环境污染风险,其赔偿额度也是可以预先限定的。

其次,损失是可以防范的。保险公司在承保环境责任保险后,可以定期对承保企业的环境污染事故预防工作进行检查,督促其落实预防措施;被保险人在保险人的督促下也会更好地履行防灾减损义务。如此一来,不仅有利于减少环境污染事故的发生,而且有利于我国整体的环境保护状况的改善。

最后,损失是可以化解的。保险公司可以采取共同保险或再保险的方式将其承保的风险转移给其他保险公司共同承担。因此,虽然渐进性环境污染造成的损害可能非常巨大,但经由共同保险、再保险等方式可以将上述损害进一步分散,并有效对环境污染造成的损害进行赔偿。

继续将生态损害赔偿责任纳入除外条款

生态损害是指环境污染对非私有的物品造成的损害,如野生动植物、山体、岩石等无主物。对此类物品造成污染后,也需要进行清理并恢复原状,由此产生的费用则会涉及环境责任保险的承保范围。环境责任保险旨在通过填补第三人因环境污染遭受的人身损害、财产损失,而生态损害直接指向生态环境本身,没有具体指向的人身或财产权益。因此,现阶段,应将生态损害赔偿责任作为环境责任保险的除外条款,理由如下:

首先,从世界各国的保险实务看,鲜有国家设立生态损害保险。比较各国的保险立法,只有澳大利亚和瑞典的环境责任保险对生态损害进行承保。

其次,生态损害的无主性是环境责任保险承保的最大障碍。环境责任保险承保的是因环境污染事故发生导致被保险人对第三人承担的赔偿责任,该赔偿具有明确的对象,也就是受害人。而生态环境的损害具有无主性,没有明确的受害人,因此无法作为环境责任保险的承保对象加以保护。

最后,即使环境保护部门可以通过行政命令的方式要求污染企业针对其造成的生态环境损害进行治理与赔偿,这种赔偿责任也属于公法上的责任。而根据责任保险的基本原理,环境责任保险的保险标的是私法上的民事赔偿责任。因此,生态损害赔偿责任不符合作为环境责任保险承保对象的基本要求。

综上所述,将来如果有必要将生态损害纳入环境责任保险的承保范围,则可以借助环境治理保险对此类损害予以承保,但对于传统的环境责任保险而言,仍应将生态损害赔偿责任纳入保险合同的除外条款。

结语

环境责任保险作为分散环境污染损害风险的一种良好路径,为各国政府所积极倡导,但是应当看到的是,环境责任保险并非万能的,无法承保所有的环境污染责任风险。因此,应当合理规定除外条款之具体情形,将渐进性环境污染损害纳入保险合同的承保范围。但是对于生态损害,应当经由除外条款予以排除。由此,才能科学、合理地界定除外条款的内容,平衡保险人与投保人之间的利益,并充分发挥环境责任保险保护环境污染事故第三人等功效。

第十五章　新型财产保险合同

第一节　知识产权保险

20世纪90年代开始,美国政府在政策上积极推行知识经济形态,集中精力和资金投入高科技领域,大力支持产业界创立知名商业品牌,让知识成为美国未来发展的新动力。美国政府认为,以专利权为核心的知识产权是美国知识经济的基础,也是当代美国经济的核心利益之一,因此有效保护美国知识产权利益是美国对外政策的重要目标。① 但是,正如美国第16任总统林肯所言:"知识产权是给智慧之火添加利益之油。"既然是"利益之油",那就免不了利益的冲突和争夺。随着知识产权使用范围的不断扩张,侵犯知识产权案件的数量逐年增多,许多公司被卷入知识产权侵权诉讼中。② 而知识产权侵权诉讼的费用非常昂贵,通常情况下,知识产权侵权诉讼的诉讼费用和律师费至少需要30万至50万美元,有的高达几百万甚至上千万美元。③ 即使对于实力雄厚的大公司,漫长的诉讼周期、巨额的诉讼和赔偿费用也会使其疲于应付,对于那些囊中羞涩的小公司而言,遭遇知识产权诉讼无异于灭顶之灾。因此,拥有、使用知识产权的公司为了规避可能遭遇的知识产权诉讼风险,迫切需要通过某种手段来分散该风险。正是在这种背景下,知识产权保险应运而生。

一、美国知识产权保险的概念和种类

在美国,知识产权保险可以分为两种类型:知识产权侵权保险(IP Infringement Insurance)和知识产权执行保险(IP Enforcement Insurance)。④ 前者是第三

---

① 参见胡丽君:《试论美德两国知识产权保险制度及其对我国的借鉴》,华中科技大学2004年硕士学位论文。
② 例如,柯达公司曾因一次性相机被控专利侵权,法院终审判决柯达赔偿原告9亿多美元,并要求柯达支付5亿多美元买回其售出的1600多万台侵权产品,同时关闭耗资15亿美元修建的工厂,另外还要负担1亿多美元的律师费。2005年,微软公司和太阳公司签署诉讼和解协议,微软公司支付太阳公司10多亿美元的知识产权使用费。同年,思科公司被控侵犯两项路由器专利,原告索赔额高达88亿美元,创造了信息产业单个诉讼案件的专利索赔纪录。Google则遭遇网上支付专利侵权诉讼,索赔额高达50多亿美元。
③ See Charles G. Walker, Insurance Coverage And Intellectual Property Claims, *Tennessee Bar Journal*, Vol. 32, 1996, p. 15.
④ 参见高留志:《美国知识产权保险制度对我国的启示》,载《特区经济》2006年第2期。

人保险(Third Party Insurance),是以被保险人侵犯他人知识产权所应当承担的赔偿责任为保险标的的保险。该类型的保险也被称为"知识产权侵权责任保险",承保范围是被保险人被诉侵权时支付的诉讼费用以及被判承担赔偿责任时应支付的损害赔偿金。后者为第一人保险(First Party Insurance),是以被保险人所拥有的知识产权为保险标的,以第三人对被保险人知识产权的侵犯为保险事故的保险。此种类型的保险也被称为"追击保险",承保范围是被保险人起诉侵权人时支付的诉讼费用。①

(一)知识产权侵权保险

在上述两种保险中,知识产权侵权保险是较为主要的保险业务,发展也较早。20世纪80年代,由于专利诉讼案件逐渐增加,为了分散知识产权侵权人的风险,有人在当时的保险种类中寻求能够对专利侵权诉讼的被告提供保障的险种,也就是想通过对既有保单条款的解释,将专利侵权诉讼纳入保险事故的范畴。② 例如,1973年,美国保险服务局(Insurance Service Office,ISO)的商业综合责任保险(Commercial General Liability,CGL)保单(ISO拟定的普通商业责任保险)将专利侵权责任保险首次纳入保单的承保范围。该保单规定:凡是发生于被保险人承保期间的广告活动之中的损害是由诽谤、诋毁、损誉、侵犯隐私权、侵犯专利权、不正当竞争或侵犯版权、标题和广告语造成的,保险人都要承担相应的保险责任。③ 但是,因为CGL毕竟不是针对知识产权侵权行为设计的保单,所以在保险实务应用中有歪曲保险合同条文文意之嫌,因此法院对此类案件的判决经常出现反复,被保险人的权利无法得到稳定的保护。例如,在 Aqua Queen Mfg. Co., Inc. v. Charter Oak Fire Ins. Co.案和 Intex Plastics Sales Co. v. United Nat. Ins. Co.案中,加利福尼亚州法院在其判决中持相反观点,认为CGL保单中的广告侵权条款只包括来自从事广告宣传的侵权,而不包括在广告实施活动中引发的其他侵权后果。换言之,广告侵权并不包括专利侵权。这是因为专利侵权是侵权人未经权利人同意就使用或销售含有专利权人发明的产品,而不是因为侵权人在广告活动中使用含有权利人发明的产品做了广告。④ 此外,弗吉尼亚州法院也作出过类似

---

① See Commercial General Liability Polic(CGL), https://www.investopedia.com/terms/c/commercial-general-liability-cgl.asp, visited on July 1, 2020.
② 参见高留志:《美国知识产权保险制度对我国的启示》,载《特区经济》2006年第2期。
③ Thomas J. Stueber, Insurance Coverage for Patent Infringement, *William Mitchell Law Review*, Vol. 17, No. 4, 1991, pp. 1080-1082.
④ See Aqua Queen Mfg. Co., Inc. v. Charter Oak Fire Ins. Co., 46 F. 3d 1138 C. A. 9 (Cal.),1995; Intex Plastics Sales Co. v. United Nat. Ins. Co., 23 F. 3d 254 .C. A. 9 (Cal.),1994.

的判决。① 由此可见,在美国,CGL 保单的承保范围是否包括专利侵权是当时有关保险责任法律规定中争论最激烈的问题之一。②

在科学技术以指数数量级的速度迅猛发展的年代,缺少针对专利侵权诉讼的保险保障对使用专利技术的公司而言是非常棘手的一个问题。③ 为了满足被保险人对专利侵权责任保险的需求,美国国际集团(American International Group, AIG)于 1994 年通过其在匹兹堡的分支机构——国家联合火灾保险公司推出了首张综合性的专利侵权责任保险单。④ 该保险单的销售对象主要是零售商和传统的制造商。随后,AIG 通过其设在波士顿的列克星敦保险公司为被保险人提供专利侵权责任保险服务,主要服务对象为高科技公司。⑤

根据危险的种类和情况不同,AIG 可为卷入专利诉讼的被保险人提供每年 500 万美元的保险金额。这种类型的保险单为制造者、使用者和销售者提供专利侵权责任保险,如果上述主体在从事经营过程中被指控侵犯他人的专利权,则由保险人代替其应诉并承担相应的赔偿责任。⑥ 该责任保险单承保的范围包括:

(1) 被保险人在保险单有效期间应诉专利侵权指控的诉讼费用;

(2) 被保险人在应诉中指称原告专利无效而提起反诉的费用;

(3) 被保险人启动再审程序进行应诉的答辩费用;

(4) 第三人对被保险人提出损害赔偿,但是保险人对于被保险人提起的或者应诉的宣告式判决不予承保。⑦

(二) 知识产权执行保险

知识产权执行保险承保的是被保险人对侵权人提出指控的诉讼费用,专利权人抗辩侵权人指称其专利无效提起反诉的费用,以及权利人应对侵权人试图宣告其专利无效而在专利局提起专利再审的费用。与作为"防守之盾"的知识产权侵权保险相比,知识产权执行保险具有进攻的主动性,因此又被称为"进攻之矛"。

---

① See St. Paul Fire and Marine Ins. Co. v. Advanced Interventional Systems, Inc., 824 F. Supp. 583E. D. Va.,1993.

② See Jason A. Reyes, CGL Insurance Coverage for Patent Infringement, *Boston University Journal of Science and Technology Law*, Vol. 2, 1996, p. 14.

③ See Lisa A. Small, Offensive and Defensive Insurance Coverage for Patent Infringement Litigation: Who Will Pay? *Cardozo Arts and Entertainment Law Journal*, Vol. 16, 1998, p. 711.

④ 转引自郭丹:《网络知识产权之双重救济模式——以美国为例》,载《学术交流》2009 年第 2 期。

⑤ See Jason A. Reyes, Patents and Insurance: Who Will Pay for Infringement?, *Boston University Journal of Science and Technology Law*, Vol. 3, 1995, p. 21.

⑥ See Steven E. Tiller & Briggs Bedigian, Intellectual Property and Technological Insurance Coverage, *Maryland Bar Journal*, Vol. 34, 2001, p. 38.

⑦ 参见胡丽君:《试论美德两国知识产权保险制度及其对我国的借鉴》,华中科技大学 2004 年硕士学位论文。

在知识经济时代，专利等知识产权对企业的生存和发展起着至关重要的作用。在专利等知识产权为许多公司提供营养血液的时候，大多数中小公司却无力起诉那些侵犯其知识产权的实力雄厚的大公司，漫长的诉讼周期和高额的诉讼费用足以使那些中小公司望而却步。为了扭转这种局面，英国伦敦的劳合社推出进攻型的知识产权执行保险单，成为大型保险公司中承保进攻型知识产权保险的第一家。该保单可为中小公司提供大约 100 万美元的保险金额，作为中小公司对其竞争对手提起专利侵权诉讼的费用。劳合社推出该种保单的目的，是为中小公司提供进行专利侵权诉讼所必需的经济资源。该保单就像一柄大"拐杖"，使得中小公司可以借助它打击侵犯其专利权的公司，并要求侵权方与其签订专利使用权转让协定。如果没有这种进攻类型的保险，许多拥有专利等知识产权的中小公司就可能因为经济上的原因无法提起诉讼。

当然，考虑到经营的风险和成本，劳合社采取了一定的防范措施。例如，劳合社组织了一批律师和会计师，这些人的任务就是仔细审查专利，并从中选择那些既合法又有价值的进行承保。同时，为了控制公司的经营成本，劳合社首先要求参加这种保险的公司必须为其专利支付 2.5 万美元的检查费。其次，这种保单要求在诉讼中获胜的公司必须向保险人支付其为公司进行诉讼所支付的诉讼费用的 125%。最后，劳合社对价值 100 万美元的专利提供保护时，每年收取 2.5 万美元的保险费用。同时，当其他竞争者侵犯被保险人专利权时，劳合社就会以更高的费用为其提供保险保障。

虽然劳合社提供的进攻型知识产权执行保险为中小公司提供了保护其知识产权的经济基础，使游戏场中的双方的实力得到了进一步平衡，但是考虑到高昂成本的限制，这种保护实际上无法大规模地开展。其原因在于，虽然劳合社宣称其所提供的进攻型的知识产权执行保险主要面向处于发展初期的高科技公司，但是值得怀疑的是，这些处于发展初期的公司是否有能力支付价格不菲的专利检查费以及高额的保险费用。除此之外，由于劳合社限制了承保的专利范围，因此可能出现的问题是，尽管某个公司很需要投保该保险，但其专利却不在劳合社的承保范围之中，从而无法寻求保险保护。①

在美国，位于路易维尔和肯塔基的知识产权保险服务公司也推出了知识产权执行保险单，作为消除知识产权侵权行为的保险。该保险公司提供的保单的给付限额是被保险人所支付的诉讼费用的 75% 以及因侵权人破产被保险人无法得到

---

① See Lisa A. Small, Offensive and Defensive Insurance Coverage for Patent Infringement Litigation: Who Will Pay?, *Cardozo Arts and Entertainment Law Journal*, Vol. 16, 1998, pp. 743-744.

完全赔偿所遭受损失的75%。投保50万美元的保险单每年所需要支付的保险费是3000至4000美元。保单承保的范围包括实际侵权和名义上的侵权,但只有在独立的外部专利委员会对被保险人的专利的合法性以及被侵害的事实作出认定后,保险公司才向被保险人给付作为诉讼费用的保险金。[1]

除此之外,美国新泽西州的一家小型保险公司也推出了进攻型的知识产权执行保单。这家公司名为"家园保险公司",从1991年起就开始提供进攻型的知识产权执行保单。该保单对提供保险保护的专利仅收取2900美元的保险费,这样相关的专利可以凭借较低的费用加入该保单中。同时,为了降低风险,家园保险公司在推出该保单时只对专利进行有限的审查。因此,除非保单持有人在专利侵权案件中得到法院的支持,否则家园保险公司不承担任何法律诉讼费用。因为家园保险公司意识到知识产权是信息时代的关键要素,它所提供的保险试图消除对享有专利权的中小公司的歧视,使它们能够为其珍贵的专利权寻求司法保护。[2]

二、美国知识产权保险对我国的启示

人类社会已进入知识经济时代,知识经济是建立在知识和信息的生产、分配和使用基础之上的经济。可以说,在知识经济时代,知识就是资产,就是财富,知识产权是知识经济时代最重要的财产权。在这种情形下,如何切实有效地保护知识产权不仅仅被看作个体的经济利益问题,而且被各国视为重大的政治问题、国际问题。许多国家,尤其是发达国家已把知识产权保护问题提升到国家大政方针和发展战略的宏观高度,把加强知识产权保护作为其在科技、经济领域夺取和保持国际竞争优势的一项重要战略措施。在美国,越来越多的企业将知识产权风险管理工作全面贯穿在企业技术开发、经营管理以及防止侵权与诉讼的活动中,并形成制度。而知识产权保险则是这些企业部署知识产权风险管理工作的战略之一。[3] 权利人在其享有的知识产权受到他人侵害时,可以选择知识产权执行保险的保护;权利人在行使其专利权的过程中被他人起诉时,可以选择知识产权侵权保险的保护。这样一来,无论是潜在的受害人还是潜在的侵权人,都可以寻求知识产权保险的保护,满足了不同主体的多种需求。

---

[1] See Jason A. Reyes, Patents and Insurance: Who Will Pay For Infringement?, *Boston University Journal of Science and Technology Law*, Vol. 1, 1995, pp. 37-38.

[2] See Patti Verbanas, *Lawsuits Increase as Intellectual Property Definitions Change*, Corp. Cashflow Mag., Sep. 1, 1995, p. 9.

[3] 参见胡丽君:《试论美德两国知识产权保险制度及其对我国的借鉴》,华中科技大学2004年硕士学位论文。

我国加入世界贸易组织（World Trade Organization，WTO）以后，从专利到商标，从国内到国外，外国公司对我国发动的知识产权"围歼战"一轮紧似一轮，震动了我国数以千计的企业，且往往都是以我国企业没有履行它们的"技术标准"或者使用它们的标准没有交纳使用费为理由。例如，法国、美国、加拿大公司要求中国电视机企业缴纳专利费，并以显像管、集成电路、儿童锁等配件上的专利被侵犯为由要求本国海关扣押从中国进口的彩电。一些外国公司要求华为、大唐电信、东方电机、南京钢铁、吉利等大型企业支付高额的知识产权许可费，等等。[①] 在上述情况下，知识产权保险的重要性就凸现出来。如果相关企业参加了知识产权侵权保险，则可以凭借保险公司的支持，面对国外公司的指控从容不迫地应诉。

任何一种法律制度都不是完美无缺的，英美两国的知识产权保险制度同样也有其固有的缺陷。首先，知识产权保险的保险费偏高，一般的中小企业难以承受。例如，有的保险人要求投保人为其专利支付 2 万美元至 3 万美元的检查费，同时每年还要支付 3000 美元至 4000 美元的保险费。对于实力雄厚的大公司，上述费用算不了什么，但对于处于创业阶段的中小公司而言，上述费用确实是一项沉重的负担。其次，在知识产权保险的保护下，可能出现"合法性危机"。即有了知识产权保险的保护，被保险人可能故意侵犯其他公司的专利权，因为被保险人知道保险人会为其支付的诉讼费用买单。最后，许多大企业滥用其雄厚的财力与资源，故意侵犯中小企业的知识产权，一旦争端进入诉讼程序，即申请禁令或者故意拖延诉讼，而中小企业即使购买了知识产权保险，但是保险金额是有上限的，且总有消耗殆尽的一天。这样一来，知识产权保险制度就无法实现其预期目的。[②]

综上所述，在我国中小企业应对国外知识产权诉讼的过程中，知识产权保险无疑是一项重要的措施。但与此同时，也必须清醒地认识到知识产权保险制度不是万能的，不可能解决所有的问题。所以，必须综合运用多种手段，尽可能高效地解决问题。一方面，注意运用和解手段。原因在于，一方提起知识产权侵权诉讼后，另一方往往会提起专利或商标无效申请。在法院的知识产权侵权案件审理与专利、商标复审委的无效申请程序同时进行的情况下，案件往往会旷日持久，双方为此牵扯的人力、精力、财力都很大，此时如能把握住机会进行和解，当事人双方均得降低各方面的成本，会取得双赢的效果。另一方面，重视诉讼中的中间裁决。外国企业在提起知识产权诉讼后，往往会向法院提起临时禁令或先予执行申请。如果

---

① 参见高娅：《知识产权保护与中国科技企业发展——从 WLAN 国家标准谈起》，新浪网，2004 年 4 月 26 日，http://tech.sina.com.cn/it/2004-04-26/0914354313.shtml，2020 年 7 月 1 日访问。

② 参见高留志：《美国知识产权保险制度对我国的启示》，载《特区经济》2006 年第 2 期。

申请获得批准,法院就会查封涉案企业涉嫌侵权的产品,禁止涉案企业销售涉嫌侵权的产品。所以,相关企业应尽最大努力进行抗辩和举证,尽力争取法院的有利判决,从而为以后的案件审理赢得主动。[1]

三、结语

在当代社会,科技公司面临着不断出现的并且无法预料的专利侵权诉讼的风险。专利侵权损害赔偿责任的承担,往往会给败诉方造成巨额经济损失。与此同时,提起诉讼的原告也要为此付出沉重的代价。因此,许多公司借助分散损失的知识产权保险来保护其免受专利侵权责任的影响。[2] 虽然英美等国的知识产权保险制度还存在诸多缺陷,但该制度为保障我国企业应对跨国企业的知识产权诉讼提供了一条新的思路,值得我们借鉴。

第二节 产权保险

2001年5月,陈某与某房地产开发商签订了一份商品房买卖合同,并于同年10月入住。2004年的一天,当他下班回家时,竟然发现法院在自家的房门上贴着"拍卖"字样的公告。他感到十分诧异,自己明明与开发商签订了商品房买卖合同并一次性付清了房款,房屋应归其所有,怎么还会被法院拍卖?陈某经过多方查问才得知,自己住了近三年的房屋竟然是房地产开发商已经抵押给银行的物业,现该开发商被银行诉诸法院追债,法院强制拍卖该房屋还债。陈某这时才发现,自以为已经拥有所有权的房屋,原来在其之上早就被银行设定了抵押权,无奈之下陈某只好向法院起诉,要求开发商承担损害赔偿责任。

本案暴露出房地产交易市场经常出现的一种现象,即房地产开发商将已经被银行设定抵押权的房屋出售给房屋买受人。在发生这种情况时,受害人通常选择的救济方法是向法院提起诉讼,要求法院判决房地产开发商向其承担损害赔偿责任。但是,这要经历漫长的诉讼过程,最后能否得到法院的支持还必须看房屋的买受人能否提供充分的证据。相比之下,如果房屋买受人在买房时购买了房屋产权保险,则一旦发生上述情况即视为保险事故已经发生,应当由保险公司承担赔偿责任。与司法救济相比,房屋产权保险对产权买受人提供的救济更为及时、有效。由

---

[1] 参见李志:《四大攻略安然度过知识产权诉讼难关》,中国IC网,2007年8月3日,http://www.chinaecnet.com/newsview.asp? cat=921&id=32049&dTitle,2013年9月10日访问。

[2] See Jason A. Reyes, Patents and Insurance: Who Will Pay For Infringement?, *Boston University Journal of Science and Technology Law*, Vol. 1, 1995, p. 1.

此可见,在消费者购买房屋的过程中,产权保险能够起到极其重要的作用。

一、产权保险的发展概况

产权保险(Title Insurance),是指不动产交易中保险公司与被保险人之间创建的具有担保性质的保险赔偿合同关系。简单地说,是指投保人向保险公司支付一定数额的保费,保险公司承诺如果产权存在产权报告(Title Report)中应记载而没有记载的瑕疵和纠纷并给被保险人造成损失时,保险人负责消除产权瑕疵,解决产权纠纷,或者由其在保险金额范围内给予赔偿的一种保险制度。[①]

产权保险最早发源于美国。由于交易的频繁加上美国法律和土地所有权制度的错综复杂,使得产权问题成为房地产交易中的障碍和风险。因此,为了保障房地产交易特别是二手房交易的安全,产权保险应运而生并一直盛行于美国。[②] 早在1853年,宾夕法尼亚州就成立了产权保险公司,承保所有权瑕疵以及贷款的清偿。[③] 在美国,产权保险主要包括两种类型:一种是业主产权保险。它以交易的不动产的价值为基础,保护的是买受人的权益,即其受让的不动产上不会有第三人的任何权利要求,该不动产也不会因为任何未揭露的原因导致使用价值的减少。另一种是贷款产权保险。它建立在贷款数额的基础上,用于保证贷款人的优先受偿权,即在借款人无力偿还借款时,贷款人可以通过对抵押物的拍卖、变卖或折价等方式获得清偿。[④] 基于上述两种产权保险类型,产权保险单可分为业主产权保险单和贷款产权保险单。随着保险实务的发展,美国近些年又出现了一种联合保障保险单,这种保险单可在同一份保险单下保护土地产权人和抵押权人二者的权益。随着抵押贷款的清偿,不动产所有权人的资产逐渐增加,对于所有权人的保障也自动增加。在正常情况下,联合保障保险单的保费要比分别办理两份保险单的保费总额低一些。

产权保险合同在本质上属于财产保险合同的一种,但因为产生于房地产交易与融资贷款的背景下,所以产权保险合同具有许多与一般财产保险合同不同的特点,主要表现在以下几方面:

(1)产权保险只承担订立保险合同之前因产权存在瑕疵所导致的损失,至于保险单签发后由于产权存在瑕疵所导致的损失,不在承保范围内,这是产权保险合

---

① 参见邓永泉:《美国产权保险制度研究》,载《北京房地产》2004年第6期。
② 参见杨铭:《产权保险美国造》,载《中国房地产报》2005年10月17日第36版。
③ See Paul Bintinger, Conflict of Interest: Attorney as Title Insurance Agent, *Georgetown Journal of Legal Ethics*, Vol. 4, 1991, p. 688.
④ See Charles J. Jacobus, *Texas Real Estate Law*, 6th ed., Prentice Hall, 1992, p. 349.

同与其他保险合同最大的区别。因为对于其他保险合同而言,保险单的签发意味着保险人承保的风险刚刚开始;而对于产权保险而言,保险单的签发意味着保险人承担的风险已经结束。

(2)产权保险与一般财产保险的运行机制不同。产权保险基本上是建立在对不动产的公共信息记录进行调查的基础上的,从而确定不动产上已经存在的瑕疵。[①] 一旦发现所有权的某种瑕疵,保险人会在保险单中对该瑕疵进行详细的描述并宣布对该瑕疵引起的风险不予承保。[②] 从这个角度讲,产权保险的目的不仅仅在于风险的承担,更注重为被保险人提供消除风险的事先防范服务。[③]

(3)产权保险的保费在签发保险单时一次付清,其保险期限永久地适用于将来,此后只要所有权不发生变化便无须再次缴纳保费。而其他的财产保险虽然也有一次性缴纳保费的,但通常会约定承保期限。在保险期限内,如果发生保险事故,保险人承担损害赔偿责任;在保险期限外,如果发生保险事故,保险人不承担赔偿责任。

(4)产权保险的承保范围是在保险单签发之前产生的产权瑕疵,即原先已存在、经过保险人的细致调查仍未发现的瑕疵。由于该瑕疵的存在对所有权人或抵押权人造成损害时,保险人应当承担赔付保险金的责任。而在其他保险中,保险人承保的是在保险合同订立后,因被保险人的人身、财产损害所造成的损失。[④]

(5)在产权保险中,保险人除了要承担保险责任之外,如果在进行产权调查的过程中因为疏忽致使调查结果发生错误并导致相信该调查结果的被保险人遭受损害,则被保险人可以以侵权为由起诉保险人。产权保险人必须对其在调查中所犯的错误以及通过谨慎的调查仍未能发现的产权瑕疵承担侵权损害赔偿责任。[⑤] 在一般保险中,保险人仅仅在发生保险事故时承担赔付保险金的责任,并不承担侵权损害赔偿责任。

二、产权保险的基本内容

与一般保险合同类似,产权保险的内容也包括保险合同当事人、标的、基本条

---

① See Paul Bintinger, Conflict of Interest: Attorney as Title Insurance Agent, *Georgetown Journal of Legal Ethics*, Vol. 4, 1991, p. 690.

② 参见〔美〕所罗门·许布纳等:《财产和责任保险(第四版)》,陈欣等译,中国人民大学出版社2002年版,第338页。

③ 参见金萍:《所有权保险制度浅议》,载《当代法学》2003年第6期。

④ See David L. Boyette, Title Insurance Liability Beyond the Policy, *Florida Bar Journal*, Vol. 69, No. 7, 1995, p. 24.

⑤ See Quintin Johnstone, Title Insurance, *Yale Law Journal*, Vol. 66, No. 4, 1957, p. 498.

款、除外条款、赔偿方式和保险期限等。

（一）产权保险合同当事人

在产权保险中,保险合同当事人包括保险人和投保人。保险人即销售产权保险的保险公司。多数情况下,产权保险是由产权交易的卖方和贷款购买房地产的借款人(抵押人)投保,少数情况下由买方投保。一般来说,凡是对于进行交易的房地产产权拥有保险利益的法人或自然人都可成为被保险人。[①]

（二）产权保险合同标的

产权保险的保险标的是产权保险人调查工作的准确性。如果经过产权保险人的详细调查,仍然没有发现作为交易对象的产权存在的瑕疵,并给被保险人造成损失的,则保险人应承担赔偿保险金的责任,或者采用其他方法消除该产权上存在的瑕疵。[②]

（三）产权保险合同基本条款

产权保险分业主产权保险和贷款产权保险,相应地,产权保险合同的基本条款也可分为业主产权保险条款和贷款产权保险条款。

第一,业主产权保险主要包括以下几个基本条款:

(1) 保证在保单中描述的不动产能顺利地移转给被保险人。

(2) 保证在所描述的不动产上无任何其他的瑕疵或财产上负担。

(3) 保证有从该不动产到公共道路上的通行权。

(4) 该所有权具有可交易性。

第二,贷款产权保险除了和业主产权保险相同的四个基本条款之外,还有以下几个基本条款:

(1) 抵押是有效的、可执行的,当债务未如期清偿时,抵押权人有权将抵押物拍卖、变卖或折价。

(2) 保证抵押权人的优先受偿权。

(3) 保证在抵押物上无法定抵押权的存在。

(4) 保证抵押合同或借款合同的转让是有效的、有强制力的。[③]

（四）产权保险合同除外条款

保险合同的除外责任,是指依法律规定或合同约定,保险人不负赔偿责任的范

---

① 参见邓永泉:《美国产权保险制度研究》,载《北京房地产》2004年第6期。
② See Kenneth E. McBride, Conveyancing and Title Issues: A Primer on Title Insurance Coverage for Consumers, Mortgagees, and Their Counsel, *Consumer Finance Law Quarterly Report*, Vol. 49, 1995, p. 288.
③ 参见张琼:《所有权保险制度的立法研究》,吉林大学2004年硕士学位论文。

围。除外责任一般在保险单上印就的保险条款中予以列明,目的是对保险人的责任范围加以适当的限制。[1] 在产权保险合同中,为了限制保险人的责任,也有关于除外责任的规定,主要包括以下几个条款:

(1) 限制、控制或禁止占用、使用或处分土地的任何法律、法令或政府监管条例,或者加强监管的规定以及其他在效果上违反类似法律、法令或政府监管条例的行为。

(2) 国家征用权或警方的国家权利,除非在签发保单当日停止行使该种权利。

(3) 瑕疵、留置权、抵押债权、对被保险人所有权的不利诉讼请求或其他原因。[2]

(4) 由被保险人造成的、同意的或愿意承担的所有权瑕疵。

(5) 保险公司不知且未通过公共登记记录显示的,但被保险人在签订保单之日或在获得不动产所有权和其他权益之时已知,却没有向保险公司告知的瑕疵。

(6) 在保单生效后又产生的新的所有权瑕疵。由于所有权保险排除在保单签订后又新出现的所有权瑕疵,因此对于新出现的瑕疵,保险人不承担责任。[3]

(五) 产权保险合同赔偿方式

产权保险与一般保险的最大区别在于二者的赔付方式。对于一般保险而言,在发生保险事故时,保险人应在保险合同约定的赔偿限额内承担赔付保险金的责任。但对于产权保险而言,其特殊之处在于,产权保险人享有选择权,即产权保险人可以在保险合同约定的限额内赔偿被保险人因产权瑕疵所遭受的损失,也可以自己消除该瑕疵或通过诉讼来保护被保险人的合法权益。

(六) 保险期限

产权保险的保险期限从正式签发保单之日起开始计算,只要被保险人对房屋或土地享有产权利益,保单就一直有效。[4]

三、我国建立产权保险制度的必要性

歌德曾经说过:"不知别国语言者,对自己的语言便也一无所知。"作为一名法律家,只有具备有关外国的法律制度的知识,方能正确地理解本国的法律。[5] 虽然

---

[1] 参见李玉泉:《保险法(第二版)》,法律出版社 2003 年版,第 150 页。
[2] 参见〔美〕所罗门·许布纳等:《财产和责任保险(第四版)》,陈欣等译,中国人民大学出版社 2002 年版,第 341 页。
[3] 参见张琼:《所有权保险制度的立法研究》,吉林大学 2004 年硕士学位论文。
[4] See Frank Oliver, Garrett and Mcdaniel: DTPA Liability for Issuance of a Title Insurance Commitment, *Texas Tech Law Review*, Vol. 26, 1995, p. 859.
[5] 参见〔德〕K. 茨威格特、H. 克茨:《比较法总论》,法律出版社 2003 年版,第 1 页。

我国保险实务界在探索产权保险的道路上频遇挫折,①但是这并不意味着产权保险制度在我国不存在合适的生存空间。归根结底,产权保险制度能否在我国正式建立,最终取决于该险种能否解决我国保险实务中存在的实际问题。

在我国,城市市区范围内的土地和农村土地分别属于国家和集体所有,土地所有权不能进行交易。可见,在我国产权交易的主要对象是房屋和国有土地使用权。因此,如果建立产权保险制度,其适用的主要范围应该是房屋和土地使用权交易。同时,产权保险制度的建立,需要经过详细的论证,其中一个重要的问题就是要看产权保险制度能否与我国现行相关制度相协调。曾有学者明确指出,美国之所以会有所有权保险制度,是基于登记对第三人的效力,是一种对登记无公信力的补救。② 言下之意是,如果我国登记制度具有公信力,产权保险制度的建立也就失去了其原有的意义。

实际上,目前我国的产权登记情况并不乐观,存在很多疏漏之处。主要表现在两个方面:

第一,登记机关不统一。1997年9月在台湾召开的"海峡两岸房产法制研讨会"上,我国台湾地区学者对我国目前采取的房产登记(不动产登记)机构分散在多个部门的做法,尤其是法律把土地权利登记和房产权利登记、林地权利登记以及其他不动产登记的"分别登记"规定为原则的做法很不理解。因为在当今世界,凡建立不动产登记制度的国家和地区,不论这种登记被称为"土地登记"还是"不动产登记",都是在一个机构一并登记。③ 深究起来,我国的不动产登记之所以采取分别登记原则,主要是因为在计划经济时代,土地权利被排除在财产流转渠道之外。相对于土地权利而言,房产权利和林地权利已经早一步进入财产流转渠道,并建立了自己的登记机关。登记机关的不统一给我国的不动产流转市场带来了很多不便之处,既不利于当事人查阅登记材料,全面了解相关财产的信息;又造成负责登记的各部门之间职责不明,并可能导致登记的效力产生冲突,给不动产的顺利交易造成障碍。尽管2021年1月1日起施行的《民法典》第210条第2款前半部分规定:"国家对不动产实行统一登记制度。"但其后半部分又规定:"统一登记的范围、登记机构和登记办法,由法律、行政法规规定。"这是我国立法中的惯例,即将细节性问题交由其他具体的法律或行政法规另行规定。该种做法的缺点在于,回避了现实

---

① 2003年底,中粮集团曾与中国人保财险、第一美国产权保险公司携手,计划推出产权保险项目,当时称"基本就绪,并进入实质操作",但其后又没了消息。

② 参见彭诚信:《我国物权变动理论的立法选择(下)》,载《法律科学(西北政法学院学报)》2000年第2期。

③ 参见常健:《完善我国不动产登记制度的法律思考》,载《改革与战略》2001年第1期。

面临的棘手问题,但相关棘手问题并未得到真正解决。时至今日,不动产分散登记的状况仍然没有得到改变。多头登记是一个比较混乱的体制,因为不同的登记之间在衔接上很容易出现问题,而且不容易解决。同时,重复登记或遗漏登记在所难免,信息缺失或信息失真难以控制,加上我国并未要求不动产登记人员具备法律专业背景和职业训练,人员素质参差不齐,登记错误率也不会太低。①

第二,登记效力具有不确定性。虽然有学者认为我国的不动产登记在传统上实行的是实质审查主义,②但实际情况并非如此。多年来,由于我国登记制度具有行政化的特点,登记机关主要采取的是一种形式审查的方式,登记错误也时常发生,导致有关当事人因此蒙受损失甚至损失惨重时有发生,这对不动产登记的公信力造成极大的影响,对交易当事人权利的保护也极为不利。③ 针对这种情况,有学者提出,要使登记的内容与实际的权利相一致,就应当对登记的内容进行实质审查,实行实质性审查,是登记具有公信力的必要前提。④ 但是,由于登记机关不可能对权利变更的所有实体法要件进行审查,如处分权及债权行为的有效性等,因此从本质上讲,目前我国登记机关对产权登记实行的还是形式审查,这就不可避免地可能出现产权登记错误的现象。正如崔建远所言,在我国,不动产登记名义人与真实物权人不一致的情况不在少数。⑤ 虽然我国《民法典》第 222 条第 2 款规定:"因登记错误,造成他人损害的,登记机构应当承担赔偿责任。登记机构赔偿后,可以向造成登记错误的人追偿。"但对于登记机构承担赔偿责任的具体程序、具体数额、赔偿方法等,《民法典》并未进行任何细化规定。对于受害人而言,即使能够在同登记机构进行旷日持久的协商或诉讼后最终拿到相关赔偿金,该赔偿金能否充分弥补其所遭受的损失也是值得思考的问题。对于此类情况,产权保险则可以及时、充分、有效地赔偿受害人遭受的损失,更有利于受害人权益之保护。与向登记机构索赔相比,受害人更愿意通过支付保费购买产权保险来保护自己的合法权益。同时,由于经济较发达城市的房地产价格迅速上涨以及土地出售利润分配的不合理,在一些城市出现了小产权房问题,即在农村宅基地、建设用地、非农用地乃至耕地上兴建大量居住性住宅,出售给城市居民。虽然国家对小产权房的定性为非法建筑,但小产权房的交易仍然十分活跃,而这些小产权房并无登记能力,故亦无法

---

① 参见孟勤国、申惠文:《我国〈物权法〉没有承认登记公信力》,载《东方法学》2009 年第 5 期。
② 参见王立兵:《论我国物权登记机关赔偿责任的归责原则》,载《黑龙江社会科学》2005 年第 2 期。
③ 参见张琼:《所有权保险制度的立法研究》,吉林大学 2004 年硕士学位论文。
④ 参见崔建远等:《中国房地产法研究》,中国法制出版社 1995 年版,第 266 页。
⑤ 参见崔建远:《不动产物权的善意取得》,发表于 2008 年 11 月 2 日在日本名城大学举办的"中国财产法研讨会"。

适用登记公信力制度。① 此外,根据我国民间习惯,在夫妻共有或家庭共有等场合,不动产登记簿记载的物权人往往只有部分成员,这也会导致登记簿记载的产权状况与真实产权状况不相符。② 上述情况也说明了我国产权保险制度建立的可行性与必要性。

除此之外,随着国外对华投资的逐年增多以及中国对外投融资的不断增加,投融资过程中的产权风险也日益增加,直接影响到国外投资者对中国的投资信心以及中国对外投融资安全。因此,建立产权保险制度对于增加投融资安全、降低资金风险以及稳定投资者的信心等都具有非常重要的作用。

四、结语

综上所述,产权保险的引入对于保障交易安全、提高交易效率、促进不动产市场的发展将会发挥巨大的作用。虽然该种保险产生并成长于美国,但这并不意味着其在我国不存在适用空间。事实上,由于我国不动产登记制度的不完善,当事人在产权交易过程中面临许多隐性的风险,而产权保险制度正是消除这些隐性风险的工具。因此,从保护投资者的合法权益、发展和健全我国保险市场的角度考虑,应当借鉴美国的产权保险制度,以保护产权交易人的合法权益。

第三节　董事责任保险③

我国的董事责任保险制度是从英美法系国家移植来的"舶来品"。2002年1月7日,原证监会和国家经贸委联合颁布了《上市公司治理准则》,其中第39条规定"经股东大会批准,上市公司可以为董事购买责任保险"。保险界反应神速,短短16天后,中国平安保险股份有限公司与美国丘博保险集团就合作推出了国内第一个"公司董事及高级职员责任保险",万科企业股份有限公司在其推出当日即签下了首份保单。迄今为止,董事责任保险在我国的销售已经走过了近二十个年头,但

---

① 参见王洪亮:《论登记公信力的相对化》,载《比较法研究》2009年第5期。
② 同上。
③ 董事责任保险全称为"董事及高级职员责任保险"(Directors' and Officers' Liability Insurance),有广义和狭义之分。狭义的董事责任保险又称为"董事个人责任保险",是指以公司董事和高级职员在执行职务过程中因单独或共同实施的不当行为给公司和第三人(包括股东和债权人等)造成损害而应承担的赔偿责任为保险标的订立的保险合同。在该保险中,被保险人是公司的董事和高级职员。广义的董事责任保险除了包含上述内容外,还包含公司补偿保险,即公司根据章程以及与董事和高级职员订立的补偿合同向其承担的补偿责任为保险标的订立的保险合同。在公司补偿保险中,被保险人是董事和高级职员所在的公司。在本书中,笔者论述的董事责任保险仅指董事个人责任保险,并不包括公司补偿保险。

从近些年来的销售情况看却是雷声大雨点小,市场反响热烈,但真正投保者寥寥。在 A 股上市公司中,有 1.33 万名董事,其中上市公司董事投保董事责任保险的不超过 2%,而董事责任保险在全球董事高管中的投保率约为 46%。① 由此可见,我国董事责任保险市场的发展情况并不理想。这是否意味着董事责任保险这一保险产品没有任何实际价值呢? 答案当然是否定的。事实上,借助董事责任保险可以分散董事和高级职员的经营责任风险,鼓励他们大胆创新、锐意进取。尤其是在商业竞争日趋激烈的今天,时间就是生命,珍贵的商机转瞬即逝,为了确保公司优秀的管理人才能够果断、勇敢地作出经营决策,有必要购买董事责任保险作为减轻其经营责任风险的后备保障。同时,购买董事责任保险能够吸引更多的优秀管理人才充实到公司的经营管理层中,这样就会有利于优秀管理人才梯队的建立,能够起到优化公司治理结构的作用。更为重要的是,通过购买董事责任保险,可以将董事和高级职员的赔偿责任风险分散给参加保险的多个投保人,最大限度地保护公司、股东、债权人以及其他利益相关主体②的合法权益,并将其损失减少到最小程度。由上可知,董事责任保险的引进意义重大。事实上,除了董事责任保险本身包含的价值和功能之外,在我国,引进董事责任保险还可以满足以下四个方面的现实需求:

一、落实我国《公司法》中明确规定的独立董事制度

独立董事制度在《中华人民共和国公司法》(以下简称《公司法》)中的正式确立经历了一个较为漫长的过程。在独立董事制度的运行过程中,独立董事的责任风险不断显现出来。在郑百文虚假陈述事件披露后,2001 年 9 月 27 日,证监会作出处罚决定:对郑百文董事长李福乾、副董事长卢一德分别处以 30 万元和 20 万元罚款;对包括独立董事陆家豪在内的 10 名董事处以 10 万元罚款。这一处罚给许多独立董事敲响了警钟,并直接导致 2002 年 100 多名独立董事辞职。③ 在遭受处罚后,陆家豪向北京市第一中级人民法院提起诉讼,要求法院撤销证监会对其作出的 10 万元罚款的处罚决定。陆家豪认为,自己既不领取公司的任何报酬,也不参与公司的管理,只是个"花瓶董事",即使应该接受处罚,也不应该与其他董事一概而

---

① 参见易山:《董事责任险任重而道远》,网易网,2006 年 8 月 14 日,http://biz.163.com/06/0814/21/2OH1D16Q00020QDS.html,2020 年 7 月 3 日访问。
② "利益相关主体"一词的英文为"stakeholders",最早出现在 1963 年美国斯坦福大学一个研究小组(SRI)的内部文稿中,是指那些没有其支持组织就无法生存的群体,包括股东、债权人、公司雇员、顾客、供货商等。也有人将它译为"相关利益者""利害关系人"或"利害相关者"。
③ 参见谢朝斌:《解构与嵌合:社会学语境下独立董事法律制度变迁与创新分析》,法律出版社 2006 年版,第 177 页。

论。因此,证监会对其作出的处罚偏重,违反了法律中的公平原则。证监会则认为,我国公司法和有关证券法律法规在对董事责任的规定中,从未将独立董事与董事相区别。独立董事也是公司法所规定的董事的一种,独立董事违法,同样也应当按照公司法、证券法中对董事规定的法律责任进行处罚,并不能因为是独立董事就减轻处罚。同时,根据我国法律法规的规定,对董事的处罚并不以其是否获得相应报酬为前提,董事获得报酬的多少,并不影响其应当承担的责任。

事实上,陆家豪一案反映出我国独立董事的窘迫处境,一方面,在大多数公司中,独立董事在董事会中只是少数派,并且由于许多独立董事根本没有机会接触公司内部的经营管理,因而很难真正有自己的独立意见,或者即使有,也难以形成多数意见。由此可见,独立董事的有效监督权力还比较薄弱。自2001年独立董事制度正式实施至今,独立董事薪酬形式一直以固定报酬为主,上市公司一般按年度支付。除此之外,部分上市公司会针对独立董事出席董事会的出勤率给予一定的奖励,但金额有限,仅为补偿性质。[①] 但是,有研究显示,固定报酬形式的独立董事薪酬对独立董事履行监督职责会产生显著的负面激励。[②] 另一方面,证券监管机构对独立董事寄予厚望,希望独立董事在公司重大管理决策过程中发挥监督制约作用,因此责令那些违反监督义务的独立董事承担数额巨大的赔偿责任。这样一来,独立董事的权、责、利出现了脱节的现象。综上所述,为了保证独立董事专心、敬业地履行自己的职务,有必要分散其在执行职务过程中的责任风险,董事责任保险作为分散独立董事执行职务风险的保障机制,其重要性不言而喻。

二、进一步完善我国董事民事赔偿责任体系

贝政明认为,在我国现阶段,董事责任保险没有很大的存在价值。原因在于,与国外相比,我国的董事民事赔偿责任体系相当不完善,董事和高级职员承担民事赔偿责任的情况少之又少,而董事责任保险以被保险人对第三人的民事赔偿责任为保险标的,因此董事责任保险实际发挥作用的空间极为有限。[③] 笔者认为,上述观点发表的时间是2002年,应当看到的是,2002年以来,我国董事民事赔偿责任体系不断完善并进入一个崭新的发展阶段。尤其是随着《公司法》《中华人民共和国企业破产法》(以下简称《破产法》)、《中华人民共和国证券法》(以下简称《证券

[①] 参见陈睿、段从清、王治:《声誉维度下薪酬对独立董事有效性的影响——基于独立意见的经验证据》,载《中南财经政法大学学报》2016年第1期。
[②] 参见唐雪松、杜军、申慧:《独立董事监督中的动机——基于独立意见的经验证据》,载《管理世界》2010年第9期。
[③] 贝政明:《董事及高管人员的风险在哪里》,载《中国保险报》2002年11月27日第7版。

法》)的修订和完善,我国董事和高级职员的民事赔偿责任体系已基本建立。目前,我国公司董事和高级职员的民事损害赔偿责任体系可以用下图来表示:

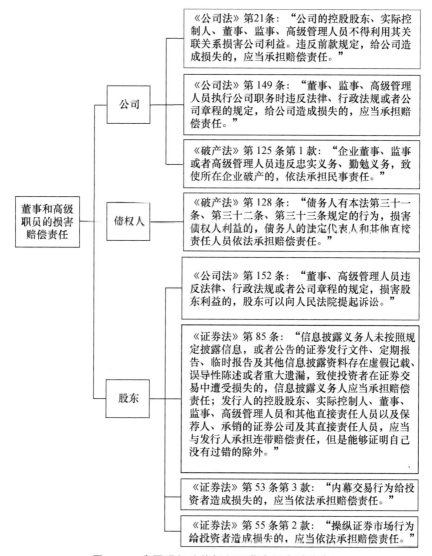

图15-1 我国现行法律框架下董事损害赔偿责任

除了上述法律规定外,最高法还发布了一系列的司法解释,明确司法实践中董事民事赔偿责任的具体认定,如《最高人民法院关于审理证券市场因虚假陈述引发的民事赔偿案件的若干规定》(以下简称《若干规定》)等。应当说,在我国,上市公司董事和高级职员因过失而承担的虚假陈述民事赔偿责任是董事责任保险承保的一项重要内容。但是,《若干规定》第 6 条规定:"投资人以自己受到虚假陈述侵害为由,依据有关机关的行政处罚决定或者人民法院的刑事裁判文书,对虚假陈述行为人提起的民事赔偿诉讼,符合民事诉讼法第一百零八条规定的,人民法院应当受理。"这一规定将行政机关的行政处罚决定或者人民法院的刑事裁判文书作为投资者提起诉讼的前置程序,不仅限制了投资者的诉权,同时也与国际惯例不符。随着证券赔偿诉讼的日益增多,自 2004 年以来,证监会领导多次在公开场合指出,我国要推动建设高效、便捷的证券赔偿诉讼机制。最高法也在考虑修改司法解释,明确投资者的直接诉权,不再设置前置程序。这些举措无疑会推动虚假陈述民事赔偿机制的进一步发展,更有利于保护中小投资者的合法利益。[1] 此外,2005 年修订的《公司法》第 152 条规定了股东代表诉讼制度,这对于进一步完善我国公司治理结构,强化公司经营者的责任都具有极其重要的意义。由此可见,随着我国董事民事赔偿责任体系以及董事民事责任追究机制的进一步完善,董事责任保险的重要性将会更加明显地体现出来。

三、保护广大中小股东的合法权益

根据美国 Tillinghast-Towers Perrin 公司在 1999 年所做的调查,在针对董事和高级职员提起的诉讼中,来自股东的诉讼大约占全部诉讼的 44%,来自雇员的诉讼占 29%,来自公司客户的诉讼大约占 14%。2002 年,Tillinghast-Towers Perrin 公司的调查结果显示,股东向董事和高级职员提起的诉讼已经占全部诉讼的 50% 以上。基于上述事实,美国学者罗伯塔·罗曼诺(Roberta Romano)认为,在购买董事责任保险之后,最大受益者并非董事而是公司的股东。事实上,在美国广泛存在的董事责任减免制度以及公司补偿制度,已经基本上能满足保护董事和高级职员利益的需要。因此,购买董事责任保险的更深层次的意义在于满足股东的损害赔偿要求。[2]

在美国,1998 年到 2003 年期间,许多股东向董事和高级职员提出的数额巨

---

[1] 参见邹靓、李春燕:《H 股上市前夜 招行 D&O 责任险锁定外资公司承保》,载《上海证券报》2006 年 8 月 7 日第 5 版。

[2] See Martin Boyer, Directors' and Officers' Insurance and Shareholders' Protection, http://cirano.qc.ca/pdf/publication/2003s-64.pdf, visited on July 3, 2020.

大的索赔诉讼最终以双方达成和解告终,比较有代表性的案件如下表所示:①

表 15-1 1995 年美国《私人证券诉讼改革法案》颁布后的巨额证券诉讼和解案件

公司名称	起诉时间	和解时间	和解数额(单位:百万美元)
Cendant	1998	1999	3527
Lucent	2000	2001	563
Bank of America	1998	2002	490
Rite Aid	1999	2003	320
Oxford Health Plans	1997	2003	300
3-Com	1998	2000	259
Microstrategy	2000	2001	193
Informix	1997	1999	142
Sunbeam	1998	2002	141
Conseco	2000	2002	120
Ikon	1998	1999	111
Prison Realty	1999	2001	105

资料来源:斯坦福大学法学院证券集团诉讼研究中心。

对于数额如此巨大的和解金,董事和高级职员根本无法以个人财产负担,只能依靠董事责任保险进行救济。对于公司股东而言,虽然可能无法获得全部赔偿,但至少可以从保险公司那里获得部分赔偿金。

具体到我国,虽然股东对董事和高级职员提起的赔偿请求数额远远低于美国的同类案件,但是随着证券民事赔偿诉讼的不断升温,索赔数额也越来越大。东方电子案就是典型代表。2003 年 1 月 17 日,烟台市中级人民法院判处东方电子相关责任人提供虚假财会报告罪。随后,全国 7000 余名股民先后起诉东方电子,索赔金额高达 4 亿多元。2006 年 9 月 6 日,有着"中国证券民事赔偿第一案"之称的东方电子案第一批 100 件案件进入庭审阶段。12 月,该案再次开庭审理,最终原被告双方达成调解意向。② 此外,2007 年 4 月 16 日,广州市中级人民法院正式受理杨清夫等 15 名投资者向科龙、德勤提起的虚假陈述索赔案。在诉状中,原告将科龙、德勤及顾雏军等科龙电器原董事会成员和高级职员告上法庭,并要求其承担损

---

① See Martin Boyer, Directors' and Officers' Insurance and Shareholders' Protection, http://cirano.qc.ca/pdf/publication/2003s-64.pdf, visited on July 3, 2020.

② 参见徐建华、尹武:《资本市场陷阱处处》,搜狐网,2007 年 3 月 15 日,http://news.sohu.com/20070315/n248736821.shtml,2020 年 7 月 3 日访问。

害赔偿责任200多万元。① 2002年4月23日,证监会对银广夏的虚假陈述行为进行处罚。此后,投资者对银广夏及其董事和高级职员提起赔偿诉讼。截至2006年8月,共有847名投资者向银川市中级人民法院提起诉讼,涉案标的1.8亿元。后来,银广夏公司通过与部分中小股民和解,索赔请求中的1.03亿元已得到解决,尚剩余7165万元未解决。② 可以预见的是,随着我国证券民事赔偿司法解释的逐步出台,证券民事赔偿案件的数量会越来越多,索赔金额也会越来越大,提起诉讼的投资者的人数也会越来越多。在上述证券民事赔偿诉讼中,提起诉讼的原告大部分是中小股东,能否获得切实有效的赔偿直接关系到他们的合法权益,甚至直接影响到广大中小股民对中国证券市场的信心和投资热情。因此,公司是否购买董事责任保险对这部分股东能否获得实际赔偿起到相当重要的作用。

有些学者认为,公司是否购买董事责任保险对股东权益能否获得保护的意义不大。原因在于,董事责任保险合同通常将被保险人基于欺诈故意实施的不当行为作为除外责任并拒绝赔偿。在我国证券市场中,大部分案件都是由于公司控股股东、董事和高级职员故意实施造假行为、虚假交易行为或操纵市场行为造成的,在这些案件中,即使公司购买了董事责任保险,保险公司也会适用除外条款拒绝承担保险责任。事实上,虽然董事责任保险合同将董事和高级职员基于欺诈故意实施的不当行为排除在保险合同的承保范围之外,但是应当看到的是,仍有许多虚假陈述案件是由于董事和高级职员的过失造成的。此外,董事和高级职员也有可能因为过失而泄露内幕信息,导致他人依靠该信息进行交易并给广大投资者造成损失。在这些情况下,保险公司应当依照合同的规定承担保险责任。由此看来,董事责任保险对我国证券民事赔偿诉讼中广大投资者权益的救济还是能够起到相当重要的作用。事实上,在那些对股东权益保护非常完善的普通法国家,如美国和英国,董事责任保险市场非常发达。上述事实也从一个侧面验证了笔者的观点——董事责任保险对股东合法权益的保护起到了非常重要的作用。

四、分散海外上市企业董事和高级职责的责任风险

近些年来,为了满足融资的需要,一大批国内公司选择在海外上市。原因在于,相对于国内而言,国外资本市场的法律法规更加完整、健全,对证券市场的监管也更加严格,所以在海外上市的国内企业面临着巨大的诉讼风险。回顾中概股在

---

① 参见钟国斌:《广州中院昨再次受理科龙德勤案》,搜狐网,2007年4月17日,http://digi.it.sohu.com/20070417/n249485487.shtml,2020年7月3日访问。

② 参见兰霞:《银广夏民事赔偿案时隔两年再次开庭》,金融界,2006年11月24日,http://stock.jrj.com.cn/2006-11-24/000001802981.shtml,2020年7月3日访问。

美国的历史可以看到,中石油、新东方、分众传媒、兰亭集势、聚美优品、安博教育、龙威石油等曾经备受瞩目的公司均遭遇了投资者的信任危机。2012年7月,新东方被指控发布虚假和误导信息,诉讼至今未有明确结论;2013年8月,兰亭集势被诉后公开承认存在虚假和误导性声明,后以155万美元的代价与投资者达成和解;2014年5月,聚美优品同样被指控发布错误、误导性的声明而遭集体诉讼,此案尚未有定论。①

以瑞幸咖啡为例,2020年1月30日,以做空中概股闻名的大空头"浑水研究"(Muddy Waters Research)在经过981个工作日的跟踪调查后,发布了一份针对瑞幸咖啡股票长达89页的做空报告。随后,美国多家律所对瑞幸咖啡提起集体诉讼,瑞幸咖啡声称所有的造假行为均是公司首席运营官(COO)刘剑及其下属所为,并向相关保险公司提出了董监高责任险(D&O保险)理赔申请。②

由此可见,在国内企业海外上市中,董事和高级职员的责任风险是现实存在的。事实上,与国内相比,国外资本市场的法律法规更加完整、健全,对证券市场的监管也更加严格,相应地,公司董事和高级职员所面临的责任风险也会大大增加。为了分散董事和高级职员的责任风险,增强董事和高级职员的赔付能力,有效保护受害人的合法权益,应当为其购买董事责任保险。此外,企业在购买董事责任保险时还可以附加购买企业实体责任保险,这样,在投资者提起证券民事赔偿诉讼的时候,企业可以向保险人申请赔付保险金,并以此分散自己的责任风险。

五、结语

随着《公司法》《破产法》《证券法》的修订和完善,我国董事和高级职员的民事赔偿责任体系进一步完善,董事和高级职员的经营责任风险进一步增大,他们对董事责任保险的需求理应随之进一步增大。同时,为了鼓励独立董事全心全意、尽职尽责地为公司和股东服务,也应当为其提供董事责任保险,以降低其正常履行职责可能引发的责任风险。同时,从董事责任保险保护的相关主体的范围来看,不应将其仅局限于董事和高级职员,还应包括股东、债权人等受害第三人。因为从责任保险的发展趋势上看,责任保险的核心目标已经从分散被保险人的责任风险转向保护受害第三人的合法权益。具体到董事责任保险,就是要着重保护股东、债权人等受害第三人的合法权益。考虑到我国的实际情况,中小股东和债权人普遍处于弱

---

① 参见沈贵明、吕洁:《我国上市公司信息披露制度监督功能之重构——中概股在美频遭集体诉讼的反思》,载《企业经济》2016年第7期。
② 参见胡国柳、常启国:《董事高管责任保险:理论研究与中国实践》,载《会计之友》2021年第5期。

势地位,因此应当鼓励企业购买董事责任保险以保护上述主体的合法权益。此外,在国内企业海外上市中,董事和高级职员的责任风险也是现实存在的,这也在某种程度上反映了我国董事责任保险的现实需求。

第四节 物流保险

流通是连接商品的生产和消费的纽带,而物流则是流通的高级组织形态。在电子商务快速发展的背景下,现代物流行业呈现出服务模式多样、专业化水平高和市场竞争愈发激烈的特点。物流业的发展给社会带来了便捷,提升了经济运行的效率和人们的生活质量。但对于物流服务提供者而言,企业在日常经营中必须尽量降低成本,提高物流效率。随着新的技术手段和管理模式的出现和运用,物流服务的效率有了极大的提高,但物流行业经营中的风险问题无法也同样避免。

一、物流行业的风险来源和保险需求

物流活动是在一个由结点和线路组成的系统中运行,物流的线路可以是不同的运输方式,物流的结点则承担着转运和存储等功能。物流过程既有动态的风险,又有静态的风险。不仅如此,现代物流与传统的货物运输已经有了本质的区别。在国家标准《物流术语》中,物流是指"物品从供应地向接收地的实体流动过程。根据实际需要,将运输、储存、装卸、搬运、包装、流通加工、配送、回收、信息处理等基本功能实施有机的结合"。可以说,现代物流服务的边界已经大大拓宽,其风险来源也就更加广泛。同时,商流、信息流和资金流与物流服务关系的动态演变也对现代物流服务提出了更高标准的要求。

物流行业作为服务行业,遵循基本的"五准原则":准确的时间、准确的目的地、准质、准量和准确的价格。在实务中,为了满足客户的多样化需求,进一步增加企业的市场竞争力,物流企业还开发了很多的增值服务,这也造成物流行业面临的风险更加多样。因此,要实现物流的科学化管理,必须管控好物流活动中的各类风险。保险作为管控风险的良好手段,可以为物流企业提供强大的支持,物流行业的保险服务应运而生。

二、物流保险的概念和标的

物流保险,一般是由货物的买方、卖方以及利益相关方对在物流过程中的货物发生的损毁、灭失所投保的险种,也包括物流业务经营者针对自身物流业务中货物的损毁、灭失的赔偿责任或自身对物流过程中依法对第三人应承担的民事损害赔

偿责任所投保的险种。即在理论上,物流保险的保险标的分别是物流业务中的货物和物流业务经营者所负担的法律责任。前者存在于财产损失保险合同中,基本范围包括:(1)属于被保险人所有或与他人共有而由被保险人负责的财产;(2)由被保险人经营管理或替他人保管的财产;(3)其他具有法律上承认的与被保险人有利害关系的财产。后者存在于责任保险合同中,我国《保险法》第65条第4款规定:"责任保险是指以被保险人对第三者依法应负的赔偿责任为保险标的的保险。"即责任保险的基础是被保险人民事责任的客观存在。

(一)物流货物保险的保险标的

物流货物保险是从货物的买方和卖方角度出发设计的,也被定义为"第一方物流"或"第二方物流"。物流货物保险可以由托运人投保,也可以由收货人投保,具体取决于货物买卖双方的约定。物流货物保险只针对货物本身,是纯粹的财产保险,可以在货物的运输、储存等物流环节有针对性地投保,在不同的运输方式下又有不同的险种。它所承担的风险,既有客观的不可抗力,也有各种自然人的主观过错。我国物流行业广泛采用的是财产保险和货物运输保险。其中,财产保险是承保机器设备、仓储物品、厂房等静态财产本身的保险。货物运输保险主要以运输中的货物作为保险标的,保险人承担因自然灾害或意外事故造成损失的保险,主要包括国内水路、陆路、航空货物运输保险和海洋进出口货物运输保险。具体而言,国内水路、陆路货物运输保险适用于国内水路、铁路、公路和多式联运方式,航空货物运输保险适用于国内外航空运输方式,海洋进出口货物运输保险适用于海运进出口货物。

物流货物保险标的分为一般可保财产和特约可保财产。前者是指保险人通常同意承保,普遍能够成为保险标的的财产;后者是需要投保人和保险人特别约定,保险人才同意承保的财产。例如,《阳光财产保险股份有限公司物流货物保险条款》(2009年版)第4条规定:"下列物流货物在事先申报并经保险人认可并明确保险价值后,可以作为特约保险标的:(一)金银、珠宝、钻石、玉器、贵重金属;(二)古玩、古币、古书、古画;(三)艺术作品、邮票。"第5条规定:"下列物流货物不在保险标的范围之内:(一)枪支弹药、爆炸物品;(二)现钞、有价证券、票据、文件、档案、账册、图纸。"第3条规定:"除本条款第五条列明的货物外,凡以物流方式流动的货物均可作为本保险合同的保险标的。"

(二)物流责任保险的保险标的

物流责任保险是伴随第三方物流的兴起而发展起来的,是针对买卖双方之外的专业物流经营企业的险种。物流企业因其专业化和规模化的运营,担负的风险比单项物流服务更大。总体而言,现代物流经营者的责任来源可以概括为合同责任和与合同有关的其他责任,其中合同责任包括与客户之间的合同责任、与分包商之间的合同责任以及与信息服务提供商之间的合同责任,在法律性质上属于违约责任。与合同有关的责任是物流企业在履行物流合同时产生的对第三人的法律责任,在法律性质上属于侵权责任。如运输工具对第三人的人身或者财产的损害,仓库储存危险品引起的爆炸或者环境污染等,该类事故发生时,不但可能导致货物损失,还会引发对第三人的巨额赔偿。如果物流企业投保了物流责任保险,则可以在承保范围内减轻自身的损失。

以《中国人寿财产保险股份有限公司物流责任保险条款》为例,该条款第4条规定:"在本保险期间,被保险人在经营物流业务过程中,由于下列原因造成物流货物的损失,依照中华人民共和国法律(不包括港澳台地区法律)应由被保险人承担赔偿责任的,保险人根据本保险合同的约定负责赔偿:(一)火灾、爆炸;(二)运输工具发生碰撞、出轨、倾覆、坠落、搁浅、触礁、沉没,或隧道、桥梁、码头坍塌;(三)碰撞、挤压导致包装破裂或容器损坏;(四)符合安全运输规定而遭受雨淋;(五)装卸人员违反操作规程进行装卸、搬运。"第5条第2款规定:"保险事故发生后,被保险人因保险事故而被提起仲裁或者诉讼所支付的仲裁费用、诉讼费用以及事先经保险人书面同意支付的其他必要的、合理的费用。"除此之外,该条款还包括五种附加险条款。

理论上,物流责任保险的范围应当更加广泛。以适用范围和承保对象为标准,物流责任保险可以分为企业责任保险、职业责任保险和个人责任保险。以责任性质为标准,物流责任保险在理论上还包括物流公众责任保险、雇主责任保险和产品责任保险等类型。为适应物流行业对保险需求的变化,保险公司还设计了物流综合保险,主要包括财产、货物运输、机器损坏、雇员忠诚保证、人身意外伤害等保险。此外,不同的保险公司,保险内容也会有所不同。

目前,我国物流责任保险的问题在于,大部分综合责任保险仅仅是将物流货物保险和物流责任保险进行组合,并未将物流全流程风险完全覆盖,有些责任保险条款甚至完全排除了第三方物流企业依法应当承担的侵权责任,并未在实质上起到分散物流企业风险的作用,因而在市场中的认可度不高。例如,前述《中国人寿财产保险股份有限公司物流责任保险条款》第9条明确排除了对"被保险人及其雇员的人身伤亡或所有的财产损失"的赔偿。中国大地财产保险股份有限公司《国内物流综合保险条款》第3条规定:"物流货物保险和物流责任保险可以单独投保,也可以同时投保。"但其第20条第2项规定,对"除物流货物本身损失之外的人身伤害和财产损失"不负赔偿责任。可以看出,我国的物流责任保险在服务质效上还亟须完善。

三、我国物流保险的发展与完善

相对于物流行业的发展,我国物流保险的发展较为滞后。2004 年 7 月,人保财险推出了物流货物保险和物流责任保险两个物流保险条款,结束了我国没有专门的物流保险的局面。2007 年,中国国际货运代理协会与国内保险公司联合设计了针对国际货运代理的国际货运代理人责任保险和国际货运代理提单责任保险。随着网络购物的大规模兴起,退换货运费保险等物流险种也进入市场。经过多年的发展,国内的物流保险虽然有了一定的进步,但从整体上看还存在险种少、覆盖范围小、保险服务体系不完善等问题。2014 年 8 月 10 日《国务院关于加快发展现代保险服务业的若干意见》指出,要推动保险服务经济结构调整,积极发展物流保险等新兴保险业务,促进第三产业发展。据此,如何创新物流保险种类,提升保险服务物流行业的质效是我国保险市场面临的新问题。

客观上,物流行业风险集中度高,对物流企业来说,保障范围和保险费率直接影响到其对物流保险的认可度;对于保险公司来说,针对物流企业设计出全流程风险覆盖的保险产品也需要进行合理定价,以保障自身的赔付能力。未来物流保险发展的方向应当是,保险公司为物流企业提供更加个性的定制化保险种类,区分大型和小型物流企业的运营模式等,精细化设计保险合同条款,平衡保险公司和物流企业的利益。例如,可以通过更加多样的附加险种尽可能覆盖各类风险,通过明确的保险条款督促物流企业提升风险管理水平等。只有保险产品更加科学、多样,才能提升物流企业的认可度,提升保险服务物流行业的能力。

第五节　出口信用保险

"一带一路"作为中国经济发展新引擎,推动着中国及沿线国家快速发展。自"一带一路"倡议提出以来,中国与沿线国家的务实合作积极推进,"一带一路"建设从无到有、由点及面,进度和成果都超出预期。"一带一路"对中国企业来说既是机遇也是挑战,中国与"一带一路"沿线国家存在巨大的经济互补性与发展潜力,这为中国企业产业升级、扩大市场带来了积极效应,但"一带一路"沿线国家商贸环境存在较大不稳定性。中国企业在推进企业对外贸易、对外工程承包及对外投资的过程中,面临的风险不可低估。因此,风险管理对中国企业来说尤为重要。

一、"一带一路"背景下中国企业面临的风险

对中国企业来说与"一带一路"沿线国家的经济往来存在以下风险:

第一,政治风险。"一带一路"沿线国家是大国地缘政治博弈的焦点,一些大国为了维护自身地缘政治利益,采取各种措施阻挠中国资本介入,增大了中国企业对外投资的难度。同时,政局动荡无疑会影响实体经济,造成海外买方偿付能力下降,破产风险明显上升。

第二,商业市场风险。受石油等大宗商品价格影响,部分资源类国家的外汇储备缩水,货币贬值明显;"一带一路"沿线国家法律制度不完善、市场机制不健全以及企业内部管理不科学等也会导致风险;由于贸易政策偏向,"走出去"企业面临更加苛刻的商务条件,如更少的预付款比例、更长的付款期限、更多的当地货币支付等,高风险业务明显增加。

第三,文化差异以及文化冲突风险。"一带一路"沿线国家民族成分复杂,多种宗教信仰并存,增大了中国企业与沿线各国合作的难度。再加上民族分裂主义、宗教极端主义、国际恐怖主义相互渗透,局部地区武装冲突此起彼伏,相应地区缺乏安全保障。

二、风险消解措施——出口信用保险

在面临上述风险的情况下,我国有必要采取配套的风险应对措施,其中之一就是通过出口信用保险帮助相关企业分散风险。

(一)出口信用保险概念

出口信用保险属于信用保险。在国际贸易活动中,付款与收货受时间和空间的限制无法同时完成,更多情况下是赊销,即先由出货方将货物出运,进货方收到货物后方支付货款,将货物提走。这就是信用销售。在信用销售中,债务人能否按期履行还款义务是债权人所面临的风险。为了化解该风险,信用保险因此产生。所谓信用保险,是指债权人针对其与债务人之间订立的合同向保险公司投保信用保险,如果债务人到期不能偿还,则由保险公司向债权人支付赔偿金以弥补其遭受的经济损失,然后保险公司再向债务人追偿的保险。

出口信用保险,顾名思义,是特指债权人为国内卖方、债务人为国外买方,依照商务合同保障国内债权人应收账款收汇安全的信用保险。当前,出口信用保险已经成为国际贸易中的一个重要工具,是国际贸易中各国政府为推动本国出口贸易发展的一项经济保障措施。出口信用保险多以国家财政为后盾,保险人承保国内出口商在出口贸易、对外投资和对外工程承包等经济活动中因商业风险或政治风险而遭受的损失,有利于国家推动本国的出口贸易,保障出口企业的收汇安全。

作为世界贸易组织认可的海外经营风险管理工具和融资促进手段,出口信用保险对于推动更高层次开放型经济发展、"一带一路"建设和经济转型升级高质量

发展都具有重要意义。

(二) 出口信用保险的作用

第一,有利于规避国际贸易风险,促进出口。出口信用保险大致分为三种类型:(1) 短期出口信用保险。承保期限在1年以内的出口收汇风险。(2) 中长期出口信用保险。通过保险人承担保单列明的商业和政治风险,使被保险人得以有效规避出口企业收回延期付款的风险和融资机构收回贷款本金及利息的风险。(3) 海外投资保险。该险承保投资者海外投资时可能遭遇汇兑限制、战争和政府违约等造成损失的风险。这三种类型保险积极承保出口企业面临的债务收回风险,可为出险企业提供损失补偿,为企业开拓海外市场提供风险保障。

第二,为企业融资提供助力,提供融资担保。出口信用保险在国际贸易活动中往往扮演着融资担保和增信的角色,服务于国内出口企业和提供出口融资的银行。出口信用保险往往能够提高融资企业的信用等级,有利于分担银行的放贷风险,更易获得银行提供的贷款,为企业解决出口融资难题。

第三,促进国家产业政策实施与产业升级。通过倾向性的保险政策和灵活的费率机制,出口信用保险助力政府推动出口企业从产品输出向技术输出的升级,促进加工贸易向产业链中高端延伸。

三、我国出口信用保险制度

2001年12月18日正式揭牌运营的中国出口信用保险公司(以下简称"中信保")经营出口信用保险业务。数据显示,2018年,中信保承保对"一带一路"沿线国家的出口和投资1506亿美元,承保金额522.6亿美元,涉及能源、冶金、通信设备、电力等十余个行业,并向"一带一路"沿线国家出险项目支付赔款6.3亿美元。从上述数据可以看出,我国出口信用保险为我国企业在"一带一路"沿线国家的出口和投资提供了有力的保障。

面对"一带一路"沿线各种复杂的背景,我国出口信用保险制度仍存在以下问题:

(1) 法律法规尚不完善。对出口信用保险的规范仅《对外贸易法》和《保险法》有所涉及,没有效力等级高、内容全面的法律进行规制,仅遵循中信保的公司章程和业务规范,存在不稳定性与缺乏权威性的风险,容易挫伤投保者的信心,阻碍出口信用保险的发展。

(2) 政策性支持相对不足。中信保的资金来源是国家财政预算,但缺乏风险准备金,承保规模小,保险覆盖率较低。这样,保险风险金规模和出口规模无法有效匹配,严重束缚了出口信用保险承保规模的扩大和承保能力的提升,也抑制了出口信用保险服务的有效供给,难以持续助力企业的可持续发展。

(3) 投保费率过高。我国1年期出口信用保险的平均费率达到0.7%—0.9%,对东欧、南美、非洲等风险较大地区的平均费率甚至高达2%,而发达国家3年期出口信用保险的平均费率还不到1%。过高的保险费率增加了企业的出口成本,削弱了出口产品的国际竞争力,影响了企业的投保积极性。

四、国外出口信用保险制度

以下结合典型国家出口信用保险的经营模式和立法特点,考察相关国家的出口信用保险制度。

(一) 英国

英国出口信用保险经营采取政府直接办理模式。作为最早开展出口信用保险业务的国家,英国建立了世界上第一家出口信用保险机构出口信用担保局(ECGD)。ECGD属于政府的一个职能机构,政府给予一定的财政补助,并由政府承担风险,政府介入程度较深。

英国出口信用保险特点如下:(1) 积极走向私有化、商业化。ECGD将其短期信贷部门卖给了荷兰出口信用保险局,而政治风险和中长期风险则仍由ECGD承担,两者相互补充、密切合作,共同推动英国出口信用保险业务和出口贸易的发展。(2) 出口信用保险相关法律立法速度快、更新快,且立法具有多样性,规范也不局限于一部法律。

(二) 美国

美国出口信用保险采取进出口银行兼营模式,开办出口信用保险的机构是美国进出口银行,是美国联邦政府促进美国出口贸易的金融机构,主要依据是1945年颁布的《进出口银行法》。

美国出口信用保险特点如下:(1) 承保主体较为广泛,除了进出口银行及其附属机构和辅助机构,还有海外私人投资公司。(2) 美国出口信用保险制度已形成以《进出口银行法》为中心,法律、法律修正案、指令等层次分明的体系;州法律与联邦法律相辅相成。

(三) 法国

法国出口信用保险采取混合经营模式,出口信用保险业务主要由外贸信贷保险公司(COFACE)办理。COFACE作为股份公司,主要股东是法国的大银行、保险公司和再保险公司,政府通过控制其主要股东的间接方式对其控股。

法国出口信用保险具有以下特点:(1) 政府支持力度大,有国家财政预算做强大支撑。(2) 信保服务覆盖面高,在全球37个国家和地区设立了出口信用保险业务网络,提供统一的服务,还在67个国家和地区设立了企业资信调查和追账机构,为出口信用保险提供风险评估和欠款追缴。(3)风险评估机制与信息管理系统发达。已建立一套完整有效的信用风险评估机制,以公司庞大的进口商信息数据为依据,对客户的保险申请进行风险分析,根据进口国别、进口商资信等情况确定风险评级和保险费率。

(四)日本

日本的出口信用保险开始一直是由政府经营的特殊业务,之后才建立经营出口保险业务的独立法人日本出口和投资保险组织(NEXI)。

日本出口信用保险具有以下特点:(1)对买家的信用限额进行分类管理。编制海外买家名簿以评定每个买家的信用限额,对于名簿外的新买家,由出口商提供资信报告,NEXI据此给予相应的信用限额。(2)投保方式特殊。先由企业单独向出口行业协会投保,再由协会作为保险代理人统一购买出口信用保险。(3)构建了全面的法律体系。在《出口信用保险法》和《出口信用保险特殊会计法》的基础上,日本出台了专门的《贸易保险法》。

五、借鉴与启示

我国在建立和完善出口信用保险制度过程中,应充分借鉴国外的先进经验,博采众长,完善我国的出口信用保险制度,以推动我国经济的转型升级,更好落实"走出去"战略,促进"一带一路"建设海外投资。具体来说,完善我国出口信用保险制度可以从以下四方面着手:

(一)制定出口信用保险单行立法

借鉴发达国家先进经验,如借鉴英国的《出口担保和投资法》、日本的《贸易保险法》等,对我国出口信用保险的经营主体、性质、经营方式、业务范围作出明确规定,并结合我国国情对出口信用保险的经营主体、风险基金、账户设立和承保范围作出具有自身特色的规定。

(二)允许在境外增设必要的分支机构

借鉴法国在世界范围内广设分支机构的做法,我国有必要在"一带一路"沿线国家设立分支机构,与国内中信保总部形成全方位服务体系,提高中信保的承保能力和风险平衡能力,才能更有力、更有效地发挥政策性作用,更好地服务国家战略和开放型经济发展。

(三)适当进行市场化经营

当前,我国出口信用保险完全采取政府主导的经营模式,可以考虑借鉴国外出口信用保险采取政府政策保险与商业保险相结合的经营模式。为实现"一带一路"

建设的产业升级目标,可以建立以投资重点国家、重点行业以及规模较大的对外投资为类型的政府政策保险产品,由国家财政给予支持,并在保费、赔付率、承保条件上给予优惠,加大对自主品牌、自主知识产权、战略性新兴产业的支持力度,更好地支持国家的出口战略,推动我国出口升级;对于小规模、非重要产业对外投资,可以合理引入商业保险公司加入出口信用保险业务,发挥市场资本的作用。

(四)采取针对性、差异化承保政策

借鉴法国、英国建立的风险评估机制与信息管理系统,完善风险评估能力,依靠大数据先进技术支持,根据信用期限、出口地区、投保企业风险管理能力、投保规模、买方资信水平、赔付比例等计算费率,采取针对性、差异性承保政策,适当放宽承保条件。

综上所述,为从容应对"一带一路"背景下我国企业面临的风险,加快我国经济转型升级的步伐,推进"一带一路"倡议的实施,应在借鉴国外出口信用保险先进经验的基础上,不断完善我国出口信用保险制度。

第六节 网约车保险

一、问题的提出

传统出租车存在服务标准不一、拒载、运营牌照难以申请、高峰时段打车难等问题,因此,虽然网约车刚出现时曾被认定为"非法营运",但还是阻挡不了民众对网约车的需求。作为近些年兴起的出行方式,网约车符合"互联网+"的发展趋势,又为人们的出行增加了一种选择。可以说,网约车既有利于解决出行难问题,也有利于闲置车辆资源的充分利用,同时还能在解决环保问题和就业问题等方面起到积极作用。但是,我国缺乏有针对性的网约车保险,这在一定程度上使其发展受到阻碍。

(一)网约车的范围界定

2016年7月,交通运输部等七部委联合发布《网络预约出租汽车经营服务管理暂行办法》(以下简称《暂行办法》),这是"全球第一个国家层面的网约车监管法规"。至此,网约车在我国终于有了明确的合法地位,这也刺激了网约车用户规模的扩大。2017年8月,中国互联网络信息中心发布第40次《中国互联网络发展状况统计报告》。该报告显示,截至2017年6月,我国"网约专车或快车用户规模达到2.17亿,增长率为29.4%,用户使用比例由23%提升至28.9%"。

按照《暂行办法》的规定,网约车即非巡游的网络预约出租汽车。按此规定,接入网约车平台的车辆并不都属于网约车。第一,巡游出租汽车不属于网约车。即使巡游出租汽车已被接入网约车平台,也只是运营模式由线下扩展到线上,并未改变其性质,故不适用《暂行办法》的规定。第二,顺风车也不属于网约车。根据《暂行办法》第 28 条第 1 款及第 38 条的规定,不得以顺风车的名义进行网约车经营,顺风车按城市人民政府有关规定执行。因为顺风车是一种互助模式,是分享经济的表现,与网约车具有的营利性质显然不同。

我国目前的网约车分为三种:私家车(包括挂靠在租赁公司的私家车)、网约车平台自有车辆、租赁公司车辆。其中,后两者属于传统的营运车辆,投保的本就是营运车辆保险,不存在投保困难的问题。"只有在私家车从事网约车营运发生交通事故且涉及人伤物损时,才会发生由谁来买单的疑问。"故本节主要针对私家车从事网约车服务车辆投保问题进行分析。

(二)《暂行办法》对网约车购买保险的规定

《暂行办法》第 13 条规定网约车车辆性质应登记为"预约出租客运",第 17 条规定网约车平台公司应当保证提供服务车辆"具有营运车辆相关保险"。之后,各地根据《暂行办法》结合本地实际制定了具体的实施细则。以北上广深为例,四地的实施细则都对网约车保险作出了相应要求,具体如表 15-2 所示。

表 15-2 北上广深网约车保险相关要求

	营业性交强险	营业性第三者责任险	乘客意外伤害险
北京	应当投保	应当投保,且额度不低于 100 万元	应当投保,且额度不低于 100 万元
上海	应当投保	应当投保	应当投保
广州	应当投保	鼓励购买	鼓励购买
深圳	应当投保	应当投保	未规定

不难看出,北上广深对网约车保险的要求,在保险种类、保额大小和是否具有强制性等方面都存在差异,显示了网约车保险问题的复杂性。

二、我国网约车保险的困境分析

网约车在运营过程中存在着人身损害和财产损失的危险,而且安全问题是乘客关注的重点。保险是危险转移和分散的重要方式,网约车事故的事后保障是否充足,很大程度上取决于保险保障是否充足。但是,传统的商业车险并不适合网约车,部分保险公司有意创新,却又未找到科学的模式,这些使得我国网约车投保困难亟须改变。

(一) 传统的商业车险并不适合网约车

保险以大数法则为数理基础,根据事故可能发生的风险概率核算保费。对于同一保险,保险标的的风险系数差别不能过大,否则会出现不公平的情况。我国商业车险目前按车辆性质分为营运车辆保险和非营运车辆保险。在网约车出现之前,车辆性质划分明确,险种各司其职,但在出现私家车兼营网约车后,便无法按原有的方式进行归类。

首先,投保非营运车辆保险可能遭到拒赔。私家车兼营网约车,车辆不仅供私人日常使用,司机空闲时间会在网约车平台上接单,从事营运服务,出行频率就会增加,车辆行驶里程也会变长;同时,私人使用时出行目的地相对固定,特别是上下班通勤者,最常行驶的是居住地与公司之间,路线非常熟悉。而一旦从事网约车营运,由于乘客需求的个性化,目的地多变,行车路线复杂多变,车辆的风险系数也会相应变大。若投保非营运车辆保险,发生事故很可能遭到保险公司拒赔。

其次,现有营运车辆保险不适合网约车。私家车兼营网约车与传统营运车辆不同,私人使用和营运使用可以随时自由切换,营运时间长短不固定,接单频率差别较大。对于风险系数相差很大的对象,保险公司无法采取传统的统一费率标准,要求其投保传统的营运车辆保险也不合理。事实上,即使要求网约车投保"营运车辆相关保险",也应当为其量身定做更适合的保险,不能简单套用现有传统营运车辆保险。

最后,从保险费用角度考虑,营运车辆保费一般是私家车保费的 1.5 倍到 2 倍。保费的增加,会导致网约车司机成本的增加。私家车主参与网约车经营本是为了获得额外的收入,一旦成本升高,可能导致他们中的一部分人退出平台。而对于网约车市场来说,规模越大,则乘车服务的易得性越强,才能吸引更多的乘客和司机加入进来。如果网约车平台所构建的市场规模不足,则难以满足乘客和司机的需求,从而导致他们最终退出该市场,并进而造成该市场的规模一步步缩小。如此恶性循环,巡游出租车模式下的打车难等问题,将会在网约车身上重新上演。

综上所述,私家车兼营网约车,投保非营运车辆保险很可能遭到拒赔,传统的营运车辆保险又不适应网约车的特点,再加上保费较高会导致车主不愿意购买营运车辆保险。这些问题必须尽快解决,才能保障网约车的良好发展。即使要求网约车投保"营运车辆相关保险",私家车兼营网约车的保险也应当与出租车等传统营运车辆所投保险不同。同时,保险行业应当对网约车带来的变化作出回应,开发出更有针对性的保险产品。

(二) 网约车发展的保险需求未得到满足

2015 年 10 月,滴滴出行(以下简称"滴滴")宣布与平安产险上海分公司正式合作,推出"滴滴平台司乘意外综合险"。该保险覆盖了乘客乘车的全行程,除包括常见的意外死亡和伤残责任外,还包括意外医疗责任、猝死责任,单人保额最高可达120万元人民币。①

滴滴推出上述保险,是一种积极的尝试,但并不完全科学。例如,该保险只保障乘客上车至下车这一行程中发生的事故,并未涵盖司机等待接单或者接单后尚未接到乘客的时间段;同时,该保险只限于对司机和乘客的人身保障,不包含第三者责任保险。可以看出,滴滴此次尝试仍然是在传统营运车辆保险范围内与保险公司合作,并未针对网约车的特点推出新的产品,也不完全符合网约车保险的需求。另外,并非每个网约车平台都会为接入其平台的车辆投保,一旦出了事故,受害者索赔仍可能出现各种困难。

如果网约车平台不能完全解决保险问题,车主自己投保的非营运车辆保险是否能提供充足的保障呢?2016年12月初,北京市海淀区人民法院审结了一起网约车交通事故案。法院认为,第一,交强险承担的更多是社会救济的目的。因此,虽然私家车参与营运导致车辆性质发生变化,但因为本案并未出现交强险免责的法定事由,交强险保险公司仍要承担赔偿责任。第二,提供网约车服务导致车辆危险增加,未履行通知义务的,商业保险公司有权拒赔。因此,若私家车兼营的网约车只投保非营运车辆保险,一旦发生事故,商业保险公司很可能拒赔,而交强险只是针对给第三人造成的损害在较低额度内进行赔付,一般并不能给予充分的保障。网约车的出现,亟待保险公司提供与之适应的新型产品。

三、美国网约车保险制度

网约车发源于美国,经过多年的发展,经营模式逐渐趋于成熟,在保险方面也随之有了许多成功的探索。研究美国的相关规定和实践做法可为我国网约车保险制度提供借鉴。

(一)美国加州的规定

美国各州对网约车的态度不同,有的承认网约车的合法地位,有的还没有明确。在确定网约车地位的过程中,保险是州议会中争论最多的问题之一,争论的重点在于网约车平台和司机应投保何种保险。

加州公共事业委员会(CPUC)于2012年12月启动规则制定程序,就网约车相关问题,向支持和反对者双方征求意见。经过近10个月的调查研究,CPUC于

---

① 参见《滴滴出行携上海平安产险首推"平台司乘意外综合险"》,搜狐网,2015年10月27日,https://www.sohu.com/a/38087051_115412,2020年7月3日访问。

2013年9月23日签发了名为"关于通过保留交通行业准入的公共安全保护规则和规章的决定"(Decision Adopting Rules and Regulations to Protect Public Safety While Allowing New Entrants to the Transportation Industry)的文件。在该文件中,Uber、Lyft这样的网约车平台被称为"交通运输网络公司"(Transportation Network Companies,TNC),并被定义为"在加州使用网络应用或平台连接乘客与私家车主,提供预约交通服务的法人、合伙、独资经营者或其他形式的组织"。

在保险方面,加州私人保险联合会(Personal Insurance Federation of California,PIFC)在其提交的意见中指出,如果车辆投保私家车保险但用于收费客运,则不在保险范围内。考虑各种因素后,CPUC最终要求TNC确保私家车在提供客运服务时,每起与车辆和司机有关的事故,都享有保险金额不低于100万美元的商业责任保险,并应当在TNC的应用和网站上公示。同时,上述规定具有强制性,TNC的服务或其他条款中的任何规定或条件都不能与其相违背,TNC使用或依赖的服务条款中的任何规定或条件都不能否认上述保险责任范围或规避上述规定的保险要求。

2014年,加州议会在《公共事业法》(Public Utilities Code,PUC)第二部分第八章中新增第七节,对TNC进行规定。该部分于2015年7月1日生效,后于2016年修正,修正部分于2017年1月1日生效。根据PUC的相关规定,TNC责任保险应当明确涵盖司机将车辆与TNC的应用或平台连接使用过程中产生的责任。PUC第5433条将接入TNC应用或平台的私家车行驶过程分为三个时段,并规定了相应的保险:

第一时段,司机登录TNC应用或平台,但未接受订单。此时,应当提供每人保险金额至少为5万美元的死亡和人身损害保险,每起事故保险金额至少为10万美元的死亡和人身损害保险,以及至少3万美元的财产损失保险。同时,应当为TNC和司机提供最低保险金额为20万美元的额外保险,以覆盖该时段司机使用车辆产生的超出前述保险责任限额的责任。

第二时段,司机接受订单至完成交易或行程结束(以较迟者为准)。此时,应为死亡、人身伤害和财产损害提供保险金额为100万美元的保险。另外,乘客上车到下车过程中,还应当为未保险驾驶人或保额不足的驾驶人提供保险金额为100万美元的保险。

第三时段,司机完成交易或行程结束(以较迟者为准)后至司机再次接单或退出TNC应用或平台(以较迟者为准)。该保险要求与第一时段相同。在制定网约车规范的过程中,加州议会公开征求意见,充分了解支持者和反对者的意见,充分了解市场需求,体现了立法的民主性。针对保险,PUC并没有直接要求改变车辆性质,而是按车辆实际使用情况投保不同性质的保险。即私人使用时仍按私家车保险承保,在车辆接入 TNC 应用或平台至退出的过程中,则针对不同时段的风险类型和大小不同,要求车主投保不同保险金额的商业保险,这一规定完全符合网约车运营的实际情况,既涵盖车辆运营的全过程,又最大限度降低了保费成本。同时,PUC 还规定保险应当作为 TNC 准入条件之一,这有利于督促 TNC 履行在保险方面的义务。此外,PUC 明确对保险的规定是强制性的,不允许进行排除,这可以最大限度保障保险相关规定的落实。

(二)美国实践中的"分时段+按里程计费"模式

自从经济学家威廉·维克里(William Vickrey)对传统的固定收取保费的模式提出质疑后,美国、澳大利亚和一些欧洲国家等陆续出现多种基于里程定价的模式。

实践中,针对网约车,美国 Metromile 保险公司与 Uber 合作推出了"分时段+按里程计费"的模式。在此种模式下,车主私人使用及等待接单的时段,保费总额为基础保费与按行驶里程计算的保费之和,当然,保费标准会根据车主的不同情况确定;车主接单至乘客下车的时段,则由 Uber 为网约车司乘人员购买商业保险。

此种产品设计非常契合网约车的特点。首先,明确区分私人使用和营运使用时段,分别适用不同的保费标准,避免只能选择投保非营运车辆保险或是营运车辆保险的尴尬境地,也有效避免了重复投保;其次,关注车主自身的风险大小,保费计算更加精准,对车主也更加公平;最后,由 Uber 负责为车主接单至乘客下车时段投保,减少了其对接入平台的每辆车的保险进行审查的麻烦,同时又能确保自身履行了保险义务,不会被监管者追究责任。

四、美国网约车保险制度的启示和借鉴

美国在网约车发展的实践中,充分考虑网约车的机动性和随机性,针对网约车保险作出了许多有益的探索,上述模式既覆盖了整个营运过程,又未过多增加投保人的负担,是较为科学、合理的模式,值得我国借鉴。

(一)"分时段+按里程计费"模式的借鉴

针对网约车的特点,应当分时段按实际使用情况购买车险。我国目前的车险产品,简单地以车辆登记性质划分,分为营运车辆保险和非营运车辆保险。但私家车兼营网约车,部分时间私人使用,部分时间用于营运,兼具营运和非营运性质,划分为哪一类都不合理。为此,可以借鉴美国的操作方法,不划分固定的车辆性质,而根据实际使用情况分时段投保,这样才符合实际情况。

我国车险产品可以逐步推行按里程计费的定价机制。我国车险产品目前按车每年收取固定的保费,这种定价机制并不公平,实际上造成低里程车主为高里程车主提供保险费用交叉补贴,对开车较少的车主尤其不公平。而按里程计费则可以避免这种现象,被保险人可以通过减少行驶里程数来降低保费;对保险公司来说,可以更精准地估算风险,控制好成本与收益;对社会来说,按里程收取保费会激励被保险人减少车辆使用频率,进而缓解交通堵塞,减少二氧化碳的排放;政府也会因此减少医疗费用和应急服务的支出。这是一种共赢模式,对各方都十分有利,我国商业车险条款费率管理制度改革过程中,应当借鉴这一定价机制。

(二)"从车"到"从人"的转变

在美国保险公司确定车辆保险的保费不仅考虑车辆因素(即"从车"),而且会充分考虑驾驶员因素(即"从人")。这是对车辆保险风险的正确认识,也是大数据时代强调个性化产品的必然变革。反观我国,只是简单地以车型、车龄等为标准计算保费,即使考虑人的因素,也多是考虑驾驶员年龄、性别、职业等静态数据,很少关注驾驶行为,但驾驶行为却恰恰是车辆保险的最重要风险因素。

2017年5月25日,蚂蚁金服宣布向保险行业开放首个"车险分",尝试转变我国车险费用定价模式。但是,"车险分"提供的"客户画像维度仍然以生活状况、信用记录、消费行为、财富信息、身份信息等为主……并不能准确地指向客户的驾驶行为和使用习惯"[①]。要想精准刻画客户形象,需要安装车载终端设备或穿戴式设备等,实时收集驾驶行为数据,包括刹车次数、超速次数等。当然,这里面涉及个人信息保护的问题,还需要完善我国相关法律制度。

从"从车"到"从人"的转变,不仅是更公平合理的保费定价模式,同时也是满足消费者日益增长的个性化需求产品。对保险公司来说,以往的通过低价吸引客户、采用"价格战"的竞争模式已经落后,目前更重要的是利用大数据,对驾驶行为进行分析,提供个性化的产品和服务。具体到网约车保险,保险公司可以与网约车平台建立数据共享机制,或通过专业的评分机构评价驾驶员的驾驶行为,并将其作为定价依据。

五、构建我国网约车保险制度的初步设想

域外灵活的计费模式和公平的保费定价标准,为我国网约车保险的制度构建提供了有益借鉴,但也不能照搬适用,而是要结合我国国情,设计符合我国网约车保险需求的产品,从保险模式、保费计算标准、投保人等方面构建我国网约车保

---

① 李薇《"车险分"影响几何》,中国保险报—中保网,2017年6月7日,http://invest.10jqka.com.cn/20170607/c598799000.shtml,2020年7月3日访问。

制度。

(一)保险模式的选择

有观点认为,我国网约车保险可以采取在非营运车辆保险基础上附加定额运营险的方式,这样既可以避免网约车承担过高的保费,又能保障网约车营运的全过程都有保险保障,还能避免分别购买保险的烦琐程序。但是,定额收费的方式没有考虑到不同网约车接单数量不等、风险系数不一的状况,对偶尔接单的司机来说并不公平,也与目前车险基于里程定价的世界潮流背道而驰。

也有观点认为,我国网约车保险可以建立像美国那样的"分时段+按里程计费"模式,将网约车行驶阶段分为私人使用和营运使用,并进一步细分营运使用的不同阶段,按里程以不同的标准计费。这种模式既符合网约车运行机动性和随机性的特点,也顺应了车险基于里程定价的世界潮流。但是,借鉴域外模式不能完全照搬,还要结合我国的特殊情况进行考虑。基于里程定价的前提是对车辆行驶数据的统计,而我国目前数据统计并不完善。网约车的营运过程由网约车平台进行实时数据统计,保险公司获取该段行程的数据较为容易,但网约车作为私家车行驶的过程并无统计平台。事实上,即使开发了统计平台,鉴于个人出行的私密性以及我国个人信息保护制度尚未健全,究竟有多少人同意平台统计自己的私人行踪也存在很大疑问。

此外,还有观点认为,网约车保险可借用货物运输险中的开口保单方式,根据车辆的出车记录多退少补。此种模式缺乏确定性,不易被车主接受。

综上,笔者认为,我国私家车兼营网约车的保险可以采取在非营运车辆保险基础上附加浮动运营险的模式,即"非营运车辆保险+浮动运营险"模式。具体来说,某时段附加浮动运营险保费=基础保费+网约车平台统计的该时段行车里程×该时段单位里程保费。附加浮动运营险的计算时段为打开平台至关闭平台期间。在打开平台至乘客上车以及乘客下车至再次接到乘客或关闭平台期间,应投保营运车辆交强险、营运车辆第三者责任险和司机座位责任险;同时,在乘客上车至下车的时段,还应投保乘客座位责任险。

(二)保费计算标准的厘定

上述模式下,最关键的是单位里程保费如何计算。总体来说,不仅应当考虑与车辆相关的因素和静态的驾驶员因素,还应当关注驾驶行为,并综合考虑其他因素。

当前,我国车险同质化严重。很多保险公司为了抢夺客户,低价承保,"价格战"愈演愈烈,不利于车险行业的长久健康发展。车险作为财产保险最主要的组成部分,应当引领保险行业的变革,改变现在的"从车"定价模式,尝试"从人"定价。

实际上，在我国私家车必须通过网约车平台参与运营，而网约车平台很容易就可以记录每个车辆的行驶里程、行使区域等数据。至于我国刚开始关注的驾驶行为，可以通过安装车载终端设备或穿戴式设备等收集数据，然后由保险公司或委托相关专业人员研究相关性并建模，将信息转化为反映风险的数据，并依此计算保费。当然，此种计费模式不同于传统的"定价在前，成本在后"，而是采用"后定价"模式。

同时，不同行驶区域的风险也不同。英国一些保险公司根据交通流量密度在英国划分 5—7 种汽车行驶区域，各区域的保费费率不同。我国可以借鉴英国保险公司的做法，划分不同行驶区域，确定不同的保费标准。一般来说，人口密度大的区域，风险偏大；山地地区比平原地区风险偏大。通过对特定区域经验赔付率的统计，结合其他费率厘定因子，共同确定最终保险费率。

目前，我国正在进行的商业车险费率改革，目的在于扩大保险公司自主定价的权利，但保险公司不能错误理解，肆意开展低价竞争，而应该利用大数据，差别定价，使定价更科学、更有特色。

（三）投保人的确定

在网约车保险设计中，以网约车平台还是车主作为投保人，也是值得思考的问题。

根据《暂行办法》第 17 条的规定，网约车平台负有保证接入其平台的网约车"具有营运车辆相关保险"的义务。网约车平台虽然可以要求申请注册的司机提供已投保的证明，但网约车数量庞大，而且具有很强的流动性，因此平台实际上很难确保所有车辆都按已规定投保。与此同时，一旦出现审核漏洞或者司机提交虚假材料等问题，平台则要对外承担责任。为了维护自身利益，网约车平台可以在司机申请注册时与其签订协议，约定由平台为车辆统一投保。只有这样，网约车平台才能保证在其平台注册的所有车辆都"具有营运车辆相关保险"，客观上也有利于加强对网约车的管控。

当然，该部分保费最终还是由司机承担。虽然是基于里程确定保费，事后才能收取，但网约车平台可以从乘客支付的车费中将保费扣除。另外，应允许司机在最低限额之上按需选择不同保险金额的保险；网约车平台可在乘客客户端显示不同车辆的投保信息，让乘客可以根据险种和保险金额筛选其愿意接受的网约车，并通过信号显示的方式设计激励相容机制。

（四）免责条款和赔偿限额的确定

在综合比较各种模式的基础上，我国私家车兼营网约车保险宜采取"非营运车辆保险＋浮动运营险"模式。在该模式下，车辆作为私家车使用时，与普通私家车并没有差别，因此免责条款和赔偿限额与传统私家车保险无异。在车辆作为网约车运营时,应投保营运车辆交强险、营运车辆第三者责任险和司机座位责任险;乘客上车至下车的时段,还应投保乘客座位责任险。因为此时车辆面临的风险与出租车等传统营运车辆无异,除了费率计算与传统营运车辆保险不同外,没有需要另外设计的部分,免责条款和赔偿限额应与相应的传统营运车辆保险相同。

综上,如果车辆按规定正常投保,并仅通过网约车平台参与运营,那么在"非营运车辆保险+浮动运营险"模式下,仅仅改变了费率计算方式,相对应的免责条款和赔偿限额并没有变化。但是,实践中不免会出现司机存在侥幸心理,为了少交保费等考虑,不通过网约车平台,私下经营客运服务的情况。此时,车辆投保的是非营运车辆保险,但实际却用于营运。为了避免道德风险,可在网约车保险的免责条款中明确规定,未通过网约车平台参与运营,既不属于非营运车辆保险承保范围,也不属于附加浮动运营险的承保范围。

第七节 履约保证保险

随着保证保险被2015年《保险法》纳入财产保险业务范围,我国保证保险业务呈现出良好的市场前景。其中,推行单用途商业预付卡履约保证保险旨在事前预防、事中监管、事后救济。

履约保证保险的具体设计应从四个方面来考虑:一是投保人范围之确定;二是投保费率之厘定;三是保险人义务之增加;四是免责条款之严格限定。

商务部、保监会于2013年10月17日联合发布《关于规范单用途商业预付卡履约保证保险业务的通知》,履约保证保险在国家层面被正式纳入单用途预付卡监管立法,以保障预付资金安全,保护消费者权益。但是,受限于大规模企业因风险管控意识强、赔付能力强而引入意义不大以及小规模企业因成本过高而无力购险的现状,单用途商业预付卡履约保证保险未能发挥出其应有之功用。本节就推行履约保证保险的必要性和可行性进行分析、论证,并针对如何具体设计单用途商业预付卡履约保证保险机制提出建议。

一、推行履约保证保险的必要性

结合现有的《单用途商业预付卡管理办法(试行)》(以下简称《管理办法》)、《支付机构客户备付金存管办法》(以下简称《存管办法》)等一系列监管制度来看,我国对单用途预付卡采取备案制度与备付金存管制度相结合为主的监管方式。但是,无论是事中监管还是事后风险处理,该监管方式都面临实际操作上的困难。具体来说,在事中监管阶段,根据《存管办法》第38条,备付金存管银行应每日核验客户备付金信息,做到账账相符、账实相符。但在实践中,系统、人力或自身利益等诸多限制因素或会致使备付金存管银行难以严格对流动资金进行点对点监管,备付金被违规挪用的风险难以降低。在事后风险处理阶段,《存管办法》等规章缺乏对如何理赔、偿付客户损失的具体程序性规定。即使受损客户能够顺利按程序开展理赔,也要胜诉后方能从风险准备金中获得赔偿,需要耗费受损客户一定的时间、精力成本。同时,事中监管、事后风险处理完全依赖行政手段造成政府监管力量的分散。

单用途商业预付卡履约保证保险旨在事前预防、事中监管、事后救济,具体体现在以下四个方面:

首先,对于购卡者,一旦遭遇店家跑路、破产等事件,维权费力不说,还很难获得相应赔偿。单用途商业预付卡履约保证保险的功效不仅仅在于分散被保险人权益受侵害风险,还在于为遭受损害的消费者提供基本的保障。当消费者因发卡企业履约不能或履约不符合约定而遭受损害的时候,能直接、及时从保险人处获得相应的保险赔偿,无须通过漫长诉讼过程向发卡企业主张权利或者等对方进入破产程序而面临索赔无果的风险。

其次,对于发卡企业,破产的直接原因往往是资金链断裂,而保险可为发卡企业赢得额外喘息时间,使其资金链得以正常周转,变相化解发卡企业破产危机。同时,保险公司对于承保风险具有专业的管控技巧,会定期对预付资金流向进行监督检查,可降低发卡企业对预付资金产生侵占等不良意图的可能性。

再次,对于保险公司,盈利为其主要目的。单用途预付卡履约保证保险作为新兴险种,潜在市场需求巨大,但经营该险种的保险公司却寥寥无几,发展空间广阔。更重要的是,保险公司经营该险种可在盈利的同时,消除社会矛盾,实现其公益价值。

最后,对于政府而言,既要负责监管,又要负责事后纠纷的解决,甚至要为社会稳定动用财政资金承担赔偿责任,已成为预付卡行业的"全职保姆"。而引入保险公司进行第三方监管并使其承担赔付责任,能够在很大程度上减轻政府的监管压力,有利于政府职能转变,避免因问题解决不力而使民众对政府产生不满情绪,有利于和谐社会的构建。

二、推行履约保证保险的可行性

单用途商业预付卡履约保证保险的推行长期乏力并不意味其不具备可行性,其运行的可行性主要体现在以下几个方面:

首先,市场可行。随着保证保险被2015年《保险法》纳入财产保险业务范围,保证保险业务所具有的资金融通功能将被进一步激活,对拉动消费、促进经济增长具有积极作用的保证保险无疑具有良好的市场前景。

其次,法律可行。在国家层面,既有专门针对单用途预付卡出现的问题的《管理办法》,对发卡企业的法律责任和监管部门的职责进行了明确规定,也有《消费者权益保护法》《民法典》等法律法规对受损消费者应得赔偿数额标准等的详尽规定,还有原保监会、商务部以共同颁布文件形式构建的履约保证保险的实施框架。在地方层面,已有宁波、厦门等市政府试点颁布针对单用途预付卡行业的地方性规范文件。

最后,经验可鉴。我国台湾地区餐饮业的安全责任保险和欧盟的食品安全责任保险均为非强制保险,但都取得较高的市场参保率,为该险种的推行提供了成功经验。我国可借鉴该两种模式的可取之处,一方面给予投保企业政策优惠,引导市场主动选择投保企业;另一方面加大对"黑户"发卡企业的监管力度,针对发卡企业的违规行为建立更为严苛的惩戒机制,以改善我国信用环境,进而加强社会信用制度建设。

三、履约保证保险机制的具体设计

推行单用途预付卡履约保证保险的初衷在于保障"弱势群体"——消费者的权益,但保险公司的承保自由、发卡企业的成本考虑等诸方利益也需兼顾,如何在各方利益博弈中把握平衡?笔者认为,该保险机制的具体设计应从以下几个角度考虑:

(一)投保人范围之确定

单用途预付卡履约保证保险的购买人和被保险人为发卡企业,那么何为"发卡企业"?保证保险究竟保证的是广泛的预付合同关系的履行,还是以预付卡为载体的预付合同的履行?学界对此尚无定论。笔者认为,前者概念更为周延,若将"发卡"概念实物化,现实中常见的电子预付卡和记账代替发卡等方式无疑将会钻法律漏洞。因而,"发卡企业"即单用途预付卡履约保证保险的投保人,更应被解读为签订预付合同的"甲方"企业。此外,因提供预付服务的经营者涉及各行各业,若在初期就大范围推广该险种,一旦出现事故,必会造成重大损害。因此,政府可协同保险公司选择美容美发、健身、洗车等预付卡"重灾区"的部分行业先进行试点操作,然后再逐步推广。

(二)投保费率之厘定

单用途预付卡履约保证保险费率的确定应遵循适度盈利原则。毕竟设置该险种的意义在于减少预付卡发生问题的风险,而非为保险公司创造新盈利项目。若无此原则性规定,则易陷入保险公司提高保费就会加大保险推广难度或保险公司采纳低费率就会丧失开展业务积极性的两难困境。因此,费率的厘定应在适度盈利原则的基础上考虑其他因素。

一要考虑差异因素。考虑到各发卡企业在地域、行业、个体上存在差别,保险公司在承保时面临的风险各有不同,同一保费标准并不具备实际意义上的可操作性,因而应采取差别费率。即在不同地区、不同行业实施不同保险费率标准,在同一地区、同一行业,由保险公司对发卡企业进行风险级别划分,再据此确定保险费率。

二要考虑激励因素。在单用途预付卡履约保证保险具体机制的设计上,可借鉴交强险的浮动费率机制。投保企业未因自身过错致使上一年度出现预付卡纠纷的,保险公司可降低保险费率,且该种费率降低可随无纠纷时间的延长而持续,直至最低保险费率。投保企业若因自身过错导致预付卡纠纷的发生,保险公司则可视其过错程度提高下一年度的保险费率,甚至不予投保。至于浮动时间标准是否应为一年,可因发卡企业的行业等不同,因为预付卡纠纷发生频率或有区别,合理浮动时间可由保险公司在投放该险种时具体确定。

(三) 保险人义务之增加

除一般保险条款中保险人即时签发保险单、先予支付等义务外,为预防风险,可在单用途预付卡履约保证保险合同的保险人义务中添加需如实公告所调查企业信息的内容。对于购险企业的资质信息,消费者现仅能查询到单用途预付卡信息管理系统公示的备案信息。由于对发卡企业进行信用评级的缺乏,公示信息难以使查询人对相关企业经营情况产生全面认识。而保险公司在进行定期调查、风险评估等工作后,手头拥有现成数据,若能将数据公示在大众媒体、投保人营业场所及政府网站显著位置,则会提高办卡人、持卡人消费信心,也会倒逼发卡企业提高风险管控意识。但是,不能要求发卡企业公示所有数据,因为部分数据涉及企业机密,公示将有损企业利益。也就是说,除公示企业信用评级、备案起止时间等必要信息数据外,其余数据的公示须获得发卡企业的准许。

(四) 免责条款之严格限定

为更好保障消费者权益,应限制免责条款的适用范围。不同于保险费率的提高要考虑发卡企业的主观过错程度,在预付卡纠纷中,预先付钱消费模式所带来的信息不对称使得持卡人对发卡企业的主观过错很难举证,而对发卡企业适用严格责任原则更有利于保障消费者权益。因此,只有法律上的抗辩事由可成为该种保险中免责条款的法律依据。

第八节 家政服务机构责任保险

近些年来,家政服务行业纠纷层出不穷,发生了诸如"北京富平家政案""杭州保姆纵火案"等。随之而来的数额巨大的经济赔偿责任,不论是以"小、散、弱"为特点的家政服务机构还是处于弱势群体的家政工都难以承受。为此,保险公司相继推出了家政服务综合保险和家政服务机构责任保险等险种,本节就我国家政服务机构责任保险的市场发展现状和推行的必要性进行分析、论证,并针对如何推动该险种的发展提出解决方案。根据人保财险开发的《家政服务机构责任保险条款》,家政服务机构责任保险是指:"在保险期间内被保险人的家政服务人员按照被保险人的分配从事接受服务单位指定的家政服务工作时,因过失造成接受服务单位成员或第三者的人身伤亡或财产损失,依法应由被保险人承担的经济赔偿责任,保险人按照本保险合同约定负责赔偿。"

一、我国家政服务机构责任保险市场的发展现状

家政服务机构责任保险无论对家政服务机构还是对家政工都具有积极的意义。但是,该险种在运营过程中却遇到诸多障碍,很多家政服务机构没有或者不愿意购买该保险,因此家政服务机构责任保险的开展并不乐观。究其根源,主要有以下几个方面的原因:

首先,员工制运营模式的家政服务机构所占比例甚小。家政服务机构主要有员工制、中介制、会员制三种运营模式。其中,员工制家政服务机构派出与其签订劳动合同的家政工给雇主提供服务,一旦发生侵权则适用《民法典》第1191条第1款的规定,"用人单位的工作人员因执行工作任务造成他人损害的,由用人单位承担侵权责任"。而中介制、会员制家政服务机构与家政工之间不存在雇佣关系,经其居间介绍的家政工与接受服务家庭之间相当于建立了个人之间的劳务关系,若发生侵权则适用《民法典》第1192条的规定,"个人之间形成劳务关系,提供劳务一方因劳务造成他人损害的,由接受劳务一方承担侵权责任"。

可见,非员工制家政服务机构只需给家政工提供工作机会,之后发生的侵权等问题一般与其无关。相比较而言,员工制家政服务机构需要承担更多的风险,所以大多数家政服务机构不愿意采用该模式运营。而家政服务机构责任保险主要适用于员工制家政服务机构,员工制家政服务机构所占比例甚小的直接表现就是该行业对家政服务机构责任保险的需求量不足,造成该保险产品相对过剩现象,购买量达不到预期。

其次,该险种不能满足家政服务行业的多层次需求。随着社会分工日益明细,家政服务行业也更加多样化,从最初的保洁、烹饪、维修、看护扩大到管家、家教、家庭理财、心理咨询等。但是,单一的保险体系却未能适应这种多层次化的潮流,如部分家政服务企业发展较好,认为该险种的保额不能够满足其需求;又或虽然存在区域差异,不同地区仍按照同一标准收费,并不精确和科学。

最后,该险种的非强制性导致家政服务机构可以选择性购买。家政服务机构责任保险属于商业保险,是对社会保险的一种补充,所以不能像社会保险那样由政府强制实施,只能依靠行业规范、行业自律来推动。目前,还处于起步阶段的家政服务机构收入微薄,为了获取更多的利润,对于非强制性的商业保险一般会选择避而远之。特别是非员工制家政服务机构,如前文所述,在一般情况下不需要承担家政工的侵权风险,更不会对之加以考虑。

二、我国家政服务市场对该险种的现实需求

我国家政服务机构责任保险的推行虽然遇到一定的困难,但该险种对于家政服务机构、处于弱势地位的家政工以及遭受损害的第三人而言都具有极其重要的作用,主要体现在以下三个方面:

第一,家政服务行业纠纷频发迫切需要推出相关保险产品。首先,家政工一般来自农村剩余劳动力或城镇失业人口,由于专业技能的欠缺,家政工因过失导致接受服务的家庭或者第三人遭受人身伤亡、财产损失的事件并不鲜见;其次,虽然家政服务行业是朝阳行业,发展迅速,但是管理模式单一,风险承受能力薄弱;最后,家政服务行业普遍规模较小,一条椅子、一张桌子、一块牌子就开始营业的现象仍然存在,行业鱼龙混杂,监管缺失。前述原因导致该行业问题颇多、纠纷频发,如果不能得到有效解决,将会降低社会公众对家政服务机构的信任度以及家政工的工作积极性。保险行业出台面向家政服务机构和家政工的保险之必要性与迫切性不言而喻。

第二,员工制模式符合家政机构发展趋势。各级政府以及相关主管部门已出台了一些规范性文件,如《国务院办公厅关于发展家庭服务业的指导意见》,财政部、国家税务总局《关于员工制家政服务免征营业税的通知》以及《北京市人民政府办公厅关于鼓励发展家政服务业("家七条")的意见》《浙江省人民政府办公厅关于加快发展家庭服务业的实施意见》等。这些文件均鼓励、引导家政服务机构朝着员工制方向发展,并对符合条件的员工制家政服务机构给予相应的支持,可见政府部门对员工制家政服务机构的重视。同时,按照《民法典》第1191条第1款、第1192条的规定,员工制家政服务机构的家政工在提供服务过程中造成他人损害的,由员

工制家政服务机构承担损害赔偿责任。非员工制家政服务机构的家政工造成接受服务家庭成员损害的，由该家政工个人承担损害赔偿责任；非员工制家政服务机构的家政工造成接受服务家庭成员以外的第三人损害的，由接受服务家庭承担损害赔偿责任。由此可见，员工制运营模式无论对家政服务机构、家政工还是社会而言都是更有保障的选择。在员工制模式下，家政服务机构对上述保险的需求更为强烈，也更需要家政服务机构责任保险的配合。

第三，响应政府号召。《国务院办公厅关于发展家庭服务业的指导意见》强调："支持商业保险机构开发家庭服务保险产品，推行家政服务机构职业责任险、人身意外伤害保险等险种，防范和化解风险。"《浙江省人民政府办公厅关于加快发展家庭服务业的实施意见》也作了类似规定。由此可见，该险种的推行响应了政府的号召，贯彻了防范和化解家政服务行业纠纷的宗旨，有利于政府更好地开展相关工作。

三、推动我国家政服务机构责任保险市场发展的路径

目前，我国家政服务机构责任保险的发展并不顺利，要更好地推动该险种的发展，应当从以下几个方面着手：

第一，政府财政支持、银保监会引导。对于政府而言，不仅要从政策上对家政服务机构责任保险予以引导，更要从财政上给予资助。浙江省宁波市2011年出台的《关于进一步规范和发展家庭服务业的意见》实施细则指出："鼓励家庭服务企业办理家庭服务员职业责任保险和第三者责任保险，对于符合条件的保险费，由市级财政补助30%。"对于宁波市的做法，其他地区政府也应可以适当借鉴。此外，银保监会可以从该险种化解家政服务机构、家政工、受害人三者之间风险和纠纷着眼，对该险种的发展和推行给予适当引导。

第二，保险产品的设计多样化。目前，家政服务机构个体发展存在差异，能够提供的服务有初级的简单劳务型、中级的知识技术型和高级的专家管理型。相应地，高端家政工与普通家政工的工资差距悬殊，对保额的要求也不尽相同。保险公司若无法满足不同客户的需求，就会极大制约该险种的发展。因此，笔者建议保险公司在按差别费率收取保费的基础上，再区分费率档次。同时，只有充分考虑地域差异和不同家政行业的风险级别，实行差异化的保险费率标准，才能使该险种具有实际可操作性，也更人性化、合理化。

第三，限制免责条款。目前，我国的家政服务机构还在规范化的道路上艰难摸索，如在保险条款中强加过多免责条款，不仅会打击家政服务机构投保的积极性，

还可能给羽翼尚弱的家政服务机构的经营造成阻碍。

第四,改善售后服务。任何险种的推行都不应只关注它的销售量,口碑才是保险产品得以长久的动力。某些保险公司存在"重销售,轻售后"的现象,银保监会应加强监管,从而不断提高投保人对家政服务机构责任保险的满意度。

第九节 建设工程质量保险

一、建设工程质量保险概述

建设工程质量保险,又称"建设工程潜在缺陷保险"(Inherent Defect Insurance, IDI),是指由投保人开发的建筑物,按规定的建设程序竣工验收合格满一年后,由于其潜在内部缺陷导致建筑物损坏时,就投保人应当承担的赔偿责任为保险标的的一种保险。

建设工程质量保险最早可追溯至1804年法国《民法典》,该法第1792条规定:"如按一定报酬完成的建筑物因建筑工程或地基的瑕疵致建筑物全部或部分灭失时,建筑师及承揽人应于十年期间内负担赔偿责任。"此后,法国于1978年制定《斯比那塔法》(Spinetta ACT),正式设立建设工程质量保险制度,包括责任(该部分后融入法国《民法典》)、保险、质量检查三个部分。继法国《斯比那塔法》之后,西班牙、日本、芬兰等国家也设立了建设工程质量保险制度。各国关于建设工程质量潜在缺陷保险的规定大致可分成两类:一类规定开发商具有法定责任建设并且强制实施建设工程质量潜在缺陷保险(如法国、西班牙等);另一类规定开发商具有法定责任,但没有强制实施建设工程质量潜在缺陷保险(如比利时、日本等)。

毫无疑问,开展建设工程质量保险具有很重要的现实意义。一方面有利于提高建设工程质量水平,另一方面也有助于保障业主的权益。同时,建设工程质量保险的引入对政府也有很大的帮助,既有助于弥补政府监管的不足,也有助于减轻政府对工程质量问题的后续赔付工作。

二、我国建设工程质量保险市场发展现状

2005年8月,原建设部和保监会联合发布《关于推进建设工程质量保险工作的意见》(以下简称"133号文"),标志着建设工程质量保险在我国正式落地。随后,人保财险率先在北京、上海、厦门等14个城市展开试点,各地也纷纷出台相关文件推动建设工程质量保险的开展。其中,上海市于2006年、2012年、2016年相

继发布多个文件指导建设工程质量保险工作。

虽然建设工程质量保险引入我国已有十余年,但相对于各地政府的积极推动,市场对于这一新保险的态度却远不如预期,以致这一保险发展缓慢,十余年仍未普及。

三、我国建设工程质量保险发展缓慢之成因分析

如前所述,建设工程质量保险在我国发展缓慢,其原因主要在于以下两个方面:

(一) 责任规定缺失

建设工程质量保险,其性质为责任保险,保险标的是建设工程建设单位和参建单位对业主负有的民事赔偿责任。建设工程建设单位和参建单位投保的目的是为其可能履行民事损害赔偿责任而丧失的利益获得经济补偿。纵观已开展建设工程质量保险的域外国家,大多规定了建设工程建设单位和参建单位的责任。如法国《民法典》第1792条、第1792-1条和第2270条规定,建设单位和参建单位在工程验收后10年内对工程业主或工程受领人因建设工程引起的损害承担赔偿责任。相应地,法国的建设工程质量保险的保险期间也是10年。

在我国现有规范中,国家法律法规只规定了施工单位的保修义务,未规定建设单位的保修义务;地方条例中有规定建设单位工程质量保修担保义务的,也有规定建设单位应交纳物业保修金作为其履行保修义务的保证金的。虽然《民法典》规定了质量瑕疵担保责任,但责任时间也与工程质量保险10年或5年的保险期限不一致。由此可见,在我国现有规范下推行的建设工程质量保险尚缺乏与之相衔接的建设单位和参建单位责任制度。

(二) 风险管理水平有待提高

建设工程质量保险作为一种保险,其得以实施的前提是可保危险的存在。而可保危险的最大特征就是意外性,即危险非因当事人故意行为所致且非必然发生。保险人要承保这类危险,就必须将建设工程中的非意外因素排除在外。由于建设工程专业性很强,保险人要将不可保的危险转为可保危险就需要委托独立的风险管理机构对建设工程进行全程监督。根据我国现有规定,参与建设工程质量监督的市场主体包括审图机构、审地勘机构、建设单位聘请的监理机构等,但每一个机构都只负责工程的一个阶段,没有一个机构可以全程监督工程质量。虽然各地在推广建设工程质量保险的过程中也尝试引入风险管理机构,但由于我国风险管理机构发展才刚起步,对建设工程质量风险的管理经验和水平尚待提高,而且许多建

设工程如房地产开发项目投资较大、周期较长,因此多数保险公司为规避风险不愿参保。

四、推动我国建设工程质量保险市场发展之可行方案

要推动我国建设工程质量保险的发展,首先要消除阻碍供给方(保险人)和需求方(投保人)参与保险的上述不利因素,而这既需要立法层面的支持,也需要实际操作层面的进一步改进。

(一)明确建设工程建设单位和参建单位的责任

如前所述,建设工程质量保险推行的前提是建设工程参与各方在工程竣工后对因工程潜在缺陷给业主造成的损害负有民事赔偿责任,而我国现有法律规范对这一责任的规定尚不明确,且各地在试点中也只强调保险的推广而忽视责任的规制。因此,推广这项保险制度需要在立法层面作出以下规定:施工单位对工程竣工验收后一年或两年内的质量问题负完全担保责任;建设单位和参建单位对工程竣工验收后因质量问题造成的损害负有的赔偿责任的期限应当和建设工程质量保险的保险期限一致。

(二)推行建设工程质量强制保险

由于建设工程特别是住宅工程关系重大,已开展建设工程质量保险的国家和地区大多强制"建筑者"投保,如法国、西班牙等国。而未推行建设工程质量强制保险的国家,如日本,由于保险市场的高度发达和保险观念深入人心,其投保率也能达到98%,近乎强制实施的效果。我国保险市场尚不发达,社会公众保险意识淡薄,工程参建各方强制责任缺位且投保意愿不足,因此,若要在全国建立、推广工程质量保险制度,就需要在法律或行政法规中将其规定为强制保险。

(三)分散保险公司的风险

由于建设工程的高投资、高风险,保险公司承保的风险极大,因此分散保险公司的风险尤为重要。上海市在试点中实行共保模式以分散风险也是出于这一考虑。除此之外,还可以参考法国的工程质量信息中心,建立相应的信息分享平台。法国工程质量信息中心的职责包括:收集汇总被保险建筑工程的所有损失、赔偿的有关信息;参与记录项目各方的不良行为;分析损失的原因、类型,提出防治措施和指导意见;提供参建各方相互交流的平台等。

示范案例

【案情简介】①

李某为其小型轿车在甲保险公司投保机动车损失保险。保险期间内,李某驾驶该车与案外人乙某驾驶的车辆相撞,经公安机关认定,李某负交通事故全部责任,乙某无责任。事故发生后,甲保险公司出具车辆损失情况确认书,认定李某所投保的车辆全损,损失金额为 54700 元。甲保险公司在定损时发现,李某系某网约车平台签约司机,事故发生时系通过该网约车平台 APP 接单从事营运行为,遂拒绝对上述车辆损失承担保险责任。李某提起诉讼,要求判令甲保险公司在机动车损失险限额内赔付施救费、车辆损失。

【裁判理由】

法院认为:根据甲保险公司提供的与李某制作的谈话笔录,李某在谈话笔录中自认职业是某网约车平台的司机,在事发地点是为了接单。涉案商业险保险单明确载明,车辆的使用性质为"家庭自用汽车",李某提供的上海市报废汽车回收证明亦载明车辆使用性质为"非营运"。某网约车平台是一家经营网约车服务的企业,乘客在接受服务后需要向司机支付一定的费用。李某以"非营运车辆"向保险公司投保,但事实上通过网约车平台实施了收费营运活动,改变了投保车辆用途。众所周知,营运车辆较非营运车辆,在途驾驶时间上会有明显增加,交通事故发生率也会明显增高,因此营运车辆的保险费率要高于非营运车辆。李某作为车辆的投保人,在将车辆投入营运时有义务通知保险人,并办理保单批改手续。在投保人未办理保险合同变更前,机动车损失险保险人对非营运性质车辆从事营运活动时发生的保险事故,不负保险责任。

【适用法条】

《保险法》第 52 条:"在合同有效期内,保险标的的危险程度显著增加的,被保险人应当及时按照合同约定通知保险人,保险人可以按照合同约定增加保险费或者解除合同。……被保险人未履行前款规定的通知义务的,因保险标的的危险程度显著增加而发生的保险事故,保险人不承担赔偿保险金的责任。"

【裁判分析】

在互联网经济蓬勃发展的背景下,网约车因为使用便捷、费用相对低廉的优

---

① 参见《上海法院 2016 年度典型保险案件》,搜狐网,2017 年 7 月 13 日,https://www.sohu.com/a/156941186_697727.?spm=smpc.content.share.1.15915715057683wP4l98,2020 年 7 月 3 日访问。

势,得以在全国迅速推广。但由于某些网约车平台对司机资质和运营车辆审核不严,系统存在漏洞等,导致网约车良莠不齐,乘客的合法权益难以保障,给正常的交通秩序和治安也带来了不利影响。为此,各地政府部门陆续出台网约车管理规定,对网约车平台采取较为严格的管理措施,并设置了网约车司机和运营车辆的准入门槛,包括要求网约车须以营运车标准向保险公司投保等。

目前,部分私家车主在从事网约车服务时,基于成本考虑或法律常识缺乏,仍按非营运车辆的标准缴费投保。一般而言,非营运车辆发生事故的概率明显低于营运车辆,保险公司在计算两者保险费率时会加以区别对待。私家车主在投保时如将对车辆的真实用途这一关键信息刻意隐瞒,就违反了保险法规定的投保人如实告知义务,保险人有权解除保险合同并不承担保险责任。因此,私家车主如在保险期间内变更车辆用途,从事营运性的网约车服务,应当及时通知保险公司,并办理保险合同变更手续。被保险人未通知的,因营运发生的交通事故,保险公司以危险程度增加未依法通知为由抗辩不承担赔付责任的,人民法院应予支持。

 思考案例[①]

邓某平时从事二手车买卖工作,于2016年10月、11月分别注册成为滴滴快车平台、顺风车平台的用户。此后,邓某一直从事滴滴快车、顺风车业务。2017年4月8日5时50分许,某驾驶员驾驶二轮摩托车与行人陈某相撞,致使陈某倒地后逃逸。几分钟后,邓某驾驶小型轿车驶过(正在从事顺风车业务),碾压到倒在路上的陈某,致使陈某当场死亡。因该案件尚未侦破,中江县公安局交通警察大队对本次事故未划分事故责任。

邓某的小轿车在A保险公司投保了交强险、在B保险公司投保了100万元不计免赔的商业第三者责任险,事故发生在保险期限内。该小型轿车在B公司的投保单上载明的机动车使用性质为"家庭自用",邓某已在投保人声明中使用加黑、加粗字体载明的"本人确认收到条款及《机动车综合商业保险免责事项说明书》,保险人已明确说明免除保险人责任条款的内容及法律后果"内容处签名。同时,该商业险保险条款第25条第3项载明,下列原因导致人身伤亡、财产损失和费用的,保险人不负责赔偿:被保险机动车被转让、改装、加装或改变使用性质等,被保险人、受让人未及时通知保险人,且因转让、改装、加装或改变使用性质等导致保险机动车

[①] 参见四川省德阳市中级人民法院(2018)川06民终31号民事判决书。

危险程度显著增加的。

本案中,北京 C 公司借助滴滴基础信息平台,经营顺风车业务。

陈某死后,其子女刘甲、刘乙将邓某、A 保险公司、B 保险公司、北京 C 公司告上法庭,请求他们赔偿因受害人陈某死亡产生的损失。

【思考问题】

1. 本案的争议焦点是什么?
2. B 保险公司与邓某签订的商业保险合同中的免责条款是否有效?若有效,B 保险公司能否依据该保险免责条款主张免责?
3. 顺风车与网约车的认定与保险责任的承担规则有何区别?

公司社会责任视角下的董事责任保险合同理念分析[①]

"公司社会责任"一语源于美国。在 20 世纪 20 年代的美国,公司资本规模的不断扩张与经济力量的不断增大,引发了一系列的社会矛盾,诸如贫富分化、污染环境、排挤中小竞争者、销售瑕疵商品、雇佣歧视、侵害劳动者合法权益等。针对上述现象,一些学者开始从道德伦理层次上探讨公司社会责任问题。1924 年,美国学者谢尔顿提出"公司社会责任"这一概念。谢尔顿认为,公司社会责任包含了道德因素。按照公司社会责任的要求,公司的经营战略应当有利于增进社区利益,社区利益作为一项衡量尺度,其地位远远高于公司的盈利。[②]

尽管谢尔顿最早提出了"公司社会责任"的概念,但是美国学者对于公司社会责任的理解却仁智互见,各不相同。例如,凯思·戴维斯(Keith P. Davis)和罗伯特·布卢姆特朗(Robert L. Blomstrom)认为:"公司社会责任是指在谋求企业利益的同时,对保护和增加整个社会福利方面所承担的义务。"[③] 埃德温·M.爱泼斯坦(Edwin M. Epstein)认为:"公司社会责任就是要努力使企业决策结果对利益相

---

① 参见孙宏涛:《公司社会责任视角下的董事责任保险合同理念分析》,载《时代法学》2010 年第 6 期。
② 参见刘俊海:《公司的社会责任》,法律出版社 1999 年版,第 2 页。
③ Keith P. Davis, Robert L. Blomstrom, *Business and Society*: *Environment and Responsibility*, McGraw-Hill, 1975, p. 39.

关者有利,因此,公司行为的结果是否正当是公司社会责任关注的焦点。"①霍华德·伯文(Howard Bowen)认为,公司社会责任是指"商人按照社会的目标和价值,向有关政策靠拢、作出相应的决策、采取理想的具体行动的义务"②。由此可见,对于公司社会责任的含义与核心内容,学者们并未达成共识。但是,这丝毫没有妨碍公司社会责任理论的流行。

从最早开始于20世纪30年代的多德教授与伯利教授的论战到20世纪70年代美国各州对公司社会责任的大讨论,"公司社会责任"成为人们经常谈论的话题。由于20世纪70年代有关公司社会责任的讨论正好赶上美国许多州竞相颁布股东之外的其他利害关系人的保护法案,因此公司社会责任理念首次在美国历史上得到大量州级立法者的首肯。由此,学说与立法的相互影响,推动了有关公司社会责任的讨论迈上了一个新的台阶。③ 特别值得注意的是,在这次讨论中,许多学者将利益相关主体理论作为公司社会责任的重要理论依据,并将二者密切结合起来。利益相关主体理论是20世纪60年代左右在西方国家逐步发展起来的,④该理论认为,公司是一种有效率的契约组织,是各种生产要素所有者为了各自的目的联合起来的契约网络组织,是股东、债权人、职工等利害相关者的利益代言人,应当照顾到股东、债权人、公司雇员、供应商、消费者、社区和政府等多方面的利益。⑤

按照利益相关主体理论的分析框架,公司社会责任的核心在于,公司董事作为公司各类利益相关主体的信托受托人,应当积极采取各项措施保护股东、债权人、公司雇员、消费者以及广大社会公众等利益相关主体的合法权益,以履行公司在社会中的应有角色。⑥ 笔者认为,公司承担社会责任的最本质的根源在于,公司是一种具有法律人格的社会企业。也就是说,公司存在于社会之中,不能脱离社会而存在。特别是那些大企业,他们为一般社会公众生产衣、食、住、行等生活必需品或者提供交通、通信、文化、娱乐等基本服务。同时,上述企业还雇用了成千上万的员工。从这种意义上讲,上述企业的日常经营活动和经营决策对与之相关的公众群体有着巨大的影响。因此,公司和董事必须对社会中与其发生各种关系的利益相关主体承担一定的照顾和保护义务,这种照顾和保护义务就是公司应当承担的社会责任。从这个角度分析,在公司经营的过程中,公司应当密切关注利益相关主体

---

① Edwin M. Epstein, The Corporate Social Policy Process: Beyond Business Ethics, Corporate Social Responsibility and Corporate Social Responsiveness, *California Management Review*, No. 3, 1987, p. 104.
② 转引自刘俊海:《公司的社会责任》,法律出版社1999年版,第2页。
③ 参见刘俊海:《公司的社会责任》,法律出版社1999年版,第45页。
④ 参见陈宏辉:《企业利益相关者的利益要求:理论与实证研究》,经济管理出版社2004年版,第37页。
⑤ 参见杨瑞龙、周业安:《企业的利益相关者理论及其应用》,经济科学出版社2000年版,第4页。
⑥ 参见刘俊海:《公司的社会责任》,法律出版社1999年版,第2页。

的合法权益保护。上述利益相关主体是指直接的或间接的、现实的或潜在的受公司决策行为影响的主体,具体包括股东、债权人、公司雇员、消费者、公司客户、公司竞争者等主体。

一、公司社会责任的实现路径分析

如上文所述,在公司社会责任理论产生之初,学者们对其探讨多侧重于道德伦理层面。但是,随着公司社会责任理论为大多数国家的学者所接受,学者们开始从法律层面探讨公司的社会责任理论,并力图通过推动相关法律规范的制定来具体落实公司应当承担的社会责任。同时应当看到的是,由于不同国家的具体情况各不相同,在应当如何落实公司社会责任这一问题上,各国并未达成共识。综合看来,主要有以下几种路径:

(一)让职工参与公司内部管理

欧洲大陆法系国家主要通过让职工参与公司管理来实现公司的社会责任。例如,按照德国的公司立法,公司设立监事会和董事会,监事会负责任命董事会成员,并对董事会的活动进行监督,而董事会则负责管理公司日常的经营活动。对于上述两种机构,公司职工与股东原则上享有平等的参与权。为了贯彻这一精神,德国先后制定了《煤炭和钢铁行业参与决定法》(1951年)、《工厂组建法》(1952年)、《共同决定法》(1976年)等法律,规定煤炭、钢铁或者具备一定规模的公司,其监事会应由资方代表和劳方代表共同组成,公司的董事会中必须有一名"工人委员"(即劳方董事)。[①] 除此之外,在监事会中,劳资双方的代表名额应当相等。在荷兰,1950年《工厂委员会法》最早对职工参与公司管理的相关问题作出规定。按照该法,拥有职工超过100人的公司可以建立工人理事会。工人理事会由职工选举产生,代表公司职工参与公司的决策和管理,维护公司职工的合法权益。[②] 由此可见,在荷兰,职工参与公司管理主要是通过工人理事会实现,监事会中并无职工代表的位置。

(二)通过立法赋予公司慈善捐赠的权力

这种方法最早为美国所采用。早在1917年,美国得克萨斯州便率先在其公司法中明确赋予公司慈善捐赠的权力。此后,其他各州纷纷效仿。据统计,作出这种规定的州在1928年为5个,1938年为9个,1948年为15个,1959年为41个,1970年达48个,仅亚利桑那州和爱达荷州未作出上述规定。此外,为了鼓励公司的慈善捐赠行为,1936年,美国国会修改了《国内税收法典》,明确规定,公司对科学、教

[①] 参见〔德〕罗伯特·霍恩、海因·科茨、汉斯·G.莱塞:《德国民商法导论》,楚建译,谢怀栻校,中国大百科全书出版社1996年版,第305—306页。
[②] 参见苑鹏:《荷兰公司的雇员参与制及其启示》,载《管理世界》1999年第1期。

育等方面的慈善捐赠可以扣减所得税,扣减数额最高可达公司应税收入的5%。①

(三)强化董事和高级职员的信托责任②

该种方法最早为美国所采纳。在现代公司经营管理中,董事和高级职员拥有广泛的经营裁量权。要想落实公司的社会责任,必须从董事和高级职员着手。学者们认为,公司社会责任的核心在于,公司董事作为公司各类利益相关主体的信托受托人,应当积极采取各项措施保护股东、债权人、公司雇员、消费者以及广大社会公众等利益相关主体的合法权益,以履行公司在社会中的应有角色。为了贯彻上述理念,立法者采取各种措施,不断强化董事和高级职员对利益相关主体的信托责任以实现公司的社会责任。

虽然两大法系国家在公司承担社会责任的具体制度设计上存在一定的差别,但是应当看到的是,随着越来越多的国家对公司社会责任理论的认可和接受,两大法系国家在实现公司社会责任的具体路径上相互借鉴和交流越来越多。例如,大陆法系国家通过立法不断强化董事和高级职员对利益相关主体的义务和责任,③并通过立法为公司的慈善捐助创造种种便利。④ 与此同时,英美法系国家学者也建议立法者采取各项措施,鼓励职工积极参与公司的经营管理。⑤ 综上所述,虽然两大法系国家对公司承担社会责任的制度设计并不相同,但其核心精神是相通的,就是通过采取各种措施来保护利益相关主体的合法权益。特别值得注意的是,目前两大法系国家都通过健全和完善董事和高级职员的义务、责任体系来落实公司的社会责任。但是,应当看到的是,在损害事故发生后,由于董事和高级职员的个人赔偿能力有限,可能根本无力承担数额巨大的赔偿责任,因此即使存在健全的董事责任体系,利益相关主体的合法权益也未必能得到切实有效的保护。但是,如果公司事先购买了董事责任保险合同,在董事和高级职员执行职务的过程中损害了股东、债权人、消费者、公司雇员等利益相关主体的合法权益时,只要符合保险合同的规定,保险人就应当按照合同的约定承担保险责任。这样,可以增强董事和高级职员的赔偿能力,保护利益相关主体的合法权益并有利于实现公司的社会责任。

---

① 参见王艳梅:《公司社会责任的法理学研究》,吉林大学2005年博士学位论文。
② 强化董事和高级职员对利益相关主体的义务和责任的最直接的效果就是,借助赔偿责任的惩罚与抑制加害行为的功能,防止董事和高级职员再次实施类似的加害行为,进而保护利益相关主体的合法权益并以此实现公司的社会责任。
③ 参见德国《股份公司法》第93条、《有限责任公司法》第43条;法国《商事公司法》第244条;瑞士《债务法》第754条、第755条;意大利《民法典》第2395条;日本《公司法典》第429条;韩国《商法》第401条等。
④ 例如,按照德国相关法律的规定,对于公益目的的捐赠,在全部收入的5%以下或者年营业额的2%以下,可作为免税额扣除。
⑤ 参见刘俊海:《公司的社会责任》,法律出版社1999年版,第50页。

从这种意义上讲,由公司出资为董事和高级职员购买董事责任保险也应当成为公司承担社会责任的路径之一。

二、董事责任保险合同的理念透视:以公司社会责任为视角的解读

董事责任保险诞生的历史背景是1929年的美国股市大崩盘。当时,美国证券市场丑闻频发,中小股东利益受到严重威胁,公众对证券市场信心严重下挫。这段时期被西方经济学家和法学家称为"黑色年代"。这次危机充分暴露了美国资本市场的脆弱,并直接验证了资本市场监管的重要性。[①] 此后,政府为了恢复投资公众对证券市场的信心,通过立法手段,加强对证券市场的监管,并强化对公司及其董事和高级职员的监督,以保护中小股东的合法权益。伴随着1933年《证券法》和1934年《证券交易法》的制定,证券市场的监管逐渐趋于完善,董事和高级职员的经营责任风险也进一步增大。在这种情况下,董事和高级职员急需一种适当的经营责任风险分散机制,英国的劳埃德保险合作社洞察到这一商机,迅速地开发出世界上第一份董事责任保险合同,并将其出售给美国的一家公司。

由此可见,在董事责任保险产生之初,投保公司购买董事责任保险的唯一目的就是为了分散董事和高级职员的经营责任风险。站在投保公司的立场上分析,董事责任保险合同在创设之初,所承载的唯一理念和价值追求就是分散董事和高级职员在正常履行职务过程中可能遭受的经营责任风险,以此来保护董事和高级职员的合法权益。随着学者们对董事责任保险合同研究的不断深入,学者们发现,董事责任保险合同所承载的理念和价值追求已经不仅仅局限于分散董事和高级职员的经营责任风险。事实上,董事责任保险合同同时承载了更深层次的理念和价值追求——完善公司的治理结构。针对该问题,美国的克利福德·G.霍尔德内斯(Clifford G. Holderness)进行了深入的研究。他认为,董事责任保险对公司治理结构的完善主要有以下三个方面的作用:[②]其一,通过购买董事责任保险,可以吸引更多与公司管理层相对独立却更能代表股东利益的外部董事加盟公司,监督公司的经营管理。其二,在保险合同订立之前,保险公司会对投保公司的董事和高级职员进行调查,调查内容包括其工作能力、以往的工作业绩以及可能遭受诉讼的风险。对于那些工作业绩较差、遭受诉讼风险较大的董事,保险人会提高保险费率或降低保险金额,并将上述信息告知投保公司的股东大会,以便股东大会及早将其解聘。其三,诉讼发生后,保险公司会调查董事和高级职员的行为,以确定其是否实

---

① 参见黄振中编著:《美国证券法上的民事责任与民事诉讼》,法律出版社2003年版,第1—2页。
② See Clifford G. Holderness, Liability Insurers as Corporate Monitors, *International Review of Law and Economics*, Vol. 10, No. 2, 1990, pp. 115–122.

施了损害公司与利益相关主体合法权益的行为,并向投保公司汇报上述情况,以便投保公司对董事和高级职员作出相应处理。

随着公司社会责任理论的兴起,学者们认为,公司和董事应当尽可能地采取各种措施来照顾和保护与公司发生各种关系的利益相关主体的合法权益。为了实现公司的社会责任,各国都通过立法不断强化董事和高级职员的职责和义务,董事和高级职员对利益相关主体的赔偿责任也在不断加重。通常情况下,在董事和高级职员实施了不当行为并对利益相关主体的合法权益造成损害时,由于董事和高级职员的个人赔偿能力有限,或者根本无力承担数额巨大的赔偿责任,此时,董事责任保险的重要性就显现出来。如果公司事先购买了董事责任保险,在发生保险事故的时候,只要董事和高级职员实施的不当行为符合保险合同条款规定,保险人就应当按照合同的约定赔偿保险金。此时,借助董事责任保险合同,使利益相关主体在保险合同的赔偿限额内获得了基本的保险保障。

综上所述,笔者认为,随着公司社会责任理论的发展,董事责任保险合同获得了更为坚实的理论支撑。此时,董事责任保险合同所承载的理念和价值追求已经不仅仅局限于分散董事和高级职员的经营责任风险以及完善公司的治理结构,而是上升到一个新的层次——实现公司的社会责任。从这种意义上讲,董事责任保险合同已成为实现公司社会责任的辅助工具,并成为利益相关主体合法权益的有力保障。

第十六章 强制保险研究

第一节 大陆法系国家或地区强制保险立法概况

一、德国

在德国,依照相关法律的规定,有 120 多种活动要进行强制保险,大体可分为五类:第一类为职业责任强制保险。例如,《税务顾问法》第 67 条规定了税务顾问和税务代理人强制职业责任保险,《审计师法》第 54 条规定了审计师强制第三者责任保险,《联邦律师法》第 51 条规定了律师强制第三者责任保险,《联邦公证法》第 19A 条规定了公证人强制第三者责任保险。第二类为产品责任强制保险。例如,《医用产品法》第 20 条规定了医用产品强制责任保险。第三类为事业责任强制保险。例如,《民法典》规定了旅游强制责任保险,《货物运输法》第 7A 条规定了承运人强制责任保险。此外,相关法律还规定了航空器第三者责任强制保险、油污损害强制责任保险、核能源利用强制责任保险等。第四类为雇主责任强制保险。例如,《保安服务业管理规定》第 6 条规定了保安雇员强制责任保险。第五类为特殊行为强制保险。例如,《联邦狩猎法》第 17 条规定了狩猎强制责任保险、机动车事故责任强制保险等。①

二、意大利

在意大利,按照相关法律的规定,强制保险主要可以分为两大类:一是危险活动类强制保险。除机动车强制保险外,还有载重超过 25 吨的小艇与飞行器对人身造成伤害的赔偿责任强制保险;航空器对路面第三人造成损害的赔偿责任强制保险;核损害赔偿责任强制保险;狩猎者责任强制保险;销售超过 16 升液压气罐的经销商以及储存沼气罐的国家油气局应投保强制保险;滑雪场的管理者应针对其赔偿责任投保强制保险。此外,生产药品的企业、运营升降机的企业、骑术学校、卡丁车轨道运营商以及输血都被认为是从事危险活动,因此必须购买强制保险。二是广义上的职业活动类强制保险。牙医与牙科医院实习的学生应针对其可能承担的

---

① 参见杨华柏:《完善我国强制保险制度的思考》,载《保险研究》2006 年第 10 期。

赔偿责任购买强制保险;非营利组织应就其成员可能对第三人承担赔偿责任购买强制保险;保险经纪人在从事职业活动过程中应针对其可能对第三人承担的赔偿责任购买强制保险等。①

三、奥地利

在奥地利,除了机动车强制保险外,还有一整套相对完善的强制责任保险体系。主要可以分为两大类:第一,在大多数严格责任领域,通常通过立法规定强制责任保险,如《核损害责任法案》《航空法案》《管道运输法案》《煤气经济法案》《索道法案》《基因科技法案》等分别针对相关主体的严格责任规定必须投保。第二,通过强制责任保险保障某种职业或某项活动的顺利开展。这通常涉及奥地利《民法典》规定的过错责任领域。相关法律如下:规定律师、公证人以及受托人必须投保的《律师法》《公证法》《受托人专业普通法案》,规定保险事业审计人必须投保的《保险监管法案》,规定银行审计人必须投保的《银行法案》《资本市场法案》等。②

四、瑞典

在瑞典,强制保险主要可以分为两大类:

第一,通过立法推动的强制保险。该大类强制保险又可以细分为四小类:(1)建立在欧盟公约与指令基础上的法案规定的强制保险,如《核责任法案》第22条规定的核损害赔偿责任强制保险,《油污责任法案》第12条规定的油污损害赔偿责任强制保险,《航空运输法案》第6条、第7条规定的航空运输责任强制保险等。(2)建立在职业规范基础上的强制保险,如《不动产经纪人法案》第6条第1款、第2款规定不动产经纪人在执业之前必须购买责任保险。(3)金融领域的强制保险,如银行必须针对其享有抵押权的标的购买保险。(4)医疗领域的强制保险,如护理人员必须针对其可能对病人造成的损害购买责任保险。

第二,并非通过立法推动的强制保险。某些领域中虽然立法并未强制相关主体购买责任保险,但事实上,在缺少责任保险的情形下,其业务无法正常开展。例如,在瑞典,所有药品生产企业,包括瑞典本国企业或外资企业都会购买产品责任

---

① See Giovanni Ludica, Alessandro P. Scarso, Tort Liability and Insurance: Italy, in Gerhard Wagner (ed.), *Tort Law and Liability Insurance*, Springer, 2006, pp. 121-123.

② See Attila Fenyves, Daniel Rubin, Tort Liability and Insurance: Country Report Austria, in Gerhard Wagner (ed.), *Tort Law and Liability Insurance*, Springer, 2006, pp. 11-13.

保险,以分散药品企业的产品责任风险。①

五、瑞士

在瑞士,除了机动车强制保险外,强制保险可以分为两大类:一是瑞士联邦法律规定的强制保险。具体包括:铁路相关公司必须针对其责任投保1亿瑞士法郎的责任保险或提供相应保证;管理石油或天然气管道的公司必须针对其责任风险投保1000万瑞士法郎的责任保险;核工厂必须投保3亿瑞士法郎的责任保险;自行车主必须投保50万瑞士法郎的责任保险,自2005年1月1日起,上述保险金额上升为200万瑞士法郎;狩猎者必须投保200万瑞士法郎的责任保险;转基因组织或致病性材料的管理人必须就其可能承担的责任投保总额2000万瑞士法郎的责任保险等。二是瑞士各州立法规定的强制保险。例如,瑞士格劳宾登州、瓦莱州立法规定,水坝与水库管理人必须购买责任保险,其中大型设施应投保总额两亿瑞士法郎的责任保险,小型设施应投保5000万瑞士法郎的责任保险。瑞十阿尔高州、索洛图恩州的立法规定,某些职业人士如律师、受托人与公证人必须针对其在执业过程中可能承担的赔偿责任购买强制保险。此外,一些州立法还规定宠物狗主人必须购买责任保险。②

六、我国台湾地区

在我国台湾地区,强制保险的适用范围非常广泛。在意外事故方面,台湾地区消费者保护相关规定指出,消费场所之建筑物所有人、使用人应投保公共意外责任险;建筑相关规定指出,机械游乐设施经营者应依规定投保意外责任保险;发展观光相关规定指出,观光旅馆业、旅行业在营业中应依照规定投保意外责任保险。同时,台湾地区在石油管理、海洋污染、民用航空、毒性化学物质管理、煤气事业管理等方面均规定了意外责任强制保险。对于特殊行业,台湾地区在铁路、大众捷运等方面规定了强制责任保险。对于特殊职业,台湾地区在会计、公证、工程技术顾问等方面规定了强制责任保险。③ 此外,台湾地区食品卫生管理规定指出,经台当局主管机关公告指定的一定种类、规模之食品业者,应投保产品责任保险;其保险金

---

① See Bill W. Dufwa, Liability in Tort and Liability Insurance: Sweden, in Gerhard Wagner (ed.), *Tort Law and Liability Insurance*, Springer, 2006, pp.149-151.

② See Vincent Brulhart, Guy Chappuis, Urs de Maddalena, JürgWaldmeier and Stephan Weber, Tort Liability and Insurance: Switzerland, in Gerhard Wagner (ed.), *Tort Law and Liability Insurance*, Springer, 2006, pp.176-178.

③ 参见杨华柏:《完善我国强制保险制度的思考》,载《保险研究》2006年第10期。

额及合同内容,由有关机关会商后定之。此后,台湾地区行政卫生主管机构于2007年5月2日公告了"食品业者投保产品责任保险",确立了凡是持有营利事业登记证的食品产业,包括制造商、进口商、委托他厂代工的产品供应者,应如期完成投保,并应保存相关的保险文件,以维持保险单的有效性而备查核;按不同食品的类别,分四个阶段实施,并在2009年11月全面完成投保事宜。[①]

第二节 英美法系国家或地区强制保险立法概况

一、英国

在英国,最主要的两种强制保险是机动车强制保险和雇主责任强制保险。这两个领域是侵权赔偿案件的重灾区,占人身损害赔偿案件的90%以上,因此成为推行强制保险的重要领域。[②] 除此之外,强制保险还包括:根据1965年《核装置法案》第19条的规定,核反应堆管理者必须针对其管理的设施可能造成的损害购买责任保险;根据1969年《民用航空法案》以及相关监管规范的规定,航空器管理者为了取得营运资格必须针对航空器运营过程中可能对第三人造成的损害购买责任保险;根据1970年《马场管理法案》第1条的规定,马场所有人必须针对其马匹使用人遭受损害的责任购买保险;根据1976年《野生动物管理法案》第1条的规定,野生动物的管理者必须针对野生动物对第三人造成损害的赔偿责任购买保险;根据1995年《商船法案》第163条以及1997年《油污强制保险法案》的规定,装载2000吨以上油料的船舶进入或离开英国港口时必须针对其可能承担的赔偿责任购买保险。此外,根据1974年《诉状律师法案》第37条及2002年《诉状律师保险规则》的规定,诉状律师必须针对其可能承担的职业责任购买保险,尽管并无相关立法强制要求会计师、律师购买保险,但其所在的职业协会通常会作硬性要求。2002年,英国还参加了国际海事组织2001年制定的《国际油轮污染损害民事责任公约》,以其实际行动确保各种海上污染事故都能纳入强制保险的承保范围。

[①] 台湾地区行政卫生主管机构要求不同食品业类别分下列四个阶段完成投保:(1)冷冻调理食品、乳品、饮料业者应于2008年5月前。(2)餐盒工厂、面条及罐头工厂、观光旅馆之餐厅业者应于2008年11月前。(3)承揽学校餐饮之餐饮业、供应学校餐盒之餐盒业、承揽筵席之餐厅、中央厨房式之餐饮业、自助餐饮业、烘焙业及食用油脂工厂等业者应于2009年5月前。(4)其他一般食品类业者应于2009年11月前。

[②] 英国1969年《雇主责任强制保险法案》、1988年《道路交通法案》分别规定了上述强制保险。从1999年开始,雇主必须为其雇员购买最高限额500万英镑的雇主责任保险,但实务中,多数雇主会购买限额为1000万英镑至5000万英镑的雇主责任保险。对于机动车强制保险而言,根据1988年《道路交通法案》的规定,作为购买保险的替代措施,车主还可以向最高法院缴纳50万英镑的保证金。

由于全国健康服务组织会针对医生在提供公共服务过程中的医疗责任风险提供补偿,所以在这种情形下医生并未被强制要求购买保险。但是,如果医生作为单独的个体提供医疗服务,则不受全国健康服务组织补偿方案的保护,此时医生应当为自己购买保险,虽然相关立法并未强制要求医生为自己的医疗责任风险购买保险。与此相对的是,1993年《骨科法案》与1994年《脊椎推拿治疗法案》要求相关从业人员必须购买保险。2000年《金融服务与市场法案》第138条要求金融咨询顾问必须针对自己的职业责任风险购买保险。1977年《保险经纪人监管法案》第12条规定保险经纪人必须针对其职业责任风险购买保险。

除了上述强制保险外,在某些领域虽然法律并未强制要求投保,但相关主体会自愿购买相关保险。例如,企业通常会购买公众责任保险,以分散其所拥有的财产可能引发的赔偿责任,补充覆盖其雇主责任保险的承保范围;针对那些被普通商业责任保险排除在外的风险,如产品责任风险、环境污染责任风险等购买保险。此外,企业通常还会为其董事和高管购买董事责任保险,以分散上述主体的经营责任风险。[1]

二、美国

1927年,美国马萨诸塞州首先制定了《强制汽车责任保险法》,规定州内居民在取得驾驶执照或车辆执照之前必须购买汽车保险。1970年,马萨诸塞州再次通过立法确立无过失汽车责任保险制度。按照该州于1971年正式生效的《登记汽车强制施行人体伤害保护法》的规定:马萨诸塞州汽车所有人或驾驶员必须依照机动车交通事故责任强制保险规定投保汽车责任险,该险承保范围包括被保险人、本人、被保险人同居家属、乘客、驾驶员及为被保险汽车撞伤的马萨诸塞州行人。此后,美国20多个州相继仿效该州进行立法,其中包括阿肯色州、印第安纳州、纽约州、路易斯安那州等。

随着社会经济的不断发展,强制汽车责任保险的适用范围进一步扩大。同时,美国的强制保险还有员工赔偿与雇主责任保险,该类保险在运作方式上是社会保障与商业保险完美结合的一个典型范例。此外,美国的强制保险还包括与特殊危险相关的责任保险,如环境责任保险、船舶油污责任保险、医疗责任保险以及核能责任保险等。[2]

---

[1] See Richard Lewis, The Relationship Between Tort Law and Insurance in England and Wales, in Gerhard Wagner (ed.), *Tort Law and Liability Insurance*, Springer, 2006, pp.55-57.

[2] 参见郭锋等:《强制保险立法研究》,人民法院出版社2009年版,第25—35页。

三、我国香港地区

在我国香港地区,强制保险的典型代表是机动车强制保险。除香港特别行政区立法另有规定外,任何人在道路上使用汽车或允许他人在道路使用汽车的,除非就该人或他人对车辆的使用已备有一份有效和符合规定的第三者风险保单或保证单,否则即视为违法。对于任何违法人员,可处罚款1万港币、监禁12个月。

香港地区的建筑物管理者需要就自己对潜在受害第三人的受害风险向保险公司投保,该制度由《建筑物管理(第三者风险保险)规例》确立。在该种保险中,保险公司须就投保人可能对任何人死亡或身体受伤而导致的赔偿责任进行承保,其具体责任范围包括投保人因对第三人承担赔偿责任而支出的赔偿金以及相关的诉讼费用。

就环境责任强制保险而言,香港地区主要有油类污染法律责任的强制保险。根据《商船(油类污染的法律责任及补偿)条例》的规定,船东对船舶排放或逸漏所载油类而引起的污染损害赔偿责任,应当购买保险。在保险事故发生后,由保险公司按照合同约定承担保险责任。①

除此之外,香港地区的强制保险还包括职业责任保险,其中具有代表性的为律师职业责任保险和会计师职业责任保险,即以律师、会计师在向客户提供专业服务过程中因故意或过失给客户造成损害应承担的赔偿责任为保险标的的保险。在香港地区,无论律师还是会计师,都必须购买相应的职业责任保险,以保护受害第三人的合法权益。

第三节 我国强制保险立法现状及其梳理

近些年,我国强制保险的种类不断增多。总体来看,强制保险可以分为以下几大类:

一、法律规定的强制保险

具体来说,直接由法律规定的强制保险有以下几种:
1. 民用航空器地面第三人责任强制保险
1995年10月30日全国人大常委会制定通过并于2018年12月29日经全国

---

① 参见郭锋等:《强制保险立法研究》,人民法院出版社2009年版,第43—66页。

人大常委会修改通过的《民用航空法》规定了民用航空器地面第三人责任强制保险,该法第 105 条规定:"公共航空运输企业应当投保地面第三人责任险。"

2. 机动车第三者责任强制保险

2003 年颁布并于 2007 年、2011 年两次修改的《道路交通安全法》第 17 条规定:"国家实行机动车第三者责任强制保险制度,设立道路交通事故社会救助基金。具体办法由国务院规定。"该法第 75 条规定:"医疗机构对交通事故中的受伤人员应当及时抢救,不得因抢救费用未及时支付而拖延救治。肇事车辆参加机动车第三者责任强制保险的,由保险公司在责任限额范围内支付抢救费用;抢救费用超过责任限额的,未参加机动车第三者责任强制保险或者肇事后逃逸的,由道路交通事故社会救助基金先行垫付部分或者全部抢救费用,道路交通事故社会救助基金管理机构有权向交通事故责任人追偿。"此外,该法第 76 条规定:"机动车发生交通事故造成人身伤亡、财产损失的,由保险公司在机动车第三者责任强制保险责任限额范围内予以赔偿;不足的部分,按照下列规定承担赔偿责任:(一) 机动车之间发生交通事故的,由有过错的一方承担赔偿责任;双方都有过错的,按照各自过错的比例分担责任。(二) 机动车与非机动车驾驶人、行人之间发生交通事故,非机动车驾驶人、行人没有过错的,由机动车一方承担赔偿责任;有证据证明非机动车驾驶人、行人有过错的,根据过错程度适当减轻机动车一方的赔偿责任;机动车一方没有过错的,承担不超过百分之十的赔偿责任。交通事故的损失是由非机动车驾驶人、行人故意碰撞机动车造成的,机动车一方不承担赔偿责任。"

3. 船舶污染责任强制保险

2017 年 11 月 4 日修正通过的《海洋环境保护法》第 66 条规定:"国家完善并实施船舶油污损害民事赔偿责任制度;按照船舶油污损害赔偿责任由船东和货主共同承担风险的原则,建立船舶油污保险、油污损害赔偿基金制度。实施船舶油污保险、油污损害赔偿基金制度的具体办法由国务院规定。"

4. 特殊的普通合伙企业职业强制保险

2006 年 8 月 27 日修订通过并于 2007 年 6 月 1 日起施行的《合伙企业法》第 59 条规定:"特殊的普通合伙企业应当建立执业风险基金、办理职业保险。执业风险基金用于偿付合伙人执业活动造成的债务。执业风险基金应当单独立户管理。具体管理办法由国务院规定。"

二、行政法规规定的强制保险

1. 机动车交通事故责任强制保险

2006年颁布并于2019年3月2日修订实施的《机动车交通事故责任强制保险条例》是我国迄今为止第一部以"强制保险"命名的行政法规。该条例第2条第1款规定:"在中华人民共和国境内道路上行驶的机动车的所有人或者管理人,应当依照《中华人民共和国道路交通安全法》的规定投保机动车交通事故责任强制保险。"该条例第3条规定:"本条例所称机动车交通事故责任强制保险,是指由保险公司对被保险机动车发生道路交通事故造成本车人员、被保险人以外的受害人的人身伤亡、财产损失,在责任限额内予以赔偿的强制性责任保险。"该条例第21条规定:"被保险机动车发生道路交通事故造成本车人员、被保险人以外的受害人人身伤亡、财产损失的,由保险公司依法在机动车交通事故责任强制保险责任限额范围内予以赔偿。道路交通事故的损失是由受害人故意造成的,保险公司不予赔偿。"该条例第22条规定:"有下列情形之一的,保险公司在机动车交通事故责任强制保险责任限额范围内垫付抢救费用,并有权向致害人追偿:(一)驾驶人未取得驾驶资格或者醉酒的;(二)被保险机动车被盗抢期间肇事的;(三)被保险人故意制造道路交通事故的。有前款所列情形之一,发生道路交通事故的,造成受害人的财产损失,保险公司不承担赔偿责任。"该条例第23条规定:"机动车交通事故责任强制保险在全国范围内实行统一的责任限额。责任限额分为死亡伤残赔偿限额、医疗费用赔偿限额、财产损失赔偿限额以及被保险人在道路交通事故中无责任的赔偿限额。机动车交通事故责任强制保险责任限额由保监会会同国务院公安部门、国务院卫生主管部门、国务院农业主管部门规定。"

2. 船舶污染损害责任与沉船打捞责任强制保险

2019年3月2日第三次修订的《内河交通安全管理条例》第12条规定:"按照国家规定必须取得船舶污染损害责任、沉船打捞责任的保险文书或者财务保证书的船舶,其所有人或者经营人必须取得相应的保险文书或者财务担保证明,并随船携带其副本。"与此同时,该条例第67条规定:"违反本条例的规定,按照国家规定必须取得船舶污染损害责任、沉船打捞责任的保险文书或者财务保证书的船舶的所有人或者经营人,未取得船舶污染损害责任、沉船打捞责任保险文书或者财务担保证明的,由海事管理机构责令限期改正;逾期不改正的,责令停航,并处1万元以上10万元以下的罚款。"

3. 旅行社职业责任强制保险

2009年1月21通过并于2020年第三次修订的《旅行社条例》第38条规定："旅行社应当投保旅行社责任险。旅行社责任险的具体方案由国务院旅游行政主管部门会同国务院保险监督管理机构另行制定。"

4. 承运人责任强制保险

2019年第三次修正的《道路运输条例》第35条规定："客运经营者、危险货物运输经营者应当分别为旅客或者危险货物投保承运人责任险。"

三、部委规章以及地方性法规和规章中对强制保险的规定

1. 旅行社职业责任强制保险

在我国，除《旅行社条例》规定了旅行社职业责任保险外，相关部委规章以及地方性法规也同时规定了旅行社职业责任保险。如国家旅游局于2011年2月1日起实施的《旅行社责任保险管理办法》第2条规定，"在中华人民共和国境内依法设立的旅行社，应当依照《旅行社条例》和本办法的规定，投保旅行社责任保险"。上海市政府于2010年12月6日通过的《上海市旅行社管理办法》第27条第1款规定："旅行社从事旅游业务经营活动，应当投保旅行社责任保险。旅行社投保旅行社责任保险的保险费，不得在销售价格中单独列项。"海南省人大常委会2015年9月25日通过的《海南经济特区旅行社管理规定》第23条规定，"旅行社应当依照国家有关规定投保旅行社责任"。

2. 公众责任强制保险

云南省人民政府于1994年12月3日通过的《云南省公共文化娱乐场所消防管理规定》第18条规定："娱乐场所的经营使用者应当根据实际需要，按照国家规定，参加娱乐场所的财产保险和公众责任保险。"西藏自治区人大常委会2010年4月1日通过的《西藏自治区消防条例》第47条规定："建筑面积达到200平方米以上的公共娱乐场所，其经营者应当投火灾公众责任保险。"

3. 会计师职业责任强制保险

深圳市人大常委会2019年12月31日通过的《深圳经济特区注册会计师条例》第65条规定："会计师事务所应当按照国家规定建立执业风险基金或者办理职业保险。"

四、我国强制保险制度的特点和不足

尽管有学者对强制保险的正当性提出质疑,[①]但从世界各个国家和地区强制保险的发展概况来看,强制保险制度的发展进程并未因为上述质疑而有所停滞。相反,强制保险正处于一个快速发展和扩张的过程之中。目前,我国的强制保险法律制度也在不断发展完善之中,并主要表现出以下两方面特点:

第一,强制保险的险种不断增加。在我国,除传统的机动车交通事故责任强制保险外,还规定了民用航空器地面第三人责任强制保险、船舶污染损害责任与沉船打捞责任强制保险、特殊的普通合伙企业职业强制保险、旅行社职业责任保险以及承运人责任强制保险等。强制保险涉及的范围包括机动车、民用航空器、船舶、承运人责任以及专业技术人员在从事职业技术工作时可能承担的赔偿责任等的强制性保险,覆盖范围日益扩大。

第二,规范强制保险的法律规范不断扩张。目前,我国强制保险的立法体系包括多个层面,包括法律、行政法规、部委规章以及地方性法规和规章等。在法律层面,规定了机动车交通事故责任强制保险、民用航空器地面第三人责任强制保险、船舶污染责任强制保险以及特殊的普通合伙企业职业强制保险等强制保险。在行政法规层面,有的是针对上述强制保险作出进一步的规定,如国务院公布的《机动车交通事故责任强制保险条例》是针对《道路交通安全法》第17条规定的机动车第三者责任强制保险作出的进一步细化规定。该条例针对机动车第三者责任强制保险的投保、赔偿以及相关主体违反该条例时应承担的法律责任作出详细规定,使机动车第三者责任强制保险的运作更加具有可操作性。此外,行政法规还针对沉船打捞责任强制保险、旅行社职业责任保险以及承运人责任强制保险作出了明确规定。在部委规章以及地方性法规和规章层面,针对铁路旅客意外伤害强制保险、公众责任强制保险以及会计师职业责任强制保险等强制保险险种作出相应规定,进一步丰富了我国强制保险的种类。

虽然目前我国强制保险的发展已经取得了一定的成绩,但总体看来,与发达国

---

① 学者们针对强制保险提出的质疑主要有:(1)侵犯投保人的财产自由支配权。为了购买强制保险,投保人必须按期支付一定的保险费,这意味着投保人的财产自由支配权受到一定的限制,因此其财产权也受到侵犯。(2)有图利保险公司之嫌。强制保险要求投保人必须向保险公司购买某种保险,本应由投保人根据自己实际情况自行决定是否购买保险因此变成了投保人必须履行的强制性义务,强制保险的推行是否存在图利经营者之嫌引起人们的广泛关注。(3)有诱发道德风险之疑虑。强制保险的推行可能导致被保险人放松警惕,抱有侥幸或过分依赖保险的心理,以致增加保险事故发生的概率或者扩大损失的程度并由此引发道德风险。详细内容请参见孙宏涛:《论强制保险的正当性》,载《华中科技大学学报(社会科学版)》2009年第4期。

家和地区相比,我国强制保险制度还存在诸多缺陷与不足,主要有以下几方面:

1. 强制保险的覆盖范围仍然有限

与发达国家和地区相比,我国强制保险的覆盖范围仍然较为狭窄。例如,德国有120多种强制保险,可以分为五类:职业责任强制保险、产品责任强制保险、事业责任强制保险、雇主责任强制保险以及特殊行为强制保险。法国有80多种强制保险,涉及领域或职业包括机动车、医护人员、房地产代理商、律师、公证人、保险经纪人、旅行社、建筑师、狩猎活动等。[①] 在我国,食品安全事件并不鲜见,但受害人获得救济的渠道却极为有限,除了向生产商或销售商索赔外,并无其他的救济来源。由于食品侵权案件存在受害人众多、索赔金额巨大的特点,因此,在一些重大的食品安全事件发生后,生产商与销售商的自有财产往往并不足以弥补受害人遭受的损失。对此,如果问题食品的生产商与销售商事先已经购买食品安全责任强制保险,则在发生保险事故后,保险公司可以按照合同约定赔付保险金。有实力强大的保险公司做后盾,受害人的损害可在一定程度上得到补偿。除食品安全责任强制保险外,在那些关系到国计民生以及社会公众利益的领域也应当推行强制保险,如药品安全责任保险、公众责任保险、雇主责任保险、医疗责任保险、环境污染责任强制保险等,为全面建设小康社会和构建和谐社会服务。

2. 强制保险制度规定较为简单并缺少相关的操作性规定

如上文所述,目前我国强制保险覆盖的范围包括机动车、民用航空器、船舶污染、承运人责任等领域,强制保险的险种也逐渐增多。但应当指出的是,虽然我国相关法律、行政法规已经规定了上述强制保险,但大都较为简单,缺少细节性规定,缺乏可操作性。事实上,除国务院针对《道路交通安全法》第17条规定的机动车第三者责任强制保险颁布《机动车交通事故责任强制保险条例》,作出进一步的细节性规定外,其他的强制保险险种大都缺乏明确的详细规定,因此也缺少相关的操作性规定。例如,对于民用航空器地面第三人责任强制保险、船舶污染损害责任保险、特殊的普通合伙企业职业强制保险、旅行社职业责任保险以及承运人责任保险等的投保、监管以及违反强制投保义务的法律责任等方面都缺乏明确的可操作性规定,不利于上述强制保险工作的正常开展。因此,为了更好地发挥强制保险的功效并增强强制保险规则的可操作性,在法律规范作出规定后,相关机关应当制定更为详细的操作规则,从而更好地发挥强制保险的作用,保护社会公众的利益并维护社会的和谐与稳定。

---

① 参见游春:《强制保险的未来发展趋势及启示》,载《金融发展研究》2008年第12期。

3. 某些强制保险规范存在法律效力上的瑕疵

《保险法》第 11 条第 2 款规定:"除法律、行政法规规定必须保险的外,保险合同自愿订立。"据此,保险合同的订立应以自愿为原则,以强制为例外,并且只有法律、行政法规有权规定强制保险。这样一来,部委规章以及地方性法规和规章中对强制保险的规定就存在一定的瑕疵。现实中的矛盾是,一方面,我国强制保险的覆盖范围较小,险种也较为单一,为了保护公共利益,急需在某些行业或某些地域范围内推行某种强制保险;另一方面,由于《保险法》第 11 条第 2 款的规定以及我国法律、行政法规修改程序的严格和复杂性,强制保险的推行进程仍然十分缓慢。如果不针对上述矛盾进行协调与完善,我国强制保险制度的发展进程会受到极大影响,许多规范强制保险的法律规则也会丧失法律依据。综上所述,在将来修改《保险法》时,应当针对第 11 条第 2 款进行修改和规定,授权部委规章以及地方性法规针对某种强制保险作出规定并推行,以拓宽强制保险的适用空间,推动我国强制保险制度的健康发展。

五、结语

强制保险理论认为,可以借鉴社会保险的基本原理,制定强制性规则,把人类社会进步过程中不可避免的损失纳入商业保险的运行轨道中,充分发挥保险分散风险和保障社会的功能,通过社会合力克服人类文明进程中无法避免的损失。[1] 虽然强制保险的存在限制了投保人与保险人的订约自由,但从社会整体角度考虑,其正面效应仍然大于负面效应。目前,我国的强制保险制度还存在诸多缺陷与不足,主要包括强制保险的覆盖范围仍然较为狭窄,强制保险制度的规定仍然较为简单,某些强制保险规范存在法律效力上的瑕疵等。为了合理构建我国的强制保险制度以及推动我国强制保险市场的健康发展,有必要深入分析、借鉴两大法系国家与地区的强制保险立法及其背后蕴含的法理基础,并在此基础上完善我国的强制保险立法。

---

[1] 参见郭锋、胡晓珂:《强制责任保险研究》,载王保树主编:《中国商法年刊 2007:和谐社会构建中的商法建设》,北京大学出版社 2007 年版,第 550 页。

示范案例

【案情简介】①

被告为其小型轿车在原告(保险公司)处投保交强险。2012年4月,被告驾驶该小轿车时发生交通事故,致人受伤并逃逸,原告在交强险范围内向交通肇事受害人赔偿了相关费用。后原告向被告追偿其垫付的费用,被告辩称:原告并无追偿的权利,因为根据相关法律规定,交通肇事逃逸行为并非保险公司可以追偿的情形,故该交通事故属于保险公司应当理赔的范围。因此,原告在支付赔偿款后不享有对被告的追偿权。

【思考方向】

为机动车投保交强险的驾驶人,在肇事逃逸情形下,保险公司向被害人赔偿后是否有权向肇事逃逸者进行追偿?

【适用法条】

1.《机动车交通事故责任强制保险条例》第22条:"有下列情形之一的,保险公司在机动车交通事故责任强制保险责任限额范围内垫付抢救费用,并有权向致害人追偿:(一)驾驶人未取得驾驶资格或者醉酒的;(二)被保险机动车被盗抢期间肇事的;(三)被保险人故意制造道路交通事故的。有前款所列情形之一,发生道路交通事故的,造成受害人的财产损失,保险公司不承担赔偿责任。"

2.《机动车交通事故责任强制保险条例》第24条:"国家设立道路交通事故社会救助基金(以下简称'救助基金')。有下列情形之一时,道路交通事故中受害人人身伤亡的丧葬费用、部分或者全部抢救费用,由救助基金先行垫付,救助基金管理机构有权向道路交通事故责任人追偿:(一)抢救费用超过机动车交通事故责任强制保险责任限额的;(二)肇事机动车未参加机动车交通事故责任强制保险的;(三)机动车肇事后逃逸的。"

3.《侵权责任法》第53条:"机动车驾驶人发生交通事故后逃逸,该机动车参加强制保险的,由保险公司在机动车强制保险责任限额范围内予以赔偿;机动车不明或者该机动车未参加强制保险,需要支付被侵权人人身伤亡的抢救、丧葬等费用的,由道路交通事故社会救助基金垫付。道路交通事故社会救助基金垫付后,其管理机构有权向交通事故责任人追偿。"

---

① 参见江苏省高级人民法院(2014)苏民再提字第00136号民事判决书。

【案例分析】

对于本案中的情形,审判实践中存在两种截然对立的观点:

第一种意见认为:保险公司在交强险范围内承担赔偿责任后,有权向肇事逃逸的侵权人追偿。其理由在于:在交通肇事逃逸中,保险公司承担赔偿责任后,如果不赋予保险公司追偿权,就会使得侵权人在严重违法的情况下仍然可以通过交强险转嫁风险,这并不符合交强险的立法精神与立法本意。同时,交通肇事逃逸本身是一种违法行为,如果让保险公司承担终局责任,则无异于放纵行为人的违法行为,并加重了保险公司的责任,有违公平原则。

第二种意见认为:保险公司的追偿无法律依据,保险公司向受害人赔偿后不能向交通肇事逃逸人追偿。其具体理由为:交强险的赔付具有一定的社会公益性,其设置目的在于保护道路交通事故受害者的人身损害能够得到及时有效赔偿。同时,交通肇事逃逸与驾驶人未取得驾驶资格、被保险机动车被盗抢期间肇事、被保险人故意制造交通事故等情形明显不同,我国立法未规定保险人对交通肇事逃逸追偿不属于立法疏漏。因此,判决肇事逃逸者承担终局责任并不妥当。

本案中,再审法院认为:原告无权在赔偿受害人后,以交通肇事后逃逸为由向被告追偿。理由如下:第一,《机动车交通事故责任强制保险条例》第22条规定,保险公司享有追偿权的情形并不包括交通肇事后逃逸,亦未规定其他情形可以参照适用;该条例第24条仅规定了社会救助基金的追偿权,未规定保险公司享有追偿权,故保险公司主张适用上述条款,理由不能成立。第二,《侵权责任法》第53条对于保险公司和社会救助基金权利与义务作出了不同的规定,表明国家立法对保险公司和社会救助基金区别对待的态度。第三,社会救助基金管理机构的经费来源于行政拨款或社会捐助,支付交通事故受害人抢救等费用系无偿垫付,而保险公司的经费来源于投保人的缴费,保险公司向受害人支付费用属于履行保险合同义务,系有偿赔付,故保险公司不应享有社会救助基金管理机构的追偿权。事实上,交通肇事逃逸发生在交通事故之后,没有增加保险事故发生的概率和风险,与事故发生本身并没有关联,因此,交通肇事逃逸与《机动车交通事故责任强制保险条例》第22条规定的保险公司享有追偿权的情形存在本质区别,保险公司对此并不享有对被保险人的追偿权。

思考案例①

2010年1月1日,假日旅行社与太平洋财保公司签订一份旅行社责任保险统保示范项目保险单,约定每次事故每人人身伤亡责任限额为80万元,保险期自2010年1月2日零时起至2010年12月31日24时止。

2010年4月3日,唐某等26人与假日旅行社签订一份国内旅游组团标准合同,约定为保证旅客的人身安全,旅行社应为唐某等26人投保旅行责任保险,旅行团报价中含此保险费。

4月11日,唐某等26人参加假日旅行社组织的旅游团旅游。4月15日凌晨2时许,在返程途中,因天下大雨,加之路况不好,衡汽集团的司机驾驶的汽车跌入坑内,在加油门冲出坑内时,汽车颠簸导致唐某被抛起受伤。

原告唐某向法院提起侵权责任之诉,要求被告假日旅行社赔偿相关损失。一审法院认为:假日旅行社与太平洋财保公司形成了旅行社责任保险合同关系,根据法律和《旅行社责任保险管理办法》的规定,原告受伤后的经济损失应由第三人太平洋财保公司在其旅行社责任保险每次事故每人人身伤亡责任限额范围内直接向原告唐某进行理赔,即由太平洋财保公司赔偿相关医疗费用。

太平洋财保公司不服,提起上诉称:本案为侵权责任之诉,被上诉人唐某的人身损害是被上诉人衡汽集团所致,侵权责任的主体应是衡汽集团,而该集团与上诉人不存在旅行社责任保险合同关系,故上诉人不应对衡汽集团的侵权责任承担保险赔偿责任。

二审法院维持原判,理由主要是:衡汽集团为被保险人假日旅行社的旅游辅助人,本案的人身损害虽系衡汽集团所致,衡汽集团与上诉人没有签订旅行社责任保险合同,但衡汽集团作为假日旅行社的旅游辅助者,在上诉人与假日旅行社签订的旅行社责任险合同条款中已有相关约定,故太平洋财保公司应当承担保险赔偿责任。

【思考问题】
1. 旅行社责任保险的性质是什么?
2. 旅游责任保险中规定的旅游辅助人如何认定?
3. 旅游辅助人与保险公司的关系是什么?

---

① 参见湖南省高级人民法院(2014)湘高法民再终字第189号民事判决书。

 拓展阅读

董事责任强制保险制度的构想[①]

董事责任保险合同作为责任保险合同的一种,是指以公司董事和高级职员在执行职务过程中因单独或共同实施的不当行为给公司和第三人(包括股东和债权人等)造成损害而应承担的赔偿责任为保险标的订立的保险合同,其保护的重心已经从被保险人转移到了第三人,主要包括股东、债权人、公司雇员、消费者、公司客户等利益相关主体。在发生损害事故时,借助董事责任保险合同,可以增强董事和高级职员对上述利益相关主体的赔偿能力,有利于补偿利益相关主体遭受的损失,并进而实现公司应当承担的社会责任。目前,与西方发达国家相比,我国的证券市场还相当不完善,尽管证券监管机构不断强化监管措施、加大监管力度,证券市场中虚假陈述、内幕交易与操纵市场等违规行为仍然存在。特别值得注意的是,我国证券市场的投资者中绝大多数都是中小投资者,他们用来投资的资金通常是自己的养老金、退休金、买房、看病或者用于子女上学的教育储备资金。在上市公司董事和高级职员实施的证券市场违规行为给中小投资者造成损害时,如果不能及时弥补他们遭受的损失,不仅会沉重打击他们的投资信心和投资热情,严重的甚至可能引发一系列的社会问题。因此,应当尽量开辟各种救济渠道,弥补中小投资者的损失,而董事责任保险就是权益受损的中小投资者的一种有效的救济途径。

同时,应当看到的是,如果投保公司购买的是任意性的董事责任保险,则只有当董事基于过失造成中小投资者损害的时候,保险人才承担保险责任。如果董事基于故意实施了侵害行为,保险人可以拒绝赔偿保险金,此时,中小投资者仍然无法借助保险合同获得相应的保障。但是,如果在上市公司中推行董事责任强制保险,则当董事基于故意实施不当行为并对中小投资者造成损害时,保险人应当在董事责任强制保险合同的赔偿限额范围内向受害人垫付赔偿金,并有权向负有责任的董事追偿。由此,则既可保护中小投资者的合法权益,又可防止基于故意实施不当行为的董事逃脱原本应当承担的责任,收到一举两得的功效。

[①] 参见孙宏涛:《董事责任保险合同功效之多维解析——兼论我国董事责任强制保险制度建立之初步构想》,载《广西社会科学》2009 年第 4 期。

第四编　保险业法论

第十七章　保险业的组织形态

第一节　保险组织的形式

保险公司是专门经营风险的企业,保险直接关系到公众利益和社会稳定。为了保证保险事故发生后被保险人和受益人能够得到及时的保险赔付,各国保险法对保险从业者的资格都作了严格的规定。例如,我国《保险法》第6条规定:"保险业务由依照本法设立的保险公司以及法律、行政法规规定的其他保险组织经营,其他单位和个人不得经营保险业务。"法律作出上述规定的主要原因在于,随着社会经济的不断发展,危险的种类不断增多,危险发生的概率不断增大,只有通过保险组织的形式,集合多数单位进行分担,才能将损失消化于无形。

按照不同的标准,保险组织可以分为不同的类别。以经营主体区分,可以分为公营保险与民营保险。公营保险是指由政府或其他公共团体经营的保险,民营保险是指由私人或私法上团体经营的保险。以经营目的区分,可以分为营利保险与非营利保险。营利保险是指以获得利润为经营目的的保险,非营利保险是指以其成员的相互利益或一般公共利益为经营目的的保险。目前,除英国等少数国家和地区外,各国均已禁止个人经营保险业务,保险经营者必须是法人组织。[①]

[①] 参见袁宗蔚:《保险学——危险与保险》,首都经济贸易大学出版社2000年版,第167—168页。

一、国有保险公司

国有保险公司,即国有独资保险公司,是指国家授权投资的机构或国家授权投资的部门单独投资设立的有限责任公司。其特征在于出资者只有国家,是有限责任公司的特殊形式。我国目前共有六家国有保险公司,即中国人民保险集团股份有限公司、中国人寿保险(集团)公司、中国再保险(集团)股份有限公司、中国保险(控股)有限公司、中华联合财产保险集团股份有限公司和中国出口信用保险公司。国有保险公司具有资金雄厚、经营规模大、业务稳定的特点,在我国保险市场具有举足轻重的地位。

二、股份保险公司

股份保险公司,是指按照公司法的规定设立的保险公司,公司的全部资本分为等额股份,股东以其所认购的股份对公司债务负责,公司以其全部资产对公司债务承担责任的企业法人。由于股份保险公司拥有众多的股东、充足的资本和较强的融资能力,因此成为各国民营保险最为理想和最为常见的组织形式。以美国为例,股份保险公司在财产险和责任险领域占据举足轻重的地位。尽管这种公司的数量约占所有财产险和责任险公司总数的1/3,但其保险费收入却占相关领域全部保险费收入的2/3。

三、相互保险公司

相互保险公司是国外普遍存在的保险业特有的公司组织形式,是指所有参加保险的人自己设立的非营利性的保险法人组织。相互保险公司的股东是全体投保人,其经营方式是由全体社员事先交付一定的资金,用于支付营业开支。从各国实践来看,相互保险公司比较适合于那些保险合同有效期比较长、投保人变动不大的各种人身保险;对于那些保险合同有效期较短、投保人变动频繁的其他形式的保险,并不适合。

四、个人保险组织

最初的保险业务都是由个人经营的,但随着社会经济的不断发展,保险金额不断增大,要求保险业者分散危险的能力不断增强,而个人的危险承担能力毕竟有限。目前,除英国的劳合社仍具有相当的实力外,其他的个人保险组织已逐渐消失。劳合社本来是一家咖啡店,是贸易商人与保险商人集会的场所,后来逐渐演变为个人保险商的业务中心。劳合社本身并不经营保险业务,而是个人保险商的集合组织,即所谓"分则保险商,合则劳合社"。除了英国劳合社外,美国也有类似的组织,称为"美国劳合社"(American Lloyds)。但是,因为美国各州法律都对其加以限制,有的州还禁止设立此类组织,所以美国劳合社在保险市场中的地位远远不如英国劳合社,其影响力已是微乎其微。①

第二节 保险辅助人

一、保险代理人

(一)保险代理人的概念和种类

保险代理人是根据保险公司的委托,向保险公司收取手续费,并在保险公司授权范围内代为办理保险业务的单位和个人。保险代理人与保险公司是委托代理关系,保险代理人在保险公司授权范围内代理保险业务的行为所产生的法律后果由保险公司承担。

保险代理人包括专业代理人、兼业代理人和个人代理人。专业代理人是指专门从事保险代理业务的保险代理公司,保险代理公司的组织形式为有限责任公司。兼业代理人是指受保险公司委托,在从事自身业务的同时,指定专人为保险公司代办保险业务的单位;兼业代理人只能代理与本行业直接相关且能为投保人提供便利的保险业务;党政机关及其职能部门不得兼业从事保险代理业务。个人代理人是指根据保险公司委托,向保险公司收取代理手续费,并在保险公司授权范围内代为办理保险业务的个人。

(二)保险代理人的资格要求

由于保险人要对保险代理人的行为承担责任,为了防止保险代理人滥用代理权,法律对保险代理人的资格作了严格的限制。我国《保险法》第119条规定:"保险代理机构、保险经纪人应当具备国务院保险监督管理机构规定的条件,取得保险监督管理机构颁发的经营保险代理业务许可证、保险经纪业务许可证。"由此可见,保险代理人必须具备两个条件:一是具备国务院保险监督管理机构规定的条件;二是取得保险监督管理机构颁发的经营保险代理业务许可证、保险经纪业务许可证。此外,原保监会制定的《保险销售从业人员监管办法》第7条规定:"报名参加资格考试的人员,应当具备大专以上学历和完全民事行为能力。有下列情形之一的,不予受理报名申请:(一)隐瞒有关情况或者提供虚假材料的;(二)隐瞒有关情况或

---

① 参见李玉泉:《保险法(第三版)》,法律出版社2019年版,第259页。

者提供虚假材料,被宣布考试成绩无效未逾1年的;(三)违反考试纪律情节严重,被宣布考试成绩无效未逾3年的;(四)以欺骗、贿赂等不正当手段取得资格证书,被依法撤销资格证书未逾3年的;(五)被金融监管机构宣布禁止在一定期限内进入行业,禁入期限未届满的;(六)因犯罪被判处刑罚,刑罚执行完毕未逾5年的;(七)法律、行政法规和中国保监会规定的其他情形。"

(三)保险代理人登记管理制度

保险代理人登记管理制度是指保险公司单方制作的、用于管理本公司委托的各保险代理人的基本制度。我国《保险法》第112条规定:"保险公司应当建立保险代理人登记管理制度,加强对保险代理人的培训和管理,不得唆使、诱导保险代理人进行违背诚信义务的活动。"

(四)保险代理人与民法上代理人的区别[①]

1. 代理权限来源不同

保险代理人代理权的来源是保险人与其签订的委托代理协议。民法上代理人的代理权的来源是本人的授权行为,该授权行为不以书面形式为必要,口头授权行为也会产生相应的法律效力。

2. 业务分类不同

保险代理人可以分为财产保险代理人和人身保险代理人,也可以分为专业代理人、兼业代理人和个人代理人。民法上的代理人则无上述分类。

3. 资格限制不同

按照原保监会制定的《保险销售从业人员监管办法》第7条的规定,有七种情形之一的,则不予受理保险代理人资格考试报名申请。民法上的代理人则无上述资格限制。

二、保险经纪人

(一)保险经纪人概述

保险经纪人是指基于投保人的利益,为投保人与保险公司订立保险合同提供中介服务,并依法收取佣金的有限责任公司。还有一种基于原保险公司和再保险接受公司的利益,为保险分出和分入业务提供中介服务,并且收取佣金的有限责任公司,这是再保险经纪人。在保险实践中,保险经纪人虽然往往是受保险人的委托进行活动,而且通常情况下其佣金也是由保险人支付,但保险经纪人绝非保险人的代理人,保险人也不会为保险经纪人的行为承担责任。同样,保险经纪人也不是投

---

① 参见梁宇贤:《保险法新论(修订新版)》,中国人民大学出版社2004年版,第46页。

保人的代理人，其行为后果也不应该由投保人承担，而应当由保险经纪人自己承担。由此可见，保险经纪人既非投保人的代理人，也非保险公司的代理人，只是为保险合同的订立提供中介服务的居间人。

（二）保险经纪人的特征

保险经纪人具有以下几方面的特征：

第一，保险经纪人不是合同当事人，仅为促使投保人与保险人订立合同创造条件，组织成交，提供中介服务，而不能代理保险人订立保险合同。

第二，保险经纪人从事的是有偿活动，有权向委托人收取佣金。其佣金主要有两种形式：一种是由保险人支付的，主要来自其所收保险费的提成。另一种是在投保人需要委托经纪人向保险人请求赔付时，由投保人向经纪人支付相关报酬。

第三，保险经纪人必须是依法成立的单位而非个人，并且自行承担其活动产生的法律后果。保险人、投保人对保险经纪人的经纪活动并不承担责任，经纪人因其过错造成的损失由其自己承担。

第四，保险经纪人只能以自己的名义从事中介服务活动，但有自行选择向哪家保险公司投保的权利。

（三）保险经纪人的作用

保险经纪人已经有几百年的历史。在长期发展过程中，不仅保险经纪人的数量和业务量不断增加，保险经纪业务的种类也日趋多样化。在发达国家成熟的保险市场上，由保险经纪人承揽的业务占70%以上，委托经纪人办理保险业务也早已成为国际惯例。保险经纪人业务之所以日益蓬勃发展，主要原因在于保险经纪人在保险市场的发展过程中起到了非常重要的作用，具体表现在以下几方面：

第一，降低风险管理成本，提高经营效率。随着社会化、专业化分工的不断深入，企业逐渐把自己不熟悉的风险管理和保险安排等工作委托给专业化的风险管理顾问——保险经纪人去做，这一方面可以降低企业的风险管理成本，另一方面也使企业能够更专注于自己主业的发展，进而提高企业经营效率。

第二，提供全面、专业的风险管理服务。保险经纪人能够为投保人提供从风险评估、风险分析、风险防范、风险转移到灾后防损、索赔等全方位、全过程、专家式的服务，大大拓展和深化了由保险公司提供的传统服务，免除了投保人的后顾之忧。

第三，协助投保人获得经济、合理、充分的保险保障。保险经纪人由于精通保险技术、熟悉保险市场运作方式，能够充分考虑投保人的实际情况，为投保人量身定做最适合的保险方案，从而协助投保人以科学、合理的保险条件获得充分的保险保障。

第四，降低投保成本。首先，保险经纪人可通过风险管理使投保人保险标的风险状况有所改善,以便赢得较为合理的低费率;其次,保险经纪人一般会与保险市场上多家保险公司保持联系,拥有通畅的询价渠道,通过市场竞争机制,可以合理降低费率;最后,保险经纪人拥有大量的客户资源,保险公司为了扩大市场份额,往往给予保险经纪人额外的费率优惠。

第五,提高投保安全性。在法律上,保险经纪人代表投保人的利益,如果因保险经纪人的过错,如在投保、协助索赔等环节给投保人造成损失,则保险经纪人应承担赔偿责任。

示范案例

【案情简介】[①]

2016年5月11日,惠水华林公司作为甲方与新华人寿贵州公司作为乙方签订《合作框架协议》,主要约定双方在人寿保险、意外保险和健康保险等领域开展全面的保险业务合作。《合作框架协议》签订后,惠水华林公司在贵州省惠水县、平塘县、长顺县等地就与新华人寿贵州公司所合作保险产品开展推广并进行销售。惠水华林公司将其收取的所销售保险产品的保费交付新华人寿贵州公司,新华人寿贵州公司则按相应保险产品的费率向惠水华林公司支付代理手续费。

至2016年9月,新华人寿贵州公司尚有部分代理手续费未向惠水华林公司支付。新华人寿贵州公司在履行惠水华林公司销售的保险产品过程中,发现存在投保人信息不完整的情形,遂要求惠水华林公司配合退还有关投保人的保费。

双方对往来款项皆有异议,遂诉至法院,惠水华林公司要求判令新华人寿贵州公司立即支付己方经济损失;新华人寿贵州公司则要求判令解除双方签订的《合作框架协议》,判令惠水华林公司赔偿己方经济损失。

【裁判理由】

法院认为:惠水华林公司与新华人寿贵州公司签订的《合作框架协议》实为保险业务代理合同,依据《保险法》第119条"保险代理机构、保险经纪人应当具备国务院保险监督管理机构规定的条件,取得保险监督管理机构颁发的经营保险代理业务许可证、保险经纪业务许可证";《保险专业代理机构监管规定》第2条"本规定所称保险专业代理机构是指根据保险公司的委托,向保险公司收取佣金,在保险公司授权的范围内专门代为办理保险业务的机构,包括保险专业代理公司及其分支

[①] 参见贵州省贵阳市中级人民法院(2018)黔01民终5823号民事判决书。

机构。在中华人民共和国境内设立保险专业代理公司,应当符合中国保险监督管理委员会规定的资格条件,取得经营保险代理业务许可证"之规定,因惠水华林公司未取得经营保险代理业务许可证,不具有从事保险专业代理的资格条件,双方签订的《合作框架协议》违反法律法规的强制性规定,属于《合同法》第52条规定的合同无效之情形。故新华人寿贵州公司反诉请求解除该合同,本院不予支持。

对于惠水华林公司与新华人寿贵州公司诉请对方赔偿损失的部分,应依据《合同法》第58条"合同无效或者被撤销后,因该合同取得的财产,应当予以返还;不能返还或者没有必要返还的,应当折价补偿。有过错的一方应当赔偿对方因此所受到的损失,双方都有过错的,应当各自承担相应的责任"之规定进行处理。对于导致双方签订无效合同的过错,新华人寿贵州公司作为专业保险业务经营公司,寻找保险专业代理机构应按照法律法规的规定进行,且应尽到谨慎审查代理机构是否具有代理资格的义务,现新华人寿贵州公司明知惠水华林公司未取得经营保险代理业务许可证,不具有从事保险专业代理的资格条件,还与之签订名为合作、实为开展保险代理业务的合同,存在主要过错,应对双方损失承担主要责任。

【适用法条】

1.《保险法》第119条:"保险代理机构、保险经纪人应当具备国务院保险监督管理机构规定的条件,取得保险监督管理机构颁发的经营保险代理业务许可证、保险经纪业务许可证。"

2.《保险专业代理机构监管规定》第2条:"本规定所称保险专业代理机构是指根据保险公司的委托,向保险公司收取佣金,在保险公司授权的范围内专门代为办理保险业务的机构,包括保险专业代理公司及其分支机构。在中华人民共和国境内设立保险专业代理公司,应当符合中国保险监督管理委员会(以下简称中国保监会)规定的资格条件,取得经营保险代理业务许可证(以下简称许可证)。"

3.《合同法》第58条:"合同无效或者被撤销后,因该合同取得的财产,应当予以返还;不能返还或者没有必要返还的,应当折价补偿。有过错的一方应当赔偿对方因此所受到的损失,双方都有过错的,应当各自承担相应的责任。"

【裁判分析】

随着我国社会经济的高速发展,危险的种类不断增多、危险发生的概率不断增大,需要保险组织对上述危险进行消化。因此,保险企业的运营情况关系到公众利益和社会稳定,为保证保险企业的资质,我国保险法对保险从业者的资格作了严格的规定。本案中,惠水华林公司与新华人寿贵州公司签订的《合作框架协议》实为保险业务代理合同。对于保险业务代理,需要符合保险监督管理机构规定的资格条件,取得经营保险代理业务许可证。本案中,惠水华林公司未取得经营保险代理业务许可证,不具备相应的资格条件,相应地《合作框架协议》因违反法律法规的强制性规定而无效。目前,仍然存在部分企业基于牟利考虑或风险意识不足,违反法律规定从事保险业务。一般而言,未取得经营保险代理业务许可证的企业进行的"保险业务"是无效的,因此投保人在选择办理保险业务时,也需要对从事保险业务企业的资质进行一定的审查。

拓展阅读

现代保险组织体系的培育①

当前,保险行业的一个热门话题就是如何塑造新型保险业态。在相当程度上,创造保险新业态就是对各种保险生产要素的整合创新,这些要素包括资本、技术、信息、管理、人才等。而承担这种整合创新任务的基本平台就是保险组织。本文围绕保险组织这一核心概念,就如何培育中国特色现代保险组织体系作初步探讨。

保险市场准入的政策导向

认真梳理近年来的监管实践,我们可以比较清晰地看出保险市场准入政策导向的主线。这条主线,就是紧紧围绕现代保险服务能力的输出和输入。

所谓现代保险服务能力的输出,就是眼光向外,及时、充分、有效地满足日益增长和多元的保险需求。一是面向中央,着眼于服从和服务国家的重大战略部署,配套设立相关的保险机构;二是面向地方,着眼于促进区域保险业的协调发展,逐步填补有关省市的法人机构空白;三是面向社会,着眼于满足社会各界多样化的保险需求,推动设立一批技术和人才准备比较扎实的专业性保险公司。

所谓现代保险服务能力的输入,就是眼光向内,全面、协调、有力地提升保险组织的生产力和竞争力。一是回归本源,着眼于汇聚特定保险需求、体现保险的互助共济本色,推动相互保险和自保公司试点;二是弥补短板,着眼于对接快速增长的再保险业务需求、增强保险业的国际竞争力,增设法人再保险主体;三是发挥优势,着眼于发挥保险业对人生规划和财富规划协调兼顾的优势、改进资产负债匹配管理能力,设立各类专业保险资产管理机构;四是延伸发展,着眼于夯实保险业基础运营、增强对外提供增值服务的能力,允许保险公司设立相关非保险子公司。

上述政策导向体现了监管机构对于保险业发展环境的深刻认识和主动回应。

---

① 参见袁平海:《现代保险组织体系的培育》,载《中国金融》2017年第5期。

从社会需求看,当今实体经济与金融的互动关系正在发生深刻变化,需要保险业提供更加专业的产品和服务。从技术变革看,随着金融科技的广泛深入应用,需要保险行业对商业模式进行彻底梳理和改造。从竞争环境看,金融市场的跨行业、跨领域、跨国境的竞争日益激烈,需要保险业加快提升综合竞争能力。从行业发展看,保险公司激进化、平台化、同质化现象比较明显,存在同起同落、大起大落的风险,精细化、差异化的发展理念仍未成为行业共识和普遍实践。

如何界定现代保险组织

构建和培育中国特色现代保险组织体系,首先要对"现代保险组织"的内涵和外延进行界定。这是一项比较困难的工作。

说到"保险组织",大家第一印象就是它们都具有经营特许权。最初的也是最狭义的经营特许权包含两方面的内容:一方面,这事只许你做;另一方面,你只许做这事。但现在,我们很难从特许经营这一商业视角来界定保险组织。

保险交易的实质是风险交易,保险公司的核心能力就是围绕风险的四种能力:一是对风险的获得能力(即通常所说的客户渠道等),二是对风险的评估能力(即通常所说的产品定价等),三是对风险的最终吸纳能力(即通常所说的承保能力、偿付能力),四是对风险的管控能力(即通常所说的防灾减损、反欺诈等)。随着金融保险科技和商业运营模式的最新发展,这四种能力已经模块化甚至碎片化,因而必将导致保险公司与保险中介机构、保险公司与再保险公司、保险公司与保险服务提供商之间的业务边界日益交叉和模糊。

相对而言,从监管的视角来界定"保险组织"可能更加明了易解。在当前中国保险业的环境和语境之下,监管机构实际上承担了以下四种角色。需要声明的是,这种分类只是出于一般性的理解便利,并不严谨、正式;这种分类不仅适用于保险监管机构,也适用于其他金融监管机构。

一是"主管"角色,也就是通常所说的机构监管。对保险组织开展的所有经营活动,监管机构都负有监督管理职责。最重要的判断标准就是,保险组织的市场准入必须履行行政审批程序,包括保险集团公司、保险公司、保险资产管理公司、相互保险组织、专业保险中介机构。

二是"分管"角色,也就是通常所说的功能监管。监管机构以业务为主线,对保险组织实施部分的或者延伸的监管。例如,对保险公司发起设立的非保险子公司、承接保险公司外包业务的一般工商企业以及参与保险资金受托管理的银行业、证券业机构实施的监管。

三是"代管"角色,也就是暂时性地代为监管。这种角色的适用领域大致有几个特征,包括在业务上与保险具有紧密的相关性,在功能上相对保险具有一定的替代性,在风险上具有一定的公共性,并且没有明确的行业主管机构。

四是"城管"角色,也就是对非法经营保险的活动进行查处。受到监管资源和手段的限制,一般来说,此类工作可以通过专项整治的方式,向社会公众发出明确、有效的监管信号。同时,在一定程度上表现为"民不告、官难纠"。

如何培育中国特色现代保险组织体系

加快建设中国特色现代保险组织体系,对于深化保险业供给侧结构性改革、提升保险业服务经济社会发展能力和综合竞争能力具有重要意义,也可以成为建设保险强国的重要抓手和突破口。

根据国内外金融市场发展经验和我国保险业现状,在具体推进中国特色现代保险组织体系的过程中,需要协调好专业化、多元化、集团化三大路径。考虑到保险集团的总资产、保费收入、利润等关键指标均超过全行业的2/3,并且涉及金融综合经营和产融结合等宏观系统性因素,需要特别予以关注并实施有效的并表监管。

目前,中国保险监督管理机构监管框架下的保险集团包括保险控股型集团和非保险控股型集团两类。其中,保险控股型集团又可分为纯粹性保险集团和事业性保险集团。对于纯粹性保险集团,即一家保险集团(控股)公司与受其直接或间接、共同控制的一家或多家保险公司以及其他非保险机构所共同形成的企业集合,建议着重依托保险主业,规范审慎、稳步有序地构建综合经营平台,加强资源整合,促进业务协同,适当拓宽业务领域和创新业务模式以配合反哺保险主业,提升综合竞争能力。对于事业性保险集团,即一家保险公司与受其直接或间接、共同控制的一家或多家保险公司以及其他非保险机构所共同形成的企业集合,建议重点指导母公司在现有框架下切实履行控股股东义务,实现各类保险业务的协调发展。对于非保险控股型集团,即由非保险机构与受其直接或间接、共同控制的一家或多家保险公司以及其他非保险机构所共同形成的企业集合,建议推动控股股东提升对保险子公司的资本补充和资源配置能力,加强对相关保险子公司的并表监管,同时严格控制因同业竞争导致不恰当的利益输送问题。

第十八章 保险经营监督管理

第一节 保险分业经营规则

一、保险分业经营规则的含义和原因

保险分业经营是指同一保险人不得同时兼营财产保险业务和人身保险业务。即财产保险公司的业务范围以经营财产保险为限,人身保险公司的业务范围以经营人身保险为限,同一保险人不得兼营财产保险业务和人身保险业务。

保险业之所以实行分业经营,主要有以下几方面的原因:

第一,财产保险和人身保险的保险对象不同,这两种保险业务各有其特点,在承保的手续、订立保险合同的要求、保险责任、保险费计算的基础、保险金的赔付、保险基金的管理方式以及公司的解散、清算等方面都存在区别,因而保险公司的分业经营有其必要性。

第二,经营的稳定性不一样。人身保险的经营是建立在人的生命和身体的基础之上的,其经营风险相对稳定;而财产保险的保险事故发生具有不确定性,损失偏差较大。如果混合经营,当财产保险理赔发生困难时,保险人势必会挪用寿险准备金,不利于人身保险业务的发展。

第三,保险公司分业经营,有利于提高保险业务水平,维护被保险人的合法权益,保有相适应的赔付能力。同时,也有利于实行规范化经营、规范化管理,便于金融监督管理部门进行监督。

二、各国保险分业经营的概况

在英国,法律原本允许同一保险组织兼营财产保险业务和人身保险业务。但自从接受欧盟第一次人寿保险指令后,便禁止产寿险兼营,即同一保险组织不得同时兼营财产保险业务和人身保险业务。

在美国,除了少数保险组织外,同一保险组织不得兼营人身保险业务和财产保险业务,但人身保险组织和财产保险组织都可以同时经营意外伤害保险业务和健康保险业务。

加拿大1991年《保险公司法》规定,除原有的兼营财产、人身保险业务的再保

险公司外,其他保险公司均不得兼营财产保险和人身保险业务,但对于意外伤害保险和健康保险,财产、人身保险公司均可经营,并允许以子公司、控股公司的方式经营。

在德国,依照《保险企业监督法》的规定,禁止兼营财产保险业务和人身保险业务,意外伤害保险、健康保险则属于财产保险领域。[1]

在日本,1996年《保险业法》将保险分为三个领域:"第一领域""第二领域"保险分别指的是生命保险和损害保险,而"第三领域"保险则是指在"第一领域"和"第二领域"保险之外新出现的疾病、伤害、护理等保险。财产、人身保险公司均可直接经营"第三领域"保险业务。

第二节 最低偿付能力和保险准备金

一、最低偿付能力

保险公司的基本职能是组织经济补偿和保险金给付。为了履行这一职能,保险公司需要吸纳众多的投保人,以收取保险费的办法建立保险基金,以保证在被保险人遭遇保险事故或者财产损失时能够按照事先约定给予补偿或者给付保险金。这是保险公司赖以生存和发展的基础,也是保险经营的出发点和归宿。为达到此经营目的,保险公司必须时刻保持必要的偿付能力。国家对保险企业最直接、有效的监管手段就是规定法定最低偿付能力额度,以确保保险企业偿付能力的最低限额。最低偿付能力是指保险公司的实际资产减去实际负债后的差额,不得低于保险监督管理机构规定的金额。我国《保险法》第98条规定:"保险公司应当根据保障被保险人利益、保证偿付能力的原则,提取各项责任准备金。保险公司提取和结转责任准备金的具体办法,由国务院保险监督管理机构制定。"

为加强对保险公司的监督管理,维护被保险人利益,促进保险事业健康、稳定、持续发展,原保监会于2008年7月10日发布《保险公司偿付能力管理规定》,适用于依照中国法律在中国境内设立的中资保险公司、外资独资保险公司、中外合资保险公司和外国保险公司分公司。保险公司应当根据保障被保险人利益、保证偿付能力的原则,稳健经营,确保实际偿付能力额度始终不低于其应具备的最低偿付能力额度。

保险公司应当按照保险监督管理机构制定的保险公司偿付能力报告编报规则

---

[1] 参见李玉泉:《保险法(第三版)》,法律出版社2019年版,第324—325页。

定期进行偿付能力评估,计算最低资本和实际资本,进行动态偿付能力测试。保险公司应当以风险为基础评估偿付能力。

保险公司的最低资本,是指保险公司为应对资产风险、承保风险等风险对偿付能力的不利影响,依据保险监督管理机构的规定应当具有的资本数额。保险公司的实际资本,是指认可资产与认可负债的差额。认可资产是在评估保险公司偿付能力时依据保险监督管理机构的规定所确认的资产。认可资产适用列举法。认可负债是在评估保险公司偿付能力时依据保险监督管理机构的规定所确认的负债。

保险公司应当按照保险监督管理机构的规定进行动态偿付能力测试,对未来规定时间内不同情形下的偿付能力趋势进行预测和评价。

在中国境内设有多家分公司的外国保险公司应当合并评估境内所有分支机构的整体偿付能力。

二、保险准备金

保险准备金是指保险人为了承担未到期责任和处理未决赔款而从保险费中提取的一种资金准备。保险准备金不是保险企业的营业收入,而是保险企业的负债。保险企业应有与保险准备金等值的资金做后盾,才能完全履行保险责任。因此,各国保险法都规定了保险准备金的提取和标准。根据用途分类,保险准备金可以分为未到期保险准备金和未决赔款保险准备金。

(一)未到期保险准备金

未到期保险准备金是指在准备金评估日为尚未终止的保险责任而提取的准备金,包括保险公司为保险期间在一年以内(含一年)的保险合同项下尚未到期的保险责任而提取的准备金,以及为保险期间在一年以上(不含一年)的保险合同项下尚未到期的保险责任而提取的长期责任准备金。

(二)未决赔款保险准备金

未决赔款保险准备金是指保险公司为尚未结案的赔案而提取的准备金,包括已发生已报案未决赔款准备金、已发生未报案未决赔款准备金和理赔费用准备金。已发生已报案未决赔款准备金,是指为保险事故已经发生并已向保险公司提出索赔、保险公司尚未结案的赔案而提取的准备金。已发生未报案未决赔款准备金,是指为保险事故已经发生但尚未向保险公司提出索赔的赔案而提取的准备金。理赔费用准备金,是指为尚未结案的赔案可能发生的费用而提取的准备金。其中,为直接发生于具体赔案的专家费、律师费、损失检验费等而提取的为直接理赔费用准备金;为非直接发生于具体赔案的费用而提取的为间接理赔费用准备金。我国《保险法》第98条规定:"保险公司应当根据保障被保险人利益、保证偿付能力的原则,提取各项责任准备金。保险公司提取和结转责任准备金的具体办法，由国务院保险监督管理机构制定。"

第三节 保险资金运用

一、保险资金运用的概念

保险资金运用，是指保险公司在业务经营过程中，将积聚的各种保险资金进行投资和融资，使其保值增值的活动。这里所说的保险资金，是指保险公司通过各种渠道聚集的各种资金的总和，包括资本金、各项准备金、公积金、保险储金和未分配盈余等，是保险公司偿付能力的保证。由于上述资金的形成与保险赔偿金的给付之间有一段时间上的距离，尤其是长期人身保险业务，更是如此，因此在保险公司经营过程中，总会有一部分资金处于闲置状态。而保险公司通过资金的运用，可以得到高于银行存款利息的收入，从而增强其偿付能力和竞争力。

二、保险资金运用的原则

保险资金能否被充分有效地加以利用，关系到保险公司偿付能力的维持以及被保险人、受益人利益的保护，因此必须遵循安全性原则、效益性原则和流动性原则。[1]

（一）安全性原则

安全性原则是保险资金运用的最基本原则，该原则要求保险公司在资金运用时，不能盲目投资，对投资项目必须进行可行性研究和分析，选择最佳的资金运用方案，将风险系数降到最低点，保证保险资金在运用过程中免遭损失，并能按时收回。如果不顾保险资金运用的安全性，一味地为获取利润搞冒险投资，就可能发生无法回收资金，进而导致无力偿还保险赔付的局面，这样则势必使保险公司经营陷入困境。

（二）效益性原则

运用保险资金追求盈利，是保险资金运用的直接目的。只有讲求经济效益，通过保险资金的运用使其保值增值，才能提高保险公司的偿付能力，从而增强保险公司的竞争力。一般而言，收益越高的项目，往往风险也越大，因此保险公司必须处理好安全性原则与效益性原则的关系，在遵循安全性原则的基础上，努力追求保险

---

[1] 参见李玉泉：《保险法（第三版）》，法律出版社2019年版，第329—330页。

资金运用的效益,以确保保险公司资产的保值增值。

(三)流动性原则

资金运用的流动性也称"变现性"或"市场性",在保险资金运用中应使其保持一定的流动性,保证在必要时能够随时兑现,用以支付各项赔款和给付,保证被保险人或受益人在申请损失补偿、保险满期给付、中途退保或保险单提款时能够随时取得现金。保险资金运用的流动性,应根据保险业务的不同性质来确定。具体来说,人寿保险一般期限较长,大量的满期给付是可以预先核定的,出现支付巨额保险金的情形较少,对资金流动性的要求相对较低,故可作长期投资;财产保险则正好相反,保险期限一般都比较短,保险事故发生的偶然性较大,对资金流动性的要求较高,所以应当偏重于短期投资。

三、保险资金运用的方式

根据国际市场通行的做法,保险资金运用方式主要有银行存款、债券、股票、不动产、贷款等项目。根据我国《保险法》第106条的规定,保险公司的资金运用限于下列形式:

1. 存入银行

保险公司可以将资金存入银行,由银行以借贷形式投放资金市场。这样既可增加资金市场的供给,也能使保险公司有一笔稳定的利息收入。总体来说,银行存款的利率比较低,所以以存款形式运用资金,其安全性、流动性高,但盈利性较低。

2. 买卖债券、股票、证券投资基金份额等有价证券

政府债券又称"国家债券",是一国政府为了弥补财政赤字或应付某种财政需要而发行的债券,到期偿还本金并支付预定利息,包括中央政府发行的国债和地方政府发行的地方债。政府债券信用程度高,种数多,基本上没有大的风险。金融债券与政府债券功能相同,只不过发行主体是银行或其他金融机构。一般来说,债券发行者的信用程度较高,利息也较优厚。同时,保险公司可根据自身风险偏好在法律规定范围内选择投资股票、证券投资基金。

3. 投资不动产

不动产投资在各国保险业中非常普遍。在我国,经保险监督管理机构批准,保险公司可以其资金的一定比例投资于不动产。

4. 国务院规定的其他资金运用形式

保险公司可运用保险资金经营与保险业务有关的服务性企业等。

第四节 我国保险业风险处置的制度构建研究

一、我国保险业风险处置概述及其存在的问题

(一)保险业风险处置的概念

关于金融机构的风险处置,目前尚无确切的解释,而"风险处置"一词正式首见于国务院 2008 年 4 月公布的《证券公司风险处置条例》,其中第 2 条、第 3 条对证券公司风险处置进行了界定。在我国,证券公司风险处置是指证券市场相关监管部门或相应的政府管理部门依据有关法律、政策规定,按照一定程序采取有关措施对证券公司风险进行释放、控制、化解和防范的过程。[1] 鉴于本节建议通过立法完善我国保险业的风险处置,由此可以推导得出,保险业的风险处置即为,银保监会等保险监管机构依据相关法律与政策规定,对出现问题的保险公司采取监管措施,维护保险利益并稳定金融市场的行为。

(二)保险业风险处置立法概述

从 20 世纪 80 年代我国保险业恢复以来,尽管经历了数次全球性金融危机,但未出现一例保险公司破产事件。这并非中国保险市场风险小、相对安定,而是因为有行政强制力予以兜底。具体来说,保险产品渗透到社会各个领域、切实关乎民生的社会公共效应使得政府在某种程度上被劣质保险公司"绑架",政府迫不得已为保险机构提供隐形担保。但是,此种为保证行业安全的无奈之举,既有悖于市场公平竞争之真义,侵犯纳税者权益,也会变相诱使道德风险的增加,造成保险行业内部风险的不断积聚,不利于保险业的长期发展。事实上,该种恶果在社会负面效应层面上与政府为追求市场效率,完全放任保险企业,让其自生自灭并没有实质差别。面对两难困境,极端性的放任或兜底都不可取。值得说明的是,对市场主体的偏好或选择持完全尊重态度,并不意味着政府不能采取措施去减少风险。[2] 换言之,在市场化的背景下,政府若能把握住适合的角色定位,在放任与兜底间掌握好平衡,进而从计划经济延续下的直接管理者转变为指导者,则长期困扰保险行业甚至金融行业的问题可以得到解决。

事实上,我国保险业的相关立法和行政法规已体现了政府对保险业风险处置问题的态度。目前,针对保险业风险处置问题,我国通过《保险法》《破产法》《公司

---

[1] 参见张学政:《证券公司风险处置研究》,知识产权出版社 2005 年版,第 30 页。
[2] 参见孙乃玮:《金融风险的根源和经济法在金融风险防范中的作用》,载《经济法研究》2011 年第 10 期。

法》《保险保障基金管理办法》《保险公司偿付能力管理规定》等法律法规和部门规章,建立了包括市场、行政、司法途径的多层次风险化解方式和市场退出机制。其中,风险化解方式具体包括:一是规定在《公司法》中的市场方式——并购重组;二是规定在《保险法》中的行政方式——行政限制措施、整顿及接管;三是规定在《破产法》中的司法方式——重整和和解。市场退出机制具体包括解散清算、撤销清算和破产清算。多层次风险处置基本框架的确立和保险保障基金等配套措施的搭建可以确保政府处理保险业危机的多元选择:既可让劣质保险公司合理退出,又存在保证"大而不能倒"的方法,从而控制保险业危机的负面效应。但是,立法者的美好构想在复杂实际中遭遇了困境,顶层立法设计对可操作性的忽视要么给予执行者过多自由裁判空间,要么导致执行者的思维混乱。

(三)保险业风险处置中存在的问题

1. 启动程序

我国自2008年《保险公司偿付能力管理规定》公布以来,一直采用以偿付能力为核心的风险识别标准。根据保险公司偿付能力不足的具体情形,相关部门会采用不同的处置措施。但是,此机制的有效开展的前提是将问题保险公司等同于保险公司偿付能力不足。事实上,将二者混为一谈是不恰当的。问题保险公司也可能资产充足,且能够完全偿还负债的公司。[1] 同时,不同于一般企业,保险公司即使因经营失败而影响偿付能力,也可通过低费率和高佣金继续筹措新的现金,将问题暂时遮掩住。后果便是,当保险公司出现支付危机时,其面临的问题实际上已远比一般支付危机严重,而进一步恶化的偿付能力大概率会产生破坏力更强、代价更大的后果。[2] 片面、迟缓甚至不真实的预警结果折射出以偿付能力不足为风险处置措施的启动标准在面临保险业风险时的乏力。

此外,偿付能力监管体系自身的不足同样值得注意。自2016年起,"偿二代"计划的正式实施标志着保险监管从以"规模"向以"风险"为导向的转变,明显改善了保险公司的偿付能力和风险抵御能力。[3] 但是,伴随着"偿二代"监管体系的实施,统计数据真实性、有效性会对监管效果产生更大的影响。同时,专业风险管理人才的缺乏、信息披露机制的不健全、相关配套制度的不足等老问题势必也会给风

---

[1] 参见杨文生、张梅玲:《问题保险公司退出路径研究:一个国际比较的视角》,载《管理现代化》2010年第5期。

[2] 参见陈景善、张婷主编:《东亚金融机构风险处置法律评论(第一辑)》,法律出版社2015年版,第9—17页。

[3] 参见唐金成、胡珊珊:《我国保险公司偿付能力及其监管体系研究——基于"偿二代"监管体系》,载《西南金融》2017年第1期。

险监管带来更多的阻碍。

2. 风险化解方式

(1) 市场方式。并购重组作为谈判双方在平等自愿基础上达成合意的商业选择,不仅是市场经济条件下最常见的公司自我调整现象,亦是保险公司针对偿付危机的极佳解决方案之一。其实,保险公司的风险并未因并购重组而消除,只是被增大的资产规模所掩盖。若并购重组双方因股权结构复杂等原因给谈判以及存续公司的运营带来困难,所造成的社会影响则会更大。但瑕不掩瑜,国外立法及实践亦可证明此点。美国、英国、澳大利亚等发达国家均将并购重组作为保险业风险处置的重要手段之一。相较于境外发达国家保险市场的活跃,我国保险市场的保险公司并购重组现象较为少见。国内首例保险公司合并案发生于2010年,同业收购直到2014年《保险公司收购合并管理办法》出台才不再是保险公司的禁区。有限的保险公司并购经验和惯性的行政干预思维使得并购重组的风险处置方式常被风险处置参与人所忽略。从此层面而言,作为风险处置有效措施之一的并购重组在《保险法》中未被提及,在一定程度上造成行政手段在风险处置中的过多采用。因此,如何提升市场方式在风险化解中的运用值得立法者思索。

(2) 行政方式。一方面,《保险法》的相关规定虽具体,但缺乏可操作性,使得监管机构掌握了过多的自由裁量权。具体体现在:

其一,针对行政限制措施,《保险法》第138条详细规定了多达十项行政限制措施,既包括资产结构的调整和负债规模的压缩,也包括所有者权益的限制和经营成本的压缩。[①] 整体而言,这十项行政限制措施为问题保险公司的偿付能力构建了多元、具体的提升渠道,足以适用于不同处理情形。但是,可操作性的缺失使得一系列行政措施难以发挥其应有之效。一是不同限制措施的适用情形和适用顺序并未在条文中明确。《保险法》第138条规定的国务院保险监督管理机构"可以根据具体情况采取下列措施"赋予了监管人员过多的措施选择权,若监管人员滥用此权力且不会受到法律制约,就会对整个社会秩序造成极大的破坏。以其中责令转让保险业务为例,保单的转让不仅涉及转让方和被转让方,还涉及保单的权益者,影响范围广大。二是监管措施是否可叠加?叠加措施数是否有限制?这些疑问也不得而知。三是结合《保险法》第139条,除该条提及的会导致责令限期改正的情形,其余措施如违反限制商业性广告后果是什么?在实施这些措施无效之后,是否可继续实施其他措施以作替代?《保险法》第138条的"可以根据具体情况采取下列

---

① 参见盛建明、贾晶:《论我国保险公司破产前置程序的实践、困境及解决之道》,载《法学杂志》2015年第12期。

措施"的概括式规定让这些措施的使用变得随意,或者难以运用。

其二,针对整顿,《保险法》第140条到第143条将其作为"逾期未改正"的行为后果,从条件、主体、权限及结果等方面作出规定。问题在于,第140条在未区分违规情节之轻重的条件下即统一将违规保险公司纳入整顿的范围。根据此条款,计提90%的责任准备金和未计提责任准备金的保险公司均需被采取整顿措施,这对部分保险公司有失公平。此外,这些条文本身用词的边界模糊也加大了行政措施采用的不确定性。例如,整顿组人员如何选取?整顿期限是否有限制?可"停止部分原有业务"具体指哪些?"正常经营状况"的标准为何?

其三,针对接管,部分条文细节付之阙如的现象同样存在。在涉及接管的《保险法》第144条到第148条中,何谓"偿付能力严重不足"?它和"偿付能力不足"的区别何在?"可能严重危及或者已经严重危及公司的偿付能力"的判断标准又为何?接管组由哪些机构组成,职权范围多大?接管期间公司的内部管理制度是否以及会发生哪些变化?这些不明确之处都给接管程序的有效运行造成实质上的阻碍。

另一方面,《保险法》未明确规定托管、行政重组措施。我国《保险法》虽未将托管、行政重组措施纳入问题保险公司的监管措施,但二者实为问题公司处置、化解风险的常见措施,被广泛地运用在证券公司风险处置实践中,并且已成功地在我国保险公司的风险处置实践中收获良好成效。例如,在中华联合风险处置实践中,自中华联合保险公司于2007年暴露大规模风险起,监管机构先后进行了多次外资增资扩股工作和中资市场化重组的积极尝试,均未果。直到2009年3月,经保监会、保障基金公司与新疆建设兵团国资委的多次沟通协商,决定由保障基金公司托管中华联合主要股权,逐步向中华联合注入保险保障基金,并通过无偿受让、置换、收购员工股等方式进行股权重组,对公司治理结构进行规范及完善,后中华联合保险经营方呈转好态势。

从保险公司风险处置的实际需要来看,托管具有管理团队更为专业、不改变企业产权关系等特点,而且在《金融机构撤销条例》第12条、第37条等规定中可找到保险公司开展托管措施的法律依据。行政重组虽仅出现在《证券公司风险处置条例》中,而且由于地方保护主义的存在或可能出现资源流动受限制等弊端,但其好处在于方便保险市场资源的整合,有利于提高保险业资源配置的效率,故出于保护保单持有人利益的目的,参照《证券公司风险处置条例》对问题保险公司采取注资、股权重组、债务重组、资产重组、合并或者其他方式进行行政重组是完全可取的。

此外,尽管"法无禁止即可为",托管、行政重组措施在《保险法》中的未明确规定并不意味着该两种措施不可被保险公司风险处置所采用,但未有提及即代表行政部门在采取此等措施时无法可循,特别是在一些关乎参与方利益问题的解决上,如托管组和保险公司的股东会、董事会的关系如何协调?动用公共资源对个别机构进行补贴或购买其不良资产是否是对其他问题保险公司和民众的不公?

(3)司法方式。根据《保险法》第90条,"经国务院保险监督管理机构同意,保险公司或者其债权人可以依法向人民法院申请重整、和解或者破产清算;国务院保险监督管理机构也可以依法向人民法院申请对该保险公司进行重整或者破产清算"。由此可知,立法者即使在市场方式、行政方式屡屡受挫后,依然心怀社会利益,期望通过重整或和解对问题保险公司进行最后一次拯救。相较于行政方式,重整和和解的司法方式存在下述优势:一是通过"分组表决且三分之二债权人同意"即可的决议模式,无须满足每个债权人利益诉求,谈判难度较小;二是重整或和解计划受司法保障力所保护,成功率高。但是,由于重整和和解作为我国《破产法》确立的司法救济方式,应受《破产法》规制,而金融机构与一般企业不同,《破产法》对重整、和解的一般规定并不完全适合处置保险公司风险。例如,金融机构较一般企业更为复杂,重整期限是否需要延长?金融机构债权人类别分组是否应与破产法中的一般债权人类别分组不同?金融机构重整计划通过后的执行监督问题应该如何解决?[1]

3. 市场退出机制

相较于撤销清算和破产清算,解散清算受《公司法》规制,应基于公司内部自主决策,故基本上不适用于问题保险公司。针对问题保险公司,撤销清算和破产清算是保险业风险处置的最后途径。而可操作性缺失同样存在于二者的立法设计中,对于撤销清算,根据《保险法》第149条,当保险公司出现应予撤销的情形时,由国务院保险监督管理机构予以撤销并组织开展清算工作,同时对撤销清算的负责机关和适用条件作出明文规定。但是,偿付能力低于多少会达到"不予撤销将严重危害保险市场秩序、损害公共利益的程度"?依法及时组织清算组进行清算是依照何法?若依照《公司法》开展撤销清算,清算组的产生办法、职权及债权清算顺序是否也同一般公司的撤销清算一致?《保险法》皆未予解答。

对于破产清算,保险公司破产的立法欠缺不仅给重整和和解程序的开展造成阻碍,而且给破产清算的执行者带来困扰。《保险法》和《破产法》作为高位阶立法,规定的大多是概括性处理原则,自然难以兼顾保险公司破产的特殊问题。具体而言,保险公司的破产条件是否应同一般公司破产条件相同?财产保险合同和人身保险合同是否均可适用管理人的挑拣履行权?保险公司的破产财产范围及清算顺

---

[1] 参见刘丽靓:《李曙光建议尽快修改破产法》,载《中国证券报》2016年6月2日第1版。

序等是否同一般公司破产清算相一致？等等。面对此立法缺失,是效仿《金融机构撤销条例》制定针对全体金融机构的破产条例,还是单独针对保险业出台破产条例,立法者宜尽快作出选择并着手立法工作。

4. 保险保障基金制度

尽管保监会早在2004年12月就颁布了《保险保障基金管理办法》,保险保障基金制度也经历过新华人寿、中华联合等风险处置实践,但过于原则化、操作性缺失、政府过度参与等老问题也出现在有关保险保障基金的立法与实践中。一是《保险保障基金管理办法》对"保单利益""保单持有人的损失"等概念的定义不清。① 二是保险保障基金的救济标准仅有粗线条的勾勒,在赔偿限额、险种范围、不同险种间是否有区别等问题上皆未具体指明。三是保险保障基金公司的职能定位模糊。例如,根据《保险保障基金管理办法》,除救助保单持有人、受让保单外,保险保障基金还有权检测保险业风险、参与风险处置工作等,但《保险法》《破产法》等法律、法规未对保险保障基金的其他身份(如破产管理人)进行规定。四是监管机关习惯性地将保险保障基金公司可支配的权力纳入自身职权范围。② 虽说保险保障基金是保险公司自我募集形成的行业互助性质的法定基金,银保监会应对该基金行使监督职能,但基金是介于监管与市场之间的主体,按照一个部门的方式去管理它,就丧失了它作为独立机构应有的效率,其立意将大打折扣。③

此外,基金救助区别对待财产保险受让公司的做法并不合理。《保险法》第100条第2款和《保险保障基金管理办法》第18条仅明确,基金可对人寿保险的保单受让公司提供救助,只字未提其可对财产保险的保单受让公司提供救济。单从立法条文分析,此规定与财产保险合同无强制移转的立法规定甚是相关。《保险法》第92条明确规定了人寿保险合同指定移转制度,但未对同样情形下非人寿保险合同的转让及效力作出特别规定。与寿险相较,大多数短期的财产险合同终止后,投保人再加入保险且获得同等的保险保障并不困难。④ 因此,有学者认为,与其强制性地要求财产保险合同存续,还不如把保险保障切换到其他更加稳健的保

---

① 参见张婷:《保险公司破产法律制度》,载《中国金融》2017年第7期。
② 参见杨溢、张想、王梓霖:《中国保险保障基金公司化管理模式探析》,载《金融理论与实践》2009年第5期。
③ 参见任建国主编:《保险保障基金参与保险业风险处置与市场退出研究》,中国金融出版社2014年版,第128页。
④ 参见薄燕娜:《论我国保险保障基金救助制度的完善——域外经验及其借鉴》,载《法商研究》2016年第5期。

险公司的做法,对保单持有人的权益也更加有利。[①] 但不容忽略的事实是,财产保险合同延续性被切断并不利于保单持有人权益的保护。因为即使财产保单持有人享有优先受偿权,也难以保证持有人真正获得其债权的全部救济。退一步而言,即使财产保单持有人全部的债权获得受偿,也需花费额外时间、精力去与其他保险公司订立新保险合同。因此,允许财险保单移转处置且准予保险保障基金向财险保单受让公司提供救助,是出于保单持有人权益保护考虑的更好选择。

5. 衔接程序

整体而言,完整的保险业风险处置制度包含风险预警、风险化解、市场退出及保险保障基金四种机制。但由于我国目前规范保险业风险处置的规定散见于《保险法》《破产法》《公司法》以及行政法规、部门规章中,系统规定的缺乏自然使得保险公司、监管部门等相关人在风险处置时难有清晰思路。其中,相关机制彼此间的断裂更加剧了风险处置的难度,特别是在行政程序与司法程序之间以及保险保障基金的使用情形上。就前者而言,在行政程序向司法程序转化过程中,是否转化的大权掌握在国务院保险监督管理机构手中,《保险法》等相关立法并未规定问题保险公司的债权人(包括保单持有人)、债务人是否有权直接向法院申请启动司法程序,对于撤销清算是否为破产清算的必要前置条件也未置可否。就后者而言,《保险法》第100条仅明确规定了保险公司在被撤销或者被宣告破产时可获得保险保障基金的救济。实际上,"被宣告破产"多特指法院作出的最后裁定。结合上下文,此处的"破产"更可能是包含重整、和解及破产清算的广义的"破产"概念。若如此,《保险保障基金管理办法》第3条所采用的"被依法撤销或依法实施破产"表述是否更为妥当?此外,诸如在保障基金公司受让保单持有人债权的情形下申报债权能否优先受偿等问题也需要在立法中予以明确。

基于上述考虑,制定保险公司风险处置规范性文件具有现实紧迫性。事实上,于国外,美国有《保险公司重整与清算示范法》《保险公司统一清算法》,英国、日本、加拿大也均有针对保险公司风险处置颁布单独文件的立法经验。于国内,已有的《证券公司风险处置条例》和正起草的《商业银行破产风险处置条例》也印证了保险业风险处置条例的必要性。

---

① 参见〔日〕稻田行祐:《日本保险公司破产程序概要》,马强译,载《中国保险报》2011年4月2日第6版。

二、域外保险业风险处置的立法经验

为了维护保险市场的稳定,世界上许多国家都建立严格的金融保险监管制度。针对保险业的风险处置,很多国家已有相对成熟的法律规范与立法经验。当然,由于各国经济、政治、文化制度的不同,其风险处置立法制度也有所不同。下文将对几个有代表性的国家关于保险业风险处置的不同立法制度进行研究,为我国保险业风险处置提供借鉴。

(一)美国

美国是世界上金融保险市场最为完善的国家之一,对金融风险的处置也有着较为丰富的经验和研究。在保险业风险化解方式中,美国保险监督官所采取措施的评判依据主要为 PRC 监管标准,即美国保险监督官协会通过风险资本比率将保险公司划分为五种等级,并相应地采取不同措施(具体参见表 18-1)。其中,一些州允许保险监督官在全面监测发现保险公司经营可能危及保单持有人利益时,有权要求保险公司采取补救措施。所要求的补救措施范围广泛,包括但不限于限制业务范围,对费用、分红及对外投资进行限额,增加信息披露力度,提升资本金和盈余等。对此,保险公司有权要求举行听证会。同样,若保险公司对政府的行政监督决定有不认可之处,虽要服从行政监督,但可申请司法审查。事实上,美国保险业对保单持有人利益的重视主要体现在其两部示范法中。例如,监管部门不能不惜代价对保险公司进行重整,如果保险监督官认为重整行为会增加保单持有人或公众利益的风险,则应停止重整行动。[①] 相似的规定还存在于保护程序中。[②] 此外,出于监管部门具有更为专业化能力的考虑,上述示范法直接明确保险监督官应担任重整人和清算人,法院则在整个重整、清算程序中担任最终审核批准人的角色。

表 18-1 美国 RPC 监管标准

行动等级	风险资本比例	监管措施
不行动	超过 200%	无举措
公司行动级	150%—200%	要求保险公司在 45 日内向监管机构提交一份详细的解释报告和关于增加资本金或降低风险的行动计划

---

① 参见美国《保险公司重整与清算示范法》第 19 条。
② 参见美国《保险公司接管示范法》第 303 条。

(续表)

行动等级	风险资本比例	监管措施
监管行动级	100%—150%	要求保险公司在45日内向监管机构提交一份详细解释报告和关于增加资本金或降低风险的行动计划。与此同时,监管当局会进行财务检查
授权控制级	70%—100%	强制监管保险公司,并设置行政监管人。但保险公司仍有权决定公司未来发展
强制控制级	低于70%	保险监管当局将采取强制措施将保险公司置于其严格的监管控制之下

注:根据美国相关法律制作。

(二) 日本

针对保险公司风险处置,日本的相关法律框架主要由《保险业法》《破产法》《民事再生法》《公司更生法》及《更生程序特例法》构成。在日本,风险处置程序分为破产前处置程序和破产程序。其中,后者又分为由金融厅直接干预的行政程序和法院直接干预的司法程序。因而,在日本保险业"替代型"的破产程序中,基本上不存在行政权和司法权之间的冲突。而在实践中,日本保险业在市场风险处置上以监管部门为主导,尤为依仗内阁总理大臣的命令。

在破产前处置程序中,监管部门根据保险公司经营状态之不同采取不同的行政监管措施,采用的判断标准为偿付能力比率。具体而言,监管当局可根据保险公司偿付能力比率的区分采取相应的监管措施(见表18-2),并在此基础上立足于存在或可能存在的风险,规定了非对应比率监管措施的例外情形[①]。当保险公司出现重大风险时,监管机构不公开地研究制定和调整经营失败公司保单持有人的救济计划,由内阁总理大臣发布命令进行保险公司的处分、停业、指派整顿组织[②]。必要时,监管机构可采用变更保险合同的监管措施,但保险公司在变更方案上有一定的自主权。例如,根据《保险业法》第241条的规定,即使已发布停业命令,也可不指定保险管理人,由保险公司自己去商谈保险公司的转移或其他公司合并等事项。监管机构则拥有最终的审批权。

在破产程序中,值得注意的是,其一,针对财产清偿顺序,日本保险业立法区别

---

① 参见〔日〕稻田行祐:《日本保险公司破产前的早期改善措施》,马强、赵旋羽译,载《中国保险报》2011年12月26日。
② 参见孙立娟、费清:《经济泡沫、保险自由化与改革:日本保险业的发展历程》,载《现代日本经济》2017年第2期。

对待财产保险和人寿保险。其中,财产保险的保单持有人不具备一般先取特权。因为不同于财产保险,人寿保险一般是长期合同且具有储蓄性质,天然被赋予生命保障意义。① 其二,针对保单持有人的保护。日本设立了专门的投保人保护机构。该机构虽受内阁总理大臣和财务大臣监督,但它是由保险公司共同发起设立、组成并作出大会决议的,具有较强的独立性。② 投保人保护机构的基本职能是为保险合同承继事项提供资金援助。根据《保险业法》第十章的规定,当保险公司出现"已停止支付保险金或可能停止支付、丧失偿债能力或有丧失偿债能力之可能"的破绽状态时,投保人保护机构可采取对破绽保险公司保险合同的移转等提供资金救助的保护投保人的特别措施。同时,在无对象愿意承继破产保险公司时,该机构需设立承继保险公司,接受破产保险公司的保险合同转让。③ 此外,投保人保护机构可以担任保险管理人或保险管理人代理人的身份在法律中也获得了肯定。

表 18-2 日本保险公司偿付能力监管标准

分级	偿付能力比率	监管措施
非区分对象	200%以上	无
第一区	100%—200%	要求保险公司提交合理的经营改善计划及实行该计划的命令
第二区	0%—100%	命令其开展下述关于充实保险金等提高偿付能力的措施: (1) 关于充实保险金等提高偿付能力的合理计划的提出及实行 (2) 禁止或限制保险公司的分红或高管人员的奖金 (3) 禁止或限制员工或投保人分红或限制金额 (4) 变更新保单业务的预定利率 (5) 限制高风险投资行为 (6) 控制事业费用 (7) 缩小部分营业场所或事务所的业务 (8) 命令重新调整子公司的股份或持股比例 (9) 其他金融厅长官认为必要的措施
第三区	未满 0%	下达限期停止全部或部分业务的命令

注:根据日本相关法律制作。

(三) 英国

英国作为老牌工业化国家,在金融领域的发展与经验也比其他欧洲国家更为

---

① 参见陈景善、张婷主编:《东亚金融机构风险处置法律评论(第一辑)》,法律出版社 2015 年版,第 9—17 页。
② 参见日本《保险业法》第 265 条之 25 和第 265 条之 26。
③ 参见日本《保险业法》第 265 条之 28。

久远和丰富。受到金融市场的影响,英国保险市场也发展较早,而且英国保险公司的风险防范意识很强。正因如此,与其他国家不同,英国的金融投资服务行业受统一监督管理机构——金融服务监管局监管,受统一法律——《金融服务与市场法》规制。同时,英国保险监管机构坚持"最小的干预,最大的支持"原则,重点监管保险公司的偿付能力,对其市场决策、保险费率等问题尽量不横加干涉。

在英国,保险公司在市场退出上具体包括以下两种路径:收购兼并和撤销。收购方或兼并方必须按规定向金融服务监管局呈交有关详细情况。保险公司的撤销则包括保险公司主动申请的撤销和由金融服务监管局要求而引起的撤销两种情况。[1] 此外,金融服务补偿计划(Financial Services Compensation Scheme,FSCS)主要基于下述因素作出决定:保险公司自愿解散、监管者认定公司显然不能满足清偿要求、清算人或者管理人被指定、法庭决议、自愿协议的批准。在决定作出后,金融服务补偿计划可为保险担保、存款、投资、抵押咨询等金融服务提供资金补偿。其资金来源于每年按预算向各金融机构的征集,如果其花费超出预算或者该资金年度出现新的公司陷入不履行状态,则可以实施进一步的征集活动。

表 18-3 英国 PRA 监管标准

阶段	适用情形	可能采取的监管措施
第一阶段	保险公司运营风险较低	保险公司遵从常规评估流程,并需要制定针对紧张情况下的计划、适当复苏行动和退出策略
		审慎监管局(The Prudential Regulation Autherity,PRA)将评估保险公司的可处置性
第二阶段	保险公司运营风险适中(监管机构认定一家保险公司的财务状况风险管理和治理实践上存有漏洞)	恢复措施: (1)加大监管力度,保险公司被要求重新评估复苏行动和退出策略的适当性 (2)PRA 设置额外的报告要求,并利用信息收集和调查权 (3)PRA 审查保险公司的风险和监管资本要求,考虑重新调整后者,并设置对保险公司活动的限制,直至补救行动完成
		处置措施: PRA 将识别和劝说最初应急计划,可能包括信息收集和与 FSCS 的联系

---

[1] 参见赵燕妮、郭金龙:《英国保险业演化发展过程及对我国的启示》,载《金融理论与实践》2014 年第 12 期。

(续表)

阶段	适用情形	可能采取的监管措施
第三阶段	保险公司运营面临重大风险	恢复措施： (1) 保险机构被要求提交用以保护保单持有人利益和解决现已出现的问题及风险隐患的恢复计划。措施可能包括：筹集资本、资产处理、业务变更或出售 (2) PRA 或需要的其他措施：变更管理层或董事会、限制资产处理和资本分配、约束现存的或规划的行动、限制资产负债表增长、评估风险转移安排的效果（如再保险）、在保险公司或 PRA 提出的情况下，取消保险公司开展新业务的许可
		处置措施： (1) PRA 加大应急计划的处置进度 (2) PRA 同 FSCS 协作，以确保其已获取必要的信息来评估风险范围或成本
第四阶段	保险公司运营面临迫切需要解决的风险（保险公司的状况恶化致使 PRA 认定保险公司存在使其无法满足阈值条件的风险，但存有可纠正的措施）	恢复措施： (1) 多数情况下，PRA 会取消机构开展新业务的许可 (2) 保险机构加快完成复苏行动，向 PRA 表明这些行动已经减轻迫在眉睫的风险
		处置措施： PRA 同 FSCS 协作，完成保险机构的处置工作，包括制定有序清算的计划及对破产从业者的管理
第五阶段	保险公司处于处置或被有效清算的阶段	处置措施： (1) 必要情况下，PRA 将启动适当破产程序，破产工作人员会与 FSCS 及 PRA 有效延续保单或向符合条件的索赔人赔偿 (2) PRA 将妥当地监管保险公司退出机制

注：根据英国相关法律制作。

（四）总结与借鉴

第一，三国均有较为系统的风险处置立法，既包括风险化解，也包括市场退出。虽然英国仅有单一的《金融服务与市场法》可以规制保险业，但也做到对保险业个性的兼顾。

第二，在风险处置措施上，关于风险预警，三国均采取主动干预机制，即在风险未实质显现之时，便督促并要求保险公司出具相应处理计划。关于措施本身，三国均建立了干预力度由低到高、可衔接的梯度型行政措施，并且将监管措施同技术指标挂钩，通过确定性的立法指导监管者采取相应的举措。虽然英国监管措施的采取建立在监管人员对保险公司情况的主观判断之上，但 PRA 通过聘用专业人员、团队决策、委员会监督、同保险公司谈话这四种安排尽可能地约束单个监管者的自由裁量空间。

第三,强调市场化的解决方式。如日本《保险业法》细致规定了保险合同的概括转移、事业的让于或受让、业务和财产的委托管理、合并及分立等并购措施。仅在有必要的情况下,内阁总理大臣可以指定合并相对方并加以劝告、斡旋。①

第四,否定"拒绝破产"式做法。虽然美、日、英三国的监管者均是抱着挽救劣质保险公司生命的期望去进行风险处置,但这并不意味着它们可以竭尽行政权去保证保险公司不破产。如美国,行政权的介入不能触碰法律规定的不给保单持有人增加风险的底线。又如英国,行政权的行使需受《保险公司监管方法》对 PRA 存在目的的约束。再如日本,行政权的行使需考虑投保人保护机构的意愿;是否对保险公司进行资金援助由机构会员集体决议作出,非行政权能随意支配。

第五,保险保障基金并不仅仅作为"付款箱"的角色存在。虽然三国对救助基金的称呼并不一致,但基本上都允许基金公司参与清算、重整等风险处置工作中。

三、构建我国保险业风险处置的制度框架

与证券业和银行业相比,保险业发展较为滞后。保险公司不仅具有高杠杆性、同业竞争等金融企业的一般特征,还具有其特有的风险——产品成本滞后性。保险产品特别是寿险产品的长期性,使得保险公司风险处置异常复杂。此外,保险业尚不具备前两者那样较为完备的风险处置立法,我国关于保险公司风险处置程序的规定散见于《保险法》《破产法》《公司法》和《保险保障基金管理办法》,而且彼此之间存在冲突,无法形成系统有效、操作性强的风险处置流程。因而,理论上保险业遭遇危机的可能性极高。② 笔者认为,保险业风险处置的制度框架应当包括以《保险公司风险处置条例》为专项规定,以《保险法》《保险保障基金管理办法》以及金融机构破产法律法规等为配套制度的有机体系。

(一) 尽快出台《保险公司风险处置条例》

随着保险市场化改革的不断深入,我国保险市场逐渐形成市场结构层次多元、投资规模变大的局面,发生保险公司风险事件及行业风险事件的概率增大,而目前关于保险业风险处置的规定过于粗放简单,难以满足保险监管实践的需求。因此,有必要效仿《证券公司风险处置条例》,制定出台《保险公司风险处置条例》,以便依法对问题保险公司采取注资、股权重组、债务重组、资产重组、合并或者其他方式进

---

① 参见日本《保险业法》第 256 条和第 257 条。
② 参见张领伟:《保险公司风险处置研究》,南开大学 2010 年博士学位论文。

行行政重组。一方面,总结金融业风险处置的现有经验,对保险公司风险处置措施从启动条件、处置手段、具体流程等方面作出细化规定;另一方面,对现有保险业风险处置相关规范中的冲突规定作出回应,形成统一有效的风险处置政策和措施。

(二)构建互相协调的配套制度

除了出台针对保险业风险处置的《保险公司风险处置条例》专门规定外,配套制度的构建也不可或缺。

1. 进一步修订《保险保障基金管理办法》

保险保障基金制度是保险业防范化解风险、保护保险消费者合法权益的一种重要的市场化救助制度,[①]而当前的《保险保障基金管理办法》是2004年颁布的,多年的实践暴露了其在基金功能定位、启用条件与标准以及资金筹集制度等方面的不足。面对当前保险市场的长足发展,有必要对《保险保障基金管理办法》的相关内容进行调整,使其在保险业风险处置中发挥更大的作用。

2. 制定金融机构破产法律法规

问题保险公司的安全退市是保险业风险处置的重要内容,保险公司破产法的立法欠缺不仅给重整和和解程序的开展带来了阻碍,也给破产清算的执行带来了困扰。尽管现行《破产法》规定金融机构可以实施破产,但《破产法》作为高位阶立法,规定的大多是概括性处理原则,难以兼顾保险公司破产的特殊问题。金融机构的特殊性与公共性决定了《破产法》中的原则性规定无法解决金融机构与普通企业之间破产规则的差异性问题。例如,《破产法》规定,保险公司作为金融机构可以进行重整或破产清算,然而保险公司是否可以适用破产和解程序并未明确;保险公司退出市场过程中清算组的组成与《破产法》中的规定也存在一定的冲突等。具体而言,保险公司的破产条件是否应同一般公司破产条件相同,财产保险合同和人身保险合同是否均可适用管理人的挑拣履行权,保险公司的破产财产范围、清算顺序等是否同一般公司破产清算相一致等,皆须明确。对此立法缺失,有必要制定金融机构破产相关的法律法规,在《破产法》的基础上对金融机构的破产制度与程序进行进一步的细化规定与改进。

此外,2019年11月8日发布的《最高人民法院关于印发〈全国法院民商事审判工作会议纪要〉的通知》指出,必须坚持"卖者尽责、买者自负"原则,规范市场环境。该原则体现了目前我国民商事立法转向更为透明、市场化的环境。

---

① 参见赛铮:《保险保障基金公司在保险公司市场退出过程中的法律地位》,载《保险理论与实践》2016年第7期。

四、修正保险公司风险处置措施的具体内容

(一) 细化风险处置措施的启动条件与标准

监管机构准确认定"问题保险公司",在合适的时间节点介入并采取恰当的风险处置措施,是及时化解与处置风险的关键一步。然而,目前我国对于"问题保险公司"的认定标准和风险处置措施的启动条件规定过于粗略;《保险法》中对启动行政限制措施、整顿、接管及撤销清算程序的条件与标准仅作了原则性规定,且"偿付能力不足""偿付能力严重不足""可能严重危及"等抽象模糊的表述实在不具有操作性;同时,《保险法》规定启动重整或破产清算程序的条件与标准参照适用《破产法》第2条规定的情形,对于保险公司这样的金融机构适用普通企业破产的认定标准是否合理,笔者表示怀疑。因此,建立一套风险识别机制至关重要。

我国自2008年《保险公司偿付能力管理规定》颁布以来,一直采用以偿付能力为核心的风险识别标准。偿付能力的确是判断问题保险公司的重要要素之一,但并非唯一的要素。根据保险公司偿付能力不足的具体情形,相关部门会采取不同的处置措施。但是,此机制将问题保险公司等同于偿付能力不足的保险公司。但是,问题公司也可以是资产充足且能完全偿还负债的公司。[①] 同时,不同于一般企业,保险公司即使因经营失败而影响偿付能力,也可通过低费率和高佣金继续筹措新的现金流,将问题暂时遮掩。其后果便是,当保险公司出现支付危机时,它所面临的问题实际上远比一般支付危机严重,进一步恶化的偿付能力大概率还会产生破坏力更强、代价更大的后果。[②] 片面、迟缓甚至是不真实的预警结果折射出以偿付能力不足为风险处置措施的启动标准在面临保险业风险时的乏力。

(二) 丰富风险处置手段的内容

我国目前的相关法律规范中规定的保险公司风险处置手段主要有行政限制措施、整顿、接管、撤销、重整和破产清算。然而,在具体的处置实践中监管机构的手段并不拘泥于此。因此,建议在相关法律规范中确认其他风险处置手段的合法性,丰富我国保险业风险处置手段的内容,增强对不同风险的应对能力。

1. 引入托管、行政重组措施

我国《保险法》虽未将托管、行政重组措施纳入问题保险公司的监管措施,但二者是对问题证券公司进行风险处置的有益经验,被广泛地运用在证券公司风险处

[①] 参见杨文生、张梅玲:《问题保险公司退出路径研究:一个国际比较的视角》,载《管理现代化》2010年第5期。

[②] 参见陈景善、张婷主编:《东亚金融机构风险处置法律评论(第一辑)》,法律出版社2015年版,第9—17页。

置实践中,并且也已成功地在我国保险公司的风险处置实践中收获良好成效。

整顿是帮助保险公司纠正违法行为,接管是对保险公司经营权和管理权的全面接收和管理,而托管则是将保险公司部分或整体的资产、经营权等委托给他方进行管理。此外,可增设行政重组措施。行政重组措施虽仅出现在《证券公司风险处置条例》,并且由于地方保护主义的存在可能出现资源流动受限制等弊端,但其好处在于,方便保险市场资源的整合,有利于提高保险业资源配置的效率。行政重组措施可利用行政手段的主动、高效,对出现重大风险的保险公司采取注资、股权重组、债务重组、资产重组等方式,实施强制性的资源优化配置以化解风险。值得说明的是,对市场主体的偏好或选择持完全尊重态度,并不意味着政府不能采取措施去减少风险。① 因此,可以比照《证券公司风险处置条例》的相关规定,将托管和行政重组措施引入保险业风险处置中。

2. 强化市场化风险处置措施的作用

笔者认为,在行政机关主导的同时,也可以利用市场机制在风险处置中的独特优势来化解与处置风险。所谓市场化风险处置措施,是指借助社会资本的作用对风险予以化解。例如,在保险公司风险处置中采用提供借款或贷款、购买保险公司债券为其提供资金、进行并购重组、剥离不良资产等市场化的手段解决保险公司的困境等。例如,日本《保险业法》中细致规定了保险合同的概括转移、事业的让与或受让、业务和财产的委托管理、合并及分立等并购措施,②仅在有必要情况下内阁总理大臣可以指定合并相对方并加以劝告、斡旋,值得我国借鉴。此外,保险保障基金也是市场化处置保险公司风险的重要制度之一,可充分发挥其多重职能,使其与行政机关形成职能上的互补,提高风险处置的效率。

3. 合理运用司法手段解决风险处置问题

立法者即使在市场方式、行政方式屡屡受挫后,依然心怀社会利益,期望通过重整或和解对问题保险公司进行最后一次拯救。相较于行政方式,重整和和解的司法方式存在下述优势:一是通过"分组表决且三分之二债权人同意"即可的决议模式,无须满足每个债权人利益诉求,谈判难度较小;二是重整或和解计划受司法保障力所保护,成功率高。但由于重整和和解作为我国《破产法》确立的司法救济方式,受《破产法》约束,而金融机构与一般企业不同,《破产法》对重整、和解的一般规定并不完全适合处置保险公司风险。

---

① 参见孙乃玮:《金融风险的根源和经济法在金融风险防范中的作用》,载《经济法研究》2011年第10期。

② 参见周延礼主编:《上海保险监管体系发展规划研究》,中国金融出版社2004年版。

（三）合理处理处置程序之间的衔接问题

整体而言,完整的保险业风险处置制度包含风险预警、风险化解、市场退出及保险保障基金四种机制。根据风险处置目标的不同,风险处置措施可分为风险化解措施和市场退出措施;根据处置机构的不同,可分为行政处置措施和司法处置措施,其中行政处置措施的主要作用在于化解风险,而司法处置措施则多用于问题保险公司的市场退出。同时,风险处置措施之间并非相互排斥的,风险处置措施的衡量、选择以及各个措施之间的转化是风险处置机制中的关键环节。在具体运用中应当注意:

其一,借鉴美国 NAIC 的经验,明确监管机构对问题保险公司的监管应是一个从低度监管、强制监管到司法干预的分级监管过程。[①] 目前,我国对问题保险公司的风险化解与干预都介入得较晚,从现有的实例看来,经常采取的风险处置措施是直接宣布接管,缺乏由低度向强度监管的递进过程。因此,应当强调风险处置的早期干预,如此则可以减小风险规模、降低风险危害。

其二,处理好行政处置措施和司法处置措施之间的过渡与衔接问题。行政处置措施和司法处置措施在适用界限和程序上有一定的交叉与竞合,因此在程序衔接上应当注意:(1) 若两者之间存在程序上的重复(如债权申报),司法处置应承认行政处置中该程序的效力,避免重复工作;(2) 司法处置中应尽量避免对行政处置行为的撤销,避免前后矛盾的认定;(3) 行政处置机关应当可以参与司法处置程序中,如成为破产管理人,借此保持工作的连贯性、提高效率。

其三,综合运用多种处置措施,在各种措施之间进行灵活转化,积极化解风险。例如,2009 年对中华联合的风险处置中,曾成功运用股份托管、股权重组、增资扩股和引入战略投资者等多种措施化解风险,并且通过公开挂牌交易方式实现退出,顺利完成了风险处置任务。[②]

五、完善保险保障基金机制

保险保障基金常被称作"保险业风险防范的最后一道防线",具有保障保单持有人合法权益、促进保险业健康发展和维护金融稳定的功效。然而,保险保障基金制度尚存诸多缺陷和漏洞,故有必要完善保险保障基金机制,以发挥其"安全网"的功效。

[①] 参见熊进光:《我国对问题保险公司实施监管干预的缺陷及完善——美国 NAIC 的经验与启示》,载《江西社会科学》2011 年第 11 期。

[②] 参见李致鸿:《解密保险保障基金:探索流动性风险救助和差别费率制度》,载《21 世纪经济报道》2017 年 8 月 29 日第 11 版。

(一)明确保险保障基金的多重角色定位

根据《保险保障基金管理办法》第 8 条的规定,保险保障基金公司可以监测保险业风险并可在发现保险公司经营管理存在重大风险时向保监会提出监管处置建议;对保单持有人、保单受让公司等个人和机构提供救助或者参与对保险业的风险处置工作;在保险公司被撤销或者实施破产时参与清算工作;管理和处分受偿资产等。尽管原保监会早在 2004 年已颁布《保险保障基金管理办法》,保险保障基金制度也经历过新华人寿、中华联合等风险处置实践,但过于原则化、操作性缺失、政府过度参与等老问题也出现在有关保险保障基金的立法与实践中。

1. 强化保险保障基金的事前纠正作用

2016 年全国保险监管工作会议指出,要强化保险保障基金在事前纠正和事后处置中的作用,但对于其具体能够采取哪些事前纠正措施并未明确。笔者认为,在目前的规范框架下保险保障基金可以发挥如下事前纠正作用:对保险公司进行风险评级与预警,加强对重点保险公司的风险监测,并积极参与国内系统重要性保险机构(D-SII)处置计划的管理;[1]在风险费率改革的背景下,可以通过调整费率来对各个保险公司的风险进行早期的监控与警示;防范"黑天鹅"和"灰犀牛",避免系统性保险风险。

实践中,我国保险保障基金公司从 2015 年起每年发布《中国保险业风险评估报告》,但该报告目前仅供监管机关和有关保险机构内部参考。[2]笔者认为,有必要扩大发布范围,让风险评估报告为保险消费者所知、所用,减少消费者与保险公司之间的信息不对称。这样,一方面可以督促保险消费者审慎选择,另一方面可在源头上抑制保险公司激进的业务行为。实际上,这也与保险保障基金保护保单持有人权益的初衷相一致。

2. 补充确认保险保障基金保单持有人之代理人角色

保险保障基金的目标之一即保护保单持有人的权益,保单持有人常常人数众多且处于信息不对称的弱势地位。因此,可以参照日本的经验,在保险公司退出市场的过程中,赋予保险保障基金公司保单持有人代理人的身份,编制"保单持有人清单"、负责与保险公司进行交涉并代理保单持有人行使重整计划等方案的决议权。[3] 这与我国《破产法》第 59 条第 4 款的规定也是相协调的,即保单持有人可以选择委托保险保障基金公司作为其代理人出席保险公司破产时的债权人会议,行

---

[1] 参见任建国:《保险保障基金制度的改革》,载《保险》2016 年第 20 期。
[2] 参见张兰:《保险保障基金:"第三只眼"看风险》,载《金融时报》2015 年 7 月 8 日第 10 版。
[3] 参见赛铮:《保险保障基金公司在保险公司市场退出过程中的法律地位》,载《保险理论与实践》2016 年第 7 期。

使表决权。当然,保险保障基金公司应尽善良管理人之注意义务,且在涉及重大事项时,需要取得保单持有人的特别授权。

3. 探索保险保障基金提起公益诉讼的模式

笔者认为,可以探索保险保障基金代表保单持有人提起公益诉讼的模式。《中华人民共和国民事诉讼法》第 55 条规定:"对污染环境、侵害众多消费者合法权益等损害社会公共利益的行为,法律规定的机关和有关组织可以向人民法院提起诉讼。"保单持有人作为保险消费者,当问题保险公司的不当行为损害众多保单持有人权益并达到损害社会公共利益的程度时,由保险保障基金作为"有关组织"向法院提起公益诉讼,与当前的公益诉讼法律框架是相协调的,也符合公益诉讼机制设计之初衷。

因此,完全可以在《保险法》或相关规范中将保险保障基金纳入保险消费者公益诉讼主体范畴,一方面保险保障基金可以利用其自身的专业性为保单持有人主张权利、降低诉讼成本;另一方面,可以督促保险公司规范自己的行为,降低风险事故的发生。

(二)修正保险保障基金的规则漏洞

1. 优化基金资金来源渠道

根据《保险保障基金管理办法》第 13 条,保险保障基金的资金来源包括:境内保险公司依法缴纳的保险保障基金、依法从破产保险公司清算财产中获得的受偿收入、捐赠、前述资金的投资收益以及其他合法收入。可见,有必要就特殊情况下的紧急融资问题作出安排。可以借鉴其他国家的有益经验,扩展我国保险保障基金的融资渠道,具体包括:采取事后征收制,风险发生后在行业内进行继续征收;在基金内部账户之间进行短期借贷;以未来的收费权为质押,向商业银行申请贷款;发行金融债权,获得特别融资;向中国银行申请再贷款以补足资金等。[①]

2. 明确基金救助范围

基金救助区别对待财产保险受让公司之做法并不合理。《保险法》第 100 条第 2 款和《保险保障基金管理办法》第 18 条仅明确基金可对人寿保险的保单受让公司提供救助,只字未提其可对财产保险的保单受让公司提供救济。单从立法条文分析,此规定与财产保险合同无强制移转的立法规定甚是相关。《保险法》第 92 条明确规定了人寿保险合同指定移转制度,但未对同样情形下非寿险保险合同的转让及效力作出特别规定。与寿险相比,大多数短期的财产险合同终止后,投保人再

---

① 参见刘彦:《保险保障基金参与保险公司风险处置法律问题研究》,北方工业大学 2011 年硕士学位论文。

加入保险且获得同等的保险保障并不困难。① 因此,有学者认为,与其强制性地要求财产保险合同存续,还不如把保险保障切换到其他更加稳健的做法,对保单持有人的权益也更加有利。但不容忽略的事实是,对财产保险合同延续性的切断并不利于对保单持有人权益的保护。因此,允许财产保单移转处置且准予保险保障基金向财产保单受让公司提供救助是出于保单持有人权益保护考虑的更好选择。

3. 明确保险保障基金的启用条件

《保险保障基金管理办法》第 16 条将保险保障基金的启用条件限定于问题保险公司被撤销、实施破产及存在重大风险时,保险保障基金给予管理救助参与问题保险公司的风险处置与化解(注资入股、流动性支持)。但是,"重大风险"的判断标准不明,能否启用保险保障基金的救济还有赖于银保监会、国务院等机构的认定与批准。一案一认定不仅毫无效率,也存在极大的不确定性。因此,明确保险保障基金的启用条件十分必要。笔者认为,对于"重大风险"可以参照前述对"问题保险公司"的认定标准进行判断。

4. 细化保险保障基金的救济标准

保险保障基金的救济标准也存在一定的漏洞:其一,仅将险种区分为财产保险和人寿保险,财产保险下未作进一步的细分;其二,对财产保险的救助风险过大,因为仅规定了赔偿比例,并未规定赔偿额的上限。② 笔者认为,应当完善保险保障基金的救济标准,在财产保险下应区分不同险种(如投资型与非投资型等)构建合理的补偿比例规则,并规定一定的补偿金额上限额度,形成科学合理的损失分摊机制。同时,注意优先保护自然人保单持有人、小保单持有人的权益。

(三) 构建保险保障基金的追偿规则

《保险保障基金管理办法》第 24 条规定,保障基金在与保单持有人签订债权转让协议并向其支付救助款后获得保单持有人对保险公司的债权。但是,目前保险保障基金的追偿规则尚不完善:其一,关于保险保障基金对问题保险公司的债权在破产清算中的清偿顺序问题尚有争议。有人认为保单债权具有优先受偿的权利,有人则认为它应当被归于普通债权人的顺位。笔者认为,保单债权应当具有优先受偿的权利。因为保单持有人原本就享有优先受偿权,而且保险保障基金支付给保单持有人的救助款的来源归根结底也是保单持有人最初支付给保险公司保险费,因此保单持有人在与保险保障基金签订债权转让协议后应当获得优先受偿的

---

① 参见薄燕娜:《论我国保险保障基金救助制度的完善——域外经验及其借鉴》,载《法商研究》2016 年第 5 期。

② 参见阎建军:《保险保障基金制度的国际经验与启示》,载《金融时报》2015 年 10 月 14 日第 10 版。

权利。其二,我国法律规范未明确是否可向问题保险公司负责人追偿的问题,这也是一个存在争议的问题。经过数次金融危机的洗礼,美国、日本等发达国家深刻认识到金融机构负责人内部舞弊问题的破坏性和严重性,因而这些国家的司法机关通过判例不断加重金融机构负责人的忠实勤勉义务,试图扩大民事赔偿责任的主体适用范围。① 笔者认为,不妨借鉴国外的有益经验,将问题保险公司负责人纳入追偿范围,督促其履行忠实勤勉义务,审慎经营。

第五节 互联网保险监管机构的多元化构建研究

我国互联网保险经历了起步、探索和爆发三个阶段,在快速发展的同时也出现了许多新的风险,并对现有保险监管模式提出了挑战。我国目前对互联网保险监管存在政府监管不力、其他监管缺失等问题,可以借鉴美国、英国和日本的相关经验,完善监管法规,发挥行业自律组织的作用,向混业监管转变,建立以政府监管为主、社会监管为辅,并加强企业内控监管的多元化监督体系,为我国互联网保险业的稳定健康发展保驾护航。

一、我国互联网保险之发展进程及监管现状分析

与发达国家相比,我国互联网保险起步较晚,但发展迅速。近几年,我国互联网保险呈爆发式增长,经营主体不断增加,保费规模稳步增长。但是,目前我国对互联网保险的监管还存在许多问题,需要进一步完善。

(一) 我国互联网保险的发展

互联网保险作为新兴的保险模式,在我国具有强大的生命力和广阔的发展前景。但对于什么是互联网保险,目前尚无统一的定义。中国保险行业协会(以下简称"中保协")认为,所谓互联网保险,指的是"保险公司或保险中介机构通过互联网为客户提供产品及服务信息,实现网上投保、承保、核保、保全和理赔等保险业务,完成保险产品的在线销售及服务,并通过第三方机构实现保险相关费用的电子支付等经营管理活动"②。

中国互联网络信息中心发布的第 41 次《中国互联网络发展状况统计报告》显示,截至 2017 年 12 月,我国网民规模达 7.72 亿,互联网普及率为 55.8%。庞大的网民群体必将继续推动我国互联网保险的发展。

---

① 参见刘俊:《各国问题金融机构处理的比较法研究》,上海人民出版社 2008 年版,第 340—399 页。
② 中国保险行业协会编著:《互联网保险行业发展报告》,中国财政经济出版社 2014 年版,第 3 页。

（二）我国互联网保险监管存在的问题

1. 政府监管不力

近些年出现的互联网保险假保单、假网站，以创新之名违背保险基本原理的"赏月险""下雨险"，以及利用互联网保险手续简便的特点出现的"职业骗保师"①等，无不表明互联网保险存在许多问题，政府监管不力。

2. 其他监管机构缺失

互联网保险行业复杂多变且发展迅猛，单一的政府监管明显不足，需要其他监管机构的配合。然而，目前我国互联网保险几乎仅依靠政府监管，其他监管机构缺失。

二、域外互联网保险监管及其对我国的启示

发达国家的互联网保险起步较早，已经经历了几十年的发展，其监管也逐渐趋于完善。特别是美国、英国和日本的监管模式，各有特色，值得研究和借鉴。

（一）域外互联网保险监管的考察

1. 美国

美国是互联网保险的发源地，经过二十多年的发展，美国几乎所有的保险公司都开展互联网保险业务。

政府监管方面，为了适应互联网金融和电子商务的发展，美国联邦政府于1997年发布《全球电子商务法案》。2000年，克林顿总统签署了《电子签名法案》。2001年，纽约州政府保险局签发《第五号函件》，专门对互联网保险业务进行规范。② 美国20世纪曾长期实行金融业分业经营和分业监管，但后来金融创新产品层出，不断挑战分业监管。于是，美国在1999年通过了《金融服务现代化法》，从此开启金融业混业经营的模式，保险监管也进入混业监管阶段。③

相较于政府监管，美国更强调市场的主导作用，由行业协会制定并推行交易准则和自律条款。如美国寿险协会创建且独立运营的保险市场标准协会（IMSA），政府在考虑出台很多强制性政策规定时，都会结合该自律组织的相关规定。另外，美国保险学会2000年发布"Public Policy Principles for Electronic Commerce and Insurance"，公布了12条网络监管规则，主要目标是开放市场、促进竞争、维护系统的完整性、保证监管效率。④

---

① 职业骗保师，即专门通过退货骗取退货运费险赔偿的人。
② 参见王洋：《国外互联网保险行业的发展、监管经验及对我国的启示》，载《武汉金融》2017年第3期。
③ 参见王姝：《主要发达国家保险监管制度比较研究》，吉林大学2013年博士学位论文。
④ 参见唐金成、李亚茹：《论我国网络保险市场监管的完善》，载《浙江金融》2014年第6期。

2. 英国

英国对互联网保险的监管立足于一致性原则,法律规定电子保单拥有和传统保单同样的法律效力,因此其监管也和传统保险机构一致。在此基础上,通过加强和其他监管机构的合作,共同维护互联网保险行业的稳定发展。

保险业在英国一直自由发展,出现互联网保险后,政府仍旧尽可能减少干预,对产品研发和费率厘定通常不加干预,更多的是发挥行业自律作用,其中最有代表性的就是劳合社。劳合社通过建立相关委员会和规章制度进行监管,并与英国金融服务监管局紧密合作,通过授权、监测、规范执行、承保能力监管和处罚五种措施来行使监管职能。①

20世纪90年代,英国的分业监管严重阻碍了其金融企业与全球金融企业的竞争,再加上金融业并购浪潮和金融创新等混业经营的快速发展,英国率先改变其分业监管模式,并于2000年成立整个金融行业唯一的监管局——金融服务监管局,成为全球第一个完全实行统一金融监管的国家。②

3. 日本

日本互联网技术和保险业发展一直较好,二者结合产生的互联网保险在日本也得到迅速发展。一直以来,日本政府对保险业都采取严格监管政策。

除了政府监管,日本政府还与第三方认证机构合作,并注重保险公司的内部控制。日本针对互联网保险设定多层次准入标准,不同的经营主体只有通过资质认证才能开展互联网保险交易,而资质认证则由政府与第三方认证机构合作进行,并且不定期对互联网保险市场主体进行评估。同时,保险公司的内部控制监管在日本得到很高的重视,各保险公司基本建立了内部监察审计体系和风险管理部门。此外,新《保险法》强制要求保险公司披露相关信息,并明确了高管伪造信息的法律责任。③

(二)域外互联网保险监管对我国的启示

1. 完善监管法规

互联网保险作为一种金融创新,融合了保险和互联网这两个高风险行业,使其面临更多、更复杂的风险。相较于传统保险,互联网保险具有虚拟性、时效性和开放性等特点,原有的监管法规已不能完全适用。

为应对互联网保险创新,美国先后颁布《全球电子商务法案》《电子签名法案》

---

① 参见王姝:《主要发达国家保险监管制度比较研究》,吉林大学2013年博士学位论文。
② 参见乔海曙:《金融监管体制改革:英国的实践与评价》,载《欧洲研究》2003年第2期。
③ 参见孟夏、王春萍:《互联网保险业务发展及其监管国际经验研究》,载《吉林金融研究》2016年第9期。

和《第五号函件》；英国法律明确规定电子保单拥有和传统保单同样的法律效力；日本颁布《电子契约法》和新《保险法》。在我国，作为保险业基本法的《保险法》，2015年修订后仍没有互联网保险相关内容，而近几年颁布的互联网监管法规多为原则性规定，缺乏操作性和体系性。我国应该借鉴美国、英国和日本等国家的相关经验，完善我国的监管法规，为互联网保险监管提供依据。

2. 发挥行业自律组织的作用

政府和市场是资源配置的两种基本手段，政府应当适度干预，保持市场的自由竞争。美国、英国和日本都注重行业自律组织的监管作用，政府不过多干预互联网保险业的发展。

各国保险业发展程度和历程不同，行业自律组织在不同国家互联网保险监管中发挥的作用也不同。美国强调市场的主导作用，行业自律组织广泛参与政策法规的制定；英国保险业长期自由发展，自律组织历史悠久，政府依赖于与行业自律组织合作，同时建立起多元监管体系；日本虽突出政府的监管作用，但仍辅以行业自律监管。[①]

行业自律组织一方面深入了解行业发展情况和企业经营状况，对市场敏感度更高，能更有针对性地制定行业自律公约；另一方面，自律公约由经营企业协商制定，更易得到遵守，弱化对抗性。相比之下，我国现有的保险行业自律组织对互联网保险关注不足，监管职能有待进一步完善。

3. 向混业监管转变

我国目前对金融业实行分业监管，存在监管漏洞、监管交叉、效率低下和成本较高等问题。国际上，分业监管向混业监管转变已成为大趋势。美国1999年通过《金融服务现代化法》，正式转为混业监管；英国2000年成立金融服务监管局，替代原有的多个金融监管机构，对整个金融行业实行统一监管；日本在20世纪末至21世纪初进行了一系列改革，金融厅最终成为其金融业的唯一监管机构。[②]

随着互联网保险不断创新，出现越来越多的跨行业交叉产品，我国实行的分业监管明显不能应对，应借鉴发达国家经验，及时向混业监管转变。

三、我国互联网保险监管机构的多元化构建

从保险监管实践和国外保险监管经验来看，互联网保险监管体系不仅包括政府监管，也包括其他主体监管。我国亟待建立多元化的互联网保险监管机构，以促

---

① 参见张雪梅、韩光：《国外互联网保险监管比较及其经验借鉴》，载《国际金融》2017年第3期。
② 参见张燕：《我国金融监管体系改革的趋势分析研究》，载《财经界（学术版）》2014年第20期。

进互联网保险行业的稳定发展。

（一）政府监管为主

1. 完善相关法律法规

互联网保险是金融业的创新,具有与传统保险不同的特征。美国、英国和日本等国在对互联网保险进行监管时,都以完善相关法律法规为基础,或修改原有法规以适应互联网保险的特点,或专门制定有针对性的法律法规。我国也应当完善相关法律法规,为互联网保险监管提供依据。

2. 建立监管协作机制,并逐步向混业监管转变

我国对金融业的监管从最初的分业监管到后来的混业监管,再到现在的分业监管,经历了两次转变。分业监管与混业监管本身没有绝对的优劣之说,但在我国目前金融创新越来越多、跨领域产品不断出现的情况下,分业监管已不足以应对现实状况,应当借鉴美国、英国和日本的做法,逐步向混业监管转变。

（二）社会监管为辅

1. 加强自律组织监管

作为我国保险业的全国性自律组织,中保协成立于2001年2月23日。相较于发达国家存在上百年的自律组织,中保协成立较晚,根基不牢,这也导致其政府主导色彩明显,缺乏行业自律组织应有的独立性。中保协应当处理好与政府监管机构的关系,既要协助政府监管,也要加强自律意识,摆脱依附性。

随着互联网保险比重的不断提升,保险行业自律组织的主要工作也应当向互联网保险转移。中保协应当尽快制定符合互联网保险特点和发展趋势的自律公约、行业标准和自律性惩罚规定等,积极参与互联网保险法律法规的制定过程,在规范行业秩序、信息披露和协助政府监管等方面充分发挥作用。

我国2015年成立了中国互联网金融协会(以下简称"中金协"),旨在吸引更多的互联网保险企业入会,更加关注互联网保险的专业性和特殊性,制定有针对性的自律规定,规范从业机构市场行为。同时,中保协和中金协的职责范围必然存在交叉,再加上地方保险行业自律组织,我国互联网保险业存在多个自律组织,要加强这些自律组织之间的沟通与协调,建立信息共享机制,避免社会资源的浪费。

2. 推进中介组织监管

互联网保险的非书面性和即时性决定了其必须以完善的社会信用体系为前提,但我国目前尚未形成发达的社会信用体系,由于不讲信用而引发的经济纠纷时有发生。

我国最权威的信用体系是中国人民银行征信中心,但该系统以银行信贷信息为核心,且数据更新速度慢,不能适应快速变化的互联网保险。截至目前,国内八

个评级机构获得了银保监会的能力认可,但这些机构仅针对保险企业进行评级,不包括对投保人、被保险人和投资人等主体的评级,而且接受评级的保险企业比例较小。由于历史传统的原因,与国外老牌评级机构如贝氏、标准普尔、穆迪、惠誉相比,我国评级机构接受程度不高。

针对社会信用体系缺失的现状,我国应积极鼓励中介机构参与信用评级。一方面,对互联网保险企业和投保人、投资人等主体都进行信用评级,建立互联网保险领域的信用数据库;另一方面,借鉴国外评级机构的有益经验,细化、完善国内评级机构评价指标,以获得市场的认可,提高市场主体评级参与度。

此外,要发挥消费者权益保护委员会在保障互联网保险消费者权益、信息披露、争议解决等方面的监督作用,以及审计机构对互联网保险企业的监督作用。

(三)加强企业内控

1. 完善内部控制制度

无论是政府监管还是自律组织与中介机构监管,都属于外部监管。外部监管存在的信息不对称问题,必然会带来监管滞后等弊端。作为互联网保险经营主体的企业,其内部控制制度是否完善决定着市场秩序是否规范以及行业能否稳定健康发展。因此,构建多元化的互联网保险监管体系,不能忽视企业内部制度的完善。[1] 具体来说,可以从以下几个方面进行:

第一,互联网保险企业要建立风险评估和监测体系,制订应急预案,加强应急处置能力,利用更加自动化的手段降低风险控制成本,提高风险管控能力;[2]第二,建立内部审计制度,对企业财务状况进行客观评价,规范企业运作行为;第三,严格员工管理制度,明确权责,增强风险意识,加强网络保险操作流程的规范性建设,严格操作程序和操作权限,防范操作风险的发生。[3]

2. 引入复合型人才

互联网保险结合了互联网和保险这两个专业领域,因此互联网企业的内部控制需要掌握互联网和保险专业知识的复合型人才。然而,我国保险专业人才本就缺少,同时掌握互联网知识的人才就更少,加上信息技术瞬息万变,能够把握其发展动态、不断完善企业内部控制制度的人可谓凤毛麟角。[4]

为此,互联网保险企业应当优先招聘复合型人才,更新企业经营理念,为企业

---

[1] 参见杨鑫:《我国互联网保险运行及监管问题研究》,郑州大学 2014 年硕士学位论文。
[2] 参见陈琳:《互联网保险健康发展与风险管理对策研究》,载《甘肃金融》2014 年第 8 期。
[3] 参见吕志勇、李东:《我国网络保险的风险及风险管理研究》,载《上海保险》2014 年第 4 期。
[4] 参见周斌:《比较视野下完善我国互联网保险监管体系研究》,载《现代商业》2016 年第 26 期。

发展提供新鲜血液。同时,也应加强对现有员工的技术培训,提高其业务素质,并建立考核激励机制。从长远来看,企业也可以与高校合作,建立互联网保险实验基地,提高学生将理论知识应用于实践的能力,并引导学生有重点地学习相关专业知识。

四、结语

我国互联网保险起源于1997年,之后经历了1997—2007年的起步阶段、2008—2012年的探索阶段和2013年至今的爆发阶段。虽然我国互联网保险起步较晚,但是借助快速增长的网民规模和庞大的保险需求,我国互联网保险发展迅速,不仅保费规模保持高速增长,还设立了四家互联网保险公司。可以预计,未来我国互联网保险会继续高速发展。

互联网保险的发展带来了监管难题。针对这一新兴保险模式,监管上还存在许多问题。其一,政府监管不力。主要表现在:政府监管依据的法律法规不完善,缺少具体、全面和可操作性的规定;分业监管存在较大弊端,缺少部际监管协作机制,无法对互联网保险这种"跨界"模式实施有效监管;互联网保险的跨区域性、虚拟性特点弱化了政府监管,更可能出现"政府失灵"。其二,其他监管机构缺失。中保协主要针对传统保险业务,中金协缺少对互联网保险的特别规定,保险公司自身内部控制监管缺失。

通过域外考察可以发现,美国政府颁布了互联网保险相关法案,同时强调市场主导作用,借助行业协会和保险学会力量进行监管。英国政府尽可能减少对互联网保险的直接干预,更多的是发挥行业自律的作用,并成立金融服务监管局作为英国统一的金融监管机构。日本则基于其对保险业一贯的严格监管,对互联网保险也一视同仁,同时也注重发挥第三方认证机构和保险公司内部监管的作用。美国、英国、日本作为保险业发达的国家,其监管经验告诉我们完善监管法规、发挥行业自律组织的作用以及向混业监管转变在互联网保险监管中的重要性和必要性,值得我国借鉴。

结合我国现状,互联网保险监管机构的多元化构建应当以政府监管为主,完善相关法律法规,建立监管协作机制,并逐步向混业监管转变。以社会监管为辅,加强自律组织监管,充分发挥中保协、中金协的作用,推进中介组织监管,鼓励中介机构参与信用评级,发挥消费者权益保护委员会、审计机构等的作用。同时,要加强企业内部控制,完善内部控制制度,引入复合型人才。

示范案例

【案情简介】[①]

2011年12月16日，中融人寿公司与上海润科通信科技有限公司（以下简称"上海润科公司"）签订《灾备系统一体化建设合同》，约定由上海润科公司为中融人寿公司设计项目方案、代为建设机房、代购服务器、开发项目所需软件产品、提供技术支持和合同约定的其他服务。2012年5月20日，中融人寿公司又与上海润科公司签订《投资顾问协议》，约定由上海润科公司为中融人寿公司寻找与投资方向相关的项目，对中融人寿公司项目进行初步论证、整理包装，与投资方进行前期沟通与交流等。同时，双方约定，如果需要项目的谈判保证金，中融人寿公司应给予相应的短期资金周转支持，上海润科公司支付相应的利息。

2011年12月至2013年11月期间，经陈某决定、王某审核，中融人寿公司以购买灾备系统、支付投资预付款等名目，先后将13笔该公司资本金账户、保险产品资金专用账户内的资金转至上海润科公司，累计金额为5.24亿元。2013年2月至2013年11月，中融人寿公司先后通过上海博晨公司回收款项9笔，部分款项记载有利息收入，累计回收金额5.27亿余元。其间，胡某作为中融人寿公司风控信评部负责人，在没有确认存在投资项目的情况下，经王某授意，于2011年12月至2013年8月期间，以购买灾备系统、支付投资预付款等名目多次发起付款申请，涉及资金共计2.54亿元。后北京市西城区人民检察院指控原审被告人陈某、王某、胡某犯违法运用资金罪。

【裁判理由】

二审法院认为：

一、中融人寿公司拆借保险资金的行为违反了国家规定。理由如下：

（一）保险公司运用资金只能限于《保险法》规定的领域及国务院规定的其他资金运用形式。《保险法》第106条规定，保险公司资金运用限于：银行存款；买卖债券、股票、证券投资基金份额等有价证券；投资不动产；国务院规定的其他资金运用形式。由此可见，对保险资金的管理、利用，《保险法》以"白名单"的方式作了严格、明确的规定，即只能运用于《保险法》规定的领域及国务院规定的其他资金运用形式。该条文规范的目的，是保险公司作为金融机构，资金运用必须稳健，遵循安全性原则，其资金应用于投资，确保保险资金的保值和增值，进而确保保险资金的

[①] 参见北京市第二中级人民法院(2018)京02刑终178号刑事判决书。

良性运转。

（二）中融人寿公司资金拆借的行为超出了《保险法》及国务院相关文件规定的保险资金运用范围。首先，《保险法》的立法演变虽然就保险资金的运用领域呈现扩大趋势，但从未允许保险公司可以向其他企业拆借资金。其次，国务院《关于加快发展现代保险服务业的若干意见》《关于深化投融资体制改革的意见》等文件，虽然提出逐步放宽保险资金投资范围，创新资金运用方式，鼓励保险公司通过投资企业股权、债权、基金、资产支持计划等多种形式，在合理管控风险的前提下，为科技型企业、小微企业、战略性新兴产业等发展提供资金支持，但中融人寿公司向关联企业拆借资金，并非保险资金的创新运用方式，明显与国务院相关文件的规定不符。中融人寿公司资金拆借行为，所涉多笔资金没有任何利息，这种拆借行为违背保险公司基本利益，因而也不可能是上述意见所认可的资金运用方式。

二、陈某、王某、胡某构成违法运用资金罪，陈某、王某系主犯，胡某应认定为从犯。理由如下：

根据《刑法》第185条之一第2款的规定，保险公司违反国家规定运用资金，情节严重的，对其直接负责的主管人员和其他直接责任人员，以违法运用资金罪定罪处罚。

陈某作为中融人寿公司的董事长，是该公司违法运用资金行为的决策者；王某作为中融人寿公司的董事、副总经理兼财务负责人，是主持实施违法运用资金行为的负责人，均应以直接负责的主管人员身份承担法律责任；胡某在没有确认存在投资项目、明知存在违法运用资金风险的情况下，仍然按照王某的授意发起用款申请，应以其他直接责任人员的身份承担法律责任。

在共同犯罪中，陈某是决策者，作用最大；王某系主持实施违法运用资金行为的负责人，作用相比陈某较小，该二人在共同犯罪中均起主要作用，系主犯，应当按照其所参与或者组织、指挥的全部犯罪处罚。胡某系受指使参与犯罪，在共同犯罪中起次要作用，系从犯，依法应对其从轻处罚。

【适用法条】

1.《保险法》第106条："保险公司的资金运用必须稳健，遵循安全性原则。保险公司的资金运用限于下列形式：（一）银行存款；（二）买卖债券、股票、证券投资基金份额等有价证券；（三）投资不动产；（四）国务院规定的其他资金运用形式。保险公司资金运用的具体管理办法，由国务院保险监督管理机构依照前两款的规定制定。"

2.《刑法》第 185 条:"商业银行、证券交易所、期货交易所、证券公司、期货经纪公司、保险公司或者其他金融机构的工作人员利用职务上的便利,挪用本单位或者客户资金的,依照本法第二百七十二条的规定定罪处罚。国有商业银行、证券交易所、期货交易所、证券公司、期货经纪公司、保险公司或者其他国有金融机构的工作人员和国有商业银行、证券交易所、期货交易所、证券公司、期货经纪公司、保险公司或者其他国有金融机构委派到前款规定中的非国有机构从事公务的人员有前款行为的,依照本法第三百八十四条的规定定罪处罚。"

3.《刑法》第 384 条:"国家工作人员利用职务上的便利,挪用公款归个人使用,进行非法活动的,或者挪用公款数额较大、进行营利活动的,或者挪用公款数额较大、超过三个月未还的,是挪用公款罪,处五年以下有期徒刑或者拘役;情节严重的,处五年以上有期徒刑。挪用公款数额巨大不退还的,处十年以上有期徒刑或者无期徒刑。挪用用于救灾、抢险、防汛、优抚、扶贫、移民、救济款物归个人使用的,从重处罚。"

【裁判分析】

保险的基本功能是组织经济补偿和保险金给付,因此保险公司必须时刻保持必要的偿付能力。保险资金能否充分有效地加以利用,关系到保险公司偿付能力的维持以及被保险人或受益人利益的保护,因此在保险资金运用中,最核心的就是必须遵循安全性原则。对于保险资金的运用,仅能在《保险法》明确规定的范围内进行。因为在《保险法》规定的"白名单"外的资金运用方式风险都较大、良莠不齐,而保险因其社会功能,必须保持资金的稳定。如果保险资金运用出现风险,被保险人和受益人的权益都将受到损害,不利于保险业基本功能的实现。

本案中,中融人寿公司的行为虽然暂未造成实际损害结果,但违反了《保险法》《刑法》的强制性规定,也违背了保险资金运用的基本原则。实践中,仍然存在大量保险资金运用超出法律规范要求的情形。一般而言,该类保险资金的运用方式是违反法律强制性规定的,国务院保险监督管理机构要对该类行为进行规制。因此,为了遵循安全性原则,国务院保险监督管理机构要对保险资金运用进行一定的监管。

拓展阅读

我国保险资金运用改革发展 40 年:回顾与展望[①]

改革开放的四十年,也是保险业从复业到发展、从弱小到强大的四十年。当前,中国已经成为仅次于美国的世界第二大保险市场,我国保险业市场体系不断完善,风险管理和保障功能日益发挥。伴随保险业的改革发展创新,保险资金运用同样经历了一条不平凡的发展道路。进入新时代,保险资金运用必将更好地发挥优势和能力,更好地支持保险主业,更好地服务经济高质量发展和人民美好生活。

一、保险资金运用主要经历的发展历程

回首历史,保险资金运用经历了 20 世纪 80 年代到 90 年代中期的混乱阶段,迎来了 1995 年《保险法》颁布后的逐步正规化和专业化,经受住了 2008 年全球金融危机的考验,同时也面对了 2016 年激进发展带来的问题。在每一个重要关口,保险资金运用都能够不断适应形势变化,持续深化改革开放,不忘初心、砥砺前行,确保行稳致远。1979 年保险业复业至今,保险资金运用主要经历以下四个重要发展阶段。

1. 第一阶段是"探索起步"时期(1980 年至 2003 年)

80 年代至 90 年代中期,保险资金运用刚刚起步,分散在总公司、分公司和各级机构,投资业务简单粗放,人员参差不齐,投资领域没有限制,市场混乱无序,积累了大量不良资产。1995 年,《中华人民共和国保险法》出台,严格将保险资金投资范围限定于银行存款、国债和金融债等领域,保险资金运用由大乱转为大治,安全性为上,但同时也带来投资渠道单一、投资能力低下、体制机制滞后等问题。

2. 第二阶段是"拓渠道和严管控"时期(2003 年至 2012 年)

2003 年 7 月,首家保险资产管理公司成立,标志着保险资金运用开启集中化、专业化运作。此后,股票、企业债、未上市股权、不动产等投资渠道陆续放开。2008 年全球金融危机爆发,金融市场大幅波动,保险资金运用风险加大,监管部门实施一系列严格管控风险的监管措施。

3. 第三阶段是"市场化改革"时期(2012 年至 2017 年)

2012 年,一方面我国金融市场创新发展提速,另一方面保险机构自主发展动力不足,市场竞争力较弱,投资收益率持续偏低。在此背景下,保险资金运用市场

[①] 参见任春生:《我国保险资金运用改革发展 40 年:回顾与展望》,载《保险研究》2018 年第 12 期。

化改革启动,"放开前端、管住后端",进一步拓宽投资范围和领域,把更多决策权、选择权和风险责任交给市场主体。在这一期间,行业规模快速增长,市场活力明显增强,但行业所面临的内外部风险形势日趋复杂。

4. 第四阶段是"规范发展和严监管"时期(2017年至今)

深刻反思过去一个时期个别保险机构激进经营和激进投资问题,坚决打击乱象,切实防范风险,及时弥补监管短板和风险漏洞。深入贯彻落实全国第五次金融工作会议精神,紧紧围绕服务实体经济、防控金融风险、深化金融改革三项任务,不断加强和改进保险资金运用监管工作,保持保险资金运用稳健有序发展。

二、保险资金运用逐步探索形成的发展道路

保险资金有其独特的内在属性:第一,是负债资金且有刚性成本。保险资金主要由保险产品形成的责任准备金累积而来,用于未来赔付和给付,是保险公司长期负债。大部分寿险产品可以依法自主设定预定保证利率。第二,资金期限较长,我国7年以上寿险保单占比超70%,有的长达二三十年,是长期资金。第三,追求长期安全、稳定。保险资金风险偏好低,投资风格稳健审慎,追求长期的现金流回报和绝对收益。经过多年发展实践和经验总结,保险资金运用逐步探索出一条符合自身规律的科学发展道路。

(一)从体制机制看,逐步建立起集中化、专业化和规范化的管理模式

体制机制是保险资金运用风险防范和改革发展的重要基石。一是集中化管理,保险资金由总公司集中管理,禁止分支机构进行资金运用。二是专业化投资,保险公司可以设立专业部门和人员开展自行投资,也可以委托保险资产管理公司等专业投资机构投资。三是规范化运作,建立委托、受托和托管的运作模式。2012年开始,支持符合条件的证券公司、证券资管公司、基金公司等专业机构作为投资管理人,发挥各自优势,受托管理保险资金,增强市场化的投资管理人遴选与竞争。

(二)从投资范围看,已经形成能够满足配置需求的多渠道多品种资产池

理论和实践证明,多元化投资能够有效降低风险和稳定收益,与保险资金需求很契合。1995年以来,在银行存款、国债和金融债等领域基础上,保险资金投资范围稳步拓展,1999年增加企业债和证券投资基金,2004年增加银行次级债、可转换公司债、股票和境外市场,2006年增加基础设施和商业银行股权,2009年增加无担保债券,2010年增加未上市股权和不动产,2012年增加信托和银行理财等金融产品、股指期货等衍生品,2014年增加优先股、创业板股票、创业投资基金等,2015年增加保险私募基金,2016年增加PPP项目和沪港通试点,2018年增加长租公寓等。

（三）从市场主体看，保险资产管理机构逐步壮大成为保险资金运用的重要载体

设立保险资管公司，是国际普遍做法，既能够提升保险资金运用专业化管理运作水平，充分了解负债资金性质，也有利于风险隔离和绩效考核。截至2018年年底，经中国银行保险监督管理委员会批准设立的保险资产管理公司共24家，还有3家在批筹阶段；保险资管（香港）子公司11家。保险资产管理公司累计受托管理约80%的保险资金，最大保险资产管理公司管理规模超过2.7万亿元。

面对保险资金长期配置需求大，而我国金融市场长期资产匮乏的现实，保险资产管理公司发挥长期稳健专业优势，创新和发展了一系列保险资管产品，主要包括债权投资计划、股权投资计划、组合类保险资管产品等。从运行情况看，保险资管产品的设立发行丰富了长期资产类别；满足了保险资金长期配置需要；提升了保险资金委托效率；激发了保险资产管理公司市场活力和竞争力；遵循了安全稳健、绝对收益的投资风格，风险可控。

（四）从投资方法看，科学运用资产负债管理、大类资产配置等理念、方法和模型

保险资金是长期资金，也是负债资金，这就要求保险资金运用需要更加注重资产负债管理和大类资产配置。这些理念方法技术等决定了保险资金运用与基金、证券、银行理财等有着显著的差别。在资产负债管理上，需要根据负债特征，在期限、成本和现金流等方面做到资产与负债的有效匹配和管理，确保财务稳健和持续经营。在大类资产配置上，综合考虑各类资产风险和收益特征，在目标收益率和风险边界等约束下，形成大类资产配置比例。在专业投资领域上，针对权益、固收、另类等投资品种，组建专门的部门团队进行专业投资，并根据不同类别市场的变化和趋势，动态、适时调整组合的投资策略。

（五）从监管规制看，基本形成符合行业规范发展要求的多层次法规体系和监管框架

在长期的监管实践中，不断构建专业高效监管的"四梁八柱"。在监管规制上，初步形成以《保险法》为基础，以《保险资金运用管理办法》为统领的多层次法规体系，建立债券、股票等相关投资领域的专项管理制度，针对关键环节和风险制定了具体风险管理制度，制度合计已达90余项。在监管工作上，构建大类资产比例监管体系，实行投资能力牌照化管理，持续加强资产负债管理，不断强化投资行为监管，积极推动监管信息化和非现场监管，通过内部控制和信息披露监管落实公司主体责任和社会监督。当前，已经形成了内外结合、多层次立体化的保险资金运用监管框架。

三、保险资金运用取得令人瞩目的发展成绩

（一）保险资产质量较好，风险总体可控

保险业复业以来，特别是2003年以来，保险资金运用持续稳健快速发展。截至2019年年底，保险业总资产20.56万亿元，资金运用余额19万亿元。2004—2017年的年均增长率为22.4%。在配置结构上，保险资金已经实现从"存款＋债券"的简单配置到以固定收益类资产为主的配置结构多元化实质转变。在资产质量上，一是近50%的保险资金投向银行存款和债券，其中，债券投资中国债和金融债占比57%，企业债中AAA级占比超八成。二是债权计划等另类投资风险较小，AAA级占比约九成，除免增信项目外，其余均有银行或大型企业担保。三是股票配置以大盘蓝筹股为主，沪深300股票占比约80%。四是流动性相对充足，高流动性资产占比约13%。五是境外投资规模较小，占比约3%。

（二）投资收益长期稳定，有力支持保险主业持续快速发展

截至2019年8月15日的统计数据显示，保险资金投资2019上半年年化财务投资收益率5.56%。2004年到2018年，保险资金运用年均财务投资收益率达到5.33%。没有出现大幅波动，累计实现投资收益超4.5万亿元，平均每年实现超过3320亿元的投资收益。一是支持保险公司财务稳健。长期稳定的投资收益成为获取利差收益、保持保险行业持续经营和财务稳健的重要力量。二是改善偿付能力。长期稳定的投资收益壮大了保险业资本实力，缓解了行业流动性压力，提高了整体偿付能力水平，对保险业有效化解风险、产品创新、调整转型起到重要的支撑作用。三是提升保险产品竞争力。长期稳定的投资收益为保险产品功能设计、精算定价、风险保障甚至销售竞争等提供了基础性支持。

（三）发挥长期资金优势，服务实体经济高质量发展

近些年来，保险资金不断发挥优势，创新方式，打通渠道，提升服务实体经济质效，已经成为服务实体经济的重要力量。一是通过直接投资银行存款、股票、债券等传统方式服务实体经济，服务银行信贷和直接融资市场。二是创设基础设施投资计划等保险资管产品，直接高效对接重大建设项目和工程等。2020年1月，保险资管业各债权、股权投资计划合计注册规模超3万亿元。三是成立中国保险投资基金，作为发挥保险资金长期优势的战略性、主动性、综合性平台，整合行业资源，服务国家战略。截至2018年，累计发行项目已经超过13个，投资规模超过千亿元。四是积极支持养老产业发展，该产业投入大、期限长，与保险资金长期稳定的性质相匹配，同时也是保险行业健康险、养老险、年金保险等产业链的自然延伸。截至2018年，共有8家保险机构投资30余个养老社区项目，占地面积超1170万平方米，计划投资总额超666亿元。五是形成一批有影响力的投资项目，如160亿

元参与京沪高铁、550亿元参与南水北调、360亿元投资西气东输管道、666亿元参与市场化债转股、150亿元参与大飞机等,取得社会广泛认可和高度评价。

(四)日益成为我国金融市场、资产管理市场中的重要力量

在金融市场中,保险资金是债券市场最主要的机构投资者之一,以长期配置为主;股票投资多以大盘蓝筹股为主,偏好长期投资、价值投资,有利于改善投资者结构,发挥机构投资者维护市场稳定"压舱石""减震器"积极作用。截至2020年上半年,保险资产管理机构投资管理企业年金达1.33万亿元,处于市场领先地位。同时,企业年金市场上投资管理规模最大的机构也为保险资管公司。

四、保险资金运用改革发展中积累的宝贵经验

历史中蕴藏着规律之力、真理之力。回顾保险资金运用走过的不平凡的四十年,我们也探索积累了一些宝贵经验,反思总结了一些经验教训,这些规律都是保险资金运用行稳致远的宝贵财富。

(一)坚持稳健审慎的投资理念

保险资金是长期负债资金,决定了其注重安全、稳定的内在要求,审慎稳健的投资文化是保险资金运用的根基和灵魂。只有牢固树立这一理念,才能正确处理好发展、改革、创新和风险的关系。保险资金运用一旦缺失稳健审慎文化,势必导致激进经营、激进投资和偏离主业。历史经验表明,保险资金运用必须坚持稳健投资、审慎投资、长期投资的价值取向和服务保险主业的根本目标。

(二)坚持专业化、市场化发展道路

保险资金运用涉及领域广、专业性强,只有坚持专业化运作、坚持长期投资理念、坚持科学的决策和严格的内部控制,才能不断提高保险资金运用水平。充分发挥市场化运作机制,引导优秀投资资源,更好地服务保险资金投资管理需要,提升保险资金运用活力与效率。制度的健全和投资能力的提高,是保险资金安全稳健运作的根本保证,也是开展创新业务和防范资金运用风险的前提和基础。

(三)坚持改革开放和创新发展

改革创新是保险资金运用发展前进的主要动力,同样也是破解体制机制障碍和应对发展问题的重要突破口。实践证明,从改革创新入手,能够有效推进保险资金运用管理体制和机制革新,提高保险资金运用水平,但对于脱离实体经济、逃避监管的假创新、伪创新,要予以坚决禁止。

(四)坚持服务实体经济的根本方向

习近平总书记2017年7月在全国金融工作会议上强调,"金融是实体经济的血脉,为实体经济服务是金融的天职,是金融的宗旨,也是防范金融风险的根本举措"。保险资金是长期资金,特别是一些寿险产品,平均期限在15年以上。根据成

熟市场经验,保险资金历来是实体经济长期资本的重要提供方。坚持服务实体经济,可以发挥保险资金独特优势,为实体企业提供更多长期资金,帮助有战略前景的优质企业"越冬迎春",同时也有利于满足自身资产配置需要。

(五)坚持防范风险是监管工作的首要任务

在监管理念上,应厘清监管和发展的关系,依法监管是监管工作的核心职能,做好监管是首要任务,发展只是科学监管的一个结果。在监管制度上,要紧跟市场发展变化,及时弥补监管制度短板和风险漏洞。

教训同样是宝贵的财富,"前车之鉴"更能警醒我们的风险意识和底线思维。关于体制机制问题,在发展初期,粗放式管理、无序投资曾给行业带来大量不良资产,造成沉重的历史包袱;关于激进投资问题,过去几年,个别保险机构资产负债管理理念流于形式,跃进式发展,激进经营,偏离主业,给行业带来风险隐患;关于科学决策问题,个别投资案例反映,公司治理不健全、形势研判不全面、投资能力不足、风险管控不到位等问题都有可能带来投资决策失误,甚至造成重大损失,如富通投资失败案例等;关于完善监管问题,监管制度的滞后、短板,执行力度不到位,政策协调不顺畅等,都可能为个别机构或个人违反监管规定提供可乘之机。

五、站在新时代,继续开创保险资金运用新征程

使命呼唤担当,使命引领未来。我国经济已由高速增长阶段转向高质量发展阶段,正处在转变发展方式、优化经济结构、转换增长动力的攻关期,保险业和保险资金运用改革发展也进入一个新的时期。

(一)把握保险业发展新机遇,不断深化保险资金运用改革

我国保险业仍处在黄金增长期,保险行业的健康发展始终要靠保费、投资双轮驱动,面对日益增长的保费收入,保险资金运用要继续深化改革,用改革的方式提升发展质量和效能。加快推进保险资金运用监管顶层设计,进一步明确保险资产管理公司定位和发展趋势,提升保险资金运用专业化、市场化水平。保险机构需要切实在投研能力和风控水平上加大投入,投资能力是关键,风控能力是生命线,特别是对新形势、新风险、新趋势,要做到心中有数、应变有度、措施得力。

(二)找准实体经济发展需求,用精准和结构性政策提升质效

当前,实体经济融资难、融资贵问题依然突出,集中表现在长期资金供给严重缺乏,资金进入实体经济渠道不畅,"顺周期"特征明显,上述问题正是保险资金可以发挥作用的领域。下一步,按照"精准滴灌""疏堵结合""先立后破"原则,找准政策方向和力度,加快推进保险资产管理产品"1+3"配套政策,修订完善股权投资、保险私募基金等监管政策,抓紧推进股权投资计划等产品注册制改革,发挥保险资

金优势,为实体经济发展提供长期资本金;继续稳步拓宽保险资金运用范围,在风险可控的前提下加大服务中小民营企业融资需求力度;支持符合条件的保险机构新设专门实施机构以及通过设立私募股权投资基金形式开展市场化债转股。

(三) 顺应人民美好生活需要,把握养老产业发展新趋势

截至2017年末,我国养老金储备余额8.5万亿元,占GDP的10.3%,而同期美国养老金储备余额的GDP占比为160%。在我国人口老龄化进程加速,养老供给不足的背景下,人民群众需要通过商业保险和财富管理,应对医疗、健康、养老未来需要。第一,要持续深化改革,发挥保险业务优势,加快商业养老保险发展;第二,持续发挥保险资金优势,加大养老产业投资,服务与保险业务相关的健康、医疗和养老等上下游产业,进一步满足社会日益增长的多元化、多层次、品质化养老需求;第三,充分发挥保险资产管理机构在大类资产配置上的能力与特长,参与养老金第三支柱①,推进个人税收递延型商业养老保险试点工作开展。

(四) 提升监管信息化水平,健全保险资金运用现代化监管体系

一是强化资产负债管理监管,加快《保险资产负债管理办法》落地实施,并开展分类监管和差异监管;持续推进内部控制指引建设和信息披露监管,加大社会监督力度。二是提升监管信息化水平,推进保险资产管理监管信息系统和资产负债管理监管系统建设,指导保险资管业协会和中保登信息系统建设。三是推进建立保险资金运用风险评价、预警和监控体系的具体工作,建立定期分析报告机制。四是针对保险资金运用热点、焦点问题,以及市场发展变化出现的新情况和新问题,加强基础研究工作。五是研究保险资产管理公司分类监管,构建有关监管指标,推进差异化监管制度。

---

① 当前养老保障体系严重依赖第一支柱,即基本养老保险,靠国家养老。2018年底,我国二支柱企业年金结余1.48万亿元,覆盖员工数只有2400万。而第三支柱起步更晚,2014年4月相关部门联合发布个人税收递延商业保险办法,第三支柱才在中国正式落地。